Stefanie Stürner
Die Argonauten in Afrika

TEXTE UND KOMMENTARE

Eine altertumswissenschaftliche Reihe

Herausgegeben von

Michael Dewar, Karla Pollmann, Ruth Scodel,
Alexander Sens

Band 69

De Gruyter

Die Argonauten in Afrika

Einleitung, Übersetzung und Kommentar zur Libyenepisode der *Argonautika* des Apollonios von Rhodos (A.R. 4,1223–1781)

von

Stefanie Stürner

De Gruyter

ISBN 978-3-11-125937-6
e-ISBN (PDF) 978-3-11-068698-2
ISSN 0563-3087

Library of Congress Control Number: 2021943149

Bibliografische Information der Deutschen Nationalbibliothek
Die Deutsche Nationalbibliothek verzeichnet diese Publikation in der
Deutschen Nationalbibliografie; detaillierte bibliografische Daten sind im Internet
über http://dnb.dnb.de abrufbar.

© 2023 Walter de Gruyter GmbH, Berlin/Boston
Dieser Band ist text- und seitenidentisch mit der 2022 erschienenen gebundenen
Ausgabe.
Satz: Michael Peschke, Berlin
Druck und Bindung: CPI books GmbH, Leck
www.degruyter.com

Danksagung

Die vorliegende Arbeit ist die revidierte und gekürzte Fassung meiner Dissertation, die ich im Sommersemester 2016 unter dem Titel „Die Argonauten in Afrika: Einleitung, Übersetzung und Kommentar zur Libyenepisode der *Argonautika* des Apollonios von Rhodos (4,1223–1781)" am Fachbereich 10 für Fremdsprachliche Philologien der Philipps-Universität Marburg eingereicht habe. Das Manuskript wurde im Sommer 2020 fertiggestellt, anschließend erschienene Literatur konnte nicht mehr berücksichtigt werden.

Mein Dank gilt an erster Stelle Frau Professor Dr. Sabine Föllinger (Marburg), die mich während meines Studiums zu wissenschaftlicher Arbeit ermuntert, meine Promotion mit Interesse begleitet hat und stets ein offenes Ohr für mich hatte. Herrn Professor Dr. Gregor Vogt-Spira (Marburg) danke ich für die Erstellung des Zweitgutachtens und für wertvolle Hinweise bei verschiedenen Vortragsgelegenheiten, Herrn Professor Dr. Christian Pietsch (Münster) für die Übernahme des dritten Promotionsgutachtens. Herrn Professor Dr. Timothy Moore (Washington University, St. Louis) möchte ich für viele anregende Diskussionen während meines Aufenthaltes in St. Louis herzlich danken.

Die Konrad-Adenauer-Stiftung hat mich von Juli 2013 bis Juni 2016 mit einem großzügigen Promotionsstipendium gefördert. Dafür sowie für die individuelle Förderung in vielfältigen Seminaren und Veranstaltungen bin ich dankbar.

Den Herausgebern und Gutachtern habe ich für die Aufnahme der Arbeit in die Reihe „Texte und Kommentare" zu danken, besonders Frau Professor Dr. Ruth Scodel (University of Michigan, Ann Arbor) für ihre akribische Lektüre und zahlreiche wertvolle Anmerkungen zum Manuskript. Die Mitglieder des gräzistischen Forschungskolloquiums in Marburg haben die Arbeit durch kritische Auseinandersetzung und fruchtbaren Austausch bereichert: Besonders sind hier Professor Dr. Diego De Brasi, Dr. Brigitte Kappl und Dr. Christoph Hammann zu nennen. Dr. Sophie Kleinecke danke ich für viele diskussionsreiche Jahre in Bamberg, Würzburg und Berlin und für ihre zupackende Hilfsbereitschaft.

Meiner Mutter Jutta Schmidt danke ich für die Unterstützung während meiner Studiums- und Promotionszeit, meinem Vater Professor Dr. Harald Gebhardt dafür, dass er mir früh Begeisterung für wissenschaftliche Beschäftigung vermittelt hat. Die Gelegenheit, meine Ideen mit ihm zu diskutieren, habe ich oft schmerzlich vermisst. Schließlich danke ich meinem Ehemann, Dr. Ferdinand Stürner, der mich während der Arbeit an diesem Buch stets ermutigt und unterstützt hat. Ihm ist dieses Buch gewidmet.

Goslar, im Juni 2021

Inhalt

Danksagung	V	
Teil I: Einleitung	1	
A. Die Libyenepisode der *Argonautika* – Zu diesem Kommentar......	3	
I. Zu diesem Kommentar..	3	
I.1. Warum ein neuer Kommentar zur Libyenepisode der *Argonautika*?	3	
I.2. Richtlinien für diesen Kommentar	5	
I.2.a. Allgemeine Bemerkungen	5	
I.2.b. Hinweise zum Aufbau des Kommentars	5	
II. Zum Text der *Argonautika* und der Libyenepisode	6	
B. Metrik, Sprache und Stil	10	
I. Sprache und Stil	10	
I.1. Überblick über die Forschungsgeschichte	10	
I.2. Zur Metrik der *Argonautika*	13	
II. Sprache und Stil der Libyenepisode	14	
C. Aufbau und Struktur des vierten Buches und der Libyenepisode	17	
I. Aufbau und Struktur des vierten Buches	17	
II. Aufbau und Struktur der Libyenepisode	24	
III. Schematische Übersicht über die Struktur der Libyenepisode	26	
D. Das Libyenbild der *Argonautika*	27	
I. Libyen in den *Argonautika*: Parameter einer Landschaftsdarstellung	27	
II.1. Libyen in der literarischen Tradition – ein kurzer Überblick	28	
II.2. Libyen in den *Argonautika*: Exakte Landkarte oder Niemandsland?	31	
III. Libyen in den *Argonautika* – Reise durch eine literarisierte Landschaft	38	
III.1. *Libya obscura* – Die gefährliche Seite Libyens	38	
	a. Die unwirtliche Unwirklichkeit der libyschen Syrte	39
	b. *Paradise Lost* im Hesperiden-Garten	40
	c. Λιβύη θηροτρόφος am Tritonsee und kein Ausweg	41

III.2.	Libyen als epischer Gegner: Umkehrung homerischer Krieger-Gleichnisse	42
III.3.	*Libya placata* – Überwindung der Gefahr	46
	a. Erscheinung der libyschen Herossae in der Syrte	47
	b. *Paradise Regained* im Hesperiden-Garten	48
	c. Triton, Euphemos und die griechische Kolonisation Libyens	49
IV.	Zusammenfassung: Das Libyenbild der *Argonautika*	51
E.	Zur Erzähltechnik der *Argonautika*	53
I.	Probleme der Erzählforschung	53
II.	Der Erzähler der *Argonautika*: Nähe und Distanz	56
II.1.	Parameter für eine Neubewertung des Erzählstils	56
II.2.	Erzählstrategien zur temporalen Distanzierung	59
	a. Temporale Distanz in Proöm und Epilog	59
	b. Externe Prolepsen als distanzierende Erzählstrategie: Der Herold Aithalides	64
	c. Temporale Distanzierungsstrategien in der Libyenepisode	66
II.3.	Erzählstrategien zur inhaltlichen Distanzierung	71
	a. Diskrepanz von Figuren- und Rezipientenwissen: Medeas Traum	71
	b. „Inside Medea's Head"? – Distanzierte Innenperspektive	73
	c. Inhaltliche Distanzierungsstrategien in der Libyenepisode	76
II.4.	Distanzierende Erzählstrategien und implizite Poetik	80
	a. Die Ermordung des Theiodamas	80
	b. Eros-Apostrophe und Mord an Apsyrtos	82
	c. Musenanruf und Wüstenmarsch	87
III.	Zusammenfassung: Distanzierende Erzählstrategien und ihre Wirkweise	90

Teil II: Übersetzung der Libyenepisode	93
Teil III: Kommentar zur Libyenepisode	109
I. 4,1223–1392 Die libysche Syrte	111
A. 1223–1249 Seesturm und Syrtenbeschreibung	112
B. 1250–1304 Reaktion der Argo-Besatzung auf die Syrte	138
C. 1305–1336 Die libyschen Wüstengottheiten	172
D. 1337–1362 Jasons Bericht an die Gefährten	188

    E. 1363–1392 Poseidons Pferd, Deutung des Rätsels,
       Rettung der Argonauten 197
II. 4,1393–1536 Die Argonauten bei den Hesperiden 209
    A. 1393–1421 Begegnung mit den Hesperiden 211
    B. 1422–1456 Aigle berichtet von der Quelle des Herakles 225
    C. 1457–1484 Suche nach Herakles 240
    D. 1485–1536 Tod der Argonauten Kanthos und Mopsos 251
III. 4,1537–1626 Bei Triton am Tritonsee 281
    A. 1537–1550 Keine Ausfahrt aus dem Tritonsee 283
    B. 1551–1585 Triton-Eurypylos überreicht die Scholle 290
    C. 1586–1616 Triton führt die Argo aus dem See 304
    D. 1617–1626 Ausfahrt aus dem Tritonsee 315
IV. 4,1627–1772 Transitorische Episoden: Kreta, Anaphe,
    Thera, Aigina 318
    A. 1627–1693 Kreta und Talos 319
    B. 1694–1730 Anaphe 367
    C. 1731–1764 Thera-Kalliste und die Gründung Kyrenes 391
    D. 1765–1772 Aigina 408
V. 4,1773–1781 Epilog der *Argonautika* 413

Literaturverzeichnis 419
I. Textausgaben und Kommentare 419
    1. Apollonios Rhodios 419
    2. Andere Autoren 420
II. Sekundärliteratur 424

Index nominum 461
Index rerum 464
Index locorum 469

Teil I: Einleitung

A. Die Libyenepisode der *Argonautika* – Zu diesem Kommentar

I. Zu diesem Kommentar

I.1. Warum ein neuer Kommentar zur Libyenepisode der *Argonautika*?

Die *Argonautika* insgesamt,[1] die ersten beiden Bücher[2] sowie besonders das dritte Buch,[3] das die Ereignisse in Kolchis um Jason und Medea zum Thema hat, sind in jüngerer Zeit mehrfach ediert, übersetzt und kommentiert worden. Das vierte Buch hat jedoch nicht in vergleichbarem Ausmaß das Interesse der Kommentatoren und Interpreten auf sich gezogen. Seit der Pionierleistung Livreas im Jahr 1973 ist zunächst kein ausführlicher Kommentar zu den 1781 Versen des vierten Buches erschienen.[4] Für diese materialreiche Edition, die den Grundstein für eine systematische, vollständige philologische Kommentierung des letzten *Argonautika*-Buches legt, standen wenige Vorarbeiten zur Verfügung.[5] Einen Schwerpunkt setzt Livrea dabei auf das Bemühen, den Einfluss der homerischen Epen herauszuarbeiten.[6] Livreas Edition wurde in den letzten Jahrzehnten gemeinhin als die „monografia-chiave" wertgeschätzt, die er bereitzustellen hoffte.[7] Der Kommentarteil ist der nicht nur unter italienischen Philologen bis weit in die zweite Hälfte des 20. Jahrhunderts verbreiteten *arte allusiva*-Theorie verpflichtet. Unter diesem Begriff werden für die hellenistische Dichtung unterschiedliche Deutungsansätze subsumiert. In der Regel sind diese bemüht, aufzuweisen, wie sich eine „kunstvolle Anspielung" auf sprachliche und motivische Vorbilder aus der literarischen Tradition im Einzelnen zusammensetzt, wobei gern der entlegene Charakter der Übernahmen betont wird.[8] Im Zuge der Erforschung dieser Übernahmen wird in der anspielungs- und voraussetzungs-

---

1   Vor allem Übersetzungen, vgl. Glei / Natzel-Glei 1996; Dräger 2002; Hunter 1993a; Green 1997; Race 2008; Pompella 1968; Pompella 1970; Paduano 1986; Vian / Delage 1976–1981; Valverde Sánchez 1996.
2   Vgl. Ardizzoni 1967 zu Buch I; Matteo 2007 zu Buch II; Levin 1971 zu Buch I und II.
3   Vgl. Gillies 1928; Ardizzoni 1958; Hunter 1989; Campbell 1994.
4   Vgl. jedoch Vian / Delage 1996², mit „Notes complémentaires", 147–222.
5   Vorgänger sind Mooney (1912) und Fränkel (1968). Vgl. Livrea 1973, xiv ff. Vgl. auch Hunter 2015.
6   Vgl. Livrea 1973, xv; Campbell 1976, 336.
7   Livrea 1973, xvi. Vgl. Campbell 1976, 336–340; Glei 2001, 3; Hunter 2015, vii.
8   Den Begriff hat Pasquali 1942 geprägt, der so ursprünglich einem breiten Publikum die Funktionsweise antiker Dichtung zu erklären suchte, vgl. Citroni 2011; ferner Kuiper 1896, 114 ff.; Herter 1929; Giangrande 1967, 85–97; Giangrande 1973; Livrea 1972, 231–243; Livrea 1973, xx–xxv; Schwinge 1986.

reichen Gelehrsamkeit der eigentliche Sinn und Zweck der hellenistischen Dichtung als *l'art pour l'art* gesehen, sodass eine inhaltliche Interpretation dieser Übernahmen im Hinblick auf den Inhalt der Gedichte zum Teil zu kurz kommt. Die durchaus differenzierte *arte allusiva*-Idee wird im Zuge dieser Entwicklung verstärkt floskelhaft gebraucht. Für Apollonios und die übrigen hellenistischen Dichter bestreitet man aus diesem Grund zum Teil, dass die Funktionsweisen von Übernahmen und Adaptionen mit dem Begriff treffend beschreibbar sind.[9] Auch in anderen Bereichen geht Livrea notwendigerweise von Prämissen aus, denen die Forschung der letzten 45 Jahre wesentliche neue Erkenntnisse hinzufügen konnte.[10] Zwar darf auch heute der Wert seines Kommentars nicht unterschätzt werden, doch bedarf er vielerorts der Überprüfung, Ergänzung und Erweiterung.

Die Kommentierung zum vierten Buch der *Argonautika* befand sich auf dem Stand von 1973, als Hunter für die Reihe „Cambridge Greek and Latin Classics" 2015 einen neuen Kommentar vorlegte. Dieser richtet sich den Zielen der Reihe entsprechend an ein breites Publikum. Er liefert auf knappem Raum Anmerkungen zum Verständnis des schwierigen Textes und ermöglicht so Studierenden und Forschungsinteressierten einen soliden ersten Einblick in wichtige Fragestellungen der *Argonautika*-Forschung. Grundlegend neue Interpretationen werden dagegen nur sehr vereinzelt an die Hand gegeben. Auch wird in diesem Rahmen die umfangreiche Forschungsliteratur nur selektiv aufgearbeitet. Wie Livrea kann auch Hunter zu Gunsten des weiten Fokus auf das gesamte vierte Buch zahlreiche Probleme und Fragestellungen nur ausschnittsweise erörtern. Den Schwerpunkt legt er zudem auf die ersten beiden Drittel des vierten Buches, die mit der Flucht aus Kolchis, dem Mord an Apsyrtos und dem Aufenthalt auf der Phäakeninsel üblicherweise im Zentrum des Forschungsinteresses stehen. Die Libyenepisode, die mit 559 Versen immerhin den Umfang eines längeren homerischen Buches erreicht, findet nicht ebenso intensive Berücksichtigung. Hunters Arbeit schließt somit die eklatante Lücke in der Kommentierung des vierten Buches der *Argonautika* bei weitem nicht. Die vorliegende, allein der Libyenepisode gewidmete Arbeit stellt demgegenüber für ein nach wie vor nicht systematisch erschlossenes Kapitel eine detaillierte, umfassende Kommentierung sowie eine Neubewertung des Libyenbildes, der Erzähltechnik und des Aufbaus der Libyenepisode bereit (vgl. I.C-E).

---

9   Livrea 1987, 189 f. Vgl. z. B. Knight 1995, 10–17; Pucci 1987, 236–245.
10 Vgl. Glei 2008².

I.2. Richtlinien für diesen Kommentar

I.2.a. Allgemeine Bemerkungen

In den letzten Jahrzehnten sind die Möglichkeiten der Materialsammlung und Auswertung für die Arbeit an einem philologischen Kommentar vor allem durch digitale Ressourcen beträchtlich gewachsen. Noch vor fünfundzwanzig Jahren konnte man nicht mit Hilfe des digitalen *Thesaurus Linguae Graecae* das gesamte Corpus griechischer Texte nach Lemmata und Wortjunkturen durchsuchen. Aufgrund dieser Fülle an Material und Möglichkeiten läuft ein Kommentator heute Gefahr, zu umfangreiche und damit beliebige Materialsammlungen und Forschungsreferate anzulegen. Dies versucht der folgende Kommentar zu vermeiden. Natürlich ist die Sammlung und Kontextualisierung von Bezugstexten ebenso wie die Aufarbeitung der Sekundärliteratur zentrale Aufgabe philologischer Kommentierung. Da Apollonios' Libyenepisode nicht nur Spuren bedeutsamer Vorbilder, sondern auch intertextuelle Verbindungen zu zeitgenössischen Werken sowohl poetischer als auch naturwissenschaftlicher oder philosophischer Provenienz aufweist, kommt der Aufarbeitung und Erläuterung dieser Beziehungen die gebührende Aufmerksamkeit zu. Darüber hinaus liegt der Fokus in diesem Kommentar darauf, die Bedeutung der Einzelstellen im Kontext zu erläutern und zu interpretieren.

I.2.b. Hinweise zum Aufbau des Kommentars

Der Aufbau des Kommentars folgt einer neuen Gliederung, die im Zuge dieser Arbeit für die gesamte Libyenepisode erarbeitet wurde (vgl. Teil I.C). Jedem Abschnitt und Unterabschnitt stehen ein inhaltlicher Überblick und eine Erläuterung der Strukturen voran, die den Aufbau der Passage bestimmen. Im Anschluss werden literarische Vorbilder, Querverbindungen zentraler Motive zur ikonographischen Tradition sowie weitere intertextuelle Verbindungen der Einzelepisode erläutert. Bei Bedarf finden sich Anmerkungen zu weiteren Besonderheiten, etwa zur Verortung des Geschehens, zu historischen Zusammenhängen oder archäologischen Funden, zum mythischen Personal und zu intratextuellen Übereinstimmungen.

Die Lemmata sind systematisch aufgebaut, wobei nicht alle Punkte für jedes Lemma von Interesse sind. Zuerst erfolgen Beobachtungen zur Textgestalt und Überlieferungssituation. Sprachliche Besonderheiten, die das Verständnis des Textes erschweren, werden anschließend erläutert. Daraufhin werden formale und inhaltliche Vorbilder aufgeführt, wobei Vorarbeiten, sofern sie vorhanden sind, überprüft und um eigene Beobachtungen ergänzt werden.[11] Es folgen Hinweise auf Verständnisprobleme und interpretatorische Schwierigkeiten der Partie unter Aufarbeitung der Forschungsliteratur. Stilistische Auffälligkeiten werden herausgearbeitet und im inhaltlichen Zusammenhang gedeutet. Schließlich werden sprachliche und motivische Adaptionen im Kontext der Passage und der gesamten Episode erläutert, wobei auch auf diesem Gebiet neue Beobachtungen und Interpretationen anfallen.

Die Besprechung der einschlägigen Literatur findet sich vornehmlich in der Einleitung, fehlt jedoch auch im Kommentar nicht. Referenzen werden in Kurzzitation und im Kommentar in Parenthese gegeben. Im Literaturverzeichnis ist die Literatur vollständig gelistet. Ausnahmen bilden Lexikonartikel, die mit Namen des Verfassers unter Verweis auf das jeweilige Lexikon in den gängigen Abkürzungen zitiert werden.

II. Zum Text der *Argonautika* und der Libyenepisode

Der Text der *Argonautika* hat im vergangenen Jahrhundert verstärkte Aufmerksamkeit seitens der Editionsphilologie erfahren, die in mehrere kritische Editionen, Neuübersetzungen und einige Kommentare mündete.

Den Anstoß für die intensive Beschäftigung mit dem Text und der Überlieferung haben Fränkels Arbeiten gegeben. Diese sind sehr unterschiedlich aufgenommen worden. Fränkels Text, den er nach umfangreichen, jahrelangen Vorarbeiten 1961 vorgelegt hat, zeichnet sich durch eine extreme Bereitschaft zum Eingriff in den überlieferten Text, zu Konjekturen und Versumstellungen aus, die er durch umfangreiche theoretische Ausführungen rechtfertigt.[12] Fränkels Misstrauen gegenüber der handschriftlichen Überlieferung wird von späteren Editionsphilologen wiederum äußerst kritisch betrachtet. Seine Eingriffe werden in den Folgejahren selten akzeptiert und in der Regel zurückgenommen.

Fränkel geht anhand einer Kollation von 52 Codices davon aus, dass sich die Handschriften in drei Familien aufteilen lassen (*m*, *w*, und *k*). Er ordnet die unabhängigen Zeugen L (Laurentianus 32,9, ca. 1000–1025 n. Chr.) und A (Ambrosianus 120 B26 sup., ca. 1420–1428) der Familie *m*, die Zeugen S (Soloranus Laurentianus Gr. 32,16, ca. 1280) und G (Guelpherbytanus Aug. 2996) der Familie *w*, die Zeugen P (Parisinus Gr. 2727, 1487–1489 n. Chr.) und E (Scorialensis Σ iii,3, ca. 1480–1485) einer eigenen Familie *k* zu.[13]

---

[11] Da der Kommentar Livreas (1973), der eine Fülle relevanter Informationen und Beobachtungen bereitstellt, vergriffen ist, erfährt dieser besondere Berücksichtigung.
[12] Vgl. Fränkel 1929; Fränkel 1950; Fränkel 1961, viii–xvi; Fränkel 1964.
[13] Vgl. Fränkel 1961, vii–xiv. Zustimmung erntet Fränkels Einteilung bei Livrea (1970, 47 ff.; 1973, vii ff.).

A. Die Libyenepisode der Argonautika – Zu diesem Kommentar

Nach erneuter eingehender Prüfung und Kollation der Manuskripte und weiterer Papyrusfunde[14] zeigt demgegenüber Vian für seine Budé-Ausgabe, dass man statt von drei besser von zwei Manuskriptfamilien auszugehen hat. Die nach ihrem Vorfahren (Protocretensis) von Fränkel *k* benannte Familie ist demnach als Unterfamilie von *m* zu werten. Vian ist der Meinung, dass der Protocretensis ursprünglich wie L und S aus Konstantinopel stammt und um 1480 nach Kreta gelangt, wo er von Antonios Damilas unter Auslassung der Scholien abgeschrieben wird. Diese Kopie wird von zweiter Hand um einen Nikander-Text aus dem Parisinus Gr. 2403 ergänzt – so entsteht der heutige Scorialensis Σ iii,3 (E).[15]

Während Vian für den größten Teil der *Argonautika* alle überlieferten Textzeugen auf einen gemeinsamen Ursprung (Ω) zurückführt, ist dies für das gesamte vierte sowie für das dritte Buch ab Vers 1300 kritisiert worden. Haslam plädiert aufgrund seiner Untersuchung einiger Apollonios-Papyri dafür, dass sich im Laurentianus (L) Spuren einer weiteren, sonst nicht bezeugten Überlieferungslinie erhalten haben.[16]

Umstritten sind Existenz und Umfang einer *proekdosis* der *Argonautika*, aus der in den Scholien zu L und P einige Varianten zitiert werden (z. B. für 1,284 ff.; 1,516 ff.; 1,542 ff.; 1,725 ff.; 1,788 ff.; 1,800 ff.; 2,963 ff.).[17] Die wenigen überlieferten Abweichungen, die aus der *proekdosis* bekannt sind, haben allerdings kaum Auswirkungen auf das Gedicht im Ganzen. Zumeist handelt es sich um stilistische oder geringfügige inhaltliche Abweichungen.[18] In den Apollonios-Viten, die unter anderem auf die *proekdosis* als Autorenvariante der *Argonautika* verweisen, ist nicht von substanziellen

---

14 Vian kollationiert alle Manuskripte erneut. Lediglich für die Lesarten aus U (Urbinas gr. 146, 15. Jhd.) und R (Vaticanus gr. 1358, ca. 1505 n. Chr.) hat er alte Ausgaben, für CMNQR die Kollation Speakes eingesehen, vgl. Speake 1969; Vian / Delage 1974, LXVII ff.
15 Vgl. Vian / Delage 1974, L ff. Vgl. auch Alberti 1972.
16 Vgl. Haslam 1978; Vian / Delage 1980, ix ff.
17 L und P bieten zum Teil je unterschiedliche Varianten dieser *proekdosis*, vgl. Schade / Eleuteri 2008², 32–35.
18 Zur *proekdosis* und zur Bewertung der überlieferten Lesarten als Autorenvarianten vgl. z. B. Fränkel 1961, v f.; Fränkel 1964, 7–47; Erbse 1966; Haslam 1978, 62 ff.; Fantuzzi 1988, 87–120; Schade / Eleuteri 2008², 31–39.

Änderungen die Rede.[19] Für den Text der Libyenepisode sind keine Varianten aus der *proekdosis* bezeugt.[20]

Vians Ausgabe ist mit einem ausführlichen textkritischen Apparat sowie einem üppigen Testimonienapparat ausgestattet, da er sich bei der Texterstellung von der Wichtigkeit der Sekundärüberlieferung überzeugen konnte. Jeder überlieferte Vers ist in diesem Apparat auffindbar, sodass der aktuelle Überlieferungsstand der *Argonautika* hier nahezu vollumfänglich einsehbar ist.[21] Vian löst sich explizit von Fränkels Konjekturenreichtum, trifft dabei jedoch ausgewogene, nachvollziehbare Entscheidungen und schließt Textverderbnisse nicht von vornherein aus.[22] Pompella postuliert dagegen die vollständige Verlässlichkeit der Textzeugen und streicht darum grundsätzlich auch bewährte Konjekturen.[23] Hunter folgt schließlich in seiner jüngsten kommentierten Ausgabe zum vierten Buch weitgehend den textkritischen Entscheidungen Vians und mahnt im Zweifelsfall zu Vorsicht beim Umgang mit dem überlieferten Text.[24]

Die im Laufe der letzten hundert Jahre entdeckten Apollonios-Papyri geben gelegentlich neue Lesarten und weisen an einigen wenigen Stellen Übereinstimmungen mit den Konjekturen Fränkels oder früherer Herausgeber auf. Die Papyri präsentieren zumeist jedoch denselben Text wie die mittelalterlichen Handschriften und bestätigen Fränkels weitgehende Verdachtsmomente der handschriftlichen Überlieferung gegenüber nicht, die

---

19 Die spätantiken Viten zu Apollonios und Kallimachos erwähnen den berühmten Streit. Sie gelten heutzutage als notorisch unzuverlässig, der Streit gilt als Legende. Vgl. zu den Viten Wendel 1936, 1 f.; Fraser 1972 II, 1055; Cameron 1995, 214–219. Vgl. zum Dichterstreit z. B. Bundy 1972; Lloyd-Jones 1984; Lefkowitz 1980; Rengakos 1992a; Lefkowitz 2008² mit der älteren Literatur. Wenige wollen sich ungern von der Legende trennen, vgl. z. B. Green 1997, 1–8; Lelli 2004, 78–82. Zum Thema „believers" vgl. Cameron 1995, 263–267. Alternative Erklärungen bieten Hutchinson (1988, 77–84) und Asper (1997, 99–107; 209–234). Benedetto (1993) referiert die Interpretationsgeschichte des Kallimacheischen Aitienprologs, an dem sich die Debatte immer wieder entzündet.

20 Womöglich umfasste diese auch nur die ersten beiden Bücher, vgl. Schade / Eleuteri 2008², 35.

21 Vgl. Vian / Delage 1974, LXVII–LXXII. Von allen Bänden liegen Neuauflagen vor (Bd. 1 im Jahr 2002; Bd. 2 1993; Bd. 3 1996).

22 „Comme souvent, *in medio stat... veritas.* Il existe entre l'attitude de Merkel et celle de Fränkel une voie médiane", vgl. Vian / Delage 1974, LXVI f.

23 „Hac igitur editione ad sanitatem, sit venia dicto, *Argonauticon* textus revocatur", vgl. Pompella 2006, *praefatio*. Merkel (*editio maior* 1854; 1905) hat sich aufgrund des hohen Alters von L bereits voll auf diesen Textzeugen verlassen. Vgl. Vian / Delage 1974, LXVI f. Für Beispiele vgl. ad 1318; ad 1328.

24 Vgl. Hunter 2015, 27.

A. Die Libyenepisode der Argonautika – Zu diesem Kommentar 9

ihn zu den erwähnten Versumstellungen und zur Annahme zahlreicher *lacunae* verleiteten.[25]

Da also die Überlieferungssituation eingehend erforscht ist, da ihr aktueller Stand für die *Argonautika* insgesamt in Vians Ausgabe gut zugänglich dokumentiert ist und da zudem die wenigen aktuelleren Papyrusfunde für das vierte Buch gemeinsam mit einigen vollkommen neuen, bisher nicht edierten Funden jüngst von Hunter in seiner Ausgabe berücksichtigt worden sind,[26] scheint es vertretbar, diesem Kommentar keinen eigenen Text beizugeben.

Der diesem Kommentar zugrunde gelegte Text basiert auf der aktualisierten zweiten Auflage der nach wie vor maßgeblichen textkritischen Ausgabe von Francis Vian (1996²).[27] Abkürzungen und Informationen über Handschriften und Papyri sind aus dieser Ausgabe sowie im Einzelfall aus der neueren textkritischen Forschung übernommen. Spezifische Literatur zur Überlieferung einzelner Stellen und zu besonderen Varianten wird im Kommentar am Ort besprochen. Die wenigen Abweichungen von Vians Text finden sich in der folgenden Liste und werden im Kommentarteil ausführlich begründet.

Vers	Vian	hier
1284	ἢ ὅτ' ἂν	ἢ ὅταν
1285	φαντάζωνται	φαντάζονται
1287	φαείνει	φαείνοι
1301	κινήσουσιν	κινήσωσιν
1340	ὑποβρομέουσιν	ὑποτρομέουσιν
1373 f.	αἰὲν ἔχουσα / ἡμέας	ἄμμε ἔχουσα / νωλεμές
1385	ἄγεσθαι	ἄγεσθε
1410	τὰς δέ	στὰς δέ
1453	γειοτόροι	γειομόροι
1562	ὑποέσχεθε	ὑπερέσχεθε
1628	Ἀργεστᾶο Νότου	πρυμνήταο νότου
1665	μέλπε	θέλγε
1689	ἐνί	ἔνι
1715	στιόεντα	σκιόεντα
1738	ὀλοφύρετο	ὀλοφύρατο
1746	τῶν ἄρ' ἐπὶ μνῆστιν κραδίῃ λάβεν	τῶν ἄρ' ἐπὶ μνῆστιν κραδίῃ βάλεν
1778	ἀνέσταθεν	ἐνέσταθεν

---

25 Zu einigen Papyri vgl. Kingston 1960; Henrichs 1967; Kingston 1968; Henrichs 1970; Haslam 1978. Eine Liste aller Apollonios-Papyri und ihrer Lesarten geben Del Corno 1973, 543; Schade / Eleuteri 2008², 38 ff.
26 Vgl. Hunter 2015, 27 ff.; zu den Papyrusvarianten Schade / Eleuteri 2008², 37, 39 ff.
27 Textfunde und textkritische Erkenntnisse werden von Vian in dieser Neuauflage berücksichtigt und in einem zusätzlichen Kurzkommentar („Notes Additionelles") erläutert, vgl. Vian / Delage 1996², 211–222.

B. Metrik, Sprache und Stil

I. Sprache und Stil

Die metrischen und sprachhistorischen Charakteristika der *Argonautika* stellen seit längerem relativ umfangreich erschlossene Gebiete der Forschung zum hellenistischen Epos dar. Es soll hier daher ein Überblick über die grundsätzlichen Erkenntnisse genügen. Ausführlicher werden anschließend stilistische Besonderheiten der Libyenepisode erläutert, die im Zuge der Kommentierung zu Tage getreten sind.

I.1. Überblick über die Forschungsgeschichte

Als man im Laufe des 19. und in der ersten Hälfte des 20. Jahrhunderts Apollonios' Epos eine mindere ästhetische Qualität attestierte, erlebten Studien zu Metrik und sprachhistorischen Details des Epos insbesondere im Vergleich zu den homerischen Epen, aber auch zu Theokrit und Kallimachos eine Blütezeit. Die auf die formale Seite von Apollonios' Sprachgebrauch gerichteten Untersuchungen zu Lautbestand, Wortschatz, Formenbestand und Wortbildung haben in gewissen Grenzen noch ihre Gültigkeit und sind nicht zuletzt aufgrund des sorgfältig zusammengetragenen statistischen Materials von Interesse.

Hinsichtlich der Untersuchung von Formenbestand und Wortschatz der *Argonautika* lässt sich in diesen frühen Arbeiten allerdings deutlich die Tendenz feststellen, Apollonios jede Form der kreativen Selbstständigkeit im Umgang mit dem epischen Bestand abzusprechen. Die morphologische Kreativität der *Argonautika* wird demgegenüber im Zuge des stärkeren Interesses an den sprachlichen Besonderheiten herausgearbeitet, ohne dass man sich dabei von der Idee einer tiefen Verankerung im homerischen Sprachbestand löst. So wird etwa die Theorie entwickelt, dass die Sprache der *Argonautika* dazu neige, die Regelhaftigkeit homerischen Sprachgebrauchs besonders streng zu beachten und auf verwandte Phänomene auszudehnen. Andererseits stellt man heraus, dass Apollonios altepische Sprachformen grammatikalisch falsch interpretiert und aus dieser Missdeutung eigene Schöpfungen ableitet.[28] Umfassend ist bereits von Bolling der Gebrauch des Partizips bei Apollonios untersucht worden. Er kommt zu der Einschätzung, dass der Gebrauch von Partizipien quantitativ im Vergleich zum alten Epos

---

[28] Während Rzach (1878) noch die Abhängigkeit von den homerischen Epen herausstellt, betonen etwa Boesch (1908) und Marxer (1935) stärker Apollonios' selbstständige Umbildungen und Sprachschöpfungen.

zunimmt. Bolling kann zudem beobachten, dass in den *Argonautika* das Partizip Futur sowie der *genitivus absolutus*, die das alte Epos noch nicht kennt, in getreulicher Nachahmung vermieden werden.[29] Diese Erkenntnisse ergänzt Mugler um Beobachtungen zu Syntax und Versbau bei Apollonios. Dabei wird herausgearbeitet, dass die *Argonautika* sich zwar in Wortschatz und Formenbestand eng an Homer anlehnen, andererseits aber in den syntaktischen Konstruktionen weit über homerische Gepflogenheiten hinausgehen und deutliche Anzeichen eines freieren, zeitgenössisch-hellenistischen Sprachgebrauchs aufweisen.[30] So finden sich beispielsweise bei Apollonios verschachtelte Relativsatz-Konstruktionen, wie sie erst in der klassischen Prosa etwa bei Platon belegt sind (z. B. ad 1508–1512), sowie unhomerische, umfangreiche Infinitivkonstruktionen, die sich regelmäßig über drei Verse erstrecken.[31]

Auch die jüngere Apollonios-Forschung widmet sich gelegentlich der schwierigen sprachlichen Seite des Epos. Dabei interessiert man sich im Zuge einer zunehmenden Wertschätzung der poetischen Qualitäten der *Argonautika* stärker für die Bedeutung sprachlicher Besonderheiten bei der Interpretation einzelner Partien. Die Untersuchungen setzen in der Regel einen besonderen Schwerpunkt. So kann man für die hellenistischen Dichter nachweisen, dass sie einzelne Elemente aus dem Wortschatz und Formenbestand der homerischen Epen übernehmen und umgestalten, sie dabei zugleich grammatisch interpretieren und etwa durch *oppositio in imitando* neu formen. Weil man zudem für Kallimachos und Apollonios davon ausgehen kann, dass sie sich in der alexandrinischen Bibliothek als Philologen betätigt haben, liegt eine Deutung bestimmter sprachlicher Phänomene in ihren Gedichten als indirekter Beitrag zu einer philologischen Debatte nahe.[32]

Ferner unterzieht Fantuzzi die Rolle, die die homerischen Formeln und formelhaften Verse im Sprachgebrauch hellenistischer Dichtung spielen, einer eingehenden Analyse.[33] Für das dritte Buch (A.R. 3,1–471) beinhaltet zudem der Kommentar Campbells ausführliche Anmerkungen zu Kompositionstechnik, Sprache, Stil und Metrik bei Apollonios.[34]

---

29 Vgl. Bolling 1902.
30 Vgl. Mugler 1944. Dem Zeitgeist entsprechend erklärt Mugler diesen Widerspruch, indem er annimmt, im Fall der weniger bewusst gebrauchten, komplexen Syntax habe Apollonios' täglicher Sprachgebrauch über seinen „Willen zum Archaismus" gesiegt, vgl. Mugler 1944, 7 f.
31 Vgl. Mugler 1944, 11 f.; 13 f.
32 Dieses Verdienst gebührt zu einem großen Teil den Vertretern der bereits angesprochen *arte allusiva*-Schule sowie einigen Vorläufen, vgl. z. B. Kuiper 1896, 114 ff.; Herter 1929; Giangrande 1967; Livrea 1972, 231–243; Giangrande 1973; Giangrande 1977; Einleitung Kap. A.I.1. m. Anm. 8. Vgl. Lefkowitz 1980; Rengakos 1992a; Lefkowitz 2008.
33 Vgl. Fantuzzi 1988, 7–46; Fantuzzi 2008².
34 Diese sind im Index IIIA gelistet, vgl. Campbell 1994, 413 ff.

Redondo analysiert Morphologie und Syntax der *Argonautika* und arbeitet vor allem diejenigen sprachlichen Elemente heraus, für die sich in epischer Dichtung bis in die hellenistische Zeit keine Vorbilder finden. Dabei kann er zwei Verfahrensweisen unterscheiden, durch die die traditionelle epische Sprache von Apollonios erweitert wird: Zum einen werden alternative linguistische und stilistische Elemente nicht-epischer, auch prosaischer Gattungen gebraucht. Zum anderen werden überkommene sprachliche Elemente mit innovativen Bedeutungen versehen oder in ungewohnter Häufigkeit eingesetzt.[35]

Den Partikelgebrauch in den *Argonautika* im Vergleich zum homerischen Epos unterzieht Cuypers einer ausführlichen Untersuchung und zeigt dabei, wie sich der veränderte Gebrauch bestimmter Partikeln im hellenistischen Epos auf die Gestaltung der Erzählerstimme auswirkt. Während im homerischen Epos der Partikelgebrauch über die Grenzen von Erzähler- und Figurenrede hinweg relativ konstant ist, lässt sich für Apollonios feststellen, dass in den Erzählerpartien andere Partikeln gebraucht werden als in Figurenrede. Cuypers vermutet in Anlehnung an einzelne Vorgängerarbeiten, dass dieser veränderte Gebrauch der Partikeln auf eine Beeinflussung der Sprache durch nicht-epische Autoren wie Pindar, Herodot und Kallimachos zurückzuführen ist.[36]

Unter linguistischen Gesichtspunkten vergleicht Rosenmeyer die homerischen und apollonianischen Entscheidungsszenen. Er kommt zu dem Schluss, dass bei Apollonios vornehmlich in den Reden von Nebenfiguren (Tiphys, Alkinoos, Aietes) das Sprachschema der homerischen Epen für den Fall einer Entscheidungsfindung aufgegriffen wird. Wo hingegen der Erzähler selbst abwäge, greife er eher pindarische Sprachmuster auf.[37]

Dass sich in der Art und Weise, wie die *Argonautika* seltene sprachliche Erscheinungen der homerischen Epen spiegeln, Übereinstimmungen zu den philologischen Diskussionen in den Homer-Scholien finden, ist zum Teil ebenfalls bereits früh betont worden.[38] Im Anschluss an einzelne Vorgängerarbeiten hat Rengakos die zahlreichen Übereinstimmungen, Querbeziehungen und Widersprüche umfassend herausgearbeitet, die zwischen den *Argonautika* und den Homer-Scholien in Bezug auf verschiedene sprachliche und inhaltliche Fragestellungen bestehen.[39]

---

35 Vgl. Redondo 2000.
36 Vgl. Cuypers 2004; Cuypers 2005.
37 Vgl. Rosenmeyer 1992.
38 Vgl. Erbse 1953 mit einer Einschätzung der älteren Literatur.
39 Vgl. Rengakos 1993; Rengakos 1994; Rengakos 2008². Zu den hom. ἅπαξ λεγόμενα vgl. auch Kyriakou 1995.

I.2. Zur Metrik der *Argonautika*

Zum Hexametergebrauch der hellenistischen Dichter im Vergleich zu Homer sind die Studien nicht so zahlreich wie auf dem Gebiet der Sprachentwicklung.[40] Sie kommen zu dem Schluss, dass Kallimachos, Theokrit und Apollonios in diesem Bereich wesentliche grundsätzliche Tendenzen gemein haben.[41] So weisen die hellenistischen Dichter alle ein im Vergleich zum homerischen Epos deutliches Übergewicht daktylischer Füße auf, während die Spondeen sowohl insgesamt als auch auf den einzelnen Vers gerechnet zurückgenommen werden.[42] Ferner lässt sich eine zunehmende Verengung auf bestimmte, als besonders vorbildhaft empfundene Strukturen feststellen, wie etwa Verse mit Zäsur nach dem dritten Trochäus (63% bei Apollonios und 71,8% bei Kallimachos im Vergleich zu 57% im homerischen Epos).[43]

Weitere auffällige Phänomene sind eine besondere Vorliebe aller hellenistischen Dichter für die bukolische Dihärese auch in nicht-bukolischen Gedichten oder Gedichtpartien (60% bei Apollonios und 64% in den kallimacheischen Hymnen im Vergleich zu 47% bei Homer)[44] sowie eine generelle, moderate Zunahme des nach wie vor seltenen *versus spondiacus* besonders bei Apollonios (8% im Vergleich zu 3,8 % bei Homer, 5,2% bei Hesiod, 5,6% in Theokrits epischen Gedichten, 6,3% bei Kallimachos).[45] Von den 32 möglichen Verstypen im Hexameter, von denen im homerischen Epos alle begegnen, finden bei Apollonios 26 Typen Anwendung.[46] Eine ausführliche Untersuchung zu den Regeln des zweiten Versfußes in hellenistischer hexametrischer Dichtung hat Magnelli vorgelegt.[47] Campbell studiert schließlich unter Aufarbeitung von Vorarbeiten aus dem 19. Jahrhundert für den Hiat die Bedingungen und Lizenzen in den *Argonautika*.[48]

---

40 Vgl. z. B. W. Meyer 1884; La Roche 1899; Hescher 1914; Sicking 1993, 69–82.
41 Für eine umfassende Studie des kallimacheischen Hexameters im Vergleich zum homerischen vgl. Fränkel 1955. Fränkel geht jedoch davon aus, dass sich der Hexameter aus vier und nicht aus zwei Kola zusammensetzt, sodass sich deutlich mehr mögliche Zäsuren ergeben, vgl. Beekes 1972. Zum Hexameter bei Theokrit vgl. Fantuzzi 1995.
42 Vgl. Sicking 1993, 73 f. Nonnos versucht schließlich, die Spondeen auf ein Minimum zu beschränken.
43 Vgl. La Roche 1899, 163 f.; Hescher 1914, 12–17.
44 Vgl. Hescher 1914, 29 ff. Zur Dihärese bei Homer und Theokrit vgl. Bassett 1905.
45 Vgl. Sicking 1993, 74. Ein wenig abweichende Zahlen gibt Hunter (2015, 25 f.) an. Das Verdienst um das statistische Material gebührt La Roche (1899); Hescher (1914) und van Groningen (1953, 202).
46 Vgl. Sicking 1993, 74.
47 Magnelli 1995.
48 Vgl. Campbell 1995. Zuvor wurde der Hiat bei Apollonios von Rzach (1881) untersucht.

II. Sprache und Stil der Libyenepisode

Während der Kommentierung zur Libyenepisode haben sich die Forschungserkenntnisse zu den sprachlichen Eigenheiten der *Argonautika* weitgehend bestätigt. Zusammenfassend lässt sich in der Regel eine enge Verbundenheit mit der Sprache des alten Epos feststellen. Gerade der Gebrauch seltener Verbformen oder homerischer ἅπαξ λεγόμενα legt Zeugnis ab von der detaillierten Kenntnis der archaischen Sprachstufe. Auf der anderen Seite finden sich entsprechend den Feststellungen der Apollonios-Forschung auch in der Libyenepisode einzelne, prägnante sprachliche Neuschöpfungen oder ungewöhnliche Junkturen, die in der literarischen Tradition nicht belegt sind (z. B. 4,1238; 1243 f.; 1314; 1402 f.; 1565; 1584 f.). Es lassen sich an zeitgenössische philologische Diskussionen anknüpfende, sprachliche Umgestaltungen oder auffällige Archaismen ausmachen, mit denen Apollonios philologisch Position zu einer in den Scholien umstrittenen Homer-Stelle bezieht. Ferner lässt sich häufig beobachten, dass Wortschatz und Formenbestand der klassischen Tragödie, der Lyrik, der Historiographie, der philosophischen Prosa sowie der Wissenschaftsprosa Eingang in das hellenistische Epos finden. Typisch für die sprachliche Gestaltung der *Argonautika* ist beispielsweise die Verschmelzung mehrerer vorbildhafter Wendungen aus unterschiedlichen Gedichten oder sogar Gattungen sowie die Kombination eines altepischen mit einem im alten Epos nicht belegten Wort.

Zudem kann für die stilistische Gestaltung der Libyenepisode häufig nachgewiesen werden, dass Adaptionen seltener, spezifischer Ausdrücke oder Junkturen aus dem homerischen Epos oder aus anderen Gattungen eingesetzt werden, um auf den Inhalt einer bestimmten vorbildhaften Partie zu verweisen. Daran knüpft Apollonios in der Regel einen impliziten Vergleich oder einen inhaltlichen Überbietungsgestus (vgl. ad 1239 f.; 1251; 1269; 1312; 1404; 1442; 1458; 1519; 1628; 1638–1688; Teil I.D.III.2).

In Bezug auf die stilistischen Besonderheiten der Libyenepisode lässt sich schließlich festhalten, dass die sorgfältige Komposition der gesamten Partie in der Mikrostruktur einzelner Passagen gespiegelt wird (vgl. Teil I.D). Dies dürfte kaum überraschen, gehören doch Sorgfalt und Detailgenauigkeit zu den bekanntesten Charakteristika hellenistischer Dichtung. Da bisher keine Untersuchung der stilistischen Prägung der Libyenepisode vorliegt, folgt ein Überblick über einzelne, besonders augenfällige stilistische Charakteristika dieser Passage.

Sehr häufig werden in der Libyenepisode die dargestellten Vorgänge und die beschriebenen Orte auf der Textebene durch die Wortstellung abgebildet. Zum Beispiel wird die enge Fahrrinne aus dem Tritonsee, die die Argonauten nach langem Umherirren endlich finden, im Text gespiegelt (4,1575 f.). Eine auffällige Anapher lässt die abbildende Wortstellung umso deutlicher hervortreten: Die Brandung zu beiden Seiten der Fahrtrinne (ἑκάτερθε δὲ λευκαὶ ῥηγμῖνες – ῥηγμίνων, 1575 f.) umschließt im Textbild den schmalen Weg in der Mitte (ἡ δὲ μεσηγύ, vgl. ad 1575 f.), der aus dem See herausführt. In der Libyenepisode findet sich diese Technik der abbildenden Wortstellung sehr häufig. So wird etwa die Überfahrt der Argonauten von der libyschen Küste nach Kreta in abbildender Wortstellung dargeboten (vgl. ad 1631). Die Beschreibung des von den Argonauten gegründeten Hains für Apollo auf Anaphe wird durch die Wortstellung abgebildet: Der Kontrast zwischen Licht und Schatten, zwischen Hitze der felsigen Insel und Kühle des dunklen Hains, der die Partie thematisch bestimmt, wird durch die strenge, bis ins einzelne Wort ausgeführte Ringkomposition im Text dargestellt (vgl. ad 1313–1317). Dabei steht das von den Argonauten angelegte ἀγλαὸν τέμενος als wichtigster Punkt des Aitions exakt in der Mitte (1715), umgeben von einem Ring aus Schatten (ἄλσει ἐνὶ σκιερῷ – σκιόεντα τε βωμόν, 1715), und zweifacher Namensnennung des Gottes Apollo, dem der Hain gewidmet ist (Ἀπόλλωνι, 1714 – Αἰγλήτην ... Φοῖβον, 1716 f.). Im äußeren Ring steht die in helles Licht getauchte Insel Anaphe, die auch in der plastischen Vorstellung den Hain außen umgibt (ἠῶς φέγγεν, 1713 f. – Ἀνάφην ... νῆσον, 1717). Weitere, ähnlich raffinierte Beispiele finden sich für die Entstehung Theras aus der Scholle, die Euphemos ins Meer wirft (1751 ff.), für ein Kurzgleichnis über die Schwäne am Paktolos (1300 ff.) oder die Beinahe-Wiederbegegnung der Argonauten mit Herakles in der Nähe des Hesperidengartens (1460).

Auffälliges stilistisches Merkmal der Libyenepisode ist ferner die Tendenz, am Schluss einer Teilepisode oder eines Handlungsabschnittes mit Hilfe eines prägnanten Ausdrucks das Leitmotiv der abgeschlossenen Teilhandlung stichwortartig aufzugreifen. Zum Beispiel fassen die letzten anderthalb Verse der Triton-Episode sowohl das zentrale Motiv als auch die Teilhandlung mit dem entscheidenden Hinweis auf das Kap zusammen, das ihnen der Gott als Ziel- und Orientierungspunkt für die Überfahrt nach Griechenland in Aussicht gestellt hatte (vgl. ad 1625 f.). Ebenso beschließt die Junktur Σαλμωνίδος ἄκρης die Talos-Episode (1693). Die Erwähnung des Kaps an der Nordostspitze Kretas greift die Lokalisation der Ereignisse im Nordosten der Insel zu Beginn der Talos-Episode wieder auf (1640) und trägt zur ringkompositorischen Struktur der Episode bei. Zugleich erinnert die Erwähnung des felsigen Kaps an die Felswürfe des Talos (ἀπὸ στιβαροῦ σκοπέλοιο ῥηγνύμενος πέτρας, 1638 f.) und lässt so das Hauptthema der Episode, die Bedrohung der Argo durch Talos, abschließend noch einmal anklingen. Die Anaphe-Episode wird ebenfalls mit einem Vers beschlossen, der die Ereignisse auf der Insel zusammenfasst und leitmotivisch über der gesamten Handlung stehen könnte. Sogar die aitiologischen Bemerkungen zum Kultnamen Apolls auf Anaphe werden hier aufgegriffen (Αἰγλήτην Ἀνάφης τιμήορον ἱλάσκωνται, vgl. ad 1729 f.). Der getragene Abschluss mit *versus spondiacus* spiegelt dabei den hymnischen

Stil der gesamten Teilepisode. In ähnlicher Funktion beschließt ein Verweis auf die starken, kraftvollen Schultern der Argonauten die Syrtenepisode (ἀπὸ στιβαρῶν θέσαν ὤμων, vgl. ad 1392). Hier wird leitmotivisch zusammengefasst, worauf es ankommt: Die Bereitschaft und Fähigkeit der Argonauten, ihr Schiff lange Zeit unter Qualen durch die Wüste zu tragen und den seltsamen, göttlichen Orakeln in der Syrte Folge zu leisten, ermöglichen ihre Rettung aus der Verzweiflung (vgl. Teil I.D). Programmatisch beschließt Apollonios auch die Hesperidenepisode, indem er von der Bestattung des Mopsos erzählt, dem zu Ehren die Helden nach griechischem Brauch einen Grabhügel aufschütten – trotz aller Schwierigkeiten, die ihnen durch die Besonderheiten Libyens bei der Bestattung entstehen (χυτὴν ἐπὶ γαῖαν ἔθεντο, vgl. ad 1536). Das fromme Verhalten der Argonauten gegenüber den Hesperiden, aber auch gegenüber getöteten Kameraden und kultischen Bräuchen steht in dieser Teilepisode im Zentrum (vgl. ad 1393–1536; Teil I.D). Diese leitmotivischen Marker an Beginn und Ende vieler Teilepisoden lassen die regelmäßig komponierte Binnenstruktur der Libyenepisode besonders deutlich hervortreten (vgl. Teil I.C).

Auffälliges stilistisches Merkmal der *Argonautika* insgesamt und der Libyenepisode ist ferner die im Vergleich zum homerischen Epos häufig auftretende, extrem gesperrte Stellung syntaktisch zusammengehöriger Wörter. Beispiele für extreme Hyperbata finden sich im vierten Buch wie in der Libyenepisode regelmäßig (vgl. 4,39; 1006; 1450f.; 1478; 1498; 1502; 1528; 1558f.; 1597; 1670; 1683; 1706f.; 1710; mit gleichzeitiger Enallage: 1238; 1498).[49]

Sinnvolle Wortwiederholungen und Epanalepsen, die einen bestimmten Zusammenhang hervorheben oder der Strukturierung einer Passage dienen, prägen ferner die Libyenepisode stilistisch. Nicht selten haben diese Wiederholungen auf engem Raum den Verdacht auf eine fehlerhafte Überlieferung genährt. In der Regel lässt sich jedoch zeigen, wie diese prägnant zur Aussageabsicht der Passage stimmen. Besonders auffällig ist eine Reihe von Wortwiederholungen in der Beschreibung der Überfahrt der Argonauten von Libyen nach Kreta (vgl. ad 1627–1637). Die Epanalepsen dienen dort der Verspaarbildung und der Binnengliederung der Partie. Die nicht einheitlich überlieferte Wiederholung von ἕλκος bei der Erzählung von Mopsos' Tod durch den Schlangenbiss ist ein weiteres Beispiel für ein beabsichtigtes, nicht zu beanstandendes Stilmittel: Die inhaltlich zusammengehörigen Verse 1522f. werden durch die parallelen zweiten Vershälften eng verbunden (vgl. ad 1522f.).[50]

Weitere auffällige Häufungen von Wortwiederholungen finden sich beispielsweise in der Thera-Episode. Kennzeichen dieser Partie ist die Häufung wiederholter Eigennamen (Εὔφημος, 1756; Καλλίστη ... Εὐφήμοιο, 1758;

---

49   Vgl. jeweils ad loc. sowie Bornmann 1968, ad 124; Livrea 1973, ad 1006.
50   Zu den Wiederholungen vgl. Giangrande 1968, 523 ff.; 1969c, 141. Eine Liste von gut 20 Wortwiederholungen in den *Arg.* bei Vian (1973, 87f.).

Λῆμνον, 1759; Λῆμνου, 1760; Σπάρτην, 1761; Σπάρτην... Θήρας, 1762; Καλλίστην... Θήρα, 1763; Εὐφήμοιο, 1764). Diese Häufung ist beabsichtigt und systematisch. Sowohl der Name des Stammvaters der Theraner, Euphemos, als auch jede Station der Euphemiden bei ihrer Übersiedelung werden jeweils doppelt genannt. Ebenso werden der alte und der neue Name der Insel wiederholt, die Zielpunkt der Umsiedelung der Euphemos-Nachkommen ist (Lemnos – Sparta – Thera; vgl. ad 1756–1764).

Darüber hinaus finden sich in der Libyenepisode prägnante Beispiele für einige gängigere stilistische Gestaltungsmittel wie zeugmatische Ausdrücke (1239 f.; 1659 f.), Trikola (1247 ff.; 1331; 1406–1409; 1423–1430; 1550; 1610–1616; 1704 f.) oder Polyptota (1625 f.; 1632–1637). Die bei Homer häufige *figura etymologica* findet sich seltener (z. B. 1767; 1773 f.), ebenso Paronomasie (z. B. 1671 f.) und Anapher (z. B. 1575 f.). Auch die Libyenepisode weist – wie bereits die frühe Forschung zur Syntax der *Argonautika* betont – zahlreiche Fälle von auffällig langen, verschränkten Konstruktionen auf (vgl. ad 4,1508–1512). Schließlich finden sich enallagetische Ausdrücke, wie sie auch sonst in den *Argonautika* begegnen (1,747; 1219; 2,72; 423; 3,393; 714; 4,724),[51] in der Libyenepisode ebenfalls recht häufig (vgl. ad 4,1498; 1519; 1683).

C. Aufbau und Struktur des vierten Buches und der Libyenepisode

I. Aufbau und Struktur des vierten Buches

Zu Aufbau und Struktur der *Argonautika* existieren wenige Untersuchungen. Ibscher legt 1939 eine Analyse zur Struktur des Epos vor, wobei er den Erzählertext und die Figurenreden getrennt behandelt und vornehmlich wiederkehrende Strukturen innerhalb der einzelnen Szenen bzw. Reden aufzeigt.[52] Die Strukturen der Gleichnisse sind ebenfalls früh untersucht.[53] Hurst unternimmt ferner 1967 den Versuch, für die Feingliederung der Bücher und den Gesamtaufbau des Gedichtes mit Hilfe abstrakter, inhaltlicher sowie formaler, äußerlicher Kategorien ein Schema zu entwickeln. Dabei

---

51 Vgl. Faerber 1932, 88 Anm. 3; Livrea 1973, ad 4.
52 Vgl. Ibscher 1939. Es finden sich nach wie vor wertvolle Übersichten und Tabellen zu Erzählpartien und Figurenreden, vgl. bes. Ibscher 1939, 117 ff.; 125 ff.; 177 ff.
53 Vgl. Faerber 1932; Drögemüller 1956.

verweist er auf komplexe, verschachtelte Verbindungen zwischen einzelnen Episoden oder Episodenteilen sowie zwischen den Büchern.[54]

Diese Arbeiten stellen weder das vierte Buch noch die Libyenepisode ins Zentrum und sie haben keine Nachfolger gefunden, obwohl die *Argonautika*-Forschung der letzten Jahrzehnte die Parameter für Strukturanalysen vollständig verschoben hat.[55] Stattdessen entscheiden sich die meisten Herausgeber in Abgrenzung zu früheren, komplizierten Aufbauanalysen ausdrücklich für schlichte Inhaltsübersichten. Livrea geht für das vierte Buch von einer „struttura policentrica" aus und gliedert die Rückfahrtabenteuer der Argonauten in zehn „nuclei narrativi". Die Libyenepisode (Teil IX) umfasse die Verse 1223–1619 und bestehe aus acht unterschiedlich umfangreichen Einzelepisoden, deren Einteilung sich vor allem nach den Szenenwechseln richte.[56] Mit vergleichbarer Zielsetzung gibt auch Hunter eine Gliederung des vierten Buches in fünfzehn unterschiedlich umfangreiche Einzelabschnitte.[57]

Bei genauer Betrachtung motivischer, inhaltlicher und lexikalischer Übereinstimmungen sowie der Handlungseinschnitte lässt sich jedoch, wie im Folgenden gezeigt wird, eine glatte und markante, dreiteilige Struktur des vierten Buches aufweisen (vgl. auch Teil I.C.II sowie D). Die Abenteuer der Argonauten auf ihrer Rückfahrt von Kolchis nach Iolkos erstrecken sich dabei auf drei etwa gleich umfangreiche Großteile. Übergeordnetes Thema eines jeden Großteils sind die Fahrt- und Lande-Abenteuer der Argonauten in den Einflusssphären der drei antiken Kontinente.[58] Das vierte Buch ist demzufolge nach der antiken Vorstellung einer Teilung der Oikoumene in drei Erdteile gegliedert, wie sie z. B. für Hekataios überliefert ist:[59] Zu Beginn steht die Asienepisode mit dem Raub des Vlieses in Kolchis und der Flucht der Argonauten mit Medea, zu der der Mord an Apsyrtos auf den Brygeischen Inseln gerechnet werden muss (A.R. 4,1–551).[60] Es folgt die

---

54 Die Kategorien sind zum Teil motivischer oder inhaltlicher Natur, zum Teil äußerlich. So findet sich die Gliederung eines Abschnittes nach konkreten inhaltlichen Motiven, vgl. Tafel 4 und 5. Dann genügt wiederum die bloße formale Existenz eines Gleichnisses für die Parallelität von Episodenteilen, vgl. z. B. Tafel 18. Vgl. dazu auch Lawall 1970.
55 Vgl. die Forschungsberichte von Herter (1937; 1955) und Glei (2008²).
56 Vgl. Livrea 1973, xvi–xx.
57 Vgl. Hunter 2015, 3 m. Anm. 9. In 26 Einzelepisoden wird das vierte Buch in der Übersicht bei Glei / Natzel-Glei (1996, XIII ff.) gegliedert. Dräger (2002, 425 f.) kommt auf 24, Borgogno (2002, XL ff.) auf 46 Einzelepisoden.
58 Das traditionelle Weltbild der *Argonautika* steht damit in Kontrast zu Eratosthenes' Ablehnung der Dreiteilung der Welt (vgl. Str. 1,4,7), die in eine eigene Vermessung und Einteilung mündete, vgl. Fraser 1972 I, 530 ff.
59 Vgl. z. B. Paassen 1957, 65–211 sowie Teil I.D.II.1.
60 Die Brygeischen Inseln gehören ebenso wie der Istros nach antiker Vorstellung meist nicht zu Asien. Diskutiert wird auch die Ostgrenze Europas zu Asien, genannt

C. Aufbau und Struktur des vierten Buches und der Libyenepisode 19

Europaepisode mit der Fahrt durch den Eridanos, das keltische Seensystem und die Rhone sowie dem Besuch auf Aiaia bei Kirke und auf Scheria bei den Phäaken (4,552–1222). Schließlich folgt als dritter Teil die Libyenepisode mit den Abenteuern in der Syrte, bei den Hesperiden und am Tritonsee sowie den vier kurzen, transitorischen Episoden, die die Argonauten stufenweise aus libyschem Einflussgebiet zurück auf heimatliches, griechisches Terrain führen (4,1223–1781; vgl. Teil I.C.II). Die Gliederung des Rückfahrtbuches in drei annähernd gleich umfangreiche Großteile ist trotz ihrer Augenfälligkeit bisher nicht erkannt worden. Sie zeigt Apollonios' Kompositionswillen bei der Umsetzung literarischer Tradition. Auch wenn sich für die meisten Abenteuer, die die Argonauten auf ihrer Reise durch Asien, Europa und Libyen zurück nach Griechenland zu bestehen haben, Vorbilder ausmachen lassen, ist die Struktur dadurch nicht vorgegeben. Es sind für die Rückfahrt der Argo zahlreiche Routenvarianten belegt, aus deren Kombination sich nicht ohne Weiteres die Struktur ergibt, die Apollonios der Rückfahrt zugrunde legt.[61] Dass allen drei Großteilen, deren Handlung sich auf drei verschiedenen Erdteilen abspielt, annähernd gleich viel Raum gewidmet wird, ist als bewusste Entscheidung des Dichters zu werten.

Die dreiteilige Anlage des vierten Buches wird zudem nicht nur durch die Stoffverteilung bedingt. Die geographische Dreiteilung des zugrundeliegenden Weltbildes wird vielmehr zu Beginn der *Argonautika* vom Erzähler bereits explizit betont. Dieser verortet Libyen aus europäischer Perspektive an einem der beiden anderen Enden der Welt:

> οὐ μὲν ἔμελλε
> νοστήσειν Κήρινθον ὑπότροπος, αἶσα γὰρ ἦεν
> αὐτὸν ὁμῶς Μόψον τε δαήμονα μαντοσυνάων
> πλαγχθέντας Λιβύης ἐπὶ πείρασι δῃωθῆναι.
> ὡς οὐκ ἀνθρώποισι κακὸν μὴ πιστὸν ἐπαυρεῖν,
> ὁππότε καὶ κείνους Λιβύη ἔνι ταρχύσαντο,
> τόσσον ἑκὰς Κόλχων ὅσσον τέ περ ἠελίοιο
> μεσσηγὺς δύσιές τε καὶ ἀντολαὶ εἰσορόωνται. [A.R. 1,78–85]

Kanthos aber sollte nicht nach Kerinthos zurückkehren, es war ihm vielmehr vom Schicksal bestimmt, gemeinsam mit dem klugen Seher Mopsos in libysches Gebiet verschlagen zu werden und dort zu sterben – so gibt es für die Menschen kein so unglaubliches Unheil, um daran keinen Anteil zu haben, da sie auch jene in Libyen

---

werden z. B. der Tanais, der Phasis, das Kaukasos-Gebirge, der Araxes, die Maiotis etc. (z. B. Hecat. FGrH 1 fr. 212; Hdt. 4,40; 4,45; A. PV 733 ff.; Str. 1,4,7; 7,4,5), vgl. Paassen 1957, 65–211; Zimmermann 1999, 36–76; Olshausen, DNP s.v. Europe.

61 Für Vergleiche der Rückfahrtroute mit der Tradition vgl. z. B. Delage 1930, 192–276; 286–294; Vian 1987a.

bestatteten, ebenso weit von den Kolchern entfernt, wie weit man mitten am Tag sehen kann, dass Aufgang und Untergang der Sonne voneinander entfernt sind.⁶²

Zu Beginn der Libyenepisode wird die Bezeichnung Libyens als drittes, von Europa und Kolchis weit entferntes Ende der Welt noch einmal programmatisch wiederholt (αἴσιμον ἦν ἐπιβῆναι Ἀχαιίδος ἡρώεσσιν, / ὄφρ' ἔτι καὶ Λιβύης ἐπὶ πείρασιν ὀτλήσειαν, 4,1226 f.). Libyen tritt in den *Argonautika* damit als gleichrangiger Erdteil neben Europa und Asien. Die Einteilung der Oikoumene kommt am Anfang des vierten Buches erneut zur Sprache. Zu Beginn der Heimfahrt überlegen die Helden, welches die alternative Route sein könnte, die ihnen auf der Hinfahrt der Seher Phineus für die Rückfahrt vorherbestimmt hatte. Der Phrixide Argos erinnert sich an die Weltkarte eines ägyptischen Priesters, auf der ein Weg durch die Flüsse Istros und Eridanos zurück nach Europa verzeichnet gewesen sein soll. Auf dieser alten Karte seien alle Grenzen der Welt dargestellt (κύρβιας, οἷς ἔνι πᾶσαι ὁδοὶ καὶ πείρατ' ἔασιν ὑγρῆς τε τραφερῆς τε πέριξ ἐπινισσομένοισιν, 4,280 f.).⁶³ Die Enden der Welt, die die Argonauten aufsuchen, werden also zu Beginn der *Argonautika* sowie im vierten Buch explizit exponiert. Für die Rückfahrt bestimmen die drei Erdteile dann programmatisch die Struktur des vierten Buches: In der Asienepisode befinden sich die Helden in Kolchis im äußersten Osten, während der Europaepisode gelangen sie in die Keltischen Seen bis in den äußersten Norden und auf die Insel Aiaia, die vom griechischen Zentrum aus gesehen sehr weit im Westen liegt. Schließlich folgt eine Fahrt in den Süden, nach Libyen. Die Libyenabenteuer der Argonauten rücken gleichrangig neben die Erzählungen von der Erbeutung des Vlieses und der Flucht aus Kolchis.

Die Gliederung in Asien-, Europa-, und Libyenepisode wird im Laufe des vierten Buches durch inhaltliche, motivische und lexikalische Marker kontinuierlich verdeutlicht. Eine prominente Rolle spielen dabei zunächst zwei folgenreiche Seestürme auf der Rückfahrt. Die Seesturmerzählungen befinden sich jeweils am Übergang zwischen den Großteilen, also zwischen Asien- und Europa- sowie zwischen Europa- und Libyenepisode. Die Handlung beider

---

62 Die Verse 82–85 sind schwierig. Vorbild für 82 f. ist Odysseus' Warnung an Iros (μή πού τι κακὸν καὶ μεῖζον ἐπαύρῃ, Od. 16,107). Eine wörtliche Übersetzung für 84 f. lautet: „...wie in der Mitte Aufgänge und Untergänge der Sonne gesehen werden können". Es handelt sich womöglich um eine Anspielung auf das Drachen-Sternbild bei Arat (ἄκραι μίσγονται δύσιές τε καὶ ἀντολαὶ ἀλλήλῃσιν, Arat. 61). Da der Ausdruck bei Arat für den äußersten Norden steht, wird Apollonios' Wendung hier kontrastierend den äußersten Süden bezeichnen – Libyen, vgl. Fränkel 1968, 47. Gemeint ist die Entfernung zwischen Griechenland, Kolchis und Libyen. Die Argonauten suchen alle entlegenen Winkel der Welt auf, auch den äußersten Norden Europas (4,627–658).

63 Ob Phrixos wohl auf den erwähnten κύρβεις, den Tafeln, eine visuelle Landkarte oder eher verbalisierte Wegbeschreibungen sehen konnte, diskutieren Clare 2002, 129 ff.; Thalmann 2011, 7.

Seesturmerzählungen weist eklatante Parallelen auf: Die Argonauten genießen gerade die Vorteile eines günstigen Fahrtwindes, die Argo macht gute Fahrt. Sie nähern sich freudig ihrer griechischen Heimat, als der hereinbrechende Sturm sie überrascht und kurz vor dem Ziel weit weg von der geplanten Route verschlägt. Der erste Seesturm bringt das Schiff zurück zu den Brygeischen Inseln bis an die Mündung des Eridanos und wird so zur Ursache für die folgenden Abenteuer in Europa (4,552–596) – die Europaepisode beginnt. Als die Argonauten diese überwunden und sich erneut in die Nähe Griechenlands vorgearbeitet haben, trifft sie ein zweiter heftiger Sturm. Dieser erwischt die Argo ebenfalls zu einem Zeitpunkt, als sie sich schon in griechischen Gewässern und fast in Sichtweite der Peloponnes befindet. Auch der zweite Sturm verschlägt die Argonauten weit ab von ihrer Route, über das gesamte Mittelmeer nach Süden bis tief hinein in die libysche Syrte, wo das Schiff strandet (4,1225–1247) – die Libyenepisode beginnt. Diese an den Übergängen zwischen den drei Großteilen positionierten Seestürme weisen motivische und inhaltliche Parallelen auf. Bevor die beiden Stürme die Argonauten überraschen, gelingt es Jason und Medea jeweils, ihre kolchischen Verfolger abzuschütteln. Nach dem Mord an Apsyrtos kurz vor dem ersten Seesturm beschließt eine Fraktion der Kolcher, die Verfolgung einzustellen und sich in den Keraunischen Bergen anzusiedeln (4,507–521). Da die Kolcher die Argonauten aus Asien bis nach Europa verfolgen und durch ihre Neuansiedlungen sozusagen einen Teil Asiens nach Europa tragen, sind diese Abschnitte zur Asienepisode zu zählen. Erst mit dem Mord an Apsyrtos an der Mündung des Ister gelingt es den Argonauten, die Verfolger abzuschütteln. Daher endet hier die Asienepisode. Nach der Hochzeit und Vermittlung der Phäaken kurz vor dem zweiten Seesturm gelingt es den Argonauten, die verbliebene Verfolgerfraktion der Kolcher abzuschütteln. Diese Kolcher lassen sich wiederum bei den Phäaken nieder (4,1206–1216).

Weitere inhaltliche und motivische Parallelen weisen auf die Komplementarität der Seesturmepisode und die Dreiteilung des vierten Buches hin. Das Volk, das die Argonauten vor einem solchen Seesturm besuchen, nimmt sie jeweils freundlich und wohlwollend auf. Die Hylleer helfen bei der Fahrtroute kurz vor dem ersten Seesturm (4,537–551), die Phäaken ermöglichen die Hochzeit Jasons und Medeas kurz vor dem zweiten Seesturm (4,982–1222). Nachdem die Stürme die Helden weit von ihrer Route verschlagen, müssen sie ferner jeweils fürchterliche körperliche Qualen erdulden. Nach dem ersten Sturm müssen sie am Eridanos schrecklichen Hunger und Durst ausstehen und den höllischen Gestank des Phaethon-Sees ertragen (4,619–626). In der libyschen Syrte nach dem zweiten Seesturm drohen sie ebenfalls zu verdursten und erleben die unheimliche Syrtenlandschaft als massive Bedrohung (4,1392–1460). Beide Landschaften tragen markante Züge einer lebensfeindlichen Umgebung.

Die Parallelen beider Seesturmepisoden sind darüber hinaus sehr detailliert ausgestaltet. Beide Seestürme überraschen die Argonauten an nahezu demselben geographischen Punkt. Die Stürme setzen ein, als die Argo sich jeweils etwas südlich bzw. etwas nördlich der Straße von Otranto befindet, auf der Höhe der Keraunischen Berge (4,575) bzw. des Golfes von Ambrakia, also nahe beim Zeus-Heiligtum von Dodona, woher der sprechende Kiel der Argo stammt (vgl. ad 4,1228). Dass diese Seestürme den Argonauten vorherbestimmt sind, wird durch zwei parallele Erzählerkommentare verdeutlicht.[64] Vor dem ersten Seesturm kommentiert der Erzähler die Darstellung, indem er die Vorherbestimmtheit der Irrfahrten in Europa erläutert (Αὐσονίην νήσους τε Λιγυστίδας, αἳ καλέονται / Στοιχάδες, 4,553 f.; vgl. 4,552–556).[65] Zu Beginn der Libyenepisode findet sich ein vergleichbarer Erzählerkommentar (ἀλλὰ γὰρ οὔπω / αἴσιμον ἦν ἐπιβῆναι Ἀχαιίδος ἡρώεσσιν, / ὄφρ' ἔτι καὶ Λιβύης ἐπὶ πείρασιν ὀτλήσειαν, 4,1225 f.). Dass die Irrfahrten und damit die Europa- sowie die Libyenabenteuer nach dem Willen des Zeus geschehen und vom Schicksal vorherbestimmt sind, wird mehrfach hervorgehoben (4,557 f.; 4,1225 ff.; 1254 f.; vgl. ad 1226; Teil I.E.II.3).

Darüber hinaus finden sich lexikalische Parallelen zwischen beiden Seesturmepisoden bzw. den drei Großteilen des vierten Buches, die aufgrund ihrer Entlegenheit nicht bloß motivisch bedingt oder zufällig sein können. Das seltene Adverb ἀναρπάγδην steht in den *Argonautika* ausschließlich in den beiden Seesturmepisoden (4,579; vgl. ad 1232). Beide Seestürme bieten zudem einen Hinweis auf den Kiel der Argo: Während des ersten Sturmes spricht der Kielbalken das einzige Mal überhaupt in den *Argonautika* (γλαφυρῆς νηὸς δόρυ, τόρρ' ἀνὰ μέσσην / στεῖραν Ἀθηναίη Δωδωνίδος ἥρμοσε φηγοῦ, 4,582). Die Argo läuft durch den zweiten Sturm in der Syrte trocken, sodass das Schiff zum ersten Mal kein Wasser mehr unter dem Kiel hat (τρόπιος δὲ μάλ' ὕδασι παῦρον ἔλειπτο, vgl. ad 4,1244; 1381–1392). Die Helden müssen ihre Schuld gegenüber dem Schiff, das ihnen zuvor mit der Prophezeiung den Weg zu Entsühnung und Besänftigung von Zeus' Zorn gewiesen hatte, mit vollem Einsatz begleichen. Ferner stehen die seltenen Passivformen des Verbs πημαίνω programmatisch zu Beginn der Abenteuer in Europa und Libyen und kennzeichnen die Irrfahrten als schicksalhaft, die die Argonauten als Entsühnung für den Mord an Apsyrtos auf sich nehmen müssen (πρό τε μυρία πημανθέντας, 4,560; πάρα δ' ἄμμι τὰ κύντατα πημανθῆναι, vgl. ad 4,1262). Zudem wird der Weg aus dem libyschen Tritonsee zurück ins Meer mit der Junktur πόρους ἁλός (vgl. ad 4,1556) beschrieben,

---

[64] Zur Frage, ob die Libyenabenteuer noch vom Zorn des Zeus „abgedeckt" sind, vgl. z. B. Fränkel 1968, 587 f.
[65] Das Ausonische Meer und die Ligurischen Inseln werden hier stellvertretend für Europa genannt.

die auch vom Weg ins Ausonische Meer zu Kirke an der Schnittstelle zwischen Asien- und Europaepisode gebraucht wird (4,586).

Die dreiteilige Struktur des vierten Buches wird durch weitere motivische Parallelen verstärkt. Jeder der drei Großteile wartet mit einem Musenanruf bzw. einer Erwähnung der Musen jeweils am Beginn der Episode auf (Κολχίδος ἔννεπε Μοῦσα Διὸς τέκος, 4,2; ἀλλὰ θεαί, πῶς ..., 4,552; Μουσάων ὅδε μῦθος, 4,1381).[66] Im Epilog am Ende der Libyenepisode, der zugleich die Fahrt der Argo und das Gedicht beschließt, steht bezeichnenderweise kein Musenanruf. Stattdessen wendet sich der Erzähler an seine Figuren und äußert selbstbewusst die Hoffnung auf andauernde Bedeutsamkeit seines Werkes (vgl. Teil I.E).

Zur Dreiteilung der Rückfahrtabenteuer trägt außerdem bei, dass die Argonauten gegen Ende jedes Großteils vor eine besondere Herausforderung gestellt werden. Dieser inhaltliche Höhepunkt der Asien-, Europa- und der Libyenepisode gefährdet jeweils das Unternehmen insgesamt. Die Gefahr wird aber durch konsequentes Eingreifen der Kolcherin Medea in letzter Minute abgewendet. Am Ende der Asienepisode stehen die Argonauten nach zunächst gelungener Flucht vor einer Übermacht kolchischer Verfolger, die nur durch den Plan Medeas überwunden wird, ihren Bruder Apsyrtos von Jason ermorden zu lassen (4,421–491). Am Ende der Europaepisode droht auf Scheria die Auslieferung Medeas an die zweite Kolcherfraktion, die Medea nur mit einem Trick, der Hilfe der Phäakenkönigin Arete und der eiligst vollzogenen Hochzeit verhindern kann (4,982–1222). Am Schluss der Libyenepisode droht schließlich der Bronzemann Talos, die Argo vor Kreta mit Felswürfen zu versenken. Medea gelingt es, ihn mit Zauberei zu Fall zu bringen (4,1638–1639). Die Überwindung dieser Herausforderungen sorgt bei den Argonauten dann jeweils für ausgelassene Freude, die am Übergang der Großteile von einem guten Fahrtwind gespiegelt wird, der das Schiff bei der Weiterfahrt zügig vorantreibt (4,562–576; 1223 ff.) – bevor der Seesturm dem ein Ende macht. Erst am Ende von Libyenepisode und Gesamtepos bringt guter Fahrtwind die Argo endgültig ins heimische Iolkos – mit dem expliziten Hinweis des Erzählers, dass die Helden nun keine weiteren Stürme (οὐδ' ἀνέμων ἐριωλαὶ ἐνέσταθεν, vgl. ad 4,1778) und den Rezipienten keine weiteren Abenteuer erwarten.

In jedem der drei Großteile des vierten Buches wird ferner je eine unterweltähnliche, verstörende Landschaft beschrieben, die die Argonauten durchqueren müssen. In der Asienepisode gelangt Jason mit Medeas Hilfe bei Nacht in den Hain des Ares (πολύσκιον ἄλσος Ἄρηος, 4,166), in dem

---

66 In einem aitiologischen Kommentar zu Beginn der Phäakenepisode wendet sich der Erzähler abermals an die Musen (ἵλατε, Μοῦσαι, οὐκ ἐθέλων ἐνέπω προτέρων ἔπος, 4,984 f.). Fränkel (1968, 501 f.) geht davon aus, dass die Musenanrufe im vierten Buch Rückschläge für die Argonauten markieren.

ein Drache das Goldene Vlies bewacht. Jasons Furcht vor dem Drachen, dem dunklen Hain und dem leuchtenden Goldenen Vlies wird ausführlich beschrieben (4,109–166). Zu Beginn der Europaepisode müssen die Helden den See am Eridanos durchqueren, in den Phaethon einst zu Tode stürzte. Die Landschaft ist kahl, der See stößt glühenden Dunst aus, sodass alle Vögel sterben, die ihn überqueren wollen. Den Argonauten ist vom höllischen Gestank tagelang elend, sie müssen hungern (4,597–626). Zu Beginn der Libyenepisode stranden die Argonauten schließlich in der unheimlichen Syrte, die aus Sumpf und Wüste besteht und weder Nahrung noch Trinkwasser noch einen Ausweg bietet (4,1234–1247).[67]

Die Dreiteilung in Asien-, Europa- und Libyenepisode darf demnach als grundlegendes Strukturprinzip für die Gliederung des vierten Buches gelten. Die Struktur manifestiert sich nicht nur in der Gesamtanlage der Handlung und ihrer Orte, sondern findet vielmehr ihren Niederschlag in Form von inhaltlichen, motivischen und lexikalischen Parallelen und Entsprechungen zwischen den Episoden. Besonders deutlich markieren die beiden Seesturmepisoden an Beginn und Ende von Asien-, Europa- und Libyenepisode dabei die Grenzen zwischen den drei Großteilen. Die sorgfältig bis in Detail komponierten, inhaltlichen und motivischen Gemeinsamkeiten sowie die geschickt abgestimmten Erzählerkommentare lassen eine Dreiteilung des vierten Buches unzweifelhaft erkennen.

II. Aufbau und Struktur der Libyenepisode

Wie in Bezug auf den Bau des gesamten vierten Buches angedeutet, hat die Apollonios-Forschung auch für die Binnenstruktur der Libyenepisode vornehmlich Schemata vorgelegt, die der Orientierung des Lesers und dem inhaltlichen Überblick dienen. Eine systematische Gliederung der Libyenepisode erarbeitet lediglich Hurst. Er teilt die Libyenepisode in zwei Segmente, von denen das erste am Thema „acte manqué" der Argonauten ausgerichtet sei und von den Motiven Verzweiflung und Tod strukturiert werde (4,1228–1536).[68] Das zweite Segment sei dagegen durch das Thema „Rückkehr" geprägt (4,1537–1781).[69] Auch Thierstein plädiert für eine Gliederung des „Hauptteils Libyen" (seiner Meinung nach 4,1232–1416) in zwei Szenenkomplexe, die wiederum in fünf „Szenengruppen" und vierzehn

---

67 Zu den Einzelheiten vgl. ad 1243–1247.
68 Das Zentrum bildet der Erzählerkommentar, vgl. Hurst 1967, 124 ff. sowie Taf. 26.
69 Dies lege die Verwendung verwandter Verben (ἔβαν, 4,1537; εἰσαπέβητε, 1781) zu Beginn und am Schluss nahe, vgl. Hurst 1967, 127 ff. Komposita zu βαίνω begegnen aber häufig, wenn die Argonauten wieder zu Schiff oder von Bord gehen (z. B. im vierten Buch: 4,104; 114; 359; 405; 775; 865; 1663 etc.).

„Szenen" unterteilt seien.[70] Zwar kann Hurst in Bezug auf die Entsprechungen innerhalb der Episoden motivische Verbindungen aufzeigen.[71] Dennoch vermögen diese Ansätze einer zweiteiligen Gliederung der Libyenepisode nicht zu überzeugen. Eine Gliederung der Libyenepisode in zwei Segmente vernachlässigt grundlegende strukturbildende Motive und Inhalte.

Die Gliederung des Kernbereiches der Libyenepisode in drei Segmente wird demgegenüber von der dreimaligen Verzweiflung der Argonauten an den drei libyschen Orten, die sie aufsuchen, sowie von der korrespondierenden dreimaligen Rettung der Argo-Besatzung eindeutig vorgegeben. Im Zentrum der drei Teile stehen zudem drei Begegnungen der Argonauten mit wohlmeinenden, libyschen Gottheiten, die jeweils einen Beitrag zur Rettung der Helden leisten. In allen drei Teilen müssen die Argonauten stets selbst aktiv werden, um den drei großen Gefahren Libyens zu entkommen. Jedes der drei etwa gleich umfangreichen Segmente, die Syrten-Episode (4,1223–1392), die Hesperiden-Episode (4,1393–1536) und die Triton-Episode (4,1537–1626) entwirft dabei ein bipolares, ambivalentes Bild des libyschen Kontinents: Zunächst warten die libyschen Orte mit einer gefährlichen, unheimlichen Seite auf, um dann aufgrund des gottesfürchtigen und umsichtigen Verhaltens der griechischen Helden ihr Potential als fruchtbares Land der Zukunft zu zeigen, für dessen Urbarmachung von den Argonauten der Grundstein gelegt wird (vgl. Teil I.D).

Die letzten Episoden, die die Ereignisse bei der Überfahrt von Libyen über Kreta und weitere Inseln zurück nach Iolkos schildern (4,1627–1772), werden in der Regel nicht mehr zur Libyenepisode gezählt.[72] Diese vier kürzeren Episoden müssen jedoch dem Libyenteil zugeordnet werden. Sie erfüllen eine transitorische Funktion, das heißt, sie erzählen allmählich und schrittweise von der Rückkehr der Argonauten aus dem fremden Libyen in ihre griechische Heimat. Dabei sind sie durch zahlreiche motivische Verbindungen eng mit den vorherigen Abenteuern auf dem nordafrikanischen Festland verknüpft. Diese Verknüpfung wird von einer zu nächsten Episode lockerer. So ist die erste der transitorischen Episoden, die Kreta-Episode, noch besonders eng mit den gefahrvollen Ereignissen in Libyen verknüpft.[73]

---

70 Vgl. Thierstein 1971, 44 ff. Thiersteins Arbeit gegenüber sind Vorbehalte angebracht, da er explizit die Auseinandersetzung mit wissenschaftlicher Literatur verweigert, vgl. Thierstein 1971, 104. Die nötigen Einwände gegen Thiersteins Gliederungsvorschlag bei Köhnken 1974.
71 Z. B. die zentrale Bedeutung des Todesmotivs für die Libyenepisode, vgl. Hurst 1967, 124 ff. sowie Taf. 26.
72 Vgl. Hurst 1967, 124 ff. sowie Taf. 26; Livrea 1973, xix f.; Glei / Natzel-Glei 1996 II, xv; Hunter 2015, 3.
73 Die Insel Kreta wird regelmäßig nicht zu Griechenland gezählt, sondern als Zwischenstation oder Übergangswelt zwischen Afrika und Europa empfunden, vgl. dazu ad 1627–1693.

Dagegen trägt die letzte transitorische Episode, die Aigina-Erzählung, vor allem friedlich-aitiologische Züge und weist so voraus auf die freudige Rückkehr nach Iolkos.[74]

Es ergibt sich also für die Libyenepisode folgender Aufbau: Zunächst sind die Abenteuer der Helden auf dem libyschen Festland in drei inhaltlich und motivisch korrespondierende Segmente gegliedert: Die Syrten-Episode (4,1223–1392), die Hesperiden-Episode (4,1393–1536) und die Triton-Episode (4,1537–1626). Es folgen als viertes Segment die transitorischen Episoden (4,1627–1772). Am Schluss steht der knappe Epilog für das gesamte Epos (4,1773–1781). Die Segmente der Libyenepisode lassen sich wiederum in jeweils vier bis fünf kleinere Teile gliedern, die oft ringkompositorische Struktur und motivische Entsprechungen untereinander aufweisen. Diese Binnenstruktur ist dem Kommentar zugrunde gelegt und wird dort zu Beginn eines jeden Segmentes erläutert.

III. Schematische Übersicht über die Struktur der Libyenepisode

Struktur und Aufbau der Libyenepisode lassen sich wie folgt schematisch veranschaulichen:

I. 4,1223–1392 Die libysche Syrte
    A. 1223–1249 Seesturm und Syrtenbeschreibung
    B. 1250–1304 Reaktion der Argo-Besatzung auf die Syrte
    C. 1305–1336 Die libyschen Wüstengottheiten
    D. 1337–1362 Jasons Bericht an die Gefährten
    E. 1363–1392 Poseidons Pferd, Deutung des Rätsels, Rettung der Argonauten

II. 4, 1393–1536 Die Argonauten bei den Hesperiden
    A. 1393–1421 Begegnung mit den Hesperiden
    B. 1422–1456 Aigle berichtet den Argonauten von der Quelle des Herakles
    C. 1457–1484 Suche nach Herakles
    D. 1485–1536 Tod der Argonauten Kanthos und Mopsos

III. 4, 1537–1626 Bei Triton am Tritonsee
    A. 1537–1550 Keine Ausfahrt aus dem Tritonsee
    B. 1551–1585 Triton-Eurypylos überreicht die Scholle
    C. 1586–1616 Triton in seiner eigentlichen Gestalt führt die Argo aus dem See
    D. 1617–1626 Ausfahrt aus dem Tritonsee

IV. 4, 1627–1772 Transitorische Episoden: Kreta, Anaphe, Thera, Aigina
    A. 1627–1693 Kreta und Talos
    B. 1694–1730 Anaphe

---

74 Zu den Details vgl. ad 1627–1772; ad 1627–1693; ad 1765–1772.

C. 1731–1764 Kalliste–Thera und die Gründung Kyrenes
D. 1765–1772 Aigina

V. 4, 1773–1781 Epilog der *Argonautika*

D. Das Libyenbild der *Argonautika*

I. Libyen in den *Argonautika*: Parameter einer Landschaftsdarstellung

Bei der Beschäftigung mit der Libyenepisode spielen vor allem drei Aspekte eine Rolle. Auf der einen Seite stehen Bemühungen der Apollonios-Forschung insbesondere der zweiten Hälfte des 20. Jahrhunderts, die die spärlichen geographischen Bezeichnungen mit archäologischen und historiographischen Zeugnissen über Nordafrika abgleichen, um die Handlung lokalisieren und kontextualisieren zu können. Da ferner die Rückfahrtabenteuer der Argonauten im vierten Buch verschiedene mythische und literarische Traditionen kombinieren, stellt zweitens die Identifikation der nur zum Teil erhaltenen Vorbilder ein zentrales Interessengebiet dar. Einen abweichenden Zugang wählen schließlich Ansätze, die in klarer Abgrenzung von vornherein davon ausgehen, dass es sich bei den dargestellten Landschaften um nicht in der realen, heutigen oder zeitgenössischen Geographie lokalisierbare, sondern phantastische, rein literarische Landschaften handele.

Diese Ansätze sind nicht der Libyenepisode im Besonderen gewidmet, sondern betrachten diese als einen Teil der Rückfahrtabenteuer oder der *Argonautika* insgesamt.[75] Die Darstellung Libyens bzw. Nordafrikas mit ihren verschiedenen Facetten harrt dagegen einer Untersuchung, die sich explizit auf diese Fragestellung konzentriert. Insbesondere für ein Epos, bei dem davon auszugehen ist, dass es zumindest teilweise im Einflussbereich des Königshofes der ersten Ptolemäer in Ägypten entstand,[76] verspricht eine detaillierte Untersuchung des Libyenbildes dabei wertvolle Einblicke. Im Folgenden wird gezeigt, dass Apollonios' Darstellung der Argonauten-Abenteuer in Nordafrika ein eigenes, in seiner Komplexität bisher unterschätztes Bild des libyschen Kontinents zugrunde liegt. Die Ansatzpunkte

---

75 Ausschließlich auf die Libyenepisode konzentriert sich ein Aufsatz Livreas (1987), der sich vornehmlich der Diskussion literarischer Vorbilder widmet, vgl. Teil I.D.II.2.
76 Vgl. Cusset 2017.

der Apollonios-Forschung erweisen sich dabei in gewisser Weise als zutreffend und unzutreffend zugleich, denn sie greifen je einen zentralen Punkt auf, vernachlässigen aber andere Elemente. Eine widersprüchliche Gegensätzlichkeit prägt weitaus grundlegender die Gestaltung der Libyenepisode, als man bisher erkannt hat. Da die Libyenepisode von der älteren Forschung als inhaltlich irrelevante, unzureichend mit der Handlung der *Argonautika* verknüpfte Appendix angesehen wurde,[77] ist erstens nicht eingehender untersucht, welche Funktion die Libyenabenteuer im Zusammenhang der übrigen Rückfahrthandlung erfüllen und welche inhaltlichen Aussageziele in den Teilepisoden werkintern verfolgt werden. Zweitens fehlt eine ausführliche Untersuchung der spezifischen literarischen Form und Ausgestaltung der Libyenepisode (vgl. auch Teil I.C.). Ausgehend von diesen Leitfragen zeigt das folgende Kapitel, dass sich die widersprüchlichen Elemente des Libyenbildes einer konsistenten Deutung fügen und sich die Form der Libyenepisode dieser zentralen Konstante konsequent anpasst.

Dies geschieht in Ergänzung zu Ansätzen, die für die *Argonautika* geographische Aspekte oder die literarische Tradition ins Zentrum stellen. Dabei spielt auch der Entstehungskontext, soweit er rekonstruierbar ist, eine Rolle. Zentrale Fragestellungen der folgenden Abschnitte sind dementsprechend: Worauf bezieht sich die Bezeichnung Libyen in den *Argonautika*? Welche Gegenden werden im Einzelnen dargestellt? Welche Form der Darstellung wird gewählt? Welche intra- und extraliterarischen Aussageabsichten liegen dieser zugrunde?

II.1. Libyen in der literarischen Tradition – ein kurzer Überblick

Um Innovationskraft und charakteristische Form des Libyenbildes der *Argonautika* beurteilen zu können, ist zunächst ein Blick auf die poetischen, historiographischen und geographischen Vorbilder nötig. In der Libyenepisode finden sich Spuren der literarischen Tradition zur Rückfahrt der Argonauten und zu ihrem Besuch in Nordafrika ebenso wie traditionelle Topoi früherer Libyenbeschreibungen, die sich wenigstens zum Teil im Abgleich mit anderen erhaltenen Texten identifizieren lassen.[78]

Die ersten Hinweise auf ein Land Libyen geben die homerischen Epen und die frühen Historiker. Die *Odyssee* weist zudem Spuren einer vorhomerischen Version des Argonautenmythos auf, wenn das Schiff Argo als die

---

77 Vgl. z. B. Vian 1987a, 251 ff.
78 Zu einzelnen Episoden der *Argonautika* gibt Jackson (1993) eine Übersicht der Prätexte. Seinem Ansatz, Apollonios eine sinnvolle und nicht bloß zufällige Auswahl zuzutrauen, ist zuzustimmen.

"Allbesungene" bezeichnet wird (Ἀργῶ πᾶσι μέλουσα, Od. 12,70).[79] Libyen wird im homerischen Epos als ein sagenhaft reiches, fruchtbares Land geschildert. Die Nostos-Erzählung des Menelaos steht am Anfang dieser motivischen Tradition. Menelaos beschreibt, wie seine Reise ihn ins ferne Libyen führte, in ein phantastisches Land, dessen Reichtum große, fruchtbare Viehherden ausmachen (Od. 4,81–89). Dabei nimmt Libyen in einem klimaktisch angeordneten Heptakolon die letzte Position ein und wird als einziges Land in der Reihe näher beschrieben. Libyen steht gleichsam als Inbegriff eines reichen, gefährlichen und sehr entlegenen Landes[80] (Κύπρον Φοινίκην τε καὶ Αἰγυπτίους ἐπαληθείς, / Αἰθίοπάς θ' ἱκόμην καὶ Σιδονίους καὶ Ἐρεμβοὺς / καὶ Λιβύην, Od. 4,83 ff.). Die Darstellung Libyens in der *Odyssee* dient dazu, den erfundenen Seeräubergeschichten des Odysseus Anschaulichkeit und Farbe zu verleihen, die er als „Kreter" dem Sauhirten Eumaios präsentiert (vgl. Od. 14,295 ff.). Die Motive Entlegenheit, Gefährlichkeit und sagenhafter Reichtum prägen demnach früh das literarische Bild Libyens. Ob der *Odyssee*-Dichter mit dem Namen Libyen die konkrete Vorstellung eines Landes oder einer geographischen Region verband, ist umstritten.[81]

Die homerische Motivik eines fruchtbaren, reichen Landes begegnet regelmäßig wieder. Ein Apollonios-Scholion überliefert, dass ein zentraler Bestandteil der Libyenepisode, der Marsch durch die libysche Wüste, bei dem die Argonauten die Argo auf ihrem Rücken tragen (4,1380–1392), in einer nicht erhaltenen Bearbeitung bei Hesiod als Station der Argonautenfahrt behandelt wurde (Hes. fr. 241 M.-W. = Schol. A.R. 4,257–262b). Für Antimachos' *Lyde* bezeugt das Scholion ferner, dass die Rückfahrt der Argonauten über Nordafrika thematisiert war (Antim. fr. 65 Wyss = Schol. A.R. 4,257–62b).[82] Wie Libyen dort im Einzelnen dargestellt war, lässt sich nicht feststellen. Das Land Libyen und seine Mythen spielen ferner in den Oden Pindars eine herausgehobene Rolle, da der Dichter aus Theben zeitweise für den Herrscher Arkesilaos IV. von Kyrene tätig war.[83] So stellt etwa die vierte *Pythie* den Gründungs-

---

79 Vgl. Meuli 1921; Radermacher 1943, 208–213; Hölscher 1988, 170–185; Dräger 1993, bes. 12–63. West (2005) meint, dass die gemeinsamen Motive in *Odyssee* und *Argonautika* auf den Einfluss der vorderorientalischen Gilgamesch-Epen zurückzuführen seien.
80 Die geographischen Angaben in der *Odyssee* werden schon in der Antike kontrovers diskutiert (z. B. Str. 37–43), vgl. Von Soden 1959, 26 ff. Der Dichter wird jedenfalls für Menelaos' Reise keinen geographisch zuverlässigen „Reiseplan" ausgearbeitet haben, vgl. Heubeck / West / Hainsworth 1988, ad 4, 83.
81 Vgl. Chamoux 1953 59 ff.; von Soden 1959, 27f; Boardman 1980, 153 ff.; Hölscher 1988, 141 ff.; Heubeck / West / Hainsworth 1988, ad 4,85 ff. Zimmermann (1999, 182 ff.) hält es unter Berufung auf Wests Spätdatierung für unwahrscheinlich, in der *Odyssee* Spuren der griechischen Kolonisation der Kyrenaia zu finden.
82 Vgl. Delage 1930, 253 ff.; Livrea 1987, 177 ff.; Vian 1987a, 251 ff.; Matthews 1996, 222 f.; Zahrnt 2012.
83 Vgl. Braswell 1988, 1–5.

mythos der Stadt Kyrene folgendermaßen dar: Die griechische Kolonie Kyrene führt ihre Gründung auf den Besuch der Argonauten in Libyen zurück. Der Argonaut Euphemos erhält auf der Reise von Triton am Tritonsee eine Scholle heimischer Erde. Diese landet bei der Überfahrt nach Griechenland in der Nähe von Kreta im Meer, aus ihr entsteht die Insel Thera-Kalliste. Die Nachfahren des Euphemos, die dieser zuvor mit einer Lemnierin gezeugt hat, verlassen später Lemnos und gelangen über Sparta nach Thera, von wo sie Kyrene in Nordafrika gründen. Diesen Gründungsmythos greift Apollonios auf, kombiniert ihn mit weiteren Motiven aus der literarischen Tradition anderer Gattungen und ergänzt ihn um eigene Motive (vgl. ad 4,1537–1619; 1731–1764).[84] Bei Pindar findet sich zuerst die Vorstellung von Libyen als einem dritten Erdteil neben Europa und Asien, wenn er Libyen die „dritte Wurzel der Erde" nennt (ῥίζαν ἀπείρου τρίταν, Pi. P. 9,8), die sich in Hekataios' berühmter Erdkarte konkretisiert (Hecat. FGrH F 36). Diese geographische Einteilung der Oikoumene ist für Gliederung des vierten Buches der *Argonautika* von zentraler Bedeutung (vgl. Teil I.C.). Herodot hat die Idee von den drei Erdteilen bekanntlich scharf verurteilt (Hdt. 2,16,1), da sie nicht zu dem weltanschaulich-politischen Gegensatz zwischen Asien und Europa passt, der sein Geschichtswerk dominiert.[85] Herodot gibt jedoch einen längeren Exkurs über die libysche Landschaft, ihre Völker und verschiedene Mythen (Hdt. 4,168–199), aus dem sich in den *Argonautika* Spuren finden. Von Interesse für die Libyenepisode ist vor allem, dass Herodot ebenfalls eine Version des Besuches der Argonauten in nordafrikanischen Gewässern erzählt. Laut Herodot sitzen diese mit ihrem Schiff in den Untiefen des Tritonsees fest. Sie opfern dem Gott einen apollinischen Dreifuß. Triton prophezeit, dass am Tritonsee einst zahlreiche griechische Kolonien entstehen werden, sobald ein Nachkomme der Argonauten den Dreifuß zurückhole (Hdt. 4,179). Hier wird ein weiterer Gründungsmythos für griechische Siedlungen in Nordafrika greifbar, auf den Apollonios Bezug nimmt. In den *Argonautika* findet sich eine Kombination aus der bei Pindar erhaltenen Schollen- und der bei Herodot überlieferten Dreifuß-Variante (vgl. ad 1537–1585; 1731–1764).[86]

Schließlich gilt Libyen früh in der literarischen Tradition als Land der Gegensätze und Extreme.[87] Auf der einen Seite steht das Bild vom sagenhaften Reichtum des Landes, von seinem Überfluss an Agrarprodukten, wie es die *Odyssee* zeichnet. Etwa bei Hekataios finden sich auf der anderen Seite Berichte, die von der Kargheit und Ödnis der unfruchtbaren Wüstengebiete Zeugnis ablegen (so Herodot über Hekataios, Hdt. 2,32; 2,65; 4,181). Ähnliche Gegensätze zwischen fruchtbarem Paradies und lebensfeindlicher

---

84 Vgl. auch Calame 1990; 2003; 2011.
85 Vgl. Zimmermann 1999, 23–95.
86 Vgl. Calame 2011, 241–250; Morrison 2020, 145–187.
87 Zimmermann 1999, 127 ff.

Wüste bestimmen die Schilderungen, die uns bei Pindar, Euripides, beim Komödiendichter Hermippos und bei Aristoteles erhalten sind (E. Hel. 404 f.; 1211; Pi. P. 4,25 f.; I. 3/4, 71b ff.; Hermipp. fr. 63 PCG V, 593; Arist. HA 7,28,606b). Diese Gegensätzlichkeit wird von Apollonios – dies ist eine zentrale These des folgenden Kapitels – zu einem strukturbildenden Motiv ausgearbeitet, das das Libyenbild maßgeblich bestimmt. Der gegensätzliche Charakter der Landschaft prägt nicht nur die Beschreibung, sondern bildet eine Grundkonstante, an der sich die Entwicklung der Handlung weitgehend orientiert. Der ambivalente Charakter des Landes bewirkt nämlich, dass die Argonauten in Libyen mehrfach extremen Gefahrensituationen ausgesetzt sind, die sie durch eine Kombination aus göttlicher Hilfe und eigener Leistung abwenden können.

II.2. Libyen in den *Argonautika*: Exakte Landkarte oder Niemandsland?

Der Begriff Libyen wird von Apollonios zur Bezeichnung des Erdteils Nordafrika gebraucht. Bereits zu Beginn des Epos wird Libyen aus europäischer Perspektive als eines der beiden anderen „Weltenden" inszeniert (1,81–85). Am Anfang der Libyenepisode wird diese Definition wiederholt (αἴσιμον ἦν ἐπιβῆναι Ἀχαιίδος ἡρώεσσιν, / ὄφρ' ἔτι καὶ Λιβύης ἐπὶ πείρασιν ὀτλήσειαν, 4,1226 f.). Sonst bieten die *Argonautika* außerhalb der Libyenepisode nur wenig konkrete Informationen über den Landstrich, halten aber eindeutig an einem dreigeteilten Weltbild fest, bestehend aus den Kontinenten Asien, Europa und Libyen. Libyen wird sonst lediglich noch in einer Version des Mythos von der libyschen Nymphe Kyrene, der Mutter des Aristaios, erwähnt (2,500–511; vgl. ad 1322; 1731–1764).[88]

Schlägt man eine der aktuellen *Argonautika*-Ausgaben auf, so weisen sie alle eine Gemeinsamkeit auf: Sie enthalten eine oder mehrere Landkarten des Mittelmeerraumes, anhand derer relativ exakt veranschaulicht wird, welchen Weg die Argo auf ihrer Reise von Iolkos nach Kolchis und zurück nimmt. Manches wird dabei vereinfacht und einige geographische Zusammenhänge, die von Apollonios beschrieben werden, existieren in der Realität schlicht nicht.[89] Vornehmlich spielt sich die gesamte Fahrt der Argo bei Apollonios jedoch in einer Welt ab, die sich mit der heutigen Geographie des Mittelmeerraums zur Deckung bringen lässt. Vergleicht man diesen Befund mit den Geographika der *Odyssee*, wird deutlich, dass Apollonios

---

88 Vgl. Laronde 1987, 44 ff.; Calame 1990; Austin 2008; Calame 2011; Köhnken 2012; Griffiths 2012.
89 Vor allem die Reise der Argo durch den hohen Norden, durch den Istros ins Ionische Meer, über den Eridanos, ein öminöses keltisches Seensystem und die Rhone ins Ausonische Meer. Vgl. Vian 1987a; Zahrnt 2012.

eine sehr viel präzisere Landkarte in seine Dichtung einfließen lässt.[90] Das große Interesse der älteren Apollonios-Forschung an einer möglichst exakten geographischen Lokalisation der Ereignisse erscheint vor diesem Hintergrund alles andere als unberechtigt.[91] Für die Libyenepisode erweist sich jedoch eine exakte Zuordnung der Handlungsorte zu historisch bezeugten Orten als äußerst schwierig. Dies liegt zum einen an der geringen Zahl expliziter Ortsnamen. Die Darstellung Libyens ist zudem auf drei Gegenden beschränkt. Die Handlung spielt sich hauptsächlich in der Sumpfwüste der Syrte (4,1223–1392), im Garten der Hesperiden (4,1393–1536) und am Tritonsee (4,1537–1626) ab. Die Darstellungen der drei Gegenden liefern aber keine Informationen, die eindeutig einem historisch-archäologisch bezeugten Ort zuzuordnen wären, sondern entstammen der mythisch-literarischen Tradition und sind vor allem funktional für die Handlung. Darüber hinaus stehen für die Gegenden keine geographischen Hinweise zur Verfügung, die eine genauere Lokalisation ermöglichen.

Stranden die Argonauten zu Beginn der Libyenepisode also nun in der Großen Syrte, in der Kleinen Syrte oder in einer anderen, ähnlichen Sumpfformation Nordafrikas? Genannt wird nur „die Syrte" (4,1235), beschrieben wird eine urzeitliche Sumpf- und Wüstenlandschaft (4,1223–1276). Ebenso verhält es sich mit dem Garten der Hesperiden, über dessen Verortung in antiken Quellen ohnedies Uneinigkeit herrscht (vgl. ad 1393–1449, 1399; Teil I.D.III.b). Bei der Lokalisation ist man auf indirekte Hinweise und den Abgleich mit anderen Texten angewiesen.[92] Ebenso schwierig gestaltet sich der Versuch, den Tritonsee näher zu verorten, denn die für einen Abgleich in Frage kommenden Quellen benennen unterschiedliche Gewässer mit diesem Namen.[93] Hinzu kommt, dass sich die geographische Beschaffenheit der nordafrikanischen Landschaft in den letzten beiden Jahrtausenden stark verändert hat. So haben sich etwa die Küstenlinien durch Veränderung des Meeresspiegels, durch Erosion und Landeintrag verschoben, auch sind flache Seen auf dem nordafrikanischen Festland vollständig versumpft oder

---

90 Vgl. z. B. Zimmermann 1999, 181 ff. sowie Zeller 1959; Lateiner 2014.
91 Dies ist für Orte, deren Lokalisation für die homerischen Epen umstritten ist, ohne Probleme möglich. So identifiziert Ap. die Phäakeninsel Scheria eindeutig mit Korkyra (vgl. ad 1223). Vgl. Meyer 1998a; Meyer 2008.
92 Bei Kallimachos wird der Hesperidengarten in der Nähe der Nasamonen verortet, die Herodot und Ps.-Skylax wiederum an den Rändern der Großen Syrte lokalisieren (Call. fr. 602 Pf. Hdt. 4,172 ff.; Scyl. 109). Vgl. Livrea 1987, 176 ff. Eine Einteilung der einzelnen Tage des Jahres, das die Argonauten auf See verbringen, und der Weglängen, die die Helden zurückgelegt haben könnten, wagt Vian (1996², 11 ff.).
93 Lokalisierungsversuche werden im Kommentar besprochen. Für das archäologische Material sowie Vorschläge zur Verortung von Syrte, Hesperidengarten und Tritonsee vgl. Delage 1930, 253–276; Chamoux 1953; Goodchild 1971; Goodchild 1976, bes. 210–228; Stucchi 1976; Stucchi 1985; Laronde 1987, 386 ff.; Livrea 1987; Vian 1987a.

verlandet.⁹⁴ Ferner kann man weder davon ausgehen noch ausschließen, dass Apollonios die in der mythisch-literarischen Tradition beheimateten Gegenden Libyens kurzerhand nach dem Vorbild anderer, ihm in der Realität bekannter Orte gestaltet. Schließlich ist der Erzähler bemüht, die seinem mythologischen Epos zugrunde liegende temporale Konstruktion einer weit zurückliegenden, mythischen Vergangenheit aufrechtzuerhalten. Wenn die fiktionale Zeitebene im Hinblick auf die Zukunft durchbrochen wird, geschieht dies mit explizitem Erzählerkommentar unter gleichzeitiger Durchbrechung der erzählerischen Unmittelbarkeit. Der Erzähler verweist etwa darauf, dass bestimmte Phänomene „heute noch" (ἔνθ' ἔτι νῦν) zu beobachten sind (vgl. Teil I.E; ad 1770). Abgesehen davon finden zeitgenössische Ereignisse keinerlei Erwähnung. Eine Bezugnahme mythisch-poetischer Exempel auf die hellenistischen Herrscher, wie sie etwa mit enkomiastischer Zielsetzung von Theokrit und Kallimachos offen gepflegt wird (Theocr. 17; Call. fr. 110 „Locke der Berenike"), findet sich nicht.⁹⁵ Es bleiben also für die Frage nach einer Identifikation der libyschen Orte Vorbehalte bestehen. Eine im Detail geographisch exakte Verortung der Libyenabenteuer ist unmöglich.

Neuere Arbeiten suchen daher nach anderen Möglichkeiten, die Raumdarstellungen der *Argonautika* zu interpretieren. So macht etwa Thalmann raumtheoretische Konzepte für die *Argonautika* fruchtbar. Unter Anwendung der Raumtheorien des Soziologen Soja bemüht er sich zu zeigen, dass die Argonauten bei ihrer Reise durch fremde Länder imperialistische Verhaltenszüge an den Tag legten und sich in Nordafrika ähnlich wie moderne Kolonialherren gerierten. Bei breiter Ausführung der komplexen theoretischen Konzepte bleibt dabei allerdings eine Betrachtung formaler und inhaltlicher Aspekte des Epos auf der Strecke.⁹⁶ Die Ausführungen Thalmanns sind eine soziologische Spielart der politischen Deutung der *Argonautika*, die sich in Abgrenzung zur *l'art pour l'art*-These einiger Beliebtheit erfreut. Mori etwa deutet Apollonios' Figuren als Chiffren für historische Herrscherpersönlichkeiten. Clayman geht davon aus, dass sich ptolemäische Königinnen in den Frauenfiguren gespiegelt sahen.⁹⁷ Andere Studien berücksichtigen hingegen die Grenzen einer politischen Deutung für das Epos. Eine ägyptologische Erkenntnisse integrierende, politische Deutung gibt etwa Stephens. Gegen

---

94 Vgl. z. B. Raban 1988; Olshausen 1991, 202 m. Anm. 245; Tawadros 2012, 45–76. Für viele Gegenden Nordafrikas nimmt man wie für Südeuropa an, dass sie in römischer Zeit deutlich niederschlagsreicher und feuchter waren als heutzutage, vgl. Bolle 2003, 22 f. mit der weiteren Literatur.
95 Griffiths 1972, 71–81; Fantuzzi/Hunter 2004, 350–370; Männlein-Robert 2010; Asper 2011; Strootman 2014.
96 Für narratologische Schlaglichter auf Raum und Zeit vgl. Danek 2009; Klooster 2007; Klooster 2012.
97 Mori 2008; Clayman 2013, 105–120.

die Zuspitzung, Kolchis stehe als Metapher für das hellenistische Ägypten, bringt Morrison treffende Argumente.[98] Hunter gibt eine plausible politische Deutung der Raumdarstellungen in den *Argonautika* in aller Kürze.[99] Den Einfluss gesellschaftlich-politischer Ereignisse auf Apollonios' Dichtung unterschätzt dagegen gewiss Köhnken, wenn er sich gegen jegliche politische Deutung ausspricht.[100] Thalmann kommt interpretatorisch vor allem dahingehend über diese Ansätze hinaus, als dass er die „Kolonialbestrebungen" der Argonauten hervorhebt.[101] Die Idee von den Argonauten als Kolonialherren *avant la lettre* vernachlässigt jedoch Eigenschaften, die für das Verhalten der Helden charakteristisch sind. Zwar ist ihr Verhalten in einigen Episoden von klassisch-epischer Kampfeslust geprägt (z. B. Kyzikos, Aresinsel) und kennt auch frevelhafte Züge (Mord an Apsyrtos). Sie zeichnen sich während ihres Aufenthaltes in Nordafrika jedoch gerade nicht durch hybrides, herrisches oder herabsetzendes Verhalten aus, sondern legen eine zurückhaltende und umsichtige Art an den Tag, die bewirkt, dass indigene Gottheiten ihnen hilfsbereit zur Seite stehen (vgl. Kap. D.III.3; zur Ausnahme Kaphauros vgl. ad 1485–1501).

Als durchsetzungsfähig hat sich darüber hinaus eine These erwiesen, die den auf eine geographische Verortung konzentrierten Ansätzen diametral entgegengesetzt ist. Diese misstraut den geographischen Angaben der *Argonautika* vollständig. Stattdessen geht man davon aus, Apollonios konstruiere das Land Libyen nicht auf Grundlage tatsächlicher, geographischer Realitäten, sondern als bewussten „Nicht-Raum", als Ort, der durch „Dislokation" gekennzeichnet sei.[102] Eine exakte geographische Verortung der libyschen Gegenden sei weder intendiert noch möglich. Libyen stelle vielmehr eine rein literarische Gegenwelt dar, in der „an unmapped and unmappable space" verhandelt werde.[103] Diese Idee hat Vorzüge. Zum einen scheint sich von selbst zu klären, warum Versuche einer exakten geographischen Verortung der Handlung im Fall der Libyenepisode nicht zu eindeutigen Ergebnissen führen. Zum anderen weist Libyen in den *Argonautika* tatsächlich Züge eines unheimlichen Landes am Rande der Welt auf, in dem andere Gesetze gelten (vgl. Teil I.D.III). Der Ansatz greift dennoch zu kurz und wird dem komplexen Libyenbild nicht gerecht. Zunächst einmal lassen sich die Erkenntnisse der älteren Apollonios-Forschung nicht ohne Weiteres von der

---

98 Stephens 2000; 2003, 171–237; 2008; 2012; 2018; Morrison 2020, 145–178.
99 Hunter 1995; 1996, 152–169. Vgl. Cusset 2004; Clauss 2012; Klooster 2013a; Sistakou 2014a; Strootman 2014.
100 Köhnken 2012. Zum *spatial turn* in den Literaturwissenschaften vgl. z. B. Dennerlein 2009.
101 Thalmann 2011, bes. 191–219; Thalmann 2017. Vgl. ferner Rubio 1992.
102 Vgl. Williams 1991, 167 f.; Clare 2002, 151 ff., bes. zur Syrte 151: „In keeping with its status as a location of displacement Syrtis is a place defined by absence."
103 Clare 2002, 151.

Hand weisen. Eine ungefähre geographische Verortung der Handlung in der Gegend der späteren Kyrenaia ist plausibel, auch wenn die Beschreibung der Orte vornehmlich auf die literarische Tradition Bezug nimmt. Bezieht man die Entstehungsbedingungen der *Argonautika* in die Deutung des Befundes ein, so kann man annehmen, dass Apollonios präzise Informationen über Libyen zur Verfügung standen. Es gilt als gesichert, dass er als Bibliotheksvorsteher und Prinzenerzieher in Alexandria zumindest eine gewisse Zeit seines Lebens unbeschränkt auf die Bestände der alexandrinischen Bibliothek zugreifen und dort Landkarten, Reiseberichte und geographisches Schrifttum einsehen und als Inspirationsquelle für seine Dichtung nutzen konnte.[104] Auch hatte er wohl Gelegenheit, manchen Landstrich Nordafrikas aus eigener Anschauung kennenzulernen. Es ist also wahrscheinlich, dass er exaktere Angaben zur geographischen Verortung hätte machen können. Warum lassen dann die Informationen dennoch nur eine vage Verortung der Argonauten-Abenteuer in Libyen zu?

Hier lassen sich zwei Hauptgründe vermuten: Die Spärlichkeit und Reduktion der geographischen Informationen soll einen konkreten Rezeptionsvorgang in Gang setzen. Dass die nordafrikanische Landschaft als Schauplatz von besonderer Bedeutung in einem mythologischen Epos ist, das im kulturellen Kontext des Ptolemäerhofes in Alexandria entstand und rezipiert wurde, liegt auf der Hand. Die Libyenepisode bemüht sich um die Aufmerksamkeit der zeitgenössischen Rezipienten, die in einem griechisch geprägten kulturellen Klima in Nordafrika leben und an einer Darstellung der mythischen Vergangenheit Libyens besonderes Interesse haben. Diese waren mit einiger Sicherheit sowohl mit der realen Geographie Libyens als auch mit der Libyen-Motivik der literarischen Tradition vertraut. Der zeitgenössische Rezipient kann geläufige Motive und Mythen in der Regel erkennen und ihre Umgestaltung in einem neuen Kontext verstehen und würdigen.[105] Zwar darf die Idee eines gelehrten, belesenen Publikums am Hof in Alexandria nicht übertrieben werden. Nicht jeder wird jede der zum Teil entlegenen lexikalischen oder motivischen Anspielungen in diesen Werken sofort ent-

---

104 Zu den wenigen, gesicherten Annahmen vgl. Lefkowitz 1980; 2008; 2012, 121 ff.; Rengakos 1992a. Zur Bibliothek und ihren Vorstehern vgl. Pfeiffer 1970, 114–190; Fraser 1972 I, 305–335; Barnes 2000; M. Clauss 2004, 92–109; Nesselrath 2013; Cusset 2017. Dass Apollonios auch mit naturwissenschaftlicher Literatur vertraut war, zeigt die Verwendung in den *Argonautika*, vgl. z. B. ad 1682 ff.
105 In der Frage nach der Zusammensetzung des zeitgenössischen Publikums der *Argonautika* ist keine Gewissheit zu erlangen. Man geht von einem relativ homogenen, mit der griechischen literarischen Tradition hinreichend vertrauten Publikum aus, vgl. Weber 1993, 55–184. Um diese Dichtung schätzen zu können, ist es nicht nötig, dass jeder Rezipient jede der gelehrten Anspielungen sofort entschlüsselt, vgl. Hunter 1993b, 4 ff. Schließlich wird auch die lange Zeit unangefochtene Datierung der *Argonautika* in die erste Hälfte des 3. Jhds. v. Chr. neuerdings bezweifelt, vgl. Köhnken 2008. Für eine Spätdatierung ins Jahr 238 v. Chr. vgl. Murray 2014.

schlüsselt und den Intertext vor Augen gehabt haben.[106] Mit Blick auf die bezeugten Debatten der aufstrebenden Philologie und auf die in allen Gebieten am Hof erblühenden Wissenschaften und Künste ist eine übertriebene Skepsis jedoch ebenfalls unangemessen. Es ist gewiss richtig, dass sowohl die Dichter als auch das alexandrinische Publikum besondere Freude an voraussetzungsreichen literarischen Texten hatten. Die selbstbewusste Hervorhebung der eigenen poetischen Version durch den Erzähler lässt auch in den *Argonautika* darauf schließen. Die zahlreichen autoreferentiellen Bemerkungen bei Apollonios und den übrigen hellenistischen Dichtern legen nahe, dass ihre Werke in einem hochliterarisierten Kontext entstehen und entsprechend gewürdigt werden (vgl. Teil I.E). Indem nun die Ereignisse in Libyen gleichberechtigt neben denjenigen in Asien und Europa präsentiert werden und die Libyenepisode als ein Hauptteil der Rückfahrterzählung gestaltet wird, entsteht die Grundlage für eine ideologische Anschlussfähigkeit an die mythische Argonautenfahrt, die für eine Rechtfertigung der griechischen Herrschaft über Nordafrika fruchtbar gemacht werden kann.[107] Der zunehmenden Bedeutung des dritten Kontinents und der Verschiebung des Machtgefüges im Mittelmeerraum wird so Rechnung getragen.[108] Gerade die Gegend der Kyrenaia, in der die Libyenepisode sich grob verorten lässt, ist zudem im 3. Jhd. v. Chr. für die Politik der Ptolemäer und die Gesellschaft am Hof in Alexandria von herausragender Bedeutung. Zahlreiche Gelehrte und Dichter stammen aus Kyrene und es bestehen enge Beziehungen zwischen den Königshäusern in Kyrene und Alexandria. Konkrete Hinweise, die eine Identifikation der epischen Handlungsorte mit den zeitgenössischen Städten der Kyrenaia ermöglichten, liefen jedoch einem zentralen erzählerischen Charakteristikum der *Argonautika* zuwider. Der Erzähler zeigt sich auffällig bemüht, die temporale Distanz zwischen den Ereignissen der mythischen Handlung und der eigenen Zeit zu betonen, und thematisiert diese Distanz häufig explizit. Der Rezipient soll die Handlung in ihrer Fiktionalität und Literarizität würdigen. Der Erzähler kommt dementsprechend häufig auf seine Rolle, auf die Fiktionalität der Handlung und die spezifische, inhaltliche und formale Gestaltung der jeweiligen Partie im Vergleich zu literarischen Vorlagen zu sprechen (vgl. Teil I.E). Konkrete Hinweise auf Orte, die in der mythischen Vergangenheit der Argonautenhandlung nicht existierten, dürf-

---

106 Kritisiert hat die jüngere *Argonautika*-Forschung vor allem die sogenannte *arte allusiva*-Schule, die bereits seit den sechziger Jahren in verdienstvoller philologischer Kärrnerarbeit lexikalische Übernahmen hellenistischer Dichter aus den homerischen Epen und der übrigen Dichtung identifizierte, vgl. z. B. Giangrande 1967; 1969a. Zur Kritik an diesem Deutungsmuster vgl. z. B. Knight 1995, 14 ff. sowie die Einleitung Kap. A.
107 Vgl. Hunter 1993b, 152–169; Stephens 2000; Stephens 2008; Stephens 2012; Strootman 2014.
108 Vgl. dazu Stephens 2011.

ten als krasse Anachronismen wahrgenommen werden. Dementsprechend wird etwa die Erzählung des Gründungsmythos der griechischen Kolonie Kyrene bis zu einem bestimmten Zeitpunkt der mythischen Vorgeschichte in die epische Handlung integriert, dann jedoch wird der Bericht mit einem expliziten Hinweis auf die temporale Distanz der Ereignisse des Gründungsmythos abgebrochen (vgl. Teil I.E.II.2).

Die ambivalente Behandlung geographischer Bezeichnungen in der Libyenepisode spielt in diesem Zusammenhang eine Rolle. Eine eindeutig nachvollziehbare, exakte geographische Verortung der Handlung unter Verwendung zeitgenössisch-hellenistischer, für das mythologische Epos anachronistischer Bezeichnungen erfolgt bewusst nicht. Auch lassen sich die Handlungsorte nicht anhand von indirekten Hinweisen eindeutig historischen Orten zuordnen. Stattdessen werden Namen und Bezeichnungen verwendet, die in der mythisch-literarischen Tradition beheimatet, aber nicht konkret geographisch zu lokalisieren sind. Auffällig ist dabei, dass deren Lage nicht selten schon den hellenistischen Zeitgenossen Diskussionsgegenstand war, wie beispielsweise die Lage des Tritonsees.[109] Die durch die literarische Tradition geprägten Bezeichnungen wecken beim Publikum Assoziationen und knüpfen an mythisch-literarische, ikonographische, aber auch geographische, politische und naturwissenschaftliche Traditionen an, die im zeitgenössischen Diskurs eine Rolle spielen. Anhand der Namen erschafft sich der Rezipient so eine mentale Karte für die Handlung der Libyenepisode, die auf individuellen Kenntnissen beruht.[110] Vor diesem Hintergrund erkennt der Rezipient die besondere inhaltliche und formale Gestaltung der Libyenepisode als Teil eines mythischen Epos in ihrer Literarizität. Libyen, wie es in der Libyenepisode dargestellt wird, ist also keineswegs „unmapped and unmappable". Vielmehr werden die Rezipienten in der Regel darin übereinstimmen, dass sich die Ereignisse in der nordafrikanischen Kyrenaia verorten lassen, ohne dass jeder exakt denselben Ort vor Augen hat. Jeder Rezipient schafft seine eigene imaginäre Landkarte des argonautischen Libyen, die auf der Kenntnis literarischer und mythischer Gegenden beruht

---

109 Sistakou (2012, 125–129; 2014a, 177 f.) interpretiert die Libyenepisode als Mischung aus „reality and fantasy". Dies gilt freilich für einen Großteil jeder literarischen Produktion über alle Zeiten und Räume hinweg.

110 Die „mental map"-Theorie stammt aus Psychologie und Kulturgeographie, vgl. z. B. Downs / Stea 1982, 138–198; Meyer 1998a, 62 ff. Wie sich die Beschreibung der Route der Argo an der Schnittstelle zwischen Epos und Geographie bewegt, zeigt Meyer, wobei sie die Rolle der geographischen Gelehrsamkeit stark betont, vgl. z. B. Meyer 1998a; 1998b; 2008. Meyer (1998a, 64) geht davon aus, dass die zugrunde gelegte imaginäre Karte „alles andere ist als ein reines Phantasieprodukt", dass sie vielmehr von der Rezeption geographischer Schriften zeugen. Vgl. Fraser 1972 I, 520–552. Stephens (2008, 97) verweist auf die Bedeutung von literarischen Raumdarstellungen als „mnemonic for cultural identity". Vgl. auch Rostropowicz 1990.

und geographische Informationen dort einbindet, wo sie die temporale und narrative Grundstruktur des Epos ergänzen. Für die potenzielle Mehrdeutigkeit der literarischen Landschaft Libyen sorgt der absichtlich restriktive geographische Informationsgehalt, den Apollonios' Epos an die Hand gibt.

III. Libyen in den *Argonautika* – Reise durch eine literarisierte Landschaft

Mittlerweile gesteht man einhellig zu, dass die Libyenepisode dem Rest der *Argonautika* in Handlungsreichtum oder Sorgfalt der Ausgestaltung nicht nachsteht (vgl. Teil I.C). Bei genauer Betrachtung zeigen sich jedoch nicht nur die sorgfältig auf den Rest des vierten Buches abgestimmte Komposition der Libyenepisode, sondern auch Komplexität und Passung des Libyenbildes selbst. Die Darstellung ist von bipolaren Kontrasten geprägt. In jeder Teilepisode wird die unheimliche, gefährliche Seite eines libyschen Ortes beschrieben, um die Argonauten mit dieser Gefahr zu konfrontieren. Die Situation findet ihre Auflösung, indem im Handlungsverlauf eine weitere, zunächst versteckte, hilfreiche, milde oder reizvolle Seite des Landstriches präsentiert wird. Apollonios etabliert in seiner Libyendarstellung ein Gleichgewicht zwischen den Kontrasten, die in der literarisch-historiographischen Tradition angelegt sind. Das in der mythischen Vergangenheit noch versteckte Potential des zunächst als unbelebt dargestellten libyschen Kontinents wird so allmählich sichtbar gemacht. Die beiden entgegengesetzten Pole und der Umgang der Argonauten mit diesen Extremen bestimmen dabei nicht nur das Bild Nordafrikas, sondern werden zur Grundlage für die Handlungsstruktur der Libyenepisode.

III.1. *Libya obscura* – Die gefährliche Seite Libyens

Zwar ist die Gegensätzlichkeit Libyens in der literarischen Tradition angelegt, wird aber von Apollonios besonders prominent inszeniert. Libyen ist in den *Argonautika* ein unheimliches, fremdes und gefährliches Land, zeigt aber unter bestimmten Bedingungen eine zunächst verborgene, milde, sanfte und wohltätige Seite. Mit der unheimlichen Seite werden die Argonauten an jedem Ort in Nordafrika, den sie erreichen, zuerst konfrontiert. Vermutlich aus diesem Grund wird die dunkle Seite, die einen Teil des Libyenbildes der *Argonautika* ausmacht, von der Forschung einseitig hervorgehoben.[111]

---

111 Vgl. z. B. Händel 1954, 66 f.; Elliger 1975, 312 ff.; Dufner 1988, 189–195; Williams 1991, 163–173; Clare 2002, 151 ff. Sistakou (2012, 125–129; 2014a, 177 f.) geht sogar von einer strukturellen „Ästhetik der Dunkelheit" bei Nikander, Lykophron

Die wiederkehrende, bipolare Schematik, die den einzelnen Begegnungen der Argonauten in Libyen zugrunde liegt und die dieser unheimlichen Seite stets ein positives Erlebnis gegenüberstellt, weist demgegenüber das folgende Kapitel auf. Von Beginn an und in jeder neuen Teilepisode stehen die Argonauten vor einem schwerwiegenden, ihr Leben und das ganze Vorhaben gefährdenden Problem, das jeweils auf den besonderen Charakter der libyschen Landschaft zurückzuführen ist. Auf sich allein gestellt finden sie keine Lösung. Aufgrund ihres umsichtigen Verhaltens, das ihnen die Hilfe indigener Gottheiten zuteilwerden lässt, finden sie aber schließlich einen Ausweg. Im Folgenden wird zunächst die gefährliche Seite Libyens im Einzelnen aufgezeigt. Dann steht eine bisher unerkannte Technik im Zentrum der Darstellung, mit der Apollonios durch die Umkehrung typischer homerischer Kampfgleichnisse die Gefahr, die von der libyschen Landschaft ausgeht, indirekt mit der eines Gegners im epischen Zweikampf vergleicht. Die Tapferkeit der Argonauten bei der Überwindung der libyschen Gefahren wird so besonders betont. Schließlich wird gezeigt, wie die libyschen Orte doch noch ihre milde und reizvolle Seite zeigen sowie ihr Potential als ein kulturelles Zentrum des Mittelmeerraumes erahnen lassen.

a. Die unwirtliche Unwirklichkeit der libyschen Syrte
Der erste Ort, mit dem die Argonauten konfrontiert werden, ist die Syrte. Diese öde Landschaft aus Sumpfgebiet und Wüste wird ausführlich als unnatürliche Gefahr beschrieben. Ist ein Schiff mit der Springflut in die flache Bucht gelangt, gibt es keinen Ausweg zurück ins Meer. Sobald die Sturmflut sich legt, ist die Wassertiefe vollkommen unzureichend. Der Erzähler folgt hier dem Blick der Argo-Besatzung auf die unheimliche Gegend und beschreibt erst den Sumpf, in dem die Argo strandet, dann Totenstille und Verlassenheit des Ortes und die endlos sich am Horizont erstreckende, leblose Sandwüste (4,1224–1249). Die Argonauten reagieren mit einem derart ausgeprägten Entsetzen auf diese Landschaft, wie es sonst kaum einmal von ihnen Besitz ergreift.[112] Sie legen sich zum Sterben nieder (4,1277–1304). Diese Verzweiflung illustriert ein eindrucksvolles Omina-Gleichnis (4,1278–1289). Wie die Menschen im Gleichnis rechnen die Argonauten fest mit ihrem Tod durch Verdursten in der Wüste.[113] Die eindringlichen Bilder greifen motivisch die Beschreibung der Syrte auf: Blutende Götterbil-

---

und Apollonios aus, die Gemeinsamkeiten mit der Ästhetik romantischer Literatur des 19. Jhds. aufweise.
112 Eine ähnliche Reaktion (völlige Apathie) ergreift die Argonauten nur nach dem Tod ihres ersten Steuermanns Tiphys (2,851–877) sowie kurz vor der Durchfahrt durch die Symplegaden (panikartige Furcht; 2,575–583). Die Symplegadenepisode weist starke Parallelen zur Syrtenepisode auf, vgl. ad 1239f.; 1245f.; 1251–1258.
113 Clare (2002, 150) sieht in der Syrtenepisode daher „the most extreme test faced by the heroes".

der, Gebrüll im heiligen Hain oder eine Sonnenfinsternis lösen im Gleichnis ebenso Grauen und Furcht aus wie der Anblick der stillen und leblosen Wüste bei den Argonauten. Auf beiden Ebenen wird diese Unmittelbarkeit erreicht, indem die Beschreibung verschiedene Sinnesorgane des Rezipienten anspricht. Die Syrte ist auf unkonventionelle Art unheimlich, sie liegt hell unter der gleißenden Sonne, aber es regt sich kein Laut. Das Gleichnis führt kontrastierend konventionelle Situationen an, die Unheil ankündigen: Plötzliche Dunkelheit stört die visuelle Wahrnehmung, man sieht Blut und hört lautes Gebrüll im Tempelbezirk einer fortgeschrittenen menschlichen Zivilisation.[114] Sowohl auf Gleichnis- als auch auf Handlungsebene geben die furchterregenden Zeichen Grund zur Verzweiflung. Ziel ist, Furcht und Mutlosigkeit der Helden zu motivieren und den Rezipienten wider besseres Wissen an den bevorstehenden Tod der Helden ein Stück weit glauben zu lassen – um später die Selbstrettung als besondere Leistung darstellen zu können.

b. *Paradise Lost* im Hesperiden-Garten

Die eindrucksvolle Darstellung der unheimlichen Seite der libyschen Landschaft wird in den folgenden Teilen der Libyenepisode um zwei Orte ergänzt. In der Hesperiden-Episode wird der Garten der Nymphen in seiner Gegensätzlichkeit von Schein und Sein, von früherem und aktuellem Zustand inszeniert. Dazu stellt die erste Beschreibung bei der Ankunft der Argonauten die literarischen Topoi des Gartens auf den Kopf. Traditionell ist der eigentlich im äußersten Westen verortete Hain als intaktes Paradies mit den goldenen Äpfeln und den drei singenden Hesperiden dargestellt (z. B. E. Hipp. 742–750). Es gibt aber einen gefährlichen Drachen, der den Garten bewacht (vgl. ad 1393–1536 B; ad 1396). In den *Argonautika* ist das Idyll der literarischen Tradition allerdings in ein schauriges Anti-Idyll verkehrt. Den vom Wüstenmarsch halb verdursteten Argonauten bietet sich nicht der gewohnte Anblick. Sie treffen einen Tag zu spät ein, um den Ort unversehrt zu sehen. Am vorigen Tag hat sich ereignet, was häufig dargestellt wird: Ihr ehemaliger Mit-Argonaut Herakles war bereits dort. Der Drache Ladon liegt tot unter dem verbliebenen Rest des Baumes, die goldenen Äpfel sind fort und die Nymphen trauern (4,1394–1409). Die ungewöhnliche Perspektive auf den Hain tritt besonders hervor, indem der Erzähler zunächst den eigentlichen Zustand beschreibt (1395 ff.). Da die Argonauten den Garten nur zerstört kennenlernen, ist die Beschreibung ganz an den Rezipienten gerichtet. Man soll sich den Hain vorstellen, wie er aus der Tradition bekannt ist, um die Verwüstungsszene würdigen zu können (vgl. Teil I.E). Erst jetzt folgt die Beschreibung des schauerlichen Anblicks, wie er sich den Argonauten bietet. Dabei steht die Darstellung des vom Gift der Hydra besonders

---

114 Zur Tradition dieser Omina vgl. ad 1278–1289 mit der weiteren Literatur.

zügig verwesenden Drachenleichnams im Zentrum, an dem sich bereits die Aasfliegen gütlich tun (1400–1406). Die direkte Aufeinanderfolge von War- und Ist-Zustand stellt eine geschickte Erzählstrategie dar. Die vor Trauer aufgelösten Hesperiden scheinen den Argonauten zunächst keine Hilfe zu sein. Sie verschwinden auf mysteriöse Weise, als sie die Helden bemerken (4,1406–1410). Der Besatzung der Argo droht der Tod durch Verdursten (4,1393 ff.). Der als Idyll bekannte Garten der Hesperiden zeigt sich den Argonauten zunächst einmal als grausiger, unheimlicher Ort, der ihren Qualen keine Abhilfe bietet.

Die Darstellung erhält durch ein Spiel zwischen Schein und Sein zusätzlich eine proleptische Nuance, denn zwischen äußerer Anmutung und tatsächlichem Gefahrenpotential des Hesperidengartens besteht ein auffälliger Widerspruch: Als die Argonauten eintreffen, bietet dieser zwar ein schauerliches Bild der Zerstörung, Trauer und Verwesung und hat auf den ersten Blick keinerlei Rettung zu bieten. Da der gefährliche Ladon aber bereits getötet wurde, geht von dem Ort keine akute Gefahr aus. Dagegen bedeutet das ursprüngliche, scheinbare Idyll des Gartens mit singenden Nymphen und goldenen Äpfeln, das Herakles einen Tag zuvor antraf, durch den lebendigen Drachen eine sehr konkrete Gefahr. Das Verhältnis von Schein und Sein ist in der Hesperidenepisode auf den Kopf gestellt, sodass die Ambivalenz des apollonianischen Libyenbildes an diesem zweiten, schaurigen Ort Libyens schon besonders deutlich wird, bevor die Bedingungen einer Rettung erahnt werden können.

c. Λιβύη θηροτρόφος am Tritonsee und kein Ausweg

Als die Argonauten den Garten der Hesperiden verlassen, sterben zwei von ihnen an den Ufern des Tritonsees. Der Tod des Sehers Mopsos wird dabei als schauriges, unheimliches Spektakel inszeniert, das motivisch das Anti-Idyll im Hesperidengarten aufgreift. Die Schlange, an deren Biss Mopsos stirbt, ist die Urmutter aller Giftschlangen. Sie stammt von einem Blutstropfen der Medusa (4,1512 ff.). Der Seher wird vom Gift ohnmächtig und stirbt sofort (4,1524f). Auf seinen Leichnam hat das Gift dieselbe Wirkung wie das von Herakles dem Ladon verabreichte Gift der Hydra – nur zeigt sich die zersetzende Wirkung noch zügiger. Mopsos' Leiche verwest mit unheimlicher Geschwindigkeit unter der libyschen Sonne (4,1528 ff.). Die Szene prägt eine düstere, makabre und unheimliche Stimmung. Die Argonauten sehen sich durch die tödliche Giftschlangenart, die nur Libyen hervorbringt, mit einer archaisch-urtümlichen, tödlichen Gefahr konfrontiert. Der Erzähler betont an dieser Stelle, dass auch sein Sehersinn Mopsos vor dieser Gefahr nicht retten kann, die ihm das Schicksal in Libyen zugedacht hat (vgl. ad 4,1503 ff.), dass also in der griechischen Zivilisation kein Heilmittel bekannt ist. Libyen präsentiert sich den Helden als „Λιβύη θηροτρόφος" (4,1561), als Gegend, die Lebewesen von einer Wildheit hervorbringt, gegen die zivilisatorische Errungenschaften machtlos sind. Überdies werden selbstverständliche Naturgesetze der Verwesung durch das libysche Gift in Frage gestellt. Die Argonauten beobachten, wie ihr soeben verstorbener Gefährte innerhalb weniger Augenblicke zersetzt wird (4,1529 ff.). Libyen wird so als Land dargestellt, in dem Naturgesetze außer Kraft gesetzt sind. Dies bedroht nicht nur das Leben der Ankömmlinge, sondern auch ihre Frömmigkeit und Ehrenhaftigkeit, denn die Befolgung religiöser Bestattungsvorschriften ist stark erschwert.[115] Nachdem die Bestattung des Leichnams unter Mühen erfolgt ist, kehren sie auf die Argo zurück, stellen aber entsetzt fest, dass es aus dem Tritonsee keinen Ausweg ins Meer gibt. Mit zunehmender Verzweiflung fahren sie den ganzen Tag umher. Zwar hat das Schiff wieder Wasser unter dem Kiel und es weht ein günstiger Fahrtwind, aber man befindet sich auf einem vom Land umschlossenen See, dabei quält sie die brennende Sonne (4,1537–1547). Die libysche Landschaft begegnet den Argonauten ein weiteres Mal trügerisch, unheimlich und gefährlich. Apollonios illustriert die Qual abermals mit einem Gleichnis, in dem die orientierungslos umherfahrende Argo mit einer Schlange verglichen wird, die unter der heißen Mittagssonne orientierungslos umherkriecht (4,1541–1547). Ähnlich wie in der Hesperidenepisode birgt das Gleichnis eine Prolepse der späteren Lösung: Die Schlange verschwindet in einem kleinen Erdloch, das auf die von Triton aufgewiesene Ausfahrt aus dem See vorausweist (vgl. ad 4,1545). Auch der Tritonsee zeigt den Argonauten also seine gefährliche, unheimliche Seite.

III.2. Libyen als epischer Gegner: Umkehrung homerischer Krieger-Gleichnisse

Eine ausgefeilte poetische Technik und ein auf diese „dunkle", unheimliche und gefährliche Seite Libyens abgestimmtes Motiv sind mit der Darstellung Libyens verbunden. Diese sind bisher nicht aufgewiesen worden, sodass sich eine ausführliche Erläuterung empfiehlt. Apollonios personifiziert durch die Umkehrung homerischer Gleichnisse die libysche Landschaft als ernsthaften epischen Gegner, vor dem die Argonauten kapitulieren, bevor ihnen durch besonderes Engagement doch eine Überwindung gelingt. Dazu wird die Motivik aus einem typischen homerischen Naturgleichnis übernommen, das im Vorbild den Kampf der homerischen Helden mit einem Naturphänomen wie Wind, Wogen, Felsen, Pferden im schnellen Lauf etc. vergleicht. Einzelne Motive, die im homerischen Vorbild auf der Gleichnisebene das Bild einer starken, außergewöhnlichen Naturgewalt kreieren, werden in der Libyenepisode aufgegriffen und auf der Handlungsebene zur Beschreibung der libyschen Landschaft eingesetzt. Es werden also Bilder

---

115 Zur Frömmigkeit der Argonauten vgl. z. B. Durbec 2008; Mori 2008, 140–186.

von der Gleichnisebene auf die Handlungsebene übertragen, wobei entweder motivische oder lexikalische Übereinstimmungen den Bezug auf die homerische Vorlage offenkundig werden lassen. Apollonios macht sich so die Naturbilder aus homerischen Krieger-Gleichnissen zunutze, um deren Motive zur Beschreibung von Naturphänomenen in der Libyenepisode einzusetzen. Im Zuge dieser Umkehrung von Gleichnis- und Handlungsebene bleibt der letzte Schritt oft unausgesprochen und muss vom Rezipienten erschlossen werden: Eine Übertragung von bekannten, homerischen Gleichnis-Motiven auf Landschaftsbeschreibungen, die im Vorbild die Wildheit eines epischen Kriegers illustrieren sollen, impliziert den Vergleich der beschriebenen Landschaft mit dem Gegner, dem das vorbildhafte Gleichnis gewidmet ist.[116] Die Übernahme konkreter Junkturen oder seltener Wörter aus den homerischen Epen, aber auch aus anderen Gattungen führt man oft auf ein vornehmlich philologisches Interesse des Dichters zurück.[117] Hier zeigt sich jedoch, dass die Übernahmen für ein inhaltliches Aussageziel funktionalisiert werden. Mit der Übertragung homerischer Gleichnismotivik aus Kriegergleichnissen auf die Beschreibung der Landschaft wird Libyen zu einem epischen Gegner ersten Ranges stilisiert. Dies lässt sich beispielsweise anhand der Beschreibung der Syrtenflut zu Beginn der Libyenepisode nachvollziehen. Dieses unheimliche Phänomen, bei dem nach Abebben der Sturmflut nur ein flacher, stiller Sumpf in der Wüste zurückbleibt (vgl. Teil I.D.III.1.a), zeigt sich von einem Typus homerischer Gleichnisse inspiriert, der sich mehrfach in Kampfdarstellungen findet. Wogengleichnisse vergleichen einen heranstürmenden Krieger mit einer mächtigen Welle, die sich an einer felsigen Küste bricht.[118] Für die Syrtenbeschreibung wird ein Gleichnis aufgenommen, das den auf einem Höhepunkt befindlichen Kampf zwischen Troiern und Griechen illustriert (Il. 15,615–629). In der *Ilias* wird dabei der kampfbegierige Hektor mit einem Seesturm (Il. 15,620 f.), das griechische Heer mit dem widerstehenden Felsen (Il. 15,618 f.), sodann der heranstürmende Achill mit einer reißenden Woge verglichen (Il. 15,624 f.). Zur Beschreibung der Sturmflut in der Syrte übernimmt Apollonios Elemente dieses

---

116 Es handelt sich nicht um explizite, voll ausgeführte Gleichnisse, sondern um eine Technik des indirekten Vergleiches, deren Funktionsweise auf dem Bekanntheitsgrad der homerischen Natur-Gleichnisse beruht. Ähnlich verfährt Apollonios mit typischen Szenen der homerischen Epen, die in einen neuen Kontext überführt werden, vgl. z. B. Knight 1995, 49–120. Zu den Gleichnissen bei Apollonios vgl. Drögemüller 1956; Kouremenos 1996; Reitz 1996; Effe 1996; Stanzel 1999; Effe 2008²; Fantuzzi 2014.
117 Vgl. z. B. Giangrande 1967; ders. 1973; ders. 2000; Livrea 1973; ders. 1980; Kyriakou 1995; Pretagostini 1995; Rossi 1995; Montanari 1995. Zu Bezügen zwischen der zeitgenössischen Philologie und Apollonios' Verwendung umstrittener homerischer Wörter vgl. Rengakos 1993; Rengakos 1994. Vgl. aber Knight 1995, 14 f.
118 Für eine Übersicht zu den homerischen Wellen- bzw. Sturmgleichnissen vgl. z. B. Scott 2009, 200 f.

Wogengleichnisses und wandelt sie um. Während im homerischen Gleichnis die Wogen so hoch schlagen, dass sie das Schiff ganz mit Schaum bedecken (ἡ δέ τε πᾶσα ἄχνη ὑπεκρύφθη, Il. 15,625 f.), schwimmt der Schaum in der Syrte auf dem trübseligen Rest der Flut, der für das Schiff unbefahrbar ist (κωφὴ... ἐπιβλύει ὕδατος ἄχνη, 4,1238.). Während die vor Furcht zitternden Matrosen des vorbildhaften Gleichnisses fürchten müssen, dass ihr Schiff kentert und sie ertrinken, sehen sich die Argonauten mit dem nicht weniger gefährlichen Auflaufen ihres Schiffes in einer Wüste und dem Tod durch Verdursten konfrontiert (4,1244–1250). Für die Beschreibung der Syrtenflut werden also mehrere Elemente des homerischen Gleichnisses aufgegriffen und ins Gegenteil umgekehrt. Aufgrund der Beliebtheit des Gleichnistypus kann dabei der zweite Teil des impliziten Vergleichs unausgesprochen bleiben, er erschließt sich unmittelbar: Die Gezeiten in der sumpfigen Syrte sind für die Argonauten durch ihre Gefährlichkeit und ihre Unberechenbarkeit einer Schar kämpfender Heroen vergleichbar, wie Homer sie in der *Ilias* beschreibt. Der in den homerischen Epen häufige Vergleich der vor- und zurückdrängenden Scharen der Kämpfer mit Wellen dient so als Vorlage für die Beschreibung der gefährlichen Flut.

Ein weiteres Beispiel für diese Technik des umgekehrten Gleichnisses findet sich in der Beschreibung der libyschen Giftschlange, die an den Ufern des Tritonsees den Argonauten Mopsos tötet (vgl. Teil I.D.III.1.c). Hier wird zunächst das Versteck der Schlange im Sand beschrieben, dann erzählt, wie sie den Seher anspringt, weil er unbemerkt auf sie getreten ist (4,1505 ff.; 1518–1521). Die Beschreibung erinnert motivisch und lexikalisch an ein Gleichnis, das Hektor in dem Moment, als er sich dem entscheidenden Kampf gegen Achill stellt, mit einer in ihrer Höhle einem Opfer auflauernden, giftigen Schlange vergleicht (ὡς δὲ δράκων ἐπὶ χειῇ ὀρέστερος ἄνδρα μένῃσι / βεβρωκὼς κακὰ φάρμακ', ἔδυ δέ τέ μιν χόλος αἰνός / σμερδαλέον δὲ δέδορκεν ἑλισσόμενος περὶ χειῇ, Il. 22,93 ff.). Apollonios kehrt das Gleichnis um, indem er das Bild von der Gleichnisebene auf die Handlungsebene überträgt und für die Beschreibung des Schlangenangriffes einsetzt. Im Vorbild illustriert das Gleichnis Hektors Gefühle und Motive für den Kampf gegen Achill. Bei Apollonios wird durch den Rekurs die gefährliche Schlange mit dem gefährlichsten Gegner der Griechen in der *Ilias* assoziiert. Die Schlange tötet einen Argonauten, wie Hektor griechische Helden tötet. Wie im Vorbild Hektor derjenige ist, der angegriffen wird und seine Stadt verteidigen will, greift die Schlange hier ebenfalls an, weil sie sich gegen Mopsos' Tritt verteidigt (4,1506 f.).

Ein weiteres Beispiel aus der Libyenepisode soll zeigen, wie Apollonios für die Beschreibung von Naturphänomenen auf homerische Gleichnismotivik zurückgreift. Die Argonauten müssen, nachdem ein günstiger Fahrtwind sie im Stich lässt, zwei Nächte und einen Tag mit entkräftender Ruderarbeit zubringen, bis sie endlich Kreta erreichen (4,1629–1635). Sie legen dazu den Mastbaum nieder und machen das Schiff bereit (εὐξέστῃσι ἐπερρώοντ' ἐλάτῃσιν, 4,1633). Diese Beschreibung variiert sowohl lexikalisch als auch motivisch ein homerisches Gleichnis, das das Eingreifen von Hektor und Paris in das Kampfgeschehen vor Troia mit einem erlösenden Wind nach langem Rudern vergleicht (ὡς δὲ θεὸς ναύτῃσιν ἐελδομένοισιν ἔδωκεν / οὖρον, ἐπεί κε κάμωσιν ἐϋξέστῃς ἐλάτῃσι / πόντον ἐλαύνοντες, καμάτῳ δ' ὑπὸ γυῖα λέλυνται, Il. 7,4ff). Für die Beschreibung des abflauenden Windes und der beginnenden Ruderarbeit kehrt Apollonios Handlungs- und Vergleichsebene aus dem Vorbild um und vergleicht so indirekt die Unermüdlichkeit und Anstrengung, die die Argonauten beim Rudern an den Tag legen, mit den andauernden Kämpfen vor Troia. Im vorbildhaften Gleichnis wird die Erleichterung, die der Fahrtwind nach langer Ruderarbeit bringt, mit dem Gefühl der Erleichterung auf Seiten der troianischen Kämpfer bei Eintreffen der Verstärkung verglichen. Indem das Motiv hier die tatsächliche Ruderarbeit der Helden beschreibt, wird implizit die Plackerei der Argonauten den entkräftenden Kämpfen vor Troia gegenübergestellt. Apollonios nimmt zudem eine kontrastierende Verschiebung vor: Die Argonauten haben anders als die Kämpfer Troias bis zu diesem Zeitpunkt die Freuden eines guten Fahrtwindes genießen können (4,1624–1628) und müssen im Anschluss daran zu den ermüdenden Rudern greifen. Im Gegensatz zu den Ruderern im homerischen Vorbild, bei denen auf die Mühe der erlösende Fahrtwind folgt, wird den Argonauten keine Erlösung von der Ruderarbeit in Aussicht gestellt. Dennoch greifen sie mutig zu den Rudern. Hier setzt Apollonios die Technik des umgekehrten Gleichnisses also als Überbietungsgestus ein, der die besondere Tatkraft der Argonauten illustrieren soll. Es wird entsprechend verdeutlicht, wie sehr die Ruderarbeit die Argonauten erschöpft hat. Bei der Begegnung mit dem Bronzeriesen Talos auf Kreta sind sie so kraftlos, dass dieser mit seinen Steinwürfen beinahe ihr Schiff versenkt (4,1649–1652).

Diese Beispiele dürften genügen, um zu zeigen, wie die Übertragung und Umkehrung homerischer Gleichnismotivik zur Charakterisierung der libyschen Landschaft eingesetzt wird. Aus homerischen Kriegergleichnissen, die einen epischen Gegner mit einer Naturgewalt vergleichen, werden Beschreibungen der libyschen Landschaft geschaffen, die diese mit gefährlichen epischen Gegnern assoziieren. Die Überwindung der Landschaft, die einem Gegner im Kampf ebenbürtig ist, kann auf dieser Grundlage besonders eindrucksvoll inszeniert werden. Das unheimliche Libyen entfaltet dann schließlich, nachdem die Argonauten den Herausforderungen mit Gottesfurcht und Tapferkeit begegnen, wiederholt seine milde, liebliche Seite und zeigt sein Potential als späteres Zentrum griechischer Zivilisation.

III.3. *Libya placata* – Überwindung der Gefahr

Diese milde Seite Libyens kommt unter bestimmten Bedingungen zum Vorschein, ergänzt dann aber die dunkle, unheimliche Seite um ein zentrales Pendant. Wo auch immer die Argonauten in Libyen eintreffen, erwartet sie zunächst ein erschreckender Ort mit einer tödlichen Gefahr. Immer sind ihr Leben und ihre Heimkehr bedroht. Libyen stellt sie vor Aufgaben, deren Bewältigung selbst für die besten griechischen Heroen zunächst unmöglich zu sein scheint. Es greift jedoch zu kurz, in dieser Darstellung des libyschen Erdteils lediglich ein reines, unheimliches „Nachtstück" der hellenistischen Dichtung zu sehen oder die Episode vollständig als Ersatz für eine fehlende Unterweltsfahrt zu werten.[119] Wenn man konsequent in die Betrachtung einbezieht, wie die Argonauten diese gefährlichen Situationen mit der Hilfe der indigenen Gottheiten Libyens lösen, zeigt sich, wie der „dunklen" Seite des Landes systematisch ein weiteres Charakteristikum an die Seite gestellt wird. Dieser andere Pol der Libyendarstellung wird von Apollonios ebenso konsequent wie das *Libya obscura*-Motiv entwickelt, hat jedoch bisher sehr wenig Aufmerksamkeit erfahren. Oft wird lediglich hervorgehoben, dass die Argonauten keine der Gefahren vollständig aus eigener Kraft bewältigen. Diese vermeintliche Schwäche der Helden wird gern herangezogen, um die These von einem im Vergleich zu den homerischen Epen stark veränderten Heldenbild in den *Argonautika* zu untermauern. Apollonios' Argonauten seien eben auf Hilfe angewiesen. Ihr Heldentum liege dementsprechend nicht auf denselben Gebieten wie in *Ilias* und *Odyssee*, sondern beispielsweise in ihren Fähigkeiten als Liebhaber, Redner und Unterhändler oder in ihrer Gruppendynamik begründet.[120] Zugunsten dieser Thesen wird oft außer Acht gelassen, dass den Argonauten ihre Rettung in Libyen zwar nicht ausschließlich, aber doch zu einem großen Teil aus eigener Kraft und durch eigene Ideen und Beiträge gelingt. Sie interpretieren das eigenartige Zeichen von Poseidon und den Herossae richtig und tragen dann die Argo volle zwölf Tage ohne Wasser durch die Wüste (4,1337–1392). Orpheus überzeugt geschickt die bei der Ankunft der Argonauten verschwundenen Hesperiden,

---

119 Vgl. Sistakou 2012, 125–129; 2014a. „Dunkle" Elemente beschreibt bereits Elliger 1975, 312 ff.
120 Die Deutungen, die das Heldenbild der *Argonautika* in den letzten Jahrzehnten erfahren hat, sind zahlreich und reichen von der Idee eines demokratisch agierenden Helden, über den Anti-Helden, den Schurken, den dekonstruierten Helden und das rhetorische Genie bis zum erotischen Helden. Auch der Gegensatz zwischen Helden wie Jason und Herakles wird hervorgehoben. Oft werden Unterschiede zu den homerischen Helden betont, vgl. z. B. Carspecken 1952, 41; 110; Lawall 1966; Beye 1969; Pike 1980; Klein 1983; Schwinge 1986, 93–116; Zanker 1987, 204 ff.; Hunter 1988; Nyberg 1992, 105–135; Clauss 1993; Hunter 1993, 8–45; DeForest 1994, 57–69; Clauss 1997; Köhnken 2000; Fantuzzi / Hunter 2004, 126–131. Vgl. dagegen Pietsch 1999, 99–158.

ihnen doch zu helfen (4,1393–1456). Es gelingt den Helden, ihren Gefährten Kanthos zu rächen und Mopsos trotz der unheimlichen Wirkung des Schlangengiftes rechtzeitig nach den Erfordernissen des Brauchtums zu bestatten (4,1485–1536). Sie überstehen eine plötzliche Sonnenfinsternis auf dem Meer, da ihnen auf Jasons rechtzeitiges Gebet Apollo hilft (4,1694–1714). Euphemos sichert durch sorgfältigen Umgang mit dem Gastgeschenk Tritons sogar unbewusst die griechische Herrschaft über Nordafrika (4,1537–1772). Es gilt also festzuhalten, dass in Libyen einige argonautische Leistungen zusammenkommen, die man auf traditionelle Heldentugenden zurückführen muss, über die auch homerische Helden verfügen: Tapferkeit, Körperkraft, Beharrlichkeit, Tugendhaftigkeit, Gottesfurcht.[121] Es fällt ferner auf, dass der Erzähler sowohl das Entsetzen und die Furcht der Argonauten hinreichend zu begründen als auch ihre Leistungen angemessen zu würdigen sucht (vgl. Teil I.E). Dass den Argonauten die Rettung aus gefährlichen Situationen nicht ganz ohne Hilfe gelingt, hängt mit dem spezifischen, ambivalenten Libyenbild zusammen. Libyen zeigt erst seine milde Seite, wenn die Argonauten ihre Heldentugenden unter Beweis gestellt haben.

a. Erscheinung der libyschen Herossae in der Syrte

Am Fortgang der Syrtenepisode zeigt sich, wie der gefährliche, unheimliche Charakter Libyens um eine milde, hilfreiche Seite ergänzt wird. Als die Argonauten sich in der Syrte ihrem Todesschicksal bereits ergeben haben, erscheinen Jason die libyschen Herossae, die sich selbst als Töchter der Nymphe Libye vorstellen (ἡρῶσσαι Λιβύης τιμήοροι ἠδὲ θύγατρες, vgl. ad 4,1323). Es handelt sich um Lokalgottheiten der libyschen Syrtenwüste, die nicht zuletzt als Personifikation Libyens selbst auftreten (vgl. ad 1308 ff.; 1319–1323; 1347 ff.).[122] Sie geben den Argonauten zwar einen Hinweis für ihre Rettung. Die Helden müssen jedoch deren rätselhafte Prophezeiung zunächst einmal verstehen (4,1305–1331) und dies gelingt ihnen nur, nachdem sie als weiteres Zeichen das Pferd Poseidons erblicken (4,1365–1379). Peleus erklärt nach einem Geistesblitz, dass sie die Argo auf ihren Schultern in die Richtung tragen müssen, in die das Pferd gelaufen ist (4,1370–1380). Die hilfreichen Gottheiten überzeugen Jason unmittelbar, wieder Hoffnung zu schöpfen, nachdem er und seine Gefährten bisher lediglich die grausame Seite des Landes erfahren haben. Ehrerbietig richtet er ein Gebet an sie und berichtet seinen Gefährten, was geschehen ist. Er beschreibt die Gottheiten

---

[121] Dass Apollonios' vollkommen homerische Helden zeigt, soll damit nicht gesagt sein. Jedoch scheinen die Veränderungen im Heldenbild nicht allzu grundsätzlich zu sein. Auch kennt schon das homerische Epos nicht nur einen Heldentyp, sondern erzählt von verschiedenen Helden mit unterschiedlich ausgebildeten Tugenden, vgl. z. B. Horn 2014. Ähnlich betont Pietsch Kontinuitäten und Gemeinsamkeiten (1999, 99–158).

[122] Vgl. Livrea 1987, 181.

als ländliche Erscheinungen, als junge Frauen, in Ziegenfelle gekleidet, mit zarten Händen (4,1347 ff.). Die libyschen Heroinen sind im Gegensatz zu ihrer Heimat, der libyschen Syrte, als harmlose Hirtengöttinnen gezeichnet. Sie stehen als Personifikation für die mildtätige, gnädige Seite Libyens. Um sich selbst zu retten, müssen die Argonauten jedoch Gottesfurcht und eine Art blindes Vertrauen gegenüber den indigenen Gottheiten unter Beweis stellen. Ferner müssen sie die heldenhafte Aufgabe auf sich nehmen, das Schiff ohne Trinkwasser zwölf lange Tage durch die Wüste zu tragen. Da sie all diese Bedingungen bereitwillig akzeptieren, nutzt ihnen die Hilfe der Gottheiten. Diese bedingte Hilfsbereitschaft der Herossae kann man symbolisch auffassen unter der Annahme, dass die geheimnisvollen Gottheiten für das Land stehen. Libyen treibt die griechischen Helden zwar an den Rand des Todes, rettet sie aber unter bestimmten Bedingungen. Im Moment der Verzweiflung erweist sich die Syrte den tapferen Argonauten gegenüber als gnädig und hilft ihnen, sich selbst zu retten. Libyen fordert die Argonauten zwar bis zum Äußersten, spornt sie jedoch auch zu echten Heldentaten an. Grundbedingung für die Entdeckung der hilfreichen Seite Libyens ist die Beharrlichkeit der Helden.

b. *Paradise Regained* im Hesperiden-Garten
An den Ufern des Tritonsees treffen die dürstenden Argonauten den Garten der Hesperiden in geplündertem Zustand an und sehen sich mit dem grausigen Anblick des verwesenden Drachenleichnams sowie den trauernden Nymphen konfrontiert. Zunächst scheint die Situation ausweglos, denn die Hesperiden verschwinden, ohne dass sie sie um das dringend benötigte Wasser bitten können. Orpheus gelingt es jedoch, die Gottheiten durch ein geschicktes Gebet zu besänftigen (4,1411–1421). Im Anschluss wird das Wiedererscheinen der Nymphen geschildert. Die Hesperiden lassen das verlorene Paradies der literarisch-ikonographischen Tradition für einen Moment aus sich selbst heraus neu entstehen, es sprießt ein Hain aus verschiedenen Gewächsen, die Nymphen entstehen als Bäume und verwandeln sich wieder zurück in Nymphen (vgl. ad 4,1422–1430). Die Hesperide Aigle erzählt, wie Herakles am vorigen Tag den Drachen tötete und außerdem eine Quelle in der Nähe auftat (4,1431–1449). Entstehung des Gartens und Verwandlung der Nymphen werden als Zeichen für göttliches Wohlwollen wahrgenommen (θάμβος περιώσιον, 4,1430). Die Argonauten bekommen in Form des göttlichen Hains ein Kontrastbild zum schaurigen, düsteren Anblick des zerstörten Gartens mit dem verwesenden Drachen-Leichnam geboten (vgl. Teil I.D.III.1.b). Die libysche Landschaft präsentiert den umsichtigen und kundigen Besuchern ihre verborgene, liebliche und milde Seite. Die Episode lässt deutlich werden, wie die unheimliche Landschaft für den Unwissenden Unheil und Schrecken bereithält, wie es aber den Helden

durch Frömmigkeit und Tugendhaftigkeit gelingt, verborgene Schätze ans Licht zu befördern und indigene Gottheiten für sich zu gewinnen.

Das Eröffnen einer Quelle in der unwirtlichen Region des Hesperidengartens durch den Argonauten Herakles ist zudem typisches Motiv der Libyenepisode wie der *Argonautika* insgesamt. Zahlreiche, über die Handlung verteilte Aitien zeigen, wie die griechischen Helden bei ihrer Fahrt durch die Oikoumene dauerhafte Zeichen griechischer Kultur hinterlassen.[123] Auch hier ändern die Argonauten die Verhältnisse, die sie antreffen, nachhaltig und in doppelter Hinsicht. Herakles schlägt eine Quelle, die Argonauten suchen sie auf und kultivieren sie.[124] Die Quelle macht den öden Landstrich für Menschen bewohnbar. Der Drache, der den Ort bewacht und gleichsam symbolisch für ein vergangenes Zeitalter steht, wird getötet.[125] Die Hesperiden werden von den Argonauten sogar eingemeindet und erhalten einen Kult in Griechenland (4,1419 ff.). Die Argonauten verwandeln den archaischen Garten von Grund auf und hinterlassen ein vollkommen verändertes Szenario. Mit dem Töten des Drachen – den rabiaten Teil übernimmt Herakles –, mit der Kultivierung der Quelle und der Besänftigung der indigenen Gottheiten schaffen sie für kommende Generationen die für eine weitere Kultivierung des Landes nötigen Voraussetzungen.

c. Triton, Euphemos und die griechische Kolonisation Libyens

Für die hoffnungslose Situation der Argonauten auf dem Tritonsee führt Apollonios eine strukturell der Syrten- und der Hesperidenepisode vergleichbare Lösung herbei. Komplementär zur erbarmungslosen Seite Libyens zeigt sich das Land erneut von einer milden, hilfreichen Seite in Person eines indigenen Gottes. Die freundliche Hilfsbereitschaft verdienen sich die Helden erneut durch tapferes und gottesfürchtiges Verhalten. Der Tod des Mopsos war nicht aufzuhalten, den Argonauten gelingt es jedoch trotz des rapiden Verwesungsprozesses, den Gefährten nach dem Ritus zu bestatten und ihm die letzte Ehre zu erweisen (4,1532–1536). Von der unheimlichen Außerkraftsetzung der natürlichen Verwesungsgesetze in der libyschen Wüste lassen sich die Argonauten nicht dazu verleiten, göttliche Gebote zu missachten. Vielmehr erfüllen sie instinktiv die rituellen Erfordernisse,

---

[123] Die Aitien werden oft zu Kallimachos' *Aitien* in Bezug gesetzt, vgl. z. B. Eichgrün 1961, 125–133; Hutchinson 1988, 87–93; DeForest 1994; Harder 2002; Hunter 2015, 21 ff. Zu den Aitien der *Argonautika* vgl. ferner Fusillo 1985, 137–142; Paskiewicz 1988; Valverde Sánchez 1989; Goldhill 1991, 321–333; Clauss 2000; Stephens 2003, 171–195; Effe 2004, 27 ff.; Klooster 2007; Sistakou 2009. Zur Bedeutung der Aitien vgl. auch Teil I.E.

[124] Zur Kultivierung der Oikoumene durch die griechischen Argonauten vgl. Hunter 1998b, 162 ff.; 1993, 162 ff.; Thalmann 2011, bes. 77 ff.; 191 ff.; Thalmann 2017; Sistakou 2014a, 179 f.

[125] Ähnliches gilt für den Bronzemann Talos auf Kreta, vgl. ad 1638–1688.

die sie auch bei der Bestattung der übrigen toten Gefährten einhalten.[126] Sie schütten dem Mopsos überdies dort, wo ihm die unheimliche Tierwelt der Λιβύη θηροτρόφος zum Verhängnis wurde, einen Grabhügel auf. So hinterlassen sie ein Symbol für die griechische Kulturtechnik der Erdbestattung in einem bis dahin unkultivierten, lediglich von gefährlichen Schlangen bevölkerten Landstrich.[127] Die Ausfahrt aus dem Tritonsee finden die Argonauten nicht ohne tatkräftige, göttliche Hilfe. Die entscheidende Lösung führt dabei erneut eine kluge Idee des Orpheus herbei. Er schlägt vor, einen der apollinischen Dreifüße den indigenen Gottheiten zu opfern. Daraufhin erscheint Triton, zunächst in Gestalt des mythischen libyschen Königs Eurypylos. Triton-Eurypylos erklärt den Weg aus dem See ins Meer und überreicht seinem Halbbruder, dem Poseidonsohn Euphemos, eine Scholle libyscher Erde als Gastgeschenk (vgl. ad 4,1551–1561). Was es mit dem Klumpen Erde im Austausch für den wertvollen Dreifuß auf sich hat, verstehen die Argonauten nicht. Dennoch nimmt Euphemos die Scholle dankbar an und bewahrt sie sorgfältig auf. Im Laufe der weiteren Fahrt zurück nach Iolkos kann er die Scholle libyscher Erde dann auf einen prophetischen Traum hin nahe der Insel Anaphe zwischen Libyen und Griechenland im Meer versenken. Die Götter werden, so fügt der Erzähler hinzu, daraufhin aus der Scholle die Insel Thera entstehen lassen.[128] Die Insel wird in Zukunft als Zwischenstation für griechische Siedler Teil der Gründung griechischer Kolonien in Afrika sein (vgl. ad 4,1746–1764; vgl. Hdt. 4,179; Pi. P. 4).[129]

Die libysche Erde, die der Gott Triton in die Hand der Argonauten gelegt hatte, ist als Symbol für die Verheißung griechischer Herrschaft in Nordafrika zu verstehen. Apollonios erschafft hier eine nur zum Teil von Vorbildern inspirierte, mit eigenen Details versehene Version des Gründungsmythos (vgl. Teil I.D.II.1; ad 1551–1585; 1731–1764). Der Schwerpunkt liegt nicht – wie etwa bei Pindar – auf der späteren Gründung Kyrenes.[130] Die Erzählung fokussiert vielmehr auf die Geschehnisse am Tritonsee, auf Euphemos' Sorgfalt mit der Erdscholle, seinen späteren Traum und Jasons Deutung (vgl. ad 1731–1754; 1586–1626). Dass die Entstehung Theras aus libyscher

---

126 Insgesamt sterben nur vier Argonauten auf der Fahrt: Parallel zur Doppeltod-Episode von Kanthos und Mopsos (vgl. ad 1485–1536) sterben der Steuermann Tiphys und der Seher Idmon im zweiten Buch (2, 815–863; zur Parallelität der Episoden vgl. ad 1485–1536). Vgl. auch Fränkel 1968, 605 ff.; Durbec 2008.
127 Als Hinweise auf eine „production of colonial space" deutet Thalmann (2011, 77–114) die Gräber.
128 Vgl. auch z. B. Clauss 2000; Klooster 2007; Danek 2009; Klooster 2019 sowie die Einleitung Kap. E.
129 Vgl. Delage 1930, 265 ff.; Ardizzoni 1974; Köhnken 2005; Adorjáni 2012; Adorjáni 2013.
130 Diese eindeutige Schwerpunktverschiebung vernachlässigt Thalmanns Deutung, vgl. Thalmann 2011, 83 ff.

Erde gelingt, ist der Umsicht und Frömmigkeit des Euphemos und der klugen Deutung seines Traumes durch Jason geschuldet. Ihr Verhalten stellt Apollonios als Bedingung für den Erfolg der ersten griechischen Besucher in Nordafrika heraus. Mit Hilfe dieser Tugenden gelingt es den Argonauten, das unheimliche, fremde und gefährliche Libyen zu besänftigen und das Wohlwollen der indigenen Gottheiten zu gewinnen. Die libysche Erdscholle ist damit zum einen Symbol und Garant für die Rechtmäßigkeit griechischer Herrschaft in Nordafrika. Zugleich repräsentiert sie aber *en miniature* das besondere, von extremen Gegensätzen geprägte Libyenbild, das dem Epos des Apollonios zugrunde liegt: Die Scholle ist karg und unscheinbar – wie die Landschaft um Syrte und Tritonsee selbst. Wenn die libysche Erde aber wie bei Euphemos in kundige und umsichtige Hände gelangt, zeigt sie unerwartet, was in ihr steckt – und erweist sich als so fruchtbar und segensreich, dass eine ganze Insel aus ein wenig Erde entstehen kann. Analog dazu wird sich Libyen unter dem Einfluss der umsichtigen Argonauten und ihrer Nachfahren in eine fruchtbare, von griechischer Zivilisation geprägte Welt verwandeln.

IV. Zusammenfassung: Das Libyenbild der *Argonautika*

Für die Darstellung Libyens in den *Argonautika* lässt sich festhalten: Apollonios ist weitaus mehr auf die Ausgewogenheit seiner Darstellung des libyschen Kontinents bedacht, als man bisher angenommen hat. Jede der drei größeren Partien, die Syrten-, die Hesperiden- und die Triton-Episode, weist eine zweiteilige Erzählstruktur und eine übereinstimmende Motivik auf. Die Argonauten treffen jeweils auf eine unheimliche, nicht durch die griechische Zivilisation geprägte Landschaft, die eine Gefahr für ihr Leben und ihre Heimkehr bedeutet. Jeder der Handlungsorte in Libyen zeigt sich zunächst von einer feindlichen, unwirtlichen Seite und führt sie an ihre körperlichen und intellektuellen Grenzen. Mehrfach glauben sich die Argonauten endgültig verloren. Zwei ihrer Gefährten sterben tatsächlich in Libyen. Die natürlichen Gesetze haben in Libyen keine Gültigkeit. Charakteristisch ist für diese extreme Seite die Personifizierung der Landschaft und ihre Stilisierung zu einem epischen Gegner im Kampf, den die Argonauten unter Rückgriff auf diverse Heldentugenden überwinden müssen. Einzelne Elemente zur Beschreibung der libyschen Landschaften werden dabei nach dem Vorbild bekannter Motive aus charakteristischen Krieger-Gleichnissen der homerischen Epen gestaltet. Für die Umkehrung der Gleichnisse werden inhaltliche Motive und konkrete Wortjunkturen, die im Vorbild auf der Gleichnisebene einen epischen Kampf illustrieren, auf die Handlungsebene übertragen und zur Beschreibung der libyschen Flora und Fauna eingesetzt. Diese Partien weisen ferner Formen eines Überbietungsgestus dem Vorbild gegenüber auf, durch den die Heldentaten der Argonauten in Libyen ins rechte Licht gerückt werden. Da die Argonauten sich in gefahrvollen Situationen tapfer und duldsam, gottesfürchtig und umsichtig verhalten und die indigenen Gottheiten ihnen darum hilfreich zur Seite stehen, gelingen ihnen dennoch Rettung und Weiterfahrt auf der Argo. Hinzu kommt, dass die Argonauten nicht ausschließlich ihre eigene Rettung forcieren. Vielmehr hinterlassen sie die libyschen Orte, an denen sie viel Leid erdulden mussten, in einem weniger rohen und gefährlichen, zum Teil sogar in einem sichtbar kultivierten Zustand. Konkrete Zeichen ihres Besuches weisen etwa der Hesperidengarten mit der neuen Quelle und die Ufer des Tritonsees mit den Gräbern und dem Argo-Hafen auf. Die Argonauten schaffen in diesen Gebieten die Voraussetzungen für eine spätere griechische Besiedelung.

Für das Bild Libyens, das die *Argonautika* zeichnen, ist die ansatzweise in der literarischen Tradition angelegte Gegensätzlichkeit zum strukturgebenden Charakteristikum erhoben. Der widersprüchliche Charakter Libyens, das zum einen mit lebensfeindlichen Wüsten, zum anderen mit fruchtbaren Oasen aufwartet, wird nicht nur oberflächlich integriert. Apollonios richtet vielmehr die gesamte Handlung der Libyenepisode an diesen Widersprüchen aus. Die Argonauten setzen für den wilden, unheimlichen Erdteil Libyen durch ihre Tugendhaftigkeit und Umsicht mit der Unterstützung indigener Gottheiten die Transformation in eine griechisch geprägte Kulturlandschaft in Gang. So wird suggeriert, dass dieses Land sich zur Zeit des Besuches der Argonauten am Beginn seiner Umwandlung von einer archaisch-zeitlosen, kargen und kulturlosen Gegend am Rande der Welt zur Heimat eines von griechischer Kultur dominierten Machtzentrums befindet. In den *Argonautika* werden durch die Verbindung griechisch-argonautischer Bemühungen und indigen-libyscher, göttlicher Unterstützung die Voraussetzungen geschaffen für diese Umwandlung, die man zur Zeit der Herrschaft der ersten Ptolemäer als auf einem Höhepunkt befindlich erachtet. Dabei gelingt der erzählerische Spagat zwischen Vorausdeutung auf die außerhalb des Mythos gelegene Zukunft und den eigenen, den *Argonautika* inhärenten poetischen Idealen eines mythologischen Epos (vgl. Teil I.E). Apollonios' Libyenbild erweist sich somit als eigenständige Kreation auf Basis der literarischen Tradition, die zugleich zu den Gegebenheiten der eigenen Zeit passt. Der ambivalente Charakter Libyens bestimmt nicht nur die Landschaftsbeschreibungen, sondern ist maßgebliches Kriterium für Handlung und Struktur der Libyenepisode.

E. Zur Erzähltechnik der *Argonautika*

I. Probleme der Erzählforschung

Erzähler und Erzähltechnik der *Argonautika* stehen seit langem im Zentrum des Forschungsinteresses zu Apollonios Rhodios. Bei der Bewertung des spezifischen, die erzählerischen Mittel der eigenen und fremder literarischer Gattungen ausschöpfenden Erzählstils gehen die Meinungen weit auseinander. Auf der einen Seite zeichnet man das Bild eines traditionellen, eng an die homerischen Epen angelehnten Erzählers, der in wenigen Punkten auf Darstellungsmittel anderer Gattungen zurückgreift. Auf der anderen Seite bemühen sich narratologische Studien, einen anti-homerischen, anti-aristotelischen bzw. kyklischen oder dekonstruierenden, die Gattung insgesamt in Frage stellenden Erzählstil aufzuweisen.[131]

Das folgende Kapitel gibt nach einer Übersicht zentraler Arbeiten eine Neueinschätzung zu Apollonios' Erzähltechnik. Denn die Untersuchungen der letzten Jahrzehnte stellen zwar grundlegende Erkenntnisse zur formalen Seite erzähltechnischer Besonderheiten zur Verfügung,[132] was die Interpretation dieser Besonderheiten angeht, konnte jedoch bisher keine Einigkeit erzielt werden. Dies liegt zum einen in der Natur der Sache begründet. Um die Erzähltechnik eines bestimmten Gedichts angemessen beurteilen zu können, wäre der Vergleich mit Vertretern derselben Gattung aus derselben Epoche von zentraler Bedeutung. Dies ist bekanntlich für die *Argonautika* kaum möglich.[133] So bleibt der Abgleich mit der Erzähltechnik epischer Vorgänger und vorbildhafter, zeitgenössischer Werke verwandter Gattungen oder der Blick in die Zukunft auf die Darstellungsmodi der lateinischen und späten griechischen Epen. Ein weiterer Grund für die fehlende Einigkeit in der Bewertung des *Argonautika*-Erzählers liegt jedoch, wie im Folgenden zu zeigen sein wird, darin begründet, dass die inhaltlichen Aussageziele und Wirkungsabsichten der erzählerischen Besonderheiten für Kontext und Interpretation der einzelnen Passage oft nicht hinreichend berücksichtigt werden und die Untersuchungen auf divergierenden theoretischen Fundamenten

---

[131] Vgl. Schwinge 1986, 83–152. Gummert (1992, bes. 125 ff.) betont dagegen die „homerischen" Züge des Erzählers. Danek (2009) stellt heraus, inwieweit Apollonios Homer in der Einhaltung von Zielinskis Gesetz folgt. Rengakos (2004) vergleicht mit den erhaltenen Resten des Epischen Kyklos und mit der aristolischen Epos-Theorie, vgl. Rengakos 2003; Van Tress 2006; Hunter 2008. Für einen Kompromiss vgl. De Forest 1994; Cuypers 2004; 2005. Die Studien von Morrison und Effe werden unten besprochen.
[132] Eine vollständige narratologische Beschreibung der Form gibt Fusillo bereits 1985.
[133] Vgl. Ziegler 1934; Rengakos 2004.

basieren.[134] Im Folgenden seien die grundlegenden Studien vorgestellt, die für diese Arbeit den Ausschlag gegeben haben.

In der Erzählforschung zum antiken Epos wird häufig eine Kategorisierung der Beziehung des Erzählers zum Gegenstand mit Hilfe des Begriffspaares der erzählerischen Subjektivität bzw. Objektivität vorgenommen. Diese Kategorisierung ist von Heinze für die im Vergleich zu Homer und Apollonios ausgeprägten, „subjektiven" Erzählelemente in der *Aeneis* herausgearbeitet worden. Einen „objektiven" epischen Erzähler sieht Heinze dabei als gegeben, wenn „der Dichter uns in die Empfindungen seiner Personen einführt, ohne uns die seinen aufzudrängen."[135] Ein „objektiver" Erzählstil ist seiner Meinung nach in den homerischen Epen am ehesten verwirklicht. In Abgrenzung zu Heinzes Thesen zeigt De Jong unter Anwendung eines strukturalistisch-narratologischen Ansatzes, dass bereits die *Ilias* zahlreiche charakteristische Elemente eines „subjektiven" Erzählstils aufweist. Bei der Interpretation der formalen narrativen Spezifika setzt man häufig die Arbeit De Jongs fort und geht dabei davon aus, dass Erzähltechniken wie Fokalisationen und Metalepsen immer zur „Subjektivierung" des Erzählstils beitragen. Diese Studien greifen auf die narratologischen Konzepte Genettes und Bals zurück und entwickeln ein Instrumentarium, mit dem sich die formale Seite erzählerischer Techniken im Epos differenziert klassifizieren lässt. Indem bei der Untersuchung des epischen Erzählstils der komplexe Erzählertext bzw. *embedded focalization*, Figurenrede, fokalisierte Gleichnisse und Beiwörter berücksichtigt werden, wird anhand formaler Kriterien nachvollziehbar, an welchen Stellen Figurenperspektive in den Erzählertext übernommen wird.[136] Diese formalen Auffälligkeiten tragen laut De Jong alle gleichermaßen zur „Subjektivierung" epischen Erzählens bei. Nur unzureichende Berücksichtigung findet in diesem Modell die inhaltliche Dimension, z. B. die Frage nach der Aussageabsicht der formalen Auffälligkeit im Kontext der Handlung.[137] Vielmehr wird undifferenziert jede formale Auffälligkeit als Einschränkung der „epischen Objektivität" und

---

134 Für einen knappen Überblick vgl. Cuypers 2004. Eine konsequent formal-narratologische Erzählanalyse gibt Fusillo 1985. Vgl. ferner Goldhill 1991; Gummert 1992; Hunter 1993b; De Jong 2001b; Rengakos 2003; Rengakos 2004; Fantuzzi/Hunter 2004; Berkowitz 2004; Effe 2004, bes. 24–31; Cuypers 2005; Morrison 2007, 271–310; Klooster 2007; Fusillo 2008; Hunter 2008a; Sistakou 2009; Danek 2009; Klooster 2012; Ambühl 2014.

135 Vgl. Heinze 1903, 370 f.

136 Vgl. De Jong 1987; Bal 1985 sowie einführend Schmid 2008, 118–123; ferner De Jong / Nünlist / Bowie 2004; De Jong / Nünlist 2007; Grethlein / Rengakos 2009; De Jong 2011; De Jong 2012. Zur Unterscheidung von Fokalisation und „point of view" vgl. Nünning 1990.

137 Vgl. zu diesem systemimmanenten Problem von Genettes Theorien auch Nünning 1990, 257 ff. Zur Problematik des Ansatzes in Bezug auf Homer und Vergil vgl. Hunter 1993b, 102 f.

E. Zur Erzähltechnik der Argonautika

Zeichen eines „subjektiven" Erzählstils gewertet.[138] Dieser Automatismus ist problematisch, weil er aus einem sehr spezifischen Untersuchungsziel verallgemeinernd ein universelles heuristisches Kriterium ableitet.

Wiederum in Abgrenzung zu diesem narratologischen Ansatz versucht Effe das ältere typologische Modell der Erzählsituationen von F. K. Stanzel für die Frage nach der „Objektivität" des Erzählers im antiken Epos in einer vergleichenden Untersuchung von Homer bis Silius Italicus fruchtbar zu machen. Dabei greift Effe ebenfalls auf die Kategorien erzählerischer „Objektivität" bzw. „Subjektivität" zurück. Eine hohe Anzahl auktorialer Erzählerkommentare fasst er als Charakteristikum eines „subjektiven" Erzählstils auf und kommt zu dem Ergebnis, dass die Zahl auktorialer, „subjektiver" Erzählelemente von Homer an in aufsteigender chronologischer Reihenfolge stetig zunehme und in den *Punica* gleichsam einen Höhepunkt finde.[139] Den Erzähler der *Argonautika* ordnet Effe dementsprechend in unmittelbarer Nachfolge des *Odyssee*-Erzählers an. Der Tatsache, dass der apollonianische Erzähler weitaus häufiger von „auktorialen" Kommentaren Gebrauch macht als die homerischen Erzähler, versucht Effe mit dem unbefriedigenden Hinweis beizukommen, dass „die emotionale Beteiligung des Erzählers am Geschehen nicht wesentlich über die Ansätze im homerischen Epos hinausgeht".[140] Trotz des eigentlich formal-narratologischen Fokus der Untersuchung zieht er gleichsam durch die Hintertür zur Erklärung eines problematischen Befundes Heinzes schwer objektivierbare Frage nach der Emotionalität des Erzählers wieder heran. Problematisch ist schließlich die mangelnde Präzision der Begriffe „Objektivität" und „Subjektivität": Während Heinze das Vorhandensein erzählerischer „Subjektivität" an die schwer greifbare Kategorie der „emotionalen Beteiligung" des Erzählers knüpft, genügt formal-narratologischen Ansätzen oft das bloße Vorhandensein bestimmter Erzähltechniken, um eine „Subjektivität" des epischen Erzählers zu konstatieren.[141]

Untersucht man die Erzähltechnik im hellenistischen Epos, stößt man auf ein zusätzliches Problem. Einige Studien bemühen sich aufzuzeigen, dass die *Argonautika* als paradoxe Manifestation einer poetischen Ideologie zu verstehen seien, die das Epos als poetische Großform grundsätzlich ablehnt.[142] Indem Apollonios äußerlich diese Form wähle und dabei zugleich ständig vor Augen führe, wie unmöglich es für einen den neuen poetischen

---

138 Dies gilt für die *Ilias* (vgl. z. B. De Jong 1987, 225–229) und die *Argonautika* (vgl. z. B. Cuypers 2004, 46–53).
139 Effe 2004. Vgl. auch Effe 1983, bes. 178–182. Vgl. ferner z. B. Stanzel 1979; Schmid 2008, 108 f. Denselben Ansatz wählt Gummert 1992.
140 Vgl. Effe 2004, 28 ff.
141 Vgl. zu diesem systemimmanenten Problem von Genettes Theorien auch Nünning 1990, 257 ff. Zur Problematik dieses Ansatzes in Bezug auf Homer und Vergil vgl. Hunter 1993b, 102 f.
142 Vgl. DeForest (1994), die die *Argonautika* als „kallimacheisches" Gedicht betrachtet.

Idealen seiner Zeit verpflichteten Dichter ist, ein Heldenepos im „alten" Stil zu schreiben, belege er die zeitgenössische Unschreibbarkeit eines mythologischen Großepos und dekonstruiere so die Gattung an sich. Diese Dekonstruktion manifestiere sich in widersprüchlichen, absurden Erzählerkommentaren.[143] Ein zentrales Problem der Deutung der Erzählerkommentare in den *Argonautika* deutet sich hier an: Die verwendete Terminologie liefert keine einheitliche Grundlage, von der aus eine Untersuchung und Interpretation erfolgen kann. Unter den Begriffen „Subjektivität" und „Objektivität" eines Erzählers verstehen die Interpreten je unterschiedliche Konzepte, oft ohne diese näher auszuführen. Für die folgende Neubewertung des Erzählstils der *Argonautika* finden diese Begriffe darum keine Anwendung. Als maßgebliches Kriterium wird stattdessen mit Hilfe des Begriffspaares Nähe und Distanz untersucht, wie der Erzähler das Geschehen formal darbietet, in den Handlungszusammenhang einordnet und welche Hinweise für die Deutung er bietet. Diese Leitfrage bietet Raum, um die formal-narrativen Auffälligkeiten und deren inhaltliche Aussageabsicht zu benennen. Es wird deutlich, wann der Erzähler durch die Art seiner Darbietung ein unmittelbares Nacherleben der erzählten Handlung ermöglicht oder verhindert. Dieser Ansatz hat zudem den Vorzug, dass er formale Auffälligkeiten der Erzählgestaltung nicht nur zu benennen, sondern diese auch einer konsistenten, erzählerischen Strategie unterzuordnen und in Bezug auf den inhaltlichen Kontext der Partie zu deuten vermag.

II. Der Erzähler der *Argonautika*: Nähe und Distanz

II.1. Parameter für eine Neubewertung des Erzählstils

Der Erzähler der *Argonautika* – soweit herrscht Einigkeit – ist im Vergleich zu demjenigen von *Ilias* und *Odyssee* deutlich präsenter, das heißt, er macht ausführlicher und häufiger Gebrauch von Kommentaren und Bemerkungen, die den Erzählvorgang als solchen und die vermittelnde Instanz des Erzählers entweder indirekt spürbar werden lassen oder sogar explizit thematisieren.

Apollonios' Epos bietet im Vergleich zu den homerischen Epen, aber auch zu Vergil und den späteren römischen Epikern eine größere Menge an Erzählerrede auf Kosten der unmittelbaren Darstellung des Geschehens durch Figurenrede.[144] Für die narrative Gestaltung der *Argonautika* ist demnach

---

143 Vgl. Schwinge 1986, 83–152.
144 Eine Tabelle aller Partien in Erzählerrede sowie aller Reden inklusive einer thematischen Klassifizierung gibt Ibscher 1939, 117 ff.; 125–184. Dort finden sich auch indirekte Reden, vgl. ebd. 177–184. Zu den Unterschieden im Einsatz von direkten Reden vgl. ebd. 189–197. Vgl. dazu Gummert 1992, 46–59.

eine auffällige Dominanz der Erzählerstimme zu konstatieren. Besonders im Vergleich mit den selteneren, weniger ausgefeilten Erzählerkommentaren im homerischen Epos hat man die Häufigkeit von direkten Äußerungen des Erzählers als Ausdruck emotionaler Teilnahme gedeutet. In Apollonios' Epos sei ein besonders emotionaler Erzähler am Werk, der durch diese Kommentare Sympathie mit den Figuren zum Ausdruck bringe und auf Seiten des Rezipienten einfordere.[145] Besonders häufig finden sich bei Apollonios Metalepsen, die im Zug der Tendenz der Erzählforschung, formal auffälliges Erzählerverhalten mit Emotionalität in Verbindung zu bringen, nahezu ausschließlich als Emotionalisierungs- oder Subjektivierungsstrategien gedeutet werden.[146] So kommt man zum Ergebnis, der Erzähler der *Argonautika* trete als emotionalisierender „Moralist" in Erscheinung.[147] Alternativ konstruiert man eine „Krise des Erzählers", die sich in dessen zunehmender Abhängigkeit von den Musen manifestiere.[148] Diese Befunde werden scheinbar gestützt von Bemerkungen antiker Scholiasten zum Phänomen der λύσις ἐκ τοῦ προσώπου, die einen Unterschied zwischen Erzählerstimme und Figuren konstatieren, also mehr oder weniger deutlich auf ein der Sekundärfokalisation verwandtes Phänomen hinweisen, das mit einer gesteigerten *enargeia* in Verbindung gebracht wird.[149] Da jedoch nicht jeder Erwähnung von *enargeia* in antiken Scholien ein ausgefeiltes Konzept zugrunde liegt, sollten diese weder notwendigerweise repräsentativen, noch besonders konkreten Scholiasten-Bemerkungen nicht davon abhalten, mit Hilfe neuer Kriterien zu untersuchen, wie sich derartige Erzählstrategien interpretatorisch auswirken.

Bei genauer Betrachtung des inhaltlichen Kontextes und des Aussageziels der betreffenden Partien kann demgegenüber gezeigt werden, dass gerade die vermeintlich moralisch oder emotional wertenden Erzählerkommentare in den *Argonautika* eingesetzt werden, um die Unmittelbarkeit der Darstellung zu stören, die Distanz zu den Geschehnissen zu vergrößern und formale oder inhaltliche Besonderheiten durch poetologische Äußerungen ins rechte Licht zu rücken. Anhand von Beispielen untersucht das folgende Kapitel diese Strategien des Erzählers zur Distanzierung vom erzählten Geschehen. So lässt sich zeigen, wie die Erzählerkommentare Charakteristika eines eigenen, für die *Argonautika* typischen, epischen Erzähler-Ideals etablieren.

---

145 Vgl. Effe 2004, 24–31; Morrison 2007, 280–286. Lediglich Fantuzzi / Hunter (2004, 92) konstatieren zutreffend, aber ohne weitere Ausführungen „Apollonius' apparent distance from his characters".
146 Vgl. Effe 2004, 24–31; Morrison 2007, 280–286; De Jong 2009; De Jong 2013; Klooster 2013.
147 Vgl. z. B. Cuypers 2004, 49–53; Morrison 2007, 280–286.
148 Vgl. Feeney 1990, 90 ff. Vorläufer finden sich bei Livrea 1973, ad 1381; Beye 1982, 13–19. Vgl. ferner Hunter 1987, 134; Goldhill 1991, 294; Hunter 1993, 105 f.; Albis 1996, 94 f.; Clare 2002, 265 ff.; Morrison 2007, 298–310.
149 Vgl. z. B. Nünlist 2009, 116–135.

Ausschlaggebend ist dabei für das Vorliegen erzählerischer Nähe zum Geschehen, inwieweit der Erzählvorgang die Handlung unmittelbar ohne Störung darbietet, sodass sich beim Rezipienten ein empathisches Nachempfinden mit den Figuren einstellen kann.[150] Die Begriffe Nähe und Distanz beziehen sich sowohl auf das Verhältnis, das der Erzähler seinen Figuren gegenüber zu erkennen gibt, als auch auf die erzählerischen Strategien, die zur Beeinflussung des Verhältnisses zwischen Rezipient und Figuren zum Einsatz kommen. Da über die genauen Entstehungs- und Rezeptionsbedingungen der *Argonautika* wenig bekannt ist, kann ein historischer Rezipient zwar nur annäherungsweise bestimmt werden.[151] Eine Untersuchung der beim Rezipienten intendierten Wirkungsabsicht dürfte dennoch einen Versuch wert sein, wenn man als Maßgabe bei der Verwendung des Begriffs im Folgenden das erzähltheoretische Konzept des impliziten Rezipienten zugrunde legt.[152]

Nähe und Distanz zum Geschehen bezeichnen dabei die Extreme auf einer gestuften Skala. Wenn im Folgenden die distanzierende Erzählweise des Erzählers herausgearbeitet wird, so ist eine relative Distanz gemeint. Eher distanzierend agiert der Erzähler etwa im Vergleich zu den homerischen Erzählern, die seltener und weniger explizit in die erheblich unmittelbarer dargebotene Handlung eingreifen. Eher distanzierend agiert der Erzähler aber auch im Vergleich zum Erzähler der *Aeneis*, der zwar gemessen an den homerischen Epen – vereinfacht gesprochen – häufiger kommentierend und explizit wertend in die Darbietung des Geschehens eingreift. Dabei nutzt der Erzähler der *Aeneis* zum Teil sogar dieselben Kommentartechniken wie der der *Argonautika*, setzt sie aber verstärkt ein, um dem Rezipienten ein Nachempfinden des Handlungsgeschehens zu ermöglichen. Der *Aeneis*-Erzähler bringt in seinen Kommentaren häufig explizit Sympathie mit dem Schicksal seiner Figuren zum Ausdruck. Demgegenüber nutzt der Erzähler der *Argonautika* Kommentierungstechniken, um in besonders emotionalen Situationen oder an Höhepunkten der Handlung ein unmittelbares Nachempfinden der Gefühle seiner Figuren durch den Rezipienten zu hintertreiben. Stattdessen lenkt er das Augenmerk auf die formalen und inhaltlichen Besonderheiten der eigenen Erzählung.

Die Durchbrechung der erzählerischen Unmittelbarkeit erfolgt in den *Argonautika* auf drei Ebenen, temporal, inhaltlich und poetologisch. Der Erzähler betont erstens die temporale Distanz zwischen der eigenen Zeit und

---

150 Gummert (1992, 44 f.) kommt unter Bezug auf Stanzels Erzählmodell zu dem Ergebnis, dass „die Narration gleichermaßen von außerordentlich naher wie entfernter Erzählperspektive bestimmt wird". Ob räumliche oder erzählerische Distanz gemeint ist, bleibt unklar, vgl. z. B. Nünning 1990. Zur Frage der räumlichen Perspektive des hom. Erzählers vgl. z. B. De Jong / Nünlist 2004.
151 Vgl. Fraser 1972 I, 305–335; Weber 1993, bes. 122–184; 407 ff.
152 Vgl. Schmid 2008, 108–112; De Jong 2014, 28–33. Ansätze für Ap. finden sich bei Byre 1991; Cuypers 2004.

der erzählten Zeit, der mythischen Vergangenheit der Argonautenfahrt (vgl. Teil I.E.II.2.a). Ferner findet er in emotionalen, ereignisreichen Handlungssituationen verschiedene Möglichkeiten, die Aufmerksamkeit des Rezipienten von der Handlung abzulenken, sie stattdessen auf die Fiktionalität der Handlung, die Literarizität des Textes oder sekundäre Besonderheiten der dargebotenen Mythenversion zu richten (vgl. Teil I.E.II.2.b).[153] Schließlich kommentiert der Erzähler das Geschehen, indem er unter autoreferentieller Bezugnahme auf den Erzählvorgang explizit auf poetologische Fragen zu sprechen kommt (vgl. Teil I.E.II.2.c). Im folgenden Kapitel werden diese drei Phänomene aus Gründen der Anschaulichkeit getrennt behandelt, tatsächlich überschneiden sie sich aber häufig innerhalb einer Erzählpartie.[154] Die folgenden Interpretationen versuchen so eine Neubewertung für einige Passagen der *Argonautika* zu erreichen, für die erzählerische Nähe häufig zu Unrecht beansprucht wird.[155]

II.2. Erzählstrategien zur temporalen Distanzierung

a. Temporale Distanz in Proöm und Epilog
Schon im Proöm der *Argonautika* bezieht der Erzähler programmatisch zu narrativen Parametern Stellung. Die ersten vier Verse enthalten dabei die Handlung *en miniature* und heben zugleich zentrale Aspekte des Epos hervor:

---

153 Der Begriff Literarizität bezeichnet im Folgenden einen rezeptionsästhetischen Aspekt, denn die Funktion dieser Hinweise ist auf eine bestimmte Verarbeitung durch den Rezipienten angewiesen. Zum anderen verhandeln die Erzählerkommentare auch die Textsortenzugehörigkeit oder verweisen auf besondere sprachliche oder stilistische Elemente des Textes, vgl. dazu z. B. Strasen 2008, 8–11.
154 Vgl. z. B. zum Aithalides-Exkurs Kap. II.2.b und zum Theiodamas-Exkurs II.4.a. Der explizite Abbruch weist in beiden Fällen sowohl Elemente einer temporalen als auch poetologischen Distanzierungsstrategie auf.
155 Das Begriffspaar Nähe und Distanz kommt auch in anderen Zusammenhängen zur Anwendung. Seidensticker (2006) untersucht die Funktionsweise von Gewaltdarstellungen in der griechischen Tragödie mit Hilfe des Begriffspaares. Nähe und Distanz beschreiben dabei die konkreten räumlichen Aufführungsverhältnisse. Er kommt zum Schluss, dass die Tragiker Gewaltdarstellungen trotz der Konvention, Gewaltszenen nicht auf offener Bühne zu präsentieren, mit einem ausgeklügelten System von Nähe- und Distanztechniken Effekt verleihen. Koch / Oesterreicher (1985) verwenden das Begriffspaar, um die konzeptuelle Dimension von Sprachäußerungen zwischen extremer Mündlichkeit und extremer Schriftlichkeit zu verorten. Für den wichtigen Hinweis möchte ich Herrn Professor Gregor Vogt-Spira herzlich danken. Die Kategorien zur Analyse des Erzählerverhaltens in dieser Arbeit sind jedoch auf Grundlage der diskutierten narratologischen Ansätze unabhängig von diesen Thesen entwickelt worden.

Ἀρχόμενος σέο, Φοῖβε, παλαιγενέων κλέα φωτῶν
μνήσομαι οἳ Πόντοιο κατὰ στόμα καὶ διὰ πέτρας
Κυανέας βασιλῆος ἐφημοσύνῃ Πελίαο
χρύσειον μετὰ κῶας ἐύζυγον ἤλασαν Ἀργώ.   (A.R. 1,1–4)

Beginnend bei dir, Phoibos, werde ich die ruhmreichen Taten der Helden vergangener Zeiten besingen, die durch die Mündung des Pontos und die Kyaneischen Felsen auf Geheiß des Königs Pelias das Goldene Vlies auf der gutgebauten Argo davontrugen.

Das Epos handelt von der Fahrt der griechischen Helden auf der Argo durch die Kyaneischen Felsen bis ins Schwarze Meer, von wo die Argonauten das Goldene Vlies nach Griechenland bringen.[156] Das erste Wort des Proöms, das Partizip ἀρχόμενος in Verbindung mit μνήσομαι im folgenden Vers, betont stärker als in den Proömien zu *Ilias* und *Odyssee* die Bedeutung des Erzählers für die folgende Erzählung. Dort steht die Inspiration durch die Musen bekanntlich im ersten Vers, während die Rolle des Erzählers nachrangig erwähnt wird. Bei Apollonios wird diese Reihenfolge umgekehrt. Der Erzähler beginnt ferner nicht mit einer Musen-, sondern mit einer Apoll-Apostrophe, wie sie im homerischen Epos an weniger prominenter Position begegnet, und verknüpft diese mit seiner eigenen Rolle als Gestalter: Ἀρχόμενος σέο, Φοῖβε .../ μνήσομαι (1,1 f.).[157] So positioniert er sich selbst und seine Rolle zu Beginn des Gedichtes in prominenter Position neben dem Musenführer und Dichtergott Apollo[158] und dem epischen Gegenstand, den Taten seiner Helden.[159] Diese Anordnung hat verschiedene Deutungen erfahren, die in der Regel für das Proöm einen Zuwachs an Selbstbewusstsein auf Seiten des Erzählers bzw. des Dichters im Vergleich zu den homerischen Epen konstatieren.[160]

Der erste Vers stellt die Weichen für die charakteristischen Distanzierungstechniken, die der Erzähler in den *Argonautika* zur Anwendung bringt. Die formelhaft anmutende zweite Vershälfte παλαιγενέων κλέα φωτῶν ver-

---

156 Ergänzt wird die Inhaltsangabe am Ende des Proöms (1,20 ff.). Vgl. Fränkel 1968, 21 ff.; Klooster 2007, 65 ff.
157 Zu Epos und Hymnos vgl. Cuypers 2004, 45. Vgl. Klooster 2013, 155 ff.; De Jong 2009, 95 f. Zum Thema κλέα ἀνδρῶν (Il. 9,189; 524; Od. 8,73; σέο δ' ἀρχόμενος κλέα φωτῶν ἄσομαι, h.Hom. 32,18) vgl. Händel 1954, 9; Ardizzoni 1967, ad 1; Bundy 1972, 58; Vian 1974, ad 1; Beye 1982, 13 f.; Williams 1991, 301 ff.; Clauss 1993, 16; Hunter 2008.
158 Zur Bedeutung Apolls in den *Argonautika* vgl. Hunter 1986; Hunter 1993b, 119–129; Albis 1995; Albis 1996, 8 ff.; Belloni 1999; Pietsch 1999, 53–63.
159 Zur Zeitgestaltung vgl. Clauss 2000, 11; Albis 1996, 19 f.; Hunter 2008a, 93 ff.; Phillips 2020.
160 Vgl. Teil I.E.II.2.c. Dieses „neue Selbstbewusstsein" führt man auf die Fortschritte der Philologie im 3. Jhd. v. Chr. zurück, vgl. Beye 1982, 13; Fusillo 1985, 360–385; Goldhill 1991, 284–333; Hunter 1993b, 105 ff.; Clare 2002, 9–32, bes. 21; Cuypers 2004; Berkowitz 2004, 62–96; Morrison 2007, 273–295; Hunter 2008a, 94 f.

weist dabei auf eine grundlegende Komponente erzählerischer Gestaltung indem die temporale Distanz zwischen den Ereignissen der *fabula* und dem Zeitpunkt ihrer Darbietung betont wird.[161] Der Erzähler erklärt sich im ersten Vers ausdrücklich zum *subsequent narrator* mit temporaler Distanz zum Geschehen. Vorläufer dieser temporalen Positionierungskommentare finden sich in den homerischen Epen. Dort sind sie jedoch selten (z. B. οἷοι νῦν βροτοί, Il. 5,302 ff.; 12,378–385; 445–449; 20,285 ff.).[162] Durch das Adjektiv παλαιγενέων wird dagegen im ersten Vers der *Argonautika* die temporale Distanz zwischen erzählter Zeit und Erzählzeit thematisiert.[163] Auf diese kommt der Erzähler gegen Ende des erweiterten Prooms zurück, wenn er in Form einer *recusatio* für die Erzählung vom Bau der Argo auf Epen anderer Dichter verweist:[164]

Νῆα μὲν οὖν οἱ πρόσθεν ἔτι κλείουσιν ἀοιδοὶ
Ἄργον Ἀθηναίης καμέειν ὑποθημοσύνῃσι. (A.R. 1,18 f.)

Das Schiff nun hat, wie es die früheren Sänger erzählen, Argos mit Hilfe der Athene gebaut.

Der Hinweis auf Vorgängerversionen thematisiert zugleich auch die Literarizität des Werkes.[165] Dabei steht nun nicht der zurückgewiesene mythische Stoff selbst, der Bau der Argo durch Argos und Athene, im Zentrum, sondern die Darstellungsweise hebt auf die literarischen Bearbeitungen des Stoffes ab. Indem der Erzähler den Stoff durch diese autoreferentielle Brille betrachtet, rückt die eigentliche Handlung in den Hintergrund und es entsteht Distanz zum Geschehen.[166]

Dazu passt die lineare, wenig auf unmittelbare Darstellung einzelner Szene bedachte und auf die wichtigsten Fakten der Vorgeschichte beschränkte Darbietung des Prooms. Der Erzähler erwähnt knapp das Einschuhigen-Orakel an Pelias, Jasons Sandalenverlust am Anauros und die Missachtung

---

161 Die narratologischen *termini* richten sich nach Genette und Bal, da sie sich in der Gräzistik durchgesetzt haben, vgl. z. B. De Jong 1987, 29 ff.; De Jong / Nünlist 2007, xiii f.; Grethlein / Rengakos 2009, 1–14; De Jong 2014. Zu Apollonios' Umgang mit der traditionellen Formelhaftigkeit epischer Sprache vgl. Fantuzzi 2008².
162 Der Erzähler der *Ilias* bezieht das Geschehen nur sehr selten auf die eigene Zeit, vgl. z. B. Jong 1987, 44 ff.
163 Vgl. auch Fusillo 1985, 363 ff.; Hunter 1993b, 162 ff.; Clauss 2000, 11 ff.; Klooster 2007, 63 ff.
164 Bekannt sind ein Epos *Naupaktia* sowie ein Gedicht Ἀργοῦς ναυπηγία des Epimenides, vgl. Vian 1974, 51 Anm. 2; Matthews 1977; Debiasi 2003. Trotz der *recusatio* lässt Apollonios Anspielungen auf den Bau der Argo einfließen (1,110–115; 524 ff.; 721 ff.; 2,611–614; 1187 ff.; 3,340–344; 4,580 ff.), vgl. Murray 2005.
165 Hier vornehmlich im Sinne der Textsortenzugehörigkeit, vgl. Strasen 2008, 8–11 sowie Teil I.E.II.1.
166 Die *recusatio* impliziert auch eine poetologische Positionierung, vgl. Asper 2008, 170 sowie Teil I.E.II.4.

Heras beim Opfer durch Pelias sowie seinen Auftrag an Jason (A.R. 1,5–17). Bezeichnenderweise finden sich lediglich wenige, blasse oder stereotype Adjektive (μοῖρα στυγερή, 1,6; ναυτιλίης πολυκηδέος, 1,16; ἀλλοδαποῖσι ἀνδράσι, 1,17). Vergleicht man die Proömien von *Ilias* und *Odyssee*, tritt die distanzierte Haltung des Erzählers im *Argonautika*-Proöm noch deutlicher hervor. In den homerischen Proömien zeigt sich der Erzähler um eine unmittelbare Veranschaulichung des epischen Themas bemüht. Die Leiden der Griechen vor Troia, der Streit zwischen Achill und Agamemnon, die Leiden des Odysseus und das selbstverschuldete Ende seiner Gefährten werden unter Verwendung zahlreicher, aussagekräftiger Adjektive und emotionaler Verben greifbar und erlebbar gemacht (Il. 1,11; Od. 1,1–10).[167] Bei Apollonios stehen dagegen der skurrile Orakelspruch, dessen technische Auflösung durch den Bericht, wie die zweite Sandale im Schlamm feststeckt, sowie die unspezifische Ankündigung einer „gefährlichen Seefahrt" (A.R. 1,5–17).[168] Im *Argonautika*-Proöm artikuliert sich demnach ein ausgeprägtes Bewusstsein für die Distanz zwischen der mythischen Vergangenheit und der eigenen Zeit. Das eigentliche Geschehen und die Vorgeschichte der *Argonautika* finden keine unmittelbare, anschauliche Ausgestaltung.

Im Laufe des Epos bricht sich diese distanzierte Haltung immer wieder Bahn. Analog zu der temporalen Positionierung im Proöm thematisiert der Erzähler diese Distanz im Epilog:

Ἵλατ' ἀριστῆες, μακάρων γένος, αἵδε δ' ἀοιδαί
εἰς ἔτος ἐξ ἔτεος γλυκερώτεραι εἶεν ἀείδειν
ἀνθρώποις. Ἤδη γὰρ ἐπὶ κλυτὰ πείραθ' ἱκάνω
ὑμετέρων καμάτων, ἐπεὶ οὔ νύ τις ὔμμιν ἄεθλος... (A.R. 4,1773–1776)

> Erbarmt euch, ihr Helden vom Geschlecht der seligen Götter! Mögen diese Gesänge von Jahr zu Jahr süßer zu singen sein für die Menschen! Denn schon gelange ich zum ruhmreichen Ende eurer Mühsal, da euch nun kein Kampf mehr bevorstand...

Wie im Proöm spricht der Erzähler im Epilog ebenfalls in der ersten Person, wenn er den gerafften Bericht von der ereignislosen Fahrt der Argo von Aigina nach Pagasai mit diesen Versen einleitet. Figuren und Erzähler werden

---

167 Emotionale Adjektive und Verben sowie eine Apostrophe bewirken in den Proömien die unmittelbare Anschaulichkeit: οὐλομένην; μυρί' ἄλγε Il. 1,2; ἰφθίμους ψυχὰς Ἄιδι προΐαψεν 1,3; ἑλώρια τεῦχε κύνεσσιν, 1,4; διαστήτην ἐρίσαντε, 1,6; χολωθείς, 1,9; νοῦσον κακήν; ὀλέκοντο δὲ λαοί, 1,10; ἠτίμασεν ἀρητῆρα, 1,11; πολύτροπον, Od. 1,1; πλάγχθη; ἱερὸν πτολίεθρον ἔπερσε, 1,2; ἴδεν ἄστεα καὶ νόον ἔγνω, 1,3; πάθεν ἄλγεα ὃν κατὰ θυμόν, 1,4; ἀρνύμενος ἥν τε ψυχήν, 1,5; σφετέρῃσιν ἀτασθαλίῃσιν ὄλοντο, 1,7; νήπιοι, 1,8; ἀφείλετο νόστιμον ἦμαρ, 1,8. Vgl. Rüter 1969, 28–52; Heubeck / West / Hainsworth 1988, ad 1,1–10; Kullmann 2011, 78 ff.

168 Auch ein Vergleich mit dem Proöm und der ausführlichen Darstellung der Vorgeschichte in den *Argonautica* des Valerius Flaccus (V.F. 1,1–21; 1,22–90) bestätigt diesen Eindruck. Vgl. z. B. Zissos 2008, ad 1–90.

erneut in einem Vers gegenübergestellt. Man stellt dementsprechend heraus, dass das letzte Wort der *Argonautika*, εἰσαπέβητε, zugleich das Ende der Fahrt der Helden beschreibt und auch den Rezipienten aus der Rezeptionssituation entlässt (ἀσπασίως ἀκτὰς Παγασηίδας εἰσαπέβητε, 4,1781).[169] Der Erzähler äußert ferner in Form einer Apostrophe an die Argonauten seinen Wunsch nach Nachruhm für das Gedicht und thematisiert ausdrücklich die Bedingung für diesen Ruhm: Die Gesänge über die Heldentaten der Argonauten müssen Freude bereiten, um die Zeiten zu überdauern (γλυκερώτεραι εἶεν ἀείδειν / ἀνθρώποις, 4,1773 f.).[170] Die Beschreibung des ereignislosen Fahrtendes ist diesem Wunsch syntaktisch untergeordnet (πείραθ᾽ ἱκάνω / ὑμετέρων καμάτων, ἐπεὶ οὔ νύ τις ὔμμιν ἄεθλος /... ἐτύχθη, 4,1775 ff.), sodass die Helden und ihre Taten sogar durch den Satzbau als Kreaturen des Erzählers gekennzeichnet sind. Die äußeren Bedingungen epischen Erzählens und die Bedeutsamkeit der erzählerischen Gestaltung für das Überdauern der besungenen Inhalte werden betont, die Distanz zwischen der Handlungszeit und der eigenen Zeitebene wird ausdrücklich hervorgehoben und dabei sogar um eine neue, wiederum weiter entfernte Zeitebene ergänzt, die Zukunft der kommenden Rezipienten des Gedichtes.

Die Darstellungsweise lässt auf ein ungebrochenes Selbstbewusstsein des Erzählers schließen und widerspricht somit der Idee, dass der Erzähler ab Beginn des vierten Buchs mehr und mehr eine Krise des eigenen Selbstverständnisses erfahre.[171] Die Apostrophe der Helden kann als Zeugnis von Erzählerstolz gelesen werden. Schließlich wird dem Rezipienten dieser emotionale, feierliche Moment geradezu aus der Sicht eines Literaturkritikers vorgeführt, indem die erfolgreiche, ruhmreiche Rückkehr der Helden kurz zusammengefasst und dem Wunsch nach Nachruhm untergeordnet wird. Das Gedicht ist gerade erst ans Ende gelangt, da ist der Rezipient schon aufgefordert, Stellung zu nehmen, die poetische Qualität des Werkes zu würdigen und zu dessen Ruhm beizutragen. Die autoreferentielle Qualität des Epilogs führt dem Rezipienten die eigene Rezeptionssituation deutlich vor Augen. Indem der Erzähler die Figuren im gesamten Epilog in der zweiten Person anspricht (Ἵλατ᾽ ἀριστῆες, 4,1773; ὑμετέρων καμάτων ... ὔμμιν, 1776; εἰσαπέβητε, 1781), wird die Erzählung zusätzlich verfremdet.[172] So wird an einem inhaltlichen Höhepunkt, nämlich im Moment der triumphalen Rückkehr der Argonauten, das eigentliche Geschehen mit temporaler und inhaltlicher Distanz dargeboten.

---

169 Vgl. z. B. Albis 1996; Theodorakopoulos 1998; Wray 2000; Klooster 2007, 78; Morrison 2007, 305 f.
170 So ansatzweise auch Hutchinson 1988, 141.
171 So Feeney (1990, 90 ff.). Vgl. dazu Teil I.E.II.4.b.
172 Zur Apostrophe des Rezipienten vgl. Byre 1991, 218.

Das manifeste Bewusstsein des Erzählers für temporale Distanzen lässt sich anhand von Erzählerkommentaren, Musenanrufen, aitiologischen Einlageerzählungen und abgebrochenen Motiven aufweisen. Dieses Distanzbewusstsein führt jedoch nicht dazu, dass die *story* in den *Argonautika* ausschließlich auf die mythische Vergangenheit der Argonautenfahrt beschränkt bleibt.[173] Zwar erzählen die *Argonautika* im Gegensatz etwa zu den homerischen Epen die Argonautensage bis auf wenige Ausnahmen linear und chronologisch.[174] Häufig finden sich jedoch kürzere Analepsen, insbesondere in Form von Aitien. Diese reichen etwa von einer Kosmogonie in Orpheus' Gesang (1,496–511) über die Kindheit des Zeus bis zu Jasons Jugend (vgl. 1,33 ff.; 3,132–142; 4,812).[175] Interne Prolepsen auf den Fortgang der Handlung und externe Prolepsen, etwa als Ausblick auf das zukünftige Schicksal einzelner Helden, kommen ebenfalls zum Einsatz, z. B. die Prophezeiung des Phineus mit Hinweisen für die weitere Fahrt nach Kolchis (2,311–407; vgl. 1,139 ff.; 1,1302–1309; 4,1470–1478; 1756–1765) und die verdeckten Prolepsen auf Medeas Schicksal nach ihrer Heirat (z. B. 3,747 f.).

b. Externe Prolepsen als distanzierende Erzählstrategie: Der Herold Aithalides

Ein bemerkenswertes Beispiel für dieses Phänomen bietet die abgebrochene, externe Prolepse über die Zukunft der Seele des Herolds Aithalides, kurz vor dem Besuch der Argonauten bei den Lemnierinnen. Die Argonauten senden ihn, um die Frauen zu beschwichtigen. Der Erzähler bricht den proleptischen Exkurs jedoch ab:

> Τείως δ' αὖτ' ἐκ νηὸς ἀριστῆες προέηκαν
> Αἰθαλίδην κήρυκα θοόν, τῷπέρ τε μέλεσθαι
> ἀγγελίας καὶ σκῆπτρον ἐπέτραπον Ἑρμείαο
> σφωιτέροιο τοκῆος, ὅς[176] οἱ μνῆστιν πόρε πάντων
> ἄφθιτον· οὐδ' ἔτι νῦν περ ἀποιχομένου Ἀχέροντος
> δίνας ἀπροφάτους ψυχὴν ἐπιδέδρομε λήθη·
> ἀλλ' ἥγ' ἔμπεδον αἰὲν ἀμειβομένη μεμόρηται,
> ἄλλοθ' ὑποχθονίοις ἐναρίθμιος, ἄλλοτ' ἐς αὐγάς
> ἠελίου ζωοῖσι μετ' ἀνδράσιν – ἀλλὰ τί μύθους
> Αἰθαλίδεω χρειώ με διηνεκέως ἀγορεύειν;   (A.R. 1,640–649)

---

173 Vgl. aber Klooster 2007, 65 f.
174 Zur Gestaltung der zeitlichen Abfolge der *story* in den *Argonautika* vgl. Rengakos 2003; Klooster 2007; Danek 2009; Sistakou 2009, 386–394. Für einen Vergleich mit dem epischen „Kyklos" vgl. Rengakos 2004.
175 Vgl. auch Klooster 2007, 70 ff.
176 Die Codices überliefern ὅς. ὅ ist gelegentlich gedruckte Konjektur Wellauers, die dem Textverständnis nicht hilft. Es ist wahrscheinlicher, dass Aithalides seine Gabe unabhängig vom Zepter verliehen bekam.

Unterdessen entsandten die Helden aus ihrem Schiff Aithalides, ihren schnellen Herold, dem sie das Botenamt zugewiesen hatten und das Zepter des Hermes, seines Vaters. Dieser hatte ihm unvergängliche Erinnerung an alle Ereignisse eingegeben. Nicht einmal jetzt, obwohl er nun zu den furchtbaren Strudeln des Acheron hinabgestiegen ist, hat seine Seele das Vergessen überkommen, vielmehr wird diese bald unter die Zahl der Unterirdischen, bald wieder zusammen mit den lebenden Menschen unter die Strahlen der Sonne in ewigem Wechsel zugeteilt – aber wozu soll ich von Aithalides alles der Reihe nach erzählen?

Dieser abgebrochene Exkurs über Aithalides ist erzählerisch bemerkenswert. Zum einen findet sich erneut ein Hinweis auf die eigene Zeit des Erzählers, mit dem dieser explizit auf die temporale Distanz zur mythischen Argonautenfahrt verweist (οὐδ' ἔτι νῦν περ, 1,644). Die Bemerkung über die im Lauf dieser langen Frist vergangenen, zahlreichen Wechsel der Seele des Aithalides zwischen dem Reich der Toten und Lebenden erweckt den Eindruck, dass seit der Lebenszeit des Aithalides eine Ewigkeit vergangen sein muss. Der Erzähler bricht mit einer rhetorischen Frage ab (1,648 f.), die in der Tat fragen lässt, weshalb die Prolepse überhaupt eingefügt wurde.[177] Das Rezeptionsverhalten wird so zielgerichtet auf das Problem gelenkt, wie viele Jahrhunderte die Seele des Aithalides schon zwischen beiden Welten wechselt. Die Aufmerksamkeit richtet sich demnach nicht auf den Inhalt, sondern auf die Bestimmung der temporalen Distanz zwischen der fiktionalen Welt der dargebotenen Erzählung und der Rezeptionszeit. Die Ereignisse der Handlung rücken so in größere Distanz.

Formal handelt es sich bei dem Erzählabbruch um eine direkte Interaktion zwischen Primärerzähler und immanentem Rezipienten (*primary narratee-focalizee*).[178] Die Frage verleiht der Erzählerrede ein dialogisches, scheinbar spontanes Element, das jedoch den Vorgang der Verkürzung explizit thematisiert. Der Erzählvorgang selbst rückt damit ins Zentrum des Interesses. Die Aufmerksamkeit des Rezipienten wird in einer inhaltlich angespannten Lage, nach der Ankunft bei den aufgebrachten, zum Kampf gerüsteten Lemnierinnen,[179] nicht auf die Entsendung des Herolds, sondern auf die Existenz des Erzählers und den spezifischen Erzählmodus gelenkt. Der autoreferentielle Kommentar wird genutzt, um in einer emotionalen und span-

---

177 Vgl. dagegen Kyriakou 1994; Nishimura-Jensen 1998; Clare 2002, 272; Morrison 2007, 294; Sistakou 2009.
178 Ähnlich wie die Bemerkungen des *Ilias*-Erzählers, etwas sei nicht vorgefallen, oder sog. *if-not*-Konstruktionen gehen die expliziten Erzählabbrüche vom Vorhandensein eines „Empfängers", eines Rezipienten aus, stellen also einen Akt direkter Kommunikation zwischen Erzähler und *narratee* dar. Vgl. De Jong 1987, 60–81; Genette 1980, 212–215. Zu den direkten Apostrophen des Erzählers an den *narratee* vgl. Byre 1991.
179 Vgl. dazu Bahrenfuss 1951; Kofler 1992; Hunter 1993, 47 ff.; Knight 1995, 162–169; Mori 2008, 91 ff.

nungsreichen Situation explizit auf die Literarizität der Erzählung und die spezifische Ausgestaltung der Lemnierinnen-Episode in den *Argonautika* zu verweisen. Die Unmittelbarkeit des Erzählflusses wird dabei durchbrochen und die Ereignisse rücken in größere Distanz.

c. Temporale Distanzierungsstrategien in der Libyenepisode

Die Libyenepisode erzählt von Notsituationen und sogar vom Tod zweier Argonauten und wäre damit von der Konzeption her geeignet, die körperlichen und emotionalen Leiden der Helden so zu veranschaulichen, dass dem Rezipienten ein unmittelbares Nachempfinden ermöglicht wird. Tatsächlich verwendet Apollonios auf die Illustration der Gefahren auch einige Mühe (vgl. Teil I.D). Zugleich finden sich jedoch Aitien und Erzählabbrüche, die die zeitliche Distanz zum Geschehen verstärken.

Der Erzähler leitet die Libyenepisode mit einem charakteristischen Kommentar ein, der im scharfen Kontrast zu der fröhlichen Fahrtatmosphäre zuvor (4,1223 ff.) die Bewährungsproben in Libyen vorwegnimmt:

> ἀλλὰ γὰρ οὔπω
> αἴσιμον ἦν ἐπιβῆναι Ἀχαιίδος ἡρώεσσιν,
> ὄφρ' ἔτι καὶ Λιβύης ἐπὶ πείρασιν ὀτλήσειαν· (A.R. 4,1225 ff.)

> Aber es war den Helden nicht bestimmt, Achaia wieder zu betreten, ehe sie nicht auch in den entlegenen Gegenden Libyens gelitten hätten.

Die interne Prolepse kontrastiert die leitmotivisch angekündigten Leiden der Helden in Libyen dadurch, dass ein guter Fahrtwind sie zunächst nah an Griechenland heranführt (A.R. 4,1228–1236; vgl. Teil I.C). Der Moment, in dem der neuntägige Seesturm die Argo packt und nach Libyen verschlägt, wird hervorgehoben. Die proleptische Vorankündigung greift zudem die Technik der thematischen Vorwegnahmen in den beiden Binnenprömien der *Argonautika* auf (vgl. A.R. 3,1–5; 4,1–5) und fungiert so als *header* für die Libyenabenteuer.[180] Sie verweist proleptisch sowohl auf die folgenden Ereignisse – Leiden der Helden in Libyen – als auch deren Ausgang – ihre Rettung und Heimkehr nach Griechenland. Der Rezipient wird ausdrücklich auf seine Vorkenntnisse verwiesen. So gibt der Erzähler zu verstehen, dass er aus Inhalt und Ausgang der Ereignisse kein Geheimnis zu machen gedenkt, um die Aufmerksamkeit des Rezipienten auf die individuelle Ausgestaltung der Details und die Variation traditioneller Mythenelemente zu konzentrieren. Der Erzählerkommentar nimmt der Darstellung jedoch die Unmittelbarkeit und lenkt die Aufmerksamkeit auf die Tatsache, dass es sich

---

180 Ähnliche Passagen: 1,1030 f.; 2,851; 4,450 f.; 4,561. Vgl. Duckworth 1933, 41; Klooster 2007, 73.

um eine aus der literarischen Tradition schöpfende Bearbeitung handelt,[181] in der eigene inhaltliche Schwerpunkte und poetische Maßstäbe gesetzt werden. Indirekt wird so die temporale Distanz zwischen erzählter Zeit und eigener Zeit des Erzählers thematisiert. Diese Distanz ist so beträchtlich, dass seither – so impliziert der kurze Kommentar – nicht nur viele Jahrhunderte ins Land gegangen sind, sondern bereits einige literarische Umsetzungen des Stoffes entstanden sind.

Hierauf zielt auch die Erzählung von der Begegnung mit dem Bronzemann Talos ab. Der Erzähler betont zunächst mit Rekurs auf Hesiods Weltaltermythos (Hes. Op. 109–200), dass es sich um den letzten Vertreter des ehernen Geschlechtes handelt:

> τὸν μέν, χαλκείης μελιηγενέων ἀνθρώπων
> ῥίζης λοιπὸν ἐόντα μετ' ἀνδράσιν ἡμιθέοισιν
> τρὶς περὶ χακλείοις Κρήτην ποσὶ δινεύοντα. (A.R. 4,1641 ff.).

> Diesen, einen Überlebenden vom ehernen Stamm der eschengeborenen Menschen, der unter den Halbgöttern lebte, hatte der Kronide für Europa zum Wächter ihrer Insel bestimmt; drei Mal umkreiste er Kreta auf bronzenen Füßen.

Dass Talos letztlich besiegt wird, passt zum einen zur Tendenz der Libyenepisode, den Besuch der Argo in Nordafrika mit zivilisatorischen Errungenschaften zu assoziieren.[182] Mit der Überwindung des letzten Vertreters des bronzenen Geschlechtes durch Medea und die Argonauten beginnt das mythische Heroenzeitalter. Indem der Erzähler die Tatsache betont, dass zur Zeit der Argonautenfahrt das Heroenzeitalter erst anbricht, wird die Distanz der erzählten Zeit zur eigenen Zeit des Erzählers und der zeitgenössischen Rezipienten besonders hervorgehoben, die im Rahmen des Weltaltermythos im eisernen Zeitalter zu verorten wäre.

Die temporale Dimension der distanzierten Situation des Erzählers wird im Verlauf der Libyenepisode mehrfach deutlich. Als einige der Argonauten sich nach ihrem Besuch bei den Hesperiden auf die Suche nach ihrem ehemaligen Gefährten Herakles machen, nutzt Apollonios die Gelegenheit, in Form eines Exkurses das weitere Schicksal des ehemaligen Argonauten Polyphem bis zu dessen Tod zu erzählen (4,1468–1477). Dieser Exkurs rekurriert intern-analeptisch auf die Zurücklassung von Herakles, Hylas und Polyphem (1,1240–1283), um dann in einer externen Prolepse Polyphems nach-argonautische Zukunft zu schildern. Motiviert wird der Exkurs mit Kanthos' Wunsch, zu erfahren, was Polyphem zugestoßen ist. Da sie Herakles jedoch nicht antreffen, erfährt Kanthos nichts über das Schicksal des Po-

---

181 Zu entsprechenden literarischen, ikonographischen und archäologischen Zeugnissen vgl. Wehrli 1955; Vian / Delage 1974, xxvi–xxxix; Ardizzoni 1974; Vojatzi 1982; Dräger 1993; Scherer 2006, 9–56; Sens 2009, 41–45.
182 Vgl. z. B. Hunter 1993b, 166 f. sowie ad 1638–1648 mit der weiteren Literatur.

lyphem. Lediglich der Rezipient erfährt, was zum Zeitpunkt der Handlung sowie darüber hinaus mit Polyphem passiert, erhält also Informationen, die Herakles dem Kanthos nicht hätte geben können, wenn sie einander tatsächlich getroffen hätten. Diese Informationen sind demnach ausschließlich für den Rezipienten bestimmt. Was sind die Ziele dieses Exkurses? Zunächst einmal ergibt sich eine weitere Möglichkeit, einen der Argonauten als Städtegründer und Zivilisationsstifter in einem fremden, nicht griechisch zivilisierten Landstrich zu zeigen, wie es den zentralen Motiven der Libyenepisode entspricht (vgl. Teil I.D). Zum anderen konnte Apollonios davon ausgehen, dass die Stadt Kios, auf deren Gründung der Erzähler hier verweist (ἐπικλεὲς ἄστυ, 4,1472), und ihre weitere Geschichte, etwa die Teilnahme am Ionieraufstand (vgl. Hdt. 5,122), den Rezipienten bekannt waren. Die detaillierten Informationen über Kios, die nur an den Rezipienten gerichtet sind, schaffen ein beträchtliches Informationsgefälle. Dies wird zusätzlich durch die Tatsache verstärkt, dass das explizit formulierte Ziel der Figuren (4,1457–1467) am Ende der Teilepisode gerade nicht erreicht wird. Die Figuren erfahren nichts, ihre Suche nach Herakles bleibt erfolglos. Vielmehr werden in Folge der Suche zwei von ihnen am Tritonsee den Tod finden (4,1485–1536). Der proleptische Exkurs betont also die Unwissenheit der Figuren und setzt diese pointiert in Kontrast zum Wissen von Erzähler und Rezipient. Die für die Haupthandlung irrelevanten Informationen aus einer jenseits der dargestellten Handlungsspanne liegenden Zukunft Polyphems lassen erneut augenfällig werden, wie weit die mythische Zeit des Argonautenfahrt aus der Erzählerperspektive in der Vergangenheit liegt. Die zeitliche Distanz zum Geschehen wird so verstärkt.

In den letzten Episoden der *Argonautika* finden sich Kommentare mit ähnlicher Zielsetzung, so etwa mehrere Aitien, die die Wirkmächtigkeit der von den Argonauten gestifteten Grabmale, Kulte und Tempel hervorheben. Der Erzähler verweist explizit darauf, dass diese noch zu seiner Zeit, also von den zeitgenössischen Rezipienten betrachtet oder erlebt werden können. Als Beispiele aus der Libyenepisode seien hier ein Aition für einen Argo-Hafen am Tritonsee (4,1620 ff.), die Stiftung aischrologischer Wettkämpfe zwischen Männern und Frauen auf Anaphe (4,1719–1730) sowie die Initiation eines rituellen Wasserhol-Wettbewerbs auf Aigina genannt (4,1770 ff.). In allen drei Fällen betont der Erzähler die Dauerhaftigkeit der Einrichtungen (ἔνθα ... λιμὴν καὶ σήματα νηός, 4,1620; ἐκ δέ νυ κείνης / μολπῆς ἡρώων νήσῳ ἔνι τοῖα γυναῖκες / ἀνδράσι δηριόωνται, 1727 ff.; ἔνθ' ἔτι νῦν..., 1770). Durch diese Hinweise wird zum einen die Beständigkeit der argonautischen Gründungen und die Rolle der griechischen Helden als Kulturstifter in der nicht-griechisch zivilisierten Oikoumene hervorgehoben. Zugleich lassen die Kommentare die zeitliche Distanz des mythischen Damals zur Gegenwart des Erzählers spürbar werden. Sie durchbrechen die

E. Zur Erzähltechnik der Argonautika

Unmittelbarkeit der Darstellung und betonen so die Literarizität der dargebotenen Handlung.[183] Zugegebenermaßen werden die Werke der Argonauten in der Vergangenheit und die Gegenwart des Erzählers durch die gleichzeitige Erwähnung gleichsam auf Textebene nebeneinander gestellt.[184] Die Bemerkungen verhindern jedoch durch die Präsenz der Erzählinstanz gerade ein unmittelbares Nachempfinden der Handlung, denn die verschiedenen temporalen Ebenen der Erzählung werden explizit voneinander getrennt. Dies zeugt von einem technisch-poetischen Bewusstsein für die narrativen Zeitebenen und verstärkt die Distanz von Erzähler und Rezipient zu den Figuren und zum Geschehen. Denn die Betonung der verschiedenen Zeitebenen ist nicht auf die eigentliche Handlung ausgerichtet, sondern auf die Besonderheiten der inhaltlichen und formalen Ausgestaltung der Partie. Die Unmittelbarkeit der Erzählung wird gestört und die Aufmerksamkeit des Rezipienten von der *story* hin auf die Form gelenkt, sodass die Literarizität des Textes im Zentrum steht.

Gut lässt sich dieser Umstand auch anhand einer Textstelle verdeutlichen, in der der Erzähler auf einen für Apollonios' Zeitgenossen relevanten Stadtgründungsmythos aufmerksam macht. Der Argonaut Euphemos erhält von Triton eine Scholle libyscher Erde, die er später auf einen prophetischen Traum hin nahe der Insel Anaphe über Bord wirft. Die Götter lassen daraus die Insel Thera entstehen. Der Erzähler kommentiert diesen Entstehungsmythos:

> τῆς δ' ἔκτοθι νῆσος ἀέρθη
> Καλλίστη, παίδων ἱερὴ τροφὸς Εὐφήμοιο·
> οἳ πρὶν μέν ποτε δὴ Σιντηίδα Λῆμνον ἔναιον,
> Λήμνου τ' ἐξελαθέντες ὑπ' ἀνδράσι Τυρσηνοῖσιν
> Σπάρτην εἰσαφίκανον ἐφέστιοι· ἐκ δὲ λιπόντας
> Σπάρτην Αὐτεσίωνος ἐὺς πάις ἤγαγε Θήρας
> Καλλίστην ἐπὶ νῆσον, ἀμείψατο δ' οὔνομα Θήρα
> ἐκ σέθεν.[185] ἀλλὰ τὰ μὲν μετόπιν γένετ' Εὐφήμοιο· (A.R. 4, 1757–1764)

Aus dieser erhob sich schließlich die Insel Kalliste, die gesegnete Nährmutter der Nachkommen des Euphemos. Diese bewohnten zunächst einmal das sinteische Lemnos, nachdem sie aber von den tyrrhenischen Kriegern von Lemnos vertrieben worden waren, kamen sie als Schutzflehende nach Sparta. Als sie Sparta verlassen mussten, führte sie Theras, der treffliche Sohn des Autesion, auf die Insel Kalliste. Deren Name aber wurde geändert, sie heißt nun Thera nach deinem Nachkommen. Dies jedoch ereignete sich zu einer Zeit lange nach der des Euphemos.

---

183 Indem auf stilistische Besonderheiten hingewiesen wird, für deren Verständnis die Rezeptionsweise eine Rolle spielt, vgl. Strasen 2008, 8–11 sowie oben Teil I.E.II.1 Vergleichbare Erzählerkommentare finden sich auch sonst (z. B. 1,1062; 4,252), vgl. z. B. Paskiewicz 1988; Köhnken 2003; Sistakou 2009.
184 Cuypers (2004, 55 f.) sieht deswegen die Abbrüche als „continuance-motif".
185 Zu den Schwierigkeiten der Textherstellung und zur Apostrophe vgl. ad 1764.

Der Erzähler liefert erneut einen proleptischen Ausblick auf die Zukunft eines Argonauten. Diese externe Prolepse erfüllt für die temporale Distanzierung des Erzählers vom Geschehen zunächst einmal dieselbe Funktion wie die zuvor besprochenen Beispiele. Zusätzlich beendet der Erzähler diesen Exkurs durch eine Abbruchformel, die explizit darauf verweist, dass sich diese künftigen Ereignisse erst lange nach dem Tod des Euphemos ereignen (4,1764). Von Interesse ist dabei, dass der Erzähler einen wichtigen Teil des Gründungsmythos der Stadt Kyrene nicht mehr berichtet. Der explizite Abbruch der Erzählung an dieser Stelle des Mythos bewirkt aber, dass der zeitgenössische Rezipient die fehlende Hälfte des Gründungsmythos zu rekonstruieren beginnt. Die Stadt Kyrene war im 3. Jhd. v. Chr. in Alexandria von herausragender alltäglicher und politischer Bedeutung, ihre Geschichte war bekannt.[186] Der entscheidende Schritt des Gründungsmythos, die Übersiedelung der Theraner an die nordafrikanische Küste unter Battos und die Gründung der Stadt Kyrene, werden von Apollonios jedoch nicht erwähnt. Das Fehlen dieser zweiten Hälfte des Gründungsmythos fällt sofort auf. Der Erzählabbruch lenkt also die Konzentration von der eigentlichen Handlung hin zur spezifischen literarischen Gestaltung der mythischen Ursprünge Kyrenes in den *Argonautika*.[187] Zwar wird hier implizit die Gründung Kyrenes auf die Argonautenfahrt zurückgeführt. Indem der Erzähler den Exkurs aber mit dem Hinweis abbricht, dass diese Stadtgründung jenseits der Handlung seines Epos liege (ἀλλὰ τὰ μὲν μετόπιν γένετ' Εὐφήμοιο, 4,1764), kommt indirekt ein poetisches Ideal zum Ausdruck, nach dem der Erzähler proleptische Exkurse in engem Zusammenhang mit der Haupthandlung darbieten soll (vgl. Teil I.E.II.4). Dieser Erzählabbruch verweist zudem auf die beträchtliche zeitliche Entfernung der Entstehung Theras: Von der mythischen Zeit der Argonauten ist schon die erste Hälfte der verschiedenen Stufen der legendären Gründung Kyrenes so weit entfernt, dass sie für die eigentliche epische Handlung um Euphemos nicht mehr von Interesse sind. Es vergehen in Pindars Version bekanntlich allein 17 Generationen, bis die Besiedelung Theras durch den König Battos zu Stande kommt (Pi. P. 4,4–11). Diese, so

---

186 Vgl. Teil I.D.III.3 sowie ad 1551–1585; 1731–1764. Der Mythos ist durch Inschriften aus Kyrene, bei Menekles von Barka, Herodot und Pindar erhalten (vgl. Hdt. 4,145–157; 169–199; Pi. P. 4; P. 9). Dass Apollonios' Rezipienten am Hof der Ptolemäer mit dem Gründungsmythos vertraut waren, ist wahrscheinlich. Kallimachos und Eratosthenes stammten aus Kyrene, wie auch die Gattin Ptolemaios III., Berenike II., Tochter des Magas, vgl. Huß 2001, 332 ff.; Clayman 2013, 42–77. Zu Kyrene bei Kallimachos (z. B. Call. Ap. 70–79) vgl. Calame 1990; Calame 1993; Malkin 1994, 169–180; Calame 2011, 241–250; Clayman 2013, 78–104.
187 Apollonios setzt eigene Schwerpunkte. So erzählt er im Vergleich zu Pindars vierter *Pythie* den Mythos in chronologisch korrekter Reihenfolge. Anders als Pindar legt er den Schwerpunkt nicht auf das Ergebnis, sondern auf den Beginn der Gründungsphase. Vgl. Dräger 1993, 150–202; Calame 2011; Kampakoglou 2019, 100–158.

impliziert der Erzählabbruch, eigentlich schon zu weit in die Zukunft ausgreifenden Darstellungen liegen aus der zeitlichen Perspektive des Erzählers wiederum in einer sehr fernen Vergangenheit. So wird schließlich in dieser Prolepse die temporale Distanz zwischen erzähltem Geschehen und der Zeit des Erzählvorganges offensiv betont.

II.3. Erzählstrategien zur inhaltlichen Distanzierung

Über die temporalen Distanzierungsstrategien hinaus bringt der Erzähler der *Argonautika* in emotionalen Momenten der Handlung mehrfach Erzählstrategien zur Anwendung, die über Enttäuschung oder Erfüllung bewusst provozierter Rezipientenerwartung Distanz zur Handlung generieren. Diese Strategien lassen sich in drei Gruppen unterteilen: Erstens übernimmt der Erzähler Figurenperspektive in den Erzählertext, zweitens greift er zu mehrdeutigen Apostrophen und drittens integriert er pointiert gattungsfremdes Fachwissen.

a. Diskrepanz von Figuren- und Rezipientenwissen: Medeas Traum
Mit der Übernahme von Figurenperspektive in den Erzählertext arbeitet der Erzähler zum Beispiel, wenn er Medeas prophetischen Traum im dritten Buch in indirekter Rede wiedergibt. Dieser geht ihrer Entscheidung voraus, Jason beim Kampf gegen die erdgeborenen Stiere zu helfen:

> Κούρην δ' ἐξ ἀχέων ἀδινὸς κατελώφεεν ὕπνος
> λέκτρῳ ἀνακλινθεῖσαν. ἄφαρ δέ μιν ἠπεροπῆες,
> οἷά τ' ἀκηχεμένην, ὀλοοὶ ἐρέθεσκον ὄνειροι·
> τὸν ξεῖνον δ' ἐδόκησεν ὑφεστάμεναι τὸν ἄεθλον
> οὔτι μάλ' ὁρμαίνοντα δέρος κριοῖο κομίσσαι,
> οὐδέ τι τοῖο ἕκητι μετὰ πτόλιν Αἰήταο
> ἐλθέμεν, ὄφρα δέ μιν σφέτερον δόμον εἰσαγάγοιτο
> κουριδίην παράκοιτιν.   (A.R. 3,616–623)

> Das Mädchen legte sich auf das Bett und tiefer Schlaf kam als Erlösung von ihrem Kummer über sie. Aber sofort plagten sie, da sie ja so bedrückt war, trügerische Alpträume: Sie träumte, dass der Fremde diesen Wettkampf bestanden habe, dass er aber eigentlich nicht so sehr begehre, das Widderfell an sich zu nehmen, und nicht deshalb zur Stadt des Aietes gekommen sei, sondern vielmehr um sie zu heiraten und als Gattin in sein Haus zu führen.

Derartige Wiedergabe von Figurenwahrnehmung in indirekter Rede wird aus formal-narratologischer Perspektive als komplexer Erzählertext bzw. *explicit embedded focalization* angesehen. Solche Fälle von *explicit embedded focalization* bewertet man in der Regel dahingehend, dass sie zwischen erzähltem Geschehen und Erzähler Nähe entstehen lassen, sodass dem Rezipienten ein unmittelbares Erleben der Ereignisse ermöglicht wird.[188] Im Fall von Medeas Traum wird dies allerdings durch die Diskrepanz zwischen Figurenwissen und Vorwissen des Rezipienten hintertrieben. Der Erzähler nennt die Träume Medeas einleitend ἠπεροπῆες, trügerisch (3,617). Trügerisch sind Medeas Träume bei genauerer Betrachtung der Trauminhalte aber eigentlich gerade nicht. Sie weisen vielmehr voraus auf Ereignisse aus Medeas Zukunft, die – wie der Rezipient weiß – tatsächlich eintreten werden. Trügerisch sind die Träume nur aus der Perspektive Medeas, da sie noch nicht um deren prophetische Bedeutung weiß. Das Informationsgefälle wird genutzt, um einen spezifischen Rezeptionsvorgang in Gang zu setzen: Der Rezipient denkt beim Stichwort ὄνειροι sogleich an deren gängigen prophetischen Charakter in poetischen Texten.[189] Durch den Zusatz, es handle sich um trügerische Träume (ἠπεροπῆες), wird die Aufmerksamkeit erhöht. Das Hauptinteresse wird so gezielt für die Dauer des folgenden Traumberichtes auf die Zuordnung der dargestellten Trauminhalte zu bekannten Ereignissen aus Medeas Zukunft gerichtet. Die Trauminhalte werden dabei auf ihren trügerischen oder doch proleptischen Charakter überprüft. Im Zentrum der Partie steht damit nicht mehr eine anschauliche oder empathische Darstellung der Träume einer Liebenden, sondern die Kommunikation zwischen Erzähler und Rezipient. Diese Verschiebung des Interesses gelingt durch die einleitende Übernahme von Figurenperspektive in den Erzählertext (ἠπεροπῆες), die zugleich in Einklang und Gegensatz zum Inhalt steht. Der Erzähler nutzt also die Fokalisation, um den Rezipienten auf Basis seines Vorwissens mit der Überprüfung des prophetischen Charakters der Trauminhalte zu beschäftigen. Es entsteht dadurch eine beträchtliche Distanz zu den emotionalen Ereignissen in der Schlafkammer der unglücklichen Medea.

Der Erzählfluss in diesem Traumbericht verläuft angesichts der für die Fokalisationsfigur aufwühlenden Trauminhalte zudem bemerkenswert gleichmäßig und ruhig (3,624–632).[190] Der Traum wird sachlich, gerafft, chronologisch und ohne anschauliche Beschreibung einzelner Traumbilder erzählt. Der Bericht der Traumereignisse ist präzise und stringent, obwohl sie doch die Träumerin sehr verwirren (3,633 ff.).[191] Der Erzähler gibt den

---

188 Zu *complex narrator text* und *explicit embedded focalization*, insbesondere bei Emotionsausdrücken und in indirekter Rede, vgl. De Jong 1987, 102–118.
189 Vgl. Weber 2000, 30–36. Einen prophetischen Charakter spricht Walde (2001, 179) diesem Traum aufgrund fehlender Hinweise auf göttliche Herkunft allerdings ab. Ob Hinweise angesichts der Tatsache, dass Apollonios' Rezipienten mit dem prophetischen Charakter von Träumen vertraut waren, nötig sind, sei dahingestellt.
190 Walde (2001, 178) interpretiert dies dagegen als Zeichen von „Bizarrheit".
191 Wenn man dies als „inneren Monolog" im modernen Sinn (Fusillo 1985, 352 ff.; Walde 2001, 178) betrachten möchte, muss man doch die bemerkenswerte Stringenz herausstellen. Auch sonst folgen ihre Monologe eher rhetorischer Logik (3, 464–470; 3,636–644; 3,771–781).

Traum letztlich äußerlich wieder, er ordnet die wirren Traumbilder und fasst sie zu einem präzisen, knappen Bericht zusammen. Zugleich beschäftigt er den Rezipienten mit dem Abgleich von „trügerischen" Trauminhalten und seinem Vorwissen über Medeas Zukunft. Ein unmittelbares Nachempfinden der Verwirrung und Verzweiflung Medeas wird durch die Art der Darstellung gerade nicht ermöglicht, sondern hintertrieben. Die formal schon in den homerischen Epen bekannte Erzählstrategie, die explizite Übernahme von Figurenperspektive in den Erzählertext, wird hier zur inhaltlichen Distanzierung des Erzählers vom emotionalen Geschehen der Handlung eingesetzt.

b. „Inside Medea's Head"?[192]– Distanzierte Innenperspektive

Die erste Begegnung Jasons und Medeas im dritten Buch nimmt bei der Darstellung der Liebesbeziehung in den *Argonautika* eine Schlüsselposition ein. Hier findet sich eine weitere fokalisierte Partie, in der der Erzähler die Perspektivübernahme ebenfalls nutzt, um in einer emotionalen Situation die Unmittelbarkeit der Darstellung zu hintertreiben und empathische Regungen des Rezipienten für die Situation der Figuren zu durchkreuzen. Medea wartet angespannt auf Jasons Eintreffen, der Erzähler beschreibt ihre Gedanken dabei wie folgt:

> Οὐδ' ἄρα Μηδείης θυμὸς τράπετ' ἄλλα νοῆσαι,
> μελπομένης περ ὅμως· πᾶσαι δέ οἱ ἥντιν' ἀθύροι
> μολπὴν οὐκ ἐπὶ δηρὸν ἐφήνδανεν ἐψιάασθαι, (950)
> ἀλλὰ μεταλλήγεσκεν ἀμήχανος· οὐδέ ποτ' ὄσσε
> ἀμφιπόλων μεθ' ὅμιλον ἔχ' ἀτρέμας, ἐς δὲ κελεύθους
> τηλόσε παπταίνεσκε παρακλίνουσα παρειάς.
> ἦ θαμὰ δὴ στηθέων ἐάγη[193] κέαρ, ὁππότε δοῦπον
> ἢ ποδὸς ἢ ἀνέμοιο παραθρέξαντα δοάσσαι. (955)
> αὐτὰρ ὅγ' οὐ μετὰ δηρὸν ἐελδομένῃ ἐφαάνθη,
> ὑψόσ' ἀναθρῴσκων ἅ τε Σείριος Ὠκεανοῖο,
> ὃς δή τοι καλὸς μὲν ἀρίζηλός τ' ἐσιδέσθαι
> ἀντέλλει, μήλοισι δ' ἐν ἄσπετον ἧκεν ὀιζύν—
> ὣς ἄρα τῇ καλὸς μὲν ἐπήλυθεν εἰσοράασθαι (960)
> Αἰσονίδης, κάματον δὲ δυσίμερον ὦρσε φαανθείς.
> ἐκ δ' ἄρα οἱ κραδίη στηθέων πέσεν, ὄμματα δ' αὔτως
> ἤχλυσαν, θερμὸν δὲ παρηίδας εἷλεν ἔρευθος·
> γούνατα δ' οὔτ' ὀπίσω οὔτε προπάροιθεν ἀεῖραι
> ἔσθενεν, ἀλλ' ὑπένερθε πάγη πόδας. (A.R. 3,948–961)

Medeas Sinn aber war nicht in der Lage, sich einer anderen Sache zuzuwenden, obwohl sie sich doch mit einem Spiel beschäftigen wollte. Alle blieben sie ihr unvollendet, welches Spiel sie auch begann, es gelang ihr nicht, sich lange daran zu er-

---
192 So De Jongs (2001, 79) Bezeichnung für die Partie.
193 Wahrscheinlich nicht korrupt, sondern in Anlehnung an Il.10,94 f. = ἐκ στηθέων, vgl. Giangrande 1967, 96 f.; Hunter 1989 ad loc. Womöglich auch ein Lokativ, vgl. Kühner-Blass-Gerth I, § 384 f.

freuen, immer wieder brach sie ab, völlig verstört. Nicht konnte sie beide Augen unentwegt auf die Schar der Mägde richten, sondern wandte ihr Gesicht immer wieder in Richtung der Pfade und sah umher. Oft erzitterte ihr das Herz in der Brust, wann immer sie überlegte, ob ein vorübergetragenes Geräusch von einem Fuß oder dem Wind herrühre. Nicht viel später jedoch erschien er ihr, wie sie ersehnt hatte, strahlend wie Sirius, der sich zwar wahrlich als wunderschöner, trefflicher Anblick aus dem Meer in den Himmel erhebt, die Herden aber in jähes Verderben stürzt. Ebenso schön schritt ihr der Aisonide entgegen, mit seinem Erscheinen jedoch erregte er die zehrende Liebespein. Ihr zersprang das Herz in der Brust,[194] ihr wurde schwarz vor Augen, warme Röte stieg ihr in die Wangen, die Knie wurden schwach, sie konnte sie weder vor noch zurück bewegen, ihre Füße aber wurzelten fest im Boden.

Teile dieser Darstellung weisen formal die Übernahme von Figurenperspektive (*explicit embedded focalization*) durch den Erzähler auf (ὁππότε δοῦπον / ἢ ποδὸς ἢ ἀνέμοιο παραθρέξαντα δοάσσαι, 3,954 f.).[195] Beschlossen wird der Blick auf Medeas Gefühlswelt zudem von einem fokalisierten Gleichnis (3,956–961).[196] Medeas Perspektive fließt in den Erzählertext ein, indem ihre Gedanken kurz vor Jasons Ankunft nachgezeichnet werden. Der Vergleich Jasons mit dem schönen, aber gefährlichen Stern Sirius erfolgt ebenfalls aus der Perspektive Medeas. Der Erzähler berichtet zwar Medeas Gedanken vor ihrer romantischen Begegnung mit Jason. Von einem unmittelbaren Eintauchen in ihr Innerstes und einer emotionalen Wiedergabe ihrer Regungen kann jedoch keine Rede sein. Ihre sprunghaften Gedanken werden vielmehr in modifizierter, geraffter und stringenter Form wiedergegeben. Ein einzelner, bildhafter Ausdruck fasst dabei vielfältige, nervöse Empfindungen und Regungen in diesem Zeitraum zusammen: Bei jedem Geräusch hüpft ihr Herz, weil sie hofft, dass es Jason ist (4,954 f.). Hier liegt jedoch keine dem modernen inneren Monolog vergleichbare, unmittelbare Wiedergabe der Gedankenwelt einer Figur in abbildender Form vor.[197] Vielmehr überführt der Erzähler die sprunghaften Gedanken der Verliebten in ein einziges poetisches Bild. Auch sonst blickt er unbeteiligt von außen auf die Gefühlswelt des aufgebrachten Mädchens.[198] Der Erzähler legt somit in dieser emotionalen Situation gerade keinen einfühlsamen, an der Entwicklung einer tragischen Liebesgeschichte interessierten Erzählmodus an den Tag. Unmittelbares Nachempfinden von Medeas Gefühlen steht nicht im Zentrum der

---

[194] Wörtlich ist hier vom „Herausfallen des Herzens aus der Brust" die Rede.
[195] Vgl. De Jong 1987, 102–118.
[196] Vgl. De Jong 2001b, 79 ff. Zum fokalisierten Gleichnis allgemein vgl. De Jong 1987, 123–135.
[197] Scholes und Kellogg (1966, 181 f.) verleihen Apollonios den Titel eines „Erfinders des inneren Monologs". Dies diskutiert Fusillo (2008). Vgl. Fusillo 1985, 352 ff.; Walde 2001, 178; De Jong 2001b, 79 ff.
[198] Ähnlich lässt sich das Verhältnis des Erzählers zum Geschehen in den übrigen Passagen beschreiben, die einen Einblick in Medeas Verliebtheit geben (vgl. z. B. 3,1008–1021).

Partie. Vielmehr legt der Erzähler den Fokus auf eine psychologisierende, analytisch-exakte Beschreibung der Auswirkungen ihrer Gefühlslage.

Das anschließende fokalisierte Gleichnis erfüllt dabei einen doppelten inhaltlichen Zweck. Zum einen handelt es sich um eine Prolepse auf den unglücklichen Ausgang von Medeas Liebe zu Jason.[199] Zum anderen spiegelt das Gleichnis den im Anschluss beschriebenen körperlichen Zustand Medeas beim Anblick Jasons,[200] nämlich die konkreten Liebesqualen, die die Verliebte beim Anblick des Geliebten überkommen. Diese werden vom Erzähler mit medizinischer Präzision knapp beschrieben, der Topos wird ausgeschöpft: Herzrasen, Sehstörungen, Benommenheit, Hitzewallungen, weiche Knie, Lähmungserscheinungen (3,962–965). Schließlich ist *tertium comparationis* des Vergleichs Jasons mit dem Hundsstern das körperliche Fieber, das Sirius mit Sommerhitze und Trockenheit über die Viehherden bringt und das Medea beim Anblick Jasons überkommt. Mit einer solchen Beschreibung fokussiert der Erzähler gerade nicht auf Medeas Liebe, auf Anspannung, Vorfreude oder andere romantische Emotionen. Vielmehr werden ihre Gefühle im entscheidenden Moment der ersten Begegnung auf deren rein körperliche Auswirkungen reduziert.

Beide inhaltlichen Funktionen des Gleichnisses, sowohl die Anspielung auf Medeas Zukunft als auch die biologistische Illustration ihrer Liebesleiden, rücken die emotionale Notlage des Mädchens aus dem Fokus des Rezipienten. Die Aufmerksamkeit wendet sich stattdessen der Gestaltung der poetischen Topoi sowie dem Gleichnis mit seiner medizinisch inspirierten Seuchenfieber-Pointe zu. Der Vergleich brennender Liebe mit einer von der Sommerhitze verursachten Seuche entspringt demnach nicht ungeschickter Einfallslosigkeit, sondern dient der bewussten Distanzierung von emotionalem Geschehen.[201] Hier manifestiert sich in einer relevanten Handlungssituation, wie der Erzähler der *Argonautika* bemüht ist, Distanz zu den erzählten Ereignissen zu wahren.

---

199 Vgl. Mooney 1912, ad loc.; Hunter 1987, 134; Hunter 1989, ad loc. De Jong (2001, 80) übersetzt δυσίμερος dagegen etwas unglücklich mit „luckless" und schließt, der Erzähler antizipiere das unglückliche Ende der Liebe. Jedoch beschreibt das Adjektiv die unmäßige Sehnsucht in der Liebe, die keine Lust, sondern Schmerz bereitet und zu den topischen körperlichen Ausfällen führt.
200 Vgl. auch Fränkel 1968, 408.
201 Ähnliche Distanzierungstechniken wendet der Erzähler für die verliebte Medea oft an. So spielt die Darstellung von Medeas Liebespathologie auf medizinische Entdeckungen durch Herophilos an (3,751–765). Vgl. z. B. Erbse 1953, 189 f.; Solmsen 1961, 195 f. Medeas Verliebtheit erscheint vor diesem Hintergrund wie eine Krankheit.

c. Inhaltliche Distanzierungsstrategien in der Libyenepisode

Auch in der Libyenepisode kommen narrative Strategien mit inhaltlich distanzierender Funktionsweise zur Anwendung. Die Argonauten treffen bei ihrer Überfahrt von Libyen nach Kreta auf den Bronzemann Talos, den letzten Überlebenden des ehernen Geschlechts, der sie mit Felswürfen bedroht und nicht landen lässt, sodass sie zu verdursten drohen. Medea besiegt Talos mit dem „bösen Blick" und ihren Zaubersprüchen. Der Erzähler leitet einen kurzen Kommentar zur erstaunlichen Wirkung dieser Zaubermittel mit einer Zeus-Apostrophe ein:

> Ζεῦ πάτερ, ἦ μέγα δή μοι ἐνὶ φρεσὶ θάμβος ἄηται,
> εἰ δὴ μὴ νούσοισι τυπῇσί τε μοῦνον ὄλεθρος
> ἀντιάει, καὶ δή τις ἀπόπροθεν ἄμμε χαλέπτοι,
> ὡς ὅγε, χάλκειός περ ἐών, ὑπόειξε δαμῆναι
> Μηδείης βρίμῃ πολυφαρμάκου.   (A.R. 4,1673–1677)

> Vater Zeus, mich kommt tiefes Staunen an, wenn tatsächlich nicht nur durch Krankheiten und Verwundungen der Tod eintreten kann, sondern uns auch aus der Ferne jemand zugrunde richten kann, wie dieser [Talos] trotz seiner ehernen Gestalt bezwungen wurde durch die Macht der zauberkundigen Medea.

Die Apostrophe gibt sich den Anschein eines spontanen Ausrufs,[202] wirkt sich aber letztlich auf die Beziehung des Rezipienten zum Handlungsgeschehen distanzierend aus. Der Göttervater ist logischer Adressat der Apostrophe, da er, wie zu Beginn der Episode deutlich wird, für die Begegnung der Argonauten mit Talos verantwortlich ist (4,1643 f.).[203] Die Argonauten würden erschöpft auf dem Schiff verdursten oder aufgrund der Felswürfe Schiffbruch erleiden (καί νύ κ' ἐπισμυγερῶς Κρήτης ἑκὰς ἠέρθησαν / ἀμφότερον δίψῃ τε καὶ ἄλγεσι μοχθίζοντες, / εἰ μή σφιν Μήδεια λιαζομένοις ἀγόρευσεν, 4,1651 ff.). Medea rettet sie mit ihrer Initiative.

Aus formal-narratologischer Perspektive zählen Apostrophen wie diese zu den metaleptischen Erzählmodi, die die üblicherweise getrennten Ebenen einer Erzählung durchbrechen.[204] Man glaubt, hier Mitleid und Anteilnahme des Erzählers am Schicksal des Talos oder an dem Medeas zu erkennen.[205] Zum Teil erblickt man auch ein verdecktes Zeichensystems, das Medea als eigentliche epische Heldin inszeniere, oder man deutet den Ausruf als Ehrfurchtsbezeugung vor Medeas Zauberkünsten oder als Ausdruck der Entrüstung und moralischen Verurteilung dieser Künste durch den Erzähler

---

202 Homer hat zwei Götterapostrophen (Il. 15,365 f.; 20,152), beide sind an Apollo gerichtet. Apollonios hat sechs Götterapostrophen und vier an Figuren, vgl. Byre 1991; De Jong 2009, 97; Klooster 2013, 155; 159.
203 Dass Zeus „no role in the narrative" spiele (Klooster 2013, 163), greift zu kurz. Vgl. ad 1643 f.; ad 1673.
204 Vgl. De Jong 2009, 88 ff.; 93 ff.; Klooster 2013, 151 ff.
205 Fränkel 1968, 615 f.

oder wiederum als ein Zeichen der Billigung aufgrund des guten Zwecks.[206] Schließlich wird die Apostrophe als Manifestation handfester Zweifel des Erzählers an der Erzählbarkeit der Handlung und damit als dekonstruierendes Element ausgelegt.[207] Vermutlich bringt aber der Erzähler hier in einem dramatischen Moment eine Beglaubigungsstrategie zum Einsatz.[208] Indem mögliche Zweifel, die aus der Realität des Rezipienten entstehen, direkt angesprochen werden, wird darauf verwiesen, dass in der Welt episch-mythologischer Literatur derartige Ereignisse selbstverständlich möglich sind. Das Interesse des Rezipienten wird von der eigentlichen epischen Handlung auf die Frage nach der Plausibilität der Ereignisse in ihrem spezifischen literarischen Kontext gelenkt.

Der Erzähler wendet sich an den Göttervater, der auch in hellenistischer Zeit noch als Weltenlenker verehrt wird.[209] Die temporale Ebene der Erzählzeit bricht so in die immanente Zeitebene der Erzählung ein. Aus der mythischen Vergangenheit werden dabei Schlussfolgerungen für die Erzählzeit gezogen. Durch den der Apostrophe nachklappenden Konditionalsatz bleibt völlig offen, inwiefern eine solch durchschlagende Wirkung des bösen Blickes in der Realität denkbar ist (εἰ δὴ μή..., 1674). Der Ausruf des Erzählers im Moment, in dem Medea ihre magischen Fähigkeiten zum Einsatz bringt, ist also in seiner Wirkung präzise kalkuliert. Der Sieg Medeas über den Bronzemann mit Hilfe des bösen Blicks wird bewusst in voller Ambivalenz präsentiert (vgl. ad 1676–1688). Es bleibt offen, wie der Erzähler zur Plausibilität dieser Handlung in der Realität steht, er positioniert sich nicht wertend zu den Ereignissen.[210] Die Tat selbst, Medeas magischer Sieg über Talos, rückt angesichts des ambivalenten, mehrdeutigen Kommentars jedoch in den Hintergrund. Durch die Zeus-Apostrophe und den offenen Konditionalsatz wird der Rezipient auf die Fiktionalität der Episode aufmerksam gemacht und zu Vergleichen angeregt. Dieser spezifische Erzählmodus lenkt die Aufmerksamkeit auf die Präsenz des Erzählers. Dem Rezipienten wird die Tatsache, dass hier Ereignisse eines fiktionalen, mythologischen Epos geschildert werden, deutlich vor Augen geführt. Er ist gefordert, die Darbietungsform vor diesem Hintergrund zu würdigen. So trägt schließlich die vermeintlich emotionale Zeus-Apostrophe zur Distanzierung des Erzählers vom Handlungsgeschehen bei.

---

206 Vgl. De Forest 1994, 107–142, bes. 137; Kyriakou 1995, 53–60; Regan 2014, 299 f.; Fränkel 1968, 615 f.; Belloni 1981, 123 ff. sowie ad 1673–1677 mit der weiteren Literatur.
207 Vgl. dazu Schwinge 1986, 136–154.
208 So ansatzweise auch Klooster 2013, 163: „If the narrator expresses fear at what he narrates, the narratees must conclude that it must be true".
209 Vgl. Hunter 1993b, 166 f.
210 Anders Klooster 2013, 163.

Eine letzte, eher indirekte, inhaltliche Distanzierungstechnik aus der Libyenepisode sei kurz vorgestellt. Der Erzähler lenkt in einer angespannten Situation durch die Integration von gattungsfremden, fachwissenschaftlichen Elementen die Aufmerksamkeit auf die besondere Gestaltung eines Gleichnisses, das auf die Zeus-Apostrophe folgt und den Tod des fallenden Bronzeriesen in Form eines Baumgleichnisses spiegelt:

> ἀλλ' ὥς τίς τ' ἐν ὄρεσσι πελωρίη ὑψόθι πεύκη,
> τήν τε θοοῖς πελέκεσσιν ἔθ' ἡμιπλῆγα λιπόντες
> ὑλοτόμοι δρυμοῖο κατήλυθον, ἡ δ' ὑπὸ νυκτί
> ῥιπῇσιν μὲν πρῶτα τινάσσεται, ὕστερον αὖτε
> πρυμνόθεν ἐξαγεῖσα κατήριπεν—ὣς ὅγε ποσσίν
> ἀκαμάτοις τείως μὲν ἐπισταδὸν ἠωρεῖτο,
> ὕστερον αὖτ' ἀμενηνὸς ἀπείρονι κάππεσε δούπῳ. (A.R. 4,1682–1688)

> Wie eine riesige Schwarzkiefer hoch oben in den Bergen, die die Holzfäller mit scharfen Äxten nur halb gefällt haben und beim Verlassen des Waldes zurücklassen müssen, die dann aber des Nachts zunächst vom Sturm geschüttelt wird und später erst von Grund auf auseinanderreißt und fällt. Gerade so wankte dieser [Talos] noch eine Zeit lang herum, auf seinen unermüdlichen Beinen hin- und herschwankend, und fiel kurz darauf ermattet mit unendlichem Getöse zu Boden.

Das Gleichnis steht wie so oft bei Apollonios in der Tradition homerischer Gleichnisse, unter denen der Typus Baumgleichnis (gefallener Krieger = gefällter Baum) häufig begegnet. Der Vergleich bietet dabei mit typisch apollonianischer Technik gleich mehrere Parallelen zwischen Gleichnis- und Handlungsebene auf: Riesenhaftigkeit von Baum/Bronzemann, Alter von Baum/Bronzemann, Fällen vom Stamm/Fuß her, Fall des Baumes/Bronzemannes aus der Ferne bzw. mit zeitlicher Distanz (vgl. ad 1682 ff.).[211]

Von Interesse soll ein Detail des Gleichnisses sein, das bisher keine Beachtung gefunden hat: In den vorbildhaften homerischen Baumgleichnissen ist die Art des Baumes beliebig, oft nennt der Erzähler sogar mehrere Baumarten, deren Austauschbarkeit die Aneinanderreihung mit der Konjunktion ἤ signalisiert.[212] Beispielhaft sei hier auf das Gleichnis für den Fall des Kriegers Asios verwiesen, der von Idomeneus niedergestreckt wird:

> ἤριπε δ' ὡς ὅτε τις δρῦς ἤριπεν ἢ ἀχερωῒς
> ἠὲ πίτυς βλωθρή, τήν τ' οὔρεσι τέκτονες ἄνδρες
> ἐξέταμον πελέκεσσι νεήκεσι νήϊον εἶναι. (Il. 13,389 ff.)

> Er fiel nieder wie eine Eiche fällt oder eine Pappel oder eine hohe Kiefer, die die Holzfäller in den Bergen mit scharfen Beilen gefällt haben, dass sie ein Schiffsbalken werde.

---

211 Vgl. zum Baumgleichnis allgemein z. B. Moulton 1977.
212 Zur Austauschbarkeit der Baumnamen bei Homer vgl. z. B. Carspecken 1952, 33–143.

Im Baumgleichnis für den Fall des Bronzemannes Talos kommt es Apollonios jedoch gerade auf die genannte Baumart an.²¹³ Es muss hier unbedingt die πεύκη (4,1682), die Schwarzkiefer, sein.²¹⁴ Der πεύκη widmet sich Theophrast von Eresos in der *Historia Plantarum* näher. Er lehrt dort, dass die πεύκη im Gegensatz zu ihrer Verwandten, der Aleppo-Kiefer (πίτυς), eine Baumart sei, die, wenn sie beschädigt wird oder brennt, in der Folge vollständig abstirbt und nicht mehr austreibt. Dabei unterscheidet Theophrast explizit die πεύκη von der πίτυς, die diese Eigenschaft nicht hat, also wieder austreiben kann (Thphr. HP 3,9,5). Auf die besondere Eigenschaft der Schwarzkiefer, bei geringer Beschädigung nicht mehr nachzuwachsen, sondern vollständig abzusterben, kommt Theophrast auch sonst zu sprechen (vgl. z. B. Thphr. HP 3,7,1). Warum nun gerade die Schwarzkiefer? Die bei Theophrast beschriebene πεύκη ist hervorragend geeignet, den Fall des Bronzemannes Talos zu illustrieren. Die hervorgehobene Eigenschaft der πεύκη stellt nämlich eine weitere, bisher unerkannte Parallele zwischen Baum und Bronzemann dar. Ebenso wie die πεύκη abstirbt, wenn sie nur im Geringsten beschädigt wird, stirbt der Bronzegigant Talos durch eine winzige Knöchelverletzung. Talos' besondere Anatomie jedoch bewirkt, dass die Verletzung genau sein Lindenblatt trifft. Er verblutet und stürzt nach kurzer Zeit zu Boden – wie die Schwarzkiefer bei einer Verletzung nach kurzer Zeit abstirbt (πεύκη ... ἐκ ῥιζῶν αὐτοετεῖς αὐαίνονται καὶ ἐὰν τὸ ἄκρον ἐπικοπῇ, Thphr. HP 3,7,1). Ebenso wie die Kiefer nicht wieder austreibt, steht auch Talos nicht wieder auf. Hinzu kommt nun im Fall des Bronzemannes, dass zugleich mit ihm das gesamte eherne Geschlecht endgültig ausstirbt. Er ist der letzte Überlebende, wie der Erzähler zu Beginn betont (4,1673 ff.).

Die Verwendung der πεύκη für das Baumgleichnis unterstreicht also die Bedeutsamkeit von Talos' Verletzung. Die Integration botanischer Gelehrsamkeit verleiht so einem Gleichnis, das den in einer kleinen Verletzung am Knöchel eines Riesen begründeten, endgültigen Untergang des ehernen Geschlechtes illustrieren soll, eine raffinierte Pointe. Dieses pointenhafte Ende der Talos-Episode bewirkt gemeinsam mit der ambivalenten Zeus-Apostrophe am Beginn, dass die Aufmerksamkeit des Rezipienten nicht so sehr auf die eigentliche Handlung, den Tod des Talos, konzentriert wird, sondern vielmehr auf den besonderen Darbietungsmodus dieser Erzählung im Epos des Apollonios. Das gattungsfremde Fachwissen, das ein vollständiges Verständnis des Baumgleichnisses erst ermöglicht, wird mit handlungstra-

---

213 Von der homerischen Technik, mehrere Beispiele gleichrangig nebeneinander zu stellen, macht Apollonios sonst sehr wohl Gebrauch (z. B. im Prodigien-Gleichnis, vgl. ad 4,1280–1287).
214 Die botanischen Zuordnungen zu den Kiefernarten richten sich nach Amigues' Theophrast-Ausgabe, vgl. z. B. Amigues 1989, ad 3,9,5. Vgl. auch Herzhoff 1990; Haars 2018, 78–90.

gender Bedeutung integriert. Die Aufmerksamkeit des Rezipienten wird auf diese erzählerischen und inhaltlichen Besonderheiten gelenkt.

II.4. Distanzierende Erzählstrategien und implizite Poetik

In Zusammenhang mit derartigen Distanzierungsstrategien äußert sich der Erzähler der *Argonautika* häufig zu den Regeln, denen das eigene Kunstwerk folgt.[215] Dabei kann die poetologische Aussage wie im Fall des *recusatio*-artigen Verweises auf andere Gedichte im Proöm der *Argonautika* sehr explizit erfolgen. Zum Teil gestalten sich die Bemerkungen des Erzählers zum eigenen Darstellungsmodus aber auch eher implizit.

a. Die Ermordung des Theiodamas
Eine explizit poetologische Äußerung liegt im abgebrochenen Exkurs über den Tod von Hylas' Vater Theiodamas vor. Vor dem Raub des Hylas schildert der Erzähler, wie Herakles Hylas als Kind zu sich genommen und ihn aufgezogen hat, nachdem er dessen Vater erschlagen hatte:[216]

> δὴ γάρ μιν τοίοισιν ἐν ἤθεσιν αὐτὸς ἔφερβε,
> νηπίαχον τὰ πρῶτα δόμων ἐκ πατρὸς ἀπούρας,
> δήου Θειοδάμαντος, ὃν ἐν Δρυόπεσσιν ἔπεφνεν
> νηλειῆ, βοὸς ἀμφὶ γεωμόρου ἀντιόωντα.
> ἤτοι ὁ μὲν νειοῖο γύας τέμνεσκεν ἀρότρῳ   (1215)
> Θειοδάμας †ἀνίῃ βεβολημένος· αὐτὰρ ὁ τόνγε
> βοῦν ἀρότην ἤνωγε παρασχέμεν, οὐκ ἐθέλοντα.
> ἵετο γὰρ πρόφασιν πολέμου Δρυόπεσσι βαλέσθαι
> λευγαλέην, ἐπεὶ οὔ τι δίκης ἀλέγοντες ἔναιον.
> ἀλλὰ τὰ μὲν τηλοῦ κεν ἀποπλάγξειεν ἀοιδῆς·   (A.R. 1,1211–1220)

> Herakles selbst hatte ihn [Hylas] zu solchen Diensten herangezogen, nachdem er ihn als kleines Kind aus dem Haus seines Vaters, des edlen Theiodamas, geraubt hatte. Diesen hatte er im Dryoperland unbarmherzig getötet, als er mit ihm um ein Ackerrind stritt. Theiodamas pflügte gerade mit dem Gespann seinen Acker, von Armut bedrückt. Herakles hieß ihn, das Ackerrind zu übergeben, auch wenn dieser sich wehrte. Er suchte nämlich einen Anlass, gegen die Dryoper in den Krieg zu ziehen, da diese sich nicht um Gesetze kümmerten. Aber dies dürfte mich zu weit abbringen von meinem Gesang!

Der Theiodamas-Exkurs folgt auf die Beschreibung, wie Herakles in Mysien eine Fichte ausreißt, aus der er sich ein neues Ruder fertigt (1,1187–1206).

---

215 Vgl. z. B. Asper (2008, 168) zu Formen direkter poetologischer Erzählerkommentare („narrator's poetology").
216 Bei Kallimachos ist Theiodamas ein gewalttätiger Rohling, der zu Recht erschlagen wird (Call. fr. 24 f. Pf., vgl. auch Theocr. 13). Vgl. Köhnken 1965, 48 ff.; Fränkel 1968, 145 f.; Barigazzi 1976; Harder 2012 II, 234–255.

Es folgt die Episode vom Raub des Hylas durch eine mysische Quellnymphe (1,1221–1272). Der Exkurs ist durch das Motiv Gewalt und Raub inhaltlich eingebettet. Herakles hat Hylas unter Einsatz gewalttätiger Mittel geraubt und dessen Bezugsperson getötet. Daraufhin verliert er Hylas durch die gewalttätige Begierde einer Quellnymphe wieder. Sein Schmerz über den Verlust des Gefährten wird geschildert. Die Episode beendet auch Herakles' Teilnahme am Argonautenzug durch die gewaltvolle Aktion der Nymphe. Einander ergänzend schildern der Theiodamas-Exkurs und die Hylas-Episode, wie ein durch Mord geraubter Gefährte dem Räuber wiederum geraubt wird (νηπίαχον τὰ πρῶτα δόμων ἐκ πατρὸς ἀπούρας, 1,1212; δεξιτετῇ δὲ ἀγκῶν' ἔσπασε χειρί, 1,1238 f.). Der Theiodamas-Exkurs steht in enger inhaltlicher Verbindung zur folgenden Episode vom Raub des Hylas und nimmt den Gesamttenor der Erzählung vorweg. Hinzu kommt, dass auf allen Seiten starke Emotionen im Spiel sind: Herakles' Hass auf die Dryoper (1,1218 ff.), seine große Liebe zu Hylas und der Schmerz über dessen Verlust (1,1257–1272), die Liebe der Nymphe zu Hylas (1,1227–1239). Der Exkurs selbst weist dabei Bemerkungen des Erzählers auf, die vermuten lassen, dass dieser den Mord an Theiodamas als ungerechte Tat des Herakles wertet (νηπίαχον ἀπούρας, 1212; δίου Θειοδάμαντος, 1213; νηλειῶς, 1214; πενίῃ βεβολημένος, 1216; πρόφασιν λευγαλέην, 1218 f.). Schließlich wird Herakles' Gesetzesliebe als in einem Heldenepos nicht ganz unlauteres Motiv für Mord und Kriegszug genannt (1,1219).[217] Daraufhin wird der Exkurs mit einer expliziten Abbruchformel beendet, die betont, dass eine Ausweitung an dieser Stelle von der eigentlichen Handlung zu weit abführen würde. Der für den Übergang von der Analepse zur Handlung überflüssige Vers 1220 lenkt dabei die Aufmerksamkeit des Rezipienten auf die Gestaltung des Exkurses. Die eigentliche Handlung rückt in den Hintergrund – obwohl die Analepse mit der Handlung gut verknüpft ist und sogar Parallelen zur folgenden Handlung aufweist. Die unmittelbare Darbietung der Vorgeschichte des Hylas-Raubes wird durch den Kommentar abgebrochen, sodass eine Distanz zur dargebotenen Handlung entsteht, die zuvor nicht gegeben war. Ein unmittelbares Nachvollziehen der emotionalen Ereignisse durch den Rezipienten wird so hintertrieben.[218] Stattdessen steht die dichterische

---

217 So auch Harder 2012 II, 235. Der Erzähler betont Gewaltbereitschaft und Gesetzesliebe. Ein eindeutig negatives oder positives Bild von Herakles entwickelt er nicht. Zum Herakles-Bild vgl. jedoch Levin 1971; Pike 1980; Clauss 1993; Hunter 1993b, 25–36; De Forest 1994, 47–69; Kouremenos 1996; Pietsch 1999, 141 ff.; Köhnken 2003a; Heerink 2015; Bär 2018, 73–99; Kampakoglou 2020, 125–134. Herakles war auch mythologische Identifikationsfigur der Ptolemäer (Theocr. 17,20–27), vgl. Huß 2001, 237 ff.; Looijenga 2014.
218 Dass auf Kallimachos' Theiodamas-Erzählung Bezug genommen wird (Call. fr. 24 f. Pf.), ist – bei allen Unwägbarkeiten der Chronologie – wahrscheinlich. Der Erzähler geht auf Distanz zu einer moralischen Bewertung, die bei Kallimachos – soweit man

Entscheidung, dem Rückblick hier exakt diese Form zu geben, im Zentrum der Aufmerksamkeit. Deutlich artikuliert der Erzähler, dass eine moralische Beurteilung dieser Vorgeschichte eigentlich nicht von Interesse ist. Der Rezipient soll seine Aufmerksamkeit vielmehr auf die inhaltliche Auswahl und die raffinierte Art der Darbietung und Verknüpfung richten.

Die Abbruchformel selbst nimmt indirekt Stellung zur Gestaltung von analeptischen Exkursen im mythologischen Epos. In dieser Form und bis zu diesem Punkt der Handlung hält Apollonios den analeptischen Exkurs für angemessen, eine Fortführung dagegen für unangemessen.[219] In Frage käme für eine Fortführung zum Beispiel die Darstellung von Herakles' Feldzug gegen die Dryoper.[220] Die Ausweitung, so suggeriert der Erzählabbruch, wäre jedoch im Zusammenhang der epischen Darstellung des Argonautenzuges unangemessen, denn sie stünde im Gegensatz zur „Erbeutung" des Hylas nicht in direktem Zusammenhang zur Handlung, zum Raub des Hylas durch die Nymphe. Der Erzähler kommentiert also die eigene Darbietungsform und verweist auf ein inhärentes poetisches Ideal: Die inhaltsbezogene Beschränkung von Analepsen. Durch derartige poetologische Äußerungen des Erzählers wird die den *Argonautika* zugrunde liegende, spezifische Idealvorstellung epischen Dichtens thematisiert und eine implizite Poetik entwickelt (vgl. 1,648 f.; 1,919 ff.; 4,247 ff.; 3,314; 3,401; 3,1096 ff.). Der Rezipient wird in Form von autoreferentiellen, poetologischen Äußerungen auf die Darbietungsform aufmerksam gemacht und aufgefordert, diese zu bewerten.[221] So stellt sich der Erzähler in Opposition zu anderen, diesem Ideal seiner Meinung nach weniger verpflichteten Erzählstilen und Dichtern.[222] Vor allem aber sorgt er in einem emotionalen Moment der Handlung durch eine dem Rezipienten angetragene poetologische Brille für eine mittelbare, distanzierte Darbietung emotionalen Geschehens.

b. Eros-Apostrophe und Mord an Apsyrtos

Im vierten Buch und in der Libyenepisode finden sich ebenfalls poetologische Bemerkungen des Erzählers, wobei die berühmte Eros-Apostrophe

---

das beurteilen kann – als Rechtfertigung von Herakles' Verhalten erfolgt. Vgl. Pfeiffer 1922, 84; Vian 1974, ad loc.; Eichgrün 1961, 135 ff.; Köhnken 2008, 79; Harder 2012 II, 235.

219 Vgl. auch Nishimura-Jensen 1998, 458 ff.; Clare 2002, 272 ff.; Asper 2008, 171.
220 Vgl. Anm 218. Zur Verbindung der Dryoper mit Herakles vgl. Strid 1999, 51–66.
221 Ob der Erzähler diese poetischen Ideale immer konsequent erfüllt, steht auf einem anderen Blatt. Vertreter der Idee einer zunehmenden „Krise des Erzählers" im Verlauf des Epos dürften dies bezweifeln. Es soll hier gezeigt werden, dass dieses Ideal existiert, dass es wiederkehrende Funktionen aufweist und wiederholt im Verlauf der Handlung thematisiert wird.
222 Asper 2008, 171.

besonders bemerkenswert ist.²²³ Auch die Eros-Apostrophe ist eng mit der Handlung verbunden. Der Mord an Medeas Bruder Apsyrtos ist durch die verzweifelte Liebe der Kolcherin motiviert. Dieser Zusammenhang veranlasst den Erzähler zu einer scheinbar spontanen Apostrophe des Liebesgottes:

> Σχέτλι' Ἔρως, μέγα πῆμα, μέγα στύγος ἀνθρώποισιν,
> ἐκ σέθεν οὐλόμεναί τ' ἔριδες στοναχαί τε γόοι τε,
> ἄλγεά τ' ἄλλ' ἐπὶ τοῖσιν ἀπείρονα τετρήχασιν·
> δυσμενέων ἐπὶ παισὶ κορύσσεο δαῖμον ἀερθείς
> οἷος Μηδείῃ στυγερὴν φρεσὶν ἔμβαλες ἄτην.
> Πῶς γὰρ δὴ μετιόντα κακῷ ἐδάμασσεν ὀλέθρῳ
> Ἄψυρτον; τὸ γὰρ ἧμιν ἐπισχερὼ ἦεν ἀοιδῆς. (A.R. 4,445–451)

> Furchtbarer Eros, gewaltige Plage und Unheil den Menschen! Deinetwegen verschärfen sich verderbenbringender Streit, Jammer und Greinen, und weiteres Leid, zahllos sich türmend! Erhebe dich, Daimon, und rüste gegen die Kinder meiner Feinde, wie du Medea mit abscheulicher Verblendung geschlagen hast. Wie hat sie denn Apsyrtos, als er zu ihr kam, in entsetzlichem Gemetzel bezwungen? Denn das war ja in unserem Lied an der Reihe.

Die Apostrophe fällt formal wie die Zeus-Apostrophe (4,1673 ff.) unter die Kategorie der metaleptischen Erzählmodi, bei denen der Erzähler direkt auf seine Rolle als erzählende Instanz zu sprechen kommt.²²⁴ Die Eros-Apostrophe wird oft als emotionaler Kommentar gedeutet, mit dem der Erzähler sein Mitleid mit dem Schicksal des Apsyrtos oder mit dem Medeas oder seine Abscheu vor dem Brudermord zum Ausdruck bringe. Ziel der Apostrophe sei, den Rezipienten an der leidvollen Erzählung unmittelbar teilhaben zu lassen.²²⁵

Demgegenüber lässt sich jedoch zeigen, dass die Apostrophe nicht auf Sympathiebekundung durch den Erzähler abzielt. Sie wird vielmehr sogar eingesetzt, um in einem bedeutsamen Handlungsmoment, als die beiden Hauptcharaktere zu einer schweren Verfehlung ansetzen, die unmittelbare Darstellung der Handlung zu durchbrechen und Distanz zum Geschehen zu schaffen. Der Erzähler setzt zwar nach der Apostrophe zu einer Klage über den Mord und die Schuld an, die die Verliebten auf sich laden. Diese Klage wird jedoch nur angedeutet, nicht voll ausgeführt. Stattdessen wird sie

---

223 Zur Herkunft (z. B. Thgn. 1231–1234) vgl. Fränkel 1968, 494 ff. Zum Ruhm der Eros-Apostrophe trägt Vergil bei (*improbe Amor, quid non mortalia pectora cogis*, Verg. A. 4,412), vgl. z. B. Nelis 2001, 164 ff.; Nelis 2008.
224 Vgl. Klooster 2013.
225 „Umso unmittelbarer wirken die Verse auf den Leser", Fränkel 1968, 493 f. sowie Vian / Delage 1996², ad loc. Die Gleichsetzung von Eros und Erato im Sinn der „Krise des Erzählers"-These durch Morrison (2007, 302 f.) lässt die Frage offen, warum der Erzähler hier Eros und nicht erneut Erato apostrophiert.

abgebrochen, indem der Erzähler einen autoreferentiellen, apotreptischen Wunsch einfügt, der die Ordnung der Erzählebenen durchbricht und sich direkt an den Rezipienten wendet. Er zieht die Aufmerksamkeit in einem emotionalen Moment von der eigentlichen Handlung ab und richtet sie auf die eigene Realität und die eigene Zeit, das Hier und Jetzt von Erzähler und Rezipient. So wird die Fiktionalität der Handlung deutlich spürbar. Durch den apotreptischen Wunsch ist der Rezipient zudem aufgefordert, über etwaige eigene Erfahrungen mit dem apostrophierten Gott nachzudenken und dem Erzähler zuzustimmen. Medeas Schicksal wird gänzlich in einen Nebensatz verlegt, also auch syntaktisch untergeordnet (4,448) und ist von sekundärem Interesse. Die Aufmerksamkeit liegt auf dem Rezeptionsvorgang und auf der Frage, wie der Rezipient zum eindrucksvollen Wirken des Gottes steht. Insofern ist die distanzierende Wirkung der Apostrophe derjenigen der Zeus-Apostrophe vergleichbar, sie hat sowohl eine inhaltliche als auch eine temporale Komponente.

In Zusammenhang mit der Eros-Apostrophe werden die Erzählerkommentare der *Argonautika* gern als Ausdruck einer sich entwickelnden, erzählerischen Persönlichkeit gelesen. Die Erzählerpersönlichkeit stelle zu Beginn des Epos das eigene schöpferische Genie selbstbewusst neben die Bitte um Inspiration durch die Musen. Dies zeige sich beispielsweise im erweiterten Proöm:[226]

> Νῦν δ' ἂν ἐγὼ γενεήν τε καὶ οὔνομα μυθησαίμην
> ἡρώων δολιχῆς τε πόρους ἁλὸς ὅσσα τ' ἔρεξαν
> πλαζόμενοι· Μοῦσαι δ' ὑποφήτορες εἶεν ἀοιδῆς. (A.R. 1,20 ff.)

> Nun aber will ich singen von dem Geschlecht und den Namen der Helden und von ihren langen Wegen über die Salzflut und von ihren Taten auf diesen Irrfahrten. Die Musen aber mögen meinen Gesang inspirieren!

Der Erzähler sei wie seine Figuren „subject for a continuing narrative which runs through the epic". Die Kommentare im ersten und zweiten Buch seien Ausdruck eines „narrator in control".[227] Im Laufe des dritten und vierten Buches gerate aber dieses prominente, erzählerische Selbstbewusstsein in eine heftige „Krise". Diese manifestiere sich in einer zunehmenden Abhängigkeit des Erzählers von den Musen, die er im Gegensatz zu den ersten bei-

---

226 Die Deutung der Passage ist aufgrund des von ὑποφήτης abgeleiteten Wortes ὑποφήτορες umstritten. Einige Interpreten gehen von der Bedeutung „Interpreten" aus und schließen auf eine veränderte Rolle der Musen, vgl. z. B. Gercke 1889, 127–150; Paduano Faedo 1970, 377–386; Fusillo 1985, 365 ff., 372 ff.; Feeney 1991, 90 f.; Goldhill 1991, 290 f.; Clauss 1993, 17 f.; Hunter 1993, 125. Vgl. Mooney 1912, ad loc.; González 2000; Spentzou 2002; Wheeler 2002; Cuypers 2004, 47 f.; Morrison 2007, 286–293; Cerri 2007; Klooster 2011, 214–226.
227 Morrison 2007, 272.

den Büchern nun verstärkt für schwierige Erzählelemente haftbar mache.[228] Die zunehmende Unsicherheit und Abhängigkeit kulminiere im Musenanruf anlässlich der Wüstenmarsch-Erzählung (4,1381–1390; vgl. Teil I.E.II.4.c.). Aber schon die Eros-Apostrophe sei Ausdruck erzählerischer Unsicherheit.[229] Die Plausibilität dieser These muss bezweifelt werden. Vielmehr lässt sich zeigen, dass der Erzähler im gesamten Epos eine einheitliche Erzählstrategie verfolgt, wobei sich gerade in Bezug auf das erzählerische Selbstbewusstsein ein konsistentes Bild ergibt. In der Eros-Apostrophe manifestiert sich ebenso wie in Proöm und Epilog, in den Exkursen über Aithalides und Theiodamas und im Musenanruf eine für die *Argonautika* charakteristische Erzählweise. Der Erzähler hintertreibt dabei durch gezielte, autoreferentielle Kommentare in emotionalen Handlungssituationen die Unmittelbarkeit der Darbietung und etabliert so eine Distanz zum eigentlichen Geschehen, die er zudem als poetisches Ideal kommuniziert (vgl. Teil I.E.II.4.a.).

Im Fall der Eros-Apostrophe betont der apotreptische Wunsch des Erzählers die temporale Distanz zwischen erzählter Zeit und Erzählzeit. Durch die explizite Feststellung, dass man zur Erzählung der Handlung zurückzukehren gedenkt (4,450 f.), wird die Aufmerksamkeit des Rezipienten erneut von der Wiederaufnahme der Erzählung abgelenkt. Verzichtete der Erzähler auf die Bemerkung und ginge stattdessen ohne weiteren Kommentar zum Mord an Medeas Bruder über, käme tatsächlich eine direkte, unmittelbare Verbindung zwischen der Eros-Apostrophe und der Apsyrtos-Episode zustande. Stattdessen wird die Aufmerksamkeit des Rezipienten auf die Darbietungsform gelenkt. Der Erzähler stellt betont ins Zentrum, dass hier eine bestimmte, spezifische Variante aus der mythischen Überlieferung zur Ermordung des Apsyrtos präsentiert wird (τὸ γὰρ ἧμιν ἐπισχερῶ ἦεν <u>ἀοιδῆς</u>, 4,451). Dass es sich um ein episches Gedicht handelt, wird dabei explizit hervorgehoben (ἀοιδῆς). Als Besonderheit darf schon der grobe Inhalt der Version bei Apollonios gelten: Apsyrtos wird von Medea in eine Falle gelockt, der Mord wird von Jason ausgeführt, er findet in einem Heiligtum der Artemis auf den Brygeischen Inseln statt, Apsyrtos ist erwachsen und Anführer der kolchischen Verfolger.[230] Formal weist die Apsyrtos-Episode eine knappe, lineare, auf die essentiellen Fakten beschränkte Form auf. Auf

---

228 Vgl. Feeney 1990, 90 ff. Vorläufer finden sich bei Livrea 1973, ad 1381; Beye 1982, 13–19. Vgl. Hunter 1987, 134; Goldhill 1991, 294; Hunter 1993, 105 f.; Albis 1996, 94 f.; Clare 2002, 265 ff.; Morrison 2007, 298–310.

229 Tatsächlich werden die Musen in den letzten beiden Büchern häufiger erwähnt als in der ersten Werkhälfte der *Argonautika*. Außer im Proöm (1,22) noch zwei Mal (2,512; 2,845), in der zweiten Werkhälfte dagegen sechs Mal (3,1; 4,2; 4,896; 984; 914; 1381). Allerdings enthalten die letzten beiden Bücher auch mehr Verse.

230 Bei Pherekydes entführt Medea ihren Bruder als Kleinkind und wirft ihn zerstückelt ins Meer (Pherecyd. FGrH 32; Apollod. 1,132). In einer anderen Version wird er im Haus des Aietes getötet (S. fr. 343 Radt; Call. fr. 8 Pf.). An Apollonios orientieren

wertende oder emotionale Adjektive, auf die ausführliche Darstellung einzelner Handlungsschritte oder anschauliche Beschreibungen verzichtet der Erzähler vollständig. Stattdessen berichtet er nüchtern in weniger als dreißig Versen den Ablauf des Mordes, den Zorn der Rachegöttinnen, Jasons Entsühnungsritual sowie die Bestattung des Leichnams (4,452–481). Ein vollkommen gegensätzliches Bild bietet etwa der Vergleich mit der Version des Valerius Flaccus. Dieser orientiert sich, soweit nachvollziehbar, zwar an Apollonios' Version. Schon die vorbereitenden Szenen sind jedoch ausführlicher und weitaus dramatischer gestaltet als im hellenistischen Vorbild. Iason und Medea haben auf Peuke mit den Vorbereitungen ihrer Heiratszeremonie begonnen, als Absyrtus mit den Kolchern das Ritual unterbricht und sich direkt mit einer umfangreichen Zornesrede an die Gesellschaft richtet. Iason bewaffnet sich, es beginnt ein ausführlich geschilderter Kampf zwischen Griechen und Kolchern, dessen Mittelteil ein Seesturm bildet (Val. Fl. 8,267–417).[231] Apollonios' Version dagegen bietet kein einziges Wort des Apsyrtos. Überhaupt kommt keine Figur zu Wort.[232] Der Erzähler schildert vielmehr nüchtern ihr Handeln und lässt den Rezipienten dabei von außen auf die Figuren blicken, ihre Gefühle oder Motive werden nicht erläutert.

Lediglich zwei Miniatur-Gleichnisse bilden in gewisser Hinsicht Ausnahmen. Zunächst wird Apsyrtos, der in Medeas Falle tappt, mit einem naiven Kind verglichen, das einen reißenden Fluss durchqueren will (4,459 ff.). Apsyrtos' fatale Gutgläubigkeit wird so illustriert. Ferner verbirgt sich hier eine Anspielung auf die andere, nicht gewählte Variante des Mythos, nach der der Bruder als kleines Kind getötet wird.[233] Die Besonderheit der dargebotenen Mythen-Version wird so erneut herausgestellt. Im zweiten, noch kürzeren Gleichnis wird Jason im Moment des Mordes mit einem Schlachter beim Opferfest verglichen (βουτύπος ὥστε μέγαν κεραλκέα ταῦρον, 4,468). Der Vergleich veranschaulicht durch extreme Kontrastierung – der Opferpriester[234] darf und soll das Opfertier schlachten, Jason hingegen darf Apsyrtos nicht töten, schon gar nicht in einem Heiligtum – einen Hauptgrund für Jasons Verfehlung, nämlich den Vollzug des hinterhältigen Mordes im heiligen Bezirk der Göttin Artemis. Die Darstellung des Überfalls

---

sich die späteren Argonautenepen (Val. Fl. 8,261; Orph. A. 1022). Vgl. Bremmer 1997.

231 Der fehlende Schluss der *Argonautica* betrifft auch den Mord an Absyrtus, es lassen sich aber Abweichungen feststellen, aus denen klar wird, dass Valerius die Episode dramatischer gestaltet. Nesselrath (1998) zeigt, wie die Handlung des achten Buches auf den Mord an Absyrtus hin komponiert ist. Die Szene gilt als Höhepunkt und Abschluss des Epos; vgl. Adamietz 1976, 109 ff.; Manuwald 2002, 52 ff.
232 Auch in der Vorgeschichte, die die Verfolgung durch die Kolcher berichtet, kommt Apsyrtos nicht selbst zu Wort (A.R. 4,212–240; 303–337; 338–420).
233 Vgl. Faerber 1932, 43; Drögemüller 1956, 163 f.
234 Zur Bedeutung des seltenen Substantivs βουτύπος vgl. Livrea 1973, ad 468.

bleibt jedoch nüchtern und verzichtet auf brutale Details (4,464 f.). Stattdessen bringt der Erzähler eine kurze Analepse zu Bau und Geschichte des Artemis-Tempels (4,469 f.). Apsyrtos' Versuch, die blutende Wunde mit den Händen zu stillen (4,471 ff.), zeigt passend zum vorigen Gleichnis selbst im Sterben sein naiv-kindliches Gemüt. Wenn sich dann Medeas Schleier vom Blut des Bruders rötet (4,465 ff.), so wirkt diese Metapher eher harmlos. Vor allem aber fokussiert der Erzähler auf den Schleier, um die Aufmerksamkeit vom verblutenden Bruder auf die Urheberin seines Todes zu lenken und Medeas Beteiligung an der Tat zu bezeichnen, die im Folgenden die Entsühnung des Paares notwendig werden lässt (vgl. 4,557–561; 4,659–752). Den Abschluss der Erzählung bildet ein Hinweis auf die Bestattung sowie ein Aition, das den Namen des Volkes der Apsyrter erklärt. Dieses Aition bringt ebenfalls explizit, wie bereits dargestellt, die temporale Distanz des Erzählers zur erzählten Zeit zum Ausdruck und rückt den Mord an Apsyrtos für den Rezipienten betont in eine ferne Vergangenheit (ἔνθ' ἔτι νῦν περ / κείαται ὀστέα κεῖνα μετ' ἀνδράσιν Ἀψυρτεῦσιν, 4,480 f.; vgl. Teil I.E.II.2). Abschließend wird die Literarizität des Textes für den Rezipienten durch den Hinweis auf die eigene Zeit verdeutlicht. Den fürchterlichen Brudermord Medeas schildert der *Argonautika*-Erzähler also insgesamt distanziert, knapp und unaufgeregt.[235] Exakt diesen Darstellungsmodus kündigt der autoreferentielle Abbruch der Eros-Apostrophe an: „Wie Medea ihren Bruder Apsyrtos ins Verderben gestürzt hat", allein das soll ohne Umschweife „Thema des Gesangs" sein (4,450 f.). Der Erzählabbruch thematisiert damit explizit ein auffälliges Charakteristikum des vorherrschenden Erzählmodus. Die Eros-Apostrophe und der apotreptische Wunsch des Erzählers betonen die temporale Distanz zur Handlung. Die anschließende Erzählung vom Mord an Apsyrtos steht im Zeichen inhaltlicher Distanz zum Geschehen. Diese manifestiert sich in einem nüchtern-sachlichen, nahezu adjektivbefreiten Stil, in einer Beschränkung auf die wichtigsten Ereignisse, in Kurzgleichnissen, die implizit auf die Stoffauswahl Bezug nehmen und in einer Metapher, die proleptisch den Fortgang der Handlung andeutet.

c. Musenanruf und Wüstenmarsch
Einen vergleichbaren Effekt erzielt der Erzähler in der Episode vom Marsch der Argonauten durch die libysche Wüste.[236] Nachdem die Argonauten die Prophezeiung der libyschen Herossae entschlüsselt haben, schultern sie ihr auf Land gelaufenes Schiff und tragen es zwölf Tage durch die Wüste:

---

235 In eine ähnliche Richtung geht Hunter (1993, 12–15; 18 ff.), wenn er bemerkt, dass Jasons Gedanken und Motive in dieser Episode für den Rezipienten nicht nachvollziehbar werden. Vgl. Byre 1996, 3 ff.
236 Dieser ist bereits zuvor Teil des Mythos (Pi. P. 4,25 ff.), vgl. Braswell 1988, ad 20–37 sowie ad 1381–1390.

Μουσάων ὅδε μῦθος, ἐγὼ δ' ὑπακουὸς ἀείδω
Πιερίδων καὶ τήνδε πανατρεκὲς ἔκλυον ὀμφήν,
ὑμέας, ὦ πέρι δὴ μέγα φέρτατοι υἷες ἀνάκτων,
ᾗ βίῃ, ᾗ ἀρετῇ Λιβύης ἀνὰ θῖνας ἐρήμους
νῆα μεταχρονίην ὅσα τ' ἔνδοθι νηὸς ἄγεσθε
ἀνθεμένους ὤμοισι φέρειν δυοκαίδεκα πάντα
ἤματ' ὁμοῦ νύκτας τε. δύην γε μὲν ἢ καὶ ὀιζύν
τίς κ' ἐνέποι τὴν κεῖνοι ἀνέπλησαν μογέοντες;
ἔμπεδον ἀθανάτων ἔσαν αἵματος, οἷον ὑπέσταν
ἔργον ἀναγκαίῃ βεβιημένοι. (A.R. 4, 1381–1390)

Diese Sage stammt von den Musen, ich besinge sie als Gefolgsmann der Pieriden. Ganz untrüglich vernahm ich ja die Stimme, dass ihr, die bei weitem trefflichsten Söhne von Königen, so hervorragend durch Kraft und Tugend, durch die einsamen Sanddünen Libyens das Schiff und alles, was sich im Innern des Schiffes befand, hoch in die Luft gehoben, auf eure Schultern gelegt und volle zwölf Tage und ebenso viele Nächte getragen habt! Wer aber könnte die Qual und das Elend, die jene während dieser Plackerei erlitten, schon wirklich beschreiben? Unerschütterlich steht fest, dass sie von göttlichem Geblüt abstammten, so gewaltig war die Aufgabe, die sie in der Not bewältigten.

Der Musenanruf zu Beginn der Episode steht in der Tradition epischer Musenanrufe, weist jedoch erzähltechnische Besonderheiten auf und hat dementsprechend viel Aufmerksamkeit erfahren.[237] Dass der Erzähler auf die Herkunft der Erzählung vom Schiffstransport durch die Wüste „von den Musen" verweist, wird als Ausdruck der „Unterwerfung" unter die Bedeutsamkeit der Musen als Inspirationsquelle für den Dichter bzw. Erzähler gewertet. Man konstatiert einen Widerspruch zur Bezeichnung der Musen als ὑποφήτορες ἀοιδῆς (A.R. 1,22) zu Beginn des Epos,[238] der jedoch wenig plausibel erscheint, wenn man die poetologische Bedeutung der Partie genauer betrachtet.

Der Musenanruf durchbricht zu einem Zeitpunkt die Unmittelbarkeit der Erzählung, als die verzweifelten Argonauten sich auf ein göttliches Zeichen hin anschicken, ihr Ableben durch eine wahre Heldentat zu verhindern, die ihrem Status als Halbgötter und epische Heroen gerecht wird: Sie tragen ihr Schiff durch die Wüste. Der Rezipient kennt aus der literarischen Tradition diese Handlung und erwartet gespannt, wie die Wüstenmarschepisode dargeboten wird. Peleus hat die Lösung vorgeschlagen (4,1370–1380). Auf diesem spannungsreichen Höhepunkt unterbricht der Erzähler seine durch

---

[237] Für einen Überblick über die entsprechenden Passagen der *Argonautika* vgl. Hunter 1993b, 105 f.; Clare 2002, 265 ff. Feeneys von Morrison ausgeführte Idee einer im Verlauf des Epos gesteigerten „Krise des Erzählers" stützt sich hauptsächlich auf diese Apostrophe. Vgl. Teil I.E.II4.b.

[238] Vgl. Beye 1982, 16 ff.; Hunter 1993b, 105 f.; González 2000, 283 ff.; Clare 2002, 267 f.; Morrison 2007, 286.

die direkten Wechselreden der Figuren zuvor besonders unmittelbare Darbietung mit der Musenapostrophe, um dem Rezipienten mitzuteilen, dass nicht er selbst für die Geschichte vom zwölftägigen Transport der Argo verantwortlich ist, sondern die Musen. Diese Bemerkung leitet den spektakulären, sorgfältig vorbereiteten Höhepunkt der Handlung ein, der nun aber nur noch als kurzer Nebensatz abhängig von ἔκλυον dargeboten wird (4,1382 ff.). Der explizite Verweis auf die Herkunft der Erzählung „von den Musen" unterstreicht vor allem die Bedeutung der Erzählinstanz. Ähnlich verfährt der Erzähler auch sonst (2,844 f.; 3,1–5; 4,1–5; 4,982–987). Die häufig als „Entschuldigungen" bezeichneten Kommentare dürfen jedoch nicht als Zeichen erzählerischer Unsicherheit gewertet werden. Sie müssen vielmehr als bewusste Hinweise auf poetische Entscheidungen im Umgang mit der literarischen Tradition gelten, die besonders hervorgehoben werden sollen. Zwar gibt der Erzähler vor, für den Inhalt nicht verantwortlich zu sein. Die explizite Kommentierung der eigenen Tätigkeit führt allerdings dem Rezipienten umso deutlicher vor Augen, dass er die Fäden in der Hand hält und dass die Darbietungsweise der Szene eines bekannten Mythos eine bewusste Entscheidung darstellt. Die Erzählung wird auf essentielle Ereignisse beschränkt. Hier benötigt Apollonios gerade einmal dreieinhalb Verse (4,1384–1387).[239] Die Aposiopese durchbricht markant die Darstellung und thematisiert explizit den Erzählvorgang selbst (δύην γε μὲν ἢ καὶ ὀιζὺν / τίς κ' ἐνέποι..., 4,1387 f.). Einmal mehr wird der spezifische Erzählmodus der Partie in den Vordergrund gerückt, das Hauptaugenmerk liegt nicht auf der eigentlichen Handlung. Ähnlich wie für den Mord an Apsyrtos findet Apollonios eine kondensierte Form der Darbietung, die durch den Einsatz rhetorischer Mittel gesteigert wird (4,1387 f.). Der Verweis auf die Herkunft der Erzählung von den Musen dient als Erinnerung an traditionelle Versionen des Wüstenmarsches. Diese ruft er dem Rezipienten in Erinnerung und sorgt dafür, dass ihm zudem die temporale Distanz zwischen der mythischen Vergangenheit der eigentlichen Handlung und der eigenen Zeit sowie die Literarizität der Erzählung bewusst werden.[240]

Versucht man der Anschaulichkeit halber, sich den eintönigen, brutalen Marsch der Helden mit dem tonnenschweren Schiff durch die tagsüber glühend heiße, nachts eiskalte libysche Wüste vor Augen zu führen – ihr Leiden, ihre Mühen, die Dauer ihrer Qualen, ihre trockenen, rauen, sandigen Kehlen, ihre verklebten Gesichter, ihre wunden Schultern und blutigen Füße

---

239 Womöglich eine Anlehnung an Pindar, der ebenfalls lediglich zweieinhalb Verse braucht (Pi. P. 4,25 ff.).
240 Funktional gleicht die Apostrophe der *recusatio* zum Bau der Argo (1,18 ff.; vgl. Teil I.E.II.2.a) und dem Gleichnis der Apsyrtos-Episode (4,459 ff.; Teil I.E.II.4.b). Ähnlich urteilt Hutchinson (1988, 136): „We do not simply accept the narrative on its own terms, but are made to think of the author and historicity".

– so entsteht ein Bild Brueghelscher Jammergestalten. Lucan zeigt anhand seines Wüstenmarsches, mit welch dramatischen Mitteln und emotionalem Pathos ein Epiker eine solche Episode gestalten kann (9,371–937).[241] Dabei wird ein grundsätzlicher Unterschied deutlich: Die *Argonautika* erzählen den Wüstenmarsch eigentlich nicht. Er wird durch das Wunderzeichen und die direkten Figurenreden umfassend vorbereitet. Bei der Darbietung des Marsches aber beschränkt Apollonios sich auf die notwendige Rahmenhandlung. Die wenigen Verse sind sachlich und wenig anschaulich. Die letzte Wirkung nimmt der Erzähler den emotionalen Ereignissen durch die poetologische Kommentierung der Episode. Kaum früh genug kann er auf den glücklichen Ausgang des Unternehmens zu sprechen kommen (τῆλε μάλ' ἀσπασίως Τριτωνίδος ὕδασι λίμνης..., 4,1391). An einer Darstellung der Qualen der Figuren, die Empathie und Nähe des Rezipienten herstellen könnte, zeigt der Erzähler kein Interesse. Durch den autoreferentiellen Abbruch wird die spezifische, knappe, distanzierte Darbietungsform des bekannten Mythos als bewusste Entscheidung hervorgehoben. Als poetisches Ideal tritt so ein distanzierter Darbietungsstil zu Tage, wenn es gilt, emotionale Handlungssituationen zu gestalten, die aus der literarischen Tradition bekannt sind.

III. Zusammenfassung: Distanzierende Erzählstrategien und ihre Wirkweise

Vom Erzähler der *Argonautika* lässt sich in Bezug auf seine Nähe oder Distanz zum erzählten Geschehen sowie seine Absicht, Nähe oder Distanz des Rezipienten zur Handlung zu schaffen, ein einheitliches Bild zeichnen. Besonders in traditionell geprägten Handlungssituationen, die Potenzial für eine emotionale, dramatische Beschreibung der Situation bieten, stören temporale oder inhaltliche Distanzierungsstrategien die unmittelbare Darbietung der Erzählung. So entsteht Distanz zum Handlungsgeschehen, die auf Seiten des Rezipienten ein unmittelbares Nachempfinden der eigentlichen Handlung beeinträchtigt. Dabei wird der Rezipient auf eine formale oder inhaltliche Besonderheit der Darbietung indirekt oder ausdrücklich aufmerksam gemacht. Diese autoreferentiellen Bemerkungen, Erzählabbrüche und Apostrophen thematisieren ein poetisches Ideal epischen Erzählens. So wird etwa deutlich, inwiefern eine epische Erzählung Digressionen benötigt, dass Kenntnisse jenseits der mythischen Tradition eingebunden werden können, diese aber mit der Handlung zu verknüpfen sind und wie weit diese vor oder hinter das Handlungsgeschehen ausgreifen können. Es wird deutlich,

---

241 Für einen Vergleich der Wüstenmärsche vgl. z. B. Wick 2004 I, 12–19.

dass ausführliche Beschreibungen oder der Anschaulichkeit dienende Details den Erfordernissen der Handlung unterzuordnen sind, dass ferner auch stichwortartige Prolepsen und Analepsen in einem Deutungszusammenhang mit den dargebotenen Ereignissen stehen sollen. In der Libyenepisode rücken etwa zahlreiche aitiologische Einlagen die temporale Distanz zwischen der mythischen Vergangenheit der Argonautenfahrt und der eigenen Zeit des Erzählers ins Bewusstsein. Zugleich bieten die Aitien jedoch auch anschauliches Identifikationsmaterial für den zeitgenössischen Rezipienten.[242] Den Erzählvorgang selbst und die Besonderheiten der inhaltlichen und formalen Darbietung des mythischen Stoffes thematisieren zahlreiche Apostrophen und Erzählabbrüche. Besonders prägnant tritt nach der Rückkehr der Argonauten aus Libyen der Erzähler im Epilog mit seinem poetischen Programm an den Rezipienten heran, wobei er ebenfalls die Form der Apostrophe an die Helden des Epos wählt (vgl. Teil I.E.II.2; ad 1773–1781). Die triumphale Rückkehr der Argonauten rückt in den Hintergrund, um stattdessen den Rezipienten zu poetologischer Reflexion über die Bedingungen des Fortwirkens epischer Dichtung anzuregen. Die *Argonautika* legen somit Zeugnis ab von einem bewussten Umgang mit erzählerischen Mitteln, die geeignet sind, Nähe oder Distanz zum Handlungsgeschehen zu erzeugen. Dabei lässt sich feststellen, dass für bestimmte Inhalte der mythisch-literarischen Argonautentradition die unmittelbare, dramatische Gestaltung des Stoffes abgelehnt wird, sogar wenn zuvor reichlich Sorgfalt auf deren Vorbereitung gelegt wurde. Die verweigerten Stoffe haben zum einen in der Regel einen hohen Bekanntheitsgrad, der sich aus Nachrichten über das Vorhandensein früherer Versionen erschließen lässt. Außerdem weisen sie ein hohes emotionales Potenzial auf. Sie wären geeignet, eine besondere Nähe des Rezipienten zur Handlung zu erzeugen. Der Erzähler entscheidet sich jedoch gegen die unmittelbare Darbietung emotionaler Partien oder hintertreibt diese unter Zuhilfenahme temporaler, inhaltlicher oder poetologischer Distanzierungsstrategien, um einem jenseits der Handlung relevanten Umstand Aufmerksamkeit zu verschaffen.

Zudem lässt sich zeigen, dass konkrete erzähltheoretische Strategien wie Metalepsen und Fokalisationen sehr differenziert zum Einsatz gebracht werden können und nicht notwendig Nähe erzeugen. Apollonios verwendet diese abhängig von ihrer inhaltlichen Einbettung, um den Rezipienten zu einer distanzierten Haltung gegenüber der jeweiligen Handlungssituation anzuregen und die Darbietung der Ereignisse zu reflektieren. Man darf demnach für den *Argonautika*-Erzähler eine Vorliebe für eine distanzierende Darbietung in outrierten Handlungssituationen konstatieren. Apollonios steht mit

---

242 Aitien finden sich in der Libyenepisode mehrfach (vgl. z. B. ad 1428 ff.; 1450 f.; 1535 f.; 1620 ff.). Besonders zahlreich sind sie in den transitorischen Episoden (vgl. ad 1625–1772 sowie Teil I.C).

dieser Darbietungsform scheinbar im Gegensatz zu wesentlichen Strömungen antiker Literatur, Rhetorik und Dichtungstheorie, die sich einer emotionalen, anschaulichen und dramatischen Erzählweise verpflichtet sehen, um den Rezipienten das Geschehen unmittelbar nachempfinden zu lassen und ihm zu ermöglichen, sich mit der Erzählung und ihren Akteuren zu identifizieren. Ein solcher Akt der Identifikation kann jedoch unabhängig von der Frage erfolgen, ob der Erzähler die Handlung ausschließlich in ungebrochener Form darbietet oder einen reflektierten, gebrochenen Erzählstil bevorzugt.[243] Abhängig ist der Identifikationsakt letztlich von den spezifischen Vorlieben des Rezipienten. Durch die distanzierenden Erzähltechniken wird an manchen Stellen der Erzählung eine naiv-pathetische Involvierung des Rezipienten behindert. Stattdessen wird beständige Auseinandersetzung mit der Literarizität des Werkes und seinen Besonderheiten angeboten und eingefordert. Besonders häufig wird in den *Argonautika* beim Rezipienten auch eine bestimmte Erwartungshaltung in Bezug auf ein mythisches Detail oder eine Handlungsfolge aufgebaut, die dann durchkreuzt, verworfen oder jedenfalls mit einer überraschenden Pointe aufgelöst wird. Ziel dieser mittelbar und autoreferentiell dargebotenen Partien könnte, besonders für die Libyenepisode, sein, eine spezifische Identifikationsmöglichkeit für ein besonderes Primärpublikum zu bieten. Diesem bot womöglich eine reflektierte, autoreferentielle Darbietung der mythisch-literarischen Grundlagen zu den Kontinuitätsbemühungen griechischer Herrscher in Nordafrika einen großen Anreiz zur Identifikation. Die Rezipienten wussten jedenfalls zu schätzen, wenn ein episches Kunstwerk nicht ausschließlich dramatisch unmittelbare, zur naiven Immersion einladende Geschichten bot, sondern darüber hinaus über anspruchsvolle, nicht auf den ersten Blick durchschaubare Gestaltungsmodi verfügte. Diese Gestaltungmodi zeigen neben Thematik und Darstellungsweise der Argonauten als Kulturstifter und Vorgänger griechischer Siedler besonders in der Libyenepisode, dass das Epos auf eine identitätsstiftende Wirkweise abzielte.

---

243 Das programmatische πρὸ ὀμμάτων ποιεῖν (Arist. Rhet. 1441β) sei hier stellvertretend genannt. Zwar bietet die hellenistische Dichtung Beispiele, die sich im aristotelischen Sinn um Anschaulichkeit (ἐνάργεια) bemühen, wie z. B. Otto (2009) für Theokrit (Theocr. 24) sowie für Apollonios' Mantel-Ekphrasis (1,721–768) gezeigt hat. Dort geht es jedoch wie für eine Ekphrasis erwartbar um visuelle Anschaulichkeit. Apollonios wird man dennoch zutrauen, eigene Ideen umzusetzen, wie er seinem spezifischen Publikum z. B. poetologische Sachverhalte vor Augen führt, die sich von der üblichen Auslegung der aristotelischen ἐνάργεια unterscheiden.

Teil II: Übersetzung der Libyenepisode

Am siebten Tag verließen die Argonauten Drepane. Seit dem frühen Morgen wehte bei heiterem Himmel eine kräftige Brise, sie aber machten gute Fahrt, vorwärts getrieben vom Wehen des Windes. Doch es war den Helden noch nicht bestimmt, [1225] Achaia wieder zu betreten, ehe sie auch in den entlegenen Gegenden Libyens gelitten hätten. Schon hatten sie den Meerbusen, der nach den Ambrakiern benannt ist, schon mit weit gespannten Segeln das Land der Kureten und der Reihe nach bald auch die schmalen Inseln zusammen mit den eigentlichen Echinaden hinter sich gelassen, [1230] soeben tauchte gar schon das Land des Pelops auf. Genau zu diesem Zeitpunkt packte sie ein verderbenbringender Sturm von Nord mitten in ihrem Lauf, trug sie auf das Libysche Meer und tobte für volle neun Nächte und ebenso viele Tage, bis sie weit nach hinten in die Syrte gelangt waren, [1235] aus der es für Schiffe keinen Ausweg und keine Heimkehr mehr gibt, sobald sie einmal gezwungen sind, in diese Bucht einzulaufen. Denn alles beherrscht Sumpfland, alles ein Dickicht aus Seealgen, darüber schäumt lautlos die Gischt des Meeres. Weiter erstreckt sich flirrende Sandwüste, in die sich weder Kriechtiere noch Vögel wagen. [1240] Dorthin nun hatte sie die Flut – oft nämlich weicht die Brandung vom Festland zurück, oft wird sie ungestüm an das Gestade brausend wieder hinaufgespült – unversehens bis weit ins Innerste gedrängt. Nur ein sehr geringer Teil des Kiels blieb noch von Wasser bedeckt. Die Helden stürmten vom Schiff. Entsetzen packte sie, als sie sahen, [1245] wie sich der flimmernde Dunst und die am Horizont verschwimmenden, gewaltigen Erdrücken unendlich weit in die Ferne erstreckten. Keinen Wasserplatz, keinen Pfad, nicht einmal eine abgelegene Hirtenhütte konnten sie erspähen. Die ganze Gegend lag in völliger Stille.

Bekümmert fragte da der eine den anderen: [1250] „Wie heißt denn nun dieses Land? Wohin haben uns die Stürme verschlagen? Ach, wenn wir es doch auf uns genommen und uns den furchtbaren Schrecken nicht erspart hätten! Wären wir doch auf derselben Route geradewegs durch die Felsen aufgebrochen! Ja, selbst wenn wir dann gegen das von Zeus bestimmte Geschick gefahren wären, es wäre doch ehrenwerter für uns gewesen, immerhin im Begriff einer großen Heldentat zugrunde zu gehen. [1255] Was sollen wir jetzt noch tun, da wir von den Winden zurückgehalten werden und gezwungen sind, an diesem Ort zu bleiben, wäre es auch nur für kurze Zeit? Wie einsam erstreckt sich die Ebene dieses endlosen Landstriches!"

So sprach man, daraufhin sagte Ankaios, der Steuermann, angesichts der furchtbaren Ausweglosigkeit ihrer Lage zu seinen verzweifelten Gefährten: [1260] „Augenscheinlich sind wir verloren! Uns ist das schrecklichste Geschick verhängt und es gibt keinen Ausweg aus dem Verderben. In diese Einöde verschlagen, ist es uns bestimmt, das schimpflichste Ende zu erleiden, sogar wenn Winde vom Festland her aufkommen sollten. Denn ich sehe nur Sumpfgebiet, wo auch immer ich nach dem Meer in der Ferne Ausschau halte [1265], sinnlos rinnt das Wasser plätschernd über den weißen Sand. Schon lange freilich hätte dieses erhabene Schiff jämmerlich sehr weit vom Land entfernt völlig zerschmettert werden können, aber die Flut selbst hat es hoch aus dem Meer gehoben und hierher gebracht. Jetzt ist dieselbe Flut ins Meer zurückgewichen, uns umgibt nur noch unschiffbare Salzlake [1270] und zwar so wenig, dass eben die Erde bedeckt ist. Ich bin daher der Meinung, dass jede Hoffnung auf Seefahrt und Heimkehr verloren ist. Möge ein anderer nun seine Fertigkeit unter Beweis stellen: Einem Mann, der sich weiter um die Heimkehr bemüht, steht es nun frei, beim Steuerruder zu sitzen [1275] – hat doch Zeus uns bei all unseren Prüfungen nicht zugedacht, den Tag der Heimkehr zu erleben."

So sprach er unter Tränen, seiner gramvollen Klage stimmte jeder von ihnen zu, der von Schifffahrt etwas verstand. Allen gefror das Herz, aschfahle Blässe ergoss sich auf ihre Wangen. Wie wenn Männer, seelenlosen Standbildern gleich, ziellos durch die Stadt laufen [1280] in der Erwartung eines Krieges, einer Hungersnot oder einer Sintflut, die die unzähligen Mühen der Rinder davonschwemmt, oder wenn Götterbilder schwitzen und von selbst Blut verströmen und in den Heiligtümern Gebrüll hörbar wird, [1285] oder wenn die Sonne mitten am Tag die Nacht zum Firmament emporführt und helle Sterne am Himmel aufleuchten – so schlichen nun auch die Helden außer sich vor Entsetzen am endlosen Gestade entlang. Alsbald zog abendliche Dunkelheit herauf. Kläglich fielen sie einander in die Arme [1290] und gaben sich unter Tränen das Abschiedsversprechen, dass jeder von da an für sich im Sand sich niederlege und die Seele aushauche. Sie brachen auf und gingen ein jeder in eine andere Richtung, um weiter in der Ferne ihr Nachtlager zu nehmen. Sie verbargen ihre Köpfe mit ihren Mänteln und hungrig, ohne gespeist zu haben, legten sie sich nieder, die ganze Nacht [1295] und den Tag, in Erwartung eines jämmerlichen Todes. Fern von ihnen klagte die Schar der Mädchen gemeinsam mit der Tochter des Aietes. Wie Vogeljunge, wenn sie, noch nicht flügge, aus dem hohlen Felsennest gefallen sind, kläglich piepsen, oder wie wenn an den Uferkämmen des sanft fließenden Paktolos [1300] die Schwäne ihren Gesang erklingen lassen und ringsum die tauige Wiese und die herrlichen Fluten des Stroms widerhallen, so erhoben die Mädchen, die blonden Haare durch den Sandstaub schleifend, die ganze Nacht hindurch gramvolle, traurige Klage.

An diesem Ort hätten die vornehmsten Helden nun wohl alle ihr Leben gelassen [1305], ohne den Menschen einen Namen oder eine Spur der Erinnerung zu hinterlassen und ohne ihre Aufgabe vollendet zu haben. Da aber erbarmten sich ihrer, die von der Aussichtslosigkeit ihrer Lage geschwächt waren, helfende Göttinnen, die Heroinen Libyens, die einst Athene, als sie strahlend dem Haupt ihres Vaters entsprungen war, begrüßten und sie in den Wassern Tritons badeten. Es war mitten am Tag, die glühendsten Strahlen der Sonne erhitzten das libysche Land. Sie aber stellten sich nahe neben den Aisoniden und zogen ihm sanft mit den Händen das Gewand vom Kopf. Der aber wandte den Blick ab und sah zur anderen Seite [1315], in scheuer Furcht vor den Gottheiten. Sie sprachen ohne Verstellung mit honigsüßen Worten zu ihm, der vor Schreck benommen war: „Unglücklicher, warum bist du so sehr von Ratlosigkeit geschlagen? Wir wissen, dass ihr das Goldene Vlies erobert habt, wir kennen jede einzelne eurer Qualen [1320], welche übermächtigen Werke ihr auch zu Land und zu Wasser mühevoll errungen habt, während ihr auf dem Weltmeer herumirrtet. Einsame Hirtinnen sind wir, Gottheiten dieses Landstriches, wir sprechen mit menschlicher Stimme, wir, die helfenden Heroinen und Töchter Libyens. Auf nun, du sollst nicht mehr so sehr in der Not trauern! Treib die Gefährten an: Sofort wenn Amphitrite den flinken Wagen Poseidons abschirrt, sollt ihr gleich eurer Mutter alles vergelten, was sie so lange erduldete, als sie euch in ihrem Leib trug, und so werdet ihr wohl doch noch ins hochheilige Achaierland zurückkehren!"

So sprachen sie und wurden unsichtbar, wo sie standen, ganz nah, an demselben Platz [1330], an dem soeben ihre Stimmen erklungen waren. Jason aber saß auf dem Boden, ließ seinen Blick umherschweifen und sprach die Worte: „Erbarmt euch, ihr erhabenen Göttinnen, ihr Wüsteneinsiedlerinnen! Die Prophezeiung über unsere Heimkehr verstehe ich zwar noch ganz und gar nicht. Aber fürwahr, ich werde die Gefährten an einem Ort versammeln und zu ihnen sprechen, ob wir nicht einen Hinweis auf unsere Heimkehr finden [1335]. Der Ratschluss vieler Männer kommt schließlich zu besserem Urteil."

So sprach er, sprang auf und rief aus der Ferne nach den Gefährten, starrend vor Sandstaub, wie ein Löwe, der sich mit lautem Gebrüll im Wald auf die Suche nach seiner Gefährtin macht. Die Schluchten ringsum in den Bergen hallen wider von seiner gewaltigen Stimme [1340]. Vor Furcht entsetzen sich die Rinder auf den Weiden gewaltig und auch die Hirten der Rinder. Den Argonauten aber erregte die Stimme des Gefährten, der seine Freunde zusammenrief, kein Grausen. Niedergeschlagen versammelten sie sich in der Nähe. Der aber ließ sie, bekümmert wie sie waren, nahe beim Ankerplatz zusammen mit den Mädchen niedersitzen [1345] und erzählte alles, wie es ihm im Einzelnen eröffnet worden war:

„Hört mir zu, Freunde! Als ich voll Kummer darniederlag, stellten sich zu mir drei Göttinnen, ringsum gekleidet in Ziegenfelle vom Hals an über Rücken und Taille, wie junge Mädchen, und beugten sich ganz nah über mein Haupt [1350]. Sie deckten mich auf, indem sie mir mit leichter Hand das Gewand vom Kopf zogen, und sie hießen mich, aufzustehen und zu euch zu gehen, um auch euch aufzuwecken. Der eigenen Mutter sollen wir reichlich vergelten, was sie lange Zeit erduldete, als sie uns im Bauch trug, sobald Amphitrite den flinken Wagen [1355] des Poseidon abschirrt. Ich vermag diesen Götterspruch überhaupt nicht zu begreifen. Sie gaben an, helfende Gottheiten und Töchter Libyens zu sein. Und wieviel wir auch vorher schon zu Land und wieviel wir zu Wasser ertragen haben, jede Einzelheit rühmten sie sich auseinanderhalten zu können [1360]. Und schon erblickte ich sie nicht mehr auf der Erde, sondern ein Nebel oder eine Wolke verbarg sie, kaum dass sie erschienen waren."

So sprach er, alle Gefährten aber wunderten sich, als sie es vernahmen. Da ereignete sich ein gewaltiges Wunder in Gegenwart der Minyer. Aus dem Meer sprang ein ungeheures Pferd an Land, ein riesiges Tier mit goldener Mähne hoch oben an seinem Nacken. Eilig schüttelte es reichlich Salzwasser von seinen Gliedern und begann zu laufen, seine Hufe waren schnell wie der Wind.

Sofort freute sich Peleus und rief den versammelten Gefährten zu: „Der Wagen des Poseidon, das sag ich euch gewiss [1370], wurde soeben unter den Händen seiner eigenen Gattin abgeschirrt! Keine andere Mutter aber kann ich hier erblicken, als unser Schiff selbst: Denn dies hat uns die ganze Zeit im Elend und unter furchtbaren Mühen in seinem Bauch getragen. Wohlan denn, mit unerschütterlicher Kraft und festen Schultern [1375] wollen wir es uns von oben aufladen und weiter bis dorthin ins Innere dieses sandigen Landstriches dringen, wohin das Pferd schnellen Hufes galoppierte. Denn in die Wüste wird es nicht untergetaucht sein. Ich hoffe, dass seine Spuren uns eine von oben herabführende Meeresbucht zeigen werden!" So sprach er und allen gefiel dieser passende Plan [1380].

Diese Sage stammt von den Musen, ich besinge sie als Gefolgsmann der Pieriden. Ganz untrüglich vernahm ich ja die Stimme, dass ihr, die bei weitem trefflichsten Söhne von Königen, so hervorragend durch Kraft und Tugend, durch die einsamen Sanddünen Libyens das Schiff und alles, was sich im Innern des Schiffes befand, hoch in die Luft gehoben, [1385] auf eure Schultern gelegt und volle zwölf Tage und ebenso viele Nächte getragen habt! Wer aber könnte die Qual und das Elend, die jene während dieser Plackerei erlitten, schon wirklich beschreiben? Unerschütterlich steht fest, dass sie von göttlichem Geblüt abstammten, so gewaltig war die Aufgabe, die sie in der Not bewältigten [1390].

Endlich aber stiegen sie geradewegs so, wie sie das Schiff vorwärts in die Ferne getragen hatten, mit gewaltiger Freude in die Fluten des Tritonsees und luden es von ihren straffen Schultern.

Dann aber rannten sie wie tollwütige Hunde umher auf der Suche nach einer Quelle, denn es quälte sie nach dieser Plackerei und Mühsal der dörrende Durst. Sie irrten jedoch nicht erfolglos [1395] umher, sondern gelangten in eine heilige Ebene im Land des Atlas, wo die erdgeborene Schlange Ladon noch einen Tag zuvor die goldenen Äpfel bewacht hatte. Ringsum pflegten die Hesperischen Nymphen ihre entzückenden Gesänge aufzuführen. Jener

Drache jedoch war zu diesem Zeitpunkt bereits von Herakles erschlagen worden [1400] und lag niedergestreckt beim Stamm des Apfelbaums. Allein die Spitze des Schwanzes zuckte noch, vom Haupt jedoch bis zum schwarzen Rückgrat lag er entseelt da. Die Pfeile hatten im Blut das scharfe, gallige Gift der Hydra von Lerna zurückgelassen, sodass die Aasfliegen in den verwesenden Wunden vertrockneten [1405]. In der Nähe ließen die Hesperiden eine durchdringende Klage erklingen, die blonden Köpfe auf die silbrig weißen Arme gelegt. Die Argonauten näherten sich unbemerkt alle zusammen, als sie aber schnell zu ihnen herüberliefen, wurden die Nymphen sogleich an Ort und Stelle zu Asche und Erde. Orpheus verstand allerdings das heilige Götterzeichen, er stellte sich hin und richtete ein Gebet an sie [1410]:

„Göttinnen, die ihr edel seid und wohlmeinend, erbarmt euch, ihr Herrinnen, ob ihr nun zur Zahl der himmlischen Götter gehört oder zu den unterirdischen Göttern oder ob ihr Wüstenhirtinnen und Nymphen gerufen werdet! Kommt herbei, ihr Nymphen, vom ehrwürdigen Geschlecht des Okeanos, erscheint vor unserem Angesicht und zeigt uns, die wir uns danach sehnen, [1415] entweder irgendeine Wasserquelle im Felsen oder einen heiligen Sprudelbrunnen im Boden, ihr Göttinnen, eine Wasserstelle, aus der wir unseren unendlich brennenden Durst stillen können. Wenn wir dann irgendwann wieder mit Hilfe der Seefahrtskunst nach Achaia gelangen sollten, dann werden wir euch voll Dankbarkeit zusammen mit den bedeutendsten Göttern unzählige Gaben [1420], Trankspenden und Festopfer darbringen." So sprach er flehentlich mit kräftiger Stimme. Die Nymphen aber empfanden Mitleid mit den Männern, die in ihrer unmittelbaren Nähe Qualen litten. Da ließen sie zunächst einmal Kräuter aus dem Boden hervorwachsen, dann ausladende Stauden über den Kräuterpflanzen aufsprießen, daraufhin kraftvolle Buschzweige aufrecht weit über den Boden emporwachsen. Schließlich wurde Hespere zur Schwarzpappel, Erytheis zur Ulme und Aigle zum ehrwürdigen Weidenbaum. Aus jenen Bäumen erschienen sie aber nun wiederum dauerhaft in der Gestalt zurück, die sie zuvor hatten. Ein unermessliches Wunder! Aigle schließlich gab [1430] mit sanften Worten den Lechzenden zur Antwort: „Fürwahr, nun fällt es ganz und gar zu eurem Vorteil aus, die ihr von Leiden geplagt seid, dass dieser verwegenste Mensch hierherkam, der die Schlange hinweggraffte, die Wächterin unseres Lebens, der die reingoldenen Äpfel der Göttinnen an sich nahm und fortging. Uns aber ließ er nur abscheulichen Kummer zurück! [1435] Gestern nämlich kam ein Mann, gar grausig durch seine Verwegenheit und auch durch seine Statue, beide Augen brannten ihm tief im blutrünstigen Gesicht, er war unbarmherzig. Bekleidet war er mit dem ungegerbten, rohen Fell eines gewaltigen Löwen. Er trug eine mächtige Keule aus Olivenholz, ferner Pfeil und Bogen, mit diesen schoss er auf das gewaltige Untier und tötete es [1440]. Auch jener kam nun mit vor Durst rauer Kehle hierher, als Wanderer zu Fuß auf dieser Erde. Er durchkämmte diesen Landstrich hier und suchte nach Wasser. Das sollte er nirgendwo erblicken. Aber es gibt hier einen Felsen in der Nähe des Tritonsees. Von unten her trat er heftig mit der Ferse dagegen, wie er es selbst oder mit Hilfe der Eingebung eines Gottes ausgeheckt hatte [1445]. In Strömen quoll Wasser hervor. Er jedoch drückte beide Hände und seine Brust auf den Boden und trank unvorstellbar viel aus dem zerborstenen Felsen, bis er in der Tiefe seines Leibes, vornübergebeugt wie ein weidendes Tier, seinen Durst gestillt hatte." So sprach sie, die Helden aber rannten voll freudiger Erleichterung schnell dorthin, wo ihnen Aigle so willkommen [1450] die Quelle gewiesen hatte, bis sie auf sie stießen. Wie wenn sich erdbewohnende Ameisen in Scharen um eine enge Erdspalte drängen oder wenn Fliegen um einen winzigen Tropfen süßen Honigs herumschwirren, unermesslich gedrängt aufeinander stürzend, genauso wimmelten auch [1455] die Minyer in einem Schwarm um die Felsenquelle herum.

Da rief wohl manch einer mit feuchten Lippen vor Freude aus: „Ach, wahrhaftig, da hat nun Herakles fern von seinen Gefährten diese doch davor gerettet, den Dursttod zu erleiden! Aber wenn wir ihn auf unserem Weg doch irgendwie treffen könnten, streift er doch auch durch dieses Land!" [1460] So rief einer. Im Gespräch wurden diejenigen ausgewählt, die zu dieser Aufgabe geeignet waren, und ein jeder lief in eine andere Richtung davon, um ihn zu suchen. Denn von den nächtlichen Winden wären seine Spuren durch umherwirbelnden Sand verwischt worden. Es stürzten die beiden Söhne des Boreas im Vertrauen auf ihre Flügel davon und Euphemos, der sich auf seine flinken Füße verließ, sowie Lynkeus, um scharf in die Ferne seine Blicke zu senden. Als fünfter machte sich Kanthos mit ihnen auf den Weg. Letzteren trieb zu diesem Schritt das von den Göttern verhängte Geschick und seine Mannhaftigkeit, dass er von Herakles unverhohlen erfahre, wo der den Eilatiden Polyphem zurückgelassen habe. Es lag ihm nämlich daran, [1470] diesen über das Schicksal seines Gefährten im Einzelnen sorgfältig zu befragen.

Polyphem aber war, nachdem er den Mysern eine berühmte Stadt errichtet hatte, voll Sehnsucht nach der Heimkehr auf der Suche nach der Argo in der Ferne auf dem Festland umhergelaufen, bis er in das Land der küstenbewohnenden Chalyber gelangte. Dort bezwang ihn schließlich das Geschick und unter einer hohen Silberpappel wurde ihm ein Grabmal nicht weit vom Meer errichtet. Den Herakles aber schien damals allein Lynkeus weit in der Ferne des unermesslichen Landstriches gesehen zu haben, so wie man am ersten Tag im Monat den Mond sieht oder glaubt, ihn hinter dunklen Schleiern zu sehen. [1480] Als er zu seinen Gefährten zurückgekehrt war, erklärte er, dass diesen nun kein anderer, der sich auf die Suche begebe, mehr erreichen werde. Die anderen kehrten ebenfalls zurück, Euphemos, trotzdem er flinke

Füße hatte, und auch die beiden Söhne des thrakischen Boreas, nachdem sie sich vergeblich gemüht hatten.

Kanthos, über dich kamen in Libyen die verderbenbringenden Keren! [1485] Du trafst auf eine weidende Schafherde, ein Landmann folgte ihr. Während du sie zu den darbenden Gefährten bringen wolltest, verteidigte dieser sich und tötete dich um seiner Tiere willen mit einem Steinwurf. Denn er war kein schwächerer Mann, sondern Kaphauros, der Enkel des Phoibos Lykoreus [1490] und der Akakallis, eines achtbaren Mädchens, die einst Minos nach Libyen fortgeschickt hatte, als sie hochschwanger ein Kind trug von dem Gott – seine eigene Tochter! Diese gebar dann dem Phoibos einen strahlenden Sohn, den sie Amphithemis und Garamas nannten. Amphithemis vereinigte sich mit der Nymphe Tritonis, die ihm den Nasamon und den starken Kaphauros gebar. Dieser tötete damals den Kanthos wegen seiner Schafe. Aber er entging nicht den erbitterten Händen der Helden, als sie erfuhren, was er getan hatte. Später hoben (†) die Minyer den Toten auf, betrauerten ihn und bestatteten ihn feierlich in der Erde [1500]. Die Schafe aber trieben sie mit sich.

Dort ereilte an demselben Tag auch den Ampykiden Mopsos das unaufhaltsame Todeslos. Er entging seiner Seherkunst zum Trotz nicht dem grausamen Geschick, denn gegen den Tod gibt es kein Heilmittel. Im Sand lag, die Mittagshitze meidend [1505], eine gefährliche Schlange. Zwar war sie zu träge, um einem, der ihr versehentlich begegnet, zu schaden, ja nicht einmal einen Fliehenden hätte sie angegriffen. Doch wenn sie einem von all den atmenden Wesen, die die lebenspendende Erde nährt, erst einmal ihr schwärzliches Gift verabreicht hat, dann ist für denjenigen der Weg in den Hades keine Elle mehr entfernt [1510], nicht einmal wenn Paian – falls mir erlaubt ist, dies offen zu sagen – seine Heilmittel aufwendete, sobald sie nur mit ihren Fangzähnen angreift. Als nämlich der gottgleiche Perseus Eurymedon – auch bei diesem Namen pflegte ihn seine Mutter zu nennen – über Libyen dahinflog, um das frisch abgeschlagene Haupt der Gorgo dem König zu bringen [1515], da ließen all die vielen Tropfen ihres schwarzen Blutes, die auf den Erdboden fielen, die Gattung jener Schlangen entstehen. Solch einer heftete Mopsos nun die linke Fußsohle auf die Schwanzspitze. Die Schlange aber wand sich vor Schmerzen, ringelte sich rings um sein Schienbein und seine Wade [1520] und ritzte ihm mit ihrem Biss ins Fleisch. Medea und die anderen Mädchen schraken zurück, der Seher aber betastete zuversichtlich die blutige Stelle, weil die Wunde ihn nicht übermäßig schmerzte, den Unglücklichen! Da kroch ihm auch schon der gliederlösende Schlaf in den Leib, tiefe Dunkelheit ergoss sich über seine Augen. [1525] Sogleich sank er zu Boden, tonnenschwer seine Glieder, ganz unabwendbar wurde er eiskalt. Die Gefährten und der tapfere Aisonide versammelten sich um ihn, voll Entsetzen über die Macht dieses Schicksalsschlages. Jedoch sollte er nicht einmal mehr als Toter auch nur für einen kurzen Augenblick unter der Sonne liegen: Denn das Gift ließ das Fleisch im Innern seines Körpers sehr schnell verwesen [1530], faulig feucht löste sich sich sein Haar von der Haut. Sofort huben die Helden mit ihren bronzenen Hacken hastig eine tiefe Grube aus, sie selbst aber und zugleich auch die Mädchen gaben ihm Haarbüschel bei und beweinten den Toten, dem ein solches Elend widerfahren war. Drei Mal marschierten die Helden dann in Waffen um den Leichnam, um ihm gebührend Ehre zu zollen, und schütteten ihm einen Grabhügel auf.

Als sie aber wieder auf das Schiff gestiegen waren, versuchten sie, da ein Südwind auf das Meer hinaus wehte, Wege aufzuspüren, um aus dem Tritonsee herauszufahren. Sie erkannten jedoch lange Zeit den Ausweg nicht und fuhren so den ganzen Tag sinnlos umher [1540]. Wie eine Schlange sich windend auf krummen Pfaden einherkriecht, wenn der Sonne Strahl sie am ärgsten erhitzt, wenn sie unter Zischen den Kopf hierhin und dorthin wendet und vor Eifer ihr die Augen gleich feurigen Glutfunken glühend hervorquellen, bis sie durch einen Spalt unter die Erde taucht [1545] – genauso suchte die Argo für eine lange Zeit unter großen Mühen die schiffbare Ausfahrt des Sees. Schließlich rief Orpheus dazu auf, den großen Dreifuß Apollons außerhalb des Schiffes den einheimischen Gottheiten als Weihgabe für die Heimkehr anzubieten. Sie gingen an Land und stellten das Geschenk des Phoibos auf. [1550] Dort begegnete ihnen der mächtige Triton, einem kräftigen Jüngling gleichend. Er nahm eine Erdscholle auf, reichte sie den Helden als Gastgeschenk und sprach: „Nehmt, Freunde, denn nichts Ungewöhnlicheres habe ich jetzt bei mir, das ich den Ankömmlingen als Gastgeschenk aushändigen könnte. Wenn ihr aber den Weg aus diesem See suchen solltet, wie ihn schon oft Menschen auf dem Weg in andere Gewässer zu finden begehrten, werde ich ihn euch erklären. Denn der Vater Poseidon machte mich zu einem Kenner dieser Meeresgegend. Ich aber herrsche an dieser Küste, wenn ihr, obwohl ihr weit entfernt lebt [1560], schon einmal gehört habt, dass ein gewisser Eurypylos in der tierreichen Libye lebt." So sprach er. Euphemos nahm wohlwollend die Scholle und barg sie in den Händen und gab ihm folgende Antwort: „Wenn du, Heros, je einmal von Apis und dem Meer der Minoer gehört hast, so berichte uns davon bitte wahrhaftig, da wir dich danach fragen. Hierher sind wir gegen unseren Willen gelangt, nur aufgrund stürmischer Nordwinde streiften wir die Ränder dieser Welt, mussten unser Schiff hoch in der Luft zu den Fluten dieses Sees über das trockene Land tragen, schwer beladen. Wir haben nun aber keine Vorstellung, wo ein Wasserweg herausführt, um in das Land des Pelops zu gelangen [1570]."

So sprach er. Triton aber streckte die Hand aus, wies in die Ferne und erklärte, wo sich das Meer und die tiefe Mündung des Sees befanden: „Da vorn ist der Durchlass zum Meer, dort ist die Tiefe reglos und dunkel. Auf beiden Seiten aber kräuselt sich weißlich die leuchtende Brandung: Hier, inmitten [1575] der Brandung, erscheint ein enger Wasserpfad, um hinauszufahren. Jenes nebelreiche Meer erstreckt sich dann über Kreta hinaus bis zum ehrwürdigen Land des Pelops. Haltet euch aber zur rechten Hand, wenn ihr aus dem See ins wogende Meer gelangt seid, und bleibt solange in der Nähe der Küste, wie diese sich nach oben hin erstreckt. Wenn aber der gewundene Verlauf der Küstenlinie wieder in die andere Richtung abbiegt, dann steht euch die gefahrlose Fahrt von dem vorspringenden Kap aus offen. Auf denn! Brecht frohgemut auf! Und keine qualvolle Plage soll euch widerfahren, die etwa die gewinnende Tatkraft eurer jugendlichen Körper belasten könnte." [1585]

So sprach er wohlwollend, sie aber stiegen eilig auf das Schiff, denn es drängte sie, unter Ruderschlägen aus dem See hinauszufahren. Unterdessen jedoch nahm Triton den großen Dreifuß auf und schien in den See hineinzusteigen. Danach aber sah ihn niemand mehr, er war plötzlich mitsamt dem Dreifuß unsichtbar. Die Helden aber jubelten vor Freude, weil ihnen tatsächlich als Schicksalszeichen einer der seligen Götter begegnet war. Sie trieben also den Aisoniden an, von den verbliebenden Tieren das prächtigste zu ergreifen und unter Gebeten zu opfern. [1595] Sogleich eilte Jason sich, das Tier auszusondern, ergriff es und schlachtete es oben auf dem Schiffsheck. Währenddessen ließ er folgende Bitten erklingen: „Gottheit, die du an den Ufern dieses Sees erschienen bist, wer du auch seist, ob nun Triton, Schrecken der Meere, ob dich Phorkys oder Nereus die Töchter des Meeres nun nennen, erbarme dich und gewähre unserer Heimfahrt ihr herzquickendes Ziel!" [1600] So sprach er, durchschnitt die Kehle des Tieres und warf es unter Gebeten vom Heck aus ins Meer. Der Gott aber erschien aus der Tiefe des Sees und wurde wahrhaftig sichtbar in seiner eigentlichen Gestalt. Wie wenn ein Mann sein Rennpferd zur breiten Wettkampfbahn aufbrechen lässt, voll Begier das folgsame Tier an seiner üppigen Mähne führt und schnell neben ihm einherläuft, das Pferd aber folgt, in stolzer Freude den Nacken reckend, und das schimmernde Zaumzeug im Maul klappert auf beiden Seiten unter seinem festem Biss im Rhythmus der Zügel. Ebenso hielt der Gott den Achtersteven der gewölbten Argo und führte sie vorwärts ins Meer. Sein Körper aber glich oben vom Scheitel [1610] über Rücken und Hüften ringsum bis zum Unterleib in seinem eindrucksvollen Wuchs vollständig den seligen Göttern. Aber unterhalb der Flanken erstreckte sich der gespaltene Schwanz eines Seeungeheuers über und über in die Länge. Er peitschte die Wasseroberfläche mit den spitzen Enden, die sich nach unten hin in krumme, mondsichelförmige Stacheln teilten. Der Gott aber führte sie solange, bis er sie im Meer zur freien Fahrt entlassen konnte. Dann tauchte er sogleich wieder mitten in die Tiefe hinab. Da lärmten die Helden, als sie das furchtbare Wunder mit eigenen Augen schauten. Dort befinden sich ein Argo-Hafen und Spuren des Schiffes [1620], ferner Altäre für Poseidon und

Triton, weil sie an jenem Tag dort Halt machten. Beim nächsten Tagesanbruch aber eilten sie mit vollen Segeln unter vollem Westwind dahin und hatten zur ihrer Rechten jenes einsame Land selbst.

Am Morgen sahen sie dann noch die Landzunge und zugleich die innerste Meeresbucht, die sich jenseits der Landzunge erstreckte. Sogleich legte sich der West und von Südwest kam frischer Wind auf. Die Helden aber jauchzten laut mit freudigen Herzen. Als schließlich die Sonne zu sinken begann und der Stern der Hirten aufging, der der Plackerei der Bauern auf dem Feld ein Ende bereitet [1630] und da ohnehin der Wind in finsterer Nacht aussetzte, holten sie die Segel ein und legten den Großmast nieder. Dann legten sie sich mit aller Kraft in die glatten Ruder, die ganze Nacht und den folgenden Tag und wiederum die darauffolgende Nacht. Endlich empfing sie in der Ferne die zerklüftete Karpathos. Von dort sollten sie nach Kreta übersetzen, die in diesem Meer die äußerste aller Inseln ist. Der eherne Talos aber hinderte sie, die Haltetaue an Land festzumachen, als sie eine geschützte Stelle in der diktäischen Bucht anlaufen wollten, indem er Gesteinsbrocken von einer mächtigen Felsnase herabriss. [1640] Diesen, einen Überlebenden vom ehernen Stamm der eschengeborenen Menschen, der unter den Halbgöttern lebte, hatte der Kronide für Europa zum Wächter der Insel bestimmt; drei Mal umkreiste er Kreta auf bronzenen Füßen. Zwar waren sein Körper und seine Gliedmaßen aus Erz und unverwundbar, doch zog sich ihm unter einer Sehne verborgen eine blutgefüllte Ader bis unten zum Knöchel. Die aber hielt nur ein dünnes Häutchen und das hielt ihm zugleich Leben und Tod. Die Helden nun, vollkommen überwältigt von ihrem Unglück und voll Furcht, trieben jäh das Schiff mit Ruderkraft rückwärts und wieder fort vom Land. [1650] Da wären sie nun wohl elendig weitab von Kreta fortgetrieben worden, sie hätten Durst und Qualen zugleich erlitten, wenn nicht zu ihnen, als sie soeben abdrehen wollten, Medea gesprochen hätte:

„Hört mich an! Denn ich glaube, dass ich allein euch zuliebe diesen Mann bezwingen kann, wer auch immer er ist, auch wenn sein Körper vollkommen aus Bronze besteht, solange ihm nicht überdies unbegrenztes Leben zugedacht ist. Haltet ihr aber das Schiff hier auf dieser Position absichtlich fest, außerhalb der Reichweite seiner Steinwürfe, bis es mir möglich ist, ihn zu bezwingen." So sprach sie und die Männer hielten das Schiff mit Ruderkraft fernab von den Geschossen und schützten es. Sie beobachteten, was für einen Plan [1660] Medea in dieser unvorhergesehenen Situation zu verfolgen gedachte. Da hielt sie eine Falte ihres Purpurgewands vor ihre beiden Wangen und stieg auf das Schiffsverdeck. Der Aisonide hielt ihre Hand in seiner Hand und half ihr, über die Ruderpflöcke zu steigen. Dort begann Medea mit Gesängen die herzverzehrenden Keren zu besänftigen und zu beschwören, die schnellen Hunde des Hades, die überall durch die Himmel streichen und die Lebenden heimsuchen. Diese rief sie herbei inständig flehend mit dreimaligem Zaubergesang, dann dreimaligem Gebet. Indem sie bösen Sinn annahm, konnte sie mit feindseligen Blicken die Augen des bronzenen Talos bezaubern. [1670] Malmend richtete sie ihren fürchterlichen Groll auf ihn und schleuderte ihm in rasender Wut grausame Wahnbilder entgegen.

Vater Zeus, fürwahr, Staunen packt meine Sinne, wenn einen nicht nur mehr mit Krankheiten und Wunden das Verderben trifft, sondern man uns schon aus der Ferne derart zu martern vermag, dass selbst dieser, obwohl ganz aus Bronze, weichen musste und bezwungen wurde von der Macht der zaubermittelkundigen Medea! Als er gerade schwere Steine heranwälzte, um sie daran zu hindern, in die Bucht einzulaufen, streifte er den Knöchel an einer scharfen Felskante. Blut quoll ihm aus der Wunde hervor, das geschmolzenem Blei glich. Nicht mehr lange [1680] vermochte er aufrecht auf dem Felsvorsprung zu stehen, den er eingenommen hatte, sondern wankte wie eine riesige Fichte hoch oben in den Bergen, die, nachdem sie von scharfen Äxten gespalten, die Holzfäller doch noch zurückließen. Nachdem diese aus dem Wald herabgestiegen, wird die Fichte des Nachts zunächst vom Sturm geschüttelt und reißt erst später von Grund auf auseinander und fällt. Gerade so wankte dieser noch eine Zeit lang herum, konnte sich eben auf seinen unermüdlichen Beinen halten und stürzte kurz darauf entseelt mit unendlichem Getöse zu Boden.

Während jener Nacht nun lagerten die Helden auf Kreta, [1690] danach aber errichteten sie beim ersten Licht der Morgenröte einen Altar für die Minoische Athena, schöpften Wasservorräte und stiegen wieder an Bord, um baldmöglichst mit Ruderkraft Kap Salmonion hinter sich zu lassen. Als sie aber eben auf die weite, offene See bei Kreta fuhren, versetzte eine Dunkelheit sie in Angst, die sie die „totenschleiertragende" nannten, vollkommene Nacht, weder Sterne durchbrachen sie noch das Funkeln des Mondes. Vielmehr kam vom Himmel her leere Finsternis auf oder aber eine fremdartige Dunkelheit, wie sie nur aus dem Innersten tiefer Abgründe heraufkriecht. Ob sie nun im Hades oder auf dem Wasser herumtrieben, nicht einmal das konnten sie wissen. Sie überließen dem Meer [1700] ihre Heimkehrfahrt, wo auch immer es die Wehrlosen hintrug. Jason aber rang die Hände und rief mit lauter Stimme Phoibos Apollo und bat ihn, sie zu retten. Vor Verzweiflung rannen ihm Tränen herab. Er versprach, viele, ja unzählige Opfergaben in Pytho, in Amyklai und in Ortygia darzubringen. Letoide, du aber kamst wirklich, bereit, ihn zu erhören, vom Himmel zu den Melantischen Felsen, die im offenen Meer liegen. Von einer der zwei Klippen dich hoch in die Lüfte erhebend, schwangst du mit der Rechten deinen goldenen Bogen in der Höhe und überall verbreitete der Bogen weithin strahlenden Glanz. [1710] Zu diesem Zeitpunkt erschien den Argonauten eine der Sporaden, eine winzige Insel in Sichtweite, in der Nähe des kleinen Eilands Hippouris. Dort warfen sie den Ankerstein und warteten. Sogleich kam die Sonne wieder hervor und erleuchtete die Welt. Die Helden steckten für Apollo in einem schattenspendenden Hain ein herrliches Heiligtum ab und errichteten im Schatten einen Altar, wegen des weithin sichtbaren Glanzes riefen sie ihn Phoibos Aigletes. Die steil aufragende Insel aber nannten sie Anaphe, da Phoibos ihnen diese in ihrer Verzweiflung hatte aufleuchten lassen. Was immer Männer an einer einsamen Küste bereiten können, um zu opfern, das bereiteten sie. Als jedoch [1720] die Phäakenmägde der Medea sahen, wie sie in die lodernen Feuer Wasser als Weihgabe gossen, da vermochten sie ihr Lachen nicht mehr in der Brust zurückzuhalten. Sie hatten schließlich immer den zahlreichen Rinderopfern im Palast des Alkinoos zugesehen. Den Mädchen spotteten wiederum die Helden mit unsittlichem Gerede, froh über die Scherze. Süße Neckereien und heftige Wortgefechte entbrannten unter ihnen. Seit diesem Spiel der Helden pflegen die Frauen auf der Insel mit den Männern zu streiten, wenn sie mit Opfergaben den Apollo Aigletes von Anaphe als Helfer anflehen. [1730]

Als die Helden nun auch hier die Taue lösten, bei heiterem Himmel, da erinnerte sich Euphemos seiner nächtlichen Traumerscheinung, voll Ehrfurcht vor dem ruhmreichen Sohn der Maia. Er hatte nämlich geträumt, dass die Gabe des Gottes, die Erdscholle, die er in seiner Hand an die Brust hielt, von weißen Milchtropfen genährt werde, dass ein Weib entstehe aus der Erde, obwohl es nur ganz wenig war, das einem jungen Mädchen glich. Mit dieser nun vereinigte er sich in Liebe, denn er begehrte sie unbändig. Doch jammerte es ihn, wie wenn er seiner Tochter beigewohnt hätte, die er selbst mit eigener Milch genährt. Die junge Frau aber sprach ihm gut zu mit sanften Worten: [1740] „Von Triton stamme ich ab, bin die Nährmutter deiner Kinder, mein Lieber, nicht deine Tochter! Triton nämlich und Libye sind meine Eltern. Wohlan, übergib mich den Töchtern des Nereus, dass ich im Meer nahe bei Anaphe Wohnstatt nehmen kann. Hernach werde ich ins Licht der Sonne treten und bereit sein für deine Nachkommen." Daran erinnerte er sich nun in seinem Herzen und erstattete dem Aisoniden Bericht. Dieser jedoch wog in seinem Innersten die Weissagungen des Ferntreffers ab, dann seufzte er und sprach: „Ach, wahrlich, dir ist vom Schicksal bedeutender und herrlicher Ruhm zugedacht! Die Erdscholle nämlich werden die Götter, wenn du sie ins Meer geworfen hast, in eine Insel verwandeln, auf der noch die Kinder deiner Enkel leben werden, da Triton dir diese Scholle von libyscher Erde als Gastgeschenk überreichte. Kein anderer nämlich war es von den Unsterblichen als jener, der sie dir gab bei eurer Begegnung." So sprach er und Euphemos ließ das Wort des Aisoniden nicht unerfüllt, sondern er warf die Scholle, von Freude über die Prophezeiungen erfüllt, tief hinunter ins Wasser. Aus dieser erhob sich schließlich die Insel Kalliste, die gesegnete Nährmutter der Nachkommen des Euphemos. Diese freilich bewohnten zunächst einmal das sinteische Lemnos. Nachdem sie aber von den tyrrhenischen Kriegern aus Lemnos vertrieben worden waren, [1760] kamen sie als Schutzflehende nach Sparta. Als sie Sparta verlassen mussten, führte sie Theras, der treffliche Sohn des Autesion, auf die Insel Kalliste. Deren Name aber wurde geändert, sie heißt nun Thera, nach deinem Nachkommen. Dies jedoch ereignete sich zu einer Zeit lange nach der des Euphemos.

Von dort ließen sie in rascher Fahrt über die unendlichen Meeresfluten alsbald die gesamte Strecke hinter sich und konnten an der Küste Aiginas Halt machen. Sogleich wetteiferten sie untadelig untereinander beim Wasserschöpfen und darin, wer wohl mit dem Wasser zuvorderst zum Schiff gelange. Denn beides war nötig und es drängte ein zuverlässiger Fahrtwind. Dort heben sie noch heute gefüllte Tonkrüge auf ihre Schultern [1770] und streiten sogleich leichtfüßig im schnellen Wettlauf um den Sieg, die jungen Männer vom Stamm der Myrmidonen.

Erbarmt euch, ihr Helden vom Geschlecht der seligen Götter! Möge das Singen dieser Gesänge von Jahr zu Jahr süßer werden für die Menschen! Denn schon gelange ich zum ruhmreichen Ende eurer Mühsal, da euch nun, nachdem ihr von Aigina aufgebrochen, kein Kampf mehr bevorstand und auch keine Stürme euch mehr aufhielten, da ihr vielmehr unbehelligt am Land des Kekrops und an Aulis, der Innenseite von Euboia zugewandt, und an den Städten der Lokrer vorbei die Fluten durchmessen konntet [1780] und voll Freude an der Küste von Pagasai an Land gingt.

Teil III: Kommentar zur Libyenepisode

I. 4,1223–1392 Die libysche Syrte

Inhalt und Aufbau Die Syrtenepisode bildet einen der vier Hauptabschnitte der Libyenepisode (vgl. Teil I.C.). Sie besteht aus fünf Teilepisoden, im Zentrum steht die Begegnung mit den libyschen Herossae. Die Verzweiflung der Argonauten in der Syrte steigert sich bis zu dieser Begegnung kontinuierlich. Nach Jasons Bericht über die Prophezeiung der Gottheiten keimt wieder Hoffnung auf Rettung auf, die schließlich im Wüstenmarsch kulminiert. Der erste Abschnitt behandelt die Überfahrt von der Phäakeninsel, den Seesturm und die Beschreibung der Syrte in Nordafrika. Hier erfolgt der Übertritt der Argonauten vom europäischen Teil der Oikoumene auf den libyschen Kontinent (A. 1223–1249). Die Argonauten geraten in der Syrte in Lebensgefahr und beschließen, sich ihrem Schicksal zu ergeben (B. 1250–1304). Jason erscheinen die Herossae und versprechen Rettung, reden aber rätselhaft (C. 1305–1336). Jason berät sich mit den Gefährten (D. 1337–1362). Ein göttliches Wunderzeichen bringt die Lösung: Sie tragen ihr Schiff über mehrere Tage auf den Schultern durch die Wüste (E. 1363–1392).

Syrte und Argonauten in der literarischen Tradition Ap. verlagert die erste Begegnung der Argonauten mit Libyen vom Tritonsee in die Syrte. In vorhergehenden Versionen stranden sie in Libyen, allerdings nicht in der Syrte, sondern direkt am Tritonsee, wo sie Triton treffen, der ihnen die griechische Herrschaft in Libyen prophezeit (Hdt. 4,197; Timae. FGrH 566F fr. 85,22 = Plb. 1,5,1; D.S. 4,56; vgl. ad 1537–1585; 1691–1730) oder sie gelangen an den Tritonsee, ziehen ihr Schiff an Land und tragen es durch die Wüste bis in den Tritonsee, wo sie auf den Gott treffen (Pi. P. 4,6–57; vgl. ad 1537–1585; 1691–1730). Bei Ap. dagegen betreten die Argonauten in der Syrte zuerst libyschen Boden. Die Verbindung der Syrte mit der Argonautenfahrt ist zuvor nicht greifbar (vgl. ad 1234–1249; Delage 1930, 253–261; Elliger 1975, 312 ff.; Vian/ Delage 1996², 56–64). Während Lykophron von der Existenz zweier Syrten weiß (Lyc. 648), ist in den *Arg.* nur unbestimmt von der Syrte die Rede (vgl. ad 1235). Für eine zuverlässige Identifikation mit realen geographischen Formationen gibt die Episode kaum Anhaltspunkte (vgl. Teil I.D.II.2.).

Der Seesturm Ap. kondensiert zwei je neuntägige Seesturmszenen der *Odyssee* (Od. 9,62–94, 10,28–55) zum zweiten großen Seesturm im vierten Buch und erreicht so eine Parallelisierung der Libyenabenteuer der Argonauten mit Odysseus' phantastischen Abenteuern im Westen. Bezugspunkt für die Parallelisierung sind die Abenteuer nach dem zweiten, verheerenden Seesturm, der die Irrfahrten erneut beginnen lässt. Die Libyenabenteuer stehen im Zeichen von Laistrygonen, Kirke, Unterwelt, Sirenen, Skylla und Charybdis und der Sonnenherde, nicht jedoch der Lotophagenepisode (Knight 1995, 125 f.), die vor dem zweiten Seesturm der *Odyssee* einzuordnen ist.

Der Seesturm, der die Argonauten kurz vor ihrem Ziel in Griechenland nach Libyen an die Nordküste Afrikas verschlägt, stellt keine typische epische Seesturmszene dar (vgl. W.H. Friedrich 1956; Mertens 1987; Cristobál 1988, 125–148; Williams 1991, 220–226, Nelis 2001, 119–122 sowie zur Rezeption bei Valerius Flaccus Shelton 1974; Sauer 2011, 82 ff.; 112 ff.). Die *Arg.* weisen jeweils zwei Stürme auf der Hin- und Rückfahrt auf, von denen nur ein Sturm ausführlich geschildert wird. Nach der versehentlichen Schlacht mit den Dolionen im ersten Buch setzt ein zwölftägiger Sturm die Argonauten am Dindymon fest (1,1078–1102). Aufgrund eines heftigen Unwetters zerschellt das Schiff der Phrixossöhne vor der Aresinsel, die Schiffbrüchigen begegnen so den Argonauten (2,1097–1121). Eine ausführliche Beschreibung des Sturmes gibt Ap. nur für dieses Unwetter auf der Aresinsel (vgl. Arend 1933; Knight 1995, 49–62). Im ersten Teil des vierten Buches im Anschluss an den Apsyrtos-Mord verschlagen von Hera verursachte Sturmwinde die Argonauten zurück in den Norden des Ionischen Meeres. Die Argo selbst verkündet mitten im Sturm, dass der Mord den Zorn des Zeus erweckt hat und nur bei Kirke Sühne zu finden ist (4,575–592). Dieser Seesturm korrespondiert mit dem Sturm, der die Argo nach Libyen verschlägt. Die beiden Stürme der Rückfahrt markieren den Übergang von der Asien- zur Europaepisode sowie von der Europa- zur Libyenepisode und tragen maßgeblich zur dreiteiligen Gliederung des vierten Buches bei (vgl. Teil I.C.).

A. 1223–1249 Seesturm und Syrtenbeschreibung

Inhalt und Aufbau Nach sieben Tagen Hochzeitsfeier bei den Phäaken verlassen die Argonauten die Insel und segeln heimwärts Richtung Iolkos, wobei sie bis in die Nähe der Peloponnes gelangen, bevor sie ein Seesturm an die libysche Küste verschlägt, weit in das Sumpfgebiet der Syrte treibt und dort stranden lässt. Die Seesturmepisode selbst ist dreigeteilt: Fahrt bei gutem Wind bis nahe an Griechenland heran (4,1223–1231); Seesturm und Auflaufen in der Syrte (4,1232–1236); Beschreibung der Syrte (4,1237–1249).

1223 ἤματι δ' ἑβδομάτῳ Zwei *Odyssee*-Stellen (ἑβδομάτῃ δ' ἱκόμεσθα, Od. 10,81; ἑβδομάτῃ δ' ἀναβάντες, 14,252) variierend gestaltet Ap. die Abfahrt von der Phäakeninsel. Ähnlich wie Odysseus und seine Gefährten, die durch den Sturm aus dem Windschlauch des Aiolos zu den Laistrygonen verschlagen werden, wo sie Schlimmeres als den Sturm erdulden müssen, steht auch den Argonauten zunächst ein Seesturm, dann Schlimmeres in der libyschen Wüste bevor. Handlungsparallelen zeigen sich auch zur Eumaios-Episode (Od. 14,252 ff.). Der Verweis auf die Siebentägigkeit des Aufenthalts bei den Phäaken nimmt diese Analogie vorweg. Ein weiteres Vorbild, das die Abfahrt der Helden unter keinen guten Stern stellt, spielt proleptisch auf das kommende Unheil in der libyschen Wüste an: Am siebten Tag stirbt die treulose Zugehfrau des Eumaios (Od. 15,476 ff.) – den Argonauten stehen nach sieben angenehmen Tagen nun Entbehrung und Tod in Libyen bevor. Die Siebenzahl begegnet auch sonst (Waschung mit dem Zaubermittel (3,860 f.); Mündungen des Rhodanos (4,634)), sodass Einfluss einer Hebdomadenlehre denkbar ist (Roscher 1906, 8, 16 ff.; Germain 1954, 8 ff.; Fränkel 1968, 256 ff., 579 ff.), wie sie in der Lebensalter-Elegie Solons (Sol. fr. 19 D) bezeugt ist. Der siebte Tag des Monats ist zudem als Tag des Gottes Apollo bekannt (vgl. Procl. 236, 10P; Orph. Ephem. fr. 276), der in der Libyenepisode ein zweites Mal in Erscheinung tritt (vgl. ad 1765–1772).

Δρεπάνην Die Phäakeninsel, in der *Odyssee* Scheria, heißt bei Ap. Drepane (4,990) oder Makris (4,540; 4,990; 4,1131). Antike Homerexegeten sehen in Kerkyra das hom. Scheria (Th. 1,25,4) oder suchen Scheria fernab des Mittelmeeres im Atlantik (Str. 1,2,18). Die moderne Philologie betont den symbolischen Charakter des Phäakenstaates (Clarke 1967, 52–56; Heubeck / West / Hainsworth 1988, 341–346; Austin 1975, 153–162; 171 ff.). Im Gegensatz zu Scheria ist bei Ap. eine geographische Identifikation eindeutig möglich, es handelt sich um Kerkyra, das heutige Korfu (vgl. Teil I.D.II). Der Name Scheria begegnet in den *Arg.* nicht. Für Drepane gibt Ap. ein doppeltes Aition, das den Namen auf die Sichel, mit der Kronos Uranos kastrierte (dagegen Hes. Th. 161–210), oder die Sichel der Demeter zurückführt (4,982–991). Das Demeter-Aition nimmt auf eine andere Mythenvariante Bezug (Schol. A.R. 4, 982–92g, Arist. fr. 469 Rose 1555a35), die sich noch bei Timaios findet (Timae. FGH 566 F 79; vgl. Fusillo 1985, 116–135; Köhnken 2003, 207–213.). Mit einem expliziten Kommentar ergreift der Erzähler dabei Partei für die Demeter- und gegen die Uranosvariante (4, 984 f.: ἵλατε, Μοῦσαι, οὐκ ἐθέλων ἐνέπω προτέρων ἔπος, vgl. Teil I.E). Eine andere Insel mit Namen Kerkyra, die sog. Schwarze Kerkyra, wohl das heutige Curzola, passieren die Argonauten vor der parallelen Seesturmszene im ersten Teil des vierten Buches ebenfalls dank eines günstigen Fahrtwindes und ebenfalls in Richtung Griechenland (4,566–572). Die Kerkyra-Inseln werden parallel an den Einschnitten zwischen den Großteilen des vierten Buches erwähnt. In Anlehnung an die Abfahrt der Argonauten von Drepane lässt Vergil Aeneas im sizilischen Drepanum landen (Verg. A. 3,707).

ἤλυθε δ' οὖρος Die Kombination von οὖρος mit dem Verb ἔρχεσθαι ist singulär und hat kein Vorbild im frühen Epos. Dort finden sich Junkturen des Verbs für andere Naturerscheinungen (Wolken: Il. 4,276; 16,364; Morgenröte: Od. 22,198; Boreas, Hes. Op. 515). οὖρος ist gängige Bezeichnung für einen günstigen Fahrtwind (z. B. Od. 2,420; 3,176; 3,176; Il. 1,479). Urheber ist meist ein Gott (Il. 1,479; Od. 3,183; 15,292; 17,148), selten wird kein Urheber genannt (Od. 4,357; 11,640; Hom. h. 7,26). In den *Arg.* erhebt sich günstiger Fahrtwind oft ohne direkten Urheber, so etwa bei der Ausfahrt aus Pagasai (1,520 f.; 1,566; 1,579; vgl. 2,900; 2,1228; 4,1769). Winde können als Antwort auf Gebete gedeutet werden (vgl. z. B. 1,423 f.; 1,1132 ff.; 1,1152; Fränkel 1968, 82, 86 f.). Vor der Planktendurchfahrt veranlasst Hera, dass zum Zeitpunkt der Durchfahrt ein günstiger Westwind weht (4,766 ff.; 4,963 f.). Obwohl hier kein Urheber angeführt wird, ist göttlicher Wille im Spiel: Der günstige Wind findet ein jähes Ende, als der vom Schicksal vorgesehene Sturm (αἴσιμον ἦν, 1226) die Helden nach Libyen entreißt.

1224 ἀκραής Die Lesart ist umstritten. Vermutlich ist die Variante εὐκραής durch spätere Eingriffe oder aufgrund der Ähnlichkeit in früher Minuskelschrift statt des simpleren ἀκραής in die Handschriften gelangt (Van Krevelen 1951, 99; West 1978, ad 594). Ob das lange, zweite α in ἀκραής und vergleichbaren Komposita (ἁλιαής, δυσαής, εὐαής) archaisches Element oder metrischer Dehnung geschuldet ist, ist umstritten. Das Adjektiv ist wohl aus ἄκρος und ἄημι gebildet (Chantraine 1948, 100, §44; Ruijgh 1957, 68). In der *Odyssee* bedeutet ἀκραής „von der Höhe her wehend" parallel zu ἁλιαής, „meerwärtswehend" (Heubeck / West / Hainsworth 1988, ad 2,421). Das Adjektiv ἀκραής wird in den hom. Gedichten für Boreas und Zephyros auf dem Meer verwendet (Od. 2,421; 14,253; 14,299), bei Hesiod vom frischen Wind zu Land (Op. 594). Bei Ap. sonst für kräftige Fahrtwinde zur See (vgl. 1,606; 2,721). Die Belege bei Homer- und Hesiodscholiasten (Schol. Od. 2,421 E.Q.; Schol. Hes. Op. 594a) deuten darauf hin, dass die von Ap. zugrunde gelegte Etymologie von ἀκραής in hellenistischer Zeit üblich war (Marxer 1935, 46 f.). Die *Arg.* verstehen unter einem ἀκραής οὖρος einen „unvermischten Wind", der beständig aus einer Himmelsrichtung weht, unter einem εὐκραής οὖρος dagegen einen „gut gemischten Wind", der zur Situation passt (vgl. 2,1228; 4,891; vgl. Van Krevelen 1951, 97 ff.). Später wird vor allem εὐκραής aufgegriffen (Opp. H. 1,210; 672; 2,252; 3,61; 4,33; Aristainetos Epist. 1,3,36). Die Verbindung von ἤματι δ' ἑβδομάτῳ und οὖρος ἀκραής bei der Abfahrt der Argonauten von Kerkyra nimmt Bezug auf das Vorbild der von Odysseus erfundenen Abfahrt von Kreta (ἑβδομάτῃ δ' ἀναβάντες ἀπὸ Κρήτης εὐρείης / ἐπλέομεν βορέῃ ἀνέμῳ ἀκραέι καλῷ / ῥηιδίως, Od. 14,253, vgl. ad 1232). Der „Kreter" behauptet, einige Jahre in Ägypten und Libyen verbracht zu haben (14,295), wo er als Sklave verkauft werden sollte, was Zeus durch Unwetter und Schiffbruch verhindert habe. Auch die Argonauten werden durch einen Sturm nach Libyen verschlagen, wo sie in der Syrte Schiffbruch erleiden. Ap. verwendet Odysseus' Kreterlüge als Markierung für den Beginn der Libyenepisode sowohl wegen der Handlungsparallelen als auch, um die Libyenabenteuer neben die Nordafrikaabenteuer des „Kreters" und die Irrfahrten des Odysseus zu rücken.

ἠῶθεν Im alten Epos gewöhnlich „morgens, bei Sonnenaufgang" (Il. 11,555; 18,136; Od. 1,372) oder „am Morgen darauf" (Od. 15,506), hier „morgens". Im Morgengrauen oder am Abend ändert sich auch in den *Arg.* oft das Wetter (vgl. 1,607; 1,1152; 2,720 f.; De Jong 1996).

ὑπεύδιος Die Editoren vor Fränkel setzen statt des ὑπεύδιος der *w*-Familie ὑπὲκ Διός, wie die Codices der Familie *m* überliefern. Fränkel entscheidet sich für ὑπεύδιος mit Verweis auf den Unsinn der Lesart ὑπὲκ Διός = φυγὼν Δία (Fränkel 1961, ad loc.; Livrea 1973, ad loc.; Vian / Delage 1996², ad loc.). Das Adjektiv ὑπεύδιος wurde möglicherweise bei Aristoteles benutzt (Arist. fr. 253,7 Rose = Ael. NA 7,7 Hercher), begegnet dann regelmäßig bei Arat vom wolkenlosen Himmel (827; 990; 1035; mit ῑ: 1012). Bei Ap. auch sonst vom heiteren Himmel, oft bei guter Fahrt (vgl. 1,584; 4,1731) sowie von Jasons rituellem Bad unter ruhigem Nachthimmel (3,1202).

1225 πνοιῇ ἐπειγόμενοι Nur hier steht bei Ap. häufiges πνοιή an derselben Versposition wie im vorbildhaften Vers (Il. 21,355). Campbell (1983, 233) listet 24 weitere Stellen. Ap. variiert hier die iliadische Junktur πνοιῇ τειρόμενοι aus der Beschreibung von Hephaistos' Feuerhauch während des Flusskampfes. Die Übernahme ist als schlechtes Omen für die Syrtenepisode aufzufassen. Es finden sich motivische Parallelen: Wie Achill mit Hilfe des Gottes Hephaistos gegen die wilden Fluten des Skamandros, also gegen die Natur kämpfen muss, so müssen die Argonauten hier als gefährlichen Gegner ein Naturphänomen, nämlich die Syrtenwüste überwinden. Die einsame Landschaft wird im Folgenden des Öfteren durch lexikalische und motivische Übernahmen aus hom. Kriegergleichnissen als epischer Gegner stilisiert (vgl. Teil I.D.III).

1226 αἴσιμον ἦν Nur hier das Adjektiv. Ap. bevorzugt anstelle des hom. αἴσιμος sonst ἐναίσιμος oder Kombinationen mit αἶσα (vgl. ad 1503). Als Adjektiv steht ἐναίσιμος bei Ap. in der Bedeutung „gut, freundlich" (1,717; 2,1275; 3,524; 4,861; 4,1122; 4,1592). Fränkel geht davon aus, dass Ap. das Schicksal hier mit dem Willen einer Gottheit gleichsetzt (vgl. 1,1315 f.: Διὸς βούλη als Entsprechung zu μοῖρα; Livrea 1973, ad 4,1122; Fränkel 1968, 588.). Dass den Argonauten in Afrika Irrfahrten bevorstehen, wird vom Erzähler bereits vor der parallelen Seesturmepisode vorbereitet. Dort heißt es, dass sie noch nicht ahnen, was Zeus ihnen in seinem Zorn für eine leidvolle

Zukunft zugedacht hat (4,557–561). Hier knüpft der Beginn der Libyenepisode an. Weitere Elemente der parallelen Seesturmepisode werden aufgegriffen (vgl. Teil I.C.I.).

ἐπιβῆναι Ἀχαιίδος Zu Ἀχαιίδος ist γαῖα zu ergänzen. Die Wendung nimmt Bezug auf einen Ausdruck aus Odysseus' Unterweltsfahrt (οὐ γάρ πω σχεδὸν ἦλθον Ἀχαιίδος οὐδέ πω ἁμῆς / γῆς ἐπέβην, Od. 11,166 f.; 481 ff.). Odysseus muss im Anschluss noch einmal zu Kirke nach Aia segeln, von wo sie zwar in Richtung Heimat aufbrechen, wobei jedoch Sirenen, Skylla und Charybdis und schließlich die Heliosinsel den Gefährten des Odysseus vollends zum Verhängnis werden. Parallel dazu wird die Libyenepisode die Argonauten an den Rand des Todes bringen. Zwei von ihnen werden in Libyen sterben (vgl. ad 1485–1536).

1226 f. Der doppelte *versus spondiacus* markiert das Ende des Erzählerkommentars, wie auch sonst gelegentlich das Ende eines Sinnabschnittes (vgl. ad 1284 f.; 1310 f.; vgl. Teil I.B).

1227 Λιβύης Libyen heißt bei antiken Schriftstellern in der Regel das ganze heutige Nordafrika mit Ausnahme Ägyptens, z. B.: *Africam Graeci Libyam appellavere et mare ante eam Libycum* (Plin. Nat. 5,1). Seit dem fünften Jhd. v. Chr. wird diskutiert, ob Libyen der Status eines eigenen Kontinents zukommt und wo die Grenzen dieses Kontinents verlaufen. Die bei Hekataios (FgrH 1 F 18 A = Schol. Ap. Rh. 4, 257–262b) erstmals belegte Einteilung der Welt in die Kontinente Libyen, Asien und Afrika ist den hom. Epen noch unbekannt (Strab. 12,3,27 553–554C; vgl. Teil I.C). Seit den letzten Jahrzehnten des 7. Jhds. v. Chr. konzentriert sich die griechische Vorstellung von Libyen auf die Gegend um die Städte der Kyrenaia (Chamoux 1953, 35; Zimmermann 1998, 187). In Folge dieser Konzentration des griechischen Interesses wird begrifflich nicht zwischen dem Rest des Landes Libyen und der Kyrenaia getrennt. Pindars Bezeichnung ῥίζαν ἀπείρου τρίταν (Pi. P. 9,8) für die Kyrenaia bzw. Libyen legt erstmals die Annahme eines dritten Kontinents neben Asien und Europa nahe. In den *Arg.* wird der Name Libyen zur Bezeichnung des (bekannten) afrikanischen Kontinents verwendet, wobei ebenfalls eine Konzentration auf die Kyrenaia zu erkennen ist, in der sich die Ereignisse der Libyenepisode jedenfalls grob geographisch verorten lassen (vgl. Teil I.D.II).

ἐπὶ πείρασιν Die Junktur ἐπὶ πείρασιν ist hom. (Od. 9,284; h.Ven. 227), wird von Ap. auch sonst verwendet (2,365; 3,679 f.; 4,1175; 4,1597; Livrea 1973, ad 4,1175) und steht schon im Argonautenkatalog im Zusammenhang mit Libyen (1,81). Libyen und Kolchis stellen von Griechenland aus gesehen die beiden anderen Enden der bekannten Welt dar (vgl. 1,83 ff.). Ap. verwendet den Ausdruck programmatisch zur Bezeichnung der Kontinente: Argos erinnert sich an die Weltkarte eines alten ägyptischen Priesters (κύρβεις), auf der alle Ecken der bekannten Welt verzeichnet sind (4,280 f.; vgl. Clare 2002, 129 ff.; Thalmann 2011, 7). Mit den schiffbaren Grenzen der Welt ist zugleich das Programm der Rückreiseabenteuer angegeben. Der Ausdruck markiert zudem, dass mit dem Besuch in Libyen der dritte und letzte Teil der Rückfahrt beginnt (vgl. Teil I.C). Vergil knüpft an diese Wendung an, wenn er Dido bei der Begrüßung der Troier eine ähnliche Wendung in den Mund legt (*Libyae lustrare extrema*, Verg. A. 1,577).

ὀτλήσειαν Das seltene, erst in hellenistischer Zeit belegte Verb ὀτλεῖν (vgl. Hsch. o1506: πονεῖ, κακοπαθεῖ) findet sonst bei Ap. (4,381; 3,769) und seinen Zeitgenossen (Call. frg. 303 Pf.; Arat. 428; Lycophr. 819; Paul. Sil. AP 5,226,7) transitive Verwendung (Livrea 1973, ad 4,381; Kidd 1997, ad 428; Hunter 2015, ad loc.), lediglich hier ist es intransitiv gebraucht.

1228 †ποτὶ† Die Korruptele ist nicht zufriedenstellend heilbar. Merkels ποθι, von Pompella (2006 II, ad loc.) wieder in den Text aufgenommen, muss verworfen werden (vgl. Vian / Delage 1996², ad loc.; Vian 1980, 59 Anm. 3). Flanginis ποτε und Campbells παρά sind denkbar.

κόλπον ἐπώνυμον Ἀμβρακιήων Der heutige Golf von Arta im Süden der epirotischen Küste an der Grenze zu Akarnanien. Das nördliche Ende der Region Epiros, die Keraunischen Berge, hatten die Argonauten bereits vor dem ersten Seesturm im ersten Drittel des vierten Buches erreicht (4,575 f.). Ap. lässt sie an ihre alte Route anschließen, die sie auch dieses Mal nur beinahe in griechische Gefilde zurückführt, erneuter Seesturm und Kurswechsel stehen bevor. Die geographischen Angaben dienen der kunstvollen Verknüpfung paralleler Episoden und markieren als Wendepunkte den Beginn des neuen Buchdrittels: In 4,575 f. beginnt die Europaepisode, hier beginnt die Libyenepisode (vgl. Teil I.C).

1228–1231 Motivische Umkehrung einer *Odyssee*-Passage (10,28–30). Odysseus segelt neun Tage und Nächte in Ruhe, bis Ithaka in Sichtweite ist, als die Gefährten den Windschlauch öffnen, sodass ein Sturm einsetzt, dessen Dauer nicht angegeben wird. Ap. lässt hier umgekehrt die schnelle, ruhige Fahrt von unbestimmter Dauer sein, den Seesturm dagegen neun Tage und Nächte andauern. Dabei wird ἀνεφαίνετο πατρὶς ἄρουρα (Od. 10,29) durch Πέλοπος ... κατεφαίνετο γαῖα aufgegriffen (4,1231).

1229 ἤδη... χθόνα Die Verbindung findet sich an gleicher Versposition in der *Odyssee* (23, 371) und bei Hesiod (Hes. fr. 204,63 M.-W.).

Κουρῆτιν... χθόνα Das Adjektiv Κουρῆτιν zu χθόνα ist als *lectio difficilior* dem κουρήτων der *w*-Familie vorzuziehen. Kuretis gilt später als Name für

Ätolien (Diod. 8, fr. 17; Strab. 10,456) wie auch Akarnanien (Plin. N.H. 4,2). Zumeist wird Akarnanien als Heimat des Volksstammes der Kureten betrachtet (Str. 10,466), gelegentlich aber auch Ätolien. Ap. kennt womöglich eine Tradition, nach der die Kureten zunächst in Ätolien ansässig waren, aber von Nachkommen des Ätolos nach Akarnanien vertrieben wurden (Arist. fr. 474 Rose; Ephoros 70 fr. 122 Jacoby). Die Kureten gelten als Sinnbild einer vergangenen Epoche, in der Zeus noch nicht herrschte und den Menschen das Getreide noch nicht gegeben war (Call. Jov. 43 ff.; D.S. 5,65,1–ff.; 5,70,7; Verg. G. 4,149–155; vgl. Delage 1930, 253; West 1965; Burkert 2011², 162, 392). Bei Kallimachos sind es die Kureten, die das Zeus-Kind vor Kronos beschützen (Call. Jov. 51 ff.; vgl. A.R. 1,1130). Das Volk erscheint in der *Ilias* als Feind der Ätoler im Kampf um die Stadt Kalydon (Il. 9,529 ff.; vgl. Hes. fr. 25.13 M.-W.; Ephor. FGrH 70 fr. 122; Str. 10,3,1ff). Ap. erwähnt die Kureten hier nicht aus Allusionslust (Williams 1991, 281), sondern weil er darauf verweisen will, dass die Argo sich erneut der Heimat der Kureten nähert. In der Nähe der Acheloos-Mündung in Akarnanien ist sie nämlich bereits zuvor von einem heftigen Seesturm von ihrer Route gen Griechenland abgebracht worden (4,562–580; vgl. ad 1228, Teil I.C).

πέπταμενοισιν / λαίφεσι Das hom. δίς λεγόμενον λαῖφος (Od. 13,399; 20,206; vgl. h.Merc. 152; h.Hom. 19,23), „Lumpenkleid", verwendet Ap. wie Euripides in der Bedeutung „Segel" (E. Or. 341; Hel. 407; A.R. 1,393; 590; 1015 etc.; vgl. h.Ap. 405; Call. Del. 319; vgl. Livrea 1973, ad 4,299). Die Junktur, zuerst in den *Arg.*, beschreibt die Fahrt unter vollem Wind (vgl. 2,903; 4,299; 1229). Erst wieder im 4. Jhd. n. Chr. (Opp. H. 1,222; Greg. Naz. carm.mor. 543,10; Nonn. D. 36,409).

1230 στεινὰς αὐταῖς σὺν Ἐχινάσι νήσους Der Ausdruck wird oft verdächtigt, Fränkel setzt *crux* und schlägt λαίφεσιν Ἀστερίην τ' als Verbesserung vor. Livrea verteidigt das Adjektiv στεινός hier jedoch zu Recht. Man bezieht es auf die Gestalt der Inseln selbst oder auf ihr dichtes Beieinanderliegen (Livrea 1973, ad loc.; Mooney 1912, ad 1230; Vian / Delage 1996², N.C. ad 1231; dagegen Platt 1920, 85). In der *Odyssee* beschreibt θοός in der Bedeutung „spitz" wohl die Form der Echinaden (Od. 15,299; vgl. Schol. D Il. 1,12; Str. 8,3,26). Ap. gebraucht dagegen στεινός im Sinn von θοός oder ὀξύς (2,79; 2,1112; 3,1281; 3,1318; 3,1321; 4,1683; vgl. Rengakos 1994, 98 m. Anm. 424). Da die betreffenden Inseln vor der Küste von Akarnanien an der Mündung des Acheloos sowohl schmal und klein sind als auch eng beieinander liegen, zielt die Doppeldeutigkeit hier sowohl auf die spezifische Form als auch auf die Lage der Inseln ab (vgl. Ov. Met. 8,575 ff.). Ap. verwendet das Adjektiv στεινός nur für geographische Beschreibungen und nur im vierten Buch (4,43; 4,311; 4,1452; 4,1576). Welche Inseln dabei im

Einzelnen zur Gruppe der στεινὰς νήσους gehören, ist nicht nachvollziehbar. Die größeren Inseln Kephalonia, Zakynthos, Ithaka und Kephallenia an der Westküste Akarnaniens zählen sonst nicht zu den Echinaden (Str. 2,124; 10,458 ff.). Die Inseln heißen nach den fünf Nymphen, die Acheloos aus Zorn ins Meer schwemmt und die Poseidon in Inseln verwandelt (Ov. Met. 8,577–611): Perimele, Apollonia, Artemita, Dolicha und Taphos. Die Echinaden werden früh in zwei Inselgruppen unterschieden, von denen die nördliche Gruppe aus kleinen, dicht beieinander liegenden Inseln, die südliche aus größeren, höheren, in der Nähe der Mündung des Acheloos liegenden Inseln bestand (Str. 10,458 f.). Die kleineren Inseln werden von Ap. womöglich deshalb nicht zu den Echinaden gezählt, weil sie bereits seit der Zeit Herodots durch den Schlammaustrag des Acheloos von Verlandung betroffen waren (Hdt. 2,10; Th. 2,102; Str. 1,3,18; Paus. 8,24,11) und zum Festland gerechnet wurden (Plin. N.H. 4,5), eventuell besteht Bezug zu einer zeitgenössischen Diskussion über den Status der Inseln (vgl. Meyer 2008[2]).

1231 Πέλοπος ... κατεφαίνετο γαῖα Vorbild ist der neuntägige Sturm, der Odysseus bei Kap Maleia im Süden der Peloponnes ereilt (Od. 9,80 ff.), auch die Abenteuer des Menelaos nehmen am Kap Maleia ihren Ausgangspunkt (Od. 4,515 f.). Herodot berichtet, dass die Argo bei Kap Maleia von einem Sturm nach Libyen verschlagen wird (Hdt. 4,179). Die Auswahl des geographischen Ausgangspunktes ist jedoch nicht allein den Vorlagen geschuldet. Beide an den Übergängen zwischen Asien-, Europa- und Afrikaepisode positionierten, jeweils etwas südlich bzw. nördlich der Straße von Otranto beginnenden Seestürme markieren die Dreiteilung des vierten Buches (vgl. Teil I.C). Der Ort, an dem die Stürme zuschlagen, ist zudem bewusst gewählt: An den Ausgangspunkten liegt zu Lande zwischen den Keraunischen Bergen (4,575) und dem Golf von Ambrakia (4,1228) in Epirus das Zeusheiligtum von Dodona (vgl. Il. 16,233; Od. 14,32; Hdt. 2,54–57). Von dort stammt der sprechende Balken, den Athene in der Argo verbauen ließ (1,526 f.; 4,582 ff.; vgl. Apollod. 1,110). Über Orakelsprüche und Dreifüße ist die Argonautenfahrt also einerseits mit dem Delphischen Orakel eng verbunden (1,5 ff.; 4,527 ff.; 4,1547 ff.; vgl. Val. Fl. 1,302; 5,65). Andererseits spielt das rivalisierende Orakel in Dodona eine zentrale Rolle für die Argonautenfahrt (vgl. Call. fr. 16 Pf.). Außer zu Beginn der Fahrt (1,524 f.) spricht der Kielbalken nur anlässlich des ersten Seesturms im vierten Buch: Er verkündet den Argonauten den Zorn des Zeus (vgl. Pietsch 1999, 27–97). Ἀργὼ λάληθρος (Lyc. 1319; A. fr. 20) meldet sich zu Wort, als sie Dodona geographisch nahekommt. Dass Dodonas Stimme in den *Arg.* nur zwei Mal ertönt, entspricht nicht der mythischen Tradition (vgl. Parke 1967, 14; Hornblower 2015, ad 1319). Zwar spricht das Schiff nun nicht noch einmal, durch den Ort des Sturmes wird jedoch deutlich, dass auch die Afrikaabenteuer unter Zeus' Sühneauftrag fallen (vgl. ad 1225 f.; Teil I.E.II.2).

1232 ff. Seesturm In nur zweieinhalb Versen (1232 ff.) werden hier zahlreiche Elemente der epischen Seesturmtradition untergebracht (vgl. I.C.; ad 1232; 1233; 1234). Das Motiv wird durch den μέχρις ἵκοντο-Satz jedoch abgebrochen. Stattdessen folgt eine unkonventionelle Beschreibung der libyschen Syrte, eines Sumpfgebietes mit angrenzender Sandwüste, die als Pendant zu einem verlustreichen Seesturm präsentiert wird (vgl. Teil I.E), den die Syrte zugleich kontrastiert und parallelisiert. Sobald die Argo in der Syrte gestrandet ist, weht kein Hauch mehr, es existiert kein Wasser (vgl. ad 1237–1249; 1265–1272), während Sturm und Wassermassen üblicherweise dominantes Element einer Sturmerzählung sind (z. B. Od. 5,291–296; A.R. 2,1106 f.). Die Syrte ist totenstill und bewegungslos (vgl. ad 1238 ff.; 1249; 1257), während die typische Seesturmszene mit Lärm und Wogengang aufwartet (z. B. Il. 2,394 ff.). Die Gefahr, die von der Syrte ausgeht, wird hervorgehoben, indem sie durch lexikalische und motivische Übernahmen aus typischen hom. Kriegergleichnissen zu einem epischen Gegner stilisiert wird (vgl. Teil I.D.III.2).

1232 ἀναρπάγδην Die einfache Form ἁρπάγδην auch sonst bei Ap. (1,1017; 4,876; vgl. Opp. H. 2,567; 3,219). Ap. verwendet die vergleichbaren Formen καταίγδην (1,64) und μεταίγδην (2,95) in Anlehnung an συναίγδην des Corpus Hesiodeum (Hes. Sc. 189; Ardizzoni 1967, ad 1,64). Die seltene, analog gebildete Form ἀναρπάγδην findet sich bezeichnenderweise nur hier und in der Beschreibung des korrespondierenden Seesturms zu Beginn der Europaepisode (4,579; vgl. Teil I.C.).

ὀλοὴ βορέαο θύελλα Ähnliche Ausdrücke bei Homer (z. B. ἀνέμοιο θύελλα, Il. 6,346; ἐφέροντο κακῇ ἀνέμοιο θυέλλῃ, Od. 10,54; vgl. Livrea 1973 ad loc.). Ap. ändert ἀνέμοιο zu spezifischerem βορέαο, wobei an die namentlich genannten Winde erinnert wird, die Odysseus auf dem Floß zusetzen (ἄλλοτε μέν τε νότος βορέῃ προβάλεσκε φέρεσθαι, / ἄλλοτε δ' αὖτ' εὖρος ζεφύρῳ εἴξασκε διώκειν, Od. 5,331 f.). Der Prätext wird kontrastiert: Während Odysseus auf ein dürftiges Floß baut, das ihm alle Winde gemeinsam zertrümmern, haben die Argonauten ihr großes Schiff, das Unwetter wird allein von Boreas verursacht. Odysseus jedoch hat seine Irrfahrten hinter sich, er gelangt zu den Phäaken. Diesen angenehmen Besuch haben die Argonauten wiederum hinter sich, es erwarten sie vielmehr entbehrungsreiche Zeiten in Libyen. Bei Herodot verschlägt ein Nordwind die Argonauten nach Libyen (ὑπολαβεῖν ἄνεμον βορέην καὶ ἀποφέρειν πρὸς τὴν Λιβύην, Hdt. 4,179), wie auch die spartanische Flotte bei Thukydides (Th. 7,50,2; vgl. West 2007, 208). Für den Seesturm wird hier kein Urheber angegeben, jedoch hebt der

Erzähler einleitend hervor, dass das Schicksal weitere Abenteuer in Libyen vorsieht (vgl. ad 1226). Der korrespondierende Seesturm zwischen Asien- und Europaepisode wird ausdrücklich auf Zeus und Hera zurückgeführt (vgl. 4,557–591). Der zweite Seesturm und die Libyenepisode erfüllen zusammen den göttlichen Sühneauftrag für den Mord an Apsyrtos.

1233 πελαγόσδε Λιβυστικόν Das Adjektiv Λιβυστικός zuerst bei den Tragikern (z. B. A. Supp. 279; Eu. 292; E. fr. 922,2), bei Herodot für ein libysches Fremdwort (Hdt. 4,192). Bei Lykophron beschreibt es ebenfalls die Syrte als Heimat der Lotophagen (Lyc. 649 f.). Ap. verwendet es nur hier. Da bei Ap. der gesamte antike Kontinent Afrika Libyen genannt wird, ist davon auszugehen, dass hier ebenfalls das gesamte Meer südlich von Sizilien entlang der Nordküste Afrikas gemeint ist (vgl. Teil I.D.II). Antike Namen für verschiedene Teile des Mittelmeers nennt ein geographisches Kompendium, hier heißt es vom „Libyschen Meer": τὸ μὲν πρὸς τῇ Λιβύῃ μέχρι τῆς Αἰγύπτου Λιβυκὸν, καλεῖται πέλαγος, ἐν ᾧ δύο κόλποι συνίστανται οἱ προσαγορευόμενοι Σύρτεις (Anon. Geogr. Comp. 48). Der Seesturm befördert die Argonauten erst ins Libysche Meer, dann weiter bis in die Syrte (vgl. ad 1235). Nachdem die Helden in Libyen ihre Proben bestanden haben, führen die transitorischen Episoden sie über das Libysche Meer und Kreta zurück in griechische Gewässer (vgl. ad 1627–1772).

1233 f. ἐννέα πάσας / νύκτας ὁμῶς καὶ τόσσα ... ἤματα Die Zeitangabe in Tagen und Nächten ist gängig im hom. Epos, auch ohne konkrete Zahlenangabe zur Bezeichnung einer andauernden Tätigkeit (z. B. φθίνουσιν νύκτες τε καὶ ἤματα δάκρυ χεούσῃ, Od. 13,338) oder mit konkreter Zahlenangabe (Od. 10,80; 10,142; 15,476; 17,515; 24,63). Enneaden spielen bei Homer ebenso eine Rolle wie Hebdomaden, wobei die Neun häufig zur Bezeichnung von Zeiträumen dient (Germain 1954, 5–30, bes. 13 ff.). Die gebräuchliche Neuntätigkeit epischer Stürme (Od. 9,82 ff.), Seefahrten (Od. 7,253; 9,82; 10, 28; 12,447; 14,314) oder Gastmähler (Il. 6,174 ff.; 9,464 ff.) berechtigt nicht zu der Annahme, Ap. sei es um eine bloße Hommage an das epische ἐννῆμαρ zu tun (vgl. Lesky 1947, 259; dagegen Livrea 1973, ad 1233.). Es handelt sich um eine bewusste motivische Umkehrung einer *Odyssee*-Passage (10,28–30, s.o. ad 1228–1231), die die folgenden Abenteuer vor dem Hintergrund ihrer Entsprechungen in der *Odyssee* präsentiert (vgl. ad 1232). Die Zahl Neun gebraucht Ap. dementsprechend nur hier. Zwölf Tage dauert dagegen der Sturm bei den Dolionen (1,1079). Für den Seesturm zwischen Asien- und Europaepisode ist keine Dauer angegeben (4,580 ff.).

μέχρις Bei Homer ausschließlich präpositionaler Gebrauch (Il. 14,143; 24,128), von Ap. dagegen nur hier als temporale Konjunktion verwendet

(Linsenbarth 1887, 31). Statt μέχρις finden sich sonst ἄχρις (3,875; 3,1383) und μέσφα (2,1227; 4,337) als temporale Konjunktion bzw. mit Genetiv. Während die archaische und klassische Dichtung die Ausdrücke meidet, finden sie verstärkt Einzug in hellenistische Dichtung (Kallenberg 1925, 95 f.).

1234–1249 Aufbau der Syrtenbeschreibung Der Erzähler beschreibt zunächst das Innerste des Sumpflandes, in dem die Helden stranden (1234 ff.), dann die nähere Umgebung (1237–1243 und kehrt ringkompositorisch zur gestrandeten Argo zurück (1243–1249). Die Beschreibung erfolgt aus der Perspektive eines Gestrandeten. Das Gebiet besteht nur aus Algensumpf und Wüste und bietet für Schiffe keinen Ausweg, da häufig unberechenbare Fluten die Syrte heimsuchen. In einer exemplarischen Rede (1251–1258) und in der Rede des Steuermanns (1261–1276) wird die Figurenperspektive dieser allgemeinen Perspektive gegenübergestellt (vgl. Teil I.D.II). Die Syrtenepisode weist formale und inhaltliche Parallelen mit der Beschreibung der Symplegadendurchfahrt auf (2,537–647). Ap. konzipiert beide Episoden als Entsprechungen. Den Symplegaden entgehen die Argonauten auf der Hinfahrt nur knapp, die libysche Syrte bringt sie auf der Rückfahrt an den Rand des Todes. Motivische und lexikalische Entsprechungen werden am Ort besprochen.

Stilisierung der Syrtenbeschreibung Die Darstellung zielt auf die Lebensfeindlichkeit und die Gefahr ab, die für Seefahrer von der Gegend ausgeht. In der Syrtenbeschreibung häufen sich selbst für Ap. in auffälliger Weise bukolische Dihäresen (75%), nur vier (1237, 1242, 1243, 1248) von 16 Versen haben keine (vgl. Teil I.B). Das entspricht nahezu dem Wert der ‚bukolischen' Gedichte Theokrits (80%), gewöhnlich sind es nur 57 % der Verse bei Ap. (im Vergleich zu 47 % in den hom. Epen und 63 % bei Kallimachos; vgl. W. Meyer 1884, 993; West 1982, 154; Snell 1982, 16; Sicking 1993, 77 f.). Die bukolische Färbung steht in Kontrast zur Beschreibung der Syrte als Anti-Idyll, als leblose, totenstille Gegend (vgl. Teil I.D) und kreiert eine angemessene Stimmung für die folgende Szene (vgl. ad 1277–1304). Zwar benennt Ap. präzise das Phänomen der unberechenbaren Syrtenflut (vgl. ad 1241 ff.), den Schwerpunkt legt er jedoch auf die Darstellung der Gefahren. Dass die geographische Betrachtung der Syrte knapp ausfällt, wird im Vergleich zu Lukan (Luc. 9,303–318; 335–344) sowie zum Syrtenexkurs Sallusts (Iug. 78) oder Strabos (Str. 17,3,20) deutlich. Die Leistung der Argonauten, die sich und ihr Schiff durch Einfallsreichtum und Körperkraft retten, wird so als Heldentat inszeniert (vgl. ad 1381–1392; anders urteilen Lawall 1966; Beye 1969; Klein 1983; Schwinge 1986; Hunter 1988; Clauss 1993; Köhnken 2000).

Syrte bei Ap. und Lukan Die Syrtenbeschreibung des Ap. hat spätere Autoren angeregt, sodass eine Syrtenekphrasis in römischer Dichtung und Geschichtsschreibung zum literarischen Topos wird (z. B. Sall. Iug. 78,1 ff.; Liv. 29,33,8; Plin. 5,33; Prop. 2,9,33; Cic. De orat. 3,163). Lukans Darstellung des Syrtensturms, den Catos Flotte erleidet (Luc. 9,303–318; 9,335–344), weist interessante Gemeinsamkeiten und Abweichungen auf. Syrtenexkurs und Seesturmbeschreibung werden in umgekehrter Reihenfolge ausgeführt. Während der Syrtenexkurs dieselbe Länge hat wie in den *Arg.*, fällt die Seesturmbeschreibung ausführlicher aus (Luc. 9,303–318 bzw. 9,319–347). Der Erzähler bei Ap. beschreibt die Syrte aus einer lokalen Perspektive, wobei Details wie das lautlos kräuselnde Wasser und das Algendickicht eine unheimliche Stimmung erzeugen. Der Fokus liegt auf der Beschreibung der unmittelbar wahrnehmbaren Landschaftselemente. Dagegen richtet Lukans Erzähler den Blick von oben auf die Syrten und ihre Umgebung: Er beschreibt, wie Meer und Küstenlinien ein nur von Ortskundigen bewältigbares Labyrinth bilden, und legt den Schwerpunkt auf zwei von stoischer Vorstellung inspirierte Entstehungstheorien (9,311–317). Während der Seesturm bei Ap. kurz abgehandelt wird (vgl. ad 1232 ff.), beschreibt Lukan ausführlich, wie Catos Flotte in die Syrte gedrängt wird, auf Sandbänke läuft oder in den Tritonsee gelangt (Luc. 9,319–347). Im Gegensatz zum unheimlichen Anti-Idyll der *Arg.* steht bei Lukan die Demythologisierung des Phänomens Syrtenflut im Vordergrund (vgl. Seewald 2008, 19, 301–318; anders Wick 2004 I, 16). Die Fahrt nach Kyrene vorbei an den Syrten ist zudem nur eine der Aufgaben, die Cato seiner meuternden Flotte zumutet (9,294 ff.). Cato will die Syrten durchqueren, die Argonauten landen dagegen unfreiwillig dort. Dass Lukan in gleichem Maße eine „unheimlich-bedrohliche Atmosphäre" (Seewald 2008, ad 301–318) erzeugt, darf bezweifelt werden. Die Gefahr, die von der Syrte ausgeht, gehört für Lukan ebenso zur alten Mär wie die Erzählung von den Goldenen Äpfeln der Hesperiden: *Invidus, annoso qui famam derogat aevo, qui vates ad vera vocat.* (Luc. 9,359 f.) Der römische Feldherr fürchtet die Syrten dementsprechend nicht sehr (Luc. 3,373). Er hat mit kundigen Lotsen vorgesorgt, für seine Flotte stellen die Syrtenfluten keine Gefahr dar, die meisten Schiffe entkommen dem Seesturm (9,345 ff.). Die Argonauten dagegen wissen nicht, wo sie sind (vgl. ad 1251 ff.), kennen das Phänomen nicht und geraten daher in der Syrte in völlige Verzweiflung.

1235 προπρὸ μάλ' ἔνδοθι Der Sturm treibt die Argonauten in die äußerste Ecke der Syrte, wo sich die Syrtenflut besonders fatal auswirkt, sodass die Argo vollständig auf Land läuft. Die Argonauten sitzen im hintersten Syrtensumpf fest (μυχάτη ἐνέωσε... ἠιόνι, vgl. ad 1243 f.). Hier weist die Episode Parallelen zur Symplegaden-Erzählung auf. In einer vergleichbaren Situation sind die Helden, als der Sog zwischen den Symplegaden die Argo wieder zurück zwischen die Felsen zieht (ἐν δ' ἄρα μέσσαις πληγάσι... πεπέδητο δὲ νήια δοῦρα, 2,595 ff.). Den Ausweg aus der verderblichen Lage bringen in beiden Fällen Gebet und göttliche Intervention – Athene stößt die Argo aus den Felsen (2,598 ff.), die libyschen Göttinnen helfen Jason und den Argonauten (vgl. ad 1315–1380).

ἵν' Die Überlieferung ist uneinheitlich (Vian / Delage 1996², ad loc.). Das im jüngeren Ambrosianus gr. 120 (A) und in den Glossen zum Laurentianus gr. 32,9 (L²) überlieferte ἵν' ist zu bevorzugen, während das ὅτ' des ältesten Codex Laurentianus gr. 32,9 (L) ebenso korrupt zu sein scheint wie die übrigen Varianten.

Σύρτιν Ap. erwähnt den Namen nur ein einziges Mal. Antike etymologische Deutungen leiten den Namen fälschlich von σύρειν her (Schol. A.R. 4,1235; Eustath. Schol. Dion. Per. 198; Sall. Iug. 78). Wahrscheinlich ist der Name semitischen Ursprungs. Man diskutiert, welche der beiden Syrten den Argonauten zum Verhängnis wird. Die Gegend, in der die Argonauten stranden, wird jedoch schlicht Σύρτις genannt, obwohl es wahrscheinlich ist, dass Ap. um die Existenz beider Syrten wusste (vgl. Huß, DNP, s.v. Syrtis; Herter 1955, 397). Anhänger einer geographischen Verortbarkeit der Libyen-Handlung gehen davon aus, dass Ap. die Ereignisse in der Nähe der Großen Syrte, des heutigen Golfs von Sidra, also im Grenzgebiet zwischen den Herrschaftsbereichen von Kyrene und Karthago ansiedelt (vgl. Teil I.D.II; Delage 1930, 253–270, bes. 256 f.; Livrea 1973, ad loc.; Goodchild 1976, 155–172; Livrea 1987, 176 ff.). Als Anhaltspunkt dient dabei der von Norden aufkommende Sturm (Βορέαο θύελλα, vgl. ad 1232; Paduano 1986, ad 4,1235; Livrea 1987, 176 ff.). Auch wenn Hekataios sie noch nicht namentlich erwähnt, dürfte er die Große Syrte gekannt haben, denn er erwähnt eine ähnliche Bucht, in deren Umgebung die Stämme der Mazyer und Psylloi leben (Hecat. fr. 332 FGrH). Belegt ist der Name bei Herodot in Zusammenhang mit dem libyschen Stamm der Nasamonen (Hdt. 2,32; 2,150) sowie der Psylloi, deren Land in der Syrte liegen soll (Hdt. 4,169; 4,173). Die Syrte begreift Herodot als Meeresteil, nicht als See, wie seine Vermutung eines unterirdischen Zuganges des Sees Moiris zur Syrte nahelegt (Hdt. 2,150,1). Bei Ps.-Skylax steht der Name für die Große Syrte oder für beide Gebiete gemeinsam (Scyl. fr. 109 GGM). Polybios unterscheidet erstmals explizit zwischen Großer und Kleiner Syrte (Plb. 3,39,2; vgl. Str. 2,123; 2,126; 2,130; 3,171; 27,834 f.). Lateinische Autoren verwenden den Namen *Syrtis* metonymisch für jede Untiefe im Meer (vgl. z. B. Prop. 2,9,32; Verg. A. 1,111). Cicero erläutert, dass *Syrtis* ähnlich wie *Charybdis* als Synonym für „Untergang, Verderben" verwendet werden kann (Cic. De orat. 3,163). Bei Horaz findet sich die Idee einer *Syrtica regio*, die das an die Syrte angrenzende Festland einbezieht (Hor. carm. 1,22,5–8; 2,6,1–4; 2,20,14–16). Der kollektive Singular für beide Buchten sowie das umgebende Wüstenland findet sich weiterhin (Ael. NA 17,6; Sen. de vit. beat. 14,1). Vermutlich war es Ap. nicht um eine exakte Verortbarkeit der Syrte zu tun (vgl. Teil I.D.II.2.).

οὐκέτι νόστος ὀπίσσω Variiert einen Ausruf des Telemachos, der die Möglichkeit einer Heimkehr seines Vaters verwirft (κείνῳ δ' οὐκέτι νόστος ἐτήτυμος, Od. 3,241). Die Übernahme verweist auf eine inhaltliche Parallele: Telemachos bezweifelt, dass Odysseus heimkehrt, doch er wird heimkehren. Die Argo kann auf natürlichem Weg nicht mehr aus der Syrte hinaus, die Argonauten finden aber dennoch einen Weg, sie herauszuholen. Die Übernahme vergleicht die Situation der Argonauten mit der des Odysseus. Die Junktur νόστος ὀπίσσω auch sonst für die Hoffnung auf Heimkehr (1,336; 2,414; 689).

1236 βιῴατο κόλπον ἱκέσθαι Dieselbe Form, jedoch mit Partizipialkonstruktion findet sich in der *Ilias* (ὡς εἴ ἑ βιῴατο μοῦνον ἐόντα / Τρῶες, 11,467 f.; mit folgendem Infinitiv: [Mosch.] 4,114 f.; Livrea 1973, ad loc.). Üblicherweise folgt in der Bedeutung „drängen, zwingen" eine Konstruktion mit doppeltem Akkusativ, nicht wie hier eine Infinitivkonstruktion.

1237–1240 Syrtensumpf In den Sümpfen verschwimmen die Grenzen zwischen Wasser und Land: Weder handelt es sich um festes Land noch um Gewässer. Das Motiv verschwimmender Grenzen zwischen den Elementen begegnet bereits bei Pindar (Pi. P. 4), auf dessen Version der Argonautensage Ap. in der Libyenepisode häufig rekurriert (vgl. ad 1249). Ap. beschreibt die Syrte ebenso wie Libyen insgesamt als leeres Land, in dem zum Zeitpunkt der Argonautenfahrt nur wenige göttliche Wesen, aber keine Menschen leben. Dies entspricht der literarischen Tradition (vgl. z. B. Scyl. 109,3; Str. 17,3,20) und ist die Grundlage für eine zentrale Erzählkomponente der Libyenepisode: Die Argonauten betätigen sich in Libyen als Kulturstifter, die einen noch nicht von griechischer Kultur geprägten Landstrich für die Besiedelung erschließen, wobei sie aufgrund ihres umsichtigen Verhaltens die Unterstützung indigener Gottheiten erfahren (vgl. Teil I.D).

1237 πάντη γὰρ τέναγος, πάντη... Im hom. Epos statt τέναγος immer ἕλος (Il. 20,221; Od. 14,474). τέναγος aber bei Pindar, Herodot und Thukydides (Pi. N. 3,24; Hdt. 1,202; 7,716; 8,129; Th. 3,51). Ap. verwendet τέναγος nur für den Syrtensumpf, das hom. ἕλος dagegen für fruchtbare, feuchte Weiden und Auen, so etwa für die Weide der Nymphe Kyrene auf der Thynischen Insel (2,500) sowie für die Auen, in denen der bithynische Eber weidet, der Mopsos tötet (2,829; vgl. 2,1283; 3,168; 3,489; 3,575; 4,976). τῖφος bezeichnet einen Schlammpfuhl im fruchtbaren Sumpfland (1,127; 2,822). Nach Ap. findet sich τέναγος auch in epischer Dichtung (ἄλλοι δ' αὖ ἐν πηλοῖσιν καὶ ἐν τενάγεσσι θαλάσσης / φέρβονται; Opp. Hal. 1,102 f.). Auffällig ist der symmetrische Versbau in zwei gleichmäßige Kola um die Penthemimeres, der durch die Wiederholung von πάντη betont wird. Hier spiegelt die Form den Inhalt: Der symmetrische Bau passt zur gleichmäßig dichten Struktur des Algendickichts (vgl. Teil I.B.II).

μνιόεντα Poetische Adjektivbildung zu μνίον auf -εις in Anlehnung an hom. Bildungen wie σκιόεις. Nur hier belegt, sonst findet sich nur μνιαρός (Opp. H. 2,167; Antiphil. AP 6,250). Bei Homer statt μνίον dagegen φῦκος (Il. 9,7), das Ap. nicht verwendet. μνίον aber häufiger ab hellenistischer Zeit (Lyc. 398; Nic. Th. 787, Al. 396; Opp. H. 1,123; 2,649). Ein Scholiast paraphrasiert mit σύμφυτα, wobei auf die bei Polybios (Plb. 1,74,6) überlieferte Bedeutung „dicht bewachsen" Bezug genommen wird. Die Adjektivbildung ist nicht nur eine Frage der Stilhöhe (Livrea 1973, ad loc.), vielmehr illustriert das Adjektiv μνιόεις besonders gut, wie der Syrtensumpf von Algen überquillt: Die Bildung ist ursprünglich possessiver Natur, bedeutet „reich versehen mit etwas" und kann synonym zu Bildungen mit πολυ- verstanden werden (vgl. Buck / Petersen 1970, 460; Risch 1974, 151 ff., 153). Ein ähnliches Bild voller Algen und Untiefen zeichnet Ps.-Skylax für das Meer südlich von Kerne (περὶ δὲ τὴν λίμνην πέφυκε κάλαμος καὶ κύπειρος καὶ φλέως καὶ θρυόν, [Scyl.] fr. 112, 4–7 GGM).

1237 f. βυθοῖο / τάρφεα Ap. überträgt eine hom. Wendung für Walddickicht (βαθείης τάρφεσιν ὕλης, Il. 5,555; βαθέης ἐν τάρφεσιν ὕλης, 15,606) auf das Algendickicht im Syrtensumpf. Zur semantischen Erweiterung des Substantivs τάρφος auf den Algenwuchs tritt die Umkehrung von Substantiv und Adjektiv im Vergleich zu den Vorbildern. Das Substantiv findet im alten Epos nur in der Form βυσσός Verwendung (Il. 24,80), βυθός dagegen in den lyrischen Partien der Tragödie, auch im übertragenen Sinn (z. B. A. Pr. 432; S. OT 24; S. Ai. 1083). Bei Ap. steht βυθός nur vom Meer und nur im vierten Buch (noch 4,887; 4,1618). Hier spielt es mit der Diskrepanz zwischen der späteren, weiten Bedeutung „Grund, Tiefe" und der ursprünglichen, engen Bedeutung „Meerestiefe". Das Problem der Syrte tritt so hervor: Die Syrtenbucht weist gerade keine nennenswerte Tiefe mehr auf, sie ist flach und algig wie ein Teich, während sie eben noch von Sturmfluten angefüllt war.

1238 κωφὴ... ὕδατος ἄχνη Das Adjektiv bei Ap. außer hier nur in einem Gleichnis, in dem der Schwanz des Drachen, der das Goldene Vlies bewacht, mit einer Welle verglichen wird (4,153). Dort in der Bedeutung „leise, geräuschlos". So auch hier, nimmt man dagegen mit dem Scholiasten (ἀκίνητος, διὰ τὸ πηλῶδη εἶναι, Schol. AR 4,1237b) „träge" als Bedeutung an, geht der Kontrasteffekt zwischen κωφή ἄχνη und dem Verb ἐπιβλύειν verloren (vgl. Livrea 1973, 521; Vian / Delage 1996², ad loc.; dagegen Lachenaud 2010, 501 Anm. 194). Die unheimliche Stille der Wasseroberfläche entsteht durch das Algendickicht. Das Adjektiv trägt so zur unnatürlichen Stimmung bei (vgl. ad 1239 f.). Bei Kallimachos findet sich eine Variante des Ausdrucks (ἀπομάσσεται ὕδατος ἄχνην, Del. 14). Der Genitiv ὕδατος ist dort wie hier possessiv aufzufassen (Mineur 1984, ad 14). Die weitere Verwendung des Substantivs ἄχνη in den *Arg.* fällt bezeichnenderweise in die Parallelen zur Syrtenepisode aufweisende Symplegadenepisode: λεύκη... ἄχνη (2,570; vgl. ad 1235–1249; 1235; 1239 f.; 1531). Die Totenstille in der Syrte ist als motivisches Gegenstück zum höllischen Lärm konzipiert, dem die Argonauten bei der Durchquerung der Symplegaden ausgesetzt sind (αὖε δὲ πόντος / σμερδαλέον· πάντῃ δὲ περὶ μέγας ἔβρεμεν αἰθήρ, 2,566 f.). Beide Extreme ereignen sich in lebensgefährlichen Situationen (vgl. Teil I.C).

ἐπιβλύει Das Kompositum ist zuerst hier belegt, sonst findet sich ἐπιβλύζειν (AP 9,349,1) bzw. der σ-Aorist (Greg.Naz. carm.mor. 8,31). Ap. verwendet die unhomerischen Verben ἐκβλύειν (vgl. ad 1417), αναβλύ(ζ)ειν (3,223; 4,923), περιβλύειν (4,788) und βλύζειν (vgl. ad 1446), wobei das υ mal wie hier kurz (4,1446), mal lang (3,223; 4,1417) gemessen wird (Livrea 1973, ad 788). Bei Theokrit heißt der Nil αναβλύζων (Theocr. 17,80). Nonnos hat das Simplex βλύω (δέμας οἱ ἔβλυεν ὕδωρ, Nonn. D. 19,287). Mit Sicherheit ist das Verb eine onomatopoetische Bildung für sprudelndes Wasser. Die Verbindung des Verbs mit κωφή ἄχνη bildet eine für Ap. typische, antithetische Enallage (vgl. ad 1498; 1519; 1683 sowie Teil I.B.). Stumm ist nicht der Schaum auf dem Wasser, sondern das Wasser selbst, dessen Gurgeln Schaum und Algen dämpfen. Ap. könnte die Verbindung in Anlehnung an εἴλυτο δὲ πάνθ' ἁλὸς ἄχνη (Od. 5,403) oder ὑψόσε δ' ἄχνη / σκίδναται (Il. 11,307 f.; Od. 12,338) gebildet haben (Livrea 1973, ad loc.). Als Vorbild kommt auch ein Wogengleichnis der *Ilias* in Frage (ἀποπτύει δ' ἁλὸς ἄχνη, 4,426). Zudem gibt Ap. eine weitere Variation dieser Wendung (vgl. ὑψόθι δ' ὄχθης / λευκὴ καχλάζοντος ἀνέπτυε κύματος ἄχνη, 2,569 f.).

1239 ἠερίη In der Antike von ἦρι, „früh am Morgen" abgeleitet (Sch. D. Il.1,497: ἠερίη· ἑωθινή, ὀρθρινή; vgl. Buttmann 1825[2] I, 118 f.; Capelle 1889, s.v. ἠέριος; Bechtel 1914, 151; anders Risch 1974[2], 113 f.) oder als Ableitung von ἀήρ und Synonym zu ἠερόεις bzw. ἠεροειδής betrachtet. Belege für ἠέριος in den hom. Epen (Il. 1,497; 1,557; 3,7; Od. 9,52) sind ambivalent (Chantraine 1968, s.v. ἠέριος; Jones 1961, 123 ff.; Di Benedetto 1983, 154–161; Rengakos 1994, 93). Bei Arat als Synonym zu ἠερόεις für die weniger hellen Sterne des Argo-Sternbildes (Arat. 349). Die *Arg.* spiegeln die philologische Diskussion um die doppelte Etymologie von ἠέριος. Ap. verwendet beide Bedeutungen, wobei der Kontext eindeutige Zuordnungen erlaubt: In zwei Fällen ist „früh am Morgen" gemeint (3,417; 3,915). Hier steht ἠέριος als Ableitung von ἀήρ (Cusset 2001, 63 f.; anders

Rengakos 1994, 93), wobei wiederum zwei Bedeutungen diskutiert werden, „der Luft gleichend" sowie „neblig, dunstig" (Livrea 1973, ad loc.; Livrea 1971a, 143 f.). Der im Dunst verschwimmende Horizont korrespondiert in der Ringkomposition mit dem endlosen Horizont (vgl. ad 1246 f.). Die Syrte ist ein unnatürlicher Ort, an dem Himmel und Erde nicht mehr unterschieden werden können. Der mit ἠερίη δ' ἄμαθος bezeichnete, flirrende Hitzedunst über dem Wüstensand verursacht das Verschwimmen des Horizonts. ἠέριος bezeichnet nicht notwendig einen dichten, feuchten Nebel, sondern eine nicht näher bestimmte Veränderung der Luftschicht in Bodennähe, jedenfalls unterhalb des αἰθήρ. In der Bedeutung „dunstig, neblig" verwendet Ap. ἠέριος für Thessalien, das die Argobesatzung in der Ferne liegen sieht (1,580). Auch dort hebt das Adjektiv auf Luftveränderungen ab. Ebenso findet sich verwandtes ἠερόεις für die Mündung des Bosporos (1,1114) sowie ἠεροειδής für die Keraunischen Berge (4,575).

Hier wird zudem eine Passage aufgegriffen, in der der Phrixide Argos bei einer Routenberatung berichtet, wie das kolchische Aia einst von einem ägyptischen Priester gegründet wurde. Ägypten habe damals Eerien geheißen (4,267–271), wobei es Ap. nicht nur um „éclaircissement sémantique" zu tun ist (Cusset 2001, 64). Vielmehr verweist die lexikalische Übereinstimmung auf Gemeinsamkeiten der libyschen Wüste mit dem benachbarten Ägypten (Ἠερίη πολυλήιος, 4,270), das von den Argonauten nicht besucht wird. Die Gegenüberstellung der Syrte mit Ägypten, das in den *Arg.* als uralte Zivilisation beschrieben wird, lässt die menschenleere Ödnis der Syrte und des restlichen Libyen besonders hervortreten (vgl. ad 1239 f.).

ἄμαθος Sonst wird in den *Arg.* das geläufigere ψάμαθος (immer im Dativ: 1,453; 1,1010; 1,1034; 2,36; 4,607; 4,1266; 4,1292; 4,1505), adjektivisch nur ψαμαθώδεος (4,1376) zum Einsatz gebracht (zu hom. ἅπαξ λ. vgl. Rengakos 1994, 173 ff.; Kyriakou 1995; Rengakos 1992b, 21–47.). Aristarch unterscheidet ἄμαθος und ψάμαθος dahingehend, dass das eine Ufersand, das andere Sand und Staub im Inland bezeichne (Schol. A Il. 9,385a). Ap. teilt möglicherweise diese Meinung Aristarchs und verwendet das Adjektiv in den *Arg.* entsprechend (vgl. Lehrs 1865, 123 f.; Rengakos 1994, 45 f.). Es findet sich ἄμαθος anstelle von ψάμαθος nur ein Mal bei Homer in der Erzählung vom Tod des Wagenlenkers Mydon, der von seinen Pferden kopfüber in den Sand gestampft wird (Il. 5,587; zur gelegentlich vertretenen Athetese von ἄμαθος vgl. Kirk 1990, ad 5,587). Das hom. ἅπαξ λ. wird von Ap. nur in der Libyenepisode eingesetzt. Ähnlich wie der sterbende Mydon sitzen die Argonauten in der Sandwüste Libyens fest (vgl. Kyriakou 1995, 60 f.). Analog zum Tod des Mydon legen sich die Helden in der Überzeugung, dass ihr Tod unmittelbar bevorsteht, zum Sterben in den Sand (vgl. ad 1289–1296). Anschließend an die einzige weitere Belegstelle von ἄμαθος (vgl. ad 1464) sterben Kanthos und Mopsos, sie werden im Wüstensand bestattet (4,1485–1536).

παρακέκλιται παρακλίνω ist δίς λ. bei Homer (Il. 23,424; Od. 20,301), bei Ap. auch sonst in der Bedeutung „liegen bei, sich erstrecken" im geographischen Sinn (2,364; an gleicher Versposition 4,292; vgl. aber 2,93; 3,953). So auch bei Kallimachos (Πελοπὶς ὅση παρακέκλιται Ἰσθμῷ, Call. Del. 72; vgl. χθόνα πᾶσαν, ὅση παρακέκλιται ἰσθμῷ, D.P. 386; 927). In der Bedeutung „sich erstrecken" im astronomischen Sinn bei Arat (Arat. 88; 281). Die Hekataios-Stelle (χώρα ταῖς Κασπίαις παρακεκλιμένη πύλαις, Hecat. fr. 286 FGrH) stammt wohl von Stephanos Byzantios. Zu κεκλιμένος in geographischer Bedeutung vgl. ad 1626.

1239 f. οὐδέ τι κεῖσε / ἑρπετὸν οὐδὲ ποτητὸν ἀείρεται Fränkel nimmt trotz einheitlicher Überlieferung zum einen Anstoß an κεῖσε in der Bedeutung „dort", zum anderen an dem Zeugma mit ἀείρεσθαι für Vogel und Kriechtier und konjiziert οὐδέ τι εἶσι, um beides zu beseitigen (Fränkel 1961, ad loc; Fränkel 1968, 588). Kein Problem bereitet der überlieferte Text Erbse (1963b, 22). Livrea (1971a, 144; 973, ad loc.) traut Ap. mit Verweis auf ein weiteres sperriges Zeugma (3,493 f.) die Formulierung zu, auch Vian und Delage (1996², ad loc.) behalten die Lesart mit dem Hinweis bei, dass das Verb eigentlich nur zum zweiten Subjekt passe, wie etwa beim Adler in der *Odyssee* (Od. 19,540). Diese Entscheidung ist sinnvoll, vermutlich hat Ap. die σύλλειψις bewusst gesucht, wie die späte rhetorische Theorie nahelegt (Hdn. fig. p. 100,6 Sp III; Anon. fig. p. 171,18 Sp III; vgl. Martin 1974, 300 ff.). Das intransitive Medium ἀείρεσθαι in der Bedeutung „sich vom Boden lösen, sich erheben, sich aufrichten" findet sich im alten Epos nur im Partizip (Il. 2,151; 21,327; Od. 13,84; Hes. Op. 540), im Indikativ Präs. aber bei Pindar, Herodot, Nikander und Arat (Pi. Pae. 14, fr. 52o,40; Hdt. 4,150,11; Nic. Th. 750; Arat. 1,68; 1,405; 1,558) sowie sonst bei Ap. (κῦδος... ἀείρομαι, 1,467; vgl. 4,420). Ap. verwendet die Verben ἀείρεσθαι und ἄρνυσθαι semantisch gleichwertig (4,528; 746; 1434 f. sowie 4,1103), wofür es in der antiken Homerexegese sonst kein Zeugnis gibt (vgl. Marxer 1935, 53; Livrea 1973, ad 4,1103; Rengakos 1994, 36 f.). Quelle dieser Vermischung bei Ap. ist neben Il. 23,856 (πάντας ἀειράμενος πελέκεας οἶκον δὲ φερέσθω) vermutlich auch Il. 20,247 (οὐδ' ἂν νηῦς ἑκατόζυγος ἄχθος ἄροιτο), wo ἄροιτο im Sinn von ἀείρεσθαι steht. ἑρπετόν hat bei Homer die Bedeutung „Landlebewesen" (ἑρπετὰ γίνονται καὶ ὕδωρ καὶ θεσπιδαὲς πῦρ, Od. 4,418), ist also weiter aufzufassen als lat. *serpens* (Führer, LfrgE, s.v. ἑρπετόν; Livrea 1973, ad loc.; Toynbee 1983, 217 ff.). In diesem Sinn auch bei Xenophon und Kallimachos (X. Mem. 1,4,11; Call. Jov.13) sowie sonst bei Ap. (1,502). Die Junktur von Landtieren und Vögeln begegnet früh (Hdt. 1,140; Emp. St. 252 f.; A. Suppl. 967; S. Ph. 955; E. Hipp. 1277; weitere

Beispiele bei Schulze 1892, 237 f., 503 f.). Der Bezug zur Proteuserzählung (Od. 4,418), der durch die Verwendung des hom. ἅπαξ λ. ἑρπετόν hergestellt wird (Kyriakou 1995, 61), entspricht den inhaltlichen Parallelen zwischen Proteushandlung und Libyenepisode: Auch Menelaos war auf dem Weg nach Griechenland, wird aber nach Afrika verschlagen und die Argonauten erhalten ebenfalls Hilfe von einer Meeresgottheit, nämlich Triton (vgl. ad 1537–1627). Lykophron, Kallimachos und Nikander greifen ἑρπετόν auf (Lyc. Alex. 1042; ἑρπετὸν οὐδὲ γυνὴ ἐπιμίσγεται, Call. Jov. 13; δίκαιος ὁ [Ζε]ύς, οὐ δίκαι[α] δ' αἰσυμνέων / τῶν ἑρπετῶν [μ]ὲν ἐξέκοψε τὸ φθέ[γμα, fr. 192,6 f. Pf.; Nic. Th. 21; 216; 355; 390; 702; Al. 590; fr. 74,46 G.-S.). Ebenfalls ἅπαξ λ., sowohl bei Homer als auch bei Ap., ist ποτητόν, wohl nach dem Vorbild von ἑρπετόν gebildet.

Das Zeugma verweist erneut auf die Symplegadenepisode als Pendant zur Syrtenepisode im zweiten Buch. Während der Einfluss vorhomerischer Argonautendichtung nicht im Einzelnen nachvollziehbar ist (dagegen Kyriakou 1995, 61; vgl. auch Ardizzoni 1967, ad 18; Vian / Delage 1976, xxvi f.; Dräger 1993, insbes. 12–18; Hölscher 1988, 170 ff.), liegen die Elemente der Argo-Erzählung aus der *Odyssee* auf der Hand. Die Taube, die die Argonauten durch die Symplegaden schicken (2,537–647; bes. 2,561 ff.), greift das Motiv der Tauben aus der *Odyssee* auf, der ποτητά, von denen immer eine den Felsen zum Opfer fällt (τῇ μέν τ' οὐδὲ ποτητὰ παρέρχεται οὐδὲ πέλειαι τρήρωνες, Od. 12,61 f.). Ap. verneint die Existenz von ποτητά in der Syrte und greift so das Motiv erneut auf. So wird auch der Nexus beider Argo-Abenteuer fester geknüpft. Der Ersatz des hom. Verbs παρέρχεται durch ἀείρεται lässt sich dementsprechend als Überbietungsgestus verstehen. Die hom. Plankten, bereits von der Argo überwunden, werden von Kirke als Gefahr für jeden beschrieben, der sich ihnen nähert. Ap. unterscheidet Symplegaden am Bosporus (2,549–610) und Plankten an der Straße von Messina (4,925–955), die zuvor oft gleichgesetzt werden (z. B. Od. 16,62 ff.; Hdt. 4,85; vgl. Lesky 1948; Crane 1987, 11 ff.; Hölscher 1988, 177 f.; Danek 1998, 197–201, 213; West 2005, 39 ff.). Die Syrte und die angrenzende Wüste sind so bedrohlich für Lebewesen, dass sie nicht fliegend durchquert (παρέρχεσθαι) werden können und sich keine Lebensform nur vom Boden erheben kann (ἀείρεσθαι). Aus der hom. Verbindung οὐδὲ ποτητά... οὐδὲ πέλειαι (Od. 12,61 f.) verteilt Ap. je ein Element auf die zwei korrespondierenden Episoden, indem er die Taube der Symplegaden- und das ἅπαξ λ. ποτητόν der Syrtenepisode zuweist.

Die Lebensfeindlichkeit der Syrte wird *ex negativo* dargestellt: Sie bietet ohne Trinkwasser, Schatten und Nahrung keine Lebensgrundlage. Indem Ap. einen zeugmatischen Ausdruck wählt, der in anderem Zusammenhang bei Theokrit begegnet, tritt diese Eigenschaft deutlich hervor. Eine Sängerin beim Adonisfest schildert dort die paradiesische Atmosphäre, Luxus, Annehmlichkeit und Zerstreuung im Palast sowie Kriechtiere und Vögel als Speisen (πετεηνὰ καὶ ἑρπετὰ τεῖδε πάρεστι, Theoc. 15,118; zur Chronologie vgl. Köhnken 1965; ders. 2008, 73–91; ferner Gow 1952 II, ad 118; Schwinge 1986, 56 ff.). Ap. kehrt das Zeugma ins Negative, um einen Raum zu schaffen, der dem kultivierten Festbetrieb am Hof in Alexandria diametral entgegengesetzt ist. Die Übereinstimmung stellt indirekt das ursprüngliche, nicht griechisch kultivierte Libyen dem hellenistischen Nordafrika gegenüber. Die Rolle der Argonauten als mythische Vorgänger griechischer Zivilisationsstifter tritt so deutlich hervor. Ihre Reisen durch Nordafrika, bei denen sie die Grundlage für eine Gräzisierung Libyens legen, lassen sich als ideologische Rechtfertigung für die ptolemäischen Expansionsbestrebungen in Afrika auslegen. In jedem Fall passt dieser Zusammenhang zum ambivalenten Libyenbild (vgl. Teil I.D.III).

1241 ff. Syrtenflut Die Passage beschreibt die tückischen Gezeiten, den Grund für die Furcht der Seefahrer vor der Syrte (vgl. z. B. Hor. carm. 1,22,5; 2,6,3 f.). Eine wissenschaftliche Erklärung gibt Ap. nicht, auch das zugehörige Aition findet sich nur in den Scholien (Schol. A.R. ad 4,1235). Im Zentrum steht vielmehr die Beschreibung der unheimlichen Atmosphäre in der Syrte. Der unberechenbare Tidenhub sorgt dafür, dass sie weder zu Land noch zu Wasser von einem Lebewesen passierbar ist. Eine naturphilosophische Erklärung nähme dem Phänomen den Schrecken, wie sich anhand von Lukans Syrtenbeschreibung beobachten lässt. Lukan gibt zwei mögliche Ursachen an: Tektonik der Erdplatten oder allmähliche Austrocknung der Weltmeere (Luc. 9,303–318). Entsprechend unbeeindruckt zeigen sich Catos Römer vom Schiffbruch in der Syrte: *stant miseri nautae, terraeque haerente carina litora nulla vident* (Luc. 9,343 f.). Ap. dagegen bewahrt den geheimnisvollen Charakter der Syrtenflut, das Entsetzen seiner Helden wird so nachvollziehbar (vgl. Teil I.D.III).

Die Beschreibung der Syrtenflut ist thematisch von hom. Wogengleichnissen inspiriert. Insbesondere wird hier ein Doppelgleichnis aufgenommen, das den auf einem Höhepunkt befindlichen Kampf zwischen Troern und Griechen illustriert (Il. 15,615–629). Während im hom. Gleichnis die Wogen so hoch schlagen, dass sie das Schiff ganz mit Schaum bedecken (ἡ δέ τε πᾶσα ἄχνῃ ὑπεκρύφθη, 15,625 f.), schwimmt der Schaum in der Syrte stumm auf dem trübseligen Rest der Flut (κωφή... ἐπιβλύει ὕδατος ἄχνη; vgl. ad 1238). Während die Matrosen des Gleichnisses fürchten, dass ihr Schiff kentert, droht den Argonauten nicht weniger gefährliches Auflaufen in der Sumpfwüste (vgl. ad 1238; 1242; 1245). Ap. kehrt also Gleichnis- und Handlungsebene um, wobei aufgrund der Bekanntheit des Typs der zweite Teil des Vergleichs unausgesprochen bleiben kann. Die gefährlichen Gezeiten der Syrte gleichen einer Schar kämpfender Heroen, wie sie in der *Ilias* anhand von Wogengleichnissen beschrieben werden (vgl. Teil I.D.III.2).

1241 πλημυρίς Bei Homer ist die zweite Silbe kurz (Od. 9,486), bei den Tragikern lang (A. Ch.186; E. Alc.184), Ap. verwendet beide Messungen: Hier (und in 4,1269) ist sie kurz, im zweiten Buch lang (2,576; vgl. auch πλημυρεῖν, 2,706; Livrea 1973, ad loc.). Bei Homer steht πλημυρίς als ἅπαξ λ. von einer Flutwelle (Od. 9,486), die der Felswurf des Kyklopen auslöst. Bei Ap. von der Flutwelle vor den Prallfelsen sowie im Folgenden erneut von der Syrte (2,576; vgl. ad 1269). Das hom. ἅπαξ λ. wird von Ap. eingesetzt, um die Entsprechung zweier Episoden der Hinfahrt und der Rückfahrt auf lexikalischer Ebene zu festigen (vgl. ad 1237–1245): Symplegadendurchfahrt und Syrtenepisode entsprechen sich als gefahrvolle Abenteuer, die die Helden auf der Hin- bzw. Rückfahrt verzweifeln lassen, da sie für prägende Momente der Orientierungslosigkeit verantwortlich sind.

ἀναχάζεται ἠπείροιο Die Konstruktion mit Genitiv auch sonst bei Ap. (ἂψ ἀπὸ πυρκαιῆς ἀναχάζεο, 3,1038). In der *Ilias* wird ἀναχάζομαι i.d.R. mit Akkusativ konstruiert und in militärischer Bedeutung verwendet (Il. 7,264; 15,728; 16,819; 17,47), besonders für die Rückzugsbewegung von Truppen (z. B. Il. 5,600). Hier wird im Hinblick auf die intendierte Gleichnisinversion ein Verb, das im Epos in militärischem Kontext für epische Kämpfe üblich ist, auf die Syrtenfluten übertragen. Die Gefahr, die den Helden von der Syrte droht, wird so der eines epischen Kampfes gleichgesetzt. Die Syrte wird personalisiert und erscheint als epischer Gegner der Argonauten (vgl. Teil I.D.III.2.).

1241 f. καὶ γάρ... / καὶ ἂψ... Ruijgh (1971, 956) geht davon aus, dass καὶ γάρ hier καί emphatisch verdoppelt, wofür es in den hom. Epen kein Vorbild gebe. Vian und Delage (1996², 189) plädieren dagegen für korrelatives καί. Der parallele Bau der Verse 1241 f. spricht für ihre Lösung: καὶ γάρ – Verb – x / καὶ ἂψ – Verb – x.

1242 ἦ θαμὰ δή Typisch apollonianische Überleitung (vgl. 1,631; 3,954; 4,59 sowie 4,901, wo die Formel nicht zu athetieren ist; vgl. Livrea 1973, ad 901).

τόδε χεῦμα Fränkel (1961, in apparatu ad 4,1242) verdächtigt τόδε und schlägt τόθι als Korrektur vor, Livrea (1973, ad 1242) spricht sich zu Recht für τόδε aus. τόδε (=πλημυρίδος) χεῦμα hat eine Parallele in τόδε λίμνης χεῦμα (4,1568 f.; vgl. Vian/ Delage 1996², 189) sowie bei Kallimachos (ἀλλὰ τό χεῦμα κεῖνο, Call. Iov. 37 f.). Abhängig von Ap. ist Nonnos (14,429; 39,46). χεῦμα ist ἅπαξ λεγόμενον bei Homer zur Bezeichnung zinnerner Ornamente auf dem Harnisch des Antilochos (Il. 23,561). Ap. verwendet es nur hier und vom Tritonsee (4,1569). Fraglich ist, ob Ap. tatsächlich auf die Tiefe des Gewässers abhebt (so Vian/ Delage 1996², 189). Denkbar wäre, dass die hellenistischen Dichter, wenn von Fluten die Rede ist, die Verwendung von χεῦμα auf Flüsse und Seen einschränken. Während bei Aischylos noch sowohl die Fluten des Tritonsees (Λιβυστικῆς Τρίτωνος ἀμφὶ χεῦμα, Eum. 293 f.) als auch die des Meeres (Ἐρυθρᾶς ἱερὸν χεῦμα Θαλάσσης, frg. 32B, 323,5; vgl. frg. 192,2 Radt) χεῦμα heißen, verwendet Nikander χεῦμα nur für den Indus (Nic. Th. 890). Auch Kallimachos scheint χεῦμα mit Quellen, Flüssen und Seen in Verbindung zu bringen (Call. Jov. 32; 37; Del. 110). Lykophron verbindet χεῦμα nur mit Flüssen und Seen (Lyc. 647; 705; 1276; 1334). Gegen eine feste Regel unter den hellenistischen Dichtern lässt sich jedoch der freie Gebrauch bei Nonnos ins Feld führen (vgl. z. B. D.P. 1,124; 2,71; aber Nonn. D. 40,386), der strenge hellenistische Sprachregeln nicht aufzuweichen pflegt (Wifstrand 1933; White 1987, 53–152).

ἂψ ἐπερεύγεται Bei Homer nur das Simplex (z. B. Il. 20,403; Od. 5,438). Bei Menander (Asp. 451) und Ap. die Komposita (vgl. 4, 631; ἀνερεύγεται, 2,744; ὑπερεύγεται, 2,984; später dann D.P. 95; 122; Nonn. D. 6,89). In der *Ilias* wird ἀναχάζεται (vgl. ad 1241) mit ἂψ formelhaft verbunden (Il. 16,819; 17,47). Ap. überträgt hier den einen Bestandteil der hom. Formel variierend auf ἐπερεύγεται und bezeichnet so den zweiten Teil des zyklischen Kommens und Weichens der Syrtenflut. Die Syrtenflut wird so einem hom. Zweikampf gleichgestellt. Der indirekte Vergleich betont das Gefahrenpotenzial der Syrte und hebt die Überwindung durch die Argonauten auf die Ebene eine Sieges in der Aristie (vgl. Teil I.D.III.2).

1243 λάβρον Das hom. Adjektiv beschreibt nur Naturerscheinungen, vor allem Winde und Wasser (z. B. Il. 2,148; Od. 15,293). Ap. verwendet es daneben (noch 1,541; 1359; 2,594; 3,343; 4,944; 2,173) auch für den Feueratem der Aresstiere (3,1327). Die Junktur χεῦμα... λάβρον nimmt κῦμα... λάβρον aus einem Wogengleichnis der *Ilias* (15,625) auf und trägt dazu bei, die Syrte als eine Herausforderung zu beschreiben, die einem hom. Zweikampf nicht nachsteht (vgl. ad 1241–1243; Teil I.D.III.2). Während das Adjektiv im vorbildhaften Gleichnis auf die Heftigkeit der Woge selbst abhebt, die das Schiff beinahe umwirft, bezeichnet es bei Ap. nicht nur die Flutwelle des zurückkehrenden Meeres, sondern auch die Heftigkeit des Tidenhubs, der dafür sorgt, dass die Argo weit ins Innere der Syrte getrieben wird.

μυχάτη Alternativer Superlativ zu μύχιος, auch bei Kallimachos (Dian. 48; frg. 256 Pfeiffer) und später belegt (vgl. Livrea 1973, ad 630). Bei Homer findet sich dagegen die Form μυχοίτατος (Od. 21,146). An derselben metrischen Position in den *Arg.* (1,170; 4,596; dagegen vor Trithemimeres: 4,630; nach Hephthemimeres: 4,1625; vor Penthemimeres: 2,398, 4,1698). μυχάτη nimmt προπρὸ μάλ' ἔνδοθι (vgl. ad 1235) wieder auf.

1243 f. μυχάτῃ ἐνέωσε τάχιστα / ἠίονι Es sind zwei Varianten belegt, ἐνέωσε τάχιστα der Manuskriptfamilie *m* und ἐνέωσεν ἄγεσθαι der Familie *w*. Fränkel druckt ἐνέωσε τάχιστα mit Crux (Fränkel 1963, ad loc.; Fränkel 1964, 41; Fränkel 1968, 589; dagegen Livrea 1971a, 144; Livrea 1973, ad loc.). Wie die Lesart der Familie *m*, der Infinitiv ἄγεσθαι in den Text gelangt sein könnte, ist schwer nachvollziehbar. Die Lesart ἐνέωσε τάχιστα ergibt jedoch als *lectio difficilior* den komplexeren Ausdruck. Das Adverb verweist auf die Schnelligkeit des Vorgangs und rechtfertigt, dass die Argonauten der Macht der Fluten nichts entgegensetzen. Das Kompositum ἐνωθέω ist zuerst hier belegt (vgl. später Demetr.Lac. P.Herc. 1012, 47,7; Plu. Luc. 28,5; De soll. 977 F8). Die Tatsache, dass die Argo im innersten Winkel der Syrte strandet, steht in Ringkomposition und betont Beginn und Ende des ersten Teils der Syrtenbeschreibung. Die Argo ist dem Untergang geweiht – ohne die Aussicht auf eine baldige, erneute Flut und ohne entsprechende Ausrüstung kann sie nicht wieder zu Wasser gelassen werden. Üblicherweise landet die Argo nur in Häfen oder an geeigneten Landeplätzen, die genügend Wasser führen, selbst im nächtlichen Sturm oder während des Angriffs der Vögel auf der Aresinsel (1,1015 ff.; 2,1069–1092). Zwar haben die Helden auch bei ihrer Ankunft in Kolchis in einem Sumpfgebiet des Phasis Anker geworfen, dabei aber auf genügend Wassertiefe geachtet (2,1281 ff.; 3,167 ff.). In der Syrte ist die Argo trocken gelaufen, die Springfluten und Winde sind unberechenbar, sie scheint ausgeliefert.

1244 τρόπιος δὲ μάλ' ὕδασι παῦρον ἔλειπτο τρόπις heißt der Kielbalken eines zerstörten Schiffes, auf dem Odysseus sich auf die Insel Ogygia rettet (Od. 5,130; 12,421; 424; 19,278). In den *Arg.* vom Kiel der Argo (1,388; 1,533; 2,585). Das Trockenlaufen des Schiffes in der Syrte wird entfaltet: Die Argo ragt vollständig aus dem Wasser, lediglich am unteren Kiel plätschert ein Rest der weichenden Sturmflut. Das Schiff ist seiner Funktion beraubt. Die Szene rekurriert zum einen auf die ausführliche Beschreibung des Stapellaufes. Langsam, nach einem präzisen System aus Fahrrinne, Walzen und Körperkraft wird die Argo ins Meer gelassen (1,363–393). Andererseits erinnert das Auflaufen des Schiffes an die burleske Herakles-Szene kurz vor Beginn der Fahrt, dessen Gewicht den Kiel weit unter Wasser drückt (1,533). Zu diesen optimistischen Anfangsszenen wird hier ein prägnanter Kontrast geschaffen. Das Trockenlaufen ist zudem motivisches Gegenstück zum nur knapp verhinderten Kentern der Argo in den Symplegaden (2,579 ff.). Das Schiff schein jeweils verloren, wird aber gegen alle Wahrscheinlichkeit gerettet (vgl. θέμις δ' οὐκ ἔστιν ἁλῶναι, 2,614). Überdies wird durch den Hinweis auf den Kiel der Argo die Gesamtstruktur des vierten Buches gefestigt: Am Übergang zwischen Asien- und Europaepisode spricht der Kielbalken der Argo aus Dodona zu den Argonauten (4,580 ff.). Hier nun, zu Beginn der

Afrikaepisode, spielt wieder der Kielbalken eine entscheidende Rolle und die Helden müssen ihre Schuld gegenüber dem Schiff mit vollem Einsatz ihrer Kräfte begleichen (vgl. Teil I.C; ad 1381–1392). Die Szene hat bei Vergil Widerhall gefunden. Während eines Seesturms werden drei Schiffe der Troianer in ähnlicher Weise auf Sandbänke geworfen: *tris Euros ab alto / in brevia et Syrtis urget, miserabile visu, / inliditque vadis atque aggere cingit harena* (Verg. A. 1,110 ff.).

1245 ἀπὸ νηὸς ὄρουσαν Das hom. Verb stets mit Angabe einer Bewegungsrichtung (z. B.: ἂψ ἐς δίφρον ὀρούσας, Il. 11,359; στιβαρῆς ἀπὸ χειρὸς ὄρουσεν, Il. 13,505). ἀπορούειν findet sich bei Ap. nur hier und in der Symplegadenepisode (vgl. 2,572; 2,591) und ist den lexikalischen Elementen zuzurechnen, die Symplegaden- und Syrtenepisode verknüpfen. Ferner spiegelt die Anlehnung an einen Vers des *Apollon-Hymnos* inhaltliche Parallelen (ἔνθ' ἐκ νηὸς ὄρουσεν ἄναξ ἑκάεργος Ἀπόλλων, h. Ap. 440). Das Kreterschiff läuft im Hafen von Krisa auf Sand (h. Ap. 439) wie hier die Argo. Die Gründung Delphis durch Apollo (h. Ap. 474–544), auf die die Erzählung im Hymnos hinausläuft, findet ihre Entsprechung in der Gründung der Insel Thera durch den Argonauten Euphemos, auf die der Besuch der Argonauten in Afrika hinausläuft (vgl. ad 1741–1764). Die delphischen Dreifüße (h. Ap. 443) finden ein Pendant in den zwei Dreifüßen, die Jason beim Orakelbesuch in Delphi erhält (vgl. 4,529–533) und von denen die Argonauten einen dem libyschen Triton geben (vgl. ad 1547 ff.; 1589 ff.).

ἄχος δ' ἕλεν Hier wird ein weiteres Motiv aus dem vorbildhaftem Wogengleichnis der *Ilias* aufgegriffen (Il. 15,623–629; vgl. ad 1241 ff.). Die Argonauten teilen die Furcht der Seeleute im Gleichnis (τρομέουσι δέ φρένα ναῦται δειδιότες, Il. 15,627 f.). Das hom. Vorbild erwähnt den Grund für deren Furcht (τυτθὸν γὰρ ὕπεκ θανάτοιο φέρονται, Il. 15,628). Wörtlich wird dies in den *Arg.* nicht aufgegriffen, die Bedrohlichkeit der Situation ist jedoch in der Beschreibung der Syrte angelegt (vgl. ad 1277 ff.). Der Schluss des iliadischen Vorbildes ließe sich leitmotivisch über die Syrtenepisode stellen: τρομέουσι δέ τε φρένα ναῦται / δειδιότες· τυτθὸν γὰρ ὑπ' ἐκ θανάτοιο φέρονται (Il. 15,627 f.).

εἰσορόωντας Der Blick des Erzählers dringt schrittweise tiefer in die Syrte ein und richtet sich ausgehend von einer allgemeinen Beschreibung (4,1234 ff.), über die bizarre Umgebung aus der Nähe (4,1237 ff.; 4,1240 ff.) auf das Schiff (4,1244 f.), dann auf die Argonauten und ihre Wahrnehmung der Situation. Das Partizip εἰσορόωντας markiert den Beginn einer Darstellung der Situation aus der Figurenperspektive der Argonauten, die die folgende Reaktion der Helden auf die Syrte vorbereitet (vgl. ad 1277–1304 sowie ad 1235–1249). Ähnlich reagieren die Argonauten, als ihnen die akute Bedrohung durch die Symplegaden deutlich vor Augen steht (τότε δ' αἰνότατον δέος εἷλεν / πάντας: ὑπὲρ κεφαλῆς γὰρ ἀμήχανος ἦεν ὄλεθρος, 2,577 f.). Hier wie dort sorgt die Geistesgegenwart eines Mannes für einen Ausweg (vgl. ad 1259–1278).

1246 ἠέρα καὶ μεγάλης νῶτα χθονὸς ἠέρι ἶσα Der Vers rekurriert auf den Beginn der Syrtenbeschreibung: Himmel und Erde verschwimmen aufgrund der flirrenden Luft (vgl. ad 1239 f.; vgl. Paduano 1992, 173). Dasselbe Bild bieten die Symplegaden: Gischt vernebelt die Sicht (2,566), Meer und Äther vereinen sich in höllischem Lärm (2,566 f.), die Argo wird vom Sog der Symplegaden umhergewirbelt, sodass Orientierung unmöglich wird und Himmel und Meer nicht mehr zu unterscheiden sind (2,575–583). Die Gefahr, die von der Syrte ausgeht, deutet sich hier bereits an (zum Libyenbild vgl. auch Teil I.D.).

μεγάλης νῶτα χθονός Ap. verwendet νῶτα sonst nur im eigentlichen Sinn (z. B. 1,129; 1,221; 2,758; 4,1349 etc.). Die metaphorischen „Rücken der Erde" bilden eine motivische Umkehrung der hom. νῶτα θαλάσσης (Il. 2,159; Od. 3,142; vgl. Hes. Th. 762; E. IT 46; vgl. Livrea 1973, ad loc.). Es handelt sich um einen Rückgriff auf Pindars vierte Pythie. Dort heißt es vom Wüstenmarsch der Argonauten, sie haben die Argo zwölf Tage lang νώτων ὕπερ γαίας ἐρήμων getragen (Pi. P. 4,27 f.). Während Pindar den Wüstenmarsch an den Beginn der Erzählung stellt, steht er hier in der Mitte der Libyenabenteuer (vgl. ad 1381–1392; Calame 1990, 277–341). Das Pindarzitat und die Beschreibung der Wüste (vgl. 1246–1249) weisen auf den Wüstenmarsch voraus, der den Ausweg aus der Einöde bringt, nach Erscheinung der Herossae überwinden die Argonauten die tödliche Gefahr und tragen die Argo Λιβύης ἀνὰ θῖνας ἐρήμους (vgl. ad 1384 f.).

1247 ὑπερτείνοντα Ap. hat dieses in Tragödie und Prosa geläufige Verb (vgl. z. B. Eur. I.A. 916; El. 1022; Arist. EN 1110a 25) als ἅπαξ λ. übernommen (Livrea 1973, ad loc.). Verwandt mit dem Verb ist bei Ap. der Ausdruck ὕπερθεν τείνειν (1,1008; 4,705).

διηνεκές Adverbiale als Ergänzung zu ὑπερτείνοντα, hier in der eigentlichen Bedeutung „endlos sich hinziehend, durchlaufend". Das Adverb wird sonst von Ap. nach hom. Vorbild in der Wendung διηνεκέως ἀγορεύειν für Bemerkungen des Erzählers herangezogen, die der autoreferentiellen Kommentierung des eigenen Erzählstils dienen (1,649; 1,847, 3,401; vgl. die abgewandelte Wendung mit adverbialem Adjektiv: τὰ ἕκαστα διηνεκὲς ἐξενέποντα, 2,391; διηνεκές ist dort Konjektur Bruncks, die nur haltbar ist, wenn man mehrheitlich überliefertes ἐξενέποντα gegenüber dem ἐνέποντα des Laurentianus gr. 32, 16 (S) akzeptiert, vgl. Vian 1973, 94 Anm. 4; Matteo 2007, ad 391, dagegen aber Ardizzoni 1968, 14. vgl. Od. 4,836; 7,241; 12,56; vgl. Teil I.E).

1247 ff. ἀρδμόν... πάτον... αὔλιον ἀρδμός bezeichnet bei Homer Viehtränken in fruchtbaren Gegenden (Il. 18,521; Od. 13,247) und liefert eine Erklärung zu 1240 nach: In einer trinkwasserlosen Gegend kann kein Leben existieren. Die Bedeutung von πάτος erklärt sich aus zwei hom. Vorbildern (Il. 6,202; Od. 9,119), in denen ein πάτος die Voraussetzung für Besiedelung ist. Passend dazu sucht Jason auch für sein erstes Treffen mit Medea einen Ort ohne πάτος, um ungestört zu sein (χῶρον ὅ τις πάτου ἔκτοθεν ἦεν, 3,1201 f.). αὔλιον findet sich vor Ap. im *Hermes-Hymnos* (h. Merc. 103; 106; 134; 399; vgl. E. Cycl. 345; 593; S. Phil. 19; X. HG 3,2,4). Bei Ap. noch für ein Kultaition (2,910). Kallimachos verwendet αὔλιον ebenfalls in der Bedeutung „Hütte" (Call. fr. 181,6 Pf.; Cer. 93). Später gelegentlich belegt (D.P. 192; Opp. C. 1,528; Orph. A. 435). Das Trikolon am Schluss der Syrtenbeschreibung illustriert pointiert die gefährliche Situation, indem der Syrte die grundlegenden Elemente menschlicher Zivilisation abgesprochen werden (Wasserstelle, Weg, Behausungen). Zugleich weist es voraus auf die Rettung der Argonauten, denn sie kultivieren eine Trinkwasserquelle beim Hesperidengarten (vgl. ad 1422–1456; Teil I.D).

1248 κατηυγάσσαντο Das *verbum simplex* αὐγάζεσθαι ist ἅπαξ λ. bei Homer (Il. 23,458). Das Kompositum im Medium ist sonst nur in einem Gedicht des Antipatros von Sidon auf den Artemistempel von Ephesos (AP 9,58,2) aus dem 2. Jhd. v. Chr. sowie in christlicher Literatur belegt (z. B. Clem. Al. Prot. 11,113,3,3).

1248 βοτήρων Im hom. Epos ist βοτήρ ἅπαξ λ. (Od. 15,504). Ap. fand für das Substantiv bei den Tragikern Vorbilder (z. B. νῦν δ᾽ ὡς ὁ μάντις φησίν, οἰωνῶν βοτήρ, A. Th. 24; S. Ai. 297; S.OT 837; 1111; 1116M; vgl. ad 1249; Perrotta 1924–26, 265; Livrea 1973, ad loc.). In hellenistischer Zeit findet sich das Substantiv nur bei Theokrit von den Hirten am Hof des Augias, könnte dort jedoch unecht sein (Theocr. 25,139 f.; vgl. Gow 1952 II, ad 25,140; 439 ff.). Bei Ap. noch von den Hirten in Kolchis (3,592 f.; vgl. ad 1249). Später bei Nikander (Nic. Th. 554) sowie in Epos und Prosa (z. B. Opp. H. 4,329; Nonn. D. 1,376; 5,262; 21,122; D.H. 2,2; Plu. Rom. 7).

1249 αὔλιον In der frühen Epik begegnet nur das verwandte αὖλις (Il. 9,232; Od, 22,470; h.Merc. 71; vgl. ad 1293; Livrea 1973, ad loc; Vergados 2013, ad 103). Im *Hermes-Hymnos* heißt αὔλιον die Höhle des Hermes am Alpheios, zu der der junge Gott die Rinder Apolls treibt (ἵκανον ἐς αὔλιον ὑψιμέλαθρον, h.Merc.103). Bei Ap. wirft Aietes den Argonauten vor, sie seien lediglich zur Plünderung der βοτήρων αὔλια (3,592 f.) nach Kolchis gekommen, um seinen feindseligen Umgang mit den Griechen vor der eigenen Bevölkerung zu rechtfertigen (vgl. Hunter 1989, ad 592 f.; Hunter 1991, 90 ff.; Kampakoglou 2020, 111–119). Die Argonauten plündern in Kolchis zwar keine Ställe, nehmen aber das Vlies und Medea nach Griechenland mit. Auch sonst verfahren sie ähnlich mit unterlegenen Gegnern. Nach dem Sieg über Amykos zerstören sie die σταθμούς τε καὶ αὔλια (2,142) der Bebryker. In Libyen rächen sie sie sich am Halbgott und Hirten Kaphauros, nachdem dieser Kanthos erschlagen hat. Sie plündern seine Herden, um nicht zu verhungern (vgl. ad 1485–1501; Teil I.E.II.4).

εὐκήλῳ ... γαλήνῃ Das Adjektiv εὔκηλος steht im alten Epos von Personen nur in der Bedeutung „ungestört, sorglos" (Il. 1,554; 17,371; Od. 3,263; 14,479) oder „ohne Furcht" (Hes. Op. 671; h. Merc. 480), erst in hellenistischer Zeit in der Bedeutung „ruhig, still, bewegungslos" (vgl. 2,935; 3,969; Arat. 100; Theocr. 2,166; später Opp. Hal. 4,415; vgl. Livrea 1973, ad loc.). Das Substantiv γαλήνη beschreibt in den hom. Epen ausschließlich die Meeresglätte, so auch bei Ap. (vgl. γαληναίῃ, 1,1156). Hier jedoch bezeichnet es ein Sumpfgebiet, ein Niemandsland zwischen Meer und Festland. Zur vorigen Beschreibung der leeren Ödnis im Syrtensumpf (4,1245 ff.) passt der Begriff γαλήνη nicht wirklich, auch wenn die Syrte still daliegt. Der Begriff ist jedoch in Anlehnung an die *Odyssee* gewählt. Die γαλήνη wird dort mehrfach betont, kurz bevor Odysseus und seine Gefährten ein schweres Unheil ereilt. So herrscht im Hafen der Laistrygonen λευκὴ ... γαλήνη (Od. 10,94). Als man Skylla und Charybdis erreicht, endet plötzlich der günstige Fahrtwind, γαλήνη ἔπλετο νηνεμίη (Od. 12,168 f.). Auf die γαλήνη aber folgt das Unheil: Die Laistrygonen töten viele der Gefährten des Odysseus, ebenso Skylla. Indem Ap. hier die sumpfige Syrte als γαλήνη bezeichnet, überträgt er die unheilvolle, bedrohliche Vorausdeutung, die dem Substantiv in der *Odyssee* bereits zukommt, auf die Syrtenepisode: Die Übernahme des Wortes deutet proleptisch die Qualen der Argonauten und den Tod einiger ihrer Gefährten in Libyen an.

B. 1250–1304 Reaktion der Argo-Besatzung auf die Syrte

Inhalt und Aufbau Die Beschreibung der Syrte und der angrenzenden Wüste bereitet die folgende Reaktion der Helden auf die ausweglose Situation vor. Die Argonauten geraten unter Abwägung ihrer Überlebenschancen in völlige Verzweiflung (B.1250–1304). Diese wird in vier Abschnitten dargestellt: Rede eines namenlosen Argonauten (1251–1258); Situationsanalyse des Steuermanns Ankaios (1259–1276); Reaktion der Argonauten und der Mädchen (1277–1297); Schwanen-Vogeljunge-Gleichnis (1298–1304).

1250 ἄλλος δ᾽ αὖτ᾽ ἄλλον... ἐξερέεινεν Der reziproke Ausdruck moduliert formelhafte Wendungen des alten Epos, die auch die Tragödie kennt (ὧδε δέ τις εἴπεσκε ἰδὼν εἰς πλησίον ἄλλον, z. B. Od. 2,324; 21,396; insg. 26 Belege in *Ilias* und *Odyssee*; ἄλλος δ' αὖτ' εἴπεσκε, Od. 2,331; 21,401; vgl. καί τις τόδ' εἶπεν, ἄλλος εἰς ἄλλον δρακών, E. HF 951; vgl. Livrea 1973, ad loc.; Campbell 1983, 83). Die vorbildhaften Ausdrücke dienen wie hier zur Einleitung einer Rede, die exemplarisch den Inhalt der Gespräche verschiedener Argonauten wiedergibt. Dieselbe Technik verwendet Ap. für die Gespräche der iolkischen Bevölkerung (ὧδε δ' ἕκαστος / ἔννεπεν εἰσορόων σὺν τεύχεσιν ἀΐσσοντας, 1,240 f.), wobei die Teile nach rhetorischen Gesichtspunkten zu einer stimmigen Rede angeordnet werden (vgl. ad 1251–1258).

τετιημένος Im alten Epos steht das Partizip zumeist in Kombination mit ἦτορ oder θυμῷ (z. B. Il. 11,556; 17,664; Od. 4,804; Hes. Th. 163; vgl. aber τετιημένη ἧστ' ἐπὶ δίφρου, h. Cer. 198), bei Ap. immer ohne ἦτορ, z. B. ebenfalls als Einleitung einer Rede Jasons an seine Gefährten in Kolchis (τετιημένος ἔκφατο μῦθον, 3,491). Die Situationen weisen inhaltliche Parallelen auf: Durch Aietes' Aufgabe sind die Argonauten wie hier in der Syrte vor eine nicht lösbare Aufgabe gestellt, für die sie doch eine Lösung finden. Darüber hinaus findet sich die Bezeichnung in einer weiteren, aussichtslos anmutenden Lage (τετιημένοι, 2,864). Nachdem ihr Steuermann gestorben ist, kauern sie – wie im Folgenden (vgl. ad 1259; 1295; 1305) – mut- und tatenlos am Strand (2,858–864), bis Ankaios als neuer Steuermann gefunden wird.

1251–1258 Rede eines Argonauten Wechselreden werden nach rhetorischen Gesichtspunkten zu einer konsistenten Rede zusammengefasst. Die Rede besteht aus fünf ringkompositorisch angeordneten Teilen (A^1–B^1–C–B^2–A^2), die die tödlichen Gefahren vergleichen: Klage über die Einöde in Frageform (1251 f.) – Beinahe-Tod in den Symplegaden (1252 ff.) – Vergleich beider tödlicher Gefahren (1254 f.) – bevorstehender Tod in der Syrte (1256 f.) – Klage über die Einöde in Frageform (1257 f.). Die Versifikation spiegelt diesen Aufbau: Enjambement verbindet jeweils die Verse 1251–1254 und 1256–1258. Das Verspaar 1254 f. steht für sich im Zentrum. Ein Vorbild für die kollektive Rede findet sich z. B. in der *Ilias*. Der Dichter gibt dort den Spott der Griechen, die sich um den toten Hektor versammeln, als kollektive Rede wieder (Il. 22,370–375; vgl. Garson 1972, 6; Hutchinson 1988, 104; Williams 1991, 169 f.; Knight 1995, 125; Clare 2002, 150). Die kollektive Klage der Argonauten weist mit der Frage nach dem Ortsnamen zudem ein Element aus Odysseus' Monologen bei der Ankunft auf der Phäakeninsel (Od. 6,119 ff.) sowie in Ithaka auf (Od. 13,200–216). Auch Odysseus' Klage während eines Seesturms, nicht ruhmreich im Kampf vor Troia gefallen zu sein (Od. 5,306–311), klingt an (anders Knight 1995, 78). Ap. greift den Wunsch nach einem ruhmreichen Tod in einem bereits bestandenen Kampf auf (4,1254 f. – Od. 5,311 f., vgl. Verg. Aen. 1,94–101). Dass es den Argonauten um ein ruhmreiches Ende ihrer Fahrt zu tun ist, macht der

Erzähler deutlich (vgl. ad 1305 ff.), hier wird dies vorbereitet. Die Form der kollektiven Rede, um die verschiedenen Reaktionen der Helden geordnet zu präsentieren, ist typisch für den distanzierenden Erzählstil der *Arg*. Zwar handelt es sich formal um direkte Rede, die mit rhetorischen Fragen und Ausrufen auch typische Merkmale aufweist. Vor allem aber werden die verschiedenen Ausrufe, Gespräche und Fragen so in einer Rede zusammengefasst und gerafft. Die ordnende Erzählinstanz tritt so sehr viel deutlicher zu Tage, als wenn Gespräche wiedergegeben würden, die Darstellung verliert an Unmittelbarkeit (vgl. Teil I.E). Die Unterbrechung der Unwetter- bzw. Unglücksbeschreibungen durch eine kollektive Rede übernimmt Lukan (Luc. 5,568–593). Auch bei Valerius Flaccus beklagen die Argonauten in einem Seesturm den drohenden Tod (V.F. 1,618–632; vgl. dagegen jedoch Finkmann 2014, 82 ff.).

Die gesamte Rede weist strukturelle Ähnlichkeiten mit einem Monolog des Odysseus bei den Phäaken vor der Begegnung mit Nausikaa auf (Od. 6,119–126: Frage nach dem Ortsnamen; Beschreibung der Landschaft, wobei die Kargheit und Bedrohlichkeit der Syrte im Vergleich mit der paradiesischen Phäakeninsel umso deutlicher zu Tage treten; Abwägen von Handlungsmöglichkeiten). Während Odysseus jedoch als ἱκέτης seinen Irrfahrten hier ein Ende setzen kann, finden sich die Argonauten, nachdem sie die Phäakeninsel in dem Glauben verlassen haben, sicher nach Griechenland heimkehren zu können, nach erneutem Seesturm in der Syrtenwüste wieder. Die gefährlichsten Abenteuer stehen noch bevor. Die Frage beinhaltet einen Überbietungsgestus: Die Argonauten stehen in Libyen vor deutlich schwierigeren Aufgaben als Odysseus auf der Phäakeninsel.

1251 Τίς χθὼν εὔχεται ἥδε; Zu ergänzen ist εἶναι (vgl. Od. 14,199; 16,62). In dieser einleitenden Frage klingen verschiedene Vorbilder an, etwa Formeln zur Erkundigung nach der Herkunft eines Fremden (τίς πόθεν εἰς ἀνδρῶν; πόθι τοι πόλις ἠδὲ τοκῆες; τίνες ἔμμεναι εὐχετόωντο; z. B. Od. 1,170; 10,325; 14,187 ff.; 15,264; 19,105; 24,298; Livrea 1973, ad loc.; Campbell 1983, 83). Auch der Einfluss einer Formel ist denkbar, mit der die Helden der *Ilias* sich gegenseitig ihrer edlen Herkunft versichern (ταύτης τοι γενεῆς τε καὶ αἵματος εὔχομαι εἶναι, Il. 6,211; ähnlich Il. 8,190; 14,113). Die Frage zielt jedoch vornehmlich auf eine inhaltliche Kontrastierung zu den Reden des gestrandeten Odysseus: Während Odysseus stets in bewohnte, wenn auch nicht immer zivilisierte Landstriche gelangt, sitzen die Argonauten in der Syrte in einer unbewohnten, leblosen Sumpfwüste fest. Dies spiegelt die ungewöhnliche syntaktische Konstruktion: Bezeichnen εὔχεσθαι, ein personales Subjekt und ein Ortsname als Objekt in der vorbildhaften griechischen Dichtung meist die Herkunft aus einem Land oder fragen danach, so muss im Fall der Syrte in Ermangelung eines personalen Subjekts das namenlose Land selbst, χθών, diese syntaktische Funktion übernehmen, denn die Syrte hat keine Bewohner. Dies betont ihren unheimlichen Charakter (vgl. Teil I.D). Selbst wenn die Argonauten den Namen wüssten, weist die Gegend keinen spezifischen Wiedererkennungswert auf, es gibt keine Lebewesen, keine Bauten, keine Pflanzen, nur Sumpf und Wüste (anders Fränkel 1968, 589 f.; Livrea 1973, ad loc.; Vian 1981, 189).

Die Verbindung des Verbs εὔχεσθαι mit χθών als Subjekt entspricht nicht poetischer Diktion (Fränkel 1968, 590 Anm. 293). Üblicherweise sind Personen Subjekt zu εὔχεσθαι (ποίης δ᾽ ἐξ εὔχεται εἶναι γαίης; (Od. 1,406; 5,450; vgl. Od. 17,373; 20,192; 21,335; Pi. P. 4,97), so auch sonst bei Ap. (1,189; 1,231; 2,22; 2,359; 2,887; 4,1360). Als Vorbild für die Konstruktion wird ein Ausdruck angeführt, der sich bei Aischylos findet (Ἑλλάς τ᾽ ἀμφὶ πόρον πλατὺν / εὐχόμεναι (sc. πόλεις), A. Pers. 875 f.; vgl. Corlu 1966, 59; Livrea 1973, ad loc.). Diese stilistisch auffällige Personifikation Libyens passt sehr gut zu den umgekehrten Gleichnissen, in denen die libysche Landschaft ebenfalls personifiziert wird, indem für die Beschreibung von Gegenden Vokabular und Motivik aus hom. Kriegergleichnissen übernommen und die Landschaft so zu einem epischen Gegner stilisiert wird (vgl. z. B. ad 1241 ff. sowie Teil I.D.).

1251 f. πόθι ξυνέωσαν ἄελλαι / ἡμέας; ξυνέωσαν ἄελλαι lässt ξυνέαξαν ἄελλαι aus den erdichteten Irrfahrten des „Kreters" Odysseus bei Eumaios anklingen (Od. 14,383; Livrea 1973, ad loc.). Das in philosophischer Prosa (z. B. X. Oec. 18,8; Pl. Ti. 58b; Arist. Resp. 479b24) geläufige Kompositum συνωθεῖν findet ebenso wie ἐνέωσε (vgl. ad 1243) sonst in poetischen Texten keine Verwendung (vgl. Teil I.B). Die Frage ist der zweite Teil der Doppelfrage nach hom. Vorbild. Am Ende der Rede findet sich erneut eine Doppelfrage. Die Ratlosigkeit der Argonauten wird so anschaulich (vgl. ad 1256–1258 sowie für die Doppelfrage auch 1,242 f.).

1252–1255 αἴθ ἔτλημεν, ... αὐτὰ κέλευθα διαμπερὲς πετράων Die Verse sind zum Teil nach dem Vorbild des Monologs gestaltet, den Odysseus während des Seesturms spricht (ὡς δὴ ἐγώ γ᾽ ὄφελον θανέειν καὶ πότμον ἐπισπεῖν, Od. 5,306–310; vgl. Paduano 1988, ad loc.). Frühere Irrfahrten werden dort angesichts des drohenden Todes in Erinnerung gerufen und mit dem Wunsch verbunden, lieber damals schon, dafür aber ruhmreich gestorben zu sein. Der Argonaut hier scheint gefasster als Odysseus: Seine Situationsanalyse ist stringent, seine Rede enthält im Gegensatz zu der des Odysseus keine Apostrophen. Heftige Todesangst wird die Argonauten erst nach der Analyse des Ankaios packen (vgl. ad 1278–1289).

1252 ἀφειδέες Weder ἀφειδής noch das Verb ἀφειδέω begegnen im alten Epos. Das Verb kann absolut stehen oder ein Genitivobjekt zu sich nehmen

(E. I.T. 1354; Th. 2,43; vgl. Ardizzoni 1967, ad 338). Bei Ap. in der gesamten Bedeutungsbreite gebraucht. Es steht in der Bedeutung „vernachlässigen, sich nicht kümmern um" (2,98; 2,869) nach einem möglichen Vorbild bei Sophokles (S. Ant. 414). Ap. verwendet es auch in den Varianten „nicht schonen" (3,527, Bedeutung umstritten, vgl. Hunter 1989, ad 527) sowie „bereitwillig, ohne zu zögern" (1,338; 3,1013). Das Adjektiv dagegen nur hier, in der Bedeutung „ohne Rücksicht auf". Zudem bildet Ap. ein zugehöriges Adverb (ἀφειδείως, 3,897) nach hom. Vorbild, das sonst nicht belegt ist.

1252 f. ἀφειδέες οὐλομένοιο / δείματος Der verkürzende, hypallagetische Ausdruck spiegelt auf der formal-sprachlichen Ebene die Beklemmung, die die Argonauten überkommt, als sie sich ihrer Lage bewusstwerden (vgl. Teil I.B). Der Vorwurf lautete ausgeführt: „Hätten wir uns doch bei der Entscheidung über die Rückfahrtroute nicht aus Furcht die erneute, beim zweiten Mal gewiss tödliche Fahrt durch die Symplegaden erspart, denn nun droht ein schlimmerer Tod." Der Gedanke weist eine Unstimmigkeit auf, legte doch die Prophezeiung des Phineus die Helden auf eine alternative Rückfahrtroute fest (2,421 f.). Hier dürfte erneut der Überbietungsgestus gegenüber dem odysseischen Vorbild hineinspielen (vgl. ad 1251). In Verbindung mit οὐλόμενος greift Ap. auf hom. Verbindungen zurück (1,802 – Il. 1,2; 2,153 – Il. 19,91 f.; 4,1484 – Il. 11,71) sowie auf den Elegiker Theognis (4,446; Thgn. 390), schafft aber auch wie hier eigenständige Junkturen (vgl. 2,1184; 3,436; 3,677; Livrea 1973, ad 1011). Derselbe Ausdruck beschreibt Medeas Furcht angesichts ihrer möglichen Auslieferung an die Kolcher (οὐλομένῳ ὑπὸ δείματι, 4,1011).

1253 διαμπερές Bei Ap. wie Homer stets mit langer zweiter Silbe (2,319; 2,599; 3,671; 4,1202; Livrea 1973, ad 1203), wenn von der Fahrt durch die Symplegaden die Rede ist, nämlich in der vorbereitenden Prophezeiung des Phineus (2,319) und bei der Passage durch die Felsen mit Hilfe Athenes (2,599) sowie hier im Rückblick des anonymen Heros auf die Durchquerung. Die Syrtenepisode wird durch diese und vergleichbare lexikalische Besonderheiten, die jeweils beide Episoden aufweisen, als Pendant der Symplegadendurchfahrt im vierten Buch stilisiert.

1253 f. αὐτὰ κέλευθα / ... πετράων Schlussposition im Vers nehmen die αὐτὰ κέλευθα auch in der *Ilias* und den *Phainomena* ein (Il. 12,225; Arat. 372; 1031). Die Argonauten gehen davon aus, dass der erneute Weg durch die Symplegaden ihr Untergang wäre, da sie nicht wissen, dass die Felsen stillstehen, seit ein Schiff die Fahrt erfolgreich gemeistert hat (vgl. 2,891; 2,1190; vgl. Faerber 1932, 78 Anm. 3; Fränkel 1968, 590; Hunter 2015, ad loc.). Die durch motivische und lexikalische Übereinstimmungen vorbereitete Parallelstellung von Symplegaden- im zweiten und Syrtenepisode im vierten Buch wird nun explizit benannt. Der Syrte kommt eine Rolle als Pendant, aus Sicht der Helden sogar als Steigerung des Symplegadenabenteuers zu: Die Furcht vor den Symplegaden war gewaltig, ein Entkommen nur mit göttlicher Einwirkung erklärbar (2,607–616). Die gefährlichste Probe schien überstanden (2,617 f.). Im Rückblick scheint aber der ruhmreiche Tod in den Symplegaden im Vergleich zum ruhmlosen Verdurstungstod in der Wüste leichter zu ertragen, sodass man sich einer Prophezeiung widersetzen würde (ὑπὲρ Διὸς αἶσαν, vgl. ad 1254 sowie Teil I.C.).

1254 ἤ τ' ἄν... Nur zwei Mal (ἤ τ' ἄν... ἀποπροέηκα, 3,378) konstruiert Ap. ἤ τ'ἄν mit Indikativ (vgl. z. B. Il. 5,201; 16,687; 22,49; 22,103; Od. 9,228), sonst bevorzugt er den Optativ (2,804; 3,34; 510; 537; 798; 848; 4,835; vgl. Il. 12,69; 19,205; 23,275; Od. 1,288; 2,62; 219; 12,138), womit hom. Verhältnissen Rechnung getragen wird (vgl. Chantraine 1953, 346; Livrea 1973, ad loc. – ἤν τ' ἄν in seinem Text ist zweifellos ein Druckfehler). Das Verhältnis eins zu vier entspricht nicht dem der hom. Epen insgesamt (vier zu sieben), nicht dem der *Ilias* (vier zu drei), sondern exakt dem Verhältnis in der *Odyssee* (eins zu vier). Arat verwendet ἤ τ' ἄν ausschließlich mit Optativ (Arat. 793; 857; 876).

ὑπὲρ Διὸς αἶσαν Die formelhaften Ausdrücke ὑπὲρ Διὸς αἶσαν, ὑπὲρ αἶσαν und auch ὑπὲρ μόρον entstammen dem alten Epos (Il. 17,321; Il. 3,59; vgl. Il. 6,333; 6,487; 16,780; zur Bedeutung vgl. Schol. D. Hom. Il. 17,321) und bezeichnen auch bei Ap. einen Schicksalsschlag, der den Menschen durch eigenes Zutun über das von den Göttern verhängte Geschick hinaus zuteilwird (vgl. ad 1261; Heubeck / West / Hainsworth 1988, ad 1,34–51). Es handelt sich um ein Mittel der Emphase, über den Willen des Schicksals oder des Gottes hinaus geschieht aber dann in der Regel doch nichts (vgl. Edwards 1991, ad 17,321; Pietsch 1999, 225–234). Gegen das von Zeus verhängte Geschick würden die Argonauten handeln, wenn sie auf demselben Wege durch die Symplegaden zurückzufahren versuchten. Sie wissen dies, da Phineus ihnen offenbart hat, ein Gott würde sie auf anderem Weg von Aia nach Iolkos zurückführen (2,421 f.) und Hera ihnen den Weg gewiesen hat (4,294 ff.). Spätere Epiker greifen den Ausdruck ὑπὲρ αἶσαν in entsprechender Bedeutung auf (D.P. 374; Q.S. 3,487; 14,97). Die Verbindung mit αἴθ' ἔτλημεν (1252) markiert hier eine Alternativhandlung, auch „ungeschehenes Geschehen" bzw. „counterfactual history" genannt (vgl. Nesselrath 1992, 44–48; Sistakou 2014a).

1255 βέλτερον ἦν μέγα δή τι μενοινώοντας ὀλέσθαι Ein hom. Vers klingt an (βέλτερον ἢ ἀπολέσθαι ἕνα χρόνον ἠὲ βιῶναι, Il. 15,511; Livrea 1973, ad loc.). βέλτερον mit Infinitiv und Dativ der Person entspricht hom. Gebrauch (vgl. Il. 15,511; 21,485; Od. 17,18). Die Kombination βέλτερον ἦν mit Infinitiv und Dativ begegnet aber nur bei Ap. und nur in Figurenrede (mit ähnlicher Bedeutung von Aison bei Jasons Abfahrt: ἦ τέ οἱ ἦεν / βέλτερον, εἰ τὸ πάροιθεν ἐνὶ κτερέεσσιν ἐλυσθείς, 1,253 f.; vgl. πολὺ βέλτερον εἶξαι ἀθανάτοις, 2,338; οὔ τι γὰρ ἄλλο / βέλτερον ἦν φράσσασθαι, 3,501). Der Ausdruck findet sich zudem bezeichnenderweise in der *lamentatio* der Frauen aus Pagasai, die auch als kollektive Rede wiedergegeben wird (ἦ τέ οἱ ἦεν βέλτερον..., 1,254). Teilweise wird μέγα als adverbielle Bestimmung zu βέλτερον ἦν aufgefasst, meist jedoch zu μενοινώοντας gezogen (Glei / Natzel-Glei 1996, ad loc.; dagegen Livrea 1973, 521; Vian / Delage 1981, 124). Die Verbindung μέγα δή begegnet im alten Epos nicht (Bissinger 1966, 181), aber häufig bei Ap. (1,253; 3,637; 891; 4,1673; 1749), Kallimachos (Call. Del. 60; 189; Epigr. 43,5; fr. 228,56 Pf.; mit Zwischenglied: Call. Lav. Pall. 122) und weiteren hellenistischen Dichtern (Mosch. E. 146; Strat. AP 12,180,1) sowie später bei Oppian (Opp. H. 4,194; C. 1,479).

1256 νῦν δὲ τί ῥέξαιμεν Vorbild ist ein Ausruf Agamemnons, der die Schuld für seine Verblendung bei der Rachegöttin sucht (ἀλλὰ τί κεν ῥέξαιμι; θεὸς διὰ πάντα τελευτᾷ, Il. 19,90). Wenn der Rezipient der *Ilias* aufgrund der Handlungsentwicklung geneigt ist, Agamemnons Unschuld zu bezweifeln (vgl. z. B. Taplin 1990; Scodel 2002, 150 f.), ist die Situation hier anders. Die Besatzungsmitglieder der Argo scheinen unverschuldet in ihrer ausweglosen Lage. Allerdings hatte der Erzähler zu Beginn auf die Vorherbestimmtheit der Libyenabenteuer hingewiesen und diese so im Anschluss an die Europa-Episode als Teil des „Entsühnungsprogramms" für den Mord an Apsyrtos verordnet (vgl. ad 1225 ff.). Die Frage führt zudem die Kontrastierung mit Odysseus' Selbstgespräch im Phäakenland fort (vgl. ad 1251–1258). Während Odysseus allerdings dann doch genau weiß, was zu tun ist (ἀλλ' ἄγ', ἐγὼν αὐτὸς πειρήσομαι ἠδὲ ἴδωμαι, Od. 6,126), endet die Rede des Argonauten ebenso wie im Folgenden die des Ankaios in echter Aporie (vgl. ad 1259). Der Kontrast spiegelt den Inhalt: Während Odysseus' schlimmste Irrfahrten mit der Ankunft bei den Phäaken beendet sind, steht den Argonauten nach ihrem Besuch bei den Phäaken in Libyen nun eine ihrer schwersten Prüfungen bevor.

1256 f. ἐρυκόμενοι ἀνέμοισιν Vorbild ist eine hom. Konstruktion (οὐδέ οἱ ἀτρέμας ἧσθαι ἐρητύετ' ἐν φρεσὶ θυμός (Il. 13,280; vgl. Schmidt 1885, 621; Fränkel 1968, 590; Livrea 1973, ad loc.). Der Infinitiv bei ἐρύκειν bezeichnet üblicherweise auch bei Ap. die Aktion, die verhindert wird (vgl. 1,346; 1303; 2,336; 432; 4,197 f.; 1678; so auch bei ἐρητύειν: 1,171; 2,835; 3,380), hier dagegen die Handlung, die vom Zurückhalten ausgelöst wird, nämlich das Festgehaltensein an einem Ort. Wie hier ἐρύκειν findet sich an anderer Stelle ἴσχειν (ἀλλὰ με πικρή τ' αἶσα καὶ ἄατος ἴσχει ἀνάγκη / μίμνειν,

2,233 f.; vgl. Vian / Delage 1973, 89 f.). Als Stürme die Argonauten zwölf Tage in Kyzikos festhalten, gebraucht Ap. einen Ausdruck, bei dem analog μένειν als erste Folge des Zurückgehaltenseins dem Sinn nach zu ergänzen ist (τοὺς δὲ καθαῦθι / ναυτίλλεσθαι ἔρυκον, 1,1079 f.). So erst wieder bei Nonnos (ὑγροκέλευθος ἐρήτυεν αὐτόθι μίμνειν, Nonn. D. 14,63).

αὖθι μένειν Hom. Wendung (Il. 10,65; 209; 410; 22,137; 241), die auch bei Bakchylides begegnet (B. fr. 7,27). Abgewandelt in einer Schlussklausel der *Hekale* (αὖθι δὲ μίμνον, Call. fr. 260,10 Pf.). Später findet sich der Ausdruck bei Nonnos (Nonn. Ev.Joh. 4,186 ff.).

1257 τυτθόν περ ἐπὶ χρόνον Die Kombination τυτθὸν χρόνον nur hier bei Ap., Vorbild ist die poetische Junktur ὀλίγον χρόνον (Il. 19,157; 23,418; Pi. N. 7,38). In der *Odyssee* wird in ähnlicher Bedeutung οὐ πολλὸν ἐπὶ χρόνον (Od. 12,407; 15,494; vgl. Call. fr. 260,63 Pf.) verwendet, bei Hesiod findet sich παῦρον δέ τ' ἐπὶ χρόνον (Op. 133; 326). Die Verbindung mit der Präposition ἐπί ist bei Arat belegt (ὀλίγον μὲν ἐπὶ χρόνον, Arat. 404; evtl. bereits ἐπ' ὀλίγον χρόνον, Anaximand. fr. 30,3 D.-K.) und wird von Ap. bevorzugt (1,793; 4,962; 4,1547).

οἷον ἐρήμη Das hom. Adjektiv ἐρῆμος (vgl. Il. 5,140; Od. 3,270; 12,341) verwendet Ap. lediglich zur Beschreibung der Syrte hier und im Erzählerkommentar zum Wüstenmarsch der Argonauten (Λιβύης ἀνὰ θῖνας ἐρήμους, 4,1384). Analog zur *Odyssee*, die das Adjektiv für einsame, nicht von Menschen bewohnte Inseln verwendet, ist ἐρῆμος in den *Arg.* für das zum Zeitpunkt des Besuches durch die Helden noch leere, d.h. nicht griechisch zivilisierte Libyen reserviert. Das Motiv der Einsamkeit trägt maßgeblich dazu bei, Libyen vor der Ankunft der Argonauten zu charakterisieren und prägt so die eine, bedrohlich-unzivilisierte Seite des Libyenbildes (τῇδ' ὑπ' ἐρημαίῃ, 1263; ἐρημαῖοι, 1298; ἐρημονόμοι κυδραὶ θεαί, 1333; θῖνας ἐρήμους, 1384; γαῖαν ἐρημαίην, 1624; ἐρημαίη / ἀκτῇ, 1719 f.; vgl. Teil I. D.).

1258 πέζα Nicht bei Homer belegt, bezeichnet πέζα bei Ap. sonst nach tragischem Vorbild (A. fr. 424a3 Mette; S. fr. 16,1 Radt) den Saum eines Frauengewandes (4,46; 4,940); hier den „Saum" der Syrte, womit wohl nicht die Meeresküste gemeint ist (Vian / Delage 1996², ad loc.), denn die Küste ist fern, Schiff und Helden befinden sich in einer großen sumpfigen Bucht und sehen soweit das Auge reicht nur Sand- und Sumpfwüste, aber eben kein Meer, sondern der einsame, dem Auge keinen Halt bietende „Saum", also der Horizont.

διωλυγής Etymologie unbekannt (Chantraine 1968, s.v. διωλύγιος). Das Adjektiv ist unhomerisch und überhaupt selten, zuerst bei Platon in der Bedeutung „lang, weit ausgedehnt" (μακρὰ μὲν καὶ διωλύγιος φλυαρία, Pl. Tht.

162a; μήκη τε αὖ κέκτηται διωλύγια, Lg. 890e3). Die Platon-Scholien äußern sich zur Bedeutung des Adjektivs (μεγάλη, ἢ ἐπὶ πολὺ διήκουσα, Schol. Vet. Pl. Tht. 162a; ἀντὶ τοῦ περιβόητος. σημαίνει δ' ἔσθ' ὅτε καὶ τὸ σκοτεινὸν καὶ νυκτερινόν, Schol. Rec. Pl. Tht. 162a; Διωλύγιον· τὸ μέγα, ἢ τὸ ἐπὶ πολὺ διῆκον, Did. 245,12). Das Ap.-Scholion greift beide Bedeutungsvarianten auf (σκοτεινῆς. ἢ διωλυγίης ἀντὶ τοῦ ἐπιπολὺ διηκούσης, Schol. A.R. ad 4,1258). Man hat daher angenommen, dass Ap. hier wie im Fall von ἠερίη (vgl. ad 1239) gelehrtes Spiel mit der aufgrund des Scholienbefundes vermuteten Mehrdeutigkeit des Ausdrucks διωλυγίης... ἠπείροιο treibe (vgl. Livrea 1971, 144; Livrea 1973, ad loc.). Da σκοτεινός jedoch eindeutig „dunkel, schattig" heißt – was im Fall der Syrtenwüste nicht passt – und nicht wie ἠέριος „dunstig, neblig" bedeutet, ist es wahrscheinlicher, dass der Ap.-Scholiast für die seltene Vokabel aus Unsicherheit beide Bedeutungsvarianten wiedergibt. Die Bedeutung dürfte hier „lang, weit ausgedehnt" sein. In der Bedeutung „weithin tönend" verwenden das Adjektiv dagegen in Analogiebildung zu διαπρύσιον κιθαρίζων (h. Ven. 179) die *Argonautica Orphica* (διωλύγιον κιθαρίζων, Orph. A. 406), womöglich auch schon Antiphilos (πνεῦμα διωλύγιον, Antiph. AP 7,641). Das Adjektiv findet sich in einem Kallimachos-Fragment, wobei eine Abhängigkeit der *Arg.*-Stelle von Kallimachos diskutiert wird (ἔνθ' ἀνέμων μεγάλων κῦμα διωλύγιον, Call. fr. 713 Pf.; Livrea 1973, ad loc.). Das kurze Fragment handelt von einem Unwetter auf dem Meer, der Überlieferungszustand lässt keine weiteren Schlüsse zu.

ἀναπέπταται Das Partizip ἀναπεπταμένος ist ἅπαξ λ. bei Homer (Il. 12,122), jedoch in der Bedeutung „ausgebreitet, offen". In der geographischen Bedeutung „sich erstrecken, ausdehnen" begegnet ἀναπετάννυμι zuerst bei Xenophon von der Lage eines Hauses (X. Oec. 9,4; Livrea 1973, ad loc.). Ap. verwendet einen geographischen Fachausdruck wie er in fachwissenschaftlicher Prosa begegnet, z. B. bei Strabo und Plutarch (εἰς πεδία ἀναπέπταται ἡ κατὰ τὸν Ἰσσικὸν κόλπον παραλία, Str. 14,3,1,10; αὐλὼν δ' ἀναπέπταται πρὸς τὴν θάλατταν, Plu. Fab. 6,3,2; τὸ δὲ σπήλαιον [...] παρελθόντι δ' ὕψος τε θαυμαστὸν ἀναπέπταται, Crass. 4,5,4; vgl. dazu auch Meyer 1998a; Meyer 2008[2]).

1259 f. Ankaios' Ratlosigkeit Das Aporie-Motiv ist in der Libyenepisode häufig anzutreffen. Dabei verwendet Ap. zum Teil das Substantiv ἀμηχανία (vgl. ad 1259), zum Teil variiert er das Motiv mit Hilfe anderer Ausdrücke. Betont wird die Ratlosigkeit der Helden etwa, als sie das Rätsel der Herossae lösen wollen (vgl. ad 1308; 1318). Ratlos sind sie auch auf der Suche nach Wasser bei den Hesperiden, beim Tod des Mopsos, bei der Suche nach einem Ausweg aus dem Tritonsee, in der plötzlichen Dunkelheit kurz vor Anaphe (vgl. ad 1395; 1528; 1539; 1695–1701). Das Motiv des ratlosen Steuermannes überträgt später Vergil auf Palinurus, der aufgrund der andauernden Finsternis den Weg nicht zu finden vermag, weil er –wie die Argonauten, die in der Syrte sumpfiges Meer und festen Boden nicht unterscheiden können (vgl. ad 1245 f.) – Tag und Nacht nicht unterscheiden kann (Verg. A. 3,201 f.).

1259 ἀμηχανίη κακότητος Das Substantiv ἀμηχανία beschreibt als ἅπαξ λ. bei Homer den Gemütszustand des Odysseus und seiner Mannschaft beim Anblick des menschenfressenden Kyklopen (σχέτλια ἔργ' ὁρόωντες· ἀμηχανίη δ' ἔχε θυμόν, Od. 9,295). Für Odysseus πολυμήχανος ist der vorübergehende Zustand völliger Ratlosigkeit nicht so ungewöhnlich (vgl. dagegen De Jong 2001a, ad 9,295–335), wenn man bedenkt, dass die Erwähnung der ἀμηχανίη vor allem den raffinierten Befreiungsplan vorbereitet, den er im Folgenden entwickelt (Od. 9,295–335). So wird sein Ideenreichtum umso deutlicher betont, denn der geniale Plan, mit dem Polyphem bezwungen wird, erscheint als spontaner Einfall des Odysseus. Darüber hinaus ist für die Erzählsituation in der Kyklopenepisode von Interesse, dass Odysseus als Sekundärerzähler fungiert. Auf der intradiegetischen Ebene rückt er durch die Betonung seiner vorübergehenden ἀμηχανίη die folgende Heldentat vor den Mitgliedern des Phäakenhofes ins rechte Licht, während auf der extradiegetischen Ebene das ἀμηχανίη-Motiv spannungssteigernd wirkt. Einen ähnlichen Effekt bereitet hier die Betonung der ἀμηχανίη der Helden vor (vgl. ad 1277–1304). Die Ratlosigkeit (ἀμηχανίη) der Argonauten insgesamt oder einzelner Helden, insbesondere Jasons, ist ferner Leitmotiv der *Arg.* und wird im Hinblick auf das Heldenbild im Vergleich mit den hom. Epen intensiv diskutiert (vgl. z. B. Fränkel 1960; Lawall 1966; Beye 1969; Hunter 1988; Fusillo 1993, 127–133; Hunter 1993b, 8–45; Pietsch 1999, 99–158; vgl. ad 1279–1304; 1308; 1318; 1527; 1701). Die ausführliche Beschreibung der ἀμηχανίη des Ankaios und der übrigen Argonauten ist jedoch oft erzählstrategisch bedingt. Die Rede des Ankaios und die Syrtenbeschreibung verleihen der Verzweiflung der Helden eine sachliche Grundlage. Verzweiflung und Hoffnung der Argonauten sind zentrale Bestandteile der Handlungskomposition in der Libyenepisode, die sich zwischen zwei Extremen entwickelt (vgl. Teil I.D).

1260 Ἀγκαῖος Ankaios heißen bei Ap. zwei Argonauten: Ankaios, Sohn des Lykurgos, aus Arkadien (1,163 ff.; 1,531 f.; 2,118 ff.) und der zweite Steuermann Ankaios, Sohn des Poseidon und der Astypalaia, aus Parthenia, auf dessen nautische Fähigkeiten bereits im Katalog verwiesen wird (1,185 ff.). Nach dem Tod des ersten Steuermanns Tiphys, wird Ankaios aus Parthenia Steuermann (2,865–877; 894 ff.; 1276–1280). In der *Ilias* werden ebenfalls zwei Helden namens Ankaios erwähnt (Il. 2,609; 23,635). Kallimachos erwähnt einen Ankaios, König von Samos, ebenfalls ein Sohn Poseidons

(Call. Del. 50, vgl. Str. 14,1,3; Apollod. 1,126; Hyg. Fab. 14,16; zur Frage der Übereinstimmung vgl. Mineur 1984, ad 50; dagegen Matteo 2007, ad 865). Ein Ankaios wird als Teilnehmer an der Jagd auf den Kalydonischen Eber erwähnt (Pherecyd. 3 F 36 FGrH; Apollod. 1,70; Arist. Fr. 571 Rose = Schol. A.R. 1,185–88c; womöglich ist der Steuermann der Argonauten gemeint, vgl. Ardizzoni 1967, ad 188). Die beiden Ankaios-Szenen im zweiten und vierten Buch sind komplementär: Während es Ankaios nach dem Tod des Tiphys gelingt, den verzweifelten Argonauten wieder Hoffnung einzuflößen (2,864–898), kann er nun trotz seiner Talente nichts ausrichten (vgl. ad 1272–1278).

ἰθυντήρ Das seltene Substantiv begegnet in Theokrits *Syrinx* (Theocr. 33,2), dann erst wieder in den Sibyllinischen Orakelbüchern (z. B. Orac. Sib. 2,211; 7,147; Opp. H. 1,61; 1,230; Nonn. D. 39,311; als Variante zu ὀπωπητήρ: Coluth. H. 54; vgl. Livrea 1968, ad 54; Orsini 1972, ad 54). Bei Ap. wird ἰθυντήρ nur für Ankaios verwendet (noch 4,202), der erste Steuermann Tiphys heißt κυβερνητήρ (2,72; 2,174), die Suche nach seinem Nachfolger verläuft unter dieser Bezeichnung (2,882; 2,886).

ἀκηχεμένοις Die vom Parisinus Gr. 2845 gegen die übrigen Mss. überlieferte Variante ἀκηχέμενος wird seit Fränkels Edition nicht mehr übernommen und ist wohl einer Analogiebildung zu τετιημένος ἐξερέειν (1250) geschuldet (Fränkel 1961, ad loc.). Für das bei Homer seltene Partizip Perfekt (Il. 5,364; 18,29) hat Ap. eine Vorliebe (3,101; 618; 672, 1104; 1156; 4,92), worin ihm Quintus und Kolluthos folgen (z. B. Q.S. 3,129; 551; Coluth. 290; 367; 377).

1261–1277 Situationsanalyse des Steuermanns Ankaios Der Monolog variiert eine Rede des Odysseus, in der dieser bei Ankunft auf der Kirke-Insel Aia zu dem Schluss kommt, dass er die Bewohner der Insel um Hilfe bitten muss, auch wenn alle Schlimmes vermuten (Od. 10,189–197). Die Reaktion von Odysseus' Gefährten ist der der Argonauten ähnlich: Sie weinen und klagen, Odysseus bringt sie aber davon ab (Od. 10,198–204; vgl. ad 1276–1304, ad 1290).

Die Rede des Ankaios und die Reaktion seiner Gefährten kontrastiert die erste Ankaios-Szene im zweiten Buch. Die Argonauten waren nach dem Tod ihres ersten Steuermanns Tiphys ratlos und verzweifelt (2,858–864). Während Ankaios damals einen Ausweg aus der Situation weisen konnte, indem er sich als Ersatzsteuermann anbot (2,865–898), ist es hier seine nach nautischen Gesichtspunkten realistische Situationsanalyse, die alle verzweifeln lässt (vgl. Hutchinson 1988, 135 ff.; Dräger 2002, 548).

Ankaios' Rede besteht aus fünf ringkompositorisch angeordneten Abschnitten: Tod aller Argonauten steht bevor (A: 1261 ff.), nautische Bemerkungen zur Situation (B: 1262–1266), Verknüpfung mit Symplegadendurchfahrt (C: 1267 f.), Beschreibung der Gefahren der Syrte (C': 1269 f.), nautisches Wissen hier ohne Nutzen (B': 1272–1275), Heimkehr ist verloren, Tod steht bevor (A': 1275 f.). Ankaios greift dabei Aspekte auf, die schon in der ersten Syrtenbeschreibung des Erzählers (1235–1249) sowie in der exemplarischen Rede des Argonauten (1251–1258) zur Sprache kamen: Er beschreibt die Syrte als einsame Sumpf- und Sandwüste. Ferner erwähnt er von den früheren Abenteuern vergleichend die Symplegaden. Mit nautischem Fachwissen bestätigt er die Befürchtung, dass die Situation hoffnungslos ist und stimmt in die allgemeine ἀμηχανία ein.

1261 ὠλόμεθ' αἰνότατον δῆθεν μόρον Der ruhmlose Tod wird im hom. Epos am meisten gefürchtet, semantisch gleichwertige Vorbilder zu αἰνότατος μόρος finden sich entsprechend (κακὸν οἶτον, Il. 3,417; Od. 13,384; κακὸν μόρον, Od. 1,166; 21,133; Livrea 1973, ad loc.; Campbell 1981, 83). Hier ist vor allem die Reaktion Achills auf Xanthos' Todesprophezeiung vorbildhaft (εὖ νύ τοι οἶδα καὶ αὐτός, ὅ μοι μόρος ἐνθάδ' ὀλέσθαι, Il. 19,421). Die Übernahme der Junktur dient der Kontrastierung der jeweiligen Heldenschicksale: Während Achill den ewigen Ruhm einem langen Leben bewusst vorziehen kann, bleibt den Argonauten diese Wahl nicht. Sie sehen sich vor ein ruhmloses Ende gestellt. Der Rezipient weiß dagegen, dass sie gerettet werden und Ruhm erlangen (vgl. Teil I.E.II.3). Bei Homer bezeichnet μόρος sonst den Tod (Il. 18,465; Od 9,61; vgl. A.R. 1,140; 2,136; 339; 3,468; 1080), aber auch das besondere Schicksal (Il. 6,357; vgl. A.R. 1,1350; 2,470; 3,806), ὑπὲρ μόρον den Teil am Schicksal, den der Mensch selbst in der Hand hat (Il. 2,155; 6,487; 20,30; 21,517; Od. 1,34; vgl. A.R. 1,1030; 4,20; vgl. ὑπὲρ Διὸς αἶσαν, 1254; vgl. Griffin 1978, 12 f.; Griffin. 1980; Janko 1992, 5 ff.; Sarischoules 2008, 73–84). Auch Ankaios sieht keinen Ausweg, den Hoffnungsschimmer (1256: νῦν δὲ τί κεν ῥέξαιμεν) seiner Gefährten im Keim erstickend. Ein ruhmloses Ende fürchten nicht nur die Argonauten, sondern auch der Erzähler selbst (vgl. ad 1773 ff.).

1261 f. οὐδ' ὑπάλυξις / ἔστ' ἄτης Das Substantiv ὑπάλυξις ist hom. δίς λ. (Il. 22,270; Od. 23,287) und begegnet nur hier bei Ap., das Verb ὑπαλύσκω auch sonst (2,71 f.; 2,603; 3,336; 4,1082). Zentrales Vorbild ist eine *Odyssee*-Stelle, Penelopes Reaktion auf eine Prophezeiung (εἰ μὲν δὴ γῆράς γε θεοὶ τελέουσιν ἄρειον, / ἐλπωρή τοι ἔπειτα κακῶν ὑπάλυξιν ἔσεσθαι, Od. 23,286 f.). Das Substantiv ὑπάλυξις begegnet in den Fragmenten der grammatischen Schriften des Philitas von Kos (Philet. fr. 29,8; 29,13) und in einer Weihinschrift aus dem 2. Jhd. n. Chr. auf einem Marmorblock aus Caesarea, in der aus einem Spruch des Apollonorakels von Caesarea Abwehrmaßnahmen gegen eine Seuche geschildert werden (ἀτὰρ ἐσσύμενοι τῶνδ' ὑπάλυξιν, Ἴωνες, κατὰ τεθμὸν ἰδέσθαι; Rückseite des Marmorblocks; vgl. ad 1382; Keil / Premerstein 1908, 9). Der hom. Gebrauch des Begriffs ἄτη lässt neben der personifizierten Ate bereits eine Beschränkung auf die Bedeutung „Unheil, Verderben, Strafe" erkennen (vgl. G. Müller 1956; Wyatt 1982; Arieti 1988; Said 2013), die bei Ap. zur Regel erhoben ist. Besonders häufig begegnet ἄτη zur Bezeichnung für das Unglück Medeas im dritten und vierten Buch (1,290; 477; 803; 1037; 1255; 2,153; 438; 623; 889; 3,56; 262; 306; 470; 504; 600; 769; 798; 973; 4,4; 62; 228; 235; 274; 380; 404; 449; 637; 817; 1016 f.; 1082; vgl. ad 1528).

1262 κύντατα Der Superlativ begegnet neben dem Komparativ κύντερος (Il. 8,483; Od. 7,216; 11,427; 20,18; vgl. auch h.Cer. 90) in der *Ilias* (μερμήριζε μένων ὅ τι κύντατον ἔρδοι, Il. 10,503; Livrea 1973, ad loc. Zu κύων vgl. Faust 1970, 8–31), ferner bei Euripides (Ἀδ. ἐπάθομεν ὦ Χο. τὰ κύντατ' ἄλγη κακῶν, E. Supp. 807). Hier dürfte eine Passage des hom. *Demeter-Hymnos* vorbildhaft sein, in der die um ihre Tochter trauernde Demeter die Menschheit ein Jahr hungern lässt (αἰνότατον δ' ἐνιαυτὸν ἐπὶ χθόνα πουλυβότειραν / ποίησ' ἀνθρώποις καὶ κύντατον, h. Cer. 305 f.). Beide Superlative, die dort das Hungerjahr beschreiben, begegnen in Ankaios' Analyse: αἰνότατον (1261); κύντατα (1262). Wie den Menschen ohne Segen der Göttin der Hungertod droht, drohen auch die Argonauten in der Wüste zu verdursten und zu verhungern.

πημανθῆναι Der Infinitiv Aorist Passiv nur ein einziges Mal bei Homer in der Erzählung des Alkinoos über die Schiffe der Phäaken (οὐδέ ποτέ σφιν / οὔτε τι πημανθῆναι ἔπι δέος οὔτ' ἀπολέσθαι, Od. 8,562 f.). Bei Ap. bezeichnenderweise nur hier. Mit einem Partizip Passiv desselben Verbs spielt Ap. am Übergang von der Asien- zur Europaepisode bereits auf die leidvollen Abenteuer der Helden in Libyen an (μυρία πημανθέντας, 4,560; vgl. Teil I.D).

1263 τῇδ'... ἐρημαίη Als Substantiv begegnet ἐρημαίη bei Empedokles (νυκτὸς ἐρημαίης ἀλαώπιδος, Emp. fr. B 49 D.-K.; vgl. ad 1423–1426; Wright 1981, 204; Kyriakou 1994, 309–319), dann auch in der *Hekale* von ihrem Wohnort (γρηὺς ἐρημαίη ἔνι ναίεις, Call. fr. 253,5 Pf.; vgl. dagegen Hollis 2009, 178 ad 40,5). Bei Ap. noch von einem Opferplatz in Kolchis (βῆ ῥ' ἐς ἐρημαίην, 3,1197). Einsamkeit, Leere und Zivilisationslosigkeit sind bestimmende Merkmale der *Libya obscura* (vgl. Teil I.D), häufig finden sich Varianten der Adjektive ἐρημαῖος (4,1298; 4,1624; 4,1719) und ἐρῆμος (4,1257; 4,1333; 4,1384). Von zwölf Verwendungen beziehen sich nur drei nicht auf Libyen, sondern auf Inseln, auf denen keine (griechische) Zivilisation, sondern Leere (2,672) bzw. die gefährlichen archaischen Aresvögel anzutreffen sind (2,385; 3,324). Die Argonauten stiften auf der thynischen Insel einen Kultort Apolls (2,674–719), vertreiben die Aresvögel (2,1030–1089) und kultivieren diese Landstriche wie später auch Teile Libyens. Durch die

Ankunft der Helden (4,560; vgl. ad 1380–1392) wird auch hier die *Libya placata* sichtbar und es entstehen erste Anzeichen von griechischer Zivilisation (4,1441–1449; 4,1620 ff.; 4,1638–1688; 4,1679–1730; 4,1731–1764; vgl. Teil I.D).

ὑπ'... πεπτηότας Schneiders Konjektur von ὑπ' zu ἐν ist unnötig. ὑπό mit Dativ wird von Ap. oft in der Bedeutung „am Rand von, am Fuß von" verwendet (vgl. 2,795; 2,1229; 3,1396; ὑπὸ δούρατι πεπτηῶτας, 3,321). Hier steht ὑποπίπτειν in Tmesis in der Bedeutung „in diese Einöde verschlagen sein, gestrandet sein". Die spezifischere Bedeutung von πίπτειν, „im Kampf fallen" klingt zudem an (vgl. Il. 11,157; 11,500) und lässt an im hom. Epos gängige Ausdrücke denken, die wie δαμῆναι ὑπό τινι (Il. 5,646; Od. 4,790) und ὑπὸ χερσί τινος (Il. 2,860; 7,359) ein Unterliegen im Kampf zum Ausdruck bringen. Dies unterstützt die sonst durch Inversion hom. Gleichnisse erfolgende Stilisierung der libyschen Landschaft zum epischen Gegner (vgl. Teil I.D.III.2). Die Verbindung mit ἐρημαῖος erneut im Doppelgleichnis (vgl. ad 1298 f.).

1263 f. ἀῆται / χερσόθεν Das ursprünglich feminine Substantiv ἀήτη begegnet im alten Epos zumeist mit dem Genitiv ἀνέμοιο, Νότοιο o.Ä. (Il. 16,626 f.; Il. 14,254; Od. 4,567; vgl. Hes. Op. 621; 645; 675; vgl. Leumann 1950, 268 Anm. 13; Schmitt 1970, 66 f.). Ab dem 4. Jhd. v. Chr. wird daneben ἀήτης als maskulines Substantiv gebraucht (Call. Dian. 230; Del. 318; Ep. 5,3; Theoc. 2,38; 22,9; Nic. Ther. 269), von Ap. ausschließlich (noch 1,423; 4,766; 837). Der Gebrauch als Maskulinum ist wohl auf eine falsche Lesart der Homer-Vulgata zurückzuführen (πνείοντας ἀήτας, Od. 4,567). Aristarch nahm dagegen für das hom. Substantiv feminines Geschlecht an (vgl. Livrea 1973, ad 766; Rengakos 1993, 100). Günstige Winde sind in den *Arg.* häufiges Thema (vgl. z. B. 1,335; 423; 3,1328; 1360; 4,766; ad 1537). Ankaios' Annahme betont die Aussichtslosigkeit der Lage in der Syrte. Eine motivische Parallele findet sich bei Kallimachos, wenn Berenikes Locke ihre Machtlosigkeit gegen den Zephyr beklagt, der sie davontrug (ἵετο κυκλώσας βαλιὰ πτερὰ θῆλυς ἀήτης, Call. Aet. 110,53).

Ankaios' Aussage könnte auf ein bestimmtes Windphänomen abzielen, das das Elend noch verschlimmern würde. Der in der naturwissenschaftlichen Literatur Λίψ bzw. Africus genannte Wind, ein Westsüdwestwind, bringt Nordafrika sengende Hitze und Trockenheit, zugleich Griechenland und Italien schlimme Unwetter (vgl. Hdt. 2,25; Hdt. 4,173; Arat. fr. 16; Arist. mete. 2,6,363b 19 f.; Aristot. Mu. 64a 15 f.; Arist. vent. 973b 11; Plin. HN 2,119 ff.; 18,336; vgl. Masselink 1956, 57 ff.; 110 f.; Taf. I–X). Das Wetterphänomen sorgt an den Küsten Nordafrikas im Frühsommer auch heute für heiße und trockene Winde (ital. Scirocco bzw. arab. Samum; Gibli; Chamsin). Es trägt heiße Wüstenluft und Saharasand Richtung Norden ans Mittelmeer. Der Samum kann Temperaturen von bis zu 55°C erreichen und senkt die Luftfeuchtigkeit in den betroffenen Gegenden auf unter 10 Prozent (vgl. Vian / Delage 1996², N.C. ad loc.; Goudie 2002⁴, 155). Der Hinweis rechtfertigt die Aporie des Steuermanns: Ankaios weiß um besonders gefährliche Winde, seine Aporie ist begründet, die Gefährten müssen glauben, sich in einer ausweglosen Lage zu befinden. Lukan übernimmt die Idee und beschreibt die Auswirkungen des Phänomens. Catos Männer werden auf ihrem Wüstenmarsch von einem Sandsturm mit furchtbaren Folgen heimgesucht (Luc. 9,444–500; vgl. Wick 2004 II, 169 f.; dagegen Hoffmann / Schliebitz / Stocker 2011, 266 Anm. 77; vgl. auch Sall. Iug. 79,6).

1264 ἀμπνεύσειαν Hier steht ἀναπνέω in der Bedeutung „wiederum wehen, erneut aufkommen". Sonst verwendet Ap. das Verb anders (αὐτμή πηγυλὶς ὀκρυόεντος ἀναπνείουσα μυχοῖο, „aus grausigem Innern steigt eiskalter Hauch auf", 2,736 f.; πυρὸς σέλας ἀμπνείεσκον, „Feuersäulen ausschnauben", 3,231; vgl. 3,1392 sowie λάβρον ἀμπνεῦσαι καπνόν, Pi. O. 8,36). Bei Homer bedeutet ἀναπνέω „aufatmen" (Il. 11,327; 800; 14,436; 22,222), ἀποπνέω aber „das Leben aushauchen, sterben" (Il. 4,524; 13,654). Bei Ap. steht ἀναπνέω auch in diesem Sinn (θυμὸν ἀναπνείων, „sein Leben aushauchen", 4,472), ἀποπνέω dagegen nur einmal in der Bedeutung „riechen nach" (2,193). Die Verbindung θυμὸν ἀναπνέω (4,472) begegnet sonst nur bei Antimachos von Kolophon (οὐδ' ἔτι δηρόν / θυμὸν ἀναπνείων χολάδας δέρτροισι καλύψεις, Antim. fr. 47 Wyss).

1264–1271 Ankaios' Blick auf das Sumpfgebiet Syrte Ankaios beschreibt erneut die Syrte, und ergänzt die Erzählerperspektive (1235–1244) und die der Argonauten insgesamt (1256 ff.) durch die einer nautisch kundigen Person. Die dreifache Beschreibung verstärkt die Bedeutsamkeit der Syrte. Die Bedrohlichkeit der Landschaft rückt ins Zentrum (vgl. ad 1261–1276). Der Aufbau ist ringförmig: Ankaios nennt zuerst den flachen Syrtensumpf (1264 ff.), dann kontrastierend die vorherige Sturmflut (1267 ff.), schließlich erneut den Sumpf (vgl. ad 1270 f.).

1264 τεναγώδεα Wie das Substantiv τέναγος (vgl. ad 1237) ist das Adjektiv sonst in philosophischer, historischer und geographischer Prosa gebräuchlich (z. B. Strat. Phil. fr. 91,17; Plb. fr. 1,75,8; 3,79,1; Ph. Mech. 100,53 Diels-Schramm; D.S. 20,60,2; 3,40,5; Str. 1,3,4; 15,1,34; Arr. Ind. 40,10,1; Ann. 5,4,1,8; App. B.C. 5,11,107). Der Sumpf ist charakteristisch für die Syrte und steht in Kontrast zur Sturmflut (vgl. ad 1267 ff.). Die prominente Mittelposition in der Rede bildet die Situation ab: Mangelnde Wassertiefe im Sumpf ist für den Steuermann das ausschlaggebende Problem.

1265 περισκοπέων Das Verb ist in tragischer Dichtung und in Prosa verbreitet, im Epos lediglich bei Arat (z. B. Arat. 199; 435; 464; Livrea 1973, ad loc.), wenn es um die Sichtbarkeit der Sterne oder das Ausschauhalten geht. Ankaios beschreibt als Steuermann auch eine seiner wichtigsten Aufgaben, das Beobachten des Himmels und der Himmelskörper.

ἤλιθα Ob hier ἤλιθα im Sinn von ματαίως mit Bezug auf die Nutzlosigkeit der Bewegung der Wasseroberfläche für die Wasserung des Schiffes (wie 2,283) oder im Sinn von ἅδην mit Bezug auf die zurückfließenden Wassermassen steht (wie 3,342; 4,177), ist umstritten. Vian (1981, ad loc.) und Borgogno (2003, ad loc.) plädieren für ἅδην bzw. „a l'infini", Livrea (1973, ad loc.) für ματαίως. Da die Wassermassen, die die Argo in die Syrte befördert haben, schon vor einiger Zeit zurückgeflossen sind und das Schiff nahezu trocken liegt (vgl. ad 1244), bezieht sich Ankaios wohl auf das leichte Kräuseln des flachen Wassers, das den „Sand kämmt" und als Kontrast zur benötigten, echten Flut dient (vgl. ad 1266).

1266 ξαινόμενον Das Verb bezeichnet im hom. Epos einen Vorgang der Wollbearbeitung, das Schlagen oder Kämmen der Wolle (z. B. εἴριά τε ξαίνειν, Od. 22,423). Ankaios bezieht sich auf das leichte Kräuseln der Wasseroberfläche im Syrtensumpf. Womöglich handelt es sich um eine fachwissenschaftliche Anspielung. Das Sediment in denjenigen Gegenden Nordafrikas, die wie hier die Syrte durch starke Gezeiten geprägt sind, bildet an der Sedimentoberfläche dem Wattenmeer vergleichbare sog. Rippelmarken oder subaquatische Dünen, die aussehen, als sei der Sand „gekämmt" worden (vgl. z. B. Zanke 1982, 287 ff.).

ἐπιτροχάει Das Verb ist erstmals bei Arat belegt und bezeichnet dort heftigen Regen während eines Sturms (ῥαθάμιγγες ἐπιτροχόωσ' ὑετοῖο, Arat. 889), hier ebenfalls ein Wasserphänomen, nämlich den Lauf der flachen Wellen über den Sand (vgl. ad 1606). Bei Nikander steht das Verb übertragen von Eiterbeulen (σάρκα δ' ἐπιτροχόωσαι ἀολλέες ἄκρα πελιδναί, Nic. Al. 544; vgl. Antiphil. AG 9,306,2; AG 6,45,3; D.P. 148; Nonn. D. 6,235; Paul.Sil. Descr. 965).

1267 ἐπισμυγερῶς In der *Odyssee* begegnet nur das Adverb (Od. 3,195; 4,672), bei Ap. (vgl. 1,616; 4,1651) dagegen auch das Adjektiv (4,1065), das vorher nur im *Scutum* belegt ist ([Hes.] Sc. 264; vgl. Russo 1965[2], ad 264 sowie 12 ff.). Ap. verwendet Formen vom Simplex σμυγερός, das sonst nur bei Sophokles belegt ist (S. Ph. 166; 2,244; 2,374; 4,380; vgl. Nic. Al. 419). Beide Adjektive begegnen später nur noch in philologischer Literatur.

διὰ ... κεάσθη διακεάζειν in Tmesis wie in einem hom. Vorbild (πῦρ τ' εὖ νηῆσαι διά τε ξύλα δανὰ κεάσσαι, Od. 15,322). Die antike Homererklärung streitet, ob διακεάζειν „verbrennen" oder „zerspalten" bedeutet (καῦσαι ἢ σχίσαι, Schol. V Od. 15,322; Ap. S. 97,17). Hier eindeutig „zerspalten, zerschmettern", ebenso für das Simplex bei Ap. (2,104; 3,378; vgl. Fränkel 1961, ad 4,392; Campbell 1971, 420; Livrea 1973, ad 392; dagegen Rengakos 1994, 102). Dagegen scheint andernorts nur „verbrennen" zu passen (διά τ' ἔμπεδα πάντα κέασσαι, 4, 396).

1268 f. Ankaios spielt vornehmlich wie schon in der exemplarischen Rede (vgl. ad 1251–1258) auf die korrespondierende Symplegadendurchfahrt des zweiten Buches an (2,537–647; vgl. Teil I.C). Zum einen verdichtet dieser Kontrast die Bezogenheit beider Episoden und unterstreicht die Gefahr der Syrte und der Symplegaden. Zum anderen verweist Ankaios explizit auf einen elementaren Unterschied beider Phänomene: Bereitete bei der Durchfahrt durch die Symplegaden Wasser der Argo beinahe den Untergang, so droht nun gerade die Wasserlosigkeit der Syrte den Argonauten zum Verhängnis zu werden.

1269 πλημυρὶς ἐκ πόντοιο Die mittlere Silbe von πλημυρίς ist hier kurz, aber lang in 1241 (Hunter 2015, ad loc.). Die Junktur ist in der *Odyssee* und bei Bakchylides belegt (τὴν δ' ἂψ ἤπειρόνδε παλιρρόθιον φέρε κῦμα, / πλημυρὶς ἐκ πόντοιο, Od. 9,485 f.; πλήμυριν πόντου φυγών, B. fr. 10; vgl. τηλόθεν ἐρχομένου δέχεται πλημυρίδα πόντου, D.P. 107). Die *Odyssee*-Stelle beschreibt, wie Odysseus' Schiff von der Welle, die der Kyklop mit einem Felsen verursacht, ans Ufer zurückgeworfen wird. Der Kyklop will Odysseus' Flucht in letzter Minute vereiteln. Abgesehen von der motivischen Übereinstimmung – die Argo wurde von einer Flutwelle in die Syrte befördert – bestehen inhaltliche Gemeinsamkeiten. Wie die Gefährten des Odysseus ihre Flucht schon für geglückt halten, müssen die Argonauten hier empfinden, da sie sich kurz zuvor beinahe in Griechenland glauben (vgl. ad 1231). Es handelt sich um einen Überbietungsgestus: Während Odysseus' Gefährten vom Kyklopen nur kurz aufgehalten werden, dann aber doch ihre Fahrt fortsetzen können, ist die Lösung für die Argonauten noch weit (vgl. ad 1275 f.). Wiederum im Gegensatz zu den Gefährten des Odysseus, deren Schicksal später besiegelt wird, werden es die Argonauten trotz ihrer scheinbar aussichtslosen Lage schließlich nach Hause schaffen.

μεταχρονίην Das Adjektiv bedeutet seiner Bildung aus μετά und χρόνος entsprechend eigentlich „nach einiger Zeit", wie es bei späten Autoren belegt ist (vgl. z. B. Tryph. 1; Luc. Alex. 28; Gal. 19,522). Hesiod gebraucht es im Sinn von μετέωρος, „hoch oben, erhoben" (μεταχρόνιαι γὰρ ἴαλλον [Ἅρπυιαι], Hes. Th. 269; vgl. μετέωροι, καὶ τὸν οὐρανὸν γὰρ χρόνον καλοῦσι, Schol. Hes. Th. 269; vgl. West 1966, ad 269). In dieser Bedeutung sonst in der Dichtung (Hes. fr. 150,34 M-W; Mel. Adesp. 4,13 Page; Nonn. D.

20,289 f.), auch bei Ap. von der fliegenden Iris und der Seele Medeas (2,300; 3,1151; vgl. Ardizzoni 1958, ad 1151; Livrea 1973, ad 952; Vian / Delage 1980, ad 684; Hunter 2015, ad 952). Ap. gebraucht das Adjektiv häufig von der Argo, wenn sie nicht ihrer Bestimmung gemäß auf dem Meer fährt, sondern in Extremsituationen in die Luft erhoben wird: Bei der Durchfahrt durch die Symplegaden (2,587; vgl. Teil I.C), durch die Plankten, in einem Gleichnis, das das Schiff mit einem Ball im Ballspiel vergleicht (4,952) und bei der Durchquerung der Syrtenwüste – dort jeweils zu Beginn, auf dem Höhepunkt und gegen Ende der Libyenabenteuer (vgl. ad 1296; 1385; 1568). Das Adjektiv fungiert so als Signalwort für Fahrtabenteuer, bei denen das Schiff extremen Belastungen ausgesetzt ist (Symplegaden, Plankten, Syrte).

1270 πελαγόσδε μετέσσυται Das Imperfekt μετέσσυτο begegnet in gleicher Versposition in der *Ilias* (Il. 21,423; 23,389), das Partizip Perfekt zudem bei Nikander (Nic. fr. 74,6 GS). Imperfekt- und Partizipformen auch später (Q.S. 6,348; 7,141; Nonn. D. 9,249; 30,325). Eine ähnliche Junktur beschreibt Tiphys' Tätigkeit als Steuermann, nachdem die Argonauten die Symplegadendurchfahrt überstanden haben (νῆα διὲκ πέλαγος σεῦεν μέσον, 2,620). Ankaios verweist so indirekt auf den Erfolg seines toten Kollegen Tiphys. Während in den Symplegaden das Geschick des Steuermanns wichtig war, kann er in der Syrte nicht helfen. Beide Episoden werden so als Schlüsselepisoden der Hin- bzw. Rückfahrtabenteuer gegenübergestellt.

οἰόθι Zuerst bei Arat (Arat. 376), dann bei Ap. (noch 2,709; 3,945; 4,459; 1046; 1401), wohl in Anlehnung an hom. οἰόθεν gebildet (Livrea 1973, ad 459 sowie ad 418).

1270 f. Ankaios' Blick auf das Sumpfgebiet Syrte II Ankaios greift den Syrtenexkurs des Erzählers sowie die Beschreibung der exemplarischen Rede auf (vgl. ad 1235–1249; ad 1251–1258). Beide Reden charakterisieren indirekt die Figuren. Während den Argonauten vor allem ihr eigenes Unglück und die Ödnis der Landschaft auffallen, fokussiert der Steuermann aus nautischer Perspektive auf das mangelnde Fahrwasser. Anklänge finden sich in der Seesturmszene der *Aeneis* (Verg. A. 1,110 ff.).

ἅλμη / ἄπλοος ἄπλοος ist ἅπαξ λ. bei Ap., hier in passiver Bedeutung von der See „nicht schiffbar" nach Vorbildern aus der rhetorischen und philosophischen Prosa (D. 18,241; Arist. Mir. 838a 30). In dieser Bedeutung später häufig (vgl. Plb. 4,38,7; Str. 7,3,6; Plu. Ant. 32,1,3; Cass. Dio. 68,28,1; übertragen auf den Himmel: ἄπλοος αἰθήρ, Nonn. D. 6,358).

1271 γαίης ὕπερ ὅσσον ἔχουσα Das Partizip nimmt Bezug auf ἅλμη, ὑπερέχειν steht in Tmesis in intransitiver Bedeutung „überragen, emporragen", ὅσσον heißt hier „so wenig" (wie 1,183; Theocr. 9,20; vgl. Gow 1952 II, ad 9,20; Livrea 1973, ad loc.; Hunter 2015, ad loc.).

1273 δαημοσύνην Das Substantiv begegnet zuerst bei Ap. (noch 2, 175; 2,1260), wohl vom hom. Adjektiv δαήμων abgeleitet (vgl. Il. 15,411; 23,671; Od. 8,159; 263; 16,253; Hes. fr. 141,24 MW; Archil. fr. 3,4; bei Ap. 1,80; 2,874; 887). Livrea (1973, ad loc.; ad 699) weist auf vergleichbare Neubildungen mit -σύνη in hellenistischer Hexameterdichtung hin (z. B. ἐλεημοσύνη, Call. Del. 152 zu ἐλεήμων, Od. 5,191; ἀλημοσύνη, A.R. 2,1260 zu ἀλήμων, Od. 17,376; ἀλιτροσύνη, A.R. 4,699 zu ἀλιτρός, Il. 8,361; später Opp. H. 2,327; Max. 9,454; Orph. A. 728; Man. 2,200; Q.S. 1,176). Die Neubildung dient der Emphase: Sein Wissen und seine Kunstfertigkeit sind erschöpft, er weiß keinen Ausweg. Alle übrigen Argonauten, die über nautische Kenntnisse verfügen, stimmen zu, wobei die Verwendung eines Partizips vom gleichen Stamm die Übereinstimmung herausstreicht (δεδαημένοι, vgl. ad 1277 f.).

1274 φαίνοι ἐήν Die Konjektur Madvigs ist in Übereinstimmung mit den meisten Editoren zu akzeptieren, lediglich Merkel verteidigt die Lesart φαίνοιεν der jüngeren, vom Laurentianus abhängigen Mss. (Livrea 1973, ad loc.; Vian / Delage 1996[2], ad loc.; Pompella 2006, ad loc.). Campbell (1973, 85–89) schlägt stattdessen φαίνειεν vor.

1275 μαιομένῳ κομιδῆς Vgl. ad 1556.

νόστιμον ἦμαρ Die vollständige Formel der *Odyssee* verwendet Ap. nur hier (vgl. Od. 1,9; 1,354 etc.). Dass der trojanische Sagenkreis, wie er in *Ilias*, *Odyssee* und den Resten des sog. Epischen Kyklos erhalten ist, in den *Arg.* eine Rolle spielt, hat man wiederholt betont (vgl. Meuli 1921; Carspecken 1952; Dufner 1988; Goldhill 1991, bes. 284–333; Knight 1995; Clare 2002; Fantuzzi 2008; für den Epischen Kyklos Griffin 1977; Rengakos 2004; Fantuzzi / Hunter 2004, 96 f.; Sistakou 2007; Sistakou 2008b, 88–100). Besonders der Nostos des Odysseus ist als Vorlage für einige Stationen der Argonauten zentral. Ap. gestaltet jedoch gerade die Symplegaden- und die Libyenepisode, die kein direktes Vorbild in der *Odyssee* haben, als zentrale Stationen, die durch lexikalische und semantische Übereinstimmungen aufeinander bezogen sind (vgl. ad 1235–1258). Das *Odyssee*-Motiv vom νόστιμον ἦμαρ der Argonauten zu Beginn der Libyenepisode wird als Signalwort eingesetzt: Der Steuermann ist überzeugt, dass eben diese Heimkehr ihnen verwehrt bleibt. Das Adjektiv νόστιμον findet sich bei Ap. bezeichnenderweise nur ein weiteres Mal in Hypsipyles Abschiedsrede an Jason (ἀπεὼν περ ὁμῶς καὶ νόστιμος ἤδη, 1,896; vgl. φέρε δ' ἀγρόθι νόστιμα πάντα, Call. Cer. 135). Quintus verwendet die Formel ebenfalls nur ein Mal (Q.S. 1,609).

1275 f. Ankaios beschließt seine Ansprache, indem er ringkompositorisch auf den ersten Satz zurückgreift (vgl. ad 1261–1276). Die Rede des Ankaios muss seine Gefährten verzweifelt zurücklassen. Die folgende Nahtod-Szene wird vorbereitet. Die Entwicklung zielt darauf ab, die Überwindung dieser aussichtslosen Situation als Heldentat zu inszenieren (vgl. Teil I.D.III).

1276 Ζεὺς ἐθέλει Wie in der exemplarischen Rede seines Gefährten sucht Ankaios am Schluss den Bezug zu Zeus und zum vorbestimmten Schicksal (vgl. ad 1254 f.).

καμάτοισιν ἐφ' ἡμετέροισι τελέσσαι Das erste und letzte Wort des Ankaios betonen effektvoll seine Überzeugung: Alle werden ihr Ende finden (τελέσσαι; ὠλόμεθ', vgl. ad 1261).

1277 δακρυόεις Die Argonauten sind insgesamt deutlich weniger nah am Wasser gebaut als die homerischen Helden (vgl. ad 1704).

1278–1304 Sequenz zweier Doppelgleichnisse Um die Hoffnungslosigkeit zu illustrieren, die die Argonauten und die Mädchen in der Syrte überkommt, widmet Ap. erst den Helden, dann den Mädchen je ein Doppelgleichnis. Dabei wird die Landschaft der Syrtenwüste mit Hilfe der motivischen und lexikalischen Übertragung aus hom. Zweikampfschilderungen zu einem epischen Gegner stilisiert. Die Überwindung dieses Gegners kann so als besondere Heldentat dargestellt werden (vgl. Teil I.D.III). Die Gleichnissequenz ist wie folgt gebaut: Einleitung des Männer-Themas: Verstummen und Erbleichen (1278 f.); Männergleichnis (1280–1287); Rückführung zur Handlungsebene (1288 f.); Übergangshandlung (1289–1296); Einleitung des Frauen-Themas: Lautes Klagen (1296 f.); Frauengleichnis (1298–1302); Rückführung zur Handlungsebene (1303 f.).

1278 νηῶν δεδαημένοι Ap. konstruiert das Partizip nach hom. Vorbild stets mit Genitiv (πολέμοιο δαήμεναι, Il. 21,487; noch A.R. 1,47; 2,278), dagegen findet es sich sonst auch mit Dativ (τέχνῃ καὶ σοφίῃ δεδαημένος ἐξερεείνῃ, h.Merc. 483; vgl. Linsenbarth 1887, 41; Livrea 1973, ad loc.). Bei Theokrit begegnet das Partizip im Dual mit Infinitiv (ἄμφω συρίσδεν δεδαημένω, ἄμφω ἀείδεν, Theoc. 8,4), so auch einmalig bei Ap. (εὖ δὲ καὶ ἐν σταδίῃ δεδαημένος ἀντιφέρεσθαι, 1,200). Später wird wie bei Ap. der Gebrauch mit Genitiv bevorzugt (Opp. H. 2,350; 5,643; D.P. 262; Nonn. D. 2,264; 22,60 etc.).

1278–1304 Verzweiflung der Helden Die allgemeine Ratlosigkeit (vgl. ad 1259) schlägt nach Ankaios' Analyse in Verzweiflung um. Ap. beschreibt die körperlichen Auswirkungen dieser Todesangst. Die Gleichnisse illustrieren die Hilflosigkeit der Männer sowie die Reaktion Medeas und ihrer Mägde und erhöhen so die Herausforderung durch die Syrte. Sie ist der schlimmste Gegner, die die Argonauten an den Rand des Todes bringt. Die Gleichnisse modifizieren dementsprechend Vorbilder, die in der *Ilias* zur Illustration von Kampf- und Rüstungsszenen dienen. Die Episode gliedert sich in zwei jeweils in Ringkomposition um ein Doppelgleichnis als Zentrum angeordnete Abschnitte: 1. Argonauten (1278–1296; Gleichnis 1280–1287); 2. Mädchen (1296–1304; Gleichnis 1298–1302).

1278 f. ἐν δ' ἄρα πᾶσιν / παχνώθη κραδίη Der Ausdruck bezeichnet in der Tragödie eine vor Furcht oder Schrecken gelähmte Person (E. Hipp. 803; A. Ch. 83). Ähnlich beschreibt Kallimachos in der Erzählung von Akontios und Kydippe die Auswirkungen von Kydippes Krankheit (Κυδίππην ὀλοὸς κρυμὸς ἐσῳκίσατο, Call. fr. 75,19 Pf.; vgl. Asper 2009, bes. 7–14). Die Furcht der Argonauten in der Syrte weist auffällige Übereinstimmungen mit dem Fragment auf (vgl. ad 1279, χύτο δὲ χλόος; zur umstrittenen Priorität der Aitien vgl. z. B. Köhnken 2008², 77 ff.). Die dreimalige Wiederholung der Krankheit, die Kydippe an den Rand des Todes bringt (ἦλθε δὲ νοῦσος, ... ἥ τότ' ἀνιγρή / τὴν κούρην Ἀί[δ]εω μέχρις ἔτηξε δόμων, Call. fr. 75,12–15 Pf.) entspricht der dreimaligen Wiederholung der tödlichen Situation in der libyschen Wüste: Einsamer Tod in der Syrte; Verdursten in der Wüste; Irrfahrt ohne Ausweg auf dem Tritonsee (1305 ff.; 1393 ff.; 537–1547). Jasons Hilflosigkeit beim Stapellauf der Argo in den *Orphischen Arg.* greift diese Formulierung auf (Orph. A. 24; vgl. Livrea 1973, ad loc.). Schelske (2011, ad 248–250) sieht nur die Stapellaufszene (1,460 ff.) als Vorbild.

χύτο δὲ χλόος ἀμφὶ παρειάς Der Halbvers wandelt ein hom. Vorbild ab (ὠχρός τέ μιν εἷλε παρειάς, Il. 3,35; vgl. auch ἐπὶ χλόος εἷλε παρειάς, A.R. 2,1216). Das hom. ἅπαξ λ. ὦχρος wird dabei durch das Substantiv χλόος ersetzt, das zuerst in hellenistischer Dichtung begegnet. Vermutlich handelt es sich um eine Rückbildung aus χλοερός nach dem Muster γοερός – γόος (vgl. Marxer 1935, 38; R. Schmitt 1970, 54 f.). Ap. verwendet χλόος nur für das menschliche Antlitz (2,1216 von Argonauten auf die Rede des Argos hin; 3,298 von der verliebten Medea). Das seltene Substantiv χλόος ist eine weitere Verbindung zwischen dieser Szene und Kydippes „heiliger" Krankheit (δειελιὴν τὴν δ εἷλε κακὸς χλόος, Call. fr. 75,12 Pf., vgl. ad 1279). χλόος verursacht bei Nikander das Gift des Seehasen und das zweier Kröten (Nic. Al. 474; 570; 579).

1280–1289 Katastrophen- und Prodigiengleichnis Das erste der beiden Gleichnisse hat einen symmetrischen Aufbau, es besteht aus einem sechsversigen Gleichniskern zu jeweils drei Paaren (1282–1287), von denen jedes mit ἤ eingeleitet wird, sowie aus zwei weiteren das Gleichnis einleitenden (1280 f.) und zur Handlung zurückführenden Verspaaren (1288 f.).

Der erste Gleichnisteil illustriert die Ohnmacht der Helden in einem Vergleich mit Stadtbewohnern, die die Erwartung von Krieg oder Unwetter lähmt. Die Stimmung ist düster – wie die Argonauten werden die Männer im Gleichnis von Furcht und Hoffnungslosigkeit heimgesucht. Vergleichspunkte sind das ziellose Umherirren, ihre Totenblässe und Apathie (1278 f.; 1280 f.; vgl. auch Faerber 1932, 25 ff.; Carspecken 1952, 81 ff.; Drögemüller 1956, 160 ff.; Fränkel 1968, 591 f.; Fusillo 1985, 338 f.; Gärtner 1994, 134 ff.; Reitz 1996, 125–131; Effe 2008², 207). Der zweite Gleichnisteil fügt mit den Prodigien eine Komponente hinzu: Die Götterzeichen im Gleichnis lassen für die folgende Handlung eine bedeutsame Wendung erahnen und stehen proleptisch für die Götterzeichen und -begegnungen, die den Argonauten in Libyen zuteilwerden. Das Gleichnis wirkt auch über Kontrastierungen: Während auf der Gleichnisebene die Stadtbewohner durch die Götterzeichen noch auf die Katastrophe warten, hat die Argonauten die Katastrophe bereits ereilt, sie sitzen fest ohne Aussicht auf Rettung. Während die Menschen im Gleichnis auf die göttlichen Zeichen mit Apathie reagieren, schöpfen die Argonauten aufgrund der göttlichen Erscheinungen neuen Mut, sodass sie sich retten können (vgl. ad 1337 ff.; 1368 ff.).

1280 f. Das einleitende Verspaar weist syntaktische und inhaltliche Parallelen auf zu den Versen, die von der Gleichnisebene zum Geschehen zurückführen (vgl. ad 1288 f.). Partizipien bestimmen je den Zustand der Männer näher (ἐοικότες – ἑρπύζοντες), die ziellos an einem Ort umherlaufen (εἰλίσσονται ἀνὰ πτόλιν – δολιχοῦ πρόπαρ αἰγιαλοῖο / ἤλυον ἑρπύζοντες), wobei das Verb ἀλύω semantisch das Adjektiv ἄψυχος, das Partizip ἑρπύζοντες das einleitende Hauptverb εἰλίσσονται aufgreift. Beide Verspaare beschreiben physische Panikanzeichen.

οἷον ... ἐοικότες Das Gleichnis wird durch einen internen Kurzvergleich um eine Ebene erweitert: Die Männer und auch die Argonauten werden mit leblosen Standbildern verglichen.

ἀψύχοισιν ... εἰδώλοισιν Die Verbindung εἴδωλον ἄψυχον ist zuvor nur in Platons Faustkämpfergleichnis belegt (ἆρ' ἂν δείσαντες τὸν τῶν ἀνοήτων γέλωτα οὐκ ἂν ἐτολμῶμεν κρεμαννύντες εἴδωλον ἄψυχον γυμνάζεσθαι πρὸς αὐτό, Pl. Lg. 830b8). Im hom. Epos heißen die Totenseelen εἴδωλα (Il. 23,72; Od. 11,476; 24,14). Ap. verwendet εἴδωλον nur noch als Fachbegriff für Sternbilder (3,1003).

1281 εἰλίσσονται ἀνὰ πτόλιν Die Szene ruft die Schildbeschreibung der *Ilias* (Il. 18,490 ff.) sowie Partien des *Scutum* in Erinnerung (Hes. Sc. 239 ff.; 269 ff.). Die Junktur ἀνὰ πτόλιν steht bei Ap. stets wie im hom. Vorbild vor bukolischer Dihärese (Il. 8,55; vgl. 1,653; 1,838; 3,573; 3,749; 4,1174; Drögemüller 1956, 161), ebenso bei Theokrit (Theocr. 2,35) sowie später (z. B. Theodot. fr.763,3 L.-J.-P.; Tryph. 340; Q.S. 1,107; 2,45; Nonn. D. 44,125; 47,34).

1281 f. πολέμοιο / ἢ λοιμοῖο τέλος Die Umschreibung mit τέλος und Genitiv kennt das alte Epos (z. B. πολέμοιο τέλος, Il. 3,291; 16,630; 20,101; Hes. Th. 631). Krieg und Seuche begegnen ebenfalls früh als Junktur (ὁμοῦ πόλεμός τε δαμᾷ καὶ λοιμὸς Ἀχαιούς, Il. 1,61). Bei Hesiod sendet Zeus den Verbrechern eine Unheilstrias (μέγ' ἐπήγαγε πῆμα Κρονίων, λιμόν ὁμοῦ καὶ λοιμόν, Hes. Op. 242 ff.). Thukydides kombiniert für den Streit um den Orakelspruch, der die Pest in Athen vorhergesagt hatte, ebenfalls πόλεμος, λοιμός und λιμός (Th. 2,54,3).

1282 f. Der erste Teil des Gleichniskerns beschreibt Gefahren, vor denen die Menschen sich ängstigen. Vorbild sind Gleichnisse der *Ilias*, in denen z. B. Feuer eine Stadt beschädigt (Il. 17,737 ff.; 22,522 ff.) oder ein Himmelszeichen Unheil ankündigt (Il. 17,547 ff.). Die Bedrohung durch Nahrungsmangel, Hunger und Krieg lässt sich auf die Extremsituation der Argonauten übertragen (vgl. Drögemüller 1956, 161; Hunter 2006, 92 f.). Ap. fügt ein kontrastierendes Element hinzu: Im Gleichnis ist unwetterartiger Regen Ursache des Nahrungsmangels, während die Syrte aufgrund extremer Trockenheit keine Nahrung bietet.

τιν' ὄμβρον / ἄσπετον Die Verbindung ἄσπετος ὄμβρος begegnet im Kriegergleichnis, das den zum Kampf drängenden Hektor mit einem vom Unwetter ausgelösten Felssturz vergleicht (ἀσπέτῳ ὄμβρῳ, Il. 13,139). Hier wird die hom. Junktur für ein Gleichnis gebraucht, das die Gefahren illustrieren soll, die von der Syrte ausgehen (vgl. Teil I.D.III). Die Junktur sonst bei Euripides (E. Tr. 78) und in einer Parodie bei Matron (Matro. Conv. fr. 2,4 Brandt), später bei Quintus ebenfalls im Gleichnis (Q.S. 11,364). Niemals diese, aber ähnliche Verbindungen finden sich sonst bei Ap. (z. B. ὄμβρος ἀθέσφατος, 2,1115; περὶ δ ἄσπετον ἔβραχεν ὕδωρ, 1,1235; Διὸς ἄσπετον ὀμβρήσαντος, 3,1399). Ap. bildet mit ἄσπετος überdies neue Junkturen (1,1142; 4,240; 1001; vgl. ad 1769).

1283 βοῶν κατὰ μυρία ἔκλυσεν ἔργα Der Hiat nach μυρία erklärt sich durch Neukombination hom. Formeln wie μυρία ἤδη und σχέτλια ἔργα (Od. 2,16; 14,83; 21,408; vgl. Q.S. 11,66; 14,104; vgl. Vian 1959, 216 f.; Vian / Delage 1996[2], ad loc.). Feldarbeit ist seit dem hom. Epos Symbol für ein zivilisiertes, von Menschen bewohntes Land, weshalb die archaisch-gesetzlosen Kyklopen, die wie im Goldenen Zeitalter ihre Nahrung ohne Mühe finden, keine Feldarbeit verrichten (ἔνθα μὲν οὔτε βοῶν οὔτ' ἀνδρῶν φαίνετο ἔργα, Od. 10,98; vgl. Hes. Op. 46). Zeus zerstört die Erträge frevelhafter Menschen durch Unwetter (μινύθει δέ τε ἔργ' ἀνθρώπων, Il. 16,384–392; vgl. Od. 14,83 f.; 23,64 f.). Aus diesem Grund sterben die Menschenvölker schnell, wenn Demeter aus Zorn die Frucht unter der Erde verbirgt (h. Cer. 352 f.). Wenn sie sie aber begünstigt, erblüht ein reiches, fruchtbares Volk wie die Phäaken (vgl. 4,982–991). Eine ähnliche Situation wie hier beschreibt der *Herakles Leontophonos*: Aus Angst vor dem Löwen werden dort die Felder nicht bestellt ([Theocr.] 25,218 ff.). Das Gleichnis zielt auf Ähnlichkeit und Kontrast: Sowohl Stadtbewohner als auch Argonauten sind durch einen bevorstehenden Nahrungsmangel bedroht. Im Gegensatz zur Stadt ist der Nahrungsmangel, der in der Syrte droht, durch die Unfruchtbarkeit des Wüstensumpfes verursacht. Nahrungserwerb durch Feldarbeit wäre nicht möglich. Während im Gleichnis ein Unwetter die Ernteerträge zu vernichten droht, droht den Argonauten der Tod durch Verdursten.

1284–1287 Götterzeichen Das erste Verspaar beschreibt Götterzeichen im Tempelbezirk, das zweite dagegen besondere Zeichen am Himmel. Die beschriebenen Omina entsprechen den Katastrophen nicht durch direkte Zuordnung oder Anzahl, wohl aber darin, dass es sich um markante Unheilsboten handelt (ἤ..., 1284 f.), sogar um eine Sonnenfinsternis (ἠέ..., 1286 f.). Unwetter und/oder Götterzeichen des hom. Epos kommen als Vorbilder in Frage (z. B. Il. 10,5–8; 2,353 f.; 17,547 ff.; 17,737 ff.; 21,522 ff.; Od. 20,101). In der Geschichtsschreibung werden derartige Vorzeichen häufig berichtet (z. B. Th. 2,8,3; 5,45,4; Hdt. 1,59; X. HG 6,47; vgl. Drögemüller 1956, 160 ff.; Livrea 1973, ad loc.; Reitz 1996,126; Effe 2008², 207). Im römischen Epos finden sich vergleichbare Prodigien häufig in Katalogform, so etwa bei Vergil, Ovid, Lukan, Statius und Silius Italicus (Verg. G. 1,463–488, 17 Omina; Ov. Met. 15,779–802, 13 Omina; Luc. 1,522–583; 7,151–213; Sil. Pun. 5,28–37; 59–74; 8,622–676; Stat. Th. 7,402–423, 20 Omina; vgl. auch Q.S. 12,503–520, 16 Omina).

1284 ἢ ὅταν Die Lesart der Hss. wurde von Fränkel (1968, ad loc.) unter Verweis auf die parallele Konstruktion ὁππότε κεν (vgl. ad 1355) durch Wilamowitz' Konjektur (ὁππότ' ἄν) ersetzt (vgl. Livrea 1973, ad loc.). Der überlieferte Text lässt sich jedoch halten. ἢ ὅταν entspricht ὅταν ἢ, wobei ἢ zwar ungewöhnlich gestellt ist, aber durch folgendes ἠέ (1286) fortgesetzt (vgl. etwa Od. 22.97 f.: ἢ ἐλάσειε / φασγάνῳ ἀΐξας ἠὲ προπρηνέα τύψας; vgl. Campbell 1976, 340; Vian / Delage 1996², N.C. ad loc., N. Add. ad loc.; Hunter 2015, ad loc.) sowie sogar vom korrespondierenden τότ' (1288) wieder aufgenommen wird.

1284 f. ξόανα ῥέῃ ἱδρώοντα / αἵματι Vorbild ist ein hom. Blutprodigium: Zeus lässt vor dem Tod des Sarpedon Blut regnen (αἱματοέσσας δὲ ψιάδας κατέχευεν ἔραζε, Il. 16,459). Ein Scholiast bezieht die blutenden ξόανα auf ein Prodigium, das sich vor der Schlacht von Cheironeia in Theben ereignet haben soll (Schol. A.R. 4,1284; vgl. Plut. Dem. 19; D. S. 17,10). Vergil überträgt das Prodigium auf einen blutenden Strauch, der Aeneas aus Thrakien vertreibt (V. Aen. 3,19–68). Die nachfolgende Epik variiert das Motiv vielfach, so finden sich etwa blutführende Ströme als Vorzeichen bei Valerius Flaccus (Val. Fl. 4,132.). Von einem blutenden Jupitertempel und einer weinenden Quirinus-Statue träumen die Römer vor Cannae bei Silius Italicus (Sil. 8,644 f.). Häufig begegnet das Motiv der Feldzeichen, die im Boden haften bleiben und Blut ausströmen (Luc. 7,161; Sil. 5,66–69; Stat. Th. 7,408).

1285 μυκαί σηκοῖς ἔνι Das ἅπαξ λ. μυκή ist vom hom. Verb μυκάομαι abgeleitet, die Bedeutung entspricht μύκησις (vgl. das ἅπαξ λ. βρυχή, 2,83, gebildet zum hom. Verb βρυχάομαι; Livrea 1973, ad loc.). Ein Halbvers in einem Prodigienkatalog bei Statius weist deutliche Ähnlichkeit auf (*terrificaeque adytis voces*, Stat. Th. 7,407).

φαντάζωνται Dass Ap. mit der von der zeitgenössischen Homerphilologie diskutierten *enallage modorum* vertraut war (Il. 20,172 f.; Od. 19,111 ff.) und sie einsetzt (περιβρομέωσι... γάνυται, 1,878 ff.; ζεύξῃς... ἀρόσσῃς... ἀνασταχύουσι, 3,1052 ff.; vgl. ad 1301; ad 1730), erklärt hier die überlieferte Variante φαντάζονται. Giangrande (1970, 268 f.) und Vian (1996², 125 in app.) sind zu Recht der Meinung, dass hier auch der Indikativ stehen könnte.

1286 μέσῳ ἤματι Die Zeitbezeichnung begegnet in Dichtung seit dem hom. Epos (Il. 21,111; Od. 7,288; h. Ap. 441; h. Merc. 17; vgl. z. B. Th. 2,28; Pi. P. 9,113; Theocr. 6,4; 10,5; Q.S. 6,532). Bei Ap. steht die Junktur nur hier zur besonderen Betonung des Schreckens einer plötzlichen mittäglichen Finsternis. Der Ausdruck bereitet also pointiert die Erscheinung der libyschen Heroinen vor, die ebenfalls zur Mittagsstunde stattfindet (vgl. ad 1312; der Tod des Mopsos erfolgt ebenfalls μεσημβρινόν ἦμαρ, vgl. ad 1505 sowie Teil I.D). Bezeichnenderweise bei Ap. auch in Bezug auf den ewigen Reif am Tor zur Unterwelt (οὐδὲ μεσημβριόωντες ἰαίνεται ἠελίοιο, 2,739).

1286 f. ἠέλιος ... νύκτ' ἐπάγῃσιν / οὐρανόθεν Hom. Sonnenfinsternisse bringen plötzliche Dunkelheit während eines Kampfes oder werden durch Theoklymenos den Freiern der Penelope prophezeit (Il. 17,366 ff.; Od. 20,356 f.). Vorbildhaft dürfte auch Pindars nach einer Sonnenfinsternis im Jahr 463 v. Chr. komponierter Paian sein (Pi. Pae. 10). Beschreibungen von Finsternissen bei Ap. zeigen sich der im alten Epos typischen, abergläubisch-unaufgeklärten Perspektive verpflichtet (vgl. Baumbach 2000; Gautschy 2012). Spuren naturwissenschaftlicher Erklärung, wie sie Herodot in seiner Erzählung von Thales' Vorhersage der Sonnenfinsternis kennt (Hdt. 1,74), finden sich wenige (vgl. jedoch ad 1287; ad 1696). Ap. verwendet das Motiv der plötzlichen Finsternis als motivisches Strukturelement zur Gliederung der Libyenepisode. Finsternisse ereilen die Helden auf ihrer Reise zwei Mal, zu Beginn der Libyenabenteuer sowie am Ende, als die plötzliche Finsternis nahe der Insel Anaphe die Argonauten erschreckt (νὺξ ἐφόβει .../ νύκτ' ὀλοὴν .../ οὐρανόθεν δὲ μέλαν χάος, vgl. ad 1695 ff.; ad 1694–1730). Die Vorstellung vom Heraufführen der Nacht entstammt dem alten Epos (vgl. z. B. ἔπεσ' Ὠκεανῷ λαμπρὸν φάος ἠελίοιο / ἕλκον νύκτα μέλαιναν ἐπὶ ζείδωρον ἄρουραν, Il. 8,485 f.; ἦλθε δὲ νύκτ' ἐπάγων μέγας Οὐρανός, Hes. Th. 176; auch Zeus kann die Nacht herbeiführen: Od. 18,137; Hdt. 8,77,2; vgl. West 1966, ad 176). Bei Plato steht die Junktur vom Sinnestaumel nach einem direkten Blick in die Sonne (Pl. Lg. 897d 9).

1287 τὰ δὲ λαμπρά ... ἄστρα Die Verbindung zuvor selten in Epos, Tragödie und Philosophie (Il. 4,75 ff.; Il. 5,5 f.; A. Ag. 6 f.; E. Hel. 1498; Critias. fr. 25,50 D.-K.; Heraclit. fr. 1,63; fr. 12,7; Eudox. fr. 28,5; 80,3; 85,4). Das Phänomen, dass bei einer totalen Sonnenfinsternis die Sterne sichtbar werden, beschreibt Thukydides (Th. 2,28). Das Erscheinen der Sterne unterscheidet die Finsternis in diesem Gleichnis von der, die den Argonauten am Ende der Libyenepisode widerfährt (vgl. ad 1695 ff.).

φαείνοι Livrea druckt mit Verweis auf die von ὁππότ' ἄν abhängigen, parallelen Konjunktive (ῥέῃ, φαντάζωνται, ἐπάγῃσιν, vgl. ad 1284 ff.) Hoelzlins Konjektur φαείνῃ. Vian (1996², ad loc. in app.) übernimmt dagegen den Indikativ φαείνει der Manuskriptgruppe *w* sowie des Scorialensis Σ III 3 in den Text. Der τά δέ-Satz ist jedoch beigeordnete Erweiterung zum Konjunktiv ἐπαγῃσιν (1286). Ap. überträgt somit den hom. Gebrauch des Optativs zur Fortführung einer im Konjunktiv angeführten Aufforderung auf den Temporalsatz (z. B. Il. 6,479). Dem Optativ φαείνοι der Manuskriptgruppe *m* ist deshalb als *lectio difficilior* der Vorzug zu geben (vgl. ad 1301 f.; ad 1675).

1289–1292 Abschied der Helden Nachdem die bedrohliche Situation mit Hilfe des Gleichnisses vor Augen geführt wurde, erscheint der Abschied der Argonauten konsequent (vgl. Fränkel 1968, 591 f.). Nach diesem Vorbild gestaltet Valerius Flaccus den Abschied der Argonauten während des Seesturms (Val. Fl. 1,635 ff.).

1289 ἤλυον ἤλυον ist eine notwendige Konjektur Bruncks. Die Lesart ἤλυθον der Mss. ist durch Verschreibung aufgrund des folgenden ἐπήλυθε in den Text geraten. Das bei Homer häufige Verb ἀλύω (z. B. ἣ δ' ἀλύουσ' ἀπεβήσετο, Il. 5,352; ὅς κεν θάνατον καὶ κῆρας ἀλύξῃ, Od. 22,66 etc.) gebraucht Ap. nur zwei Mal (noch von Prometheus: ὀδύνῃ πέρι θυμὸν ἀλύων,

3,866). Vorbildhaft ist hier Achills verzweifeltes Umherlaufen am Strand aus Kummer um Patroklos (δινεύεσκ' ἀλύων παρὰ θῖν' ἁλός, Il. 24,12; Livrea 1973, ad loc.; Hunter 2015, ad loc.). Auch diese Parallele ist beabsichtigt: Den Schmerz Achills um den toten Gefährten teilen die Argonauten schon vor dem Tod.

ἑρπύζοντες Vorbild ist Odysseus, wie er klagend am Ufer von Ithaka umherläuft, ohne zu wissen, dass er bereits zuhause ist (ἑρπύζων παρὰ θῖνα πολυφλοίσβοιο θαλάσσης / πόλλ' ὀλοφυρόμενος, Od. 13,220 f.). Die Übereinstimmung ist kein Zufall: Odysseus kann aufgrund seiner jahrelangen Irrfahrten nicht erkennen, wo er sich befindet. Die Argonauten wissen es ebenfalls nicht (vgl. ad 1251 ff.) – aus anderem Grund, denn Libyen ist bei Ap. als Land gezeichnet, das bis zu diesem Zeitpunkt nicht besiedelt ist. Odysseus erkennt schließlich die Heimat. Der Kontinent Libyen wird in ferner Zukunft Heimat und Zentrum griechischer Kultur werden, das Erkennen der Heimat wird sozusagen erst kommenden Generationen gelingen (vgl. ad 1731–1764; Teil I.D). Ap. beschreibt mit dem Verb ἑρπύζω sonst Medeas Verzweiflung aufgrund ihrer Liebe zu Jason (3,446 f.). Später steht ἑρπύζω in der Bedeutung „kriechen" von entsprechenden Lebewesen (Nic. Al. 542; Opp. H. 2,61; 365; 4,295; 5,589; C. 1,484). Während die Stadtbewohner im Gleichnis wirr umherlaufen (ἀνέρες εἰλίσσονται, 1281), kriechen die Helden am Boden entlang. Der Gegensatz zur lebhaften Stadt verstärkt den Eindruck der Verlassenheit und Einsamkeit der Argonauten.

1289 f. ἐρεμνὴ / ἕσπερος Die Kombination begegnet nur hier. Vorbild ist die Junktur νύξ ἐρεμνή (ἐρεμνῇ νυκτὶ ἐοικώς, Od. 11,606; Hes. Th. 744; 758; Stesich. fr. 8,3 Page; A. fr. 103,5; später Q.S. 14,505; Orph. A. 341). ἐρεμνή steht sonst von der Unterwelt (τί παθόντες ἐρεμνὴν γαῖαν ἔδυτε, Od. 24,106; ἐρεμνῆς κεύθεσι γαίης, Hes. Th. 334). Die Anlehnung verleiht der Todesstimmung bei Nachteinbruch einen stygischen Beiklang.

1291 δακρυόειν Die ungewöhnliche Längung führt Rzach (1878, 523) auf einen Interpolator „fastidiosus in metricis" zurück, der metrische Dehnung von -εν nach hom. Vorbild angewandt habe (vgl. Marxer 1935, 29; Matteo 2007, ad 404). Livrea spricht die Längung dem Ap. zu (Wyatt 1969, 90 f.; Livrea 1973, ad loc.) und beruft sich auf einen hom. Fall, in dem -εν das Longum des dritten Versfußes bildet (πύξινον ὀμφαλόεν, εὖ οἰήκεσσιν ἀρηρός, Il. 24,269). Derart gelängte Adjektivformen begegnen auch bei Zeitgenossen (ὀφρυόειν Call. fr. 186,20 Pf.; γα]ίης ὀκρυόειν, Eleg. Alex. Adesp. 1,7 Powell; [πορφυρόειν], Euph. fr. 11,2 Powell) sowie später bei Nikander und Nonnos (Nic. Th. 748; Al. 42; Nonn. D. 25,440). Zum Thema Weinen vgl. ad 1277; ad 1704.

1291 f. ἕκαστος…/ ἀποφθίσειαν Das Pronomen ἕκαστος im Singular mit Verb im Plural begegnet im alten Epos häufig, Ap. übernimmt diese *constructio ad sensum* (vgl. 1,854; 4,682ff). ἕκαστος ist daher als *lectio difficilior* den verschiedenen Korrekturen der Mss. (ἕκαστοι, ἀποφθίσειεν) vorzuziehen.

1292 θυμὸν ἀποφθίσειαν ἐνὶ ψαμάθοισι πέσοντες Die Junktur des ersten Halbverses begegnet in der *Ilias* von den Toten, die Hektor zurückgewinnen soll (θυμὸν ἀποφθινύθουσι· σὺ δ' οὐκ ἐθέλεις ἐπαμύνειν, Il. 16,540). Die Kombination ἐνὶ ψαμάθοισι πέσοντες zuerst hier, vorbildhaft ist jedoch ein hom. Ausdruck für das Fallen eines Kriegers (z. B. χαμαὶ πέσον ἐν κονίῃσιν, Il. 5,583; ἐν κονίῃσι χαμαὶ πέσεν; Il. 4,482; 11,425 etc.). Beide Anlehnungen vergleichen indirekt den drohenden Tod der Argonauten in Libyen mit dem Tod auf dem Schlachtfeld (vgl. Teil I.D.III).

1294 ἐν δὲ κάρη … καλυψάμενοι Das Verhüllen des Kopfes ist typischer Trauergestus, der im hom. Epos etwa von Telemach eingesetzt wird, um seine Tränen zu verbergen (Od. 4,113–119; vgl. Od. 8,92). Auch die Göttin Thetis verhüllt sich aus Trauer um Achills bevorstehenden Tod (Il. 24,93 f.). In der Tragödie begegnet neben dem Schlagen der Brust, Zerkratzen der Wangen und Raufen der Haare das Verhüllen als Ausdruck der Trauer (E. HF 604; IT 1207; IA 1549 f.). Das Verhüllen des Kopfes führen die Argonauten auch beim Tod des Tiphys aus (2,861 f.), ebenso Jasons Vater beim Abschied von seinem Sohn in Iolkos (1,263 f.).

1295 ἄκμηνοι καὶ ἄπαστοι Beide im alten Epos belegten Adjektive bedeuten „fastend, ohne Nahrung, hungernd" (z. B. Il. 19,207; 320 bzw. Od. 4,788; 6,250; h. Cer. 200; später selten: ἄκμηνος: Lyc. 672; Call. fr. 312 Pf.; ἄπαστος: Scyl. 110.39; Arist. HA 563a 23; Call. Cer. 6). Bei Ap. nur hier. Vorbild dieser Junktur ist erneut Achill, wie er ohne Speise am Strand um seinen toten Gefährten Patroklos trauert, während die anderen Griechen speisen (ὃ δ' ἄκμηνος καὶ ἄπαστος, Il. 19,346; vgl. ad 1289). Der wiederholte Bezug zu Achills Trauer um Patroklos verweist in dieser Partie auf den bevorstehenden Tod der Helden und birgt zugleich einen Überbietungsgestus. Während Patroklos' Andenken von Achill und seinen Gefährten geehrt wird, sind die Argonauten sicher, dass es ihnen in Bezug auf Nachruhm schlecht ergehen wird (vgl. ad 1255; ad 1305 f.).

1295 f. ἐκείατο νύκτ᾽ ἔπι πᾶσαν / καὶ φάος Die Gegenüberstellung von Tag und Nacht kennt hom. Vorbilder (z. B. Il. 7,487 f.), wird aber besonders von den Tragikern gebraucht (z. B. A. Pr. 24; Ag. 279; E. IT 1026; metaphorisch: A. Ag. 23; Pers. 300 f.). φάος bezeichnet hier wie auch sonst bei Ap. nach hom. Vorbild das Sonnenlicht (vgl. 4,111; 4,1019) und betont besonders den

Gegensatz zum Dunkel der Nacht (vgl. Ciani 1972, 25–48). Gelegentlich bezeichnet φάος bei Ap. das Augenlicht (2,184; 2,441) oder die Rettung (vgl. 2,333 f.). Im Folgenden bringt jedoch nicht der Morgen, sondern erst die Mittagsstunde die Rettung für die Argo (vgl. ad 1312).

1296 οἰκτίστῳ θανάτῳ Die hom. Junktur (ὣς θάνον οἰκτίστῳ θανάτῳ, Od. 11,412; οἰκτίστῳ θανάτῳ εἵμαρτο ἁλῶναι, Od. 24,34) begegnet in Lyrik, Rhetorik und Geschichtsschreibung (Pi. P. 3,42; D. fr. 11,1,4 B.-S.; Ctes. 45q 54). Agamemnons Tod (Od. 11,412; 24,34) weist Parallelen auf zum bevorstehenden Tod der Argonauten in der Wüste. Es handelt sich um einen ruhmlosen Tod durch die Hände seiner Ehefrau, während er doch vor Troja Gelegenheit zum ruhmvollen Tod im Kampf gehabt hätte. Ähnliches würde für die Argonauten bei ihrem Tod in der Syrte gelten, wie die anonyme Rede (1254 f.) und der Erzähler hervorheben (1305 ff.).

1296–1304 Das zweite Doppelgleichnis veranschaulicht die Situation der Frauen, die der Argo-Besatzung angehören (vgl. ad 1284–1304) und steht in der Tradition hom. Vogelgleichnisse (vgl. Scott 1974, 77 ff.; Scott 2009, 202 f.). Während das Männer-Gleichnis vornehmlich deren Verzweiflung veranschaulicht, steht im Frauen-Gleichnis der konkrete, akustische Aspekt der Klage im Vordergrund. Motiviert ist ihre Klage durch die Verzweiflung der Männer.

1296 f. Medea und die zwölf Phäakenmägde Die zwölf Mägde haben Alkinoos und Arete der Medea als Ersatz für ihre kolchischen Dienerinnen mitgegeben (3,838 ff.; 4,1221 f.). Während in Pindars Version Medea den entscheidenden Rat für die Flucht aus der libyschen Wüste gibt (Pi. P. 4,27), ist sie bei Ap. von ἀμηχανίη geschlagen und weiß keinen Ausweg. Dass die mächtige Zauberin Medea, die sowohl gegen den Drachen, der das Goldene Vlies bewacht (4,127–161) als auch gegen den archaischen Bronzemann Talos (vgl. ad 1638–1689) die richtige Abwehr ohne zu Zaudern parat hat, in der Syrte keinen Ausweg weiß (vgl. ad 1521 f.; ad 1638–1688), unterstreicht das Erzählziel, das Ap. mit der Syrtenepisode verfolgt: Die ἀμηχανίη der Helden ist berechtigt. Einen Ausweg finden sie erst mit der Hilfe indigener Gottheiten (vgl. Teil I.D).

1297 ἀθρόαι Αἰήταο παρεστενάχοντο θυγατρί Das Kompositum begegnet nur hier und fasst in einem Wort zwei Handlungen zusammen: Die Mägde scharen sich eng um Medea und beginnen dicht zusammengedrängt ihre langgestreckte Klage. Der Vers zitiert erneut Achills Klage um Patroklos (ἑρπύζων παρὰ πυρκαϊὴν ἁδινὰ στεναχίζων, Il. 23,225; vgl. ad 1288 f.).

1298 f. Vogeljunge am Felsennest Der erste Teil des Doppelgleichnisses veranschaulicht die Stimmung. Die Frauen haben die Aussichtslosigkeit und die Ratlosigkeit der Helden registriert und fühlen sich hilflos. Der erste Gleichnisteil arbeitet im Gegensatz zum zweiten kaum mit Kontrasten (vgl. ad 1280–1289). Das Vogeljungen-Gleichnis hat ein hom. Vorbild. Achill vergleicht sich selbst und seine Mühen um die griechische Sache mit einer aufopferungsvollen Vogelmutter (Il. 9,323 f.).

1298 ἐρημαῖοι πεπτηότες Die Verlassenheit der aus dem Nest gefallenen Vogeljungen ist *tertium comparationis*: Die Mädchen, bisher nur Sicherheit und Behaglichkeit am Hof des Alkinoos gewohnt, sind so verlassen und fern von Zivilisation und mit solcher Gewissheit dem Tod ausgeliefert, dabei zugleich so unerfahren wie die Vogelbrut im Gleichnis. Außerdem haben sich die Männer im Glauben an die Aussichtslosigkeit der Lage von ihnen entfernt, sodass sie auch räumlich allein sind (νόσφι δὲ κοῦραι, 1296). Ankaios hat festgestellt, dass es keinen Ausweg gibt (vgl. ad 1263). Der erste Gleichnisteil greift bis in die Wortwahl die Einsamkeit der Syrte auf (vgl. ad 1223–1249)

1298 f. πέτρης / χηραμοῦ Die Junktur begegnet in einem hom. Vogelgleichnis, das Artemis' Flucht vor Hera mit einer Taube vergleicht, die vor einem Habicht in eine Felshöhle flieht (κοίλην εἰσέπεπτατο πέτρην / χηραμόν, Il. 21,493 ff.; vgl. Faerber 1932, 22; Marxer 1935, 60; Erbse 1953, 175; Reitz 1996, 132 f.). Für χηραμός, ἅπαξ λεγόμενον bei Homer, diskutieren die *Ilias*-Scholien (Schol. Il. 21,495a), ob es Substantiv oder Adjektiv ist. Ap. gebraucht es hier adjektivisch, sonst aber als feminines Substantiv (vgl. ad 1452; Rengakos 1994, 148; Kyriakou 1995, 64 f.). Im Gleichnis des Ap. entspricht dem Felsennest, aus dem die Vogeljungen herausfallen, auf der Handlungsebene der Hof des Alkinoos, der schon in der *Odyssee* als Ort von Recht, Wohlstand und Begünstigung durch die Götter gezeichnet ist. Dort genossen die Mädchen fern allem Ungemach Schutz und Wohlstand. Dieser Ort macht ihren gesamten Erfahrungshorizont aus und bildet den größtmöglichen Kontrast zur Syrte.

1299 ἀπτῆνες... νεοσσοί ἀπτήν ist ἅπαξ λ. bei Homer (Il. 9,323) und auch bei Ap. νεοσσός ist hom. δίς λ. und begegnet noch in einer Mahnung des Odysseus an ein Götterzeichen, das der Griechenschar in Aulis zuteilwurde: Eine Schlange frisst eine Spatzenmutter mit ihren acht νεοσσοί (Il. 2,311). Das unglückliche Schicksal der Spatzen im *Ilias*-Vorbild deutet auf den Tod der Mädchen voraus. ἀπτῆνες sind auch die Mädchen: Sie kennen nichts außerhalb ihres „Felsennestes", der idealen Welt am Phäakenhof.

λιγέα κλάζουσιν Während die Junktur λιγέως κλαίω Vorbilder in den hom. Epen hat (Il. 19,5; Od. 10,201; 11,391; 16,216; 21,56), findet sich λιγύς κλάζω vor Ap. nur bei Alkman (ἁ Μῶσα κέκλαγ' ἁ λίγηα Σηρήν, Alcm. fr. 30,1,1 Page; vgl. ad 1407). An Ap. dürften sich Ps.-Moschos und die *Orphischen Arg.* orientieren ([Mosch.] Meg. 24; Orph. A. 1276).

1300 ff. Schwäne am Paktolos Die drei Verse bilden eine Miniatur-Ringkomposition in abbildender Wortstellung. Die schönen Ufer (1300; 1302) rahmen den Schwanengesang in ihrer Mitte (1301), dessen Echo sie erklingen lassen. Vergleichspunkt des zweiten Gleichnisteils ist die Todeserwartung, in der Schwäne und Mädchen ihre Klage erheben. Der schöne Gesang und das liebliche Paktolostal dagegen stehen in Gegensatz zum Ort des Geschehens auf der Handlungsebene. Das Schwanengleichnis kombiniert hom. Vorbilder. In der *Ilias* werden zum einen die Achaier, die sich in der Ebene des Skamander zum Kampf rüsten, mit Schwänen und anderen Vögeln verglichen (Il. 2,459–466). *Tertium comparationis* bei Homer sind Lärm und Geschäftigkeit. Zum anderen wird ein Gleichnis aufgenommen, das den kämpfenden Hektor mit einem Adler vergleicht, der sich auf eine Schar lagernder Schwäne und Zugvögel stürzt (Il. 15,690–695). Beide Vogelgleichnisse illustrieren in der *Ilias* zentrale Rüstungs- und Kampfszenen. Ap. überträgt die Motivik aus hom. Kriegergleichnissen auf Medea und die Mägde, die klagend und ohne Hoffnung auf Rettung ihren eigenen Tod erwarten. Ein eigentliches Schwanengleichnis haben weder *Ilias* noch *Odyssee*, mögliche weitere Vorbilder finden sich in der Tragödie (A. Ag. 1444; E. Her. 109 ff.; 691 ff.; El. 151 ff.; E. IT 1104). Das Gleichnis trägt indirekt zur Charakterisierung der Phäakenmädchen bei, gilt doch der Schwan als Sinnbild für Tugendhaftigkeit und Treue (Cic. Fin. 2,33).

Der Vergleich zwischen Schwan und Dichter, wie er zuerst im kleinen hom. *Apollon-Hymnos* überliefert ist, begegnet nicht so häufig wie der Bekanntheitsgrad des Bildes vermuten ließe (vgl. noch E. Herc. 691 ff.; Leonidas AP 7,19). Zählt man Medea zu den klagenden Frauen, wie es 1296 f. nahelegt, so ergibt sich eine weitere Deutungsmöglichkeit für das Schwanengleichnis. Womöglich ist an die Gleichsetzung von Dichter und Schwan gedacht, die Ap. hier auf die Zauberin Medea überträgt. So könnte er auf eine Wirkungsabsicht anspielen, die Zauberkunst und Dichtung gemeinsam haben, das θέλγειν (vgl. Pl. R. 10,620 a; Hor. carm. 4,2,25; vgl. Duncan 2001). Schaafs Deutung (2014, bes. 329 ff.) treibt die metapoetische Parallelisierung von Zauberer und Dichter, von φάρμακον und Gedicht auf die Spitze.

Vornehmlich hebt das Gleichnis jedoch auf den Schwanengesang ab, den das Tier der Legende nach kurz vor seinem Tod anzustimmen pflegt (z. B. Pl. Phaed. 84e.) Auch die Mädchen fürchten ihren Tod und stimmen eine verzweifelte Klage an (vgl. ad 1303 f.). Die bei Homer noch nicht etablierte Vorstellung, dass der Schwan im Sterben ein Lied erklingen lässt, wird auf die in Todeserwartung klagenden Frauen übertragen (vgl. ad 1301). Dieses Schwanengleichnis dürfte in ein Doppelgleichnis Vergils hineinspielen (V. Aen. 7,699 ff.; vgl. Günther 1996, 15 ff.; Horsfall 2000, ad 699–702).

1300 ἢ ὅτε Typische Konjunktion im Doppelgleichnis bei Ap. (vgl. z. B. 1453; Livrea 1973, ad loc.), womöglich nach dem Vorbild des Hermes-Hymnos oder der *Aspis* (h. Merc. 45; Hes. Sc. 421; vgl. außerdem Call. fr. 714,3 Pf.; Mosch. E. 31; Arat. 1125; Nic. Th. 124, 126; Q.S. 7,281.).

ἐπ' ὀφρύσι Die Wendung steht im hom. Epos üblicherweise von den Augenbrauen (ἡ δ' ἄρ' ἐπ' ὀφρύσι νεῦσε, Od. 16,164; Il. 9,620; 23,396 etc.). So auch bei Ap. (vgl. 2,108; 3,371; 1024; 4,44; 547). Hier aber nach einem einmaligen Vorbild der *Ilias* (von einer Anhöhe: καθῖζον ἐπ' ὀφρύσι Καλλικολώνης, Il. 20,151; so auch 1,178).

Πακτωλοῖο Ap. tauscht hier den Fluss des vorbildhaften Gleichnisses, den lydischen Kaustrios (Il. 2,461) mit dem lydischen Paktolos, der im Tmolos-Gebirge entspringt. Der Paktolos ist in der Antike berühmt für seinen Goldreichtum (z. B. S. Ph. 393; Hdt. 1,93,1; 5,100,4–11; 14; B. Ep. 3,45; Antim. fr. 191 Wyss), sodass er bei Horaz zum Sprichwort für Reichtum wird: *tibi Pactolus fluat* (Hor. Ep. 15,20; vgl. Verg. A. 10,142; Ovid. Met. 11,86 f.; Sen. Oed. 467; Phoen. 604; Iuven. Sat. 14,299; Sil. Ital. 1,159), obwohl im Paktolos nicht wirklich Gold gefunden werden kann (Str. 13,4,5,11; vgl. Lyc. 272; 1352 ff.). Von den Schwänen am Paktolos heißt es bei Kallimachos, sie hätten bei der Geburt Apolls auf Delos sieben Mal gesungen, weshalb Apolls Leier sieben Saiten habe (Call. Del. 250). Sonst steht der Paktolos in Zusammenhang mit dem Kybele-Kult (z. B. Call. fr. 194,106 Pf.). Das Idyll am Paktolos kontrastiert hier die Einsamkeit und Ödnis der Syrte eindrücklich (vgl. ad 1300 ff.; Hunter 2015, ad 1300–2).

καλὰ νάοντος Campbell betont zu Recht mit Verweis auf die ringförmige Struktur des Gleichnisses (vgl. ad 1300 ff.), dass die Wiederholung καλὰ νάοντος nach καλὰ ῥέεθρα (1302) nicht verdächtig, sondern bewusstes Stilmittel ist. Vergleichbare Wiederholungen finden sich in den hom. Hymnen und bei Hesiod (h. Ap. 240 f.; Hes. Op. 737 ff.; vgl. Campbell 1971, 721).

1301 κινήσωσιν ἑὸν μέλος Dem Aorist Konjunktiv κινήσωσιν ist als Variation zum vorhergehenden Indikativ der Vorzug zu geben (Campbell 1971, 421; Livrea 1983, 424; Hunter 2015, ad loc.; dagegen Vian / Delage 1996[2], ad loc.). Der Ausdruck variiert hom. κινῆσαι μελέων (Od. 8,298), wobei allerdings μέλος „Körperteil" bedeutet. Dennoch ist die Lesart haltbar, da sie auch von der Tragödie beeinflusst ist (κινοῦσαι μέλη, E. Suppl. 172; El.

302; S. El 18; Erbse 1963b, 24). Der Schwanengesang als ποικιλόπτερον μέλος begegnet zuerst bei Pratinas (Fr. 1,7; Drögemüller 1956, 74), später bei Aischylos (A. Ag. 1444 ff.). Bei Plato deutet Sokrates den Schwanengesang im Gegensatz zur allgemeinen Meinung, die Schwäne sängen aus Furcht vor dem Tod. Die Schwäne, so Sokrates, wissen, dass sie nach dem Tod zum Gott Apollo gehen, dem sie zugehören und singen aus Vorfreude besonders schön (Phaed. 84e–85a; vgl. z. B. Opp. C. 2,548; Ael. HA 5,34; Cic. Tusc. Disp. 1,30; 73; Ov. Her. 7,1; Mart. 13,77).

1301 f. ἀμφὶ δὲ λείμων / ἐρσήεις βρέμεται ποταμοῖό τε καλὰ ῥέεθρα Die Klausel ἀμφὶ δὲ λείμων begegnet bei Homer (Od. 6,292; vgl. 1,880; Livrea 1973, ad loc.). Das hom. Adjektiv ἐρσήεις (Il. 14,348; 24,419; 757; h.Merc. 107) erst bei Ap., der es nur im Sinn von „tauig" gebraucht (1,751; 881; 2,1004; 4,970; 1172). Später bleibt es selten (Opp. H. 1,317; Q.S. 3,536; 4,423; 429; Nonn. D. 15,62). Hier werden Elemente eines hom. Vogelgleichnisses aufgenommen (Ἀσίω ἐν λειμῶνι Καϋστρίου ἀμφὶ ῥέεθρα / ἔνθα καὶ ἔνθα ποτῶνται ἀγαλλόμενα πτερύγεσσι / κλαγγηδὸν προκαθιζόντων, σμαραγεῖ δέ τε λειμών, Il. 2,461 ff.). In der *Ilias* illustriert das Gleichnis den Beginn des Schlachtgetümmels, bei Ap. die Todesgefahr, in der sich die Mannschaft befindet (vgl. ad 1280–1289; 1296–1304). Durch die Anlehnung ruft das Schwanengleichnis den Schlachtkontext des Vorbilds in Erinnerung und vergleicht so die Herausforderung durch die Syrte mit denen einer epischen Schlacht (vgl. Teil I.D.III). Die friedlichen Uferwiesen des Paktolos bilden eine reizvolle Kontrastfolie zur archaisch-unzivilisierten Wüstensumpflandschaft der Syrte (vgl. ad 1300 ff.).

1302 βρέμεται Das Verb im Medium in der *Ilias* in einem Gleichnis vom tosenden Meer (αἰγιαλῷ μεγάλῳ βρέμεται, Il. 2,210), sonst auch in der Bedeutung „klagen" (βλαχαὶ βρέμονται, A. Th. 350), außerdem von Musikinstrumenten (λύρα βρέμεται καὶ ἀοιδά, Pi. N. 11,7).

ποταμοῖό τε καλὰ ῥέεθρα Die Junktur ποταμοῖο ῥέεθρα ist hom. (z. B. 14,245; 21,25; od. 6,317), Ap. stellt sie aber meist wie hier gesperrt (1,596; 2,972; 4,277).

1303 f. Klage der Frauen Die lautstarke, nächtliche Klage der Mädchen und das Schleifen der Kopfbehaarung durch den Staub entsprechen dem traditionellen Klagegestus, wie er in Epos, Lyrik, Tragödie und philosophischer Prosa beschrieben und auf zahlreichen Vasenbildern abgebildet ist (z. B. Il. 10,78; 406; Sapph. fr. 140 L.-P.; A. Ch. 423–428; S. El. 89 ff.; E. Suppl. 71; Alc. 86–92; Pl. Phd. 89b). Ap. greift jedoch ein spezifischeres Motiv auf, das sowohl in der *Ilias* als auch bei Pindar begegnet, die Klage um einen Lebenden, als wäre er bereits tot. In der *Ilias* klagen Andromache und ihre Mägde um Hektor, obwohl er noch nicht gefallen ist (Il. 6,500). Bei Pindar klagen die Angehörigen um Jason bereits bei seiner Geburt wie um einen Toten, da seinen Eltern der Thron von Pelias geraubt wurde (Pi. P. 4,109–115). Bei Ap. schließlich klagen Jasons Eltern bei dessen Abfahrt um ihn, als wäre er bereits tot (1,261–277). Jason warnt sie, durch ihre verfrühte Trauer kein Unglück heraufzubeschwören (1,303 ff.). Die verfrühte Totenklage gilt als schlechtes Omen (Alexiou 1974, 4 ff.). Ap. spielt hier mit der Rezipientenerwartung, wenn er verschiedene Symbole aufgreift, die in der literarischen Tradition auf den Tod der betreffenden Person vorausweisen. Der Rezipient weiß, dass die Argonauten nicht sterben (vgl. ad 1225 ff.), erfährt aber so, wie ernst es um sie steht.

1303 ξανθάς ... ἐθείρας Im hom. Epos bezeichnet ἐθείρα stets Pferdehaar (Il. 8,42; 16,795; 22,315), später das menschliche Haupthaar (h. Ven. 228; h. Bacch. 4; A. Pers. 1062; E. Hel. 1124; Pi. I. 5,9). Die Junktur begegnet zuvor bei Euripides vom Haar der Iphigenie (δηλαδὴ ξανθῆς ἐθείρας, E. IA 1366). Ap. gebraucht ἐθείρα hier nach tragischem Vorbild für die Haare der Mädchen. Später in einem Grabepigramm (ξανθαῖς ἐπὶ κρατὸς ἐθείραις, AGA 655 Cougny).

κονίῃσιν ἐθείρας Die Wortverbindung begegnet in der *Ilias* vom Helm des Patroklos, der – zuvor stets stolz auf dessen Kopf – nach einer Attacke von Apollo in den Staub fällt (μιάνθησαν δὲ ἔθειραι / αἵματι καὶ κονίῃσι, Il. 16,795 f.). Die Beschreibung weist symbolisch auf dessen Tod voraus. Hier deutet das Schleifen der Haare im Sand ebenfalls den Tod der Mädchen an, die durch die Anspielung indirekt übernommene Prolepse führt dem Rezipienten den Ernst der Lage vor Augen (vgl. ad 1303 f.). Motivische Vorbilder sind zudem die trauernden Pferde des Achill, die ebenfalls ihre Mähnen mit Staub beschmutzen (θαλερὴ δ' ἐμιαίνετο χαίτη, Il. 17,439) sowie Achills Klagegebärden (ἀμφοτέρῃσι δὲ χερσὶν ἑλὼν κόνιν αἰθαλόεσσαν / χεύατο κὰκ κεφαλῆς, χαρίεν δ' ᾔσχυνε πρόσωπον, 18,23 f.; vgl. Fenik 1968, 163; Janko 1992, ad 16,794–800). Ap. wählt die Nähe zur Patroklie, um einmal mehr die Leiden der Argo-Besatzung in der Syrte in die Nähe iliadischer Aristien zu rücken und die Heldenhaftigkeit der Argonauten herauszustellen (vgl. ad 1241 ff. sowie Teil I.D.III).

1304 ἐλεεινόν ἰήλεμον Das Adjektiv ἐλεεινός kann bei Homer wie hier aktivisch, aber auch passivisch verwendet werden, ebenso hält es Ap. (aktivisch: 3,1118 f.; passivisch: vgl. ad 1534). Das Substantiv ἰήλεμος, „Klage" ist zuerst bei Pindar und den Tragikern belegt (Pi. fr. 128ea 2 Maehler; A. Suppl. 115; E. HF 110; Suppl. 281; Or. 1390). Bei Ap.' Zeitgenossen wird das Substantiv dagegen von den rituellen Totenklagen beim Adonisfest gebraucht (ἅτις καὶ πέρυσιν τὸν ἰάλεμον ἀρίστευσε, Theocr. 15,98; Call. fr.

139,37 Pf.). Ob Ap. hier auf diesen Zusammenhang anspielt, lässt sich nicht feststellen.

παννύχιαι ... ὠδύροντο Vorbildhaft sind erneut Szenen der Patroklie, etwa Achills Bericht von seiner nächtlichen Begegnung mit der Seele des Toten (παννυχίη γάρ μοι Πατροκλῆος δειλοῖο / ψυχὴ ἐφεστήκει γοόωσά τε μυρομένη τε, Il. 23,105 f.; παννύχιοι Πάτροκλον ἀνεστενάχοντο γοῶντες, Il. 18,315; 18,354; vgl. ad 1303 f.). Eine Imitation findet sich bei Quintus (παννυχίηδ' ἀλεγεινὸν ἀνεστενάχιζε γοῶσα, Q.S. 2,634). Der *versus spondiacus* markiert den Abschluss der Klage der Mädchen. Der getragene Schluss des Gleichnisses beendet darüber hinaus den ersten Teil der Syrtenepisode mit einem programmatischen Verb (ὠδύροντο).

C. 1305–1336 Die libyschen Wüstengottheiten

Inhalt und Aufbau (für I. C.-E. 1305–1392) Der zweite Teil der Syrtenepisode bringt die Peripetie. Die Argonauten lernen indigene Gottheiten kennen, verhalten sich ihnen gegenüber ehrerbietig und mutig und können deshalb die Syrte mit ihrem Schiff verlassen. Die libyschen Wüstengottheiten erscheinen Jason zum Zeitpunkt größter Verzweiflung. Sie machen ihm Mut und geben eine rätselhafte Prophezeiung über die Rettung der Gefährten, die Jason dankbar entgegennimmt, ohne sie zu verstehen. Er ruft seine Gefährten zusammen, berichtet ihnen von Erscheinung und Prophezeiung und weckt so wieder Hoffnung auf Rettung. Bei der Beratung über die Prophezeiung erscheint ein weiteres Wunder, ein riesiges Pferd, das aus dem Meer springt. Peleus deutet Prophezeiung und Wunderzeichen, woraufhin die Argonauten ihr Schiff schultern und es in die Richtung tragen, die das Pferd eingeschlagen hat.

Die gesamte Episode ist ringkompositorisch gebaut. Der erste Teil, die Begegnungsszene (I.C.1305–1336) korrespondiert mit der Szene, die Wunderzeichen, Deutung und Rettung aus der Syrtenwüste berichtet (I. E. 1362–1392). Diese beiden Szenen bestehen je aus drei Teilen, einem Erzählerkommentar zu Beginn und am Schluss (1305–1316; 1381–1392), zwei längeren Reden, die zueinander in Bezug stehen, nämlich der Rätselrede der Herossae sowie deren Deutung durch Peleus (1316–1329; 1369–1380) und dem wundersamen Verschwinden der Göttinnen respektive Erscheinen des Poseidonpferdes (1330–1336; 1363–1368). Die beiden Erscheinungs-Szenen (1305–1336 / 1363–1392) bilden den Rahmen für Jasons Bericht an die verzweifelten Argonauten, der für einen Stimmungsumschwung sorgt (D. 1336–1361).

Erzählstil (I. C.-E. 1305–1392) Um das Zusammentreffen zwischen Argonauten und libyschen Gottheiten zu schildern, nimmt der Erzähler die Perspektive der Argonauten ein. Zunächst versteht der Rezipient die Prophezeiung ebenso wenig wie sie. Erst nachdem das Pferd Poseidons erscheint, beginnt die Prophezeiung auch für den Rezipienten Sinn zu ergeben, in dem Moment also, in dem Peleus das Rätsel auflöst. Dass die Syrte für die Argonauten nicht zur Todesfalle wird, hebt der Erzähler einleitend deutlich hervor (vgl. ad 1305–1309). Der Umschwung von Verzweiflung zu Hoffnung, den die Handlung hier für die Argonauten nimmt, wird explizit markiert. Mit diesem Erzählerkommentar wird das Interesse des Rezipienten auf die spezifische Art der Darbietung des Syrtenabenteuers gelenkt (vgl. Teil I.E).

1305–1311 Der Gedanke erstreckt sich über zwei zusammenhängende Sätze, die parallel gebaut sind: Drei Verse geben im Stil homerischer ‚Beinahe-Episoden' an, wie elend und ruhmlos die Argonauten gestorben wären (vgl. ad 1305–1307), drei weitere Verse beschreiben die libyschen Wüstengottheiten und ihre Herkunft (1309–1311), der mittlere Vers (1308) bringt die Wendung und führt Retterinnen (ἐλέηραν) und Gerettete (σφεας... ἀμηχανίῃ μινύθοντας) zusammen. Um den mittleren Vers herum bilden ἡρώων οἱ ἄριστοι (1307) und ἡρῶσσαι Λιβύης τιμήοροι (1309) ein Kontrastpaar, das den parallelen Bau unterstreicht. Entsprechend bildet der ewige Ruhm, den sich die Wüstenheroinen mit der Waschung Athenes im Tritonsee bereiteten (1309–1311), das inhaltliche Gegenstück zum ruhmlosen Ende (1305–1307), das den Helden droht. Die Begegnung der Argonauten mit den indigenen Gottheiten hat Menelaos' Rettung auf Pharos durch die lokale Göttin Eidothea, Tochter des Proteus (Od. 4,364–425) und Odysseus' Begegnung mit der Kadmostochter Ino im Meer nahe der Phäakeninsel zum prominenten Vorbild (Od. 5,333–353; vgl. ad 1393–1461; ad 1537–1624).

1305 καὶ νύ κεν ... ἐλίασθεν Ähnliche, stärker formelhafte Konditionalgefüge bezeichnen im hom. Epos ein Geschehen, das bei Ausbleiben der Handlungsentwicklung eingetreten wäre. Während in der *Ilias* solche ‚Beinahe-Episoden' oder *counterfactuals* hauptsächlich Kampfgeschehen betreffen, können in der *Odyssee* und in den *Arg.* ‚Beinahe-Episoden' verschiedenen Inhalts sein. Die vollständige hom. Formel καὶ νύ κεν - εἰ μή begegnet sechs Mal in den *Arg.*, sonst wird variiert. Nesselrath (1992, 44–48) zählt 46 ‚Beinahe-Episoden' in der *Ilias*, 27 in der *Odyssee* und 13 bei Apollonios (sieben im vierten Buch, vgl. 4,20 ff.; 4,338 ff.; 4,401 ff.; 4,636–640; 4,1228–1232; 4,1651 ff.; vgl. auch De Jong 1987, 68–81; Lang 1989; Sistakou 2014a). Hier wird die Periode nach einem Vorbild der *Odyssee* (Od. 21,128 ff.) mit ἀλλά (1308) fortgesetzt. Mit Nesselrath die gesamte Syrtenepisode (1240–1379) als die ausführlichste ‚Beinahe-Episode' zu betrachten, geht nicht auf, tritt doch das gesamte Geschehen bis zu diesem Punkt tatsächlich ein. Nur ein kurzer

Teil kann als ‚Beinahe-Episode' gelten (1305 ff.). Leiden und Ängste der Argonauten im Vorhinein sind nicht ungeschehenes Geschehen (vgl. ad 1651ff).

1306 νώνυμνοι καὶ ἄφαντοι Die Kombination nur hier. νώνυμνος findet sich im alten Epos und bei Pindar (Il. 12,70; 13,227; 14,70; Od. 1,222; Hes. Op. 154; Pi. O. 10,51) und wird von den antiken Homererklärern von ὕμνος oder ὄνυμα hergeleitet (Ap.S. 117,20 = Schol. D Il. 14,70; Schol. Il. 13,227). Ap. benutzt es in beiden Bedeutungen. Hier steht es im Sinn von ἀθρήνητοι, dagegen bei den Flussarmen des Thermodon im Sinn von ἀνώνυμος (2,982; vgl. Livrea 1973, ad loc.; Rengakos 1994, 118). νώνυμνος ist bei Lykophron und Kallimachos belegt (Lyc. 1126; Call. fr. 43,55 Pf.). Das Adjektiv ἄφαντος dagegen ist δίς λ. in der *Ilias* („vernichtet, vertilgt", Il. 6,60; 20,303). Die Bedeutung entspricht hier dem pindarisch-tragischen „unbemerkt, im Verborgenen" (Pi. O. 1,46; P. 11,30; A. Ag. 1007; S. OT 832; Ph. 297; so auch Lyc. 195; 896; 1277; Arat. 900; vgl. Ἔρως... δι' ἠέρος ἷξεν ἄφαντος, A.R. 3,275; ἄφαντος ἀεὶ μερόπεσσι πέλοιτο, 4,536; ad 1330; ad 1590).

ἐπιχθονίοισι δαῆναι Der Infinitiv Aorist δαῆναι (vgl. Od. 4,493) steht bei Ap. mit Dativ (ἐελδομένοισι δαῆναι, 1,984; ὕμμι δαῆναι, 2,311), womöglich nach dem Vorbild des Tragikers Euphorion (θέμις ἀνδρὶ δαῆναι, Euph. fr. 429,3).

1307 ἀνηνύστῳ ἐπ' ἀέθλῳ Das Adjektiv ἀνήνυστος steht als hom. ἅπαξ λ. in einer Rede des Bettlers Odysseus an Telemach, in der er vorgibt, er würde, wäre er Odysseus, allein gegen die Freier kämpfen und notfalls unvollendeter Dinge selbst sterben (μὰψ αὕτως ἀτέλεστον, ἀνηνύστῳ ἐπὶ ἔργῳ, Od. 16,111). Das seltene Wort (nur Emp. fr. 12,5; Meliss. fr. 5,975b,2; später Opp.C. 4,196; Tryph. 299; 447; Nonn. D. 48,469) steht nicht zufällig an dieser Stelle, sondern betont die Ähnlichkeit beider Situationen. Odysseus wird wie die Argonauten in dem betreffenden Kampf nicht sterben. ἔργον und ἄεθλον werden vielmehr jeweils ruhmreich vollendet. In diesem Moment ist der Erfolg aber weder für Odysseus noch für die Argonauten absehbar, sondern scheint sehr unwahrscheinlich.

1308 ἀμηχανίη Die berechtigte Ratlosigkeit der Argonauten in der libyschen Syrte wird mehrfach als Ursache für ihre tiefe Verzweiflung angeführt (vgl. ad 1259; 1318; 1527; 1539; 1701). Die Ratlosigkeit bildet einen Kontrast zur Duldsamkeit und Tüchtigkeit der Argonauten (vgl. ad 1382–1392; Teil I.D).

1309 ἡρῶσσαι Λιβύης Die feminine Form ἡρῶσσα ist weniger häufig als ἡρωΐνα, (vgl. Schol. A.R. ad 1309a: ἀντὶ τοῦ ἡρωῖναι). ἡρῶσσα ist jedoch durch inschriftliche Zeugnisse aus Thera (IG VII,3 Nr. 882; 887 f.; 890 ff.;

1340; 1626 f.) und in Zusammenhang mit Kyrene bezeugt (Call. fr. 66,1 Pf.; Nicaenet. AP 6,225,1; 6,225,6). Die korrekte Schreibform wäre ἡρῷσσαι, jedoch fehlt das ι subscr. in den meisten *Arg*.-Mss., in den Kallimachospapyri und den meisten inschriftlichen Belegen (Livrea 1973, ad loc.; Vian / Delage 1996², N.C. ad 1309). Die Junktur verwendet Ap. drei Mal am Versbeginn (noch 1323, 1358). Die Nennung der Herossae markiert somit den Beginn der göttlichen Offenbarung an die Argonauten: 1. Erscheinung der Göttinnen (1305–1316); 2. Offenbarungsrede der Göttinnen an Jason (1317–1331); 3. Jasons Wiedergabe der Rede an die Gefährten (1332–1362). In drei Stufen steigt parallel dazu auch die Aussicht der Helden auf Rettung.

1309 ff. Vian nimmt Abhängigkeit von Kallimachos an (δέσποιναι Λιβύης ἡρωίδες, αἳ Νασαμώνων, Call. fr. 602 Pf.; οἴη τε Τρίτωνος ἐφ' ὕδασιν Ἀσβύσταο / Ἡφαίστου λόχιον θηξ[α]μένου πέλεκυν / βρέγμ[α]το[ς] ἐκ δίριο σὺν ἔντ[ε]σιν ἧλαο πατρός, fr. 37 Pf.; fr. 584 Pf.; Vian / Delage 1996², N.C. ad loc. Vgl. Hollis 1982, 119 ff.; Massimilla 1996, 163; Harder 2012 II, 290 ff.). Die libyschen Wüstengöttinnen erwähnt Ap. bereits im Zuge der Erzählung von der Nymphe Kyrene (2,500–509). Sie kümmern sich in Libyen um die von Apoll entführte Nymphe (2,504 f.; vgl. ad 1322). Das äußere Erscheinungsbild der Heroinen liefert Ap. im Bericht Jasons an seine Gefährten nach (vgl. ad 1347ff).

τιμήοροι Das Adjektiv τιμήορος bzw. τιμωρός ist nicht homerisch. Ap. überträgt es aus Lyrik und Tragödie (Pi. O.9,84; z. B. A. Ag. 1280; S. El. 14; E. El. 974) oder Prosa ins Epos (z. B. Hdt. 2,141,15; Th. 4,2,3; Pl. Phd. 62c4; Her. 37,6; X. Cyr. 4,6,2). τιμήοροι sind die Heroinen in ihrer Funktion als Schutzgottheiten des Landstriches (vgl. Αἰγλήτην Ἀνάφης τιμήορον, 1743 sowie A. Ag. 514 f.; Suppl. 43; αἱ ἐν Λιβύῃ τιμώμεναι, Schol. A.R. ad 1309a; Livrea 1973, ad loc.). Ap. verwendet τιμήορος ausschließlich im vierten Buch, von den libyschen Göttinnen (vgl. ad 1323, 1358), von Apoll (vgl. ad 1730) und von Zeus (4,709), also sehr prägnant nur von den Gottheiten, die den Argonauten in bedrohlichen Situationen in Libyen helfen.

1310 ff. Geburt Athenes Die Waschung der neugeborenen Göttin Athene durch die libyschen Göttinnen begegnet bei Hesiod nicht (Hes. Th. 886–900; 924 ff.; vgl. Brown 1952, 130–135; Kauer 1959; West 1966, ad 886–900). Metis, bei Hesiod Mutter Athenes (Hes. Th. 886–900), wird im nachhesiodeischen Mythos meist nicht erwähnt. Die Geburt der Göttin am Tritonfluss/-see begegnet außer bei Ap. in einem bei Galen überlieferten Chrysipp-Fragment, der ein anonymes Gedicht zitiert (τὴν μὲν ἔτικτε πατὴρ ἀνδρῶν τε θεῶν τε / πὰρ κορυφὴν Τρίτωνος ἐπ' ὄχθησιν ποταμοῖο, Galen. De plac. hipp. et Plat. III 8,317 ff. = Stoic. fr. 2,256 Arnim; vgl. ad 1311). Kauer (1959, 24) geht davon aus, dass der Tritonfluss als glossematische Erklärung des unverständlich gewordenen Epithetons Tritogeneia in den Mythos gelangt ist (Schol. A.R. 4,1311). Die Geburt der Göttin wird bei Kallimachos und Apollodor erzählt (Call. fr. 37 Pf.; Apollod. 1,20). Erwähnt wird der Mythos in Zusammenhang mit Libyen (A. Eum. 292; h. Hom. 28,4 ff.; Pi. Ol. 7,35 ff.; Dionys. Scytobrachion 32F8 Jacoby = D.S. 3,69; 70,3 f.; Luc. 9,350–354). Bei Ap. liegt der Schwerpunkt auf der Waschung, aus der eine enge Verbindung der Göttin mit dem See und den libyschen Heroinen resultiert. Die Erzählung betont die Bedeutsamkeit der indigenen Gottheiten: Zum einen existieren sie bereits vor Athene, sind also einer sehr alten Göttergeneration zuzurechnen. Zum anderen sind sie – im Gegensatz etwa zu Talos, mit dem sie diese erste Eigenschaft teilen (vgl. ad 1625–1693) – hilfsbereit und übernehmen dienende Funktion. Der Hinweis auf die Hilfe der Göttinnen erfüllt somit proleptische Funktion und lässt vermuten, dass sie auch den Argonauten helfen werden, die Athene unterstützt (z. B. 1,18 f.; 3,6–113).

1310 ἐκ πατρὸς κεφαλῆς θόρε Wie Hesiod beschreibt Ap. eindeutig eine Geburt der Göttin aus dem Kopf ihres Vaters (αὐτὸς δ' ἐκ κεφαλῆς γλαυκώπιδα γείνατ' Ἀθήνην, Hes. Th. 924; vgl. z. B. Od. 8,312; E. Ion 455; Pi. fr. 12; fr. 19). Anders dagegen ein Chrysipp-Fragment (τὴν μὲν ἔτικτε πατὴρ ἀνδρῶν τε θεῶν τε / πὰρ κορυφήν, Galen. De plac. hipp. et Plat. III 8,317 ff. = Stoic. fr. 2,256 Arnim) und womöglich der hom. *Apollon-Hymnos* (z. B. γείνατ' Ἀθήνην / ἐν κορυφῇ; h. Ap.308 f.), in denen sich der Einfluss einer Variante niederzuschlagen scheint, nach der sich die Geburt der Göttin auf einem Berggipfel ereignete (πὰρ κορυφήν). In der abbildenden Kunst seit dem 6. Jhd. sowie bei Pindar (Pi. O. 7,35) begegnet eine vermutlich im attischen Raum entwickelte Variante des Geburtsmythos, nach der Athene erst durch den Schlag einer Axt aus dem Kopf des Zeus entspringt (vgl. z. B. Ἡφαίστου λόχιον θηξ[α]μένου πέλεκυν, Call. fr. 37 Pf.; vgl. Cook 1940, 662–726; Brown 1952, 135 ff.). Indem Ap. hier das Verb θρῴσκειν wählt, nimmt er explizit auf die hesiodeische Variante Bezug, nach der die Geburt Athenes Zeus' alleiniges Werk ist. Erwähnt wird die Axtschlag-Variante nicht.

παμφαίνουσα Das Partizip greift auf die Beschreibung von ehernem Kriegsgerät im hom. Epos zurück (z. B. σάκος ... χαλκῷ παμφαῖνον, Il. 14,11; 11,30; 6,513). Ap. spielt so auf eine Mythenvariante an, nach der Athene in Rüstung und Waffen geboren wird. Dem Scholiasten zufolge wird dieses Detail zuerst von Stesichoros erwähnt (Schol. A.R. 4,1310 = Stesich. fr. 62 Bergk III 226; σείσασ' ὀχὺν ἄκοντα, h. Hom. 28,9; εἰσότε κούρη / εἵλετ' ἀπ' ἀθανάτων ὤμων θεοείκελα τεύχη, h. Hom. 28,14 f.). Bei Hesiod wird dagegen allgemein ihr kriegerischer Charakter hervorgehoben (Hes. Th. 924).

1311 Τρίτωνος ἐφ' ὕδασι Tritonsee oder -fluss heißen verschiedene Gewässer (vgl. Schol. A.R. 1,109: Τρίτωνες τρεῖς, Βοιωτίας, Θεσσαλίας, Λιβύης· ἐν δὲ τῷ κατὰ Λινύην ἐτέχθη ἡ Ἀθηνᾶ; Wendel 1935, ad Schol. A.R. 1,109; Chamoux 1953, 228; Livrea 1973, ad 269). Auch bei Ap. heißt ein weiterer Fluss nach Triton, vermutlich der Nil (ποταμὸς Τρίτων εὐρύρροος, 4,269; vgl. Τρίτωνος ἐκβολαῖσιν, Lyc. 119; Αἰγύπτιον Τρίτωνος, 576; vgl. Stephens 2003, 208; Hornblower 2015, ad 118 f.; ad 576; Hunter 2015, ad 267–70). Der Tritonsee soll durch einen Tritonfluss mit dem Mittelmeer verbunden sein (Hdt. 4,178). Ähnlich beschreibt Ap. die schmale Durchfahrt ins Meer (vgl. ad 1537–1540; 1571–1576). Identifikationsversuche sind wie im Fall von Syrte und Hesperidengarten schwierig (vgl. ad 1237–1244; ad 1393–1536 C.; Teil I.D). Schon Herodot vereint für die Beschreibung des Tritonsees verschiedene Traditionen, die zum Teil auf die Kleine Syrte, zum Teil auf das Schott el Djerid bezogen werden (vgl. How / Wells 160; 359 f.; Chamoux 1953, 83; 226; Laronde 1987, 386 ff.; Zimmermann 1999, 114). Vom Tritonsee als Geburtsort der Athene leitete man das Epitheton Tritogeneia her (z. B. Τρίτων ποταμὸς Λιβύης, ἔστι δὲ καὶ Βοιωτίας. δοκεῖ δὲ ἡ Ἀθηνᾶ παρ' ἑτέρῳ αὐτῶν γεγενῆσθαι, ἀφ' οὗ καὶ Τριτογένεια λέγεται, Schol. A.R. 4,1311). Lukan gibt in seiner von Ap. beeinflussten Libyenepisode ebenfalls ein Namensaition (Luc. 9,350–354).

χυτλώσαντο Hom. ἅπαξ λ. vom Salben nach dem Bad (χυτλώσαιτο σὺν ἀμφιπόλοισι γυναιξίν, Od. 6,80; vgl. Ap. S.: χυτλώσαιτο· ἀλείψατο μετὰ τὸ λούσασθαι), bei Ap. nur hier. Die Bedeutung scheint hier zu „baden" vereinfacht. So auch bei Kallimachos und Lykophron, die das Verb ebenfalls für die Waschung des Neugeborenen verwenden (δίζητο ῥόον ὕδατος, ᾧ κε τόκοιο / λύματα χυτλώσαιτο, Call. h. Jov. 16 f.; πρὶν ἐκ λοχείας γυῖα χυτλῶσαι δρόσῳ, Lyc. 322). Kallimachos und Ap. gebrauchen die mediale Form aktivisch, Lykophron dagegen die aktive Form. Das Medium wird in der Bedeutung „sich mit einer Mischung aus Wasser und Öl einreiben" bei Galen verwendet (Gal. 11,532). Nonnos hat das feminine Partizip im Aktiv (Nonn. D. 43,66), sonst die medialen Formen und das Verb auch in übertragener Bedeutung, etwa von Blitzen (z. B. Nonn. D. 6,128; 8,401; 45,28). Das verwandte χύτλον steht bei Ap. in der Bedeutung „Trankspende" (1,1075; 2,926 f.; 4,708), sonst „Bad", „Fluss" (Lyc. 1099; 701), „Badewasser", „Trankspende" (Call. fr. 245 Pf.; fr. 540 Pf.).

1312 ἔνδιον ἦμαρ ἔην Göttliche Erscheinungen und unheilvolle Ereignisse in der Mittagsstunde haben literarische Tradition (vgl. Caillois 1937, 54–83; Papanghelis 1989; Männlein-Robert 2013). Hesiods berühmte Musenerscheinung wird in die Mittagsstunde gelegt (vgl. Antip. AP 9,46,1), er selbst gibt keine Zeit an (Kambylis 1965, 59 ff.). Theokrit nennt den Mittag die Stunde des Pan, vor der sich die Hirten in Acht nehmen sollen (Theocr.

1,15–18; mittägliches Musizieren auch 7,21 ff.) sowie die beste Stunde für die Schnitter (10,48 ff.). Bei Kallimachos findet das von Teiresias beobachtete Bad der Athene in der Stille der Mittagsstunde statt (Call. Lav.Pall. 72 f.; ebenso verhält es sich bei Aktaion, vgl. Ov. Met. 3,144 ff.). Das Gleichnis zur Illustration der Verzweiflung der Helden in der Syrte bereitet die mittägliche Erscheinung der libyschen Heroinen vor (vgl. ad 1286; zum Tod des Mopsos am Mittag vgl. ad 1505). Jason weiß um die Gefahr göttlicher Erscheinungen in der Mittagszeit. Er verhält sich vorsichtig und zurückhaltend (vgl. ad 1315 f.; ad 1332 ff.). Die Begegnung um die Mittagszeit entspricht weiteren Begegnungen mit Gottheiten in der Libyenepisode, die ebenfalls tagsüber stattfinden, auch wenn dieser Umstand nicht immer explizit benannt wird (vgl. ad 1393–1456; 1537–1619; vgl. Teil I.D). Dagegen deutet Sistakou (2012, 126) die Libyenepisode als „unending night". Ap. markiert allerdings keineswegs jeden Tagesanbruch mit einem expliziten Hinweis, es handelt sich also nicht um eine Anomalie, sondern um Zurückhaltung bei unnötigen Angaben. Die indirekten Hinweise auf die Tageszeiten machen eine „unending night" in Libyen unwahrscheinlich.

περὶ δ' ὀξύταται θέρον αὐγαί Das Verb θέρω steht sonst im Passiv in der Bedeutung „sich wärmen, warm werden, brennen" (Il. 6,331; 11,667; Od. 19,64; 507; Arist. PA 645a 19; Call. Ep. 25,5), aktivisch nur in der *Odyssee* und bei Nikander (Od. 17,23; Nic. Th. 199; 687; vgl. Jacques 2002, 187 ad 687). Vorbild für die Junktur αὐγή ὀξεῖα ist die hom. Beschreibung eines Kampfes in der gleißenden Sonne (πέπτατο δ' αὐγὴ / ἠελίου ὀξεῖα, νέφος δ' οὐ φαίνετο πάσης, Il. 17,371; vgl. Thgn. 1,426; Pi. O. 3,24). Durch den Superlativ wird ein inhaltlicher Überbietungsgestus formal markiert: Die Sonne in der Wüste Libyens um die Mittagszeit hat eine gewaltigere Kraft als die Sonne im Vorbild (vgl. ad 1505).

1312 f. αὐγαί / ἠελίου Zu der hom. Junktur vgl. ad 1744 f.

1313 Λιβύην Vgl. ad 1227.

1314 ἕλον ... πέπλον Vorbild ist eine hom. Szene, in der die Priesterin Theano der Statue der Athene ein Gewand auf die Knie legt (πέπλον ἑλοῦσα Θεανὼ καλλιπάρῃος, Il. 6,302). Eine Verbindung zwischen den libyschen Herossae und Theano könnte in ihrer innigen Beziehung zu Athene bestehen (vgl. ad 1310 f.). Eine Imitation findet sich bei Quintus (οὔτε βαθὺν μελέεσσιν ἑλεῖν πέπλον, Q.S. 13,113).

χερσί ... ἠρέμα Die Junktur zuerst hier, übernommen von Moschos (Mosch. E. 50; 95; Livrea 1973, ad loc.). Das Adverb ἠρέμα, „sanft, sachte" ist nicht im alten Epos, dagegen aber in Komödie, Philosophie, Historiographie und medizinischem Schrifttum belegt (z. B. Ar. Pax 82; X. Cyr. 1,4,19; Pl. Phd.

62a 8; Phlb. 24c 2; Hp. Mul 68,32; 145,20; Arist. EE 1228b 7 etc.) und wird von Ap. und anderen hellenistischen Kollegen in die Dichtung übernommen (Simm. AP 7,22; Theocr. 21,50; 56; noch A.R. 3,170).

1315 ἑτέρωσε ... ὄμματ' ἔνεικεν Die Junktur ὄμμα φέρειν zuerst bei Euripides (ἀλαὸν ὄμμα φέρων, E. Ph. 1531), dann bei Ap. (noch 1,535; 4,466). Motivisches Vorbild der Szene ist Telemachos, wie er aus Angst vor göttlicher Strafe den Blick von Odysseus abwendet (ταρβήσας δ' ἑτέρωσε βάλ' ὄμματα, μὴ θεὸς εἴη, Od. 16,179). Die Anspielung zielt auf eine Kontrastwirkung: Während Telemachos sich in diesem Punkt irrt, geht Jason zu Recht davon aus, göttlichen Wesen gegenüberzustehen.

παλιμπετές Hom. δίς λ. (ἂψ ἐπὶ νῆας ἔεργε παλιμπετές, Il. 16,395; μνηστῆρες δ' ἐν νηὶ παλιμπετὲς ἀπονέωνται, Od. 5,27). Bei Arat und bei Kallimachos in adverbialer Bedeutung (στροφάδες δὲ παλιμπετὲς ἀπονέονται, Arat. 1032; οὔτ' αὐτὸς Σκυθίηνδε παλιμπετές, Call. Dian. 256; οὐδ' οἵγε παλιμπετὲς οἴκαδ' ἴκοντο, Del. 294). Die antiken Grammatiker vermuten in der Form entweder einen adverbialen Akkusativ oder eine „synkopierte" Form des Nominativ Plural (ἀντὶ τοῦ παλιμπετεῖς, Schol. Od. 5,27; vgl. Lehrs 1837, 138 ff.; Buttmann 1865 I, 39 ff.; Rengakos 1993, 144 f.). Bei Ap. noch vom Adler, der die Leber des Prometheus verzehrt sowie von Eros' Rückkehr aus Aietes' Palast (αἰετὸν ἥπατι φέρβε παλιμπετὲς ἀΐσσοντα, 2,1250; αὐτὸς δ' ὑψορόφοιο παλιμπετὲς ἐκ μεγάροιο, 3,285). Eine pseudo-etymologische Verbindung zu πίπτειν dürfte hier nicht zugrunde liegen (vgl. Schol. Il. 16,395; Ap. Soph. 126,34; Nonn. D.3,30; Hunter 1989, ad 285; Livrea 1973, ad loc.). Vielmehr handelt es sich um prägnanten adverbialen Gebrauch. Jason hat vor Überraschung über die Entfernung des Peplos durch die Göttinnen zunächst aufgeblickt, wendet den Blick aber sofort wieder ab – mit Schrecken aufgrund der göttlichen Erscheinung (δαίμονας αἰδεσθείς, 1316).

1316 δαίμονας αἰδεσθείς Zum *Odyssee*-Vorbild vgl. ad 1315. Die Junktur begegnet in einer Verteidigungsrede des Hermes (Ἥλιον δὲ μάλ' αἰδέομαι καὶ δαίμονας ἄλλους, h.Merc. 381). Jasons frommes, ehrfürchtiges Verhalten gegenüber den libyschen Heroinen wird deren Wohlwollen beeinflussen (vgl. ad 1333–1336).

ἀμφαδόν Im hom. Epos in der Bedeutung „offen" im Gegensatz zur geheimen Täuschung oder List (λάθρῃ ὀπιπεύσας, ἀλλ' ἀμφαδόν, Il. 7,243; ἠὲ δόλῳ ἦ ἀμφαδόν; Od. 1,296; ἢ ἀμφαδὸν ἦε κρυφηδόν, Od. 14,330; 19,299) bzw. zur vertraulichen Unterredung (ἀγορευέμεν ὡς ἐπιτέλλω / ἀμφαδόν, Il. 9,369 f.). Hier besonders prägnant in kombinierter Bedeutung. Die libyschen Göttinnen sprechen in ihrer wahren Gestalt offen zu Jason, sie erscheinen nicht in Gestalt eines anderen Wesens. Diese Offenheit gegenüber den Argonauten ist durchaus typisch für die indigenen Gottheiten Libyens.

So treten ihnen, nachdem sie sich bei der ersten Begegnung allerdings verstellen, schließlich auch die Hesperiden und Triton in ihrer wahren Gestalt gegenüber (vgl. ad 1405–1430, bes. 1429 f.; 1602–1624, bes. 1602). Sonst bei Ap. in der Bedeutung „oberirdisch" von einem Fluss, vom „offenen" Ankern der Argo in Kolchis, von Thetis' Erscheinen bei Peleus sowie in einem Erzählerkommentar von der „offenen" Rede (1,95; 2,983; 3,570; 4,854; vgl. ad 1511).

1317 μειλιχίοις ἐπέεσσιν Die formelhafte hom. Junktur verwendet Ap. in der Libyenepisode prägnant von allen weiblichen göttlichen Wesen Libyens, von den libyschen Heroinen, den Hesperiden und der Personifikation der Insel Thera im Traum des Euphemos (vgl. ad 1431; 1740). Die Fähigkeit, mit süßen Worten zu sprechen, ist sonst auf Jason beschränkt (1,294; 2,621; 3,15; 385; 4,394), was eine besondere Beziehung Jasons zu diesen Wesen nahelegt.

ἀτυζόμενον Das hom. Verb ἀτύζομαι, „sich entsetzen, vor Schreck verwirrt sein" (z. B. Il. 8,183; 22,474; Od. 11,606; 12,111) verwendet Ap. häufig von Medea oder den Argonauten (1,1286; 2,248; 635; 1024; 3,614; 4,23; 39; 512; 1032; 1718), im Gegensatz zum hom. Epos auch aktivisch in der Bedeutung „in Schreck versetzen" (1,465; vgl. sonst nur Theocr. 1,56; Nic. Al. 193). Mit dem Partizip kommentiert der Erzähler Jasons Zustand und betont, dass er trotz seines Schreckens angemessen reagiert.

1318–1329 Prophezeiung der libyschen Heroinen Die Göttinnen beginnen ihre Rede mit einer rhetorischen Frage, erzählen von ihrem Wissen um die Taten der Argonauten. Sie legen ihre Identität offen und fordern Jason auf, seine Gefährten zusammenzurufen. Sie schließen mit einer Prophezeiung, in der sie versprechen, dass den Helden eine Rückkehr nach Griechenland möglich ist. Die Prophezeiung hat den Charakter eines Rätsels.

1318 κάμμορε, τίπτ' Die Anrede greift den Beginn der Rede Leukotheas auf, die Odysseus im Seesturm rettet (κάμμορε, τίπτε τοι ὧδε Ποσειδάων ἐνοσίχθων / ὠδύσατ' ἐκπάγλως, Od. 5,339 f.; vgl. Livrea 1973, ad loc.; Knight 1995, 78). Ähnlich erklärt Athene Odysseus, dass er zuhause ist und zerstreut seine Ratlosigkeit in Bezug auf den Kampf mit den Freiern (τίπτ' αὖτ' ἐγρήσσεις, πάντων περὶ κάμμορε φωτῶν, Od. 20,33). Ebenso beginnt die Rede des Teiresias an Odysseus in der Unterwelt (τίπτ' αὖτ', ὦ δύστηνε, λιπὼν φάος / ἠελίοιο ἤλυθες, Od. 11,93 f.). Motivische Gemeinsamkeiten hat Jasons Situation mit allen drei *Odyssee*-Szenen: Jason und die Argonauten befinden sich einsam in der Wüste, sie sind den Naturgewalten ausgeliefert wie Odysseus bei Leukothea. Überdies stehen sie aus guten Gründen ratlos vor ihrem Gegner, der Syrtenwüste, wie auch Odysseus nach menschlichen Maßstäben urteilend an der Besiegbarkeit der Freier zweifelt. Die Atmosphäre in der Syrte, die die Argonauten in die Verzweiflung getrieben hat, weist überdies Ähnlichkeit mit der hom. Unterweltsbeschreibung auf (vgl. ad 1226; 1232 ff.). Ap. verwendet die Anrede κάμμορε dementsprechend sehr prägnant nur hier.

ἐπὶ τόσσον ἀμηχανίῃ βεβόλησαι Das Perfekt Passiv zu βάλλω hat bei Ap. in der Regel denselben metaphorischen Sinn wie im hom. Epos und stets einen Dativ bei sich (Il. 9,3; 9,9; Od. 10,247; vgl. 1,262; 1216; 1269; 2,409; 3,432; 893; Ausnahme: 3,1310; vgl. Ardizzoni 1967, ad 262; Livrea 1973, ad loc.; Matteo 2007, ad 409). Die Junktur beschreibt sonst Jasons Ratlosigkeit gegenüber den Forderungen des Aietes sowie die imaginierte Hilfslosigkeit der Stadt in Medeas Trugrede an ihre Mägde (3,432; 893). Später nur bei Quintus (Q.S. 7,537; 14,497). Die Herossae wiederholen hier exakt die Worte des Erzählers (vgl. ad 1308 ff. sowie zur ἀμηχανία ad 1259; 1308).

1319 ἴδμεν... ἴδμεν ἕκαστα Vorbildhaft ist Aeneas' Rede an Achill über dessen Herkunft (ἴδμεν δ' ἀλλήλων γενεήν, ἴδμεν δὲ τοκῆα, Il. 20,203; ähnlich Il. 7,238 ff.; 20,432 ff.; Od. 8,559 f.; 12,189 ff.; h.Cer. 229 f.; Hes. Th. 27 etc.; vgl. Livrea 1973, ad loc.). Die Heroinen betonen ihr Wissen über die Argo-Abenteuer (1319 ff.), um ihrer Prophezeiung Glaubwürdigkeit zu verleihen. Dass ἕκαστα den Vers beschließt und erst im folgenden Vers konkretisiert wird, verstärkt den Eindruck ihrer Allwissenheit und lässt plausibel erscheinen, dass sie auch die Zukunft kennen.

χρύσεον δέρος Das goldene Vlies, dessen Eroberung die Argo-Fahrt zum Ziel hatte – auch wenn es bei Homer und Hesiod nicht erwähnt wird (vgl. Dräger 1993, 23 ff.) – wird natürlich in diesem kurzen Resümee der Heroinen zuerst genannt.

1320 ὑμετέρων καμάτων Dieselbe Junktur verwendet der Erzähler im Epilog in Verbindung mit einer Apostrophe an die Argonauten (vgl. ad 1776). Die Hesperiden sprechen die Argonauten ebenfalls zunächst auf ihre erduldete Mühsal an, die sie wie die libyschen Gottheiten genau kennen (ἐφ' ὑμετέροισιν ὄνειαρ / δεῦρ' ἔμολεν καμάτοισιν ὁ κύντατος, vgl. ad 1432). Indirekt gibt auch Triton zu verstehen, dass er darum weiß (vgl. ad 1584 f.). In derartigen Details manifestiert sich die genaue Abstimmung der drei Hauptteile der Libyenepisode, die nach einem Schema komponiert sind, das sich wiederum am ambivalenten Charakter des zugrunde liegenden Libyenbildes orientiert (vgl. Teil I.C und D).

ὅσ' ἐπὶ χθονός ὅσσα τ' ἐφ' ὑγρήν Die Unterteilung in Abenteuer zu Land und zu Wasser ist nur auf den ersten Blick topisch (Od. 1,3 ff.; h. Cer. 69; h.Hom. 30,2 f.; Hes. Th. 695 f.; Pi. I. 4,49; A. Eu. 76; Cleanth. Stoic. 1,15

Powell; Mosch. E. 141 f.). Zum einen benennen die Herossae hier sowohl die Fahrtabenteuer als auch die Ereignisse in Kolchis (anders Hunter 2015, ad loc.). Zum anderen verbirgt sich hier eine Prolepse auf die ungewöhnliche Aktion der Argonauten, die Argo auf ihren Schultern über Land zu tragen, die ja die Prophezeiung der Heroinen erst ermöglicht (vgl. ad 1381–1390).

1321 πλαζόμενοι κατὰ πόντον Formales Vorbild ist die Beschreibung eines Beutezugs durch Nestor in der *Odyssee* (ὅσα ξὺν νηυσὶν ἐπ' ἠεροειδέα πόντον / πλαζόμενοι κατὰ ληΐδ', Od. 3,105 f.). Imitiert bei Nonnos (Nonn. D. 33,338).

ὑπέρβια ἔργα Das Adjektiv steht im hom. Epos oft in negativer Bedeutung (z. B. Il. 18,262; Od. 1,386), Ap. verwendet es ebenfalls häufig negativ mit tadelndem Unterton (1,151; 188; 426; 820; 944; 2,468; 1117; 3,583; 714; 4,735; 823; 1010; 1523; vgl. Gillies 1928, ad 3,15; Livrea 1973, ad 734). Hier eher in der Bedeutung „überwältigend" mit schmeichelhaftem Unterton (vgl. B. 3,37; Pi. O. 10,15).

1322 οἰοπόλοι Im hom. Epos in der Bedeutung „einsam" von Orten (χώρῳ ἐν οἰοπόλῳ, Il. 13,473; 17,54; 19,377; 24,614; Od. 11,574), sonst insgesamt selten (Ἑρμῆς τ' οἰοπόλος [Schafhirt], h. Merc. 314; οἰοπόλος δαίμων [Triton], Pi. P. 4,28; Ἄρτεμις οἰοπολὰς, Di. 19; später Iamb. VP 15; Q.S. 8,371; Coluth. 15; 113; 311; 357; vgl. Braswell 1988, ad 28b). Umstritten sind Etymologie und Bedeutung bei antiken Philologen, die es entweder von οἷς und -πολος ableiten (Schol. Il. 13,473) oder von οἷος und πέλομαι (Schol. 49 Pi. P. 4,28; Hsch. s.v. οἰοπόλος; EM s.v. οἰοπόλῳ; Rengakos 1994, 119). Zwar bezieht Ap. eindeutig Stellung, indem er Jason einige Verse später den Ausdruck der Göttinnen glossieren lässt (ἐρημονόμοι κυδραὶ θεαί, 1333). Da die Göttinnen durch ihre Tracht (vgl. ad 1348) aber tatsächlich wie Schafhirtinnen aussehen und da sie ferner weit und breit die einzigen Wesen sind, ist es sehr wahrscheinlich, dass hier beide Bedeutungen hineinspielen (Livrea 1972, 239; ders. 1973, ad loc.). Die einsame Tätigkeit als Schäferinnen teilen die libyschen Göttinnen mit der Namensgeberin der Gegend, der Nymphe Kyrene, die ebenfalls einsam als Schafhirtin im sumpfigen Tal des Peneios lebt, bevor sie von Apoll nach Libyen entführt wird (2,500–503).

χθόνιαι θεαὶ αὐδήεσσαι χθόνιαι heißen die Gottheiten hier, da sie zum libyschen Landstrich gehören, in dem sie Jason erscheinen (so auch 2,504: χθονίης παρακάτθετο νύμφαις). Sie sind keine chthonischen Götter der Unterwelt wie Demeter und Persephone (Hdt. 6,141; 7153,2; Ar. Th. 101) oder die Titanen (Hes. Th. 697; vgl. Burkert 2011, 306–312). Das Adjektiv αὐδήεις steht im hom. Epos meist von mit den libyschen Heroinen verwandten göttlichen Wesen wie Leukothea, Kirke und Kalypso sowie von Hera (Od. 5,334; 10,136; 11,8; 12,150; 449), auch vom Pferd des Achill sowie von den Menschen (Il. 19,407; Od. 6,125), in einem vermutlich Kallimachos zuzuschreibenden Fragment von der Meeresgöttin Ino (Βύνης καταδέκτριαι αὐδηέσσης, Call. fr. 745 Pf.). Ap. reproduziert das hom. Epitheton für einen bestimmten Typus weiblicher Gottheiten, verwendet das Adjektiv aber auch für die sprechende Argo (ἴαχεν ἀνδρομέῃ ἐνοπῇ μεσσηγὺ θεόντων / αὐδῆεν γλαφυρῆς νηὸς δόρυ, 4,581 f.; in Anlehnung an Il. 19,407; vgl. auch von einer Schildkröte: αὐδήεσσαν ἔθηκεν ἀναύδητόν περ ἐοῦσαν, Nic. Th. 560). Der dreifache *versus spondiacus* zu Beginn, in der Mitte und am Schluss gliedert die Rede der Göttinnen, trägt zu ihrer Erhabenheit bei und verleiht der Prophezeiung Gewicht (vgl. 1325; 1329).

1323 Λιβύης... θύγατρες Mit Libye zeugt Poseidon auch den Eurypylos (vgl. ad 1558–1561), die Herossae wären demnach ebenfalls Töchter dieses Gottes, weshalb sie zur Prophezeiung über das Pferd Poseidons prädestiniert sind (Vian / Delage 1996[2], ad loc.). Allerdings kennt Ap. auch eine Tradition, nach der Libye Geliebte des Triton und Mutter der Kalliste ist (vgl. ad 1741–1745). Dass Ap. beide Mythentraditionen anklingen lässt sowie die jeweilige Ausdrucksweise sprechen für ein symbolisches, auf den Erdteil bezogenes Verständnis der Mutterschaft Libyens. Der Vers wird von Jason exakt wiederholt (vgl. ad 1358).

1324 ἀλλ' ἄνα Hera fordert Achill mit ähnlichen Worten zum Kampf auf (ἀλλ' ἄνα μηδ' ἔτι κεῖσο, Il. 18,178), die Formulierung verwenden auch die hom. Krieger untereinander (ἄνα = ἀνάστηθι, vgl. Il. 6,331; 9,247; Od. 18,13). Die Übernahme passt zur konsequent ins Werk gesetzten Stilisierung der libyschen Landschaft zu einem fordernden Gegner, wie er sonst im epischen Kampf zu bewältigen ist (vgl. Teil I.D.III). Die libyschen Herossae beginnen hier den zweiten Teil ihrer Rede und fordern Jason und die Argonauten trotz der vermeintlichen Aussichtslosigkeit auf, sich dem Gegner Syrte zu stellen.

τοῖον ὀιζύων ἀκάχησο Die Imperativform ist nur hier belegt, im hom. Epos dagegen ἀκαχίζευ (Il. 6,486; Od. 11,486). Die Junktur begegnet sonst nur bei Aischylos (βόα πικρότερ' ἀχέων οἰζύος ὄνομ' ἔχων, A. Supp. 875).

1325–1328 Orakelspruch der Heroinen Die rätselhafte Prophezeiung der libyschen Gottheiten gehört zu den wenigen Fällen, in denen Figurenrede mit ähnlichen Worten in annähernd hom. Stil wiederholt werden (vgl. ad 1353–1356). Die typische Wiederholung ganzer Verse wird von Ap. gemieden und nur an exponierter Position für konkrete Aussageziele eingesetzt (noch 1,705 ff. ~ 1,714 ff.; 3,409 f. ~ 495 f.; 4,1106–1109 ~ 4,1117–1120; vgl. Fränkel 1964, 34 m. Anm. 4; ders. 1968, 98 m. Anm. 188 sowie 563).

1325 Ἀμφιτρίτη Die Gattin Poseidons, eine Tochter des Nereus und der Doris (Hes. Th. 254; 930; vgl. Od. 3,91; 5,422; 12,60; h. Ap. 94). Jason wiederholt diese Information gegenüber den Gefährten in leicht veränderter Form (vgl. ad 1355).

1326 ἅρμα Ποσειδάωνος εὔτροχον Die Verbindung ἅρμα εὔτροχον bezeichnet im alten Epos den Wagen des Zeus, allgemein einen Pferdewagen sowie den Wagen des Ares (Il. 8,438; 12,58; Hes. Sc. 463). Eine Wagenfahrt Poseidons beschreibt sie in der *Ilias* (Il. 13,23–36), wobei der Schwerpunkt auf den Pferden Poseidons und der Reaktion der Meeresungeheuer liegt. Dem Peleus schenkt Poseidon die schnellsten Pferde, die später den Wagen Achills ziehen (Il. 23,267 ff.). Der Historiker Mnaseas kennt Poseidon als Lehrer seines Urenkels Antilochos für das Zusammenspannen von Pferd und Wagen (φασὶ δὲ αὐτοὺς καὶ πρώτους ἅρμα ζεῦξαι διδαχθέντας ὑπὸ Ποσειδῶνος, Mnas. fr. 40,3 Müller). Was die Ankündigung der Herossae, dass der Wagen des Gottes bald abgespannt wird, für die Argonauten bedeutet, können diese erst verstehen, als ihnen das riesige Pferd erscheint (vgl. ad 1356; 1365 ff.; 1370).

1327 σφετέρῃ ἀπὸ μητέρι Das Possessivpronomen σφέτερος wird hier im Sinn von ὑμέτερος (wie Il. 9,327) verwendet. Es kann bei Ap. auch statt ἑός (1,167; 2,1040; 3,186; 302; 622; 643; 817; vgl. ad 1493), ἡμέτερος (vgl. ad 1353; Theocr. 25,63) oder σός (z. B. Theocr. 22,67) stehen. Nur zwei Mal regelmäßig in der Bedeutung „ihr" (1,530; 4,1294; vgl. Erbse 1953, 165; Ardizzoni 1958, ad 186; Livrea 1973, ad 274; ad loc.). Zur Argo als Mutter vgl. ad 1372 ff.

τίνετ' ἀμοιβήν Die Junktur steht in der *Odyssee* von der Buße, die die Gefährten des Odysseus für den Raub der Helios-Rinder zahlen sollen (τείσουσι βοῶν ἐπιεικέ' ἀμοιβήν, Od. 12,382), ambivalent bei Pindar (ἀμοιβαῖς ἐποιχομένους τίνεσθαι, Pi. P. 2,24) sowie bei Euripides von Theseus, der dem Herakles seine Wohltaten vergelten will (τίνων δ' ἀμοιβὰς ὧν ὑπῆρξεν Ἡρακλῆς, E. HF 1196). Sonst bezeichnet Ap. mit dem Ausdruck nur die Vergeltung, die den Lemnierinnen für den Männermord droht sowie die fürchterliche Armut, mit der Paraibios für die Verfehlung seines Vaters büßt (1,619; 475). Worin nun die Buße der Argonauten bestehen soll, lässt die Formulierung der Gottheiten zunächst offen.

1328 κατὰ νηδύος Das Substantiv νηδύς wird im alten Epos oft im Sinn von „Leib, Unterleib" gebraucht (Il. 24,496; Hes. Th. 460; 890), so auch sonst bei Ap. (2,819; 3,1382; 4,706; vgl. ad 1449; 1611). Die Vorstellung einer Schwangerschaft wird auf das Schiff Argo übertragen, was Jason jedoch nicht versteht (vgl. ad 1354; 1373).

1329 ἠγαθέην ἐς Ἀχαιίδα νοστήσαιτε In der frühen Dichtung heißen ἠγαθέος v.a. die Orte Lemnos, Pylos, Pytho und Nyssa sowie Delos und Lesbos (z. B. Il. 21,58; Od. 2,308; Hes. Th. 499; h. Merc. 216; h. Ap. 37; Pi. N. 6,34; B. 3,62). Bei Ap. sonst von Delos und vom heiligen Hain, in dem sich Jason und Medea begegnen, sowie von der Höhle der Makris, in der Jason und Medea ihre Ehe vollziehen (1,308; 3,981; 4,1131). Diese feierlichen Worte der Herossae, während sie schon unsichtbar werden (1330 f.), sind in Form eines *versus spondiacus* effektvoll an den Schluss ihrer Rede gesetzt. Sie tragen zum Stimmungsumschwung bei Jason bei. Programmatisch beendet das verheißungsvolle Verb νοστήσαιτε die Rede der Göttinnen, mit dem sich die Bedeutung ihrer Rede gut zusammenfassen ließe (vgl. dazu Teil I.B.II).

1330 ἄφαντοι Vgl. ad 1306.

1331 φθογγῇ ... ἐγένετο παρασχεδόν Das Adverb παρασχεδόν „(räumlich und zeitlich) nah" ist zuerst bei Ap. belegt, immer wie hier nach bukolischer Dihärese oder Zäsur nach dem dritten Trochäus (vgl. 1,354; 698; 1091; 2,10; 859; 3,440; 667; 4,99; 230; später Nic. Th. 800; Al. 207; D.H. 7,45,2; Opp. H. 3,364; 4,442; 5,104; Ardizzoni 1967, ad 354; Livrea 1973, ad 99). Dass die Stimmen der libyschen Gottheiten noch zu hören sind, während sie verschwinden, hat man als Hinweis aufgefasst, dass die Begegnung nur in einem Traum Jasons stattfinde (Walde 2001, 192–196). Dies ist unwahrscheinlich, da die Helden und die Mädchen in der Syrte vor Kummer und Angst nicht schlafen. Sie liegen bis zum Morgengrauen im Sand, schlaflos und in Erwartung ihres Todes. Sie wälzen sich stöhnend umher und klagen laut (vgl. ad 1294–1304). Überdies sind Träume in den *Arg.*, etwa die der Medea und des Euphemos (3,616–634; 4,1731–1745) sonst eindeutig als Traum gekennzeichnet (ὀλοοὶ ἐρέθεσκον ὄνειροι, 3,617; μνήσατ' ... ὀνείρατος ἐννυχίοιο, 4,1732). Auch die weiteren Begegnungen mit göttlichen Wesen in der Libyenepisode werden explizit als „reale", nicht traumhafte Ereignisse gestaltet. Sie bilden die beiden anderen Teile eines Trikolons, die parallel zur Begegnung mit den Herossae konzipiert sind (vgl. ad 1406–1409; 1423–1430; 1550; 1610–1616; Teil I.C). Im Übrigen zeichnen sich nicht nur die Herossae, wie etwa der homerische Proteus, sondern auch die Hesperiden und Triton durch ihre Wandlungsfähigkeit aus, auch sie nehmen mehrere Gestalten an. Ihr plötzliches Verschwinden kann somit nicht als Anhaltspunkt für einen Traum herangezogen werden.

1333–1336 Jasons Antwort Jasons Verhalten gegenüber den libyschen Gottheiten ist von Ehrfurcht geprägt, er wendet erschreckt den Blick ab (1315 ff.). Er bedankt sich umsichtig, obwohl er die Prophezeiung nicht versteht. Dabei nimmt er einige Elemente aus der Rede der Göttinnen sinngemäß oder wörtlich auf (vgl. ad 1333; 1334). Die Erscheinung der Herossae eröffnet die Reihe positiver Begegnungen der Argonauten mit indigenen Gottheiten Libyens. Später wird Orpheus die Hesperiden mit einem Gebet auf die Seite der Argonauten ziehen (1406–1460). Euphemos erhält von Triton die Erdscholle als Gastgeschenk und behandelt das merkwürdige Geschenk mit ausgesuchtem Respekt, ohne es zu verstehen (1550–1570). In der plötzlichen Finsternis vor Anaphe schließlich gelingt es Jason im Gebet, Apoll als Helfer zu gewinnen (1694–1730). Eine fromme Handlung Jasons steht so an Beginn und Ende der Libyenepisode. Das umsichtige Verhalten der Helden zahlt sich aus, sie erhalten Hilfe, sodass sie Libyen verlassen und heimkehren können. Zugleich verändern sie den unbewohnbaren Kontinent und hinterlassen Errungenschaften eines zivilisierten Landes (vgl. Teil I.D). Jasons Rede beginnt im hymnischen Gebetsstil mit Anrede und dem Wunsch, die Prophezeiung zu verstehen (vgl. ad 1701–1710) und endet mit dem aphoristischen Lob gemeinsamer Beratung. Seine Stimmung ist von der Begegnung gewandelt, er ruft voller Hoffnung und Tatendrang seine Gefährten zusammen, um auch bei ihnen die Verzweiflung zu zerstreuen.

1333 ἵλατ' Im hom. Epos ist der Imperativ ἵληθι angemessene Anrede nach einer göttlichen Erscheinung, z. B. in einem Gebet Nestors, nachdem ihm und Telemachos Athene erschien (ἀλλά, ἄνασσ', ἵληθι, Od. 3,380; 16,184), ähnliche Formen begegnen auch im hymnischen Epilog (h. Hom. 20,8; 23,4; Call. Cer. 138). Mit dem Verb bitten die Argonauten später weitere Gottheiten Libyens um Gunst (vgl. ad 1411; 1600). Sonst richtet lediglich Jason eine solche Bitte an Apoll (2,693), die wiederum in engem Zusammenhang mit der zweiten Begegnung mit dem Gott bei der Insel Anaphe steht (vgl. ad 1701–1718). Der Imperativ Plural ist zuvor nur in äolischer Form bei Kallimachos belegt, vermutlich an die Chariten gerichtet, bei denen der Erzähler um Erfolg für sein Gedicht bittet (ἔλλατε νῦν, Call. fr. 7,13 Pf.). Auch in den *Arg.* wendet sich der Erzähler an die Musen und an seine Protagonisten und bittet um Gunst für seine Erzählung (984; vgl. ad 1773; Teil I.E).

ἐρημονόμοι κυδραὶ θεαί Das Adjektiv ἐρημονόμος dürfte Ap. geprägt haben (vgl. Schol. A.R. ad loc.: αἱ νεμόμεναι ἐν τῷ ἐρήμῳ). Es nimmt die Selbstbeschreibung der Heroßae als οἰοπόλοι auf (vgl. ad 1322). Ap. glossiert das umstrittene Adjektiv. Nonnos entwickelt womöglich deshalb Gefallen daran (z. B. Nonn. 14,69; 27,29; 36165; 48,704 etc.). Es begegnet häufig ab dem 6. Jhd. n. Chr. (Zos. AP 6,184,4; Phlp. OM 211,6; Agath. Hist. 73,4; Men. Prot. leg. rom. 5,30). Die Junktur κυδρὸς θεός ist nicht im hom. Epos, aber in den Hymnen und bei Hesiod belegt (h.Cer. 592; h.Hom. 28,1; Hes. Th. 442; 548). Jasons Rede zeigt Beeinflussung durch hymnische Stilelemente.

ἀμφὶ δὲ νόστῳ Die Präposition ἀμφί mit Dativ kennt das hom. Epos wie hier in der Bedeutung „betreffs, wegen, über, um". Mit dem Substantiv νόστῳ greift Jason die Versprechung νοστήσαιτε auf, das letzte, entscheidende Wort der Heroinen (vgl. ad 1329).

1334 ἀντικρύ Hier steht ἀντικρύ in der im hom. Epos selteneren Bedeutung „ganz, vollkommen" (vgl. Il. 5,67; 16,116; Od. 10,162; 22,16; ad 1612). Häufiger begegnet ἀντικρύ bei Ap. in der Bedeutung „gerade gegenüber, (ent)gegen" (vgl. 2,337; 979; 3,493; 4,127; 224; 459; 579 sowie z. B. Il. 5,130; 7,362; 8,301).

φάτιν Das Substantiv kennt das hom. Epos lediglich im Sinn von *fama* (Il. 9,460; Od. 6,29; 21,323; 23,362; vgl. 1,172; 481; 969; 2,854; 3,1094; 4,984), hier bezeichnet es jedoch wie in der Tragödie Prophezeiung bzw. Orakelspruch (vgl. A.Ag. 1132; Pers. 227; S. OT 151; 310; E. Supp. 834; Livrea 1973, ad loc.).

1334 f. ἑταίρους / εἰς ἓν ἀγειράμενος μυθήσομαι Jasons Beschluss, die Gefährten aus ihrer Todeserwartung zu erlösen und an einem Ort zu versammeln, greift zum einen die Anweisung der Wüstengöttinnen auf (1324 f.). Zum anderen erinnert die Formulierung an die Verzweiflung der Helden, die zum Sterben auseinandergegangen waren (vgl. ad 1288–1296).

1335 εἴ νύ τι τέκμωρ Das Substantiv verwendet Ap. wie auch Homer sowohl in der Bedeutung „Ende, Grenze" (Il. 7,30; 9,418; vgl. A.R. 3,493) als auch „Zeichen, Hinweis" (Il. 1,526; Od. 4,373; vgl. A.R. 1,499; 2,412; 3,1002; 4,483). Hier dürfte intendiert sein, dass beide Bedeutungen anklingen. Schließlich erhofft sich Jason ein göttliches Zeichen, das für die Argonauten zugleich das glückliche Ende ihrer Reise herbeiführt (τέκμωρ ... κομιδῆς). Der Vers greift Menelaos' Unterhaltung mit Eidothea aus der *Odyssee* auf, die ihm ebenfalls Hinweise gibt, wie er nach Hause gelangen kann (οὐδέ τι τέκμωρ / εὑρέμεναι δύνασαι, Od. 4,373 = 466). Die Übernahme ist inhaltlich begründet, nicht formal, wie Livrea (1973, ad loc.) vermutet. Von dem Zeichen, auf das Jason hofft, haben die Göttinnen bereits in verschlüsselter Form angedeutet, dass es unmittelbar bevorsteht: Das Abschirren von Poseidons Wagen (vgl. ad 1325 f.). Weder Jason noch der Rezipient wissen bisher, wie die Argonauten – gestrandet in der Syrte, fernab vom Meer und ohne die Möglichkeit, die Argo wieder zu Wasser zu lassen (vgl. ad 1264 ff.) – an diesem Ereignis teilhaben sollen. Erst als das Pferd auftaucht, kann Peleus die Verbindung herstellen (1365 ff.).

1336 κομιδῆς Das Substantiv ist in der Bedeutung „Heimkehr, Rückzug" bei Herodot belegt (Hdt. 8,19,12; 4,134,12; 9,107,3), bei Ap. nur in der Bedeutung „Heimkehr" (3,1140; vgl. ad 1275). Das Substantiv kontrastiert hier Jasons aufkeimende Hoffnung mit der aussichtslosen Situation wenige Stunden zuvor (1257).

πολέων δέ τε μῆτις ἀρείων Das Motiv hat Vorbilder in der *Ilias* (Il. 10,224 ff.; 12,412). Jason schließt mit einer Sentenz, wie er sie auch sonst in seinen Reden unterbringt (vgl. z. B. 3,173 f.; 3,429 ff.). Die Vorliebe für Sentenzen teilt er mit dem Erzähler der *Arg.* (vgl. Teil I.E; Morrison 2007, 280–286; Volonaki 2013).

D. 1337–1362 Jasons Bericht an die Gefährten

Inhalt und Aufbau Vgl. ad 1305–1336 I.C.

1337 ἦ, καὶ ἀναΐξας Halbvers mit hom. Vorbild (Il. 24,440 = 621), in den *Arg.* findet das Verb ausschließlich in dieser Formel Verwendung (von Hera, Athene und Thetis, vgl. 3,36; 4,842).

ἐπὶ μακρὸν ἀύτει Die Wendung hat Vorbilder im alten Epos (Il. 5,347; 8,160; 321; Hes. Sc. 309). Bei Theokrit und Kallimachos findet sich ἐπαυτέω in der Bedeutung „zurufen, zujubeln", auch in Tmesis (Βέβρυκες δ' ἐπαῦτεον, Theocr. 22,91; ἐπηύτησε δὲ λάος, Call. Ap. 102; βοὴν ἐπὶ Κύρνος ἀύτει, Dian. 58; Livrea 1973, ad loc.). Bei Kallimachos steht das Simplex von einem Dreifuß und der Insel Trinakia (Call. fr. 202,51 Pf.; Dian. 58; vgl. Theocr. 24,37; 50). Das Verb ἀυτέω bezeichnet bei Ap. sonst nur Jasons Ruf nach Apollo in der Finsternis vor Anaphe (vgl. ad 1702; vgl. aber für ἀυτή noch 1,342; 1272; 2,270). So werden Jasons fromme Äußerungen den helfenden Gottheiten gegenüber zu Beginn und am Ende der Libyenepisode auch lexikalisch eng verknüpft.

1338 αὐσταλέος κονίῃσι αὐσταλέος ist ἅπαξ λ. bei Homer sowie im hesiodeischen *Scutum,* wobei die Bedeutungen „sonnenverbrannt, trocken" sowie „schmutzig, struppig" von hellenistischen Philologen diskutiert werden (εἴ κεν αὐσταλέος, κακὰ εἱμένος ἐν μεγάροισι, Od. 19,327; χλωρὴ αὐσταλέη λιμῷ καταπεπτηυῖα, Hes. Sc. 265; vgl. Ap. Soph. 47,33: αὐσταλέος· αὐχμηρός; vgl. Debrunner 1908, 19; Rengakos 1994, 61). Auch andere Dichter lassen keine eindeutige Festlegung erkennen (Theocr. 14,4; Call. Cer. 16; fr. 673 Pf.). Ap. verwendet denselben Versbeginn in einem Pflüger-Gleichnis (1,1175), das Adjektiv auch von Phineus' grauenvollem Dasein vor dem Besuch der Argonauten sowie von Medeas tränengezeichnetem Gesicht vor dem Waschen (2,200; 3,831). Hier passen beide Bedeutungen, um Jasons Zustand hervorzuheben. Er ist sowohl schmutzig vom Wüstensand als auch verbrannt und ausgedörrt von der Sonne (1312 f.).

1338–1343 Löwengleichnis Löwengleichnisse kennt das hom. Epos in großer Zahl und thematischer Variationsbreite, zumeist illustrieren sie die Tapferkeit eines Kämpfers (z. B. Il. 3,23; 5,554; 10,297 ff.; 13,198 ff.; 318 ff.; 579 ff.; Od. 4,335; 6,130; 9,292 etc.; vgl. Scott 2009, 193–196; Moulton 1977, 139 ff.; R. Friedrich 1981; Magrath 1982; Lonsdale 1990, bes. 39–48). Auch bei den Tragikern finden sich Löwengleichnisse (z. B. A. Ch. 938; S. Ph. 1434; E. Or. 1401). Das Gleichnis beginnt konventionell. Jasons Rufe nach den Gefährten werden mit dem Brüllen eines nach seiner Gefährtin suchenden Löwen verglichen, das durch die Wälder hallt, vor dem Rinder und Hirten erschrecken (1338–1342). Unkonventionell ist die Überleitung zur Handlungsebene, die eine vergleichbare Wirkung auf Jasons Gefährten negiert und eine überraschende Wendung nimmt (τοῖς δ' οὔ νύ τι γῆρυς ἐτύχθη / ῥιγεδανή, 1342 f.). Es existierten dabei zwei voneinander unabhängige Vergleichspunkte, das Rufen nach den Gefährten und die Wirkung des Rufes (anders Drögemüller 1956, 26; vgl. Faerber 1932, 22, 29–40; Carspecken 1952, 84–88). Das Gleichnis hat Ap. Tadel und Unverständnis eingebracht, (Livrea 1973, ad loc.; Natzel-Glei / Glei 1996 II, 202: „verunglücktes Gleichnis"). Es steht einerseits zwar im Zusammenhang der zeitgenössischen philologischen Diskussion um dieses Stilmittel (Nünlist 2009, 287 f.; Hunter 2015, ad 1338–43). Andererseits erzielt dieses Gleichnis wie die Syrten-Doppelgleichnisse (vgl. ad 1280 ff.) jedoch auch durch gezielte Kontrastierung eine markante Wirkung. Jasons Gefährten erschreckt der durchdringende Ruf nicht wie die Hirten im Gleichnis, die aus ihrem bukolischen Idyll geweckt werden. Sie befinden sich bereits in der Wüste und erwarten ihren Tod. Jasons Rufen kann sie nicht erschrecken, auch wenn es noch so furchterregend klingt. Dass Ap. den Gleichnistypus zur Illustration eines kämpfenden Helden hier unzulänglich motiviert auf einen anderen Kontext übertrage (Knight 1995, 20 Anm. 75), trifft also nicht zu. Der Kampf gegen den drohenden Tod in der Syrte wird von Ap. durchweg zu einem epischen Zweikampf zwischen den Argonauten und der Syrtenwüste stilisiert, für den sie ihre Heldentugenden aufbieten müssen (vgl. ad 1243; 1301 f.; Teil I.D.III.2). Das Löwengleichnis steht somit indirekt im Kontext eines epischen Kampfes. In den *Arg.* finden sich zwei weitere Löwengleichnisse, sie vergleichen Amykos kurz vor dem Kampf gegen Polydeukes (2,25–29) und die Argonauten beim Überfall auf die Kolcher mit Löwen (4,486 f.). Parallel dazu findet sich bei Kallimachos ein Löwengleichnis, das den wilden Blick des Tieres ins Zentrum stellt (Call. Cer. 50 ff.).

1339 σύννομον ἥν μεθέπων ὠρύεται Ein Löwenpärchen tritt häufig in epischen und tragischen Gleichnissen auf (z. B. Il. 5,554 ff.; 10,297 ff.; 13,198 ff.; A. Cho. 938; S. Ph. 1434; E. Or. 1401; Livrea 1973, ad loc.). Gebrüll ist einschlägiges poetisches Charakteristikum des Löwen (h. Ven. 159;

Hes. Th. 833; Pi. O. 11,20; I. 3,63; 4,65; fr. 239 Snell). Hier zeigt sich, wie Ap. das Gleichnis exakt auf die Handlung abstimmt: Jason wie der Löwe machen sich auf die Suche nach den Gefährten, sie folgen deren Spuren und versuchen, durch Gebrüll auf sich aufmerksam zu machen. Der Löwe ist überdies Symbol für die Tapferkeit des Kriegers (vgl. ad 1338–1343). Bedenkt man, wie aussichtslos die Situation für die Argonauten in der Syrte ist, so gilt dieser Vergleichspunkt auch für Jason. Typisch ist die Kontrastierungstechnik: Die Verortung des Löwenpärchens im dichten Wald steht im Gegensatz zum Aufenthaltsort der Argonauten (vgl. ad 1340 ff.).

1339 f. βαρείῃ / φθογγῇ ὑποτρομέουσιν Fränkel übernimmt Bruncks Konjektur βαρείῃ zu Recht, die Lesarten βαρεία und βαρεῖαι sind auf Verschreibungen beim ι zurückzuführen. Auch das Verb ist umstritten. Die Lesart ὑποβρομέουσιν (vgl. A. Pr. 433) ist aufgrund ihrer Konventionalität (Bild von der widerhallenden Natur) zurückzustellen. Das hom. δίς λ. ὑποτρομέουσιν (Il. 20,28; 22,241), das in der Ms.-Gruppe *w*, im Scorialensis, im Ambrosianus sowie in einer Rasur in einem vom Laurentianus abstammenden Codex bezeugt ist (Vian / Delage 1996², ad loc. in app.), zeichnet dagegen ein spezifisches Bild und verleiht eine zusätzliche Bedeutungsnuance. Hier ist die Rede von einem Ruf, der so tief und laut ist, dass die Natur nicht nur widerhallt, sondern sogar erzittert (vgl. Call. Del. 137 f.: ἐλέλιξεν ἐνόπλιον· ἔτρεμε δ' Ὄσσης / οὔρεα καὶ πεδίον Κραννώνιον; vgl. Campbell 1971, 422; anders Hunter 2015, ad loc.). ὑποβρομέουσιν wird, da es dem Widerhall der Ufer im Schwanengleichnis wenige Verse zuvor entspricht (vgl. ad 13011 f.), von dort in den Text gelangt sein. Ap. variiert ein konventionelles Motiv hier durch das Verb ὑποτρομέουσιν.

1341 f. ἄγραυλοί τε βόες ... / βουπελάται τε βοῶν Die dreifache Wiederholung einer Bildung von βοῦς kreiert zusätzlich zu οὔρεα ... βῆσσαι (1340; vgl. Vian 1973, 87 ff.) für das Gleichnis ein bukolisches Gegenbild zur öden Syrtenlandschaft, in der sich die Argonauten zu diesem Zeitpunkt befinden (vgl. ad 1237–1249). Derartige Kontrastelemente begegnen häufig in Gleichnissen der Libyenepisode (vgl. ad 1280–1304).

1342 οὔ νύ τι γῆρυς ἐτύχθη Die negierte Rückführung von der Gleichnis- zur Handlungsebene betont in Verbindung mit der zuvor entworfenen, kontrastiven bukolischen Hirtenwelt (1341 f.) die Verzweiflung der Argonauten. Hirten und Rinder erschrecken vor dem Löwengebrüll, da dies die idyllische Ruhe stört, in der sie leben. In der Syrte bei den Argonauten ist es zwar still, diese Stille ist jedoch unheilvoll (vgl. ad 1249). Jasons Ruf, so durchdringend und laut er auch sein mag, kann sie in dieser Situation nicht erschrecken. Überdies stellt die Negation einen Unterschied zum hom. Vorbild heraus. Im Gegensatz zum Gleichnis, das Achills schmerzliche Klage um den toten Patroklos mit dem Bild eines um seine Jungen klagenden Löwen illustriert (Il. 18,318–323; vgl. ad 1303 f.), hat Jasons Ruf eine positive Bedeutung: Er hat die Hoffnung, dass die Argonauten doch nicht sterben werden.

1343 ῥιγεδανή Das hom. ἅπαξ λ. ῥιγεδανός (εἵνεκα ῥιγεδανῆς Ἑλένης Τρωσὶν πολεμίζω, Il. 19,325) ist sonst nur inschriftlich belegt (μοῖραν ῥιγεδανοῦ βιότου, IG 12,869,19; dann erst wieder γλαγόωντι γὰρ ἤδη / σπέρματι ῥιγεδανὴ πηγυλὶς ἀντιάσει, AP 9,384,24; Opp. H. 1,457; 5,37; C. 3,18; 278; Marc. Sid. pisc. 42; Tryph. 558; Nonn. D. 15,74 etc.). Die Übernahme stellt eine weitere Anspielung auf die Patroklie dar (vgl. ad 1303 f.). Dass die Argonauten sich bei Jasons Ruf nicht erschrecken, ist nicht unnatürlich, haben sie doch erkannt, dass sie hier nicht überleben können (vgl. ad 1279 ff.). Dementsprechend versammeln sie sich zwar, jedoch nur langsam und unter Qualen (ἀχνυμένους, 1345).

1344 κατηφέες Das Adjektiv κατηφής ist ἅπαξ λ. im hom. Epos (ἔπειτα κατηφέες ἐσσόμεθ' αἰεί, Od. 24,432; vgl. jedoch κατηφέω: Il. 22,293; Od. 16,342; A.R. 2,443; 888; κατηφείη: Il. 3,51; 16,498; 17,556; A.R. 3,1402; 4,205; 594), begegnet in der Tragödie, häufiger in medizinischen und naturwissenschaftlichen Schriften des 5. und 4. Jhds. (E. Med. 1012; Heracl. 633; Hp. Coac. 382,2; Epid. 7,1,25; Ar. HA 572b; Phgn. 812a5). Bei Ap. noch von Jasons Dienern sowie den Argonauten, als sie von der Aufgabe des Aietes erfahren (1,267; 3,504).

1345 ὅρμοιο Das hom. δίς λ. (Il. 1,435 = Od. 15,497; 13,101) in der Bedeutung „(sicherer) Ankerplatz" begegnet häufig bei den Tragikern (z. B. A. Supp. 765; S. Ph. 218; E. Hec. 450; vgl. Hdt. 7,188; 7,193; 8,18) und findet sich sechs Mal bei Ap. (1,987; 2,350; 2,728; 4,1640; 4,1678). Seltener ist es bei den übrigen hellenistischen Dichtern (vom Argo-Sternbild: Arat. 346; Theocr. 7,62; 13,30; Call. Del. 155; 290; Lyc. 737; 1274). Hier bezeichnet ὅρμος prägnant und kontrastiv zu den sonstigen Belegen den unfreiwilligen „Landeplatz" der Argo, eine ruhige, aber gefährliche Stelle in der Syrte (vgl. ad 1640).

ἀχνυμένους Vgl. ad 1343.

μίγα Das sehr seltene Adverb ist zuvor nur bei Pindar von den Klagen um Jason belegt (ἐν δώμασι θηκάμενοι μίγα κωκυτῷ γυναικῶν, Pi. P. 4,113). Ap. bringt es nur hier zur Anwendung, um zu beschreiben, dass sich die zu Tode verängstigten Helden noch einmal aufraffen. Die Stimmung ist der im pindarischen Vorbild vergleichbar (vgl. 1288–1304). Das Adverb bleibt selten bis in spätantike Zeit (nur Nic. Al. 201; 372; Man. 4,219; 527; Proph.

Phil. or. 163,7; Paul. Sil. Ambo 145; Orph. A. 340; 791; 798; 906; AGA 623; 644).

1346 θηλυτέρῃσιν Der Komparativ hat hier kontrastive Funktion (vgl. Chantraine 1953, 150; Vian 1961, ad 3,209). Der Versbau bildet den Vorgang des Zusammenkommens von Argonauten und Mädchen nahe der gestrandeten Argo auf formaler Ebene ab. Die Männer werden zu Beginn, die Frauen am Versende, die Argo als Versammlungsort in der Mitte genannt, die als Enjambement nachklappende Verbform ἱδρύσας (1347) bezeichnet den Abschluss des Sammlungsprozesses.

1347–1362 Jasons Bericht Jasons Bericht an die Argonauten greift zum Teil einzelne Worte, zum Teil ganze Passagen aus seiner Begegnung mit den libyschen Gottheiten sowie aus deren Rede auf. Jason beginnt mit der Beschreibung des Äußeren der Herossae (1346–1349), dann gibt er die Prophezeiung wieder (1350–1356), wiederholt die Selbstbeschreibung der Göttinnen (1357–1360) und schließt mit einem Hinweis auf ihr wunderbares Verschwinden (1361 f.).

1347 ff. Jasons Beschreibung der Heroinen Das Erscheinungsbild der Heroinen wurde zuvor nicht ausführlich beschrieben, Jasons Bericht liefert dieses Detail nun für Figuren und externe Rezipienten zugleich nach. Dass es sich bei den Gottheiten um Hirtenmädchen handelt, ist konsistent. Jason greift deren Selbstbeschreibung (οἰοπόλοι) und seine Anrede (ἐρημονόμοι) auf und glossiert nebenbei diese beiden seltenen Wörter (vgl. ad 1322; 1333).

1348 στέρφεσιν αἰγείοις Das seltene Substantiv στέρφος für „Fell" scheint Aischylos bekannt gewesen zu sein (Schol. A.R. 4,1348), sonst ist es nur bei Lykophron sowie in einem Epigramm des Leonidas von Tarent belegt (Löwenfell des Herakles: στέρφος ἐγχλαινούμενον, Lyc. 1347; ἀπεσκληρυμμένον αἰγὸς / στερφος καὶ βάκτρον, Leon. Tar. AP 6,298). Ziegenfelle tragen die Göttinnen auch bei Nikainetos (Ende 3. Jhd. v. Chr.), der sich womöglich von Ap. inspirieren ließ (Vian / Delage 1996², N.C. ad 1311).

1348 f. ἐξ ὑπάτοιο / αὐχένος ἀμφί τε νῶτα καὶ ἰξύας Kombinationen aus den Körperteilen αὐχήν und νῶτα beschreiben im hom. Epos in der Regel tödliche Verletzungen (Il. 5,147; 13,289; 547). Das Substantiv ἰξύς ist hom. δίς λ. für die weibliche Hüfte (Od. 5,231; 10, 544). Bei Arat auch für die männliche Hüfte (Arat. 310). In den hippokratischen Schriften sehr häufig als medizinischer *terminus* (z. B. Hp. Epid. 4,1,29; Mul. 171,10; 174,7; 81,3; ἰξύες, „Lenden", Hp. fract. 20). Bei Theokrit beschreibt es die Reaktion des

Löwen auf den Pfeilschuss des Herakles (Theocr. 25,246). Bei Ap. sonst in Bezug auf Mädchen (4,949), aber auch von Triton, zur Beschreibung seiner zwitterhaften Gestalt (vgl. ad 1610 f.). Ähnliche Junkturen finden sich von den Haaren der Boreaden (1,222) und von Jason (4,180).

ἠύτε κοῦραι Die Einleitung ἠύτε κούρῃ verwendet Ap. in einem weiteren Gleichnis zur Illustration von Alkimedes Trauer bei Jasons Abreise (1,269) sowie von dem Mädchen in Euphemos' Traum (vgl. ad 1738). West (1966, ad 346) geht davon aus, dass κοῦραι hier schlicht synonym zu νύμφαι gebraucht ist (dagegen Hunter 2015, ad loc.). Livrea (1971a, 148; 1973, ad loc.) verweist auf Herodot, der eine traditionelle Tracht libyscher Frauen aus rot gefärbtem Ziegenfell beschreibt (αἰγέας περιβάλλονται ψιλὰς περὶ τὴν ἐσθῆτα θυσανωτὰς αἱ Λίβυσσαι κεχριμέναι ἐρευθεδάνῳ, Hdt. 4,198). ἠύτε κοῦραι bedeutet demnach nicht, dass die Herossae wie Mädchen im Allgemeinen aussehen, sondern dass sie mit ihrem Ziegenfell an eine ursprüngliche libysche Frauentracht erinnern, wie sie Herodot beschreibt.

1350 ἔσταν ὑπὲρ κεφαλῆς Der Halbvers variiert die hom. Formel στῆ δ' ἄρ' ὑπὲρ κεφαλῆς, die zumeist die Erscheinung eines Gottes oder einer Totenseele bezeichnet (Il. 2,20; 59; 23,69; 24,682; Od. 4,803; 6,21; 20,32; 23,4; Livrea 1973, ad loc.). Jason beschreibt die Situation, als er mit dem Mantel über dem Kopf am Boden lag und die Herossae herantraten. Der Unterschied liegt darin begründet, dass Jason die Situation aus Figurenperspektive schildert, während der Erzähler eine neutrale Perspektive einnimmt (1313 ff.).

ἐπισχεδόν Das Adverb ist zuerst im hom. *Apollon-Hymnos* belegt (h. Ap. 3), dann häufiger bei Ap. (2,426; 490; 1283; 4,1110; 1187; als Präp. 2,604; 4,948; später nur Opp. H. 2,237; vgl. Gow 1952 II, ad 17,104; Livrea 1973, ad 948; Matteo 2007, ad 490 f.).

1351 κούφῃ χερί Zu κοῦφος vgl. ad 1771. Die Junktur ist für ein Fragment der *Iliou Persis* belegt (τῷ μὲν κουφοτέρας χεῖρας πόρεν ἔκ τε βέλεμνα, Il. Pers. fr. 4,3 Bernabé). Bei Pindar von den Händen Aphrodites, die Apollo und die libysche Lokalheroine Kyrene zusammenführt (ὀχέων ἐφαπτομένα χερὶ κούφᾳ, Pi. P. 9,11). Dem Ausdruck entspricht ἠρέμα im Erzählerbericht (vgl. ad 1314). Erneut wird hier die Perspektive Jasons deutlich. Jason hatte die Hände der Göttinnen unmittelbar vor sich, als sie ihm das Gewand vom Kopf zogen. Daher legt er die Betonung auf ihre Hände, die er in dem Moment, in dem der Mantel sein Angesicht nicht mehr und seine Hände es noch nicht bedeckten, am deutlichsten sah. Hier zeigt sich exemplarisch die Unterscheidung von Figuren- und Erzählerrede.

1352 Der Vers ist parallel um die Präposition ἀνά in der Mitte gebaut. Das Pronomen αὐτόν und das Partizip ἰόντα stehen rahmend an Beginn und Ende, gefolgt von den Verben, die die von Jason eingeforderten Aktivitäten beschreiben, ἔγρεσθαι und ὄρσαι. Die zentrale Stellung der Präposition ἀνά nimmt wörtlich Bezug auf die Aufforderung der Göttinnen (ἀλλ' ἄνα, .../ ἄνστησον δ' ἑτάρους, 1324 f.).

1353 μητέρι δὲ σφετέρῃ Jason wiederholt exakt die Worte der Herossae, sogar das Pronomen stimmt überein, wobei σφέτερος dort für ὑμέτερος, hier für ἡμέτερος steht (vgl. ad 1327). Die wörtliche Wiederholung zeigt, dass Jason diesen Teil der Prophezeiung nicht versteht und ihn darum nicht paraphrasieren oder umformen kann.

μενοεικέα Dass es sich bei der geforderten Wiedergutmachung an die ‚Mutter' um μενοεικέα handeln soll, erwähnen die Heroinen nicht, es ist Jasons einzige Zutat. μενοεικής heißen im hom. Epos verschiedene Dinge, die jemanden Labsal bereiten (z. B. μενοεικέα δαίνυ, Il. 23,29; μενοεικέα νήεον ὕλην, Il. 23,139), häufig auch wie hier ohne nähere Bestimmung (σοὶ δὲ θεοὶ τῶνδ' ἀντὶ χάριν μενοεικέα δοῖεν, Il. 23,650; ὄψα ἵθει μενοεικέα πολλά, Od. 5,267; τῶν ἐξαιρεύμην μενοεικέα, Od. 14,232 etc.). Von der großen Mühe der ‚Mutter' sprechen die Göttinnen explizit (1328; 1354). Jason zieht den Schluss, dass als Ausgleich nun μενοεικέα von Nöten sind.

τεῖσαι ἀμοιβήν Die Junktur ist exakt diejenige, die die Herossae verwenden (vgl. ad 1327). Dass Jason diesen Teil der Prophezeiung besonders wortgetreu wiedergibt, hängt mit der mehrfach betonten Tatsache zusammen, dass er sie nicht versteht (vgl. ad 1356 f.).

1354 Der Vers wiederholt bis auf das Pronomen exakt die Worte der Göttinnen (vgl. ad 1328).

1355 f. ὁππότε ... / ... Ποσειδάωνος Vgl. ad 1325 f.

1356 ἐγὼ δ' οὐ πάγχυ νοῆσαι Dass er den Spruch nicht versteht, hat Jason bereits betont (vgl. ad 1333 f.). Nun setzt er seinen Plan um, sich mit den Gefährten zu beraten.

1357 τῆσδε θεοπροπίης Das Substantiv glossiert φάτιν, das zuvor in Jasons Antwort in der selteneren Bedeutung „Götterspruch, Orakel" benutzt wurde (vgl. ad 1334). θεοπροπίη verwendet Ap. sonst nur im Plural (1,66; 301; 448; 487; 958; 2,213; 512; 769; 4,1747; 1756).

ἴσχω Der Gebrauch von ἴσχω mit Infinitiv in der Bedeutung „haben, in der Lage sein", also im Sinn von ἔχω (Vian / Delage 1996², ad loc.; Hunter 2015, ad loc.; dagegen Livrea 1973, ad loc.), ist gängig bei Sophokles, außerdem bei Platon und Hippokrates (S. Ai. 520; OC 584; El. 214: Pl. Ti. 83e; Smp. 181d; Hp. Aph. 5,7; Prog. 12).

1358 ἡρῶσσαι ... θύγατρες Jason „imitiert" einen Vers der Herossae (vgl. ad 1323; ad 1309).

1359 f. Die libyschen Gottheiten betonten, dass sie um die Abenteuer der Argonauten wissen. Jason gibt die Informationen vollständig, aber mit leichter Variation wieder (vgl. ad 1319 f.).

καὶ δ' ὁπόσ' αὐτοὶ .../ ἔτλημεν Im Gegensatz zu den Herossae fokussiert Jason in seiner Rede auf die Perspektive der Argonauten, wenn er die Nachricht von ihrem Wissen weitergibt. Die betonenden Pronomen αὐτοί und ἕκαστα (1360) verleihen seiner Rede einen zwar nicht ungläubigen, aber erstaunten, bewundernden Tonfall.

ἐπὶ χθονός ἠδ' ὅσ' ἐφ' ὑγρῆν Vgl. ad 1320.

1360 ἔτλημεν ... εὐχετόωντο Das hom. Verb εὐχετάομαι (z. B. Il. 6,268; 12,391; 22,394; Od. 1,172; 14,189), ist zunächst nur bei Ap. belegt (noch 1,189; 231; 2,359; 1173; 4,588; vgl. später erst wieder Q.S. 1,669; 2,524; Orph. A. 289). Die beiden Verben stehen betont an Versbeginn und Versende und stellen so die Bereitschaft der Argonauten zur Duldsamkeit ausdrücklich dem übermenschlichen Wissen der Göttinnen gegenüber.

τὰ ἕκαστα Vgl. ad 1319.

διίδμεναι Im hom. Epos finden sich häufig Junkturen, die ἕκαστα und die Präposition διά enthalten (ἕκαστα διείρεο, Il. 1,550; διασκοιᾶσθαι ἕκαστα, 10,388 etc.; Livrea 1973, ad loc.). Das Verb διοῖδα ist seltener (nur Th. 3,21,4; S. OC 295; E. Med. 518; Ar. Nu. 169; Ra. 975; Pl. Lg. 626b 6; Phdr. 262a 7). Dieselbe Junktur findet sich bei Nikander (ἐγὼ τὰ ἕκαστα διείσομαι ἄρκια νούσων, Nic. Th. 837). Das Partizip διειδομένη, „sichtbar" (ἔστι διειδομένη τις ἐν ὕδατι νῆσος ἀραιή, Call. Del. 191; ὡς χλοεροῖο διειδομένη πεδίοιο, A.R. 1,546) ist dagegen vermutlich von διαείδομαι „erscheinen, sichtbar werden" abgeleitet (Mineur 1984, ad 191). Der Infinitiv διίδμεναι betont erneut das Wissen der Gottheiten (statt doppeltem ἴδμεν, vgl. ad 1319).

1361 ἀνὰ χῶρον ἐσέδρακον Das Verb begegnet im hom. Epos und bei Euripides (Il. Il. 24,223; Od. 9,146; 19,476; E. El. 558; Andr. 615), dann erst bei Ap. (noch 1,598; 2,25; 1080; 3,100; 4,892; 1590) sowie deutlich später (Opp. H. 4,224; Q.S. 1,476; 4,300; etc.; Greg. Naz. carm. dogm. 492,5). Nonnos imitiert den gesamten Ausdruck (Nonn. D. 35,204; 40,519). Der

Vers greift die Beschreibung der Situation durch den Erzähler auf (vgl. ad 1330 f.).

1361 f. τις ἀχλύς / ἠὲ νέφος ... ἐκάλυψεν Das hom. Substantiv ἀχλύς bezeichnet auch das Dunkel, das den Menschen zum Zeitpunkt des Todes umgibt oder die Dunkelheit, mit der die Götter jemanden blenden (z. B. Il. 5,696; 16,344; 20,324; Od. 22,88). Noch drei Mal in den *Arg.* unter Ausschöpfung der hom. Bedeutungsnuancen („Finsternis", wie νύξ: κελαινὴ δ' οὐρανὸν ἀχλύς / ἄμπεχεν, 2,1103 f.; κατ' ὀφθαλμῶν κέχυτ' ἀχλύς, vgl. ad 1525; ferner „Schleier, Dunkelheit vor den Augen": κὰδ δέ μιν ἀχλὺς / εἷλεν, 3,725 f.), hier in der Bedeutung „Dunst", wie ἀήρ, νεφέλη (vgl. ad 1525; ad 1697 f.; Rengakos 1994, 63 f.; Matteo 2007, ad 1103 f.). Mit dunklen Wolken verhüllt bei Ap. sonst Boreas die Oreithyia, als er sie entführt (1,218). ἀχλύς kann als medizinischer *terminus* das Ergebnis einer Verletzung bezeichnen (Hp. Prorrh. 2.20; Thphr. HP 7.6.2; Dsc. 2.78). Die Verbindung ἀχλύς ἠὲ νέφος variiert ein konkretes hom. Vorbild. Athene erlöst nach einer Rede Nestors die Achaier von einem dunklen Nebel (Il. 15,668). Jason beschreibt seinen Gefährten ein Ereignis, das nüchtern vom Erzähler berichtet wird (καὶ ἄφαντοι, ἵν' ἔσταθεν, 1330), drückt sich dramatischer aus, wenn er das Bild vom Verhüllen durch gottgesandten Nebel gebraucht, und verleiht so der Situation Bedeutung.

1362 μεσσηγύ φαεινομένας Das häufige Adverb wird von den Homerscholiasten lokal im Sinn von „inmitten, zwischen" verstanden (Schol. Il. 15,316 f.; Schol. Od. 7,195). Von Ap. wird es dagegen in Verbindung mit einem Partizip wie hier temporal („inzwischen, unterdessen") gebraucht (noch 2,269 f.; 3,665; 723; 4,581; 584). Der temporalen Verwendung des Adverbs liegt jedoch keine Fehlinterpretation einer *Ilias*-Stelle (Il. 23,520 f.; Livrea 1973, ad 584; Rengakos 1994, 115) zugrunde. Ap. wird vielmehr den temporalen Gebrauch bei Hippokrates und Eratosthenes kennen und diese Lizenz auf sein Epos übertragen (vgl. Hp. Fract. 8; Eratosth. fr. 16,16 P.).

E. 1363–1392 Poseidons Pferd, Deutung des Rätsels, Rettung der Argonauten

Inhalt und Aufbau Vgl. Teil III.I. C. 1305–1336.

1363 Formelartige Verse ähnlichen Inhalts, die von einer Rede zu einem Ereignis überleiten und die Verwunderung der Zuhörer zum Ausdruck bringen, begegnen im hom. Epos (θάμβησέν τ' ἄρ' ἔπειτα ἔπος τ' ἔφατ' ἔκ τ' ὀνόμαζε, Il. 3,398; Il. 8,76 f.; Od. 4,638 etc.).

ἐθάμβεον εἰσαΐοντες Die Verbindung der Verben θαμβέω und εἰσαΐω steht nur hier und variiert hom. Ausdrücke (Il. 8,76 f.; 24,483; Od. 24,101), die Ap. andernorts für ähnliche Situationen verwendet (z. B. 1,322; 2,921 f.; 3,924). Quintus greift diese einmalige Variation auf (Q.S. 8,450).

1364 τὸ μήκιστον τεράων ... ἐτύχθη Der Superlativ μήκιστος ist hom. δίς λ. für „der Größte, Längste" (μήκιστον καὶ κάρτιστον κτάνον ἄνδρα, Il. 7,155; οὓς δὴ μηκίστους θρέψε ζείδωρος ἄρουρα, Od. 11,309), steht hier aber im Sinn von μέγιστος (vgl. z. B. S. OT 1309; E. Hipp. 818; Livrea 1973, ad loc.). Tryphiodor und Quintus imitieren den Vers (Tryph. 289 f.; Q.S. 5,9; 43).

1364 f. Die beiden Verse variieren Odysseus' Beschreibung des Kyklopen, wobei einzelne Ausdrücke neu kombiniert werden (καὶ γὰρ θαῦμ' ἐτέτυκτο πελώριον, Od. 9,190). Die variierende Übernahme hat kontrastive Funktion: Während die Begegnung mit Polyphem für einige Gefährten des Odysseus den Tod bedeutet, trägt Poseidons πελώριος ἵππος für die Argonauten zur Rettung bei.

1365 ἐξ ἁλὸς ἤπειρόνδε Vorbilder finden sich in den hom. Epen und Hymnen (Od. 1,162; 5,56; 5,438; 23,236; h. Ap. 506). Wie zuvor die Argo, gelangt das Pferd aus dem Meer ans Land (vgl. ad 1269). Die Argonauten werden seiner Spur folgen (vgl. ad 1370–1379).

πελώριος ... ἵππος πελώριος bezeichnet in der *Ilias* Götter und Heroen (Il. 3,166; 5,395; 3,229; 11,820), bei Hesiod die Sichel des Kronos (Hes. Th. 179). Bei Ap. sonst von Heroen (1,1242; 2,105; 2,1240), vom Sturm (2,1102; 2,1111), von Drachen (2,706), vom Lärm der Schilde (2,1067), vom Speer des Aietes (4,224), vom Eid des Zeus (4,797) und von einer Fichte im Gleichnis (vgl. ad 1682), dann erst wieder bei Tryphiodor (Tryph. 58). Pindar erwähnt das Pferd Poseidons nicht, es ist lediglich davon die Rede, dass die Argonauten mit ihrem Schiff zum Tritonsee gelangen (Pi. P. 4,25 ff.). Poseidon ist bekanntlich nicht nur Herrscher des Meeres, sondern hat eine besondere Beziehung zu Pferden, wie etwa seine Pferdeweide auf Tenedos illustriert (Il. 13,32–36). Durch Medusa ist er Vater des Pegasos (Hes. Th. 278–283). Eine Tradition kennt ihn als Vater des ersten Pferdes bzw. eines Pferdes Areion (Il. 23,346; Schol. S. OC 744; EM 473,72; Paus. 8,24,4). In Arkadien, Attika und Thessalien wurde der Gott in seiner Funktion als Poseidon Hippios kultisch verehrt (Schachermeyr 1950, 50–61; 174–188). Dass Poseidons Zugpferd den Argonauten bei ihrer Rettung hilft, spiegelt womöglich diese kultische Tradition des Poseidon Hippios. Für Wagen und Pferde sind später die Stadt Kyrene und ihr Herrschergeschlecht, die Battiaden besonders berühmt. Pindars vierte *Pythie*, die einen Sieg des Battiadenherrschers Arkesilaos von Kyrene im Wagenrennen feiert, bringt die Gründung Kyrenes in Zusammenhang mit der Argo und beeinflusst die Libyenepisode (vgl. ad 1602–1624; 1694–1730 sowie Teil I.D). Die besondere Beziehung der Kyrenaier zu Pferden hebt Pindar häufig hervor (z. B. Pi. P. 4,2; 17 ff.; 9,5). Dass die Argonauten ausgerechnet hier in der Syrte in der Nähe der späteren Stadt Kyrene auf das Pferd Poseidons treffen, dürfte kein Zufall sein.

1366 ἀμφιλαφής Das Adjektiv ist unhomerisch, selten und bedeutet „ausgedehnt, umfangreich, reichlich" (Pi. O. 9,82; A. Ch. 331; Hdt. 3,114,3; Pl. Phdr. 230b 3; Hp. Ep. 17,25), Theokrit, Kallimachos und Ap. greifen es gelegentlich auf (Theocr. 24,46; Call. Ap. 42; Dian. 3; Cer. 25 f.; A.R. 4,983; Livrea 1973, ad 983). Häufiger erst ab dem 1. Jhd. n. Chr. (z. B. D.H. 2,15,4; Plu. Sull. 16,1; App. BC 1,11,97; D.P. 460; Opp. C. 205; Nonn. D. 5,153 etc.).

χρυσέῃσι ... χαίταις Goldene Mähnen haben Poseidons Pferde auch in der *Ilias* (Il. 13,23 f.). Goldene Pferde hingegen hat im *Scutum* Ares (Sc. 191 f.). Bei Pindar sind die Rosse Poseidons ebenfalls golden (Pi. O. 1,41; 8,51). Strahlend helle Pferde ziehen den Wagen der Selene (h.Hom. 32,8 ff.; vgl. ad 1377). Der Bezug auf die helle, goldene Mähne hält es hier mit der realistischeren Beschreibung göttlicher Tiere in der *Ilias*. Zugleich erinnert die Beschreibung an die blonden Haare der Mägde Medeas, die sie in Erwartung des Todes durch den Sand schleiften (vgl. ad 1303). Dieses Symbol der Hoffnungslosigkeit wird nun durch ein hoffnungsvolles Motiv überschrieben.

1367 ῥίμφα δὲ σεισάμενος Motivisches Vorbild ist ein Pferdegleichnis der *Ilias*, das Paris' Aufbruch in den Kampf mit dem schnellen Lauf eines Pferdes auf dem Weg zur Weide vergleicht (Il. 6,506–511; besonders 509 ff.: ὑψοῦ δὲ κάρη ἔχει, ἀμφὶ δὲ χαῖται / ὤμοις ἀίσσονται· ὃ δ' ἀγλαΐηφι πεποιθώς/ ῥίμφά ἑ γοῦνα φέρει μετά τ' ἤθεα καὶ νομὸν ἵππων). Es handelt sich hier erneut um die Umkehrung eines Gleichnisses (vgl. ad 1238–1243;

ad 1633; Teil I.D.III.2). Ap. überträgt die Motivik eines typischen Kampfgleichnisses auf die Handlungsebene und vergleicht so indirekt den schnellen Lauf des Pferdes mit dem Kampfeseifer eines homerischen Kriegers. Der Erscheinung des Pferdes in der Syrte wird auf diese Weise ein weiteres staunenerregendes Moment verliehen.

νήχυτον ἄλμην Das Adjektiv ist zuerst bei Philitas belegt (νήχυτον ὕδωρ, Philet. fr. 21 P.), den Ap. andernorts wörtlich zitiert (φάρμαχ' ὅσ' ἤπειρός τε φύει καὶ νήχυτον ὕδωρ, 3,530), sowie bei Kallimachos (πῦσε νήχυτος εὐρώς, Call. Hec. 236,3 Pf.). Aristarch und weitere antike Philologen waren der Ansicht, das Präfix νη- habe intensivierende statt negierende Wirkung, was die Bedeutung „üppig fließend" erklärt (z. B. Schol. Od. 1,380: νήποινοι· πολύποινοι; Schol. Od. 19,498). Entsprechend fasst Ap. das hom. Adjektiv νηλητεῖς (Od. 16,317 etc.) in der Bedeutung πολυαμάρτητοι auf (4,702 f.), während sonst die Bedeutung ἀναμάρτητοι anzunehmen ist (vgl. Livrea 1973, ad 703; ad loc.; Rengakos 1994, 117 f.; Hollis 2009, 147 f., ad 11; ferner: Nic. Th. 33; Al. 587 sowie D.P. 126; Q.S. 1,417). Das Bild ist eindrucksvoll: Da Poseidons Pferd riesenhaft ist, fließt naturgemäß auch das Wasser in reichen Strömen, wenn es sich nach dem Bad schüttelt.

1368 πνοιῇ ἴκελος πόδας Die Schnelligkeit der Pferde Poseidons ist topisch (z. B. Il. 13,23 f.). Ap. geht andernorts davon aus, dass die Schnelligkeit der Argo diese göttlichen Tiere noch übertrifft, zumindest wenn alle Argonauten diese mit dem Ruder antreiben (οὐδὲ Ποσειδάωνος ἀελλόποδες κίχον ἵπποι, 1,1158).

1368–1379 Peleus' Deutung der Prophezeiung Im pindarischen Vorbild fordert nicht Peleus, sondern Medea die Argonauten auf, die Argo durch die Wüste zu tragen (vgl. Pi. P. 4,25 ff.). Peleus' Ansprache bei Ap. ist knapp. Sie wird kurz eingeleitet und gliedert sich in zwei Teile zu je fünf Versen. Er deutet das vorbeistürmende Pferd entsprechend der Prophezeiung der Herossae und erklärt, dass es sich bei der genannten Mutter um das Schiff Argo handele (1370–1374). Schließlich fordert er seine Gefährten auf, die Argo zu schultern und dem Pferd so mit dem Schiff über Land zu folgen (1375–1379). In dieser sechsten und letzten Rede in den *Arg.* fordert Peleus die Gefährten zu einer unmöglichen Tat auf. Durch seine prompte Deutung der rätselhaften Prophezeiung und seine Zuversicht verleiht er ihnen Hoffnung und erlöst sie von ihrer ἀμηχανίη (vgl. Hübscher 1940, 45; Händel 1954, 77 ff.; Dräger 2001, 90 f.; Griffiths 2012.). Da er die Lösung des Rätsels gefunden hat, erfüllt er letztlich allein Jasons Wunsch nach gemeinsamer Beratung (1336, Griffiths 2012, 5).

1369 ἑτάροισον ὁμηγερέεσσι Das hom. Adjektiv ὁμηγερής (z. B. Il. 7,415; 24,84; Od. 2,9 etc.) begegnet bei Pindar (Pi. P. 11,8), dann erst wieder in hellenistischer Zeit (vgl. Arat. 379; Euph. fr. 445,3 L.-J.-P.; bei Ap. noch 2,467; 996). Vorbildhafte Situation ist die Einleitung der Rede Achills vor den Griechen (Il. 1,57 f.). Ähnliche Ausdrücke finden sich bei Quintus und Nonnos (Q.S. 8,476; Nonn. D. 14,285; 29,8 etc.).

1370 f. ἅρματα ... Ποσειδάωνος... / ... ὑπὸ χερσὶ λελύσθαι Zu Poseidons Wagen vgl. ad 1356. Die Formulierung hat ein Vorbild in der *Ilias*: Die Troer kommen aus der Schlacht heim, lösen die Pferde und gehen zur Versammlung (Τρῶες δ' αὖθ' ἑτέρωθεν ἀπὸ κρατερῆς ὑσμίνης / χωρήσαντες <u>ἔλυσαν ὑφ' ἅρμασιν</u> ὠκέας ἵππους, Il. 18,243 f.). In dieser Versammlung sind sie vor Schreck gelähmt, da sie feststellen müssen, dass Achill in den Kampf zurückgekehrt ist. Ap. zielt auf den motivischen Kontrast ab: Das Abspannen des Wagens bedeutet für die Argonauten im Gegensatz zu den Troern Erlösung von lähmender Furcht.

1371 ἀλόχοιο φίλης ὑπὸ χερσί Formale Vorbilder der Kombination finden sich im hom. Epos (Il. 6,482; Od. 24,97). Peleus erläutert einen Teil der Prophezeiung der Herossae. Im Gegensatz zu Jason nennt er Amphitrite nicht beim Namen (vgl. ad 1325 f.; ad 1355).

1372 μητέρα δ' οὐκ ἄλλην Peleus' Formulierung erinnert an Odysseus' mahnende Worte an Telemachos, er solle „keinen anderen Odysseus" erwarten (οὐ μὲν γάρ τοι ἔτ' ἄλλος ἐλεύσεται ἐνθάδ' Ὀδυσσεύς, Od. 16,204).

προτιόσσομαι Das Verb steht im hom. Epos in der Bedeutung „vorhersehen, vorhersagen" (Od. 5,389; 14,219). Ap. gebraucht es ebenso (noch 1,895; 2,889; 3,552).

1373 κατὰ νηδύος Vgl. ad 1328; ad 1354.

1373 f. ἄμμε ἔχουσα / νωλεμές Die Mss. überliefern zwei sinnvolle Varianten, die beide gut belegt sind und auch sonst in den *Arg.* geläufige Junkturen bilden (αἰὲν ἔχουσα / ἡμέας, Ms.-Familie *w* / alle Mss.; ἄμμε φέρουσα / νωλεμές, Ms.-Familie *m* / Scorialensis). Fränkel rekonstruiert dagegen αἰὲν ἔχουσα / νωλεμές ohne Akkusativobjekt, da diese Junktur hom. Vorbilder hat (Fränkel 1961, ad loc.). Eine Entscheidung ist schwierig. Das Akkusativobjekt ist hier aber von besonderer Bedeutung, da es Peleus gerade darauf ankommt, zu erklären, wen die Mutter Argo im Bauch trug. Dass aber in Peleus' Rede die Ausdrücke stärker variiert werden als etwa in Jasons Rede (vgl. z. B. ad 1371), der zuvor die Prophezeiung wiedergegeben hat (vgl. ad

1347–1362), spricht für die stärker variierende Lesart ἄμμε ἔχουσα / νωλεμές (ähnlich Hunter 2015, ad loc.; dagegen Vian / Delage 1996², ad loc.).

1374 ἀργαλέοισιν ὀιζύει καμάτοισιν Vorbild ist die Beschreibung erschöpfter griechischer Kämpfer beim Anblick der rasenden Troer (ἅμα τ' ἀργαλέῳ καμάτῳ φίλα γυῖα λέλυντο, Il. 13,85). Die Parallelisierung ist zielgerichtet: Die mühevolle Fahrt des empfindungsfähigen Schiffes über die Weltmeere entspricht den Mühen der homerischen Helden im Kampf. Die Argo wird durch die Betonung ihrer Leiden im Anschluss an die Bezeichnung als ‚Mutter' sehr weitgehend personifiziert (vgl. ad 1327 f.; 1353 f.). Ein Schiff leidet nicht, es sei denn, es handelt sich um ein beseeltes, mit Stimme begabtes Wesen wie die Argo. Der Seher Phineus beschreibt seine Leiden mit ähnlichen Worten (ἀργαλέοισιν ἀνάπτομαι ἐν καμάτοισιν, 2,214).

1374 f. Peleus geht von der Deutung der Prophezeiung zur Handlungsaufforderung über. Der thematische Übergang bildet ab, worauf es ankommt: Leiden und Erschöpfung der Argo (1374) stehen in Peleus' Darstellung der Kraft und den unermüdlichen Schultern der Argonauten gegenüber (1375). Die Argonauten müssen die Mühe der Argo ausgleichen, indem sie ihr Schiff unter Mühen und Qualen für zwölf Tage tragen, um es aus der Wüste zu retten.

1375 ἀστεμφεῖ Das Adjektiv ist δίς λ. der *Ilias* (Il. 2,344; 3,218 f.), das zugehörige Adverb ἀστεμφέως ist δίς λ. der *Odyssee* (Od. 4,419; 459). Belegt ist das Adjektiv wieder ab hellenistischer Zeit (Arat. 878; Theocr. 13,37; vgl. Mosch. M. 113, Opp. H. 2,70; Man. 2,19; Nonn. D. 1,57 etc.). Motivisches Vorbild ist Hesiods Beschreibung des unermüdlich den Himmel auf seinen Schultern tragenden Atlas (Hes. Th. 746 ff.). Peleus' Rede vergleicht indirekt die bevorstehende Prüfung der Argonauten, das Tragen des Schiffes durch die Wüste, mit den Mühen des Atlas. Peleus traut also seinen eigenen und den Schultern seiner Gefährten einige Ausdauer zu.

ἀτείρεσιν ὤμοις ἀτειρής steht im hom. Epos von ehernen Waffen, von einer kräftigen Stimme sowie von Herakles' Kraft (Il. 5,292; 13,45; Od. 11,270). Bei Theokrit von einem abweisenden Knaben (Theocr. 23,6). Bei Ap. bezeichnenderweise sonst nur von Felsen (1,26; 2,375). Wenn die gestählten Schultern der Helden diesen Felsen gleichen, muss ihnen auch der Transport der Argo gelingen.

1376 ψαμαθώδεος ἔνδοθι γαίης Das seltene Adjektiv ψαμαθώδης ist zuvor nur im hom. *Hermes-Hymnos* belegt (h. Merc. 75; 347; 350). ἔνδοθι greift die Beschreibung des Erzählers zu Beginn der Libyenepisode auf: Die Argonauten befinden sich im hintersten Winkel der Syrte (vgl. ad 1236).

Noch weiter in die Wüste hineinzugehen, erscheint den Gefährten sinnlos, weshalb Peleus sich im Folgenden nicht nur auf deren Gottesfurcht verlässt, sondern auch einen plausiblen, praktischen Grund liefert, weshalb es sinnvoll ist, dem Pferd zu folgen (vgl. ad 1378 f.). Er kommt dabei motivationspsychologisch geschickt zuerst auf die gewaltige Kraft der Argonauten zu sprechen (1375), um erst im Anschluss die Aufgabe näher zu schildern.

1377 προτέρωσε Seltenes Adverb (h.Hom. 32,10; Theocr. 25,89 f.), aber häufig bei Ap. (1,306; 391; 592; 964; 1014; 1241; 2,369; 392; 552; 619; 3,1288; 4,498; 1610). Die Beschreibung des Mondwagens im hom. *Selene-Hymnos* dürfte hier nicht nur formal, sondern auch motivisch vorbildhaft sein (τηλαυγέα δῖα Σελήνη / ζευξαμένη πώλους ἐριαύχενας αἰγλήεντας / ἐσσυμένως προτέρωσ' ἐλάσῃ καλλίτριχας ἵππους, h.Hom. 32,8 ff.) Poseidons Pferd ist zwar kein πῶλος, sondern ein πελώριος ἵππος, aber die Schnelligkeit, die wallende Mähne und die leuchtende Farbe stimmen überein (vgl. ad 1365 f.).

ταχὺς πόδας ἤλασεν ἵππος Da – wie Erbse mit Verweis auf eine ähnliche, von Zenodot missverstandene Homerstelle (Il. 6,511; Schol. A. ad Il. 6,511) zu Recht betont – „die Füße das Lebewesen tragen, nicht umgekehrt", ist davon auszugehen, dass der Aorist ἤλασεν hier intransitiv gebraucht und ταχὺς πόδας Attribut ist (vgl. Erbse 1953, 168; Livrea 1973 ad loc.; dagegen Hunter 2015, ad loc.).

1378 ξηρὴν ὑποδύσεται Das Substantiv ξηρά, „trockenes Land" begegnet zunächst bei den Historikern (Hdt. 2,68; Th. 1,109; X. Oec. 19,7; vgl. auch Arat. 913; Theocr. 1,51). Die Junktur nähert sich bei wörtlichem Verständnis ihrer Teile einem Oxymoron an. Hier dient sie Peleus zur vorausschauenden Entdramatisierung der Situation. Peleus' Gefährten könnten meinen, bei der Verfolgung des Pferdes in der „Trockenheit unterzutauchen", also in der Wüste verloren zu gehen. Peleus will diese Furcht von vornherein entkräften.

1379 μυχὸν ... θαλάσσης Die Junktur beschreibt sonst eine Meeresbucht oder einen Golf (z. B. Arist. Mu. 393b 24; Simm. AP 15,24,11; Lyc. 44; 823; bei Ap. noch 2,1246; 4,1243). Dieser für die Zukunft aller Argonauten entscheidende Ausdruck steht effektvoll am Schluss von Peleus' Rede. Die Aussicht auf eine Bucht mit Zugang zum offenen Meer soll die letzten Zweifel der Argonauten am Wüstenmarsch ausräumen. θαλάσσης steht beinahe wie eine echte Interjektion besonders betont als letztes Wort der Rede (vgl. X. An. 4,7,24). Man hört förmlich den Freudenruf der Argonauten, wenn sie die Meeresbucht erreichen (vgl. Teil I.B.2).

1380–1392 Der Wüstenmarsch der Argonauten

Vorbilder Der letzte Teil der Syrtenepisode berichtet von der Rettung der Argonauten: Sie nehmen die Argo auf ihre Schultern und tragen sie durch die Wüste in die Richtung, in die das Pferd des Poseidon gelaufen ist. Der Wüstenmarsch könnte in der vorhomerischen Argonautentradition bereits Bestandteil des Mythos gewesen sein. Greifbare Spuren finden sich in einem Hekataios-Fragment, in einem Hesiod-Fragment sowie bei Pindar und Antimachos (Hes. fr. 241; Pi. P. 4,25 ff.; vgl. Hdt. 4,145; Antim. fr. 65 Wyss = Schol. A.R. 4,257–262b; vgl. Teil I.D; Matthews 1996, 222 f. ad 76 (65 Wyss); Dräger 1993, 262 ff.; ferner zum Landtransport von Schiffen Hennig 1932; Hennig 1944, 21; Zeller 1959, 99–103).

Erzählerkommentar Die Beschreibung des Wüstenmarsches hält der Erzähler der *Arg.* kurz, indem er in einem Kommentar unter Verweis auf die Musen als Urheber dieser Sage explizit den Erfolg der Unternehmung vorwegnimmt (1381–1387). Dann weist er mit einer rhetorischen Frage im Stil einer *praeteritio* eine literarische Gestaltung der Qualen seiner Helden von sich (1387–1390) und leitet direkt zur Hesperidenepisode über (1390 ff.; vgl. Teil I.E).

1380 πάντεσσι ... ἥνδανε Ap. variiert diese Art von Zustimmung der Zuhörenden nach einer Rede in beachtlicher Vielfalt (z. B. 1,717; 2,1068; 3,912; vgl. ad 1277 f.; Vian / Delage 1996², ad loc; Griffiths 2012, 5 f.).

ἐπήβολος ... μῆτις Das hom. ἅπαξ λ. ἐπήβολος bedeutet „erlangt, teilhaftig" (Od. 2,319; vgl. auch A. Ag. 542; S. Ant. 492). Für diese Stelle geht man in der Regel von einer Bedeutung „angemessen, passend" oder „hilfreich" aus. Sonst bezeichnet ἐπήβολος bei Ap. eine „zur Verfügung stehende" Lösung (ἐπήβολος ... ἀλεωρή, 1,694; ε. ... ὁρμή, 2,1280, dort womöglich „angemessen, hilfreich" wie hier; so auch Nic. Al. 232) oder einen Punkt, der erreicht werden muss (ἐπήβολος ...νύσσα, 3,1272; vgl. Hunter 1989, ad 1272; Gillies 1973, 123; Livrea 1973, ad loc.; Vian / Delage 1974, 82). Möglicherweise schwingt die hom. Bedeutung mit, dann verweist der Erzähler darauf, dass an der Ausführung des Plans jeder einzelne Argonaut Anteil haben wird. Bei Theokrit steht das Adjektiv ebenfalls vom an haushälterischen Dingen „teilhaftigen" Sinn einer Frau (νόος οἰκωφελίας αἷσιν ἐπάβολος, Theocr. 28,2). Bei Kallimachos von einem Fremden, der erreicht, dass Standbilder der Grazien nicht unbekleidet aufgestellt werden (Call. fr. 384,44 Pf.). Mit ähnlichem Wortlaut betont der Erzähler bei Ap. sonst, dass Medeas Plan den Mägden gefällt (3,912). Diese Übereinstimmung dürfte der Tatsache geschuldet sein, dass es in Pindars Version Medea ist, die den Argonauten den Rat gibt, das Schiff zu tragen (Pi. P. 4,25 ff.).

1381 Μουσάων ὅδε μῦθος Vorbild ist Odysseus' Beschreibung der Beziehung von Muse und Sänger in einer Rede an Demodokos (Od. 8,480). Hier liegt zunächst einmal keine vollkommen vom hom. Epos abweichende Auffassung in der Beziehung zwischen Musen und Dichter vor. Die Frage, warum gerade der Wüstenmarsch explizit eine Erfindung der Musen genannt und dann im Grunde nicht ausgeführt wird, ist sehr unterschiedlich beantwortet worden. Seit dem frühen Epos wird traditionell die besondere Beziehung des Dichters zu den Musen betont. Hier lehnt der Erzähler in Form einer *praeteritio* ausgerechnet die Gestaltung desjenigen Handlungselementes ab, das er zuvor auf die Musen zurückführt. Man hat Ap. daher Polemik gegen die traditionelle Auffassung der Musen als Garanten für den Erfolg des Dichters unterstellt. Μουσάων ὑποφῆται heißen die Dichter seit der *Ilias* (Il. 16,235; vgl. Theocr. 16,29; 17,115). Dagegen wünscht sich der Erzähler zu Beginn der *Arg.* aber die Musen als ὑποφήτορες ἀοιδῆς (1,22; vgl. Teil I.E.II.4), während Ap. den Meeresgott Glaukos, der den Streit über Herakles beendet, als ὑποφήτης bezeichnet (1,1311). Wahrscheinlich, aber nicht unumstritten ist, dass Ap. der Eigenständigkeit und Erfindungsgabe des Dichters eine größere Bedeutung beimisst und diese Diskrepanz allgemein in Form eines stärker autoreferentiell kommentierenden Erzählers zum Ausdruck kommt. Das Problem wird kompliziert durch die Interpretationsbreite des Begriffes, von „Inspirationsquelle" bis „Vermittler" (vgl. z. B. Eichgrün 1961, 106; Fusillo 1985, 367–375; Koster 1970, 152; Livrea 1973, ad loc.; Clauss 1993, 17; Wheeler 2002; Morrison 2007, 305; Cerri 2007; Hunter 2008a). Ardizzoni (1974) geht davon aus, dass sich Ap. polemisch explizit gegen Pindar richte, der sich bzw. seinen Erzähler als προφήτης der Musen inszeniert (z. B. ἀοίδιμον Πιερίδων προφάταν, Pi. Pae. 6,6) und dessen Stoff Ap. hier aufgreift (Pi. P. 4,25 ff.). Ob die Passage überhaupt Polemik beinhaltet bzw. ob sich ein intendiertes Ziel dieses Spottes ausmachen lässt, ist allerdings fraglich (vgl. Teil I.E sowie Giannini 1976; Vian / Delage 1996[2], 59 Anm. 5; Livrea 1987, 178 f.).

ἐγὼ δ' ὑπακουὸς ἀείδω Das Adjektiv ὑπακουός begegnet nur hier, in Analogiebildung zu ὑπήκοος. Eine verwandte Analogiebildung findet sich bei Kallimachos (ἐπακουός zu ἐπήκοος, Call. fr. 499 Pf.; vgl. Giangrande 1968, 55 m. Anm. 8; Livrea 1973, ad loc.). Dass der Erzähler sich den Musen gegenüber als ὑπακουός bezeichnet, erinnert an die traditionelle Auffassung der Dichter als Μουσάων ὑποφῆται (Il. 16,235; vgl. ad 1381; Teil I.E sowie González 2000; Spentzou 2002; Morrison 2007, 305; Cerri 2007; Hunter 2008a). Pronomen und Adversativpartikel ἐγὼ δ' nach der Zäsur nach dem dritten Trochäus stellen beide Vershälften in Opposition, eine vergleichbare Zweiteilung weist bereits das odysseische Vorbild auf (Od. 8,480). Ap. verstärkt die Zweiteilung jedoch, sodass die überlieferte Fabel (μῦθος) in Opposition zur konkreten Umsetzung des Dichters steht (ἐγώ).

1381 Πιερίδων Pieriden heißen die olympischen Musen bei Hesiod nach ihrem Geburtsort (Hes. Th. 53 ff.; Sc. 205 ff.; vgl. z. B. Sapph. fr. 103,8 L.-P.; Sol. fr. 13,2 West; Pi. O. 10,96; E. Med. 833; Ba. 410; Theocr. 10,24; Call. fr. 83,3 etc.). Die Argonauten selbst stehen zu den Musen in einer besonderen Beziehung, ist doch Orpheus, Sohn der Kalliope, mit an Bord der Argo (1,31 ff.). Hier nennt der Erzähler die Pieriden als Quelle einer Erzählung, die dem Rezipienten lediglich in wenigen Versen präsentiert wird (vgl. ad 1381–1392; Teil I.E).

τήνδε πανατρεκὲς ἔκλυον ὀμφήν Das Adjektiv πανατρεκής begegnet außer hier nur in einer Inschrift auf einem Marmorblock aus Lydien (οἷσιν μεμηλόσιν φάτιν πανατρεκῆ βοήσω, Rückseite; vgl. ad 1261) sowie in einem Grabepigramm des Julian von Ägypten auf den Grammatiker Theodoros, das wohl aus dem 4. Jhd. n. Chr. stammt (μνῆμα σόν, ὦ Θεόδωρε, πανατρεκὲς οὐκ ἐπὶ τύμβῳ, Jul. Aegypt. AP 7,594; vgl. Keil / Premerstein 1908, 9; Fränkel 1968, 596; Livrea 1973, ad loc.). Das Adjektiv wird adverbial gebraucht in der Bedeutung „untrüglich". Eine *Odyssee*-Stelle, die als Vorbild in Frage kommt, ist bisher unerkannt geblieben. In Ithaka prophezeit der Seher Theoklymenos der Penelope, dass Odysseus heimgekehrt ist. Er beginnt seine Rede mit einem ähnlichen Hinweis (ἐμεῖο δὲ σύνθεο μῦθον· / ἀτρεκέως γάρ τοι μαντεύσομαι οὐδ' ἐπικεύσω, Od. 17,153 f.). Ap. greift hier dessen Beglaubigungsstrategie auf (vgl. Teil I.E.II.4). Dass der Erzähler damit Unglauben der literarischen Tradition gegenüber bekundet (vgl. ad 1380–1392; Fusillo 1985, 372 ff.; Vian 1987a, 251 f.), muss in Frage gestellt werden. Es manifestiert sich in dieser Äußerung keine „Krise" des Erzählers (z. B. Feeney 1990, 90 ff.; Clare 2002, 265 ff.; Morrison 2007, 286–293). Der Erzählerkommentar betont wie das Proöm und der Epilog durch die Autoreferentialität die Charakteristika der eigenen Darstellung und lenkt das Interesse des Rezipienten so verstärkt auf die spezifische Darbietungsform bekannter Inhalte. Der autoreferentielle Kommentar leitet einen Teil des Mythos ein, dessen Ausgestaltung der Erzähler im Folgenden in Form einer *recusatio* von sich weist. Deutlicher kann man die spezifische, eigene Stoffauswahl und Gestaltungsform kaum in den Vordergrund stellen (vgl. Teil I.E).

1383 ὑμέας, ὦ πέρι δὴ μέγα φέρτατοι υἷες ἀνάκτων Mit dieser Anrede wendet sich zuvor Medea an die Argonauten (4,1031; Hutchinson 1988, 136; Livrea 1973, ad 1031 f.; Vian / Delage 1996², ad 1031; Hunter 2015, ad 1031). Die informelle Interjektion ὦ deutet Ardizzoni (1968, 55) als Abkehr vom „hohen hom. Stil" passend zum geringen Status des Musendieners, als der sich der Erzähler hier präsentiere. Fränkel dagegen meint, dass Ap. durch die mehrfache Betonung der göttlichen Herkunft der Argonauten (1389 ff.) die „unrealistische" Wüstenmarschepisode rechtfertige. Oft wird angenommen, dass die Interjektion eine emotionale Beteiligung des Erzählers am Geschehen zum Ausdruck bringe (Fränkel 1968, 596 f.; Cuypers 2004, 45; Klooster 2013, 160; Hunter 2015, ad loc.). Die formelhafte Apostrophe dient jedoch – woran die extreme Knappheit der Erzählung und der Abbruch in Form einer *praeteritio* keinen Zweifel aufkommen lassen (vgl. ad 1383–1388) – als Surrogat für eine detaillierte Erzählung des Wüstenmarsches (ähnlich Hutchinson 1988, 136). Dabei ersetzen Apostrophe und rhetorische Frage die unmittelbare Handlungsdarstellung und lassen Präsenz und Bedeutsamkeit der Erzählinstanz umso deutlicher hervortreten. Der Erzähler hebt die Heldentat der Argonauten zwar hervor, verzichtet dann jedoch auf eine Ausgestaltung ihrer zwölftägigen Leiden in der Wüste. Anschaulichkeit und Nähe zum Geschehen können nicht entstehen. Ein Vergleich mit Lukans Version von Catos Marsch durch die Syrtenwüste lässt dies deutlich werden. Schon in Catos Rede werden die Qualen des Wüstenmarsches im Detail vorweggenommen, woraufhin der Erzähler sie noch einmal in aller Ausführlichkeit beschreibt (Luc. 9,378–406; 463–511), und dabei die verheerenden Folgen eines Sandsturmes betont (vgl. ad 1263 ff. sowie Teil I.E). Von einer solchen emotionalisierenden Plastizität findet sich bei Ap. keine Spur.

1384 ἢ βίῃ, ἢ ἀρετῇ Die enge Verbindung der beiden Substantive begegnet zuvor nur im hom. Epos, von Agamemnon im Vergleich zum jungen Archilochos sowie von den Göttern in einer Rede des Phoinix an Achill (αὐτὸς δὲ κρείσσων ἀρετῇ τε βίῃ τε, Il. 23,578; τῶν περ καὶ μείζων ἀρετὴ τιμή τε βίη τε, 9,498). Beide Stellen passen zu dieser Passage, werden doch sowohl die Heldentugend als auch die göttliche Abkunft der Argonauten betont (vgl. ad 1387 f.; 1389 f.).

Λιβύης ἀνὰ θῖνας ἐρήμους Diese nüchterne Bezeichnung der libyschen Einöde greift tragische und historiographische Vorbilder auf (E. Hel. 404; Hdt. 2,34,4; 4,185,11). Zugleich verweist der Erzählerkommentar auf die Beschreibung der Wüstenlandschaft (vgl. ad 1234–1249). Der erneute Verweis erschafft einen leitmotivischen Rahmen für die Syrtenepisode (1223–1392).

1385 νῆα μεταχρονίην Zum Adjektiv vgl. ad 1269. In der extremen Situation in der Syrte durchquert die Argo gleichzeitig beide Elemente, die eigentlich kein Schiff durchqueren kann, nämlich das Land und oben auf den Schultern der Argonauten auch die Luft. Diesen Umstand stellt später Euphemos in seinem Bericht an Triton-Eurypylos heraus (vgl. ad 1568).

ἄγεσθε Die Mss. überliefern den Infinitiv ἄγεσθαι, der sich als Form indirekter Rede erklären lässt (Campbell 1982, 138; Paduano 1986, ad loc.; Vian / Delage 1996², N.Add. ad 1387). Wahrscheinlicher ist jedoch, dass die Anrede an die Helden (1383) durch ἄγεσθε (Imperfekt Medium unaugmentiert) hier fortgesetzt wird und der Infinitiv in den Handschriften auf Verschreibung beruht. Die Konjektur von Stephanus ist demnach beizubehalten (Hunter 2015, ad loc). Das Verb steht betont am Schluss der beiden Verse und wird durch das folgende Partizip ἀνθεμένους mit Infinitiv φέρειν (1386) fortgesetzt. Die drei Verbformen bilden die Mitte der eigentlichen Beschreibung des Wüstenmarsches, die lediglich aus dreieinhalb Versen besteht (1384–1387), und den Kern der Handlung enthält: Anheben des Schiffes, auf die Schultern legen und tragen. Ähnlich beschreibt Strabo das Tragen von Schiffen durch Seeräubervölker (Str. 11,2,12).

1386 ἀνθεμένους ὤμοισι Die Belastbarkeit der argonautischen Schultern hatte Peleus bereits bei der Planung der Aktion hervorgehoben (vgl. ad 1375 f.).

δυοκαίδεκα Diese hom. Form hat Ap. nur zwei Mal (z. B. Il. 2,557; Od. 8,59; vgl. noch Medeas zwölf Mägde, 3,838). Das im hom. Epos häufigere δυώδεκα insgesamt vier Mal (zwölf Tage Sturm bei den Dolionen: 1,1079; Herakles' Dodekathlon: 1318; Altar für die Dodekatheoi: 2,531; Medeas zwölf neue Mägde: 4,1221; vgl. Serrao 1971, 106). Dieselbe Zahl von Tagen gibt Pindar für die Dauer des Schiffstransportes durch die Wüste an (Pi. P. 4,25).

1387 ἤματ' ὁμοῦ νύκτας τε Vgl. ad 1233 f.

δύην γε μὲν ἢ καὶ ὀιζύν Fränkels (1961, ad loc.) Crux ist unnötig (Erbse 1963b, 24; Livrea 1973, ad loc.). Die Kombination nur bei Ap., mögliche hom. Vorbilder haben aber ähnliche Elemente (πόνον τ' ἐχέμεν καὶ ὀιζὺν, Il. 13,2; πολὺν κάματον καὶ ὀιζὺν, 15,365).

1387 f. δύην γε μὲν ἢ καὶ ὀιζύν / ... ἀνέπλησαν μογέοντες Die Partikelkombination γε μέν kontrastiert die *praeteritio* mit der vorherigen, kurzen Beschreibung des Geschehens (vgl. ad 1381–1390; ad 1388; vgl. Denniston 1959², 387). Das Verb ἀναπίμπλημι bezeichnet im hom. Epos das Erfüllen des Schicksals, vor allem im Fall des Todes, aber auch von vorherbestimmten Leiden (Il. 11,263; Od. 5,302). Hier verweist es auf die Schicksalhaftigkeit der argonautischen Abenteuer (vgl. ad 1226; 1254). Ein Echo dieses Ausdrucks findet sich bei Oppian (Opp. H. 5,343).

1388 τίς κ' ἐνέποι Die *praeteritio* in Frageform beendet die Erzählung vom Wüstenmarsch der Argonauten, bevor sie eigentlich begonnen hat. So werden die Bedeutsamkeit des Abenteuers und die Heldenhaftigkeit der Argonauten betont. Ihr Leiden wird jedoch in topischen Sätzen nur kurz berichtet. Der Wüstenmarsch wird nicht ausführlich erzählt (vgl. Teil I.E).

1389 ἔμπεδον ἀθανάτων ἔσαν αἵματος Den Ausdruck verwendet Ap. ein weiteres Mal (ἀθανάτων ἥρωες ἀφ' αἵματος ἐβλάστησαν, 3,921), sonst begegnet er erst später (Opp. H. 2,672; Q.S. 1,362). Der explizite Verweis auf die göttliche Herkunft der Argonauten, die in den *Arg.* häufiger betont wird (vgl. 1,23 ff.; 51 ff.; 115 ff.; 139 ff.; 179 ff.; 185 ff.; 202 ff.; 642 ff.; 2,1223; 3,365 f.; 921; ad 1773), spezifiziert hier die Apostrophe der Helden zu Beginn des Wüstenmarsches (μέγα φέρτατοι υἷες ἀνάκτων, 1383) und führt die Erzählung ringkompositorisch zu einem sehr zügigen Ende.

1390 ἔργον ἀναγκαίῃ βεβιημένοι Fränkel (1961, ad loc. in app.) geht davon aus, dass die Heldentat der Argonauten geschmälert werde, indem hervorgehoben wird, dass sie keine Wahl hatten. Er tilgt deshalb unnötigerweise ἀναγκαίῃ und übernimmt die Lesart βεβολημένοι des Scorialensis statt βεβιημένοι der übrigen Mss. in den Text (dagegen Livrea 1973, ad loc.). βεβιημένοι ist jedoch der passendere Ausdruck, denn ἀναγκαίῃ betont, wie unwahrscheinlich eine Rettung schien und streicht heraus, dass diese den Argonauten nur aufgrund ihrer Tapferkeit gelingt. Die zuvor ausführlich beschriebene Verzweiflung erklärt die Überwindung der Syrte, die wie die Überwindung eines Gegners im Zweikampf stilisiert wird (vgl. ad 1243; 1301 f.), zur epischen Heldentat.

ἐπιπρό Das Adverb findet sich in einem Fragment, das sowohl dem Epiker Choerilos als auch Kallimachos zugeschrieben wird (ἐπιπρὸ δὲ μᾶσσον ἐπ' ἄκρου, Choeril. fr. 27,1 Bernabé = Call. fr. 238,22 Pf.). Nur Ap. hat es häufiger (1,30; 983; 1156; 2,133; 902; 1244; 3,1338; 4,141; 296; 595; später nur D.P. 276).

1391 Τριτωνίδος ὕδασι λίμνης Vgl. ad 1311. Die Nennung des Tritonsees greift zum einen die für den glücklichen Ausgang der Syrtenepisode maßgebliche Begegnung der Argonauten mit den Herossae auf (vgl. ad 1310 f.). Zudem wird auf die nächste Episode vorausgewiesen, auf die Begegnung mit den Hesperiden, die an den Ufern des Tritonsees erfolgt (vgl. ad 1398 f.). Die Begegnung mit Triton selbst findet auf dem Tritonsee statt (vgl. ad 1537–1625).

1392 Fränkel (1961 ad loc. in app.) geht davon aus, dass der gesamte Vers vor 1391 zu stellen ist (zögerliche Zustimmung von Hunter 2015, ad loc.). Die erneute Nennung des Tritonsees erfolgte am Ende der Syrtenepisode, wodurch der Verweischarakter des Halbverses noch stärker zur Geltung käme (vgl. ad 1391). Fränkels Vorschlag hätte den Vorzug, dass die Syrtenepisode mit dem prägnanten Wort λίμνης endete (vgl. Teil I.B.II), greift jedoch zu stark in den Text ein. Das Sumpfgebiet ist Ausgangspunkt allen Unglücks und Leitmotiv für die Abenteuer in der Syrte. Auffällig ist der chiastische Bau des Verses, ἐπιπρὸ τῆλε gehört sinngemäß zu φέρον, ἀσπασίως dagegen zu εἰσβάντες (ähnlich Vian bei Livrea 1973, ad loc.).

ὡς φέρον, ὥς εἰσβάντες Die Bedeutung von ὡς ... ὥς ist hier umstritten. Zum Teil geht man im Anschluss an Brunck (1780, ad loc.; Mooney 1912, ad loc.) von temporaler Bedeutung des Ausdrucks aus, zumeist wird er jedoch mit Fränkel (1968, 598; Livrea 1973, ad loc.) modal aufgefasst.

στιβαρῶν ... ὤμων Ähnliche Junkturen bezeichnen im alten Epos die kraftvollen Körper von Göttern und Helden (ὤμῳ ἔνι στιβαρῷ, Il. 5,400 (Ares); ξίφος ὀξὺ περὶ στιβαροῖς βάλετ' ὤμοις, Od. 14,528 (Eumaios); ἐπὶ στιβαροῖς βάλετ' ὤμοις, Od. 15,68 (Odysseus); φάνεν δέ οἱ εὐρέες ὦμοι / στήθεά τε στιβαροί τε βραχίονε, Od. 18,68 f. (Odysseus); φᾶρος δὲ περὶ στιβαροῖς ἔχεν ὤμοις, h. Bacch. 5 (Dionysos)). Die Variation betont einmal mehr die Heldenhaftigkeit der Argonauten und passt zu ihrer göttlichen Herkunft (vgl. ad 1389 f.). Der Verweis auf die duldsamen Schultern der Helden am Schluss fasst leitmotivisch zusammen, worauf es in der Syrtenepisode ankommt: Die Bereitschaft der Argonauten, ihr Schiff lange unter Qualen durch die Wüste zu tragen und den göttlichen Orakeln fromm Folge zu leisten (vgl. Teil I.B.II).

II. 4,1393–1536 Die Argonauten bei den Hesperiden

Inhalt und Aufbau Die Hesperidenepisode ist der zweite Hauptteil der Libyenepisode und gliedert sich in vier Abschnitte (A. – D.; vgl. auch Teil I.C). Die Argonauten treffen nach dem Wüstenmarsch durstig bei den Hesperiden ein und überraschen diese, wie sie um den toten Drachen Ladon trauern. Orpheus bittet sie um Hilfe (A. 1393–1421), sein Gebet wird erhört. Die Hesperide Aigle erzählt von einer Quelle, die Herakles schlug, nachdem er den Drachen getötet hatte (B. 1422–1455). Die Argonauten trinken und beschließen, Herakles zu suchen. Die Suche bleibt erfolglos (C. 1456–1484). Die beiden mittleren Teile (B. + C.) sind motivisch verknüpft über Herakles' Tat und die Suche der Männer nach ihm. Den Abschluss bildet die Erzählung vom Tod zweier Argonauten (D. 1485–1536). Diese steht über das Todesmotiv mit dem Beginn der Hesperidenepisode in Beziehung. Der Tod durch Verdursten bedroht die Argonauten und kann erst abgewendet werden, als sie auf Orpheus' Gebet hin von der Hesperide Aigle von der Quelle erfahren. Herakles sichert so das Überleben seiner ehemaligen Gefährten. Bei der Suche nach ihm sterben jedoch zwei Argonauten, Kanthos und der Seher Mopsos. Die Verse 1485–1536 korrelieren mit 1393–1421. Die Erzählung vom Tod der beiden Helden (D. 1485–1536) steht ferner in Beziehung zu einer weiteren Episode vom Tod zweier Argonauten im zweiten Buch (2,815–864). Dort sterben der Steuermann Tiphys und der Seher Idmon. Der Bezug ist eindeutig, da sonst keine weiteren Argonauten sterben. Die Bezogenheit der beiden Doppeltod-Episoden im zweiten und vierten Buch erklärt den zum Teil von der Hesperidenepisode losgelösten Charakter (vgl. ad 1484–1536).

Herakles, die Argonauten und Hesperiden in der literarischen Tradition
Der Garten der Hesperiden, in dem die Nymphen und der Drache Ladon die Goldenen Äpfel bewachen, wird zumeist auf einer paradiesischen Insel im äußersten Westen der Oikoumene, in der Nähe des Atlas verortet (Hes. Th. 275; 518; Stesich. S 8 SLG; Mimn. fr. 12 IEG; E. Hipp. 742 ff.). Skylax weiß den Garten der Hesperiden genau mittig zwischen Kyrene und Euhesperides (Scyl. 108), laut Plinius liegt er weiter westlich, sehr nahe bei Euhesperides (Plin. NH 5,5,1; vgl. Stucchi 1976, 20 f.; 23 f.). In Libyen verortet ihn auch Diodorus Siculus (D.S. 4,26,2). Bei Hesiod sind die Hesperiden noch nicht in Zusammenhang mit Herakles gestellt. Bei Panyassis, Sophokles und Euripides tötet Herakles bei seinem Besuch im Hesperidengarten ebenfalls den Drachen (Panyas. fr. 10 K Matthews; S. Trach. 1099 ff.; E. HF 394 ff.). Bei Ap. wird dessen Tod zum Strukturelement für die Hesperidenepisode (vgl. ad 1393–1536).

Der Hesperidengarten und die ptolemäische Stadt Euhesperides-Berenike Dass Ap. den Hesperidengarten in der Nähe von Syrte und Tritonsee lokalisiert, dabei aber nur eine vage geographische Verortung vornimmt, dürfte eine bewusste Entscheidung sein (vgl. Teil I.D.II.2). Zwar erwähnt Ap. eine griechische Siedlung in der Nähe der Hesperiden nicht explizit. Das Aition führt die Quelle in der Nähe des Hesperidengartens jedoch auf Herakles zurück, der so seine ehemaligen Gefährten rettet (1422–1456). Die Argonauten und Herakles ermöglichen mit der Erschließung und Kultivierung der Quelle eine spätere Besiedlung des Landes und somit indirekt auch die Gründung der Stadt Euhesperides (vgl. Teil I.D).

Ein Abgleich mit archäologischen Zeugnissen zeigt, dass die Gegend etwa seit dem frühen 6. Jhd. von Griechen besiedelt gewesen ist (vgl. Bennett / Wilson et al. 2000, 121 ff.; Austin 2008, 203 ff.). Das von Kyrene aus gegründete, westlich gelegene Euhesperides wird zuerst bei Herodot als Endpunkt einer persischen Heeresexkursion erwähnt (Hdt. 4,204). Im Jahr 462 v. Chr. soll Arkesilaos IV. von Kyrene weitere Siedler nach Euhesperides gesandt haben. Seit 405 v. Chr. lebten Siedler aus Messene dort, die 369 v. Chr. dorthin zurückkehrten (Paus. 4,26,2–5). Bezeugt ist, dass die Stadt Euhesperides eine *boule* hatte und ähnlich wie Kyrene regiert wurde (SEG

20,772; vgl. Fraser 1951; Chamoux 1953, 205). Die Stadt muss zwischen 258 und 250 v. Chr. zu Gunsten einer wenige Kilometer entfernten Siedlung verlassen worden sein, da wohl der Hafen von Euhesperides verlandete (vgl. Bond / Swales 1965, 91–100; Jones 1985; Buttrey 1994). Mitte des 3. Jhds. wurde Euhesperides durch die Königin Berenike II., Tochter des Magas von Kyrene, neu begründet und in Berenike umbenannt (vgl. Cohen 2006, 389–392, bes. 391 Anm. 6.; ferner Huß 1976, 176 ff.; Huß 2001, 333 ff.; Clayman 2013, 39 f.). Die *Arg.* erzählen, wie die Errungenschaften der Argonauten die Grundlage schaffen für die spätere, griechisch geprägte Besiedlung Nordafrikas. Das neu erwachte Interesse des Ptolemaios III. Euergetes und der Berenike II. an Euhesperides-Berenike wird eine Rolle gespielt haben für die erzählerische Entscheidung, den Hesperidengarten hier zu verorten (vgl. auch Murray 2014). Die geographischen Hinweise und die Ortsbeschreibungen sind jedoch unpräzise gehalten. Weder Kyrene noch Alexandria oder Euhesperides-Berenike werden beschrieben (vgl. ad 1731–1764). Dass die Zivilisationstätigkeit der Argonauten in Libyen besonders ausgeprägt ist, wurde von Ap.' zeitgenössischem Publikum dennoch gewiss politisch verstanden. Die Neubegründung von Euhesperides-Berenike und die Geschichte der Stadt sowie der Gründungsmythos Kyrenes waren mit Sicherheit bekannt. Die Darbietungsform der mythischen Ereignisse lässt eine Einordnung der zeitgenössischen Gründungsaktivitäten der Ptolemäer Mitte des 3. Jhds. in Nordafrika in die Gründungsmythen zu, auch wenn der Erzähler nicht eindeutig Position bezieht (vgl. Teil I.D mit der weiteren Literatur).

A. 1393–1421 Begegnung mit den Hesperiden

Inhalt und Aufbau Die Ankunft der Argonauten bei den Hesperiden wird in zwei Schritten erzählt. Die Perspektive der Argonauten auf den Garten bildet den Rahmen (1393 ff.; 1407 ff.). Der erste Teil beschreibt die Situation, die die Helden antreffen. Es folgt eine Analepse der mythischen „Normalzustände" im Hesperidengarten (1396–1399) sowie eine Ekphrasis der Trauerszene um Ladon (1400–1407). Den zweiten Abschnitt der Ankunftsszene nimmt Orpheus' Gebet an die Hesperiden ein (1411–1421).

1393 λυσσαλέοις ... ἴκελοι κυσίν Das Adjektiv λυσσαλέος begegnet hier erstmalig und ist auch bei Ap. ἅπαξ λ. (später Man. 4,539; Tryph. 402; Nonn. D. 7,365; 11,216; 12,381; 28,49; [Nonn.] Par. 16,69). Womöglich handelt es sich um eine Neubildung in Anlehnung an eine Bezeichnung Hektors (κύνα λυσσητῆρα, Il. 8,299; Livrea 1973, ad loc.). Das Substantiv λύσσα bezeichnet bei Homer v.a. die wütende Raserei im Kampf (Il. 9,239; 21,541 f.), bei den Tragikern dann die personifizierte Raserei, eine Tochter der Nyx (A. Pr. 883; Ch. 287; E. HF 822–899; Or. 254; Ba. 977; vgl. ad 1631), bei Platon, Ps.-Phokylides und Theokrit auch das Liebesverlangen (Pl. Leg. 839a7; Ps.-Phoc. 214; Theocr. 3,47). Der Begriff vergleicht menschlichen Wahnsinn mit der Hundetollwut (X. An. 5,7,26) und dient als medizinischer Fachbegriff für die Tollwut (Ar. HA 604a10; Gal. 1,296; Plin. NH 29,100). Dabei hielt man die Hundetollwut und menschliche Erkrankungen mit ähnlichen Symptomen für verschiedene Krankheiten (Arist. HA 604a5), erst in einem ps.-hippokratischen Brief aus der Zeit des Claudius werden die Übertragbarkeit auf den Menschen und die lange Inkubationszeit beschrieben ([Hp.] Ep.19; vgl. Winkle 1997, 908 f.; Stamatu, in: Leven 2005, s.v. Tollwut, Sp. 870 f.). Stammverwandte Wörter begegnen sonst bei Ap. nicht, jedoch ist für einen Vers der Lemnosepisode in den Scholia eine Alternative überliefert (καὶ τότ' ἔπειτ' ἀνὰ δῆμον ἄατος ἔμπεσε λύσσα / οὐκ οἶδ' ἢ θεόθεν ἢ αὐτῶν ἀφροσύνῃσι, 803 f. Proec. = Schol. A.R. L 1,801–3b; vgl. Schade / Eleuteri 2008², 34 f.). Die Verwendung von λύσσα für den Liebeswahn, im dem die lemnischen Männer ihre Frauen verstoßen, um dann von ihnen ermordet zu werden, entspricht der Auffassung der Tragiker und Theokrits (Theocr. 3,47). In diesem Kurzgleichnis entspringt dagegen die Adjektivbildung aus der medizinischen Bedeutung. Die Helden sind auf ihrer Suche nach einer Quelle wahnsinnig vor Durst und Erschöpfung und werden explizit mit tollwütigen Hunden verglichen. So soll nicht einer „unepischen" Situation „episches Pathos" verliehen werden (Drögemüller 1956, 39; Livrea 1973, ad loc). Vielmehr wird ein vorbildhaftes hom. Gleichnis, das die kämpfenden Troier mit umherlaufenden Jagdhunden vergleicht (Il. 17,725 ff.), mit fachwissenschaftlichen Beschreibungen der Hundetollwut kombiniert. Dieses „tierische" Motiv wird mehrfach aufgegriffen. Die Argonauten finden bei den Hesperiden den von Fliegen umschwirrten Drachenleichnam (vgl. ad 1400 ff.). Der Kurzvergleich zu Beginn der Wassersuche korreliert mit einem Gleichnis, das die Argonauten am Ziel ihrer Suche nach Trinkwasser erneut mit Tieren, mit Ameisen und Fliegen, vergleicht (vgl. ad 1452 ff.). Schließlich stirbt aufgrund eines Schlangenbisses der Seher Mopsos (vgl. ad 1501–1536).

ἀίσσοντες Der *versus spondiacus* markiert prägnant den Beginn einer neuen Episode und korrespondiert mit einem Handlungseinschnitt: Die Erzählung wendet sich von der heldenhaften Tat den menschlichen Bedürfnissen der Argonauten zu (vgl. Teil I.B).

1394 πίδακα μαστεύεσκον Das Verb begegnet zuerst in einem Hesiod-Fragment und bei Pindar (Hes. fr. 209,4 M.-W.; Pi. P. 3,59; N. 8,43; vgl. später z. B. E. Hel. 597; X. Ag. 1,24,4; An. 3,1,43; Hp. Ep. 17,133). Pindar gebraucht μαστεύω in der vierten *Pythie* für die Begegnung der Argonauten mit Triton (προτυχὸν ξένιον μάστευσε δοῦναι, Pi. P. 4,35; vgl. ad 1537–1624; Teil I.D.). Hier dagegen im iterativen Imperfekt, um das hastige Hin- und Herlaufen der Argonauten zu beschreiben, sonst bei Ap. stets als Partizip (1,1335; 3,1288 f.; 4,303; vgl. Lyc. 1120; Archim. spir. 2,8,10; Nonn. D. 48,571 f.). πῖδαξ ist hom. ἅπαξ λ. in einem Gleichnis, das den Kampf von Löwe und Eber um eine Quelle mit dem Sieg Hektors über Patroklos vergleicht (Il. 16,825; anders Kyriakou 1995, 209–212). Das ἅπαξ λ. ist hier bewusst gewählt, denn bei Ap. heißt nur diese Quelle πῖδαξ (vgl. ad 1451; 1456), nicht etwa die Quelle, die Hylas zum Verhängnis wird (κρήνη, 1,1208). Eine lexikalische Rarität wird aus einem hom. Kampfgleichnis auf die Suche nach einer Quelle übertragen, um den Kampf der Helden gegen den Tod in der Syrte mit einem epischen Zweikampf gleichzusetzen (vgl. ad 1234–1276; Teil I.III.2). Sonst begegnet πῖδαξ lediglich bei Euripides von einer Quelle auf dem Ida (E. Andr. 285) sowie bei Herodot von den Quellen der fruchtbaren Landschaft Kinyps. Neben Fluss und Stadt Kinyps gibt es laut Herodot lediglich in der Gegend, in der die Hesperiden wohnen, ausreichend Wasser und fruchtbaren Boden (Hdt. 4,198). Ähnlich beurteilt Lykophron die Wasserverhältnisse der Gegend (Αὔσιγδα Κινύφειος ᾗ τέγγων ῥόος / νασμοῖς λιπαίνει, Lyc. 885 f.). Die Hinweise auf die einzige Quelle dürften Ap. zu seiner Beschreibung inspiriert haben (vgl. ad 1422–1428). Bei Kallimachos wird πῖδαξ für die Quelle verwendet, aus der die als Melissae bezeichneten Demeterpriesterinnen der Göttin Wasser bringen (ὕδωρ φορέουσι μέλισσαι/ ... / πίδακος ἐξ ἱερῆς ὀλίγη λιβὰς ἄκρον ἄωτον, Call. Ap. 110 ff.). Ähnlich wird das Substantiv für eine Erntefestszene im Thalysien-Idyll gebraucht (πωτῶντο ξουθαὶ περὶ πίδακας ἀμφὶ μέλισσαι, Theocr. 7,142). Die Parallelen könnten intendiert sein, gelten doch Nymphen als unbefleckt und rein wie Priesterinnen und können ebenfalls Melissae genannt werden (Arist. HA 9,625b 19; Ael. NA 5,11; 1,10).

1394 f. ἐπὶ ξηρῇ γὰρ ἔκειτο / δίψα δυηπαθίῃ τε καὶ ἄλγεσιν Livrea hält den Text für verderbt und schlägt vor, die häufiger bezeugte Lesart ξηρῷ statt ξηρῇ in den Text zu übernehmen (ἐπὶ ξηρῷ γὰρ ἐκείντο / διψῇ, also „Durst quälte sie zusätzlich zu Kummer und Leid"). ἐπίκειμαι wäre hier dann wie in 1295 f. (ἐκείατο ... οἰκτίστῳ θανάτῳ ἔπι) verwendet. Da entgegen Livreas (1973, ad loc.) Annahme διψῇ statt δίψα auch im Laurentianus nicht bezeugt ist (Vian / Delage 1996², ad loc. in app.), ist der überlieferten Lesart δίψα der Vorzug zu geben. Das Verb ἐπίκειμαι ist im Sinn von „auf jdm. lasten, jdn. quälen" aufzufassen, die folgenden Dative (1395) sind kausale Ergänzung (Vian / Delage 1996², N.C. ad 1395). So gebraucht später Pausanias die Wendung (ὅ τε λιμὸς καὶ ἡ δίψα ἐπέκειτο, Paus. 4,21,9).

1395 δυηπαθίῃ τε καὶ ἄλγεσιν Das seltene Substantiv δυηπαθίη ist bis ins 4. Jhd. n. Chr. sonst nicht belegt (vgl. Greg. Naz. de se ipso 1319,14; Jul.

Aegypt. AP 16,113,8; Agath. 84,20). Hier greift die Bildung δυηπαθίη die vorhergehende Beschreibung der Qualen der Argonauten wieder auf (δύην ... ἢ καὶ ὀίζυν, vgl. ad 1387), ist also nicht korrupt (vgl. Livrea 1973, ad loc.; Vian / Delage 1996², N.C. ad loc.).

1396 πλαζόμενοι· ἷξον δ' ἱερὸν πέδον Vorbild ist Telemachs Reise (ἷξον δ' ἐς πεδίον πυρηφόρον, Od. 3,495). Die Verbindung ἱερὸν πέδον begegnet bei Sophokles im Monolog des Aias, bevor er sich in sein Schwert stürzt (S. Ai. 859). Auffällig ist hier die ausgefeilte Komposition des Verses: Bis zur Dihärese werden die i-anlautenden Worte von den plosiv-anlautenden gerahmt. Zudem stehen sich Umherirren, πλαζόμενοι, und Ankommen, ἷξον, kontrastiv an der Trithemimeres gegenüber.

Λάδων Der Name des Drachen zuerst bei Ap. (sonst nur ὄφις, δράκων). Als chthonisches Wesen (vgl. ad 1398) stammt der Drache entweder von Gaia oder von verwandten Wesen wie Phorkys, Keto, Echidna ab (vgl. Hes. Th. 333 ff.; S. Trach. 1100; Apollod. 2,113). In anderen Versionen schickt Herakles den Atlas, um den Drachen zu beseitigen (Paus. 5,18,4) oder er schläfert ihn ein (Verg. A. 4,484; vgl. bei Ap. den Drachen, der das Goldene Vlies bewacht, 4,127–166). Herakles und Ladon sind gelegentlich auf Vasenbildern dargestellt, erhalten sind ein zweiköpfiger Drache auf einer schwarzfigurigen Lekythos (um 500 v. Chr.) und der Drache mit den Hesperiden auf einer rotfigurigen Hydria (um 350 v. Chr.; vgl. Kokkorou-Alewras, LIMC 5.1, s.v. Herakles and the Hesperides, 100–111; Ogden 2013, 33 ff.).

1397 εἰς ἔτι που χθιζόν Nimmt man mit Fränkel (1968, 598) εἰς ἔτι statt εἰσέτι an, so gehört εἰς zu χθιζόν. Die Partikel που ist dann mit „scheinbar, wohl" wiederzugeben und markiert, dass der Gedanke eine Schlussfolgerung der Argonauten beim Anblick des Drachen im Erzählertext wiedergibt oder stellt einen autoreferentiellen Erzählerkommentar dar (Livrea 1973, ad loc.; Cuypers 2005, 45). Andernfalls steht εἰσέτι που χθιζόν im Sinn von „gerade bis gestern noch", χθιζόν dann adverbial wie χθές (Il. 19,195; Hunter 2015, ad loc.). Fränkels Auffassung passt besser zum Tenor der gesamten Passage, die knapp in rascher Folge verschiedene Ereignisse abhandelt und so die plötzliche Unruhe spiegelt, die die Argonauten bei ihrer Suche an den Tag legen.

παγχρύσεα ῥύετο μῆλα Ähnlich beschreibt Hesiod die Aufgabe des Drachen (παγχρύσεα μῆλα φυλάσσει, Hes. Th. 335). Von Wächter der Goldenen Äpfel handelt ein Pindar-Fragment (μάλων χρυσῶν φύλαξ, Pi. fr. 288; vgl. S. Tr. 110; Pherecyd. fr. 33,3). Die Goldenen Äpfel sind ein Hochzeitsgeschenk der Gaia an Zeus und Hera (Pherecyd. fr. 33 Müller = Schol. A.R. 4,1396; Eratosth. Cat. 3; Apollod. 2,113). Symbolisch zur Bezeichnung des westlichen Weltenendes stehen die Goldenen Äpfel bei Theokrit und Kallimachos, die also im Gegensatz zu Ap. den Hesperidengarten traditionsgemäß im äußersten Westen der Oikoumene verorten (Theocr. 29,37; Call. Cer. 11). Den Verlust der Äpfel beklagt Aigle (vgl. ad 1434).

1398 χώρῳ ἐν Ἄτλαντος Atlas wird ebenso wie die Hesperiden (vgl. ad 1393–1536 B.) in der Regel im äußersten Westen der Oikoumene verortet (Hes. Th. 517–519; 746–749). Die Hesperiden gelten als Töchter des Atlas und der Hesperis (z. B. Diod. 4,27). Bei Ap. werden dagegen Hesperidengarten und Land des Atlas in Libyen in der Nähe von Syrte und Tritonsee verortet (vgl. Teil I.D).

χθόνιος ὄφις χθόνιος heißt die Schlange der Hesperiden in Anlehnung an ihre traditionelle Genealogie als Kind der Gaia. Sie wohnt zudem unter der Erde (Hes. Th. 333 ff., vgl. ad 1396). Der Kampf gegen erdgeborene Wesen ist ein Leitmotiv der *Arg*. Herakles kämpft zuvor gegen die Erdgeborenen auf Kyzikos (1,989–1011). Jason besiegt die erdgeborenen Stiere in Kolchis (3,1354–1407). Talos, den Medea bei Kreta niederstreckt, weist Gemeinsamkeiten mit den Erdgeborenen auf (vgl. ad 1638 f.). Erdgeborene werden als Relikt einer vergangenen Epoche dargestellt, als roh und unzivilisiert, weshalb sie von den Argonauten beseitigt werden, sodass ein neues Heldenzeitalter beginnen kann (vgl. ad 1393–1536 C.; ad 1627–1772; Teil I.D.).

1398 f. νύμφαι / Ἑσπερίδες Bei Hesiod sind die Hesperiden Töchter der Nyx (Hes. Th. 215 f.; 275), in einer anderen Tradition auch Töchter des Atlas und der Hesperis (z. B. Diod. 4,27). Herakles' Besuch bei den Hesperiden mit dem Raub der Goldenen Äpfel (vgl. ad 1432–1440) gilt kanonisch als letzte seiner berühmten Taten (vgl. ad 1393–1421 B.).

1399 ποίπνυον Das Verb begegnet außerhalb der hom. Epen bis in hellenistische Zeit nur bei Pindar und Empedokles (ὅσπερ ἐμὰν ποιπνύων χάριν, Pi. P. 10,64; εἴδεα ποιπνύουσα θοῶι πυρὶ δῶκε κρατῦναι, Emp. fr. 73,4 D.-K.). Im hom. Epos steht ποιπνύω in der Bedeutung „eifrig tätig sein" (z. B. Il. 1,600; 18,421; Od. 3,430). Einige Glossographen erklären ποιπνύω mit διακονεῖν, Aristarch hingegen mit ἐνεργεῖν (Schol. D. Il. 14,155; Schol. D. Il. 18,421; vgl. Lehrs 1865, 102 f.; Rengakos 1994, 131). Ap. verwendet ποιπνύω außer hier vom Gesang der Hesperiden lediglich zur Beschreibung der eilig ihrer Herrin nachlaufenden Phäakenmägde (4,1113), scheint also in Richtung des διακονεῖν der Glossographen zu tendieren (vgl. Merkel 1905, 148; Van der Valk 1963, 267; Rengakos 1994, 131; dagegen Livrea 1973, ad 1113). Die zwei Belege reichen nicht für eine Entscheidung, zumal für die Phäakenmägde ebenso wie für die Hesperiden mehrere Tätigkeiten mit ποιπνύω bezeichnet werden. Unter den hellenistischen Dichtern ist ποιπνύω sonst nur bei Nikander von Bienen bezeugt (Nic. Al. 445 f.; vgl. später Opp. H. 2,615; Q.S. 4,509; 5,68; 13,352; Nonn. D. 14,260 etc).

ἐφίμερον ἀείδουσιν Das Motiv ähnelt dem Topos des „süßen Gesangs", der dem Sänger von den Musen eingegeben wird (δίδου δ' ἡδεῖαν ἀοιδήν, Od. 8,64; τῶν δ' ἀκάματος ῥέει αὐδή / ἐκ στομάτων ἡδεῖα, Hes. Th. 39 f.; 83 f.; 97; vgl. Onians 1951, 66 ff.). Parallele Ausdrücke finden sich bei Theognis sowie in einem Lyrikerfragment (ἐφήμερον ὕμνον ἀείδειν, Thgn. 993; Ἄρτεμι, σοί μέ †τι φρὴν ἐφίμερον / ὕμνον υεναιτε ὅθεν / αδε τις ἀλλά χρυσοφανια†, Lyr. Adesp. fr. 37,1 PMG), in jedem Fall bei Theokrit (τὸν ἐφίμερον ὕμνον ἀείσῃς, Theocr. 1,61; ἁδύ τι τὸ στόμα τοι καὶ ἐφίμερος, ὦ Δάφνι, φωνά, Theocr. 8,82; πανολβία ὡς γλυκὺ φωνεῖ, 15,146). Womöglich betont Ap. den lieblichen Gesang der Hesperiden, um sie als libysches Gegenstück zu den griechischen Musen zu stilisieren (vgl. aber Hes. Th. 275; E. HF 394).

1400 δὴ τότε γ' ἤδη κεῖνος Sonst leiten δὴ τότε (τότ' ἄρα) und δή ῥα (τότε) bei Ap. meist eine Apodosis ein (vgl. z. B. 2,555; Vian / Delage 1974, ad 2,555). Der Versbeginn entspricht hom. Einleitungsformeln (z. B. δή τότε γ' Ἀτρείδης εὐρὺ κρείων Ἀγαμέμνων, Il. 11,107). In den Mss. ist der Versbeginn zu δητοτεδηδητημος korrumpiert, die Lesart δητοτεδητημος (m-Familie) ist vermutlich davon haplographiert. Vian (1996², ad loc. in app.) übernimmt in zweiter Auflage zu Recht γ' ἤδη κεῖνος in den Text (nach dem Vorbild von Od. 22,186). κεῖνος ist nach Nennung des Drachen (1398) nicht unnötig, sondern leitet den Blick des Rezipienten vom Nymphentanz hin zum toten Untier. Der inhaltliche Kontrast zwischen den Versen 1399 und 1400 ff. tritt so besonders hervor (vgl. ad 1405 ff.; Teil I.D). Die erzählerische Struktur der Partie lässt den Rezipienten die Ankunft im Hesperidengarten aus Sicht der Argonauten erleben: Der Blick schwankt zwischen dem toten Drachen und den bezaubernden Nymphen. Der Erzähler berichtet vorab in ähnlichem Wechsel (Ladon: 1396 ff.; Hesperiden: 1398 ff.; Ladon: 1400–1405; Hesperiden: 1406 f.).

ὑφ' Ἡρακλῆι δαϊχθείς Das Verb steht hier nach hom. Vorbild in der Bedeutung „durchbohrt, niedergestreckt" (vgl. δεδαιγμένον ὀξέι χαλκῷ, Il. 18,236). Die Verwendung des Partizips δαϊχθείς ist womöglich von Pindar inspiriert (Νεστόρειον γὰρ ἵππος ἅρμ' ἐπέδα / Πάριος ἐκ βελέων δαϊχθείς, Pi. P. 6,32 f.). Ladons Tod durch Herakles ist in der literarischen und ikonographischen Tradition häufig bezeugt (Panyas. fr. 10 K; E. HF 398 ff.; S. Tr. 1099 ff.; Apollod. 2,121; vgl. ad 1393–1536). Dass Herakles einen Giftpfeil benutzt, könnte Ap. hinzugefügt haben, da die übrigen Zeugnisse Erschlagen nahelegen (vgl. ad 1404).

1401 μήλειον ... στύπος Das Adjektiv begegnet zuvor bei Theophrast (Thphr. HP 2,2,5; CP 3,22,5), in der Dichtung sonst nur bei Nikander (σπέρμασι μηλείοισι, Nic. Al. 238). Die Argonauten können vom Baum mit den Goldenen Äpfeln nur einen „Stumpf" sehen. Wie genau der Baum zugerichtet wurde, erfährt der Rezipient nicht. Das Substantiv στύπος ist zuerst in hellenistischer Zeit belegt (κοῖλον οὐτάσας στύπος / φηγοῦ, Lyc. 553 f.; πεύκης πρέμνον ἢ στύπος δρυὸς, 1110), mehrfach bei Ap. (1,1117; 1197; vgl. ad 1428). Bei Nikander ist die Bedeutung nicht „Stumpf", sondern κύτος ὅλμου, also „Mulde, Hohlraum eines Mörsers" (Nic. Al. 70; Th. 951). Bei Polybios dagegen wie bei Ap. „Baumstamm" (Plb. 1,48,9; 21,27,4; Orph. A. 924; vgl. Livrea 1973, ad loc.). Hier steht στύπος als *pars pro toto* für den gesamten Apfelbaum, der demnach – ohne die Goldenen Äpfel (vgl. ad 1434 f.) – noch neben dem Leichnam Ladons steht. Ap. beschreibt den Hesperidengarten zunächst in voller Pracht (1395–1399). Dieser Zustand wird kontrastiert durch den grausigen Anblick, den der Garten bei der Ankunft der Argonauten bildet (1400–1409). Ap. vertauscht Schein und Sein: Der Garten ohne Äpfel, mit den trauernden Nymphen und dem verwesenden Drachenleichnam bietet zwar einen schauerlichen Anblick. Weitaus gefährlicher wäre aber das vorige Idyll mit Goldenen Äpfeln, singenden Nymphen und lebendem Drachen. Die doppelte Beschreibung des Hesperidengartens ist paradigmatisch für das ambivalente Kozept, das die gesamte Libyenepisode maßgeblich prägt (vgl. Teil I.D).

οἰόθι Vgl. ad 1270.

1401 f. ἄκρη / οὐρή ἔτι σκαίρεσκεν Fraglich ist, ob das überlieferte hom. δίς λ. σκαίρω (Il. 18,572; Od. 10,412) mit Brunck zu σπαίρεσκεν zu verbessern ist. Eine Verschreibung von π zu κ wäre denkbar, Spuren davon finden sich jedoch in den Mss. nicht (Vian / Delage 1996[2], ad loc. in app.; Livrea 1973, ad loc.; anders Hunter 2015, ad loc.). Jedoch finden sich Belegstellen, die σπαίρειν oder die häufigeren Formen ἀσπαίρειν oder ἀσπαρίζειν für das Zucken nahezu toter Wesen verwenden und hier als Vorbilder gewirkt haben können (ζωὸν ἔτ' ἀσπαίροντα, καὶ οὔ πω λήθετο χάρμης, Il. 12,203; ὡς ὁ τυπεὶς ἤσπαιρε μίνυνθά περ, οὔ τι μάλα δήν, Il. 13,573; ἤσπαιρον δὲ πόδεσσι μίνυνθά περ, οὔ τι μάλα δήν, Od. 22,473; ἤσπαιρον ὅκως περ ἰχθύες νεοάλωτοι, Hdt. 9,120,4; εἰς τὸ ξηρὸν ἐμπεσόντες, ὅταν ἀσπαρίζωσιν, Arist. Resp. 471a 30; später: δηθάκις ἐν γαίῃ σπαίρει μεμορυχμένος ἀφρῷ, Nic. Al. 318; Q.S. 8,320 f.). Bei Ap. steht σπαίρειν sonst für das Achilles-Kind im Feuer, das aber gerettet wird (4,874). Das Verb σκαίρω verwendet Ap. dagegen von den Argonauten beim Waffentanz (1,1134 f.). Auch bei Theokrit steht σκαίρω von einem hüpfenden Kalb, bei Kallimachos von Hirschkühen, bei Arat vom Sternbild des sich aufbäumenden Pferdes (Theocr. 4,19; Call. Dian 100; Arat. 282). Der überlieferte Text ist jedoch nicht zu beanstanden und darum beizubehalten. Das drastische Bild der „tanzenden Schwanzspitze" des toten Ladon lässt jedenfalls den Gegensatz zur Lieblichkeit der Hesperiden deutlich hervortreten und kommt dem kontrastiven Aufbau der Partie entgegen (vgl. ad 1400). Dass die Argonauten noch die letzten Regungen des getöteten Drachen erleben, verweist auf die kurze Zeitspanne, die zwischen Herakles' Abreise und der Ankunft seiner Gefährten vergangen ist und motiviert die Suche der Helden (vgl. ad 1449–1484). Das Motiv des Fortlebens abgehackter Körperteile spielt in antiker Dichtung eine Rolle. Berühmtes Beispiel ist Lukans Beschreibung von der Hand des Murrus, deren Zucken Murrus beobachtet, nachdem er die vergiftete Hand vom Körper getrennt hat (Luc. 9,832 f.; vgl. Wick 2004 II, 355 ad 832 ff.; Dinter 2010).

1402 f. κελαινήν / ἄχρις ἐπ' ἄκνηστιν ἄκνηστις begegnet zuerst hier bei Ap. und geht zurück auf eine falsche Worttrennung in den *Odyssee*-Mss. (κατ' ἄκνηστιν μέσα νῶτα, Od. 10,161, vermutlich ist dort richtig κατὰ κνῆστιν zu lesen; vgl. Livrea 1973, ad loc.; Kyriakou 1995, 69 f.; Hunter 2015, ad loc.). Bei Nikander bezeichnet es eine Art Brennnessel (χαλβάνη ἄκνηστίς, Nic. Th. 52). Das schwarze, lange Rückgrat hat Ladon gemein mit dem Drachen, der das Vlies im Areshain bewacht (οἷον ὅτε βληχροῖσι κυλινδόμενον πελάγεσσι / κῦμα μέλαν κωφόν τε καὶ ἄβρομον, 3,152 f.). Feurigrot hingegen ist Ladons Drachenrückgrat bei Euripides (δράκοντα πυρσόνωτον, E. HF 397).

1404 ὕδρης Λερναίης χόλον αἵματι πικρὸν ὀιστῶν Ap. variiert am Versschluss die hom. Klausel πικρὸς ὀϊστός (Il. 4,134; 217; 5,278; 13,587; 23,867 etc.; Livrea 1973, ad loc.). Dabei wird das Adjektiv zu ὀιστῶν gestellt, um den Anklang deutlich werden zu lassen, aber einem neuen Substantiv zugeordnet (χόλον ... πικρὸν). Die Besonderheit der Pfeile des Herakles wird durch diesen dezenten Überbietungsgestus hervorgehoben: Sie sind nicht nur spitz wie die Pfeile im hom. Vorbild, sondern in das schwarze, giftige Hydra-Blut getaucht, also gefährlicher als die hom. Pfeile. Die vom Laurentianus und Ambrosianus überlieferte Lesart πικρῶν zeugt von einem nachträglichen Angleichungsversuch an das hom. Vorbild. Die berühmte Hydra von Lerna gilt als Nachkomme von Typhon und Echidna (Hes. Th. 313–318). Das Töten der Hydra wird üblicherweise als Herakles' zweite Tat gerechnet. Er taucht seine Pfeile in ihr Blut, sodass sein Schuss immer tödlich ist. In einer alternativen Version, die womöglich bei Euripides und in einer von Panyassis übernommenen Passage bei Avienus erhalten ist, erlegt Herakles den Ladon nicht mit Pfeil und Hydragift, sondern mit einem Schlag seiner Keule (δράκοντα ... κτανών, E. HF 394–400; *postquam ille novercae / insaturatae odiis serpens victoris ab ictu*, Avien. 2,182 f.; vgl. Matthews 1974, 69; Vian / Delage 1996², N.C. ad 1399,4.). Dass Ap. von dieser Tradition Abstand nimmt, ist kein Zufall. Den Kentauren Nessos tötet Herakles ebenfalls mit dem Gift (S. Tr. 557–575; vgl. B. 16,33 ff.; Hyg. fab.

34; Apollod. 2,151 ff.; Ov. met. 9,101 ff.), sein Blut beschreibt Sophokles als „gallig-schwarz" durch die Vergiftung (μελαγχόλους / ἔβαψεν ἰοὺς θρέμμα Λερναίας ὕδρας, S. Tr. 573 f.; Livrea 1973, ad loc.). Herakles stirbt selbst an diesem Gift, das ihm Deianeira verabreicht, die es von Nessos bekam. Womöglich verbirgt sich hier eine Prolepse auf den Tod des Mopsos, der zwar nicht am Gift der Hydra stirbt, aber am giftigen Blut des Unwesens Gorgo, das in den libyschen Schlangen weiterlebt (vgl. ad 1501–1536). In jedem Fall stellen der Tod Ladons durch das Gift der Hydra und der Tod des Mopsos durch das Gift der Gorgo eine motivische Verknüpfung zwischen dem ersten und letzten Teil der Hesperidenepisode her (vgl. ad 1393–1536).

1405 μυῖαι ... τερσαίνοντο Das hom. δίς λ. τερσαίνω beschreibt die von einem Pfeil herrührende Wunde des Glaukos (Il. 16,518 f.; 528 f.). Bei Lykophron steht das Verb von einem Tauchvogel, der seine Flügel am gyräischen Felsen trocknet (Lyc. 390), bei Nikander vom Trocknen von Pflanzensamen (Nic. Al. 551). Ap. verwendet es noch von den Tränen der Helios-Töchter am Eridanos, die in der Sonne zu Bernstein trocknen (4,607), τερσαίνω auch hier „in der Sonne trocknen". Diese Bedeutung findet sich auch bei Aristonicus (τὸ μὲν γὰρ ἐν ἡλίῳ ξηρᾶναι τερσῆναι λέγει, Aristonic. Schol. Od. 6,98). Hier dürfte eine zusätzliche Bedeutung hineinspielen. Dass die Beschreibung der Aasfliegen Bezug nimmt auf die peripatetische Idee der Spontanzeugung von niederen Lebewesen durch Wärme, Luft und Wasser bei der Verwesung, ist nicht unwahrscheinlich (vgl. z. B. Arist. GA 743a35; 762a14; HA 570a23; Mete. 379a16; 379b26; 379b7; 389b3; Livrea 1973, ad loc. Dagegen Vian / Delage 1996², ad loc.; Hunter 2015, ad loc. Vgl. auch Harris 2002, 9–26; Flashar 2010). Der Vers gibt in typisch verkürzter Ausdrucksweise drei Aussagen wieder: Das Gift in den Wunden des Drachenleichnams sorgt zusammen mit der Hitze der Wüste für eine so zügige Verwesung, dass die – nach peripatetischen Vorstellungen dort aus Feuchtigkeit und Wärme entstehenden – Fliegen sogleich vertrocknen. Der Rekurs auf die Idee der Spontanzeugung von Insekten wäre nicht bloßer Selbstzweck. Er dient der Intensivierung des drastischen Bildes vom verwesenden Leichnam und verstärkt so die kontrastierende Doppelbeschreibung des Hesperidengartens (vgl. ad 1400). Dieses Bild wird am Ende der Episode erneut bemüht (vgl. ad 1530 ff.).

πυθομένοισιν In den hom. Vorbildern bezeichnet πύθομαι die verwesenden Leichname von Ungeheuer, Tier und Mensch (z. B. Il. 11,395; 4,174; Od. 1,16; 12,46). Im hom. *Apollon-Hymnos* wird der Beiname des Gottes, Pythios von der Verwesung des weiblichen Drachen hergeleitet, den Apoll tötet (h. Ap. 357–374). Das Verb findet sich bei Ap. nur ein weiteres Mal, auch in der Libyenepisode (vgl. ad 1530) und bezeichnet jeweils die unnatürliche, durch Schlangengift und die Hitze der Wüste beschleunigte Verwesung.

Wie Ladons Leichnam aufgrund des vergifteten Pfeiles fault, fault auch der Leichnam des Mopsos nach dem Biss der Gorgo-Schlange (1529–1535). Das Verwesungsmotiv verbindet die Ladon- und die Mopsos-Erzählung und strukturiert so die Hesperidenepisode (vgl. ad 1393–1536).

1406 ἀγχοῦ δ' Ἑσπερίδες Der Erzähler lenkt den Blick kontrastierend von der Drachenleiche hin zur Totenklage der Nymphen (vgl. ad 1400). Das einleitende Adverb ἀγχοῦ betont den Kontrast zwischen den beiden Beschreibungen des Hesperidengartens, die hier unmittelbar aufeinander folgen.

1406 f. χαῖρας .../ ἀργυφέας Der Ausdruck ist nicht korrupt, sondern bezieht sich auf die weißen, silbrig glänzenden Arme der Nymphen, ein typisches Schönheitsideal für Göttinnen oder Damen göttlicher Herkunft (vgl. z. B. θεὰ λευκώλενος Ἥρη, Il. 1,95; 195; 3,121; Od. 22,227; Hes. Th. 913 etc.). Ap. verwendet ein Adjektiv, dass im frühen Epos schöne Kleidung (Od. 5,230; 10,543; h. Cer. 196; Hes. Th. 574; fr. 43a 73; vgl. auch A.R. 3,835; 4,474), aber z. B. auch die Grotte der Nereiden beschreibt (ἀργύφεον πλῆτο σπέος, Il. 18,50). Später steht das Adjektiv oft von Körperteilen (Mosch. E. 84 f.; Q.S. 12,536; Nonn. D. 10,182= 18,350; 10,190; Paul.Sil. AP 5,272,1 f.; Triphiod. 73; Livrea 1973, ad loc. Vgl. Erbse 1963b, 27). Die Hervorhebung der glänzenden Arme darf als Hinweis gelten, dass die zahlreichen Darstellungen der Hesperiden auf Vasenbildern, die die Nymphen mit weißen Armen abbilden, in diese Beschreibung hineinspielen. Dass die Nymphen als Geste der Trauer ihre Arme an den Kopf halten, ist ebenfalls auf Vasenbildern dargestellt (vgl. Alexiou 1974, Abb. 1; Garland 1985, 29 m. Abb. 7; Hunter 2015, ad loc.). Der Vers betont den Gegensatz zwischen verwesender Drachenleiche und hübschen Nymphen, der die Partie prägt und mit dem Gegensatz zwischen den beiden Gartenbeschreibungen korreliert (vgl. ad 1400).

λίγ' ἔστενον Die durchdringend klagenden Hesperiden mit ihrem blonden Haar rufen die zuvor beschriebenen, das eigene Unglück beklagenden, blonden Phäakenmädge in Erinnerung (λίγέα κλαζούσιν, vgl. ad 1299; ξανθὰς θέμεναι κονίῃσι ἐθείρας, 1303 f.). Die Argonauten werden in Libyen mit allerlei Unheil konfrontiert. Alle blonden Frauen in ihrer Gesellschaft beweinen den Tod. Dennoch gelingt es den Helden, die Situationen jeweils zum Guten zu wenden (vgl. Teil I.D).

1408 ταὶ δ' αἶψα κόνις καὶ γαῖα Ein ähnlicher Ausdruck ist zuvor nur bei Aischylos belegt (γαῖα κόνις / πίῃ μελαμπαγὲς αἷμα φοίνιον, A. Th. 735 f.). Die Hesperiden verschwinden ebenso blitzschnell bei der Ankunft der Argonauten wie zuvor schon die libyschen Heroinen, die Jason die rätselhafte Prophezeiung geben (vgl. ad 1331). Die Schnelligkeit ihres Verschwindens greift motivisch zudem die Schnelligkeit der Argonauten bei ihrer Suche nach Wasser zu Beginn der Hesperidenepisode wieder auf (vgl. ad 1393 ff.). Ihr schnelles Verschwinden ist jedoch wohl kein Hinweis auf einen Traum (Hunter 2015, ad loc.). Die Begegnungen mit den indigenen Gottheiten Libyens sind allesamt nicht als Träume inszeniert (vgl. ad 1331) – der Traum des Euphemos (vgl. ad 1731–1764) oder Medeas Träume im dritten Buch sind stets eindeutig als Träume gekennzeichnet.

1409 ἐσσυμένως Während im hom. Epos regelmäßig partizipialer Gebrauch festzustellen ist (z. B. Il. 11,554; 16,9; Od. 4,773), findet sich in den *Arg.* wie bei Hesiod und in den hom. *Hymnen* vornehmlich das Adverb (z. B. Hes. Th. 181; h.Cer 341; h.Merc. 150; vgl. A.R. 1,789; 1329; 2,538; 894; 1171; 1245; 3,841; 4,883; 1533; 1595; vgl. nur ἐσσυμένοισιν, 1,1314; 4103).

καταυτόθι Für die hom. Vorbilder muss in der Regel κατ' αὐτόθι gelesen werden, wenn κατά in Tmesis zum Verb gehört (z. B. Il. 21,201). Ap. verwendet hier den univerbierten Begriff καταυτόθι (vgl. noch 2,16; 2,776 f.; 4,916; Leumann 1950, 95 f.; Livrea 1973, ad 298; Rengakos 1993, 155 f.).

Ὀρφεύς Die früheste erhaltene Darstellung des Orpheus, eine Metope aus Delphi um 570 v. Chr. zeigt ihn bereits als Argonauten mit Leier (vgl. Vojatzi 1982, 40 f. sowie Abb. 26; Szeliga 1986, bes. 297). Bei Ap. ist Orpheus Sohn von Kalliope und Oiagros (1,23–34), sonst auch Apollonsohn (Apollod. 1,14 f.; Schol. Pi. P. 4,313a; Schol. A.R. 1,23–25a). In den *Arg.* gehört er zu den zentralen, handlungsrelevanten Figuren (z. B. 1, 1,496–515; 4,891–919). Gern liest man Orpheus als Spiegel des Dichters bzw. Erzählers (vgl. Fusillo 1985, 58–63; Nelis 1992; Busch 1993; Hunter 1993, 149; Pietsch 1999a; Clare 2002, 231–260; Köhnken 2003; Asper 2008, 177 ff.; Karanika 2010; Klooster 2011, 82–86) oder als Prototypen des hellenistischen Gelehrten in Nordafrika (Regan 2017).

1410 θεῖα τέρα Die Form τέρα ist seltenere Pluralform zu τέρας. Eine analoge Pluralform ist bei Homer bezeugt (κέρᾱ, Il. 11,385; Od. 19,211; vgl. ferner τέραα, Od. 12,394; τέρεα, Hdt. 8,37; τέρᾰ, Nic. Th. 186; Livrea 1973, ad loc.). Die Junktur ist zuvor in einem Stesichoros-Fragment belegt, wo sie vermutlich ein Götterzeichen beschreibt (θε[ῖ]ον ἐ[ξ]αίφνας τέρας ἰδοῖσα νύμφα, Stesich. fr. 32,1 PMG).

στὰς δέ σφι παρηγορέεσκε Das Verb regiert bei Ap. den Dativ oder Akkusativ der Person (1,294; 2,622; 3,303; 609 f.; 4,1740), σφι ist hier also nicht ohne Vorbild (vgl. Livrea 1973, ad loc. Dagegen Brunck 1810, ad loc.; Platt 1919, 84; Glei / Natzel-Glei 1996 II, ad loc.). Crux ist unnötig, gegen die Variante des Scorialensis gibt es keine grammatischen Bedenken (anders Hunter 2015, ad loc.). Das in den übrigen Mss. fehlende σ kann leicht verloren gegangen sein, indem es zunächst durch falsche Worttrennung zur seltenen Pluralform τέρα gezogen wurde, dann aufgrund der falschen Kongruenz mit θεῖα ausfiel. Das Partizip passt zudem ideal in den Kontext. Es ergibt sich so eine Variation der typisch hom. Ausdrücke zur Einleitung eines formellen Gebets oder einer Rede (vgl. z. B. στὰς ... ἔπεα πτερόεντ' ἀγόρευεν, Il. 22,377; 23,535; Od. 17,349; στὰς ἐν μέσσοισιν μετεφώνεεν, Il. 7,384; εὔχετ' ἔπειτα στὰς μέσῳ ἕρκεϊ, Il. 16,231).

1411–1421 Orpheus' Gebet zeichnet sich durch hymnischen Stil aus. Typisch sind die zahlreichen Wiederholungen, Apostrophen sowie das dreiteilige Muster, das Gebete im hom. Epos und in hethitischen oder sumerischen Texten aufweisen (*invocatio*: 1411 ff., *preces*: 1415 ff., *pars epica* oder Rechtfertigung des Bittenden: 1418 ff.; vgl. z. B. Il. 1,37–42 sowie ad 1702–1705; vgl. Norden 1956, 143–163; Burkert 2011, 118–121). Jeder der vier großen Teile der Libyenepisode hat ein solches Gebet, mit dem sich sonst Jason an eine Gottheit wendet. Die Gebete weisen strukturelle, stilistische und inhaltliche Gemeinsamkeiten auf (vgl. ad 1333–1336; 1597–1600; 1702–1705). Für die Hesperiden übernimmt Orpheus das Gebet. Natürlich entspricht es seinem Wesen und Geschick als Sänger, wenn seines länger und raffinierter ausfällt.

1411 δαίμονες ὦ καλαὶ καὶ εὔφρονες Die Apostrophe mit nachgestelltem ὦ verleiht dem Gebet besondere Feierlichkeit (vgl. PMG 1018b2; Od.8,408; Hes. Sc. 78; Pi. O. 8,1; Call. Del. 118; fr. 103 Pf.; Antip. AP 6,109,9; Miller 1903, 198; Giangrande 1968, 52; Livrea 1973, ad loc.; Hunter 2015, ad loc.).

1412 ἐνάριθμοι Das hom. δίς λ. (οὔτέ ποτ' ἐν πολέμῳ ἐνάριθμιος, Il. 2,202; ἀλλ' ἄλλην ἐνίῃσι πατὴρ ἐνάριθμιον εἶναι, Od. 12,65) ist nur bei Zeno, Archimedes und Theokrit belegt (Zeno Stoic. fr. 5,22 SVF; Archim. Bov. 201,31 SH; Theocr. 7,86). Bei Ap. noch drei Mal (1,143; 647; 3,518).

1412 f. εἴτ' ... / εἴτε ... εἴτ' Dreifaches εἴτε ist selten, eher in Prosa (vgl. S. El. 606 f.; E. fr. 132 TGF; Ph. 351 ff.; Rh. 485 f.; Hdt. 1,86,8 f.; Hellanic. fr. 31; Isoc. 4,177,6 f.; 15,50,5 f.; X. Mem. 2,1,28; 3,4,6 etc.; Pl. Ethphr. 4b9; Ap. 35a2; Lg. 878d7 etc.). Als Vorbild kommt Odysseus' Ansprache an Nausikaa in Frage (Od. 6,149–157). Wie Odysseus ahnt, dass es sich um ein sterbliches Mädchen handelt und entsprechend mit dem schmeichelhafteren Teil beginnt, um dann seine zutreffende Vermutung zu äußern, verfährt auch Orpheus. Zunächst nennt er die höheren Götter, dann die Nymphen. Ein Gebet aus Aristophanes' Wolken an die Wolkengottheiten stimmt in der dreiteiligen Struktur formal sowie teilweise inhaltlich mit Orpheus' Apostrophe überein (Ar. Nu. 271 ff.).

1413 καταχθονίαις Das hom. ἅπαξ λ. (Il. 9,457) hat Ap. nur hier.

1413 f. οἰοπόλοι ... / νύμφαι Wie Hirtinnen gekleidete, einsame Nymphen hatten die Argonauten zuvor schon getroffen, die libyschen Herossae (vgl. ad 1322).

1414 νύμφαι· ἴτ' ὦ νύμφαι Orpheus wiederholt in diesen Versen wörtlich das Substantiv, formal eine Aufforderung im Imperativ und die Apostrophe (1411; 1415). Die Wiederholung dieser Elemente verstärkt den hymnischen Charakter der Rede.

ἱερὸν γένος Ὠκεανοῖο Nach Hesiod stammen alle Nymphen von Okeanos ab, auch die Hesperiden (Hes. Th. 363–370; vgl. ad 1393–1536). Bei Pindar heißt der Sohn des Peneios und der Naiade Kreusa und der Vater der Kyrene, Hypseus ebenfalls ἐξ Ὠκεανοῦ γένος ἥρως (Pi. P. 9,14a; vgl. Hes. fr. 215 M.-W.).

1415 ἐνωπαδίς Das Adverb ist ausschließlich bei Ap. und nur im vierten Buch belegt (noch ἐνωπαδὶς ἔκφατο μῦθον, 4,354; πέλας ἷζεν ἐνωπαδίς, 720; ὑποτρέσσαντος ἐνωπαδὶς ἀΐξειεν, 1507). Die Bedeutung entspricht dem verwandten, hom. Adverb ἐνωπαδίως (Od. 23,94; vgl. ἐνωπαδίς· κατόψιν, ἐξεναντίας, Schol. A.R. 4,718–720b; ἐνωπαδίς· φανερῶς, κατόψιν, Schol. A.R. 4,1415; vgl. Leumann 1950, 37; Livrea 1973, ad 354).

1416 ἤ τινα ... ἤ τινα Zu den Wiederholungen vgl. ad 1411–1421.

πετραίην χύσιν ὕδατος χύσις steht bei Homer nur von Laub (Od. 5,483; 487; 19,443), wie hier von Wasser erst bei Aristoteles und Eudoxos (ὕδατός τε καὶ ἀέρος χύσεις, Arist. fr. 1,1,12,36 Rose; Eudox. fr. 54,8 Lasserre). Das Adjektiv πετραῖος ist ἅπαξ λ. bei Homer (Od. 12,231), begegnet bei Hesiod (Hes. Th. 357; Op. 589; Sc. 185), dann sehr häufig in Lyrik, Tragödie und im naturwissenschaftlichen Schrifttum (z. B. Pi. P. 4,138; Archil. fr. 331 West; A. Pr. 1019; E. HF 120; B. 14,20; Hp. Aff. 43,8; Arist. HA 505b18; Thphr. HP 9,15,7). Orpheus' Idee von einer Quelle nimmt die Quelle vorweg, die die Argonauten später finden (τις πέτρη.../.../ τὸ δ' ἀθρόον ἔβλυσεν ὕδωρ, 1444 ff.; πετραίη ... περὶ πίδακι, 1456). Als motivisches Vorbild kommen hom. Beschreibungen in Frage (κατ' αἰγίλιπος πέτρης δνοφερὸν χέει ὕδωρ Il. 9,15 = 16,4; ψυχρὸν ῥέεν ὕδωρ, / ὑψόθεν ἐκ πέτρης, Od. 17,208 f.).

1417 ἱερὸν ἐκβλύοντα ... ῥόον Die Junktur ῥόος ἱερός kennt das alte Epos (Il. 11,726; Hes. Op. 566; vgl. Theocr. 25,10). Bei Ap. noch von Hylas' Suche nach einer Quelle sowie von den Flüssen Apidanos und Phasis (1,1208; 2,515; 4134). Das Verb ἐκβλύω ist ausschließlich hier belegt. Auch Formen von ἐκβλύζω sind sehr selten (IG 12,9,259, womöglich aus dem 4. Jhd. v.

Chr., vgl. Powell 1925, ad loc.), erst ab dem 2. Jhd. n. Chr. vor allem bei christlichen Schriftstellern häufiger (Orph. L. 490; Orph fr. 255; AGA 345; 364; J. AJ 3,10,3; Thessal. virt. herb. 1,8,3; Plu. TG 13; Greg. Nyss. Eunom. 1,1,603 etc.). Ap. verwendet sonst περιβλύω (4,788), ἀναβλύ(ζ)ω (3,223; 4,923; vgl. Theocr. 17,80) sowie ἐπιβλύω (vgl. ad 1238). Das υ kann sowohl wie hier lang (vgl. 3,223) als auch kurz (vgl. 4,1238; 1446) gemessen werden. Die seltene Grundform βλύζω beschreibt die sprudelnde Quelle, auf deren Existenz Orpheus hofft und verbindet so Suchen und Finden der Quelle lexikalisch (ἔβλυσεν, 1446; vgl. ad 1393–1536; Teil I.C). Die Verbindung zwischen Orpheus' Erkundigung nach der Quelle und ihrem Auffinden wird durch weitere Übereinstimmungen hervorgehoben (vgl. ad 1416).

1417 f. δίψαν / αἰθομένην Welches Ausmaß an Beeinträchtigung der Durst für die Argonauten bzw. Herakles bedeutet, wird in der Hesperidenepisode mehrfach betont (vgl. ξηρὴ δίψα, 1394 f.; δίψῃ καρχαλέος, 1442; δίψῃ κεκμηότας, 1459). Dem Durst wird dabei je eine andere Qualitätsnuance zugewiesen. Allesamt können als Variationen eines *Ilias*-Vorbildes betrachtet werden, wenn man annimmt, dass Ap. die „zahlreichen Qualen", die der Durst dort bereithält, motivisch weiter ausführt (πίνοντ' ἀφέτην πολυκαγκέα δίψαν, Il. 11,642). Imitiert von Quintus (ἀργαλέη μέγα δίψῃ / αἰθόμενος, Q.S. 10,277 f.).

ἄμοτον Kann hier adverbial stehen oder als Adjektiv zu δίψαν gezogen werden. Gängig im alten Epos (z. B. Il. 4,40; 19,300; Od. 6,83; Hes. Sc. 361), dann erst wieder in hellenistischer Dichtung (Theocr. 25,202; Mosch. M. 104), acht Mal bei Ap. (1,513; 2,78; 666; 3,1252; 4,9; 211; 923). Wie im hom. D-Scholion (ἄμοτον· ἀπλήρωτον, Schol. D Il. 4,440; ἀντὶ ἀμότως καὶ ἀπληρώτος, Schol. D. Il. 13,40) bei Ap. in der Bedeutung „unaufhörlich, unermüdlich" (Rengakos 1994, 47 f.).

1418 λωφήσομεν Vgl. ad 1627.

1419 ναυτιλίῃσιν Hom. ἅπαξ λ. von den nautischen Künsten der Phäaken (Od. 8,253), bei Hesiod mit Verurteilung der Seefahrerei (Hes. Op. 618; 642; 649). Bei Herodot, Pindar und Hippokrates dann auch „Seefahrt, Seereise" (Hdt. 4,145; ebenfalls von der Argonautenfahrt: Pi. P. 4,70; N. 3,22; Hp. Aph. 5,14,3). Ap. übernimmt diese Bedeutung: Zwar steht ναυτιλία auch allgemein von der Kunst der Seefahrt (1,138; 189), aber häufiger von der Argofahrt (1,16; 210; 2,9; 310; 412; 4,721; 1273) sowie vom Auslaufen und von der erneuten Abfahrt der Argo (1,335; 862; 2,835; 4,492).

1420 μυρία δῶρα /... παρέξομεν Formale Vorbilder sind verschiedene hom. Ausdrücke, etwa Agamemnons Geschenke an Achill oder die des Odysseus an seinen Vater (Il. 9,699; 19,140; Od. 24,283). Bei Ap. noch von den Geschenken des Mariandynerkönigs Lykos an die Argonauten (μυρί' ὀπάσσας / δῶρα φέρειν, 2,813). Das Versprechen von Treue und Opfergeschenken ist typischer Bestandteil eines Gebets und findet sich auch in den anderen Gebeten der Argonauten, insbesondere in der Libyenepisode (vgl. ad 1411–1421). Konkret könnte Ap. an Votivreliefs gedacht haben, die seit dem 4. Jhd. v. Chr. in Nymphenschreinen dargebracht wurden (vgl. Van Straten 1995, 90 f.). Jasons Versprechen an Apoll sind konkreter (vgl. ad 1704 f.). Von Interesse ist auch Orpheus' Versprechen, die lokalen Nymphen Libyens wie die griechischen Gottheiten zu verehren. Womöglich handelt es sich um einen Verweis auf die synkretistischen Bemühungen der Ptolemäer (vgl. Stephens 2003, 173–218; Männlein-Robert 2010).

1421 εὐμενέοντες Das Verb εὐμενέω begegnet bei Pindar und Theokrit, später bei Oppian (Pi. P. 4,127; Theocr. 17,62; Opp. H. 4,29; 5,339). Partizipien von diesem Verb stehen bei Ap. häufiger am Versende (1,707; 716; 1335; 2,1136; 3,540; 980; Livrea 1973, ad loc.). Das letzte Wort von Orpheus' Gebet betont das wohlmeinende Verhalten der Argonauten gegenüber den Gottheiten, das auch sonst jede Begegnung mit göttlichen Wesen in der Libyenepisode auszeichnet (vgl. Teil I.D sowie ad 1627–1693).

B. 1422–1456 Aigle berichtet von der Quelle des Herakles

Inhalt und Aufbau Der zweite Teil der Hesperidenepisode hat die Verwandlung der Nymphen zum Thema. Es folgt Aigles Antwort auf Orpheus' Gebet, mit der sie der Bitte der Argonauten entspricht, ihnen eine Quelle zu zeigen. Aigles Rede enthält eine Analepse, in der sie von Herakles' Taten im Hesperidengarten am Tag zuvor berichtet.

1422 ὣς φάτο λισσόμενος Der Halbvers hat Vorbilder im alten Epos (Ὣς φάτο λισσόμενος μέγα νήπιος, Il. 16,46; Ὣς φάτο λισσομένη· τῆς δ' οὐκ ἐπεπείθετο θυμός, h. Cer. 324; Livrea 1973, ad 1053). Während in den Vorbildern der Ausdruck eine vergebliche Bitte abschließt, ist Orpheus hier mit seinem Gebet erfolgreich, wie am Versende vom Erzähler betont wird (ταὶ δ' ἐλέαιρον). Ebenso verhält es sich mit Medeas Bitte an die Phäaken und Argonauten auf Scheria, die mit demselben Halbvers beschlossen wird (4,1053).

ἀδινῇ ὀπί Die Bedeutung des hom. Adjektivs ἀδινός wird von hellenistischen Philologen diskutiert. Ap. verwendet es unter Rückgriff auf die unterschiedlichen hom. Bedeutungen. Das Adjektiv ἀδινός bezeichnet im hom. Epos lautes Klagen und Weinen (Il. 18,124; 316; 22,430; 23,17 etc.) sowie die Stimmen der Sirenen (Od. 23,326). Für die Stimme des Odysseus findet sich ein schlichterer Ausdruck (ὄπα τε μεγάλην ἐκ στήθεος εἵη, Il. 3,221). Mit lauter Stimme (ἀδινῇ ὀπί) klagen bei Ap. sonst Medea und Alkimede (3,635; 4,29; 1,276). Zum Teil erweitert Ap. wie hier das Bedeutungsspektrum des Adjektivs (vgl. Livrea 1973, ad 29; Rengakos 1994, 35; Fantuzzi 2008², 238). Diese Junktur hat zuvor nur der hom. *Demeter-Hymnos* in einer Rede der Göttin an Helios (τῆς ἀδινὴν ὄπ' ἄκουσα, h. Cer. 67). Orpheus' Stimme wohnt naturgemäß für den Sohn der Kalliope, von dessen Gesang auch in den *Arg.* Mensch und Tier bezaubert werden (vgl. 1,492–515; 569–579), eine besondere Überzeugungskraft inne. Dass bei seinem Gebet die gewünschte Wirkung nicht ausbleibt, passt zu diesem Umstand.

1423 ἐγγύθεν ἀχνυμένους Das Adverb steht hier in lokaler Bedeutung und modifiziert das Partizip. Vian (Vian / Delage 1996², ad loc.) geht dagegen davon aus, dass es hier auch temporal gebraucht wird (Il. 5,275; 10,251; S. Ph. 467; Th. 3,13; vgl. z. B. ἐπισχεδόν, 2,490; καταθτόθι, 3,889; ἀγχίμολον, 4,1003; Vian / Delage 1980, N.C. ad 295). Es finden sich in den hom. Epen jedoch zahlreiche Belege, die für lokalen Gebrauch sprechen (Il. 7,219; 10,508; 11,396; 485; 12,337; Od. 6,279 etc.). Ap. orientiert sich an diesen Vorbildern. Gegen die temporale Bedeutung „sofort, alsbald" sprechen inhaltliche Gründe: Die Nymphen helfen den Argonauten nicht sofort, zuerst erscheinen sie ihnen als rätselhaftes kleines Wäldchen, erst am Schluss werden aus den Bäumen wieder Nymphen, die den Hinweis auf die Quelle geben. Diese müssen die Helden selbst suchen (vgl. ad 1423–1431). Eine ähnliche Wortverbindung begegnet zuvor bei Aischylos (ἀχέων τοίων τάδ' ἐγγύθεν, A. Th. 973). Die beiden Verse 1422 f. sind parallel gebaut. Die erste Hälfte benennt jeweils die Aktion der Argonauten (λισσόμενος, ἀχνυμένους), die zweite die Reaktion der Hesperiden (ἐλέαιρον, ἐξανέτειλαν).

1423–1429 Verwandlung der Hesperiden in vier Stufen Die Nymphen erscheinen den Argonauten nicht sofort, sondern zunächst in Form eines schnell wachsenden Wäldchens, in dem nacheinander vier verschiedene Stufen von Pflanzen entstehen: 1. Bodennahes Kraut (ποίη, 1424), 2. Gesträuch, das über dem bodennahen Kraut wächst (ποίης γε μὲν ὑψόθι μακροί / βλάστεον ὄρπηκες, 1424 f.), 3. über die Sträucher in die Höhe ragende zweigartige Stauden (μετὰ δ' ἔρνεα τηλεθάοντα / πολλὸν ὑπὲρ γαίης ὀρθοσταδὸν ἤέξοντο, 1425 f.), 4. alle übrigen Pflanzen überragende Bäume (αἴγειρος, ... πτελέη...,/ ἰτείης, 1427 f.). Dabei ist die Entwicklung nicht so zu denken, dass eines aus dem anderen erwächst, wobei die vorige Pflanze verschwindet. Vielmehr sprießt eines nach dem anderen jeweils eine Stufe weiter in die Höhe (z. B. ποίην ... ποίης γε μὲν ὑψόθι, 1424), sodass schließlich vier Kategorien von Pflanzen in diesem Hain anzutreffen sind. Die Hesperiden selbst zeigen sich erst am Schluss als diejenigen Bäume, zu denen sie als Baumnymphen gehören (dagegen Fränkel 1968, 600; Kyriakou 1994, 318). Der Hain der Hesperiden weist damit alle vier Kategorien von Pflanzen auf, die Theophrast in seiner *Historia Plantarum* nach Größe und Wachstumsart unterscheidet: Bäume, Büsche oder Sträucher, Stauden und krautartige Pflanzen (πρῶτα δέ ἐστι καὶ μέγιστα καὶ σχεδὸν ὑφ' ὧν πάντ' ἢ πλεῖστα περιέχεται τάδε, δένδρον θάμνος φρύγανον πόα, Thphr. HP 1,3,1; vgl. Fränkel 1968, 600, Anm. 317; Amigues 1988, XXXI–XXXVI), wobei die kleinsten Pflanzen zuerst, die größten, die Bäume, zuletzt entstehen. Ap. kehrt so Theophrasts Reihenfolge um, der seine Kategorien von der größten zur kleinsten Art fortschreitend beschreibt. Die Übernahme botanischer Klassifizierungen von Pflanzenarten illustriert gut eine exotische Oase in der Wüste, wie sie der Garten der Hesperiden vorstellt. Es handelt sich um einen Ort, an dem alle Pflanzenarten existieren – zumindest solange man sich die lokalen Gottheiten durch frommes Verhalten gewogen macht. Die Argonauten sorgen dafür, dass in Zukunft an diesem Ort darüber hinaus Leben möglich ist, indem sie die Quelle kultivieren (vgl. Teil I.D).

1423 χθονὸς ἐξανέτειλαν Das Verb in der Bedeutung „aufspringen lassen" ist sonst nur in Fragmenten des Teleklides und Timotheos belegt (Teleclid. fr. 44 CAF; Tim. fr. 15,5,231 PMG). Die intransitive Bedeutung „aufspringen" findet sich bei Empedokles und Moschos (τύποι χθονὸς ἐξανέτελλον, Emp. fr. 62,7 D.-K; Mosch. E. 58). Die Übereinstimmung mit dem Empedoklesfragment ist andernorts von Interesse (ὄρπηκες, vgl. ad 1425).

1424 ποίην πάμπροτον, ποίης Das Substantiv ποίη bezeichnet im hom. Epos Gras bzw. eine Wiese (z. B. Il. 14,347; Od. 9,449). Hier ist nicht einfach von Wiesengras die Rede (Mooney 1912, ad loc. Vgl. Fränkel 1969, 600; Vian / Delage 1996², N.C. ad 1426; Hunter 2015, ad loc.). Bei Theophrast dient πόα als Oberbegriff für die vierte seiner Pflanzenkategorien, die krautartigen Pflanzen, die ohne Stengel ihre Blätter und Früchte direkt über dem Boden ausbilden, wie Getreide oder Gemüse (πόα δὲ τὸ ἀπὸ ῥίζης φυλλοφόρον προιὸν ἀστέλεχες οὗ ὁ καυλὸς σπερμοφόρος, οἷον ὁ σῖτος καὶ τὰ λάχανα, Thphr. HP 1,3,1; 7,3,1; vgl. ad 1423–1429). Den ersten Halbvers prägt eine Alliteration, die das erstaunte, fragende Stottern der Helden beim Anblick der in der Wüste hervorsprießenden Oase onomatopoetisch abbildet. Eine analoge Stilisierung findet sich bei Euripides (ποίοισι πανοῖς ἢ πυρὸς ποίαι φλογί, E. Ion 1294) oder auch in Mozarts Duett zwischen Papageno und Papagena (*Zauberflöte*, K. 620: Pa-Pagena! Pa-Pageno!).

1425 βλάστεον ὄρπηκες Das Verb βλαστάνω gebraucht Ap. hier traditionsgemäß intransitiv (vgl. dagegen ad 1517). Die Pflanzen, die als zweite Art im Hesperidengarten entstehen, heißen in Theophrasts Terminologie φρύγανον, „Stauden". Dies passt zu den ὄρπηκες im Hesperidenhain, denn es handelt sich um Pflanzen, deren Blätter direkt am Stamm über der Erde wachsen, ohne zu verholzen, die also keine echten Stämme bilden, sich aber über die krautartigen Pflanzen erheben (φρύγανον δὲ τὸ ἀπὸ ῥίζης πολυστέλεχες καὶ πολύκλαδον οἷον καὶ θύμβρα καὶ πήγανον, Thphr. HP 1,3,1; vgl. ad 1426). Ebenso erheben sich bei Ap. die ὅρπηκες über die ποίη (ποίης γε μὲν ὑψόθι μακροὶ / βλάστεον ὅρπηκες, 1424 f.). Ap. wählt zur Bezeichnung der zweiten Pflanzenart nicht Theophrasts Begriff, sondern das hom. ἅπαξ λ. ὅρπηξ, das in der *Ilias* die jungen Zweige eines Feigenbusches bezeichnet (ὃ δ' ἐρινεὸν ὀξέι χαλκῷ / τάμνε νέους ὅρπηκας Il. 21,38). ὅρπηξ ist sonst nur in der Dichtung belegt, wo es aus dünnen Zweigen gefertigte Gegenstände wie eine Rute, Kränze oder einen Speer bezeichnet (Hes. Op. 468; Sapph. fr. 81b2; 115,2 L.-P.; E. Hipp. 221). Kallimachos, Theokrit und Nikander verwenden ὅρπηξ für Zweige von Lorbeer und Ölstrauch, Schlehe und Feige sowie Fenchel (Call. Ap. 1; Iamb. fr. 194,10 Pf.; Theocr. 7,146; 25,248; Nic. Th. 33). Aufgrund von zwei Übereinstimmungen in dieser Partie (ἐννυχίους ὅρπηκας ἀνήγαγε κρινόμενον πῦρ, Emp. fr. 62,5; vgl. ad 1423) hat man angenommen, dass Ap. empedokleische Evolutionstheorie in seine Beschreibung des Hesperidenhains einfließen lässt (Kyriakou 1994, 318 f.).

ἔρνεα τηλεθάοντα Vorbildhafte Versschlüsse hat das alte Epos (ἐλαῖαι τηλεθόωσαι, Od. 7,116 = 11,590; δένδρεα τηλεθάοντα, 13,196; vgl. ἄστεα τηλεθάοντα, Emp. fr. 112,13 D.-K.; imitiert bei Opp. H. 3,418; D.P. 503; Livrea1973, ad loc.). Das Substantiv ἔρνος, „Spross, Schößling, junge Pflanze" ist hom. (Il. 17,53; 18,56; 437; Od. 6,163; 14,175) und steht hier zur Bezeichnung der als drittes hervorsprießenden, über kraut- und buschartige Pflanzen sich erhebenden Stauden. Eine ähnliche Beschreibung verwendet Ap. von einem jungen Fichtenstamm, aus dem sich Herakles ein Ruder schnitzen will (1,1191 f.) – eine subtile Verbindung zwischen den zwei Herakles-Episoden zu Beginn und am Schluss der *Arg.*, also zwischen dem Zurücklassen und dem Beinahe-Wiederzusammentreffen bei den Hesperiden.

1426 πολλὸν ὑπὲρ γαίης ὀρθοσταδὸν ἠέξοντο Hier wird deutlich, dass die dritte Art von Gewächsen, die im Hesperidengarten über Kraut und Stauden hinauswächst, Theophrasts zweiter Kategorie entspricht, den Sträuchern bzw. Büschen, den θάμνοι. Diese haben mehrere Stämme und Zweige über dem Boden (θάμνος δὲ τὸ ἀπὸ ῥίζης πολυστέλεχες καὶ πολύκλαδον, οἷον βάτος παλίουρος, Thphr. HP 1,3,1). Der Theophrast-Text beschreibt allerdings dieselben Eigenschaften wie für die Stauden und wird darum verdächtigt (Amigues 1988, 75 f.). Dazu passt wiederum, dass Ap. zwei schlecht voneinander abgrenzbare Begriffe für die Gewächsarten Stauden und Sträucher wählt: ὅρπηκες und ἔρνεα heißen in der poetischen Tradition jeweils sowohl die Zweige von Bäumen und Sträuchern als auch Sprösslinge (vgl. ad 1425). Theophrasts Beispiele lassen trotz aller Schwierigkeiten einen Unterschied erkennen: βάτος bezeichnet vermutlich die Mittelmeerbrombeere, *Rubus ulmifolius*, und παλίουρος den Christusdorn, *Paliurus australis*. Beide sind höhere Sträucher, die zwei bzw. sechs Meter hoch werden können. Dagegen sind die als Beispiele für φρύγανον genannten Kohl- bzw. Rautenarten κράμβη, ῥάφανος und πήγανον deutlich niedriger (so die Zuordnungen nach LSJ, die Identifikation antiker mit modernen Pflanzenarten ist problematisch und nur in begrenztem Umfang möglich, vgl. z. B. Herzhoff 1990). Hier ist es Ap. womöglich schlicht darum zu tun, hervorzuheben, dass sich die Sträucher in der Regel über die Stauden erheben (πολλὸν ὑπὲρ γαίης ὀρθοσταδόν).

1427 Der Vers ist parallel um die Penthemimeres gebaut, in der Mitte stehen die Bäume, außen die Namen der Hesperiden, das Verb am Versschluss ist auch auf den folgenden Halbvers 1428 zu beziehen, wobei dieser wie 1427 wieder mit dem Namen der Hesperide beginnt und den Baum folgen lässt.

1427 f. Ἑσπέρη ... Ἐρυθηίς ... / Αἴγλη Die drei Hesperiden heißen in einem Hesiod zugeschriebenen Fragment Aigle, Erytheia und Hesperethusa (Hes. 360 fr. M.-W.). Bei Apollodor sind es vier Hesperiden, Aigle, Erytheis, Hesperia und Arethusa (Apollod. 2,114). Ἐρυθηίς begegnet in dieser Form nur hier, sonst immer Erytheia. Nach der Hesperide Erytheia soll die Insel benannt sein, auf der Geryoneus lebt (Schol. A.R. 4,1399; Hes. Th. 290). In Stesichoros' *Geryoneis* ist Erytheia die Mutter des von Herakles getöteten Hirten Eurytion (Stesich. fr. 7,1 PMG; vgl. Hes. Th. 293; Apollod. 2,106). Aigle ist sprechender Name verschiedener Heroinen, die als strahlende Erscheinung oft auf Vasenbildern dargestellt wird (McPhee, LIMC, s.v. Hesperides). Aigle werden hier mehrere Epitheta gewidmet, da sie im Folgenden als Sprecherin der drei Hesperiden auftritt (vgl. ad 1432–1449).

αἴγειρος ... πτελεή ... / ... ἰτείης Alle drei den Hesperiden zugeordneten Baumnamen begegnen schon bei Homer (αἴγειρος: Il. 4,482; Od. 6,292 etc. „Schwarzpappel"; πτελεή: Il. 6,419 „Ulme"; 21,242; ἰτέα: Il. 21,350; Od.10,510 „Weide"). Alle drei Bäume werden vom Menschen genutzt, Rinde und Harz der αἴγειρος medizinisch (Plin. NH 24,47), ihr Holz für den Bau und ihre Blätter als Tierfutter. Interessanterweise ist die Pappel laut Plinius dem Herakles geweiht (Plin. NH 12,3). Die Blätter der πτελεή werden ebenfalls als Tierfutter verwendet, ihr hartes Holz für den Bau von Türen, Zapfen etc. (Meiggs 1982, 240; 263; 426; 433; 445). Der Name ἰτέα bzw. *salix* steht unspezifisch für verschiedene Bäume der Gattung Salicaceae. Die Weidenkätzchen hält man für Früchte (ὠλεσίκαρπος, Od. 10,510; Thphr. HP 3,1,3), ihre Ruten werden für Flechtwerk verwendet, Blätter und Rinde gelten den Medizinern als fiebersenkend (Plin. NH 24,56 ff.). Die Hesperiden werden mit Bäumen assoziiert, die die Menschen als nützlich und wertvoll erachteten.

1428 ἱερὸν στύπος Ehrwürdig sind die Bäume als Wohnsitz von Nymphen alle. Für Aigle als Sprecherin der Hesperiden wird dies explizit betont. στύπος, „Stamm" steht auch hier als *pars pro toto* für den gesamten Baum (vgl. ad 1401).

1429 ἔμπεδον Als hom. Adverb oft in der Bedeutung „sicher, fest" (Il. 16,107; 17,434; Od. 13,86 etc.; Vian 1973, 97 Anm. 1; Hunter 2015, ad loc.; ad 854). Dass die Hesperiden exakt dasselbe Aussehen annehmen wie zuvor, ist jedoch durch οἷαι ... τοῖαι hinreichend zum Ausdruck gebracht. Vermutlich meint ἔμπεδον hier vielmehr, dass die Hesperiden nun „dauerhaft" ihre Nymphengestalt behalten, zumindest für die Dauer des Aufenthaltes der Argonauten. Die Bedeutung „dauerhaft, andauernd" haben Adjektiv (Il. 8,521; Pi. P. 12,14) und Adverb (Il. 16,107; A. Ag. 854; Crin. AP 9,291) auch sonst.

1430 θάμβος περιώσιον Vorbildhaft ist eine Aufforderung des Odysseus an Telemachos, ihn nicht ungläubig zu bestaunen (Od. 16,203) sowie ähnliche Ausdrücke, z. B. von Polyphem (Od. 9,190), von Mirabilien (Il. 5,725 etc.), sowie von Herakles selbst (S. Tr. 961). Für das seltene Adjektiv hat Ap. eine auffällige Vorliebe (1,446; 590; 1307; 2,394; 434; 865; 1063; 3,334; 1326; 4,554; Livrea 1973, ad 554). Diese Junktur ist nur bei Ap. belegt, außer hier noch zur Beschreibung der im Wind schwankenden Grabstele, die Herakles für die von ihm getöteten Boreaden errichtet (1,1307). Die Junktur verknüpft demnach zwei Herakles-Erzählungen (vgl. ad 1425).

1432–1449 Rede der Hesperide Aigle Aigles Antwort auf Orpheus' Gebet besteht hauptsächlich aus einem Bericht über Herakles' Taten, auf das Gebet des Argonauten geht sie kurz ein (1432 f.). Aigles Hinweis auf die Quelle erfüllt zwar, worum Orpheus die Hesperiden im Namen der Argonauten gebeten hat. Stilistisch steht der teils nüchterne, teils anklagende Bericht in starkem Kontrast zum feierlichen Gebet des Orpheus. Der Nutzen des Herakles-Besuchs für die Argonauten, der darin besteht, dass er eine Quelle schlug, rahmt die Rede (1432 f.; 1441–1446). Den Mittelteil bildet der Bericht von Herakles' eigentlicher Tat, vom Töten Ladons und dem Raub der Äpfel (1434 f.). Hinzu kommt eine zweigeteilte Herakles-Ekphrasis, bei der es sich um eine Art Miniatur typischer Charakteristika der Figur handelt (1435–1440; 1447 ff.). Ap. lässt die Hesperide einen Herakles beschreiben, wie er sich häufig in der literarischen und ikonographischen Tradition findet, einen rohen Ungeheuerschlächter mit burlesken Zügen, aber auch einen Zivilisationsstifter. Ambivalente Züge trägt Herakles auch sonst in hellenistischer Poesie, obwohl die Ptolemäer ihre Abstammung auf ihn zurückführen (vgl. Hunter 2003, ad 33; Stewart 1993, 213 m. Abb. 30; Boardman et al., LIMC, s.v. Herakles. Vgl. ferner Pike 1980; Huß 2001, 237 f.; 327; Kirkpatrick / Dunn 2002; Liapis 2006; Bär 2018, 73–99). Herakles ist hier jedoch nicht mehr oder weniger „super-male" (Wray 2000, 256 ff.) als üblicherweise und kein Monster (Stephens 2003, 187). Die Ambivalenz der Figur betont Burkert (2011, 322; vgl. Campbell 1971, 422 f.; zur Idee eines archaischen Heldentums des Herakles vgl. Lawall 1966; Hunter 1993, 25–36; Scherer 2006, 76; Köhnken 2003; Bär 2018, 73–99; Kampakoglou 2020, 125 ff.) Aigles Herakles entspricht im Grunde der ambivalenten literarischen Konvention. Die Hesperide trauert um den toten Drachen, weshalb sie Herakles als ὀλοώτατος ὕβριν bezeichnet, von einem Monster ist keine Rede. Vielmehr berichtet die Hesperide im Folgenden von Herakles' Quellenfund und betont seine Qualitäten als Zivilisationsstifter (vgl. ad 1442–1449; anders Phillips 2020, 194 ff.). Ambivalenz und Widersprüchlichkeit, die Herakles traditionell ausmachen, sind auch für diese Herakles-Darstellung charakteristisch (vgl. ad 1436 ff.; 1443–1449; Levin 1971; Pike 1980; Clauss 1993; De Forest 1994, 47–69; Kouremenos 1996; Pietsch 1999, 141 ff.; Heerink 2015).

1432 μέγα πάμπαν ... ὄνειαρ Das Substantiv ὄνειαρ steht hier wie in einigen hom. Vorbildern in der Bedeutung „Nutzen, Vorteil" (Il. 22,486; vgl. 2,388; 1092; 3,507; 1051), auch die Bedeutung „Labsal" (Od. 4,444) könnte mitschwingen (vgl. Marxer 1935, 57; Leumann 1950, 33; Erbse 1953, 170; Livrea 1973, ad loc.).

1433 κύντατος In pejorativer Bedeutung im hom. Epos von Frauen (Il. 6,344; 8,423; Od. 18,338) und Männern (Il. 8,299; 13,623; Od. 17,248) mit negativen, „hündischen" Charaktereigenschaften. Aigle spricht aus Figurenperspektive und schmäht aus Trauer und Wut den Herakles einen „schamlosen Frevler" (1433 ff.). Ap. zeigt sich von einem Tragödienmotiv beeinflusst, das den Hund als Bild für Aggressivität und Angriffslust kennt (κυνοθρασεῖς, A. Suppl. 758: S. fr. 885; El. 1388; E. fr. 555; fr. 383; vgl. κυνοθαρσής Εὐνόα, οὐ φευξῇ, Theocr. 15,53). Dazu passt die Beschreibung von Herakles' Aussehen und aggressiv-schamloser Vorgehensweise im Kampf, auf der Suche nach einer Quelle und beim Trinken (vgl. ad 1436–1440; 1445–1449). In der Bedeutung „schamlos" auch sonst bei Ap. (1,1064; 2,474; 3,192; 514; 4,921; 1262; Hunter 1989, ad 129; ad 641 f.; Campbell 1994, ad 192). Hinzu kommt, dass es in der *Odyssee* und bei Kallimachos heißt, nichts sei κύντερος als der Hunger (Od. 7,216 f.; Call. Cer. 64). Vorbilder, die den Hunger „hündisch" nennen, dürften hier eine Rolle spielen, denn sowohl Herakles als auch die Argonauten werden von Durst gequält und legen aus diesem Grund schamloses bzw. wahnsinniges Verhalten an den Tag. Die Argonauten werden explizit mit rasenden Hunden verglichen (λυσσαλέοις ἴκελοι κυσίν, vgl. ad 1393). Auch Herakles kommt vor Durst um, als er den Hesperidengarten erreicht (1441 f.). Den Dursttod umschreibt ferner Ankaios mit τὰ κύντατα πημανθῆναι (vgl. ad 1262).

1434 φρουρὸν ὄφιν Die Hesperide sieht in Ladon kein Monster, sondern einen Wächter (ähnlich Phillips 2020, 195 f.). Exakt mit dieser Junktur wird auch der Drache beschrieben, der das Goldene Vlies bewacht (4,88; vgl. ad 1398). Imitiert von Nonnos (Nonn. D. 33,369).

παγχρύσεα μῆλα Vgl. ad 1397.

1435 ἀειράμενος Das Verb steht im hom. Epos im Sinn von „hoch-, aufheben", hier allerdings in der Bedeutung von ἄρνυμαι, „erreichen, erlangen" (wie auch 1,467; 4,528; 746). Vermutlich geht die Bedeutungsverschiebung auf eine irrtümliche Beziehung des Aorists ἠράμην auf ἀείρομαι zurück (Marxer 1935, 53; Livrea 1973, ad loc; ad 746).

στυγερὸν δ᾽ ἄχος ἄμμι λέλειπται Die Formulierung greift Beschreibungen von Trauer und Verlustempfinden auf (z. B. od. 11,279 f.; E. Supp. 1156 f.; Ar. Ran. 1353; Hunter 2015, ad loc.).

1436 f. ἀνὴρ ὀλοώτατος ὕβριν / καὶ δέμας Ähnlich bei Arat vom ehernen Geschlecht (χαλκείη γενεὴ προτέρων ὀλοώτεροι ἄνδρες, Arat. 130). Die Übereinstimmung dürfte kein Zufall sein, denn Ap. verwendet den Ausdruck auch für die Beschreibung der Erdgeborenen in Kolchis (γηγενέων ἀνδρῶν ὀλοὸς στάχυς, 3,1338; 4,1033; vgl. ad 1641 ff.). Die Unkenntnis der Hesperiden scheint auch die Argonauten zu betreffen, von denen sie nicht mehr zu wissen vorgeben, als dass es sich um durstige Männer handelt. Die Hesperiden stehen damit in Kontrast zu den Herossae, die alle Abenteuer der Argonauten kennen (vgl. ad 1318–1321). Im Vergleich zu den Herossae wirken die Hesperiden naiv, sie leben in ihrem Garten von der Welt abgeschottet (vgl. Ibscher 1939, 163; Hunter 1993, 30; ders. 2015, ad 1433; ad 1441 ff.). Dass es sich bei den Hesperiden ebenso wie den Herossae und dem Gott Triton um ambivalente göttliche Wesen handelt, denen die griechischen Helden mit Vorsicht begegnen müssen, lässt Ap. deutlich werden. Alle diese libyschen Gottheiten verwandeln sich (vgl. ad 1312 ff.; 1330 ff.; 1408 f.; 1422–1430; 1551 ff.; 1602–1619). Jede Begegnung bedeutet eine Bewährungsprobe für die Argonauten, deren Bestehen ihnen zugleich Hoffnung auf Rettung und Heimkehr ermöglicht (vgl. Teil I.D). Hinzu kommt hier ein reizvoller erzähltechnischer Effekt. In der Rede der Hesperide wird ein Wissensdefizit der Figur im Vergleich zum Rezipienten genutzt. Dieser kann anhand der Beschreibung der äußeren Erscheinung den Schluss ziehen, dass Aigle von Herakles spricht, obwohl sie es selbst nicht zu wissen scheint (vgl. Teil I.E).

1437 ὄσσε δέ οἱ βλοσυρῷ ὑπέλαμπε μετώπῳ Das Adjektiv βλοσυρός steht im alten Epos stets von Gesicht oder Augen (Il. 7,212; Il. 15,607 f.; Hes. Sc. 147; 175; 191; 250). Bedeutung und Etymologie sind bei antiken Philologen umstritten (καταπληκτικός, φοβερός, δεινός. παρὰ τὸ σοβαρῶς καὶ ἐπηρμένως λεύσσειν ἢ βλέπειν. οἱ δὲ λαμπρός, ἢ χαλεπός. ἄλλοι σεμνός, EM, s.v. βλοσυρός). Später findet sich die Bedeutung „struppig" sowie „schrecklich" ohne Bezug auf das Gesicht eines Wesens (Phoc. fr. 2,3 ff. Diehl; A. Eum. 167; Tim. fr. 15,3,83 PMG) bzw. „edel" (Pl. Tht. 149a2; R. 535b2) oder „hochgewachsen, üppig" (Thphr. CP 6,12,5; HP 9,2,3). Hier heißt βλοσυρός wahrscheinlich „furchtbar, grimmig", ähnlich bei Theokrit und Kallimachos von Herakles' Lehrer im Boxkampf sowie einem Löwen (Theocr. 24,118; Call. Cer. 52; vgl. Russo 1950, ad 147; Livrea 1973, ad loc.; Hopkinson 1984, ad 52; Rengakos 1994, 66 f.). Bei Ap. sonst nur noch vom Kap, an dem sich die Mündung des Acheron und der Eingang zur Unterwelt befinden (2,740). Bei Nikander steht βλοσυρός von der adstringierenden Quitte (Nic. Al. 234) sowie von Schlangen und von Schildkrötenblut (Nic. Th. 336; 370; 706). Auf der hesiodeischen *Aspis* finden sich zwei Wesen, die ebenfalls diese Merkmale des Herakles, wie Feuer leuchtende Augen und ein grimmiges Gesicht, aufweisen: Ein Drache und die Eris (Hes. Sc. 144–149). Feurige Augen haben bei Ap. außer Herakles eine Schlange, mit der die auf dem Tritonsee umherfahrende Argo verglichen wird (vgl. ad 1543 f.) sowie die Helios-Nachkommen Aietes, Medea und Kirke (3,855 f.; 4,683 f.; 725–729; vgl. ad 1661 f.).

1438 δέρμα πελωρίου ... λέοντος In der *Ilias* von Agamemnon, im hom. *Aphrodite-Hymnos* vom Liebeslager der Göttin mit Anchises (Il. 10,23 f.; 177; h. Ven. 159), sonst vom nemeischen Löwe (Panyas. fr. 1 K.; 2 K.; Theocr. 25,277). Das Löwenfell wird zuvor nur erwähnt, als die Wege von Herakles und den Argonauten sich im Land der Myser trennen (1,1195). Die erneute Erwähnung verknüpft das Zurücklassen von Herakles und sein Beinahe-Wiederauffinden (vgl. ad 1425). Aigle erwähnt Löwenfell, Keule und Bogen als Identifikationsmerkmale des Herakles, sodass die Argonauten als interne Rezipienten bereits wissen, von wem sie spricht.

1439 ἀδέψητον Hom. δίς λ., das ungegerbte Stierhäute bezeichnet (ἀδέψητον βοέην στόρεσ', Od. 20,2; ἐν ἀδεψήτῳ βοέῃ, 142; Livrea 1973, ad loc.). In diesen wickeln bei Ap. sonst die Kolcher ihre Toten ein, um sie an Bäume zu binden (ἀλλ' ἐν ἀδεψήτοισι κατειλύσαντε βοείαις, 3,206). Im Gegensatz zu den Herossae, die als echte Hirtengottheiten Jason im Ziegenfell begegnen (vgl. ad 1348), finden die Hesperiden keinen Gefallen an Tierfellen, zumindest nicht am ungegerbten Löwenfell des Herakles. Die Akkusative ἀδέψητον, ὠμόν und στιβαρόν in der ersten Vershälfte stehen inhaltlich alle für Rohheit und Körperkraft – Elemente, die die eine Seite von Aigles Heraklesbild dominieren. Dieser Eindruck wird durch den vierfach wiederholten, dunklen Auslaut auf -ον auch klanglich unterstützt. Im zweiten Teil ihres Berichts beschreibt Aigle Herakles' erfolgreiche Quellensuche (1441 ff.).

στιβαρὸν ... ὄζον ἐλαίης Vgl. ad 1438. Imitiert von Nonnos (Nonn. D. 27,282; 37,140).

1440 ἰοβολήσας Das Verb ἰοβολέω ist nur hier belegt sowie in der Anthologie (Alc. AP 5,10,2; Leon. Tar. AP 5,188,4; vgl. erst ab dem 4. Jhd. dann Severian. Gen. 56,520,17; Gp. 2,47,12).

1441 κἀκεῖνος Vian und Pompella drucken die handschriftlich überlieferte Krasis κἀκεῖνος. Vian rechtfertigt hier und in vergleichbaren Fällen (1,83; 1,972; 1,996; 4,1731) die Krasis bei καί mit Verweis auf eine Parallele bei Kallimachos (ἁρμοῖ που κἀκείνῳ ἐπέτρεχεν ἁβρὸς ἴουλος, Call. fr. 274 Pf.; vgl. A.R. 1,972; Vian / Delage 1974, lxxiv; vgl. bereits Rzach 1878, 473; La Roche 1866, 247 ff.). Ap. meidet zwar sonst unter strenger Nachahmung der hom. Regel die Demonstrativa ἐκεῖνος, ἐκεῖθεν, ἐκεῖσε. Auch gestattet er sich im Allgemeinen für die Krasis keine auffällig über die altepische Verwendung hinausgehenden Freiheiten (Rzach 1878, 472 ff.; 548 f.; Fränkel 1961, in app. ad 1,83). Jedoch begegnet κἀκεῖνος als Ausnahme bereits bei Hesiod (Op. 295) und ist bei den Tragikern sehr häufig (z. B. A. Ch. 572; E. Tr. 479; Hipp. 666; Andr. 1251; IT 1041; IA 1133; Ph. 1663; Hel. 979; S. Phil. 373; 642; El. 703; OT 714; vgl. die Beispiele bei Giangrande 1967, 85–97; Livrea 1972, 231–243). Die Entscheidung impliziert hier einen philologischen Beitrag über das (vermeintliche) Abweichen von einer epischen Sprachkonvention.

χθόνα πεζός Vorbild für die Junktur ist ein *Ilias*-Vers, der den fußläufigen Kampf des Priesters Dares demjenigen seiner berittenen Söhne gegenüberstellt (Il. 5,13). Die Motivik des Fußkampfes passt zur Stelle. Herakles und die Argonauten kamen je zu Fuß nach langem Marsch zum Hesperidengarten, was ihren Durst erklärt (vgl. ad 1442). Indirekt wird so der Marsch durch die Syrtenwüste einem epischen Zweikampf gleichgestellt (vgl. Teil I.D.III.2).

ὁδεύων Hom. ἅπαξ λ., in der *Ilias* von Aias dem Telamonier (Il. 11,569). Bei Ap. immer mit Akkusativ (4,272; 838; Livrea 1973, ad 272). Dann vor allem in Prosa (z. B. X. An. 7,8,8; Hp. Decent. 18,6; Ephor. fr. 31b33 FGH), jedoch auch bei Kallimachos von der Insel Delos (Call. Del. 18) sowie in einem Aition, das möglicherweise ebenfalls eine Heldentat des Herakles zum Inhalt hatte (Call. fr. 114,18 Pf.; Asper 2004, 185; Harder 2012 II, 902 ff.). Außerdem in den *Priapeia* des Euphronios, bei Nicander und Moschos belegt (Euphron. 4; Nic. Al. 73; Mosch. fr. 3,1 Gow).

1442 δίψῃ καρχαλέος Die im Vratislaviensis Rehdigeranus überlieferte Variante καρφαλέος findet sich auch in einigen Mss. des Vorbildes (δίψῃ καρχαλέοι κεκονιμένοι ἐκ πεδίοιο / φεῦγον, Il. 21,541 f.; καρφαλέοι, v.l.). Die Homerscholiasten gehen für καρχαλέος von der Bedeutung „trocken" aus (Apollon. S. s.v. καρχαλέος; Schol. Il. 21,541; Eust. s.v. καρχαλέος). Bei Ap. und anderen Dichtern steht καρχαλέος sonst in der Bedeutung τραχύς (noch καρχαλέοι κύνες, 3,1058; vgl. καρχάραισι φωναῖς, Alcm. 138 PMGF; κάρχαρος κύων, Lyc. 34; πυρὸς καρχαλέου, Nic.Th. 691; vgl. Livrea 1973, ad loc.; Rengakos 1994, 101 f.; für Nic.Th. 691 ist ebenfalls καρφαλέος als Variante überliefert, vgl. Overduin 2015, ad 691). Im Gegensatz zu καρφαλέος bietet das seltene καρχαλέος jedoch das stärkere Bild und ist zu bevorzugen: Der quälende Durst führt nicht nur zu einer trockenen, sondern zu einer vor Trockenheit rauen Kehle. Überdies greift καρχαλέος den Kurzvergleich zu Beginn der Hesperidenepisode und Orpheus' Beschreibung auf und fügt ein weiteres Element hinzu. Dort war explizit von der ξηρὴ δίψα bzw. der δίψα αἰθομένη der Argonauten die Rede, hier steht die haptische Auswirkung des Durstes auf die Kehlen im Vordergrund (vgl. ad 1394 f.; 1417 f.). Das *Ilias*-Vorbild ist nicht zufällig gewählt. In der *Ilias* steht es in einer Beschreibung der vom Kampf gegen Achill völlig erschöpften Troier, die in ihre Stadt fliehen. Ap. überträgt es auf Herakles, der nach seinem kampfähnlichen Marsch durch die Wüste ebenso durstig und erschöpft ist. Anstatt zu fliehen, kann er sich Erleichterung verschaffen, indem er die Quelle schlägt. Die Übernahme impliziert einen Überbietungsgestus (vgl. z. B. ad 1239 f.; 1312). Die Argonauten kommen ebenso durstig zu den Hesperiden wie zuvor Herakles. Die Herakles-Episode wird in Figurenrede analeptisch nachgeholt, die Ereignisse werden also in umgekehrter Reihenfolge erzählt.

παίφασσε Hom. ἅπαξ λ., von Athene, die mit der Aigis durch das griechische Heer eilt (Il. 2,450; vgl. Livrea 1973, ad loc.; Kyriakou 1995, 71). Erst wieder bei Nikander (Nic. Th. 761; vgl. später Opp. H. 2,288; 333; 515; 5,227; C. 2,55; 255; Q.S. 8,179; Nonn. D. 9,253).

1443–1461 Herakles schlägt eine Quelle Aigle beschreibt Herakles' erfolgreiche Suche nach Wasser. Dabei bildet die kulturstiftende Leistung, mitten in der Wüste eine Quelle zu finden, einen reizvollen Kontrast zum burlesken Bild des tierisch saufenden Herakles, das die Nymphe im Anschluss zeichnet (anders Levins 1971a, 24 ff.; vgl. Mori 2008, 50 f.; Visscher 2017). Die Ambivalenz übernimmt Ap. als Charakteristikum der Figur und lässt sie in Aigles Rede einfließen (vgl. ad 1432–1449; 1436 ff.).

1444 Τριτωνίδος ἐγγύθι λίμνης Vgl. ad 1311; 1391. Formales Vorbild ist ein Vers des hom. *Apollon-Hymnos* über den Kopaissee in der Nähe des Apoll-Heiligtums in Krisa (ἐν καλῇ βήσσῃ Κηφισίδος ἐγγύθι λίμνης, h. Ap.

280). Kallimachos variiert den Vers ebenfalls für die Lage des Apoll-Heiligtums auf Delos (καλῇ ἐν Ὀρτυγίῃ περιηγέος ἐγγύθι λίμνης, Call. Ap. 59). Die Verbindung zwischen Tritonsee und Apollo, die diese Parallelen nahelegen, wird bei Ap. später explizit hergestellt, wenn die Argonauten am Tritonsee einen der Dreifüße niederlegen, die sie von Apollo erhalten haben (vgl. ad 1547 ff.; 1588 ff.).

1445 ἢ καὶ θεοῦ ἐννεσίῃσι ἢ καί leitet bei Ap. auch sonst die wahrscheinlichere von zwei Alternativen ein (vgl. 4,205). Aigle stellt demnach die Eingebung durch einen Gott als wahrscheinlicher hin (Hunter 2015, ad loc.), wobei sie nicht unbedingt Rückschlüsse auf Herakles' Intelligenz zieht. Vielmehr lassen die Umstände nicht zu, dass er lange planvoll nach Wasser sucht. Das Substantiv ἐννεσίη ist hom. ἅπαξ λ. von Heras Ratschlägen (Il. 5,894), im alten Epos von Zeus und Gaia (h. Cer. 30; Hes. Th. 494). Sonst nur bei Empedokles (Emp. fr. 22,17 D.-K.), dann bei Kallimachos und Ap. Neben der Bedeutung „Rat(schlag), Empfehlung" ist auch die Bedeutung „Idee, Wille" belegt (z. B. διανοήσιν, ἐννοίας, βουλήσεσιν D.T. fr. 30*1 Linke = EM s.v. ἐννεσίη). Ap. verwendet das Substantiv häufig, zum Teil auch in der Bedeutung „Wille" (2,1166; 4,646; so auch Call. Dian. 108), oft fällt eine Entscheidung schwer (1,7; 956; 2,1110; 3,29; 818; 942; 1364; 4,774). Hier handelt es sich eher um eine(n) „Rat, Eingebung eines Gottes" (wie auch 3,1364; Fränkel 1968, 283 f.; Livrea 1973, ad loc.). Quintus gebraucht das Substantiv häufig (Q.S. 1,125, 2,505; 656 etc., 23 Belege).

1446 λὰξ ποδί Redundante Formulierung, die so bei Homer begegnet (λὰξ ποδὶ κινήσας, Il. 10,158; Od. 15,45; vgl. auch Thgn. 1,815; A. Ch. 642). Bei Ap. noch von Polydeukes im Kampf sowie einer Erinnye (ὑπὸ στέρνοιο θοῷ ποδί, λὰξ ἐπορούσας, 2,106; λὰξ ἐπέβη, 221).

τὸ δ' ἀθρόον ἔβλυσε ὕδωρ Zu ἔβλυσε vgl. ad 1238; 1417. τό ist hier nicht Artikel, sondern präparatives Demonstrativum (wie Arat. 219; vgl. 1,27; Call. Cer. 28; Theocr. 7,136; vgl. Svensson 1937, 60). Mögliche Vorbilder für die Junktur ἀθρόον ὕδωρ fand Ap. bei Hippokrates und Aristoteles, die über die Folgen von Durst bzw. das Hervorbrechen großer Wassermassen bei Starkregen handeln (Hp. A ff. 39,12; Arist. Mu. 394b18). Sonst auch bei den hellenistischen Dichtern (Arat. 219; Call. Cer. 28; Theocr. 7,136; Nic. Al. 320). Arats vorbildhafte Beschreibung der Hippokrene am Helikon, der vorher keine Quelle besaß (Arat. 218 ff.), legt nahe, dass Herakles hier wie das Pferd die Quelle schlägt, die fortan bei den Hesperiden sprudelt (zum Wasserreichtum Libyens vgl. Zimmermann 1998, 127 ff.). Ein Fragment, das üblicherweise Antimachos zugeschrieben wird, berichtet von einem Sprung Achills, der ebenfalls eine Quelle entstehen lässt (Antim. fr. 84 Wyss).

1447 ἄμφω χεῖρε ... καὶ στέρνον In der *Ilias* fallen verwundete Kämpfer mit ähnlicher Geste zu Boden (Aeneas, Il. 5,309; Hektor, 11,355), der Ausdruck erinnert an die Wasserung der Argo durch Körperkraft (στέρνα θ' ὁμοῦ καὶ χεῖρας ἐπήλασαν, 1,381). Ohne Rücksicht auf Wunden an Brust und Händen wirft sich bei Lykophron Odysseus an die Felsen von Kerkyra – dem ironischerweise nicht der Tod durch Verdursten droht, sondern durch Ertrinken (Lyc. 758 ff.; vgl. auch Od. 5,424–437).

1448 ῥωγάδος ἐκ πέτρης In Theokrits *Herakliskos* begegnet die Junktur in der Prophezeiung des Teiresias, der empfiehlt, die Asche der Schlange, die Herakles getötet hat, in einen Bach zu streuen (Theocr. 24,95). Das Substantiv ῥωγάς ist in hellenistischer Zeit selten und bezeichnet wie hier eine Felsspalte mit Bruchkante (noch ῥωγάδι πέτρῃ, Nic. Th. 644; 389; Posidipp. Ep. 121,3 A.-B.; vgl. κρημνοὶ διεσχισμένοι, Hsch. s.v. ῥωγάδες). Eine ähnliche Bildung, ῥώξ zu ῥήγνυμι, begegnet in der *Odyssee* zur Bezeichnung eines schmalen Durchganges in die Kammer des Odysseus (Od. 22,143).

πίεν ἄσπετον Möglicherweise durch die hom. Formel κρέα ἄσπετα inspiriert (z. B. Od. 9,162), dort auch von Wasser (ἁλμυρὸν ὕδωρ / ἄσπετον, Od. 5,100 f.). Später bei Nonnos von Wein (πίνετο δ' ἄσπετος οἶνος, Nonn. D. 24,227).

1448 f. Die Verse 1448 f. stellen in abbildender Wortstellung die Fließrichtung des Wassers durch ihren Aufbau nach: Das Wasser strömt aus dem Felsen heraus (ῥωγάδος ἐκ πέτρης), fließt in Mengen in den Mund des Herakles hinein (πίεν ἄσπετον) und tief in dessen Bauch hinunter (νηδύν). Ein Ende dieses Stromes erfolgt erst nach Sättigung, markiert durch ἐκορέσθη am Schluss des Verses.

1449 φορβάδι ἶσος ἐπιπροπεσών Das unhomerische Substantiv φορβάς (zu φέρβω) ist zuerst bei Pindar und den Tragikern in der Bedeutung „Weidetier, Herdentier" belegt (Pi. Encom. fr. 122*,18; E. Ba. 167; Pl. Lg. 666e3; Arist. HA 604a22). Bei Ap. noch von einer Kuh, von Schweinen sowie Rindern, wie hier in einem Gleichnis (2,89; 1024; 3,276). Die Interpunktion nach ἶσος würde den regelmäßigen Versbau stören, der durch den kurzen Vergleich in der Mitte zustande kommt, flankiert von der verglichenen Handlung, mit deren Abschluss am Versende (vgl. Livrea 1973, ad loc.; Hunter 2015, ad loc.; dagegen Vian / Delage 1996², ad loc.). Dies legen auch Imitationen bei Nikander nahe (Nic. Th. 340 ff.; Al. 495 f.). Die Illustration des saufenden Herakles durch das Gleichnis bildet den bitter-spöttischen Abschluss von Aigles Bericht und verweist proleptisch auf die aus derselben Felsspalte ebenfalls wie Tiere trinkenden Argonauten (vgl. ad 1452 ff.).

σφίσι πέφραδεν Αἴγλη Vgl. ad 1430. Vorbilder sind verschiedene hom. Versschlüsse (ὅθί σφισι πέφραδ' Ἀχιλλεὺς, Il. 23,138; βούλευε φρεσὶν ᾗσιν ὁδόν, τὴν πέφραδ' Ἀθήνη, Od. 1,444; τά οἱ ἔμπεδα πέφραδ' Ὀδυσσεύς, Od. 19,250 = 23,206 = 24,346).

ἐκορέσθη κορρένυμαι steht hier mit einem Akkusativ der Beziehung (βαθεῖαν / νηδύν). Die poetische Ausdrucksweise steht im Gegensatz zur komisch-burlesken Szene vom trinkenden Herakles. Aigles Rede greift einen formelhaften hom. Ausdruck auf, wobei das übliche θυμόν durch νηδύν ersetzt ist (Od. 14,28; h. Cer. 175). Aigle will so zum Ausdruck bringen, dass Herakles' Verhalten ihrer Ansicht nach nicht einmal mehr vom θυμός, sondern sogar von seiner νηδύς gesteuert wird.

1450 f. ἀσπαστόν .../ πίδακα Möglicherweise adverbial gebraucht (vgl. ἀσπαστὸν ἐείσατο γαῖα, Od. 5,398; τῷ δ' ἀσπαστὸν ἐείσατο κοιμηθῆναι, 7,343; Hes. Sc. 42), aber auch als Adjektiv zu πίδακα denkbar, wenn man von zweiendigem Gebrauch ausgeht (anders Livrea 1973, ad loc.; Hunter 2015, ad loc.). Für ἀσπαστός ist jedoch nur ein Mal die feminine Form belegt (γᾶ δέ μοι ἀσπαστά, Mosch. fr. 1,7). Als Adjektiv steht ἀσπαστός auch im hom. Epos von willkommener Erquickung nach langem Leiden (Od. 13,35; 23,239). Das Hyperbaton von ἀσπαστόν und πίδακα zielt auf eine Umklammerung des Relativsatzes ab. Zu πίδακα vgl. ad 1394.

1451 ἐπέκυρσαν Vgl. ad 1245.

1452–1456 Ameisen-Fliegen-Doppelgleichnis Wie zuvor der trinkende Herakles in der Rede Aigles (1449) werden nun die durstigen Argonauten beim Trinken aus derselben Quelle vom Erzähler mit Tieren verglichen. Das Doppelgleichnis ist kurz, jeder Teil umfasst auf der Gleichnisebene etwa zwei Verse (Ameisen: 1452 f.; Fliegen: 1453 ff.). Dabei stehen den einzelnen Worten beider Gleichnisteile exakte Entsprechungen auf der Handlungsebene gegenüber (1455 f.), zudem sind sie vollständig parallel gebaut (Livrea 1973, ad 1452; Kouremenos 1996, 242 ff.). In beiden Gleichnisteilen steht jeweils das Gewimmel der kleinen Insekten im Zentrum, die sich zahlreich auf geringem Raum drängen. Auffällig ist ferner, dass drei der fünf Verse mit einem *spondiacus* enden (1452; 1454; 1456), was dem Gleichnis feierliche Getragenheit verleiht. Für das Gleichnis relevant sind überdies Eigenschaften, die Ameise und Fliege in naturwissenschaftlicher und philosophischer Literatur zugeschrieben werden (vgl. ad 1453).

1452 στεινὴν ... χηραμόν χηραμός wird in einem weiteren Tiergleichnis verwendet (vgl. ad 1298 f.). Hier behandelt Ap. es jedoch als feminines Substantiv (Erbse 1953, 175 Anm. 2; Rengakos 1994, 148). Die Wortverbindung geht auf ein hom. Vorbild zurück (πέτρην / χηραμόν, Il. 21,494 f.), das Ap. in Übereinstimmung mit den Homerscholien (Schol. D Il. 21,495) auslegt. Das glossierende Substantiv πέτρην des Vorbildes wird von πετραίῃ... πίδακι später gezielt aufgenommen (vgl. ad 1456).

1453 γειομόροι μύρμηκες Die Lesart γειοτόμοι und die Konjektur γειοτόροι sind ebenfalls denkbar, γειομόροι ist jedoch zu bevorzugen. Das Adjektiv γειομόρος wird sowohl in der Bedeutung „die Erde durchpflügend" (γεωμόρος τέχνα, IG 9,880; so bei Ap.: βοὸς γεωμόρου, 1,1214) als auch „Anteil habend an Land" verwendet (Hdt. 7,155; so auch bei Ap.: 3,1387; vgl. Call. Iov. 74; fr. 22Pf.; AP 9,438,2; vgl. Livrea 1973, ad loc.; Vian / Delage 1996², ad loc.; dagegen Hunter 2015, ad loc.). Hier dürften beide Bedeutungen Relevanz haben, sodass γειομόροι das prägnantere Bild ergibt. Vorbildhaft ist womöglich ein Hesiod-Fragment (ὅσσοι ἔσαν μύρμηκες ἐπηράτου ἔνδοθι νήσου, Hes. fr. 205,4 M.-W.). Die wimmelnde Aktivität der Ameisen oben an den Rändern einer Felsspalte (1452) ist für das Gleichnis von offensichtlicher Bedeutung. Auch die Fähigkeit, unter der Erde fleißig und planvoll Ameisengänge anzulegen, spielt hinein. Ameisen galten wie Bienen und Wespen als soziale, fleißige Lebewesen, zugleich als mutig und umsichtig (Arist. HA 488a10; 622b20 ff.; Plu. Mor. 967D–968B; Ael. NA 2,25; vgl. Davies / Kathirithamby 1986, 37–46). Das Ameisen-Gleichnis illustriert nicht nur das Gewimmel der Argonauten um die Felsspalte, sondern vergleicht indirekt auch Mut, Fleiß und Klugheit in Bezug auf den Plan, die Argo über Land zu tragen, mit den Tugenden der Tiere. Überdies soll Kleanthes von Assos beobachtet haben, wie Ameisen ihre Toten bestatten (Cleanth. Stoic. fr. 515 Von Arnim = Plu. Mor. 967 E; Ael. NA 6,50; vgl. auch Plin. HN 5,49; 11,110). Womöglich dient das Ameisen-Gleichnis auch als Prolepse auf die Bestattung von Mopsos und Kanthos (vgl. ad 1499 f.; 1532–1536).

μυῖαι Das hom. Epos kennt kein Ameisen-Gleichnis, wohl aber Fliegen-Gleichnisse, die die Versammlung der Griechen kurz vor dem Schiffskatalog sowie den umschwärmten Leichnam Sarpedons illustrieren (Il. 2,469 ff.; 16,641 ff.; vgl. Faerber 1932, 22 f.; Drögemüller 1956, 221; Livrea 1973, ad loc.). Die Argonauten drängen sich hier wie die Griechen bzw. Lykier der vorbildhaften Gleichnisse auf engem Fleck um die Felsenquelle. Fliegen galten jedoch nicht nur als aufdringlich und hemmungslos verfressen (Arist. HA 490a20; 596b15; Phaedr. 5,3; Davies / Kathirithamby 1986, 150–164), sondern auch als kühn und unerschrocken, als zäh und langlebig (καί οἱ μυίης θάρσος ἐνὶ στήθεσσιν ἐνῆκεν, Il. 17,570; vgl. Luc. Musc.Enc. 5; Apul. met. 2,22). Diese Eigenschaften treffen durchaus auf die Argonauten zu. Mutig und zäh tragen sie tagelang ihr Schiff durch die Wüste (vgl. ad 1381–1388). Weil sie kurz vor dem Verdursten stehen, können sie beim Gedanken an

Wasser ihre Gier nicht mehr im Zaum halten, wie auch hartnäckige Fliegen kaum vom Objekt ihrer Begierde abzuwehren sind.

1454 ἀμφ' ὀλίγην ... λίβα Zu λίβας vgl. ad 1735. Die Stellung in der Mitte des Verses mit folgender Verbform und als Präpositionalausdruck entspricht exakt dem ersten Gleichnisteil sowie der Konstruktion der Überleitung zur Handlungsebene (1452 f.; 1455 f.). Auch inhaltlich betonen Übereinstimmungen jeweils die Enge des Ortes (στεινὴν ... χηραμόν, 1452; πετραίῃ ... περὶ πίδακι δινεύεσκον, 1456), an dem sich zahlreiche Wesen tummeln.

1455 ἐπήτριμοι Das Adjektiv begegnet drei Mal bei Homer (Il. 18,211; 552; 19,226), dann erst bei Ap. (noch 1,30; 364; 4,937). Die Bedeutung entspricht hier den Homerscholien (ἐπάλληλος, πυκνός, Schol. D Il.18, 211; 522; 19,226; Rengakos 1994, 85). Aufgenommen wird es erst spät wieder (D.P. 758; 1079; Opp. C. 1,322; Q.S. 14,248; Nonn. D. 3,234 etc.).

1456 πετραίῃ ... περὶ πίδακι δινεύεσκον Vgl. ad 1452; 1454. Das Verb δινεύω verwendet Ap. auch für den Waffentanz zu Ehren des verstorbenen Mopsos (1535), ein weiterer proleptischer Hinweis auf die Episode vom Tod zweier Argonauten (vgl. ad 1453; ad 1485–1536).

C. 1457–1484 Suche nach Herakles

Inhalt und Aufbau Der Aufbau der Passage folgt einer einfachen ringkompositorischen Struktur. Nachdem sich die Argonauten mit Hilfe der Hesperiden und des Herakles vor dem Verdursten gerettet haben, danken sie ihrem ehemaligen Gefährten. Sie beschließen, ihn zu suchen und entsenden fünf Argonauten, die Boreaden, Lynkeus, Euphemos und Kanthos (A. 1457–1470). Kanthos' Motive für die Suche werden genannt. Er will von Herakles wissen, wo Polyphem geblieben ist. Das Schicksal des Polyphem wird im Detail nachgetragen (B. 1470–1477). Dann schwenkt der Erzähler zurück und berichtet vom erfolglosen Ausgang der Suche (A.' 1477–1484).

1457–1460 Repräsentative Rede eines Argonauten Wie in der Rede des Argonauten in der Syrte (vgl. ad 1251–1258) bringt Ap. hier die Worte eines Mannes exemplarisch für ein Gespräch in der Gruppe. Das Muster erinnert an die hom. τις-Reden. Vergleichbare strukturelle Gemeinsamkeiten mit dem hom. Vorbild weist sonst nur eine weitere, ebenfalls auf das Ausscheiden von Herakles Bezug nehmende τις-Rede auf (2,144–153; vgl. auch Ibscher 1939, 175 ff.; Vian 1963, ad 3,128; Schneider 1996, 153–159; Finkmann 2014, 73–93). Die Länge der exemplarischen Reden bei Ap. beschränkt sich nach hom. Vorbild auf wenige Verse. Quintus von Smyrna weitet ähnliche anonyme Kommentare später stark aus.

1457 καί πού τις ... ἰανθείς Die Sperrung von Subjekt und Prädikat in der Einleitung der exemplarischen Rede ist an einen Einzelfall im hom. Epos angelehnt (ὣς δέ τις αὖ Τρώων μεγαθύμων αὐδήσασκεν, Il. 17, 420; so auch in 2,144; vgl. Schneider 1996, 158).

διεροῖς ... χείλεσιν Das Adjektiv διερός ist δίς λ. in der *Odyssee* in der Bedeutung „lebendig" bzw. metaphorisch „geschwind, schnell" (Od. 6,201; διερῷ ποδί, Od. 9,43). Ap. verwendet es sonst in der seit Hesiod belegten Bedeutung „feucht" (Hes. Op. 460; vgl. Ibyc. fr. 1a26 Page; A. Eu. 263; Ar. Nu. 337; Ar. Av. 213; Call. Jov. 24; Call. fr. 239,1 Pf.; später Opp. H. 1,5; 1,426; etc.; Man. 2,25; bei Nonnos 62 Belege für διερός, in der Bedeutung ὑγρός etwa Nonn. D. 5,604; 23,301; vgl. διερῇ πεφόρητο κελεύθῳ, A.R. 1,184; διερὴν ὁδὸν Ἀρκτούροιο, 2,1099). Aristarch war der Meinung, für die *Odyssee* müsse die Bedeutung ζῶν, „lebendig" angenommen werden (διερός· οὕτως τόν ζῶντα Ἀρίσταρχος, Schol. Od. 6,201; vgl. Schol. Od. 9,43; vgl. Erbse 1953, 172; Barth 1984, 226–232; Rengakos 1994, 69 f.). Vermutlich ist die aristarchische Auslegung zu διερός älter, da schon Kallimachos in der Niobe-Metamorphose beide Bedeutungsvarianten anklingen lässt (Call. Ap. 23) und Ap. die Adjektive διερός und ὑγρός geradezu zur Kommentierung dieser Homerstellen einzusetzen scheint (1,182 ff. zu Od. 9,43; 4,480 als Glosse zu διερός in der Bedeutung ζῶν; Williams 1978, ad 23; Rengakos 1994, 70; vgl. Livrea 1973, ad 480). Die vorliegende Stelle stützt diese Deutung. Wie in der Beschreibung des lebenden Steines bei Kallimachos (Jov. 24) impliziert διερός hier beide Bedeutungselemente: Einerseits sind die Lippen der Helden feucht von der Quelle. Andererseits sind sie soeben ein weiteres Mal knapp dem Tod entkommen und freuen sich, dass sie unter den Lebenden weilen. Sie sprechen mit feuchten und vor neugewonnener Lebensfreude zitternden Lippen. In paralleler Mehrdeutigkeit verwendet auch Theokrit διερός zur Beschreibung der Nilschwemme (Νεῖλος ἀναβλύζων διερὰν ὅτε βῶλακα θρύπτει, Theocr. 17,80). Der Nil setzt das Schwemmland unter Wasser, macht es fruchtbar und haucht ihm Leben ein, διερὰν βῶλακα meint sowohl Feuchtigkeit als auch Fruchtbarkeit des Schlamms.

εἶπεν Die hom. Vorbilder verwenden das iterative Imperfekt in anonymen Reden (z. B.: ὧδε δέ τις εἴπεσκεν, Il. 2,271; αὐδήσασκεν, 17,420; vgl. 14,414; Od. 2,324; 4,769; 8,328; 10,37; vgl. Schneider 1996, 21–35). Dagegen leitet Ap. seine repräsentativen Reden mal mit dem Aorist (vgl. ἔειπεν in 2,144), mal mit dem Imperfekt ein (ἔννεπεν, 1,241; ὀλοφύρετο, 1,250; ἐξερέεινεν, 4,1250). Ap. wählt den Aorist regelhaft, wenn es sich um einen einmaligen Ausspruch handelt, das Imperfekt dagegen, wenn die repräsentative Rede eine Vielzahl von Einzelaussprüchen zusammenfasst (vgl. ad 1250–1258; anders Knight 1995, 98). Die Wahl des Aorists zielt nicht auf ein Anonymisieren eines Sprechers ab. Dieser spielt vielmehr keine Rolle, die Rede könnte von jedem Argonauten stammen.

1458 ff. Der Wunsch des anonymen Argonauten, Herakles zu finden, kennt entsprechende Wünsche in hom. anonymen Reden als Vorbild (z. B. Il. 7,201 ff.). Hier jedoch hat die als exemplarischer Kommentar wiedergegebene Beratung der Helden direkte Handlungsfolgen: Man beginnt tatsächlich mit der Suche nach Herakles (Fränkel 1968, 601; Schneider 1996, 159). Herakles kommt den Argonauten indirekt auch am Ende des zweiten Buches zu Hilfe, als sie auf der Ares-Insel ankommen. Amphidamas erinnert sich an einen seiner Tricks, sodass es den Helden gelingt, die aggressiven Vögel zu vertreiben (2,1047–1080). Ap. verknüpft regelmäßig das Schicksal des Herakles nach dessen Ausscheiden mit dem der Argonauten (vgl. 2,145–153; 2,767 ff.; 772; 913; 4,538–54; vgl. Schwinge 1986, 90 ff.; DeForest 1994, 53 ff.; Pietsch 1999, 135 ff.; T. Cuypers 2001; Bär 2018, 73–99).

1458 ἐσάωσεν ἑταίρους Herakles wandelt hier in Odysseus' Fußstapfen, der mehrfach unter Aufbietung seiner Fertigkeiten seine Gefährten zu retten versucht (vgl. z. B. σώοντες ἑταίρους, Od. 9,430; ἀλλ' οὐδ' ὧς ἑτάρους ἐρρύσατο, ἱέμενός περ, 1,6). Herakles gelingt dies allerdings endgültig, ohne anwesend zu sein, während Odysseus bekanntlich scheitert. Die Übernahme des hom. Motivs in die Argonauten-Rede birgt einen Überbietungsgestus: Die Argonauten begehen im Gegensatz zu den Gefährten des Odysseus keine vergleichbare Freveltat. Die vorhergehende Episode hat vielmehr gezeigt, wie sie sich trotz Todesangst den Hesperiden gegenüber so ehrfürchtig verhalten, dass diese ihnen freiwillig helfen (vgl. ad 1393–1421).

1459 δίψῃ κεκμηότας Vgl. ad 1395; ad 1442. Ähnlich beschreibt Nikander den Durst nach einem Schlangenbiss (κάμνων / ἄλλοτε μὲν δίψῃ φάρυγα ξηραίνεται αὔῃ, Nic. Th. 250 f.).

1460 δήοιμεν Vgl. ad 1336.

στείχοντα δι' ἠπείροιο κιόντες Die Wortstellung bildet den Inhalt ab. Sowohl Herakles, der bei den Mysern zurückgelassen wird, als auch die Argonauten sind zur selben Zeit zu Fuß in Libyen unterwegs (στείχοντα; κιόντες), es trennt sie lediglich noch ein kleiner Streifen Festland (ἠπείροιο), der in wenigen Tagen zurückgelegt werden kann.

1461 f. ἀμειβομένων οἵ τ' ἄρμενοι ἐς τόδε ἔργον / ἔκριθεν Der Vers ist schwierig. Unklar ist, ob das Relativum als Subjekt zu ἔκριθεν oder abhängig von einem partitiven Genitiv ἀμειβομένων zu verstehen ist (Ruijgh 1971, 942). Beide Lösungen sind möglich, Fränkels Konjektur zu ἀγειρομένων sowie Ardizzonis zu οἵ γ' sind demnach unnötig (vgl. Livrea 1973, ad loc.; Livrea 1980, 150 f.; Hunter 2015, ad loc.).

1462 Campbells (1969, 284) Konjektur ἀναΐξας für überliefertes ἐπαΐξας wird zumeist akzeptiert (vgl. jedoch Pompella 2006, ad loc.). Auffällig sind die symmetrisch angeordneten a- und e-Laute in diesem Vers, denen wohl auch der Überlieferungsfehler geschuldet ist: ἔκριθεν und ἐρεείνειν rahmen ein Zentrum aus ἄλλυδις ἄλλος ἀναΐξας. Die Gespräche der Argonauten werden so onomatopoetisch abgebildet.

1463 νυχίοισιν ... ἀνέμοισιν Hier verbirgt sich eine Anspielung auf die Helios-Insel-Episode der *Odyssee* (vgl. ad 1458). Nächtliche Stürme wollen auch die Gefährten des Odysseus meiden, weshalb sie gegen dessen Rat auf der Helios-Insel landen – wo sie der Versuchung der Rinder nicht widerstehen können und so ihr Schicksal besiegeln (ἐκ νυκτῶν δ' ἄνεμοι χαλεποί, δηλήματα νηῶν, Od. 12,286). Die Argonauten beweisen demgegenüber auch in schlimmster Not Zurückhaltung und Gottesfurcht, sie bitten trotz ihres fürchterlichen Durstes in einem Gebet um Hilfe (vgl. ad 1393–1421). Überdies hat die Anspielung proleptische Funktion: Die anschließende Suche nach Herakles in der libyschen Wüste wird zumindest zwei Argonauten dennoch zum Verhängnis werden (vgl. ad 1485–1536).

ἐπηλίνδητ' Das Verb ἐπαλινδέομαι, „überwälzt = verwischt werden" ist nur hier belegt, das Scholion glossiert ἐκεκάλυπτο (Schol. A.R. 4,1463). In der Bedeutung „sich im Sand wälzen" findet sich ἀλινδέομαι bei Nikander (Nic. Th. 155 f.; vgl. 204; 266; vgl. Livrea 1973, ad loc.; Overduin 2015, ad 266).

1464 ἀμάθου Vgl. ad 1239.

1464 f. Βορέαο .../ υἷε δύω Die Boreassöhne Zetes und Kalais sind traditionell Argonauten (vgl. Pi. P. 4,179–183; Apollod. 1,111; Ov. Met. 6,712–721). Bei Ap. gehören sie zu den Argonauten, die häufig eine Rolle spielen, etwa bei der Befreiung des Phineus von den Harpyien (2,178–536). Hier werden sie für die Suche aufgrund ihrer Flügel ausgewählt, die ihnen Schnelligkeit verleihen (vgl. ἄνδρας πτεροῖσιν / νῶτα πεφρίκοντας ἄμφω πορφυρέοις, Pi. P. 4,183 f.). Die Boreaden werden von Herakles, den sie hier so engagiert suchen, auf Tenos getötet, weil sie sich zunächst gegen eine Suche nach ihm aussprechen (vgl. A.R. 1,1298–1308).

1465 f. πτερύγεσσι πεποιθότε, ποσσὶ δὲ κούφοις / Εὔφημος πίσυνος Wie die Boreaden wird Euphemos wegen seiner Schnelligkeit für die Suche ausgewählt. Die parallele Erwähnung der Eigenschaften hebt dies hervor (πτερύγεσσι πεποιθότε – ποσσὶ πίσυνος). Seine Schnelligkeit wird bereits im Katalog erwähnt. Er kann über Wasser laufen, was ihm in der Wüste freilich wenig hilft (1,179–184). Ap. variiert hier die häufige Kombination ποσσὶ πεποιθώς (z. B. Il. 6,505; 22,138, h. Cer. 317; Cypr. fr. 15,2; Thgn. 1,950; 2,1278d) sowie vergleichbare Junkturen (χείρεσσι πεποιθότες, Il. 12,135; τεράεσσι πεποιθότες, 256; νηυσὶ θοῇσιν τοί γε πεποιθότες ὠκείῃσι, Od. 7,34; θεοῖσι πεποιθότες ἀθανάτοισιν, 9,107; φωνῇ τ᾽ ἠδὲ πτερύγεσσι (v. l.), h.Merc. 544; von den Dioskouren: ξουθῇσι πτερύγεσσι δι᾽ αἰθέρος ἀίξαντες, h.Hom. 33,13; vgl. Livrea 1973, ad loc.; Vergados 2013, ad 544). Der Poseidonsohn Euphemos erhält von seinem Halbbruder Triton eine Scholle libyscher Erde, aus der die Insel Thera-Kalliste entsteht, von der aus Kyrene gegründet wird (vgl. Pi. P. 4,44 ff.). Euphemos wird so zum Stammvater der Battiaden von Kyrene (vgl. ad 1551–1585; 1731–1764) und gehört zu den prominenteren Argonauten (2,536; 561 ff.; 588 ff.; zu Euphemos vgl. Köhnken 2005).

1466 Λυγκεύς Lynkeus ist der Bruder des Querulanten Idas. Von seinen hervorragenden Augen wird in der literarischen Tradition behauptet, er könne damit durch Gegenstände hindurch und unter die Erde sehen (vgl. Cypr. fr. 15 Bernabé; Pi. N. 10,61 ff.; Ar. Pl. 210; Pl. Ep. 7,344a; Orph. A. 1193; vgl. West 2013, 94 ff.), wozu der Erzähler im Katalog zurückhaltend Stellung nimmt (1,151–155; vgl. ad 1381–1388; Teil I.E). Lynkeus spielt sonst in den *Arg.* keine Rolle.

1466 f. ὀξέα τηλοῦ / ὄσσε Mit einer ähnlichen Formulierung verspottet Aias in der *Ilias* den Idomeneus als nicht besonders scharfsichtig (οὔτέ τοι ὀξύτατον κεφαλῆς ἐκδέρκεται ὄσσε, Il. 23,478). Wie Idomeneus, der die Rosse des Diomedes aus der Ferne erkennt, glaubt auch Lynkeus, Herakles in weiter Ferne erspäht zu haben (vgl. ad 1478 ff.).

1467 ὄσσε βαλεῖν Ähnliche Junkturen finden sich seit dem alten Epos (ταρβήσας δ᾽ ἑτέρωσε βάλ᾽ ὄμματα, Od. 16,179; ὄμματα καλὰ βαλοῦσα, h. Cer. 194; h. Ven 196; Pi. Pae. fr. 52p6; E. Ion. 582). Ap. verwendet den Ausdruck in Variation mit ὄσσε (ὄσσε βάλοις, 1,726; ἐγκλιδὸν ὄσσε βαλοῦσα, 790= 3,1008; πάρος ὄσσε βαλοῦσα, 3,1063; ἀπ᾽ οὔδεος ὄσσε βαλοῦσαν, 4,726).

Κάνθος In der folgenden Episode wird Kanthos' Tod im Kampf gegen Kaphauros beschrieben (vgl. ad 1485–1501). Kanthos ist bei Ap. Sohn des Kanethos, sein Tod wird im Katalog angekündigt (1,77–85). Kanthos' Teilnahme an der Suche wird motiviert durch seinen Wunsch, mehr über das Schicksal seines Freundes Polyphem zu erfahren (1468 ff.). Zugleich ermöglicht seine aus der Suchaktion resultierende Vereinzelung die Episode über seinem Tod. Die beiden letzten Teile der Hesperidenepisode (C. Suche nach Herakles; D. Tod zweier Argonauten, vgl. ad 1393–1536) folgen logisch aufeinander. Bei Valerius stirbt Kanthos dagegen in Kolchis (Val. Fl. 6,317–341; vgl. auch Orph. A. 141 ff.).

1468 f. τὸν μὲν ἄρ' αἶσα θεῶν ... ἠνορέη τε / ὦρσεν Das Substantiv ἠνορέη steht im Epos für ἀνδρεία, so auch bei Ap. (Il. 6,156; 8,226; Od. 24,509; h. Mart. 6; Hes. Th. 516; 619; vgl. A.R. 1,75; 205; 483; 1198; 3,189; 512; 1053). Pindar und Theokrit verwenden die dorische Form ἀνορέα (z. B. Pi. I. 8,25; N. 3,20; Theocr. Syr. 9). Eine ähnliche Vorstellung wie hier liegt einer *Ilias*-Passage zugrunde, in der Apollo den Aeneas zu Mannhaftigkeit anspornt, damit die Griechen nicht ὑπὲρ Διὸς αἶσαν den Sieg davontragen (Il. 320–339; hier 329). Dass Kanthos' Schicksal durch seine Teilnahme an der Suche wie vorherbestimmt (1,77–85) besiegelt wird, verdeutlicht der Ausdruck αἶσα θεῶν (vgl. ad 1254). In dem Punkt, dass Kanthos aufgrund seiner ἠνορέη, also einer spezifischen Charaktereigenschaft, Einfluss auf sein Geschick hat, entspricht der Schicksalsbegriff der *Arg.* weitgehend der gängigen doppelten Motivation des menschlichen Geschicks in der Weltauffassung der hom. Epen (vgl. A. Schmitt 1990; Yamagata 1994, 105–120; Sarischoules 2008b, 274–300; Nesselrath 2008; ferner Pietsch 1999, 193–257; Clauss 2016).

1469 ἀπηλεγέως Selten im alten Epos (μῦθον ἀπηλεγέως ἀποειπεῖν, Il. 9,309; = Od. 1,373; μῦθον ἀπηλεγέως ἀγόρευεν, h.Merc. 362), wird ἀπηλεγέως von der Homerphilologie von ἀλέγειν abgeleitet und im Sinn von ἀσυμπαθῶς, ἀφροντίστως, ἀποτόμως, σκληρῶς verstanden (Schol. Il. 9,309; Ap. s. 38,22 etc.). So fasst auch Ap. das Adverb auf (Rengakos 1994, 53 f.), verwendet es allerdings auch außerhalb der altepischen Formel (z. B. νίσσετ' ἀπηλεγέως, 1,758; πάροιθεν ἀπηλεγέως ἐχόλωσας, 4,864; vgl. noch 1,439; 2,25; 845; 3,19; 439; 3,501; 4,689; 902).

1470 Εἰλατίδην Πολύφημον Der Elatos-Sohn Polyphem gehört in der *Ilias* wie in den *Arg.* zu den Lapithen, die gegen die Kentauren kämpfen (Il. 1,264; A.R. 1,40–44). Bei Ap. wird er mit Herakles und Hylas in Mysien zurückgelassen (1,1240 ff.), weil ihm vom Schicksal bestimmt ist, eine Stadt in Mysien zu gründen und bei den Chalybern zu sterben (1,1321 ff.). Hier werden die Gründe für Polyphems Tod und der Bericht über sein Grab nachgeliefert (1472–1477). Durch den teils analeptischen, teil proleptischen Exkurs schafft Ap. ein extremes Informationsgefälle zwischen Figuren und Rezipienten. Während der Rezipient erfährt, was Kanthos unbedingt in Erfahrung bringen will, bleiben die Argonauten unwissend. Auf diese Weise fällt die Erfolglosigkeit der Suche nach Herakles besonders ins Auge (vgl. Teil I.E).

1471 μεταλλῆσαι τὰ ἕκαστα Der Ausdruck hat hom. Vorbilder in einer Rede des Zeus an Hera und einer Rede der Penelope, die sich bei Fremden nach dem Verbleib des Odysseus erkundigt (Il. 1,550; Od. 14,128). Dass Kanthos und Polyphem eine besondere Freundschaft verbindet, wird betont (1470 f.).

1472 ἐπικλεές Das Adjektiv ist zuerst bei Ap., ein Adverb jedoch inschriftlich sowie in einem Fragment belegt, das Aristoteles bzw. Heraklides Lembos zugeschrieben wird (Πραξαγόρας δ' ὄνομ' ἔσχον ἐπικλέες, CIG 26,13; ἡ κόρη ὑπὲρ ἧς αὐτὸς εἰσῄει ἐπικλέως ἐγένετο, Arist. fr. hist. 45,611,326 Rose / Heraclid. Lemb. fr. 64,6 Dilts). Später in der Bedeutung „benannt nach", „berühmt durch" (Opp. H. 2,130; Greg. Naz. carm. ad alios 1570,5).

ἄστυ πολίσσας Ap. variiert einen hom. Ausdruck für die Erbauung Troias (ἐν πεδίῳ πεπόλιστο πόλις μερόπων ἀνθρώπω, Il. 20,216 f.), der sich sonst nur bei Herodot findet (πόλις πεπόλισται, Hdt. 5,52; 7,59; 7,108). In den *Arg.* bezeichnet die Variation mehrfach die Gründung einer Stadt, so bereits im ersten Buch von der Stadt, die Euphemos gründet sowie von der Gründung der Stadt Orchomenos durch Minyas (1,1346; 3,1095; zu den Ktisis-Gedichten vgl. Sistakou 2008a). Imitiert von Nonnos, der die hom. *figura etymologica* meidet (Nonn. D. 4,305; 5,58; 40,424). Die Rede ist hier von der Stadt Kios in der Propontis, die für ihre Teilnahme am Ionischen Aufstand bekannt war (Hdt. 5,122; vgl. Corsten 1985; Sourvinou-Inwood 2005). Laut Plinius handelt es sich um eine milesische Gründung (Plin. NH 5,144).

1473 νόστου κηδοσύνῃσιν Das Substantiv κηδοσύνη ist zuerst bei Ap. belegt, außer hier noch von Alkimedes Kummer bei Jasons Abfahrt sowie von Medeas Trauer um Jason wie um einen Toten (1,277; 3,462). Ein Adjektiv κηδόσυνος, „bemüht, besorgt um" begegnet bei Euripides in einem Kurzvergleich (E. Or. 1016 f.). Es könnte auf Odysseus' leidensreiche Heimfahrt anspielen (νόστον ἐμὸν πολυκηδέ' ἐνίσπω, Od. 9,37 = 23,351) – mit umgekehrter Motivik, denn im Gegensatz zu Odysseus hat der Argonaut Polyphem keine Odyssee, sondern eine Stadtgründung hinter sich gebracht, stirbt aber in der Fremde und kehrt nicht heim. Fränkel (1961, in app. ad loc.) korrigiert unnötig zu γνωστοῦ (vgl. Erbse 1963b, 21 f.; Livrea 1973, ad loc.) νόστος dürfte hier sowohl die Heimkehr bezeichnen, die sich Polyphem wünscht und von der Rückkehr zur Argo verspricht, als auch die weitere Teilnahme an der Argo-Fahrt (vgl. 4,739; vgl. Erbse 1963b, 21 f.; Vian 1973, 92 f.; Hunter 2015, ad 739, ad loc.).

1474 ἐξίκετο γαῖαν Formales Vorbild ist hier nicht nur ein *Ilias*-Vers (ἄλλων ἐξίκετο δῆμον, Il. 24,481; Livrea 1973, ad loc.), sondern neben dem formelhaften πατρίδα γαῖαν ἱκέσθαι (z. B. Od. 1,21; 4,558 etc.) auch ein *Paian* Pindars (σχεδὸν δ[ὲ Το]μάρου Μολοσσίδα γαῖαν ἐξίκετ', Pi. Pae. fr. 52f, 110; vgl. ὃ δ' ἵκετο Κολχίδα γαῖαν, Eumel. fr. 3,8 Bernabé; γαῖαν ἵζονται θεᾶς / Γόλγων ἀνάσσης, Lyc. 588 f.). Bei Ap. sind ähnliche Ausdrücke insbesondere in den Fahrtenbüchern naturgemäß sehr häufig, z. B. von der Heimkehr nach Griechenland (ἐς Ἑλλάδα γαῖαν ἱκώμεθα νοστήσαντες, 4,98; vgl. 1,904; 1298; 2,891; 1001; 3,1135; 4,33; 243; 1419 etc.).

1475 ἀγχιάλων Χαλύβων Die antiken Nachrichten über die Chalyber sind uneinheitlich, meist werden sie am Pontos verortet, ihr Stammvater ist der Aressohn Chalybs (vgl. Schol. A.R. 2,374), sie sollen die Eisenbearbeitung erfunden haben (A. Pr. 714, Schol. E. Alc. 918; X. An. 5,5,1; Call. fr. 110,46). Strabo setzt ihr Land mit dem silberreichen hom. Alybe gleich (Str. 12,3,19 ff.; vgl. Il. 2,857). Wenn Ap. ihr Land wie Ps.-Skylax und Mela in der Nähe von Sinope bzw. dem Thermodon in der heutigen Nordosttürkei verortet (Scyl. 88 f.; Mela. 1,105; vgl. Hecat. fr. 203 FGrH; Str. 12,3,19 ff.) – wofür das Epitheton ἀγχιάλων spricht –, hat Polyphem von Mysien am Hellespont vergeblich eine beachtliche Strecke zu Fuß zurückgelegt, um die Argo einzuholen.

μοῖρ' ἐδάμασσεν Häufiger Ausdruck für das Sterben in den hom. Epen (z. B. Il. 16,434; 17,421; 18,119; Od. 22,413). Bei Ap. nur hier, sonst Variationen (vgl. z. B. Κῆρες ἕλοντο, vgl. ad 1485; ἕλε πότμος, ad 1503; ὄεθρος ἀνταιάει, ad 1674 f.; ferner: μοῖρα μένει, 1,6; αἶσα γὰρ ἦεν ... δῃωθῆναι, 1,80 ff.; ἀπὸ μοῖραν ἑλοῦσα, 1,691; μοῖραν ἀνέπλησεν, 1,1035; ἤλασε μοῖρα, 2,815; θάνεν, 2,851; ἔκχυτο θυμός, 2,97; μοι θανέειν μόρος, 3,429; ὤλεσε μοῖρα, 3,660; φθεῖσθαι ἀεικελίῃ μοίρῃ, 3,754; ὀλέσθαι μοῖρα πέλει, 3,778 f.; θυμὸν ἀναπνείων, 4,473). Während bei Homer μοῖρα häufig in der ursprünglichen Bedeutung „Teil" steht (z. B. Il. 10,252 f.; Od. 3,40; 15,140), ist bei Ap. mit zwei Ausnahmen („Teil": 2,452; „nach Gebühr": 2,1159) stets „Geschick, Schicksal" gemeint (vgl. noch 1,299; 422; 440; 1317; 1323; 2,855; ad 1468 f.; vgl. Fränkel 1968, 136 Anm. 298; Yamagata 1994, 105–120; Sarischoules 2008, 41–128).

1476 βλωθρὴν ἀχερωίδα Das Substantiv ἀχερωίς bezeichnet die Silberpappel (auch λευκή, z. B. Ar. Nu. 1007; D. 19,260; Thphr. 1,10,1). Formales Vorbild ist ein hom. Baumgleichnis, das den Tod der Kämpfer Asios und Sarpedon illustriert (ὡς ὅτε τις δρῦς ἤριπεν ἢ ἀχερωὶς / ἠὲ πίτυς βλωθρή, Il. 13,389 f. = 16,482 f.). Der Name ἀχερωίς für die Silberpappel ist auch bei Ap. ἅπαξ λ. Die Bedeutung des Adjektivs βλωθρός wird von antiken Philologen diskutiert (z. B. Schol. Il. 13,390a; εὐαυξής, Hsch. s.v. βλωθρός; μακρά, μεγάλη. ἢ ἡ ἀναδρομὴ καὶ αὔξησις, Et. Gen. s.v. βλωθή). Wahrscheinlich heißt es „hochgewachsen" (vgl. ὑπὸ βλωθρὴν ὄγχνην, Od. 24,234; ἀπὸ γλωθρῶν δενδρέων, Hes. fr. 204,124 M.-W.; βλωθρῇ ἐπὶ ποίῃ,

Arat. 1089; βλωθροῖο πυρίτιδος ἔγχλοα φύλλα, Nic. Th. 683), jedoch lässt sich keine Gewissheit erlangen (vgl. Strasburger 1964, 38; Janko 1992, ad 13,389–91; Rengakos 1994, 173; Kidd 1997, ad 1089). Die Baumart, die in der *Ilias* mit dem Tod bedeutender Kämpfer assoziiert ist, eignet sich gut als Grabmal für den wackeren Städtegründer Polyphem.

1476 f. σῆμα τέτυκται / τυτθὸν ἁλὸς προπάροιθεν Formale Vorbilder für die Junktur finden sich im hom. Epos (zornig von Skamandros über ein Grab für Achill: σῆμα τετεύξεται, Il. 21,322; von Orion: κακὸν δέ τε σῆμα τέτυκται, 22,30; als Zeichen des Odysseus: τόδε σῆμα τετύχθω, Od. 21,231; vom Ehebett des Odysseus als Wiedererkennungszeichen: ἐπεὶ μέγα σῆμα τέτυκται, 23,188; vom Mond: τέκμωρ δὲ βροτοῖς καὶ σῆμα τέτυκται, h.Hom. 32,13; vgl. γονάτων Διδύμοις ἔπι σῆμα τετύχθω, Eudox. fr. 118,2 Lasserre; Arat. 233; 725; 805; bei Ap.: τόδε σῆμα θεῶν ἰότητι τέτυκται, 3,545). Das Grab am Meer müssen die Chalyber für Polyphem errichtet haben, in deren Gebiet er starb (1475). Grabmale werden für alle toten Argonauten errichtet. Oft bilden sie den Anlass zu einem Aition, das hier fehlt (vgl. z. B. die Grabhügel für Idmon, Tiphys und Mopsos, 2,842 ff.; 851 ff.; vgl. ad 1536).

1478 μοῦνος ... εἴσατο Λυγκεύς Die Form εἴσατο ist Aorist von εἴδομαι in der Bedeutung „glauben, meinen" (vgl. 1,718; 1024), in Anknüpfung an ein hom. ἅπαξ λ. (οἳ γάρ οἱ εἴσαντο διακριδὸν εἶναι ἄριστοι, Il. 12,103; Ardizzoni 1967, ad 718; Rengakos 1994, 75). Statt μοῦνος, das nur in einem vom Scorialensis abhängigen Codex bezeugt ist, wird gelegentlich auch in allen Ms.-Familien bezeugtes μοῦνον in den Text übernommen, da es die Distanz zwischen Herakles und den Argonauten besser betone (so Hunter 2015, ad loc.). Jedoch kann μοῦνον durch Verschreibung in Anlehnung an den vorhergehenden Akkusativ Ἡρακλῆα in die Mss. gelangt sein, μοῦνος hingegen ist als *lectio difficilior* der Vorzug zu geben. So ergibt sich eine gesperrte Stellung von Attribut und Subjekt, wie sie Ap. zur Hervorhebung gern verwendet (vgl. z. B. ad 1450 f.; 1498; Teil I.B.). Es wird betont, dass allein Lynkeus meint, er habe Herakles gesehen, wobei die Formulierung erkennen lässt, dass der Erzähler an dessen famosen Adleraugen Zweifel hegt (vgl. ad 1466 f.). Herakles befindet sich außer Sichtweite (τηλοῦ), selbst Lynkeus kann nicht mehr als einen Schatten gesehen haben – wie auch das folgende Neumond-Gleichnis illustriert (vgl. ad 1479 f.). Bei Vergil findet sich das Motiv in der Unterweltsepisode, als Aeneas einen letzten Blick auf Dido erheischen kann (Verg. A. 6,452 ff.; vgl. Drögemüller 1956, 96; Livrea 1973, ad loc.; Nelis 2001, 470; anders Hunter 2015, ad loc.).

ἀπειρεσίης ... χθονός Formales Vorbild ist eine Beschreibung der Erde in der *Ilias* (νέρθε Ποσειδάων ἐτίναξε / γαῖαν ἀπειρεσίην, Il. 20,57 f.). Bei Ap. steht das Adjektiv noch vom Land der Becheirer (2,1242 f.; vgl. auch 2,394).

1479 f. Neumond-Kurzgleichnis Lynkeus' Herakles-Sichtung wird verglichen mit dem Mond am Neumondstag, der nur als Schatten am Himmel sichtbar ist. Der zweite Vers stellt die Verbindung zwischen Gleichnis- und Handlungsebene her, indem er den Mondschatten mit dem Schatten vergleicht, den Lynkeus als Herakles erkannt zu haben glaubt (vgl. ad 1478).

1479 νέῳ ἐνὶ ἤματι Gemeint ist der „erste Tag des neuen Mondes", die νουμηνία, die Zeit, in der der Mond kein Licht reflektiert und noch nichts „lehrt" (so Arat von den sichtbaren Mondphasen, Arat. 733–818). Mit ähnlicher Formulierung bestimmt ein Gesetz in den *Nomoi* den Monatsersten zum Einkauf von Getreide (ἑκάστῳ μηνὸς τῇ νέᾳ ὧν δεῖ πραθῆναι, Pl. Lg. 649b; Vian / Delage 1996[2], N.C. ad 1480; Hunter 2015, ad loc.). Parallel dazu deutet Murray (2014, 264) die Beschreibung des Mondaufganges zu Beginn des vierten Buches ebenfalls als Neumond (τὴν δὲ νέον Τιτηνὶς ἀνερχομένη περάτηθεν, 4,54; zustimmend Hunter 2015, ad 54). Allerdings bedeutet νέον ἀνερχομένη dort wohl schlicht „gerade sich erhebend" (so auch Fränkel 1968, 459; Livrea 1973, 492; Vian / Delage 1996[2], 72). Vergleicht man den adverbialen Ausdruck (τὴν δὲ νέον Τιτηνίς, 4,54) mit der attributiven Formulierung hier, wird deutlich, dass unterschiedliche Zusammenhänge gemeint sein müssen. Der adverbiale Akkusativ νέον wird fast immer in dieser Bedeutung gebraucht (vgl. 1,273; 451; 737; 924; 976; 1003; 1095; 1160; 1228; 2,494; 751; 779; 3,690; 757; 1384; 4,36; 156; 1092; vgl. ad 1231; ad 1690). Dies ist auch aus inhaltlichen Gründen wahrscheinlich, denn die folgende Rede der Mondgöttin spricht für den Mondaufgang zu Beginn des vierten Buches, gegen einen dunklen Neumond und für eine andere Mondphase, in der der Mond heller scheint. Die Mondgöttin betont ja gerade, dass Medea sie heute nicht mit ihren Zaubersprüchen „vom Himmel weggehen" lässt (4,57–65).

1480 ἐδόκησαν Das Verb glossiert das vorhergehende εἴσατο in der Bedeutung „glauben, vermuten" auf Gleichnisebene (vgl. ad 1478).

ἐπαχλύουσαν Das Verb ist sonst nur bei Arat oder später belegt (Φάτνης ἀμενηνὰ φαείνοι / λεπτὸν ἐπαχλύων, Arat. 905 f.; ἐπήχλυσεν δὲ θάλασσα, Q.S. 14,462; vgl. Ant. Lib. 9,2,2; Greg. Naz. carm. ad alios 1483,9; Them. 232d6). Das zugehörige hom. Simplex ἀχλύω (ἤχλυσε δὲ πόντος, Od. 12,406 = 14,304) bezeichnet bei Ap. die Liebeskrankheit Medeas, in der *Hekale* wohl von der Dunkelheit bei einem Gewitter (vgl. ὄμματα δ' αὔτως / ἤχλυσαν, 3,962; ἠέρος ἀχλύσαντος, Call. fr. 319 Pf.). Das Verb beschreibt hier die Dunkelheit des Mondes selbst am Neumondstag, nicht eine Verdunkelung durch Dunst oder Gewölk (vgl. Vian / Delage 1996[2], N.C. ad 1480).

1482 ff. Der Episodenteil, der die Suche nach Herakles beschreibt, wird ringkompositorisch mit einem Rückgriff auf die Teilnehmer beschlossen. Die thematische Einheit wird formal bestätigt (vgl. ad 1457–1484) und die Reihenfolge der Namen umgekehrt (Lynkeus, Euphemos, die Boreaden). Von Kanthos' Schicksal wird im Folgenden berichtet (vgl. ad 1485–1536).

1482 μαστῆρα στείχοντα Das Substantiv μαστήρ, „Späher, Suchender" ist erst bei den Tragikern belegt (S. OC. 456; Tr. 733; E. Ba. 986; vgl. dann Thphr. piet. fr. 2,6; Eratosth. Cat. 1,31,7; Lyc. 1023). Bei Ap. ebenso wie bei Lykophron noch von den Kolchern, die die Argo durch die Prallfelsen verfolgen (μαστῆρες ἀριστήων ἐπέρησαν, 4,1003; vgl. Pötscher 1964, 100 f.; Hurst / Kolde 2008, ad 1022 f.; Hornblower 2015, ad 1023).

1483 Εὔφημος πόδας ταχύς Vgl. ad 1465 f.

1483 f. υἷε τε δοιώ / Θρηικίου Βορέω Zu den Boreaden vgl. ad 1464 f. In Thrakien ist Boreas traditionsgemäß zuhause (Il. 9,5; Hes. Op. 553; Ibyc. fr. 5,9 Page; Tyrt. fr. 12,4 West; A. Ag. 192; E. Cyc. 329; Call. Dian. 114; vgl. Livrea 1973, ad loc.; West 1978, ad 553). Zur Verwendung der Adjektivformen Θρηικός, Θρηίκιος, Θρῇξ in der hellenistischen Dichtung vgl. Bornmann 1968, ad 114.

1484 μεταμώνια μοχθήσαντες Vorbild ist die hom. Vorstellung, nach der die Götter menschliche Bemühungen nicht immer belohnen (z. B. τὰ δὲ πάντα θεοὶ μεταμώνια θεῖεν, Il. 4,363; vgl. Od. 2,98; 18,332). Die Idee auch bei Theokrit (Theocr. 22,181), in nachhomerischer Dichtung sonst selten (Pi. O. 12,6a; P. 3,23; von Winden: Ar. Pax 117). Bei Ap. dagegen häufig, von einem Seherspruch, von sinnloser Rede, von Winden und sinnloser Mühe (1,491; 3,1096; 1121, 4,385). Die hom. Vorstellung von der Sinnlosigkeit menschlicher Bemühungen, die dem Willen der Götter widersprechen, wird hier indirekt auf die Suche der Helden übertragen. Es entspricht dem Willen der Götter, dass Herakles von den Argonauten getrennt wurde (vgl. 1,1315–1320) – die Suche muss erfolglos bleiben (vgl. Teil I.E.II.3). Die Getragenheit des spondeischen Schlusses und der durch o-und ä-Laute erzeugte, dumpfe Klang des Verses empfindet die Plackerei der Argonauten in der Wüste nach.

D. 1485–1536 Tod der Argonauten Kanthos und Mopsos

Inhalt und Aufbau Der letzte Teil der Hesperidenepisode berichtet vom Tod der beiden Argonauten Kanthos und Mopsos und schließt an die Erzählung von der Suche nach Herakles an. Die Suche ist der Grund für die ausbleibende Rückkehr des Kanthos. Die Episode trägt im Verhältnis zu den drei vorhergehenden Teilen (Teil III.II. A.-C.) Züge einer Appendix. Über die Todes-Thematik ist dieser Teil dennoch eng verknüft mit der Ankunftsepisode (A.), in der die Argonauten den toten Ladon bei den Hesperiden vorfinden (vgl. ad 1393–1536). Mit Teil B. und C. ist die Appendix eher locker über das Herakles-Motiv verbunden, denn die Todesfälle ereignen sich, nachdem man Herakles gesucht hat. Zugleich leitet dieses Zwischenspiel über zur dritten Begegnung der Helden mit indigenen Gottheiten in der folgenden Triton-Episode, da die Todesfälle sich in der Nähe des Tritonsees ereignen (vgl. ad 1537–1625). Die Episode besteht aus zwei Teilen. Der erste berichtet, wie Kanthos bei dem Versuch erschlagen wird, einem Hirten sein Vieh zu rauben (1485–1501). Der zweite Teil erzählt, wie der Seher Mopsos von einer Giftschlange gebissen wird (1502–1536). Beiden Teilen liegt eine exakt parallele Mikrostruktur zugrunde. Zuerst wird die Tätigkeit des Argonauten (1485 f.; 1503 ff.), dann sein Widersacher beschrieben (1487–1496; 1505–1517), wobei der Erzähler die Gefahr ausdrücklich betont (dagegen Faerber 1932, 91; Hübscher 1940, 47 f.; Fränkel 1968, 605 f.). Schließlich wird der Moment des Todes berichtet (1497; 1518–1527), dann folgt die Reaktion der Argonauten (1498 ff.; 1527–1536). Dieser Doppelepisode vom Tod zweier Argonauten in Libyen entspricht eine durch inhaltliche und strukturelle Parallelen gekennzeichnete Doppelepisode vom Tod der Argonauten Tiphys und Idmon im zweiten Buch (2,815–863; vgl. Teil I.C; vgl. auch Durbec 2008). Beide Doppelepisoden sind beinahe gleich lang und weisen ebenfalls die genannte Mikrostruktur auf. Als Folge von Tiphys' Tod fallen die Argonauten in Agonie und Verzweiflung, so wie vor dem Tod von Kanthos und Mopsos in der Syrtenwüste (vgl. ad 1250–1304). Ferner sterben die beiden Seher Idmon und Mopsos jeweils durch ein wildes Tier (vgl. ad 1505 ff.). Die Argonauten rächen den Tod ihrer Gefährten und bestatten alle vier Toten regelkonform (vgl. ad 1497 ff.; 1535 ff.). Weitere Parallelen werden im Folgenden am Ort besprochen.

1485 Κάνθε Zu Kanthos vgl. ad 1467. Ein einzelner Argonaut wird nur hier vom Erzähler apostrophiert (vgl. Teil I.E; Hunter 2015, ad loc.; Cuypers 2004; Klooster 2013). Apostrophe des argonautischen Personals und einzelner Gottheiten wird vom Erzähler der *Arg.* im Vergleich zu den hom. Epen häufig eingesetzt, auch in der Libyenepisode (vgl. ad 1333; 1383; 1411; 1600; 1773).

οὐλόμεναι ... Κῆρες Im hom. Epos begegnet κῆρ oft unpersönlich im Sinn von „Tod, Verderben" mit den typischen Epitheta (z. B. κηρὶ μελαίνῃ, Il. 3,454; κῆρ στυγερή Il. 23,78 f.; vgl. auch h. Cer. 262; h. Mart. 17). Dort aber auch Κῆρ und Κῆρες als personifizierte Todesgottheit(en) (z. B. Il. 2,302; 12,326ff; 16,687; 18,535 ff.; Od. 4,502; 11,171; 14,207; 19,558; 23,78). Verhasstsein wird durch Vergleich mit κῆρ ausgedrückt (Il. 3,454; Od. 17,500). Hesiod ordnet die Keren als Nachkommen der Nyx in die Göttergenealogie ein (Hes. Th. 211–217). Im *Scutum* wird eine grausige Blutmahlzeit der Keren beschrieben (Hes. Sc. 249–257), die Keren sind hier personifizierte Todesdämonen. In Lyrik, Elegie und bei den Vorsokratikern ist die Bedeutung der Keren weniger spezifisch, sie bringen allgemein Unheil und Verderben (θάνατος γὰρ ἀναιδὴς πρόσθεν ἐπὶ βλεφάροις ἕζετο κῆρα φέρων, Theogn. 208; 767 ff.; vgl. Mimn. fr. 2,5 ff.; Semon. 1,20; Emp. I,269, B121 D.-K.; Democr. II,119, B285 D.-K.). Die Tragödie zieht die Erinnyen als Rachegeister den Keren vor, jedoch werden sie auch zusammen genannt (A. Th. 1054 ff.). Die Keren erfüllen eine ähnliche Funktion wie in der übrigen Dichtung (S. OT 470 ff.; Tr. 453; E. El. 1252; 1298 ff.; A. Th. 775; E. Tr. 769 ff.; HF 480, 870). Bei Lykophron (Lyc. 909; 1120; 289; 807; 407; 675; 1294) begegnet κῆρ ebenfalls in der Bedeutung „Schicksal" (Lyc. 675). Bei Nikander steht κῆρ auch im Sinn von „Gift" (Nic. Th. 35; 411). Ker heißt das von Apollon als Strafe für den Tod des Linos und der Psamathe nach Argos gesandte Ungeheuer in einem anonymen Epigramm, das Kallimachos im *Linos* behandelt (AP 7,154; vgl. Call. fr. 26–31 Pf.). Bei Ap. sind die Keren immer personifizierte Gottheiten, die wie hier den Tod bringen (1,690) oder als Zeugen angerufen werden (2,258; vgl. ad 1665). Nach Ap. werden die Keren im Epos in der alten Bedeutung beibehalten (Orph. Arg. 1029; Nonn. 32,195). Bei Quintus von Smyrna, „der an diesem Wort einen Narren gefressen hat" (Gärtner 2007, 227–235), begegnen die Keren oft als personifizierte Dämonen (z. B. Q.S. 1,309 ff.; 6,427; 12,473; 10,304; 11,39).

1486 πώεσι φερβομένοισι Das Verb φέρβω nicht in den hom. Epen, bei Hesiod nur in der ungewöhnlichen Bedeutung „erhalten" vom Hausstand (Hes. Op. 377). Im eigentlichen Sinn von Lebewesen später (vgl. h. Merc. 105; Pi. O. 2,73; E. Hipp. 75; Arat. 114; Theocr. 5,131; 7,80; 85; Lyc. 85; Call. Cer. 136). Ap. gebraucht das Verb aktivisch im Sinn von „nähren" (1,1211; 2,1250) und medial, „sich ernähren, leben" (2,393; 4,1016). Mit derselben Junktur wie hier beschreibt Ap. nur die Aktivität des Dipsakos, der in der idyllischen Gegend an der Mündung des Phyllis Schafe hütet. Das Selbstzitat hat hier kontrastiv-proleptische Funktion, der Hirte Dipsakos ist nämlich friedfertig, während der Hirte Kaphauros in Libyen gewaltbereit ist (οὐδέ οἱ ὕβρις / ἥνδανεν, ἀλλ' ἐθελημὸς ἐφ' ὕδασι /.../ ἐπάκτια πώεα φέρβων, 2,655 ff.; vgl. ad 1497). Die Landschaft um den Hesperidengarten weist im

Gegensatz zur Syrte (vgl. Teil III.I.A. 1223–1249; Teil III.II.B. 1422–1456) Weidemöglichkeiten für Schafe auf.

1486 f. ἀνήρ / αὐλίτης Das Substantiv αὐλίτης außer hier nur in einem Sophokles-Fragment (S. fr. 502). Kaphauros ist Einsiedler und Schafhirte (vgl. Schol. A.R. 4,1487: ὁ ἀπὸ τῆς ἐπαύλεως, ὁ ἀγροῖκος), jedoch – ähnlich wie Eumaios in der *Odyssee* kein einfacher Sauhirt ist – nicht irgendeiner, sondern ein Apollonenkel, weshalb er in der Lage ist, den Kanthos zu erschlagen (vgl. ad 1489 ff.). Einsiedelei und Hirtentum verbinden Kaphauros mit den libyschen Herossae, die den Argonauten in der Syrte helfen (vgl. ad 1308 ff.; 1322 ff.).

1487 f. ἑῶν μήλων πέρι .../... ἀλέξομενος καέπεφνε Vorbild ist ein hom. Gleichnis, das Hirten bei der Verteidigung ihrer Tiere gegen einen hungrigen Löwen mit den Griechen vergleicht, die sich gegen die einbrechenden Troier verteidigen (εὕρησι παρ' αὐτόφι βώτορας ἄνδρας / σὺν κυσὶ καὶ δούρεσσι φυλάσσοντας περὶ μῆλα, / οὔ ῥά τ' ἀπείρητος μέμονε σταθμοῖο δίεσθαι, Il. 12,302 ff.). Erneut wendet Ap. hier die Technik des umgekehrten Gleichnisses an, um einen Gegner der Argonauten zu beschreiben. Der wehrhafte Hirte Kaphauros wird indirekt den Hirten im Gleichnis und somit den Griechen gleichgesetzt. Der Argonaut Kanthos gleicht den eindringenden Troern bzw. dem hungrigen Löwen. Durch weitere motivische und lexikalische Parallelen wird diese Übernahme deutlich markiert (λέων ὀρεσίτροφος, ὅς τ' ἐπιδευὴς / δηρὸν ἔῃ κρειῶν, κέλεται δέ ἑ θυμὸς ἀγήνωρ, Il. 12,299 f.; vgl. ἑτάροισι / δευομένοις, ad 1487 f. sowie von Kanthos: ἠνορέη τε / ὦρσεν, ad 1486 f.). Der Löwe im vorbildhaften Gleichnis wird häufig als Verkörperung aggressiver, männlicher Kampfeslust gedeutet (vgl. ad 1338 ff.). Er hat damit dieselbe Motivation wie Sarpedon (Il. 12,328; Hainsworth 1993, ad 12,299–306; ad 12,305 f.). In der *Ilias* illustriert das Gleichnis den Kampf zwischen Trojanern und Griechen. Wie diese dort große Verluste erleiden, sterben auch hier sowohl der Argonaut Kanthos als auch sein libyscher Widersacher Kaphauros (1498 ff.). Die Integration von Elementen eines bekannten hom. Gleichnisses bewirkt, dass der Rezipient den Kampf zwischen Kanthos und Kaphauros vor der Folie der Kampfeshandlung der *Ilias* betrachtet.

ἑτάροισι / δευομένοις Die darbenden Gefährten (vgl. ad 1487) werden als Motiv für Kanthos' geplanten Viehdiebstahl angeführt. Sie werden die Herde schließlich an sich nehmen (vgl. ad 1500 ff.). Einen Viehdiebstahl des Herakles schildert Ap. im Theiodamas-Exkurs. Auch Herakles begegnet dem Widerstand des Hirten mit einem Kampf auf Leben und Tod, allerdings geht er als Sieger hervor (2,1211–1220). Im Gegensatz zu Kallimachos (Call. fr. 24 f. Pf.), rechtfertigt Ap. Herakles nicht mit dem hungernden Hyllos, sondern gibt an, Herakles suche einen Vorwand zum Kampf (2,1218 f.; vgl. Teil I.E.4.a). Die Motive erschlagener Hirte und Viehdiebstahl verknüpfen hier das Ende von Herakles' Teilnahme an der Fahrt eng mit der räumlichen Annäherung der Helden (vgl. ad 1457–1484).

1489 λᾶι βαλών Kaphauros ist trotz göttlicher Abkunft ein wilder, unzivilisierter Wüstenbewohner mit primitiven Waffen. Die primitive, aber effektive Kampftechnik mit Steinen erinnert an den Kyklopen Polyphem. In den *Arg.* ist sie Charakteristikum von einigen archaischen Gegnern der Argonauten, etwa vom kretischen Talos, der explizit als Relikt eines vergangenen Zeitalters dargestellt wird (vgl. ad 1638–1688; ad 1639 f.; ad 1659). Auch die Erdgeborenen, die Herakles auf Kyzikos besiegt, kämpfen mit Felsen (vgl. 2,989–995).

ἐπεί οὐ μὲν ἀφαυρότερός γ' ἐτέτυκτο Das Adjektiv ἀφαυρός steht hier in seiner hom. Bedeutung „schwach, kraftlos" in Bezug auf die körperliche Kraft des Kaphauros. Der Vers lehnt sich an eine *Ilias*-Stelle an, die von Hektors Kraft spricht (Il. 15,11; vgl. Bernsdorff 2001, 76 Anm. 94). Ein weiteres Vorbild dürfte die Müllerin aus der *Odyssee* sein, die auf ein Zeichen des Zeus hin in Einklang mit Odysseus die Freier zum Teufel wünscht. Von ihr heißt es, sie sei die schwächste (ἀφαυροτάτη, Od. 20,110). Kaphauros ist dagegen als Apollonenkel nicht schwächer als Kanthos. Seine Herkunft wird als Grund für seine ungewöhnliche Kraft angeführt, die ihm ermöglicht, einen der Argonauten zu überwältigen. Zwar kann ἀφαυρός auch „von niederem Stand" heißen und so wird das Adjektiv sonst bei Ap. verwendet (2,453; 3,144; vgl. Fränkel 1968, 190, Anm. 94; dagegen Rengakos 1994, 63). Hier liegt die Betonung aber eindeutig auf der Tatsache, dass Kanthos keinem schwächeren, sondern einem ebenbürtigen Mann unterliegt. Dass er auch an Geburt ebenbürtig ist, erfährt man später (vgl. ad 1490 ff.).

1490–1496 Die kurze genealogische Digression hat eine doppelte Funktion für die Handlung. Zum einen ist durch die Herkunft des Kaphauros von Apoll plausibel erklärt, dass er kräftig und geschickt genug ist, den Kanthos zu erschlagen. Zum anderen verweist Kaphauros' Abstammung von einer kretischen Königstocher, die womöglich auf Herodots Beschreibung der Herkunft der Nasamonen und Garamanten aus Kreta zurückgeht (Hdt. 2,32,1; 4,172 ff.), voraus auf die enge Beziehung zwischen Kreta und Libyen, die später erneut im Zentrum stehen wird (vgl. ad 1491 f.; 1494 ff.; 1625–1772; 1637).

1490 υἱωνὸς Φοίβοιο Λυκωρείοιο Zu Apoll in den *Arg.* vgl. ad 1702. Das Epitheton Λυκωρεύς für Apollo ist seit hellenistischer Zeit bezeugt (Call. Ap. 19; fr. 62 Pf.; Euph. fr. 80,3 Powell; vgl. AP 6,54,1; APl 279,4; Orph. H.

34,1), außerdem für Pan und Zeus (St. Byz. s.v. Λυκώρεια; vgl. Livrea 1973, ad loc.; Williams 1978, ad 19; Harder 2012 II, 498 f. ad 62). Die Etymologie des Namens ist umstritten (Paus. 10,6,2 f.). Als Name ist Lykoreus belegt für einen Apollonsohn, Gründer der Stadt Lykoreia, von der aus Delphi gegründet worden sein soll (Schol. A.R. 4,1490, Paus. 10,6,2). Lykoreus heißt der höchste Gipfel des Parnass (Schol. Pi. O. 9,70).

Κάφαυρος Der Name Kaphauros ist nur hier belegt und womöglich von Ap. als etymologisches Spiel zu ἀφαυρότερος (1489) gebildet (Livrea 1973, ad loc.). Zur Genealogie des Kaphauros vgl. ad 1496.

1491 κούρης τ' αἰδοίης Ἀκακαλλίδος Um Akakallis, Tochter des Minos, ranken sich zahlreiche Mythen. Sie ist von Hermes auch Mutter des Kydon, von Apoll Mutter des Naxos und des eponymen Stadtgründers Miletos (Paus. 8,53,5; Schol. A.R. 4,1492; Anton. Lib. 30). Hier greift Ap. eine Tradition auf, nach der sie von Apoll geschwängert und von Minos nach Libyen gebracht wird, wo sie den Sohn Garamas bzw. Amphithemis auf die Welt bringt, der dann direkt und indirekt zum Vater libyscher Stämme wird (vgl. ad 1494 f.). Die Motivik stimmt auffällig überein mit dem Fall der Nymphe Kyrene im zweiten Buch, die Apoll auch nach Libyen bringt und die ihm dort den Aristaios gebiert. Aristaios ist ebenfalls ein halb-göttlicher Hirte und Vertreiber einer Dürreperiode auf Keos, also ein Zivilisationsstifter (2,498–527). Die Nymphe Kyrene soll von Apoll zudem ebenfalls nach Kreta und von dort erst nach Libyen gebracht worden sein (Schol. A.R. 2,498). Apollo trägt somit in den *Arg.* sowohl durch eigene Nachkommen, die er in Libyen ansiedelt, als auch durch Unterstützung der Argonauten bei ihrer Kultivierungstätigkeit grundsätzlich dazu bei, die spätere Besiedelung Libyens durch die Griechen zu ermöglichen (vgl. ad 1694–1730; Teil I.D).

ἥν ποτε Μίνως Die Darstellung weist Ähnlichkeiten auf mit Kallimachos' Erzählung vom Schicksal der Nymphe Britomartis, die Minos mit seiner Liebe verfolgt, bis sie von einem Felsen stürzt. Dies verstärkt die Verbindung zwischen Kreta und Libyen (ἐλλοφόνον Βριτόμαρτιν εὔσκοπον· ἧς ποτε Μίνως / πτοιηθεὶς ὑπ' ἔρωτι κατέδραμεν οὔρεα κρήτης, Call. Dian. 190 f.; vgl. ad 1491 f.). Eine weitere Minostochter, Ariadne, empfiehlt Jason hintergründig der Medea als Vorbild (vgl. 3,997–1005; 1096–1101).

1492 ἐς Λιβύην Die enge Verbindung zwischen Kreta und Libyen, die schon bei Herodot besteht (Hdt. 4,151; 154–161), wird von Ap. mehrfach ausgestaltet. So wird Kreta von Nordafrika aus zuerst angesteuert, wobei Ap. die Insel als Grenzgebiet zwischen Europa und Libyen zeichnet, das nicht wirklich zu Griechenland gehört (vgl. ad 1625–1693).

ἀπένασσε ἀποναίῳ ist selten belegt und bezeichnet in der Regel „Umzugsbewegungen" (Il. 2,629; Od. 15,254; E. IT 175; 1260; Med. 166; vgl. Livrea 1973, ad loc.). Vorbild ist hier Achills Rede an Patroklos, in der ἀποναίῳ ebenfalls im Aktiv in der Bedeutung „jemanden ansiedeln", ebenfalls von einem Mädchen, Briseis, gebraucht wird (περικαλλέα κούρην / ἂψ ἀπονάσσωσιν, Il. 16,85 f.)

θεοῦ βαρὺ κῦμα φέρουσα Das Substantiv κῦμα hier von κύω in der Bedeutung „Kind, Embyro" wie κύημα von κυέω (vgl. A. Eu. 659; Ch. 128; E. fr. 106; Leon. AP 6,200,4). Ähnlich beschreibt Pindar die Schwangerschaft der Koronis von Apollo (φέροισα σπέρμα θεοῦ καθαρόν, Pi. P. 3,15). Dieselbe Junktur, allerdings in der gängigeren Bedeutung „Welle, Woge" auch bei Poseidipp (μεγάλην χέρα καὶ βαρὺ κῦμα, Posidipp. Ep. 19,11).

1493 θυγατέρα σφετέρην Zum Possessivum σφέτερος im Sinn von ἑός vgl. ad 1327.

1493 f. ἀγλαὸν υἱέα Φοίβῳ / τίκτεν Ähnliche Junkturen weisen zwei Verse aus *Odyssee* und hom. Hymnen auf, die die Geburt von Apollo und Artemis bzw. von Demophoon beschreiben (Od. 11,249; 285; h. Ap. 14 f.; h. Cer. 233 f.).

1494 Ἀμφίθεμιν Γαράμαντα Im Singular ist der Name Garamas zuerst hier belegt (vgl. später Paul. Sil. Amb. 177; Eusth. Comm. in D.P. 209,12; 217,2). Auch Amphithemis ist zuerst hier belegt (später Eusth. Comm. in D.P. 209,12). Vermutlich handelt es sich um einen sprechenden Namen, der Kaphauros mit einem „gesetzestreuen" Vorfahren versorgt (vgl. ad 1513 f.). Amphithemis-Garamas gilt als Stammvater der libyschen Garamanten (vgl. Schol. A.R. 4,1490–4d = Agroetas fr. 1 ff.; 4 FGH; Alex. Polyh. fr. 32,4 ff. FGH; zum Text des Scholions vgl. Ottone 2002, 314), die laut Herodot unter wilden Tieren leben und zu Menschen keinen Kontakt haben (Hdt. 4,174; 183 f.; Delage 1930, 270). Weitere Zeugnisse zu den Garamanten finden sich ab dem 1. Jhd. v. Chr. (z. B. Str. 2,5,33; 17,3,19; Mela 1,23; Liv. 29,33,9; vgl. Ruprechtsberger 1997). Ap. führt die libyschen Stämme der Garamanten und Nasamonen (1496) auf ihre von Apollon und einem kretischen Mädchen abstammenden Väter Garamas und Nasamon zurück und stellt so heraus, dass die (bei Herodot) als indigen geltenden Völker Libyens griechische Wurzeln haben. Die spätere griechische Herrschaft über diese Gegend erscheint als natürliche Folge (vgl. Teil I.D).

1495 Τριτωνίδι νύμφῃ Tritonis, mit der Garamas Nasamon und Kaphauros zeugt, ist hier die Nymphe des Tritonsees, an dessen Ufern Kanthos auf Kaphauros trifft (vgl. ad 1311; 1391). Sonst ist Tritonis auch Beiname der

Athene (vgl. ad 1309 ff.; παίχν[ια] Τριτωνὶς ἤνεικεν κόρ[, Call. fr. 202,28 Pf.; Τριτωνίδι δίᾳ, [Antim.] fr. 205 Wyss).

1496 Νασάμωνα τέκε κρατερόν τε Κάφαυρον Kaphauros' Bruder Nasamon gilt wie Garamas (vgl. ad 1494) als Stammvater der libyschen Nasamonen, die bei der Großen Syrte leben und mit ihren Herden im Sommer zur Dattelernte in die Nähe der Oase Augila ziehen (Hdt. 2,32,1; 4,172 ff.; Scyl. 109 = GGM 1,84). Die beiden Männer sind nicht nur Enkel des Gottes Apollo, sondern über Akakallis und Minos auch Nachfahren von Zeus und Europa. Die Genealogie von Kaphauros und Nasamon ist aber nicht nur gelehrtes Beiwerk. Vielmehr hebt sie hervor, dass die frühen indigenen Stämme Libyens letztlich auch griechische Vorfahren aufweisen (vgl. Teil I.D). Dass Kaphauros keinen Stamm in Libyen begründen kann, liegt an seiner tödlichen Begegnung mit den Argonauten (vgl. ad 1498). Dies ist ein weiteres Indiz, dass es sich bei dem Namen Kaphauros um eine Innovation des Ap. handeln könnte (vgl. ad 1490).

1497 Κάνθον Der genealogische Exkurs wird ringförmig beschlossen, indem der Erzähler abschließend den Anlass, Kanthos' Tod durch Kaphauros, wieder aufgreift (vgl. ad 1485).

ἐπὶ ῥήνεσσιν ἑοῖσιν Das Substantiv *ῥήν, „Schaf, Lamm" ist zuvor nur in einem Sophokles-Fragment belegt (κυνὸς πελλῆς τε μηκάδος †βοὸς ῥηνέων†, S. fr. 509* Radt), sonst erst bei Nikander (καὶ ῥῆνα καὶ ἠνεμόεντα λαγωόν, Nic. Th. 453; vgl. Hsch. s.v. ῥᾶνα· ἄρνα; s.v. ῥήνεα· πρόβατα). Vermutlich ist das Substantiv dem hom. πολύρρηνος entlehnt (Il. 9,154; 296; Od. 11,257; vgl. 2,377; ευρήνεσσιν, 1,49; εὔρρηνος, 3,1086; Livrea 1973, ad loc).

1498 ἀριστήων χαλεπὰς ἠλεύατο χεῖρας Hyperbaton mit dem Adjektiv χαλεπός nach der Mittelzäsur und zugehörigem Substantiv am Versende ist in den hom. Epen häufig (z. B. Il. 2,193; 5,178; 13,624; 14,417; 21,335; Od. 14,239; Call. Dian. 124; bei. Ap. noch 4,39; 1006; vgl. Bornmann 1968, ad 124; Livrea 1973, ad 1006). Das Hyperbaton lässt das Adjektiv in räumliche Entfernung zum grammatischen Bezugswort treten und direkt auf das Substantiv im Genitiv (ἀριστήων) folgen, zu dem es dem Sinn nach gehört. So tritt die Enallage besonders hervor (vgl. ad 1238). Die Junktur χαλεπὰς χεῖρας begegnet zuvor bei Aristophanes, von der rohen Behandlung der Frauen durch ihre Männer (Ar. Lys. 1116). Bei Ap. noch in einem Gleichnis, das Medeas Liebeskummer mit dem Leid eines Beutemädchens vergleicht (4,39). Als Vorbild der Junktur ἠλεύατο χεῖρας kommt eine Rede des unterlegenen Priamossohnes Lykaon in Frage, in der er Achill bittet, ihn zu schonen, obwohl er nicht wirklich damit rechnet (οὐ γὰρ ὀίω / σὰς χεῖρας φεύξεσθαι, Il. 21,92 f.). Lykaon entgeht Achills Rache ebensowenig wie Kaphauros der der Argonauten. Ein ähnlicher Ausdruck findet sich in einem Hesiod-Fragment von Herakles, gelegentlich in der Tragödie (Hes. fr. 302,18 M.-W.; S. El. 601; E. Med. 1271; Rh. 694; Andr. 824; fr. 12,261 Page).

1499 οἷον ἔρεξε In den *Arg.* begegnet die zuvor nicht überlieferte Junktur noch zwei Mal und bezeichnenderweise nur im vierten Buch (ἴδεν οἷον ἔρεξαν, 4,475; χόλος λάβεν οἷον ἔρεξαν, 4,558; vgl. ad 1719). Eine ähnliche Formulierung in der *Batrachomyomachie* (Batr. 181).

νέκυν δ' ἀνάειραν Eine ähnliche Verbindung steht in der *Ilias* vom Leichnam des Patroklos, nachdem die Griechen diesen zurückerobert haben (εἴδοντο νέκυν αἴροντας Ἀχαιούς, Il. 17,724; Livrea 1973, ad loc.). Ihren Toten erweisen die Argonauten auch unter widrigen Umständen die volle Ehre, indem sie sie begraben und Bestattungsriten und Totenklagen vollführen. Für Idmon, Tiphys und Mopsos wird der Grabhügel explizit vom Erzähler erwähnt (vgl. 2,841–853; ad 1536). Ausführlich beschrieben wird nur der erste Grabhügel für Idmon am Acherusischen Kap, die anderen werden kurz genannt. Nur hier fehlt der Hinweis auf den Grabhügel. Ap. betont die Zuverlässigkeit der Argonauten bei der Wahrung griechischer Bestattungsrituale und lässt so einen Gegensatz entstehen zu den fremden, unheimlichen Bestattungsriten der Kolcher, die ihre männlichen Toten nicht verbrennen oder begraben, sondern in ein Fell gewickelt an einem Baum aufhängen (3,198–209; vgl. Schol. A.R. 3,200; Dräger 1997, 94 f.; Dräger 2001, 40 ff.). Der Kontrast zwischen griechischen und kolchischen Bestattungsriten wird durch die Verwendung des seltenen Verbs ταρχύω für die Erdbestattung sowohl der Argonauten als auch der kolchischen Frauen unterstrichen (χθονὶ ταρχύουσιν, 3,208; vgl. ad 1500). Die Gräber der beiden Argonauten in Libyen sind Symbol, dass mit dem Besuch der Argonauten griechischer Kult in Libyen Einzug hält (vgl. Teil I.D).

1500 †πυθόμενοι† Die Stelle ist korrupt. Das Aoristpartizip πυθόμενοι der Hauptüberlieferung ist unmetrisch und tautologisch nach μάθον (1499). Wifstrands Konjektur πυθόμενον (von πύθω, parallel zu den Leichnamen des Ladon und Mopsos, vgl. ad 1405; ad 1530) stehen inhaltliche Erwägungen entgegen. So ist hier nicht wie in den als Parallelen herangezogenen Fällen ein Gift beteiligt, das eine schnelle Verwesung bewirkt (Wifstrand 1929, 106; Fränkel 1968, 603 ff.; Livrea 1973, ad loc.; Giangrande 1973, 45 ff.; Livrea 1983, 425; Vian / Delage 1996², N.C. ad 1501; N. add. ad 1501; Hunter 2015, ad loc.). Von den Konjekturen überzeugen am ehesten Vian und Delage (1996², in app. ad loc.) mit κηδόμενοι. Die Verbform kann leicht durch Verschreibung zu πυθόμενοι entstellt worden sein, besonders in Anbetracht der beiden umgebenden Beschreibungen von verwesenden Leichnamen (1405; 1530). Vians Konjektur berücksichtigt auch den parallelen Aufbau der beiden Doppelepisoden vom Tod zweier Argonauten im zweiten und vierten Buch. In der entsprechenden Episode vom Tod des Sehers Idmon findet sich ein ähnlicher, expliziter Verweis auf dessen dreitägige Bestattungszeremonie (ἀμφὶ δὲ κηδείῃ νέκυος μένον ἀσχαλόωντες, 2,836). Die wörtliche Anspielung durch κηδόμενοι betonte die Parallelität der beiden Episoden.

ταρχύσαντο Das Verb ist hom. δίς λ. in der Bedeutung „ehrenvoll bestatten" (Il. 7,85; 16,456= 674). Bei Ap. aktivisch (2,838; 3,208; vgl. Lyc. 424; 728) und im Medium (noch 1,83; 281; vgl. Lyc. 882; Livrea 1973, ad loc.). Sonst selten (z. B. AP 7,176; 537; 577; App. Anth. 279a3; 343,3; 434,2; häufiger erst spät, vgl. Q.S. 1,820; 3,735 etc.; Nonn. D. 17,310; 36,478; 37,3). Das Verb kündigt im Argonauten-Katalog Mopsos' und Kanthos' Tod an (1,83) und unterstreicht die Parallelität der Doppelepisoden vom Tod zweier Argonauten (2,838; vgl. ad 1485–1536). Lykophron beschreibt mit dem Verb ebenfalls Bestattung und Grab des Mopsos (Μόψον Τιταιρώνειον ἔνθα ναυβάται / θανόντα ταρχύσαντο, Lyc. 881 f.), wobei die Argonauten ein Ruder auf den Grabhügel pflanzen, wie sie bei Ap. auf dem Grabhügel des Idmon eine Schiffswalze hinterlassen (Lyc. 882 ff.; vgl. 2,841–844). Diese Art der Grabdekoration begegnet bereits in der *Ilias* (Il. 16,456). Ap. nutzt das Verb auch zur Beschreibung der Bräuche, nach denen in Kolchis nur die Frauen bestattet werden (2,208; vgl. ad 1499).

1501 τὰ δὲ μῆλα μετὰ σφέας οἵ γ' ἐκόμισσαν Hinter der seltsamen Formulierung μετὰ σφέας verbirgt sich in verkürzter Ausdrucksweise ein Hinweis auf den Ablauf der Ereignisse (anders Hunter 2015, ad loc.). Da sich die Argonauten in der Regel nicht alle zugleich vom Schiff entfernen (vgl. ad 1457–1484 sowie z. B. auf Lemnos, 1,855 f.), sucht auch hier nur ein Teil nach Kanthos, als dieser seinerseits von der Suche nach Herakles nicht zurückkehrt. Der Rest bleibt beim Schiff zurück. Die Argonauten, die dem Kanthos folgen, den Kaphauros töten und Kanthos' Bestattung vornehmen, treiben nun die erbeuteten Tiere zu den Gefährten zurück (vgl. ad 1487 f.). Der Hinweis greift ringkompositorisch den Anfang der Erzählung von Kanthos' Tod auf (zu den Schafen vgl. ad 1593).

1502–1536 Tod und Bestattung des Mopsos Der zweite Teil der Doppelepisode hat Tod und Bestattung des Sehers Mopsos zum Inhalt. Es lassen sich vier Abschnitte ausmachen. Einleitend wird Mopsos' Tod vom Erzähler vorweggenommen (1502 ff.), dann folgt eine Beschreibung seines „Gegners", der Schlange, inklusive Genealogie (1505–1517). Das Zusammentreffen mit der Schlange und die tödliche Wirkung des Giftes werden beschrieben (1518–1531). Dann erfolgt Mopsos' Bestattung (1532–1536). Erzählzeit und erzählte Zeit werden auffällig kontrastiert: Das Aition und die kurzen Momente des Bisses und des Sterbens nehmen am meisten Raum ein, während dagegen die langwierigen Bestattungsriten knapp beschrieben werden. Mopsos' Tod korrespondiert in mehrfacher Hinsicht mit dem des Idmon im zweiten Buch (2,815–863; vgl. ad 1485–1536). So stirbt Mopsos wie sein Seherkollege Idmon durch ein wildes Tier. Beiden Sehern hilft ihre Kunst im Moment des Todes ausdrücklich nicht (vgl. ad 1506; ad 1502 ff.). Die Erzählung vom Tod des Mopsos durch den Biss einer Schlange vom Blut der Gorgone Medusa gehört zu den wirkungsmächtigen Passagen der *Arg*. Lykophron erzählt in einer Einlage anlässlich eines Schiffbruches der Trojafahrer an der libyschen Küste vom Grab des Mopsos und von dessen Tod (Lyc. 881–886), wobei er in Details von Ap. abweicht (vgl. Holzinger 1895, ad 881–895; Hurst / Kolde 2008, ad 881–895; Hornblower 2015, ad 881–895). Den Perseus-Medusa-Mythos behandelt Ovid ausführlich (Ov. Met. 4,604–5,249; vgl. ad 1513 ff.). In Lukans Libyenepisode zeigen sich Ophiogenese und Schlangenkatalog beeinflusst von der Mopsos-Episode (Luc. 9,587–949; vgl. ad 1263 ff.; ad 1513–1531; Wick 2004 I, 18 f.; Lausberg 1990; Raschle 2001). An einem Schlangenbiss soll auch Demetrios von Phaleron gestorben sein, nachdem er sich für dessen Konkurrenten Ptolemaios Keraunos als Nachfolger des Ptolemaios I. ausgesprochen hatte, ins Exil geschickt und zum Selbstmord gezwungen worden war (vgl. Demetr. Phal. Fr. 69 f. Wehrli; Cic. Rab. Post 23; Huß 2001, 253 m. Anm. 9).

1502 ff. Die beiden Verse stimmen im Detail überein mit dem Erzählerkommentar kurz vor dem Tod des Sehers Idmon im zweiten Buch. Der Kommentar beginnt mit demselben Wort (ἔνθα). Drei Bestandteile werden dem Wortlaut, jedoch nicht dem Sinn nach variiert: Das Geschick bezwingt den Seher, seine Kunst ist ihm keine Hilfe, alle Menschen müssen notwendig sterben (ἔνθα δ' Ἀβαντιάδην πεπρωμένη ἤλασε μοῖρα / Ἴδμονα, μαντοσύνῃσι κεκασμένον, ἀλλά μιν οὔ τι / μαντοσύναι ἐσάωσαν, ἐπεὶ χρεὼ ἦγε δαμῆναι, 2,815 ff.; vgl. Livrea 1973, ad loc.; Matteo 2007 ad 815–16). Die Übereinstimmung der kurzen Erzählerkommentare unterstreicht die inhaltlichen Parallelen zwischen dem Tod des Idmon und des Mopsos: Beiden Sehern ist es vorherbestimmt, an dem jeweiligen Ort zu sterben (1,78 ff.; 140 ff.). Ihre Seherfertigkeiten helfen ihnen nicht, dem Tod zu entkommen (2,816 f.; vgl. ad 1503 f.). Beide sterben durch ein wildes Tier (Eber: 2,818–834; Schlange, vgl. ad 1505–1531). Beide werden von ihren Gefährten ehrenvoll bestattet (2,835–850; vgl. ad 1532–1536). Mopsos' Bestattung durch die Argonauten weist dabei motivische und lexikalische Parallelen zur Bestattung des Patroklos in der *Ilias* auf (vgl. ad 1531–1536).

1502 Ἀμπυκίδην ... Μόψον Das Hyperbaton umschließt die Zeitangabe und hebt so einen verlustreichen Tag hervor. Sohn des Ampyx ist Mopsos schon im *Scutum* ([Hes.] Sc. 181). Ein Ampyx kämpft bei Ovid (Ov. Met. 12,450) gegen die Kentauren. Als Vater des Ampyx nennt ein Scholiast den eponymen Heros der thessalischen Stadt Titaron (Schol. A.R. 1,65), dementsprechend heißt Mopsos bei Ap. Τιταρήσιος (1,65; vgl. Lyc. A. 881: Μόψον Τιταιρώνειον; vgl. Orph. A. 128). Die Epitheta verwendet Ap. wie Lykophron, um den Seher der Argonauten von seinem Kollegen, dem Teiresiasenkel Mopsos von Kolophon zu unterscheiden (Lyc. A. 439–466; vgl. Hurst / Kolde 2008, ad 881; ad 439–446; Hornblower 2015, ad 881; Vian / Delage 1974, ad 1,66). Pindar gibt kein Patronym an (Pi. P. 4,191–201; vgl. Braswell 1988, ad 191 a). Mit dem Patronym wird auch Idmon kurz vor seinem Tod vom Erzähler benannt (Ἀβαντιάδην .../ Ἴδμονα, 2,815 f.). Während Mopsos bei Ap. Schüler des Apollo ist, macht Valerius ihn zum Sohn des Gottes (1,65 ff.; vgl. Val. Fl. 1,383 ff.; 3,372).

αὐτῷ ἐνὶ ἤματι Der Ausdruck variiert eine hom. Junktur (ἤματι τῷ αὐτῷ, Od. 7,326), die selten belegt ist (nur ἤματι δ' αὐτῷ, AP 9,149,3 [Antip. Sid.]), die Ap. aber offensichtlich gefällt (vgl. ἤματι δ' αὐτῷ, 2,964; 3,499; ἤματι τῷδ' αὐτῷ, 3,538; αὐτῷ δ' ἐνὶ ἤματι, 4,236).

1503 νηλειὴς ἕλε πότμος In den hom. Epen begegnen nur die Formen von νηλεής usw. oder νηλής usw. Die metrisch gelängte Form νηλειής erst bei Hesiod und im hom. *Aphrodite-Hymnos* (Hes. Th. 770; h. Ven. 245). νηλειής bzw. νηλής steht bei Ap. sonst für unbarmherzige Morde (1,610; 1,1214; 2,626; 4,588; 703; 986; 1438), für Jasons Eidbruch (4,389) und als Epitheton der Erinys (4,476). Die Spondeen am Beginn verleihen den Versen eine der Todesthematik angemessene, feierliche Getragenheit. Vorbild für die Junktur ἕλε πότμος ist eine Stelle bei Euripides, in der Kreon von Teiresias aufgefordert wird, zwischen dem Untergang der Stadt oder der Opferung seines Sohnes zu wählen (τοῖνδ' ἑλοῦ δυοῖν πότμοιν / τὸν ἕτερον· ἢ γὰρ παῖδα σῶσον ἢ πόλιν, E. Ph. 951 f.). Das Schicksal lässt dem Mopsos im Gegensatz zu Kreon keine Wahl, er stirbt umgehend. Die Junktur findet sich in derselben Bedeutung wie hier in einem Epigramm auf Euripides und einem auf Aias von Licinius Archias (Εὐριπίδη, εἷλέ σε πότμος, AP 7,44,1; σὺ σῇ πότμον ἕλης παλάμῃ, 7,147,10). Nachgeahmt wird der Ausdruck später von Oppian und Quintus (Opp. H. 5,509; Q.S. 13,250). Die Betonung der Unbarmherzigkeit des Schicksals hat proleptische Funktion. Mopsos stirbt einen schnellen, grausigen Tod: Der Biss der Schlange tötet sofort, das Gift verflüssigt seinen Leichnam (vgl. ad 1518–1531). Der doppelte Verweis auf πότμος und αἶσα begegnet bezeichnenderweise auch in der Prophezeiung des Idmon, der im Gegensatz zu Mopsos seinen Tod vorhersieht, aber ebenso machtlos ist (1,440–447; vgl. ad 1502 ff.). Der Vers 1503 zerfällt in zwei

Hälften um die Zäsur nach dem dritten Trochäus: Beide Teile sind parallel gebaut (Adjektivattribut, Verb, Subjekt). Mit verändertem Wortlaut, aber übereinstimmendem Inhalt und exakt gleichem Aufbau kommentiert der Erzähler in der parallelen Episode auch den Tod Idmons (πεπρωμένη ἤλασε μοῖρα, 2,815; vgl. ad 1502 ff.).

ἀδευκέα .. αἶσαν Während Ap. sorgfältig dem hom. Vorbild folgend (z. B. Il. 4,396; 11,263) mit πότμος nur das Todesschicksal bezeichnet (vgl. 1,446; 3,551; 3,793; 3,800), hat αἶσα mehrere Bedeutungen (vgl. ad 1226; 1254). Nicht selten steht αἶσα wie hier mit dem Tod in Zusammenhang (1,79; 1,443; 2,66; 3,468), aber auch mit einem Fluch (2,486) oder der Liebe (3,3). Es heißt „Anteil" (3,208), oft auch schlicht „Bestimmung" (3,261; 3,328; 3,613; 4,1226, ähnlich das „schicksalhafte Zeichen", τέρας αἴσιον, 4,295). Die allegorische Göttin Τύχη spielt dagegen bei Ap. trotz ihrer Beliebtheit in hellenistischer Zeit, wie sie uns etwa bei Demetrios von Phaleron (Dem. Phal. FGH 228 F39 = fr. 81 Wehrli), aber auch bei Menander vor Augen steht, keine Rolle (vgl. Hunter 1995, 25 f.; Vogt-Spira 1992, 1–74; Fraser 1972 I, 240 ff.; Stewart 1993, 243–246.). Das Schicksalskonzept der *Arg.* entspricht in seinen Grundstrukturen dem hom. Vorbild (vgl. ad 1254; Fränkel 1952, 152). Das Adjektiv ἀδευκής begegnet zuvor nur in der *Odyssee* (Od. 4,489; 6,273; 10,245). Über Etymologie und Herkunft spekulierte die hellenistische Homerphilologie (Schol. B.E. Od. 4,489: vgl. Schol. A.R. 1,1037: ἀδευκέος ἔκτοθεν ἄτης οὐ προσηνοῦς, ἀπεοικυίας, πικρᾶς, δεῦκος γὰρ τὸ γλυκύ; ob die Gleichsetzung *δεῦκος = γλεῦκος Tradition hat oder Scholiastenerfindung ist, lässt sich nicht entscheiden, vgl. Frisk 1960, s.v. s.v. ἀδευκής; Chantraine 1968, s.v. ἀδευκής; Schol. Nic. Th. 625). Die Verwendung des Adjektivs bei Ap. spiegelt das zeitgenössische philologische Interesse an der Herkunft des Wortes (Curtius 1879, 492; Bechtel 1914, 12; Van Krevelen 1953, 47; Rengakos 1994, 33; 170). Zwei Mal steht es synonym zu πικρός (1,1339; 2,388), drei Mal im Sinn von „unerbittlich, grausam" (hier sowie 1,1037; 2,267). Später findet sich ἀδευκής gelegentlich (Opp. H. 4,692; D.P. 611; Q.S. 14,292; Nonn. D. 28,81; Tz. H. 4,128,180).

1503 f. ἀδευκέα δ' οὐ φύγεν αἶσαν / μαντοσύναις Das seltene Substantiv μαντοσύνη begegnet zuvor im alten Epos und bei Pindar (Il. 1,72; Il. 2,832; 11,330; Od. 9,504; Hes. fr. 37,14 M.-W.; Pi. O. 6,65 f.). Ap. verwendet es häufiger und freier (1,80; 2,180; 208; 247; 257 f.; 316; 391; 455; 816 f.; 1135; 3,1182). Hier greift es hom. Vorbilder auf, in denen vom Tod zweier junger Männer trotz mantischer Warnung die Rede ist. Ähnlich kommentiert der Erzähler den Fall des Sehers Idmon (ἀλλά μιν οὔ τι / μαντοσύναι ἐσάωσαν, 2,816 f.; vgl. ad 1502 ff.).

1504 οὐ γάρ τις ἀποτροπίη θανάτοιο Das Substantiv ἀποτροπίη ist wie ὑποτροπίη (1,1052; vgl. Orph. A. 267) und παλιντροπίη (3,1157; vgl. Heph. Astr. 116,28) ἅπαξ λ. bei Ap. Häufiger begegnet die Bildung ἀτροπίη (4,387; 41006; 4,1047; vgl. Thgn. 1,218; Livrea 1973, ad loc. und ad 387). Dann wieder im 4. Jhd. n. Chr. belegt (Epiph. Haeres. 2,400,25). Sentenzenhafte Erzählerkommentare, die die Unabwendbarkeit des Schicksals für die Menschen betonen und zugleich die Präsenz des Erzählers spürbar werden lassen, begegnen häufig bei Ap. (vgl. 1,82; 1035 f.; 2,817; zu den verwandten Beinahe-Kommentaren vgl. ad 1305 sowie Teil I.E). Eine ähnliche Überzeugung bringt die Rede des Ankaios zum Ausdruck, der annimmt, es sei den Argonauten bestimmt, in der Syrte zu sterben (vgl. ad 1261 ff.; 1275 f.).

1505 κεῖτο δ' ἐπὶ ψαμάθοισι Dem von allen Mss. überlieferten Text ist der Vorzug zu geben. Bigots Konjektur ὑπό und Wifstrands ἐνί haben zwar Vorzüge, letztlich besteht jedoch keine Notwendigkeit, den überlieferten Text zu ändern. Besonders Wifstrands Idee, die sich von Nikanders Beschreibung der Hornviper herleitet, die sich vollständig im Sand vergräbt und auf Beute wartet, ist reizvoll und würde auch die Modalitäten der „Flucht vor der Mittagshitze" erklären (κεράστην.../ χροιῇ ἐν ψαφαρῇ λεπρύνεται, / ἐν δ' ἀμάθοισιν ἢ καὶ ἁματροχιῇσι κατὰ στίβον ἐνδυκὲς αὕει, Nic. Th. 258 ff.). Jedoch ist von Eingraben bei Ap. nicht die Rede. Zudem passt der schnelle Tod des Mopsos bei Ap. nicht zu den Folgen des Bisses, die Nikander für den Kerastes beschreibt (Nic. Th. 266–282; vgl. ad 1526–1531; Livrea 1973, ad loc.; Vian / Delage 1996², ad loc.; dagegen Wifstrand 1929, 34; Fränkel 1961, ad loc.; Campbell 1971, 414; Livrea 1983, 425; ders. 1987, 186 Anm. 64; Hunter 2015, ad loc. Zur Identifikation des κεράστης mit der Hornviper (*Cerastes cerastes*) vgl. Leitz 1997, 64 ff.). Auch eine wörtliche Angleichung an eine Parallele dieser Stelle zum Tod des Idmon ist nicht sinnvoll, bemüht sich Ap. doch stets um Variation in der Übereinstimmung (vgl. ad 1502–1536; 1502 ff.). Beide Seher, Idmon und Mopsos, schrecken ein gefährliches, im Versteck liegendes Tier auf, das ihnen zum Verhängnis wird (κεῖτο γὰρ εἰαμενῇ δονακώδεος ἐν ποταμοῖο, 2,818). Wie genau man sich die Flucht der Schlange vor der Mittagshitze vorzustellen hat, ist umstritten. Ein Stein oder Baum, der ihr Schatten spenden könnte, wird jedenfalls nicht erwähnt (so Livrea 1983, 425. Dagegen Vian / Delage 1996², N.Add. ad loc.). Vermutlich liegt die Schlange ruhig am Boden und vermeidet es, in der Mittagshitze in der Wüste umherzukriechen. Die Formulierung hebt in verkürzter Ausdrucksweise auf die typische Eigenschaft von Wüstenbewohnern ab, dämmerungs- bzw. nachtaktiv zu sein und mittags zu ruhen (τὰ μὲν νυκτερόβια, οἷον γλαύξ, νυκτερίς, τὰ δ' ἐν τῷ φωτὶ ζῇ, Arist. HA 488a 25 ff.). Dass Mopsos das im Sand liegende Tier nicht bemerkt, bevor er darauftritt, kann zudem als Hinweis auf dessen Tarnung gedeutet werden. Das Phänomen der Mimese wird ebenfalls von Aristoteles am Beispiel des Chamäleons beschrieben (Arist. HA 503a15–b28; PA 692a20 ff.; vgl. z. B. Zierlein 2013, 450 ff.; anders Hunter 2015, ad loc.). Von Giftschlangen in der Syrte, die aufgrund ihrer perfekten Krypsis die Soldaten des Ophellas unbemerkt angreifen, berichtet auch Diodor (D.S. 20,42,2). Womöglich ist an eine sandfarbene Schlange gedacht (vgl. Str. 17,1,21; Luc. 9,715 f.). Vorbilder herumliegender Schlangen, Drachen und Ungeheuer finden sich im alten Epos (z. B. eine Schlange, die in der *Ilias* ein Adler als Vorzeichen abwirft, Il. 12,208 f.; Hes. fr. 204,135 f. M.-W.; h. Ap. 401; vgl. auch von Odysseus: ἐπὶ ψαμάθοισιν ἐκείμην, Od. 13,284).

μεσημβρινὸν ἦμαρ ἀλύσκων μεσημβρία und μεσημβρινός begegnen zur Bezeichnung der Mittagszeit in Tragödie, historischer und philosophischer Prosa (z. B. A. Supp. 746; Hdt. 3,104; Th. 6,2,5; Pl. Lg. 897d etc.). Die μεσημβρία wird auch personifiziert dargestellt (vgl. Speyer 1984; Männlein-Robert 2013). Formales Vorbild ist ein *Odyssee*-Vers (ἔτι γάρ κεν ἀλύξαιμεν κακὸν ἦμαρ, Od. 10,269; vgl. νόστιμον ἦμαρ ἐελδομένη περ ἀλύξαι, Q.S. 1,609). Die literarische Tradition gefahrvoller Erscheinungen am Mittag spielt in den *Arg.* mehrfach eine Rolle (vgl. ad 1286; ad 1312). Einen Schlangenbiss am Mittag beschreibt Nikander (ἀρδηθμοῖο μεσημβρινὸν ἀΐξαντες, Nic. Th. 401), die eindrucksvollen Folgen dieses Bisses gleichen dabei auffällig dem Schicksal des Mopsos (Nic. Th. 403–411; vgl. ad 1524 ff.; 1530 ff.). Auch der Eber, der in der parallelen Episode den Idmon tötet, sucht Abkühlung im Fluss (2,819; vgl. ad 1502 ff.).

1506 δεινὸς ὄφις Die Verbindung bezeichnet zuerst bei Hesiod die Echidna und den Drachen, der die Goldenen Äpfel der Hesperiden bewacht sowie die hundert Schlangenköpfe des Typhoeus und die zwölf der Ker (Hes. Th. 299; 334; 825; Sc. 161; außerdem Hes. fr. 33a17; 204,136 M.-W.). Bei Herodot verwendet ein Orakel der Pythia die Junktur symbolisch für die Argiver, die eine Schlange als Feldzeichen führen (Hdt. 6,77). Dass aus dem Blut des Gorgonenhauptes Giftschlangen entstehen, geht auf das meistgenannte Attribut der Medusa, den Schlangenkopf zurück (z. B. Hes. Sc. 230 ff.; Pi. O. 13,63; P. 10,47; 12,9; A. Prom. 799; Ov. Met. 4,791 f.; vgl. ad 1513 ff.). Indem Mopsos durch einen δεινὸς ὄφις zu Tode kommt, wird die Verbindung zum Eingangsteil der Hesperidenepisode intensiviert, in der die Argonauten auf den toten χθόνιος ὄφις Ladon treffen (vgl. ad 1393–1536; ad 1398). In gewisser Weise handelt es sich um einen Ausgleich: Die Helden müssen für den Tod des libyschen Drachen Ladon mit dem Leben eines Argonauten zahlen (vgl. Hunter 1993a, 31 f.).

νωθής Das Adjektiv νωθής ist hom. ἅπαξ λ. in einem ungewöhnlichen Gleichnis, das Aias' Verhalten beim Vordringen der Troer mit einem von

Schlägen unbeeindruckten Esel vergleicht (Il. 11,558 f.). Das Bild von der unaufgeregten, passiven Schlange soll wie der unaufgeregte Aias bzw. der Esel im Gleichnis einen Kontrast bilden zu den geschilderten Ereignissen, also in der *Ilias* zum Schlachtgetümmel, zum hektischen Rückzug der Griechen bzw. den manischen Schlägen der Kinder. Hier steht die Ruhe in Kontrast zu dem schnellen Biss der Schlange, zum rasanten Tod des Mopsos, zur hektischen Aufregung der Mädchen, zur unnatürlich schnellen Zersetzung des Leichnams (1508 ff.; 1521–1531). Kyriakou (1995, 73 f.) meint, das Vorbild ziele auf Aias' „sluggishness" ab (vgl. dagegen Hainsworth 1993, ad 11,558–62: „it implies tenacity, not stupidity, or even obstinacy, and so illustrates Aias' forte, the αὐτοσταδίη"). Wie die Schlange wird der Eber, der in der parallelen Episode den Idmon tötet, vom Argonauten aufgeschreckt. Im Gegensatz zur Schlange wird er jedoch explizit als aggressives Tier beschrieben, vor dem sich auch die heimischen Nymphen fürchten. Der Eber fällt Idmon aus dem Hinterhalt an (2,818–826). Seine Aggressivität macht ihn gefährlich. Die Schlange hingegen ist grundsätzlich passiv, aber aufgrund ihres Giftes gefährlich (vgl. ad 1508 ff.).

ἑκὼν ἀέκοντα χαλέψαι Das Verb χαλέψαι ist hom. ἅπαξ λ. (θεῶν ὅς τίς σε χαλέπτει, Od. 4,423; zwei Mal bei Ap., vgl. ad 1675; Livrea 1973, ad loc.; Kyriakou 1995, 73 f.). Die Junktur ἑκὼν ἀέκοντα begegnet in der *Ilias* in einer Rede des Telamonischen Aias, der, als sein Los für den Zweikampf gegen Hektor gezogen wird, sein Selbstvertrauen betont (Il. 7,197). Wie Aias sich seines Sieges gewiss ist, so ist auch Mopsos' Tod eine sichere Sache.

1507 ἐνωπαδίς Vgl. ad 1415. Die zahlreichen, getragenen Spondeen passen zum Pathos der Partie vom plötzlichen Tod des Sehers Mopsos (vgl. ad 1504).

1508–1512 Von der Hauptaussage „der Hades ist nicht mehr fern" (1510), hängen ein Relativsatz mit einem untergeordneten, indefiniten Relativsatz (ᾧ κεν ..., ὅσα..., 1508 f.), ein Konditionalsatz mit einem untergeordneten Konditionalsatz (οὐδ' εἰ ... εἴ μοι ..., 1511) und ein weiterer Temporalsatz ab (ὅτε, 1512), bei dem nicht eindeutig feststellbar ist, ob er vom Konditional- oder vom Hauptsatz abhängt. Der lange, verschränkte Satz entspricht dem Stil der *Arg.*, wenn der Erzähler allgemeingültige Aussagen trifft (vgl. Teil I.B.).

1508 μελάγχιμον ἰὸν ἐνείη Das adjektivische Kompositum μελάγχιμος ist zuerst in der Tragödie belegt (A. Supp. 719; 745; Pers. 301; Ch. 11; E. Phoen. 372; El. 513; vgl. X. Cyn. 8,1,2; 8,7,3). In den *Arg.* ἅπαξ λ. Dann erst im 2. Jhd. n. Chr. (Poll. 5,66,3; Ath. 2,36,18 Kaibel). Cusset (2001, 62 f.)

geht davon aus, dass Ap. den seltenen Ausdruck vornehmlich aus Freude an der aktiven Spracherneuerung in den neuen Kontext seines Epos übernimmt. Die Übernahme hat jedoch inhaltliche Funktion: Ap. kombiniert das seltene Adjektiv, das in den tragischen Vorbildern in Zusammenhang mit den Themen Tod, Grab, Opferung steht, mit ἰός, „Gift". Als Blutgift wird in den *Trachinierinnen* das giftige Blut des Nessos bezeichnet, mit dem Deianeira Herakles vergiftet (ἰὸς αἵματος μέλας, S. Trach. 717). Die Wirkung des schwarzen Giftes, das von der Lernäischen Hydra stammt (S. Trach. 573 f.), ist der Wirkung des μελάγχιμος ἰός der Schlange vergleichbar, die vom Blut der Gorgo abstammt: Beide schwarzen, von den Untieren Hydra und Gorgo stammenden Gifte sorgen für schnelle Zersetzung des Opfers. Herakles' Körper wird bei Sophokles noch lebendig von dem Gift aufgefressen, sodass er sich einen schnellen Tod wünscht (S. Trach. 765–806). Mopsos stirbt innerhalb eines Atemzuges, sein Körper zerfließt sogleich von dem Gift (vgl. ad 1530 f.). Die motivischen und lexikalischen Übernahmen zielen also auf inhaltliche Parallelen ab. Nikander verwendet die Junktur in ähnlichem Zusammenhang (Nic. Th. 326 f.). Dabei könnte auch diese Stelle im Hintergrund stehen.

1509 γαῖα φερέσβιος Das Adjektiv bezeichnet in den hom. Hymnen und bei Hesiod die Erde oder den Ackerboden, bei den Tragikern auch Demeter selbst oder das Getreide (h. Ap. 341; h. Cer. 450 f.; 469; Hes. Th. 693; S. fr. 754,2 Radt). Bei Ap. noch in einer Beschreibung der Erde aus der göttlichen Perspektive des Eros (νειόθι δ' ἄλλοτε γαῖα φερέσβιος ἄστεά τ' ἀνδρῶν, 3,164). Die hymnische Junktur passt zur erhaben-hymnischen Stilisierung des Satzes, die der Erzähler häufig übernimmt, wenn er auf die Götter, insbesondere auf Apollo zu sprechen kommt (vgl. z. B. ad 1706–1730; 1773 ff. sowie Teil I.B.).

1510 πήχυιον Das Adjektiv bezeichnet zuvor nur bei Mimnermos die kurze Zeitspanne der Jugend (τοῖς ἴκελοι πήχυιον ἐπὶ χρόνον ἄνθεσιν ἥβης, Mimn. fr. 2,3 West). Ap. ironisiert hier die berühmte Elegie, wenn er es auf einen Zeitraum überträgt, der weitaus kürzer ist als die vergängliche Jugend. Sonst steht πήχυιον in den *Arg.* von einem eine Elle messenden Abstand, einer ellenhohen Blüte und einer eine Elle tiefen Grube (1,379; 3,854; 1207). Dass die Gewohnheit, die Größe von Schlangenarten in Ellen anzugeben, hineinspielt, ist möglich (Philum. Ven. 16,1 f. W; Str. 17,2,4; Nic. Th. 169; Hunter 2015, ad loc.). Die geringe räumliche Entfernung von einer Elle, die statt eines Zeitraumes angegeben wird, unterstreicht jedoch vor allem die gefährlich schnelle Wirkung des Giftes. Der Tod ist für das Opfer nur eine Elle entfernt, so weit nämlich wie die Giftzähne der Schlange.

ἐς Ἄιδα ... οἶμος Der Präpositionalausdruck ist abhängig vom Substantiv οἶμος (vgl. ἐκ κλισίης νόστοιο μεδοίατο, Il. 9,622; εἰς Ἀίδην ... ἄγγελον εἶναι, h.Merc. 572; πλόον δισδημένῳ ἐς Μιτυλήναν, Theocr. 7,61). Ähnliche Ausdrücke finden sich bei Euripides und Maximus (E. Hec. 1105; Max. 6,187 f.). Bei Ap. steht die Junktur auch, wenn Hera betont, Jason stets zur Seite zu stehen (ἐς Ἄιδα ναυτίλληται, 3,61).

1511 Παιήων Die ursprünglich dorische Form (Παιάν) begegnet als Name eines Heilgottes in einem bronzezeitlichen Text (*Pa-ja-wo-ne,* Linear B-Text KN V 52). Παιήων ist noch in der *Ilias* der unabhängige Arzt der Götter (Il. 5,401; 899 f.; Hes. fr. 307 M.-W.; vgl. Schol. Il. 5,899). Später wird der Name Paian über den Kulthymnos Paian zum Epitheton für Apollo (ἰὴ παιήον' ἄειδον, h. Ap. 517; E. HF 820; Alc. 91 f.; BCH 11,94) oder bezeichnet allgemein einen Heiler oder Retter (A. Ag. 99; fr. 255 Radt; E. Hipp. 1373; vgl. Käppel 1992, 1–86; Ford 2006). Ap. formuliert hier bewusst ambivalent, sodass sowohl der ursprüngliche Heilgott als auch Apollo gemeint sein kann (Für Apollo: Vian / Delage 1996², ad loc.; Glei / Natzel-Glei 1996 II, ad loc.; dagegen Dräger 2002, ad loc.; Hunter 2015, ad loc.; anders Borgogno 2003, 402 Anm. 193). Vorbild ist ein Kommentar zu einer Schlacht, die nicht einmal kämpferischen Göttern schlecht anstehen würde (vgl. οὐδέ κ' Ἄρης λαοσσόος οὐδέ κ' Ἀθήνη / τόν γε ἰδοῦσ' ὀνόσαιτ', οὐδ' εἰ μάλα μιν χόλος ἵκοι, Il. 17,398 f.; vgl. Headlam 1966², 103 f.; Livrea 1973, ad loc.). Im zweiten Buch gibt Ap. anlässlich der ersten Begegnung der Argonauten mit Apollo ein Aition für dessen Hymnos Ἰηπαιήων (2,701–712; vgl. Call. Ap. 97–104, bes. 103: ἰὴ ἰὴ παιῆον, ἵει βέλος; vgl. ad 1694–1730).

εἴ μοι θέμις ἀμφαδὸν εἰπεῖν Der Erzähler gibt hier vor, „offen, ohne Verstellung" zu sprechen. Auf extradiegetischer Ebene wird so ein Sprechmodus aufgegriffen, der auf intradiegetischer Ebene auch Figuren zugeschrieben wird, etwa den libyschen Heroinen (vgl. ad 1316). Vergleichbare Kommentare des Erzählers finden sich oft, wenn es um religiöse oder kultische Zusammenhänge geht. So wird die Erzählung von der Einweihung der Argonauten in den Kult auf Samothrake mit einem ähnlichen Ausdruck abgebrochen (1,921). Ebenso kommentiert der Erzähler das Doppelaition für den Namen der Insel Drepane (4,984 f.). In der parallelen Episode vom Tod zweier Argonauten findet sich ein derartiger Erzählerkommentar, der der Bestattung des Idmon ein weiteres Aition beifügt (2,844 f.). Es handelt sich bei diesen Kommentaren um eine Strategie zur Durchbrechung der erzählerischen Unmittelbarkeit. Dem Rezipienten wird die Literarizität des behandelten Stoffes bewusst gemacht, sodass nicht etwa die geschilderte Handlung in unmittelbarer Darstellung ihre Wirkung entfalten kann, sondern die spezifischen inhaltlichen Schwerpunkte und die Darstellungstechnik ins Zentrum des Interesses gerückt werden (vgl. Teil I.E). Hier lenkt der

Kommentar die Aufmerksamkeit auf die besondere Version, die Ap. vom Tod des Mopsos gibt (vgl. ad 1502–1536) sowie auf den Darstellungsmodus, bei der die schnelle Wirkung des Schlangengiftes im Zentrum steht.

1512 φαρμάσσοι Das hom. ἅπαξ λ. (Od. 9,391 ff.) wird von Ap. zumeist in der Bedeutung „einen Zauber anwenden" (3,478; 859; 4,61; vgl. Hdt. 2,181; Pl. Smp. 194a; Men. 80a), hier in der Bedeutung „heilen" verwendet (vgl. Pl. Lg. 933b; Nic. Th. 619; Livrea 1973, ad 61; Kyriakou 1995, 76 Anm. 171).

ἐνιχρίμψησιν ὀδοῦσιν „Angreifen" heißt ἐγχρίμπτω auch sonst, z. B. von Schlangen, Elefanten oder Hunden (Nic. Th. 335 f.; Philostr. VA 8,19; Opp. C. 2,535; 3,385 f.; Livrea 1973, ad loc.), gelegentlich auch bei Menschen, Krankheiten, Giften etc. (A.R. 1,1259; vgl. Nic. Al. 5). Auch in der Bedeutung „(an)nähern" (A.R. 2,398; 4,939; vgl. Nic. Al. 218). Ap. hat alle Bedeutungsnuancen des Verbs. Das Simplex χρίμπτω beschreibt die Knöchelverletzung, die der Bronzemann Talos sich an einem Felsen zuzieht (vgl. ad 1679). Die Junktur findet sich spät wieder (Opp. C. 3,386; Greg. Naz. 987,14 f.). Wie hier die Schlangenzähne werden die Zähne des Ebers in der parallelen Episode dem Idmon zum Verhängnis (κάπριος ἀργιόδων, 2,820; 824 ff.).

1513 f. ἰσόθεος ... Περσεύς / Εὐρυμέδων Perseus wird im hom. Epos lediglich in Zeus' „Leporello-Arie" als Sohn der Danae genannt (Il. 14,320). Sein Kampf gegen die Medusa ist zuerst bei Hesiod greifbar (Hes. Th. 280 ff.; Sc. 222–234; vgl. Simon. fr. 543 PMG; Pi. P. 10,31–50; N. 10,4; Pherecyd. fr. 26 FHG = Schol. A.R. 4,1515a). Die zahlreichen Perseus-Darstellungen in Literatur und Ikonographie der archaischen Periode weisen orientalischen Einfluss auf (vgl. Burkert 1992, 82–87). In der hellenistischen Zeit begegnet der Perseus-Mythos selten, etwa im Sternbild (Arat. 246–253), als Vorfahre des Herakles (Theocr. 24,73; 25,173; Lyc. 803) und Namenspate einer Pflanze *Persea* (καὶ τριτάτη Περσῆος ἐπώνυμος, ἧς ὀρόδαμνον / Αἰγύπτῳ κατέπηξεν, Call. fr. 655 Pf.; womöglich *Mimusops Schimperi*, mit dem die Ptolemäer ihre Abstammung von Perseus inszenierten, Plin. NH 15,45 f.; vgl. Asper 2004, 371 ad fr. 655 Pf.). Lykophron erzählt den Medusa-Mythos beginnend mit der Befreiung Andromedas, also vom Ende zum Anfang, ohne jedoch die Ophiogenese zu erwähnen (Lyc. 834–846). Den sprechenden Namen Eurymedon führen auch verschiedene hom. Figuren (Il. 4,228; 8,114; Od. 7,58 ff.), als Beiname war er für weitere Götter und Helden in Gebrauch (ὁ Περσεύς. ἢ Ποσειδῶν. ἢ ἀετός. καὶ Ἑρμῆς, Hsch. s.v. Εὐρυμέδων). Für Perseus ist er auch bei Euphorion belegt (Euph. fr. 86,1 Powell).

1514 κάλεσκέ μιν οὔνομα μήτηρ Perseus ist Verursacher der Giftschlangenplage in der libyschen Wüste, indem er das Gorgonenhaupt dort Blut verlieren lässt. Wie zuvor anlässlich von Kanthos' Ermordung durch Kaphauros für Amphithemis, den Vater des Kaphauros (vgl. ad 1494) gibt Ap. in der ausführlichen Genealogie des Gegners des sterbenden Argonauten auch einen Beinamen für Perseus an, den „Vater" des Schlangengeschlechts. Wenn Perseus durch parallele Darstellung zum „Vater" der aus dem Haupt der Medusa entsprungenen Schlangen gemacht wird, entbehrt das nicht einer gewissen Logik und wahrt die parallele Mikrostruktur.

1515 Γοργόνος ἀρτίτομον κεφαλήν Das verderbenbringende Haupt der Gorgo mit dem versteinernden Blick kennt das hom. Epos (Il. 5,741; 8,349; 11,36; Od. 11,634). Ap. erwähnt diesen Teil des Mythos nicht. Bei Hesiod sind die Gorgonen zu dritt, Stenno, Euryale und die sterbliche Medusa. Sie wohnen traditionsgemäß im Westen bei den Hesperiden (Hes. Th. 270 ff.). Perseus tötet Medusa, indem er sie enthauptet, wobei Chrysaor und Pegasos entspringen (Hes. Th. 280 ff.; Sc. 216 ff.; Pi. P. 10,46; 12,11 N. 10,4; Herod. 2,91,6; Pherecyd. FGrHist 3 F 11). Die Episode vom Tod des Mopsos durch den Schlangenbiss ist über die episch-mythische Tradition motivisch mit der Hesperidenepisode verknüpft (vgl. ad 1393–1536). Das Gorgonenhaupt soll Athene auf der Aigis installiert haben (Il. 5,741), auch Agamemnons Schild ziert eine solche Darstellung (Il. 11,35 ff.). Zum Perseus-Medusa-Andromeda-Mythos existieren aus der darstellenden Kunst seit der archaischen Zeit zahlreiche Funde (vgl. Schauenburg 1960; Vermeule 1979, 193; Krauskopf/ Dahlinger, LIMC, s.v. Gorgones). Intensives Interesse am Gorgoneion weisen die Bearbeitungen bei Ovid und Lukan auf (Ov. Met. 4,604–5,230; Luc. 9,624–733; zur Ophiogenese vgl. ad 1517). Hier wiederholt sich ein Erklärungsmuster: Wie Kaphauros den Kanthos nur töten konnte, weil er von Apoll abstammt (vgl. ad 1490), kann das Schlangengift den Mopsos töten, weil es von der Gorgo stammt und so schnell wirkt, dass selbst der Heilgott Paian machtlos ist.

βασιλῆι Gemeint ist entweder Diktys von Seriphos oder sein Bruder Polydektes, bei denen sich Perseus' Mutter Danae aufhält. Weil Polydektes die Danae gegen ihren Willen heiraten will, versteinert Perseus ihn mit dem Gorgonenhaupt (vgl. Schol. A.R. 4,1515b).

1516 κυανέου στάγες αἵματος Das Substantiv στάγες ist überhaupt nur ein weiteres Mal belegt, auch bei Ap. von den bernsteinernen Tränen der Helios-Töchter am Eridanos (οἷον ἐλαιηραὶ στάγες, A.R. 4,626; vgl. Schol. A.R. 4,626b: ὡς ἀπὸ τοῦ στὰξ σταγός στάγες). Vorbild für den Vergleich ist womöglich ein fachwissenschaftlicher Text. Ktesias berichtet von einer Schraubenpalmenart, der *Pandanus odorifer*, dass sie Öltropfen verliert (ἔστι δὲ σπάνια. ῥέουσι δὲ ἐξ αὐτοῦ ἐλαίου σταγόνες, Ctes. fr. 45,522 FGrH, vgl. ad 1682). Bei den Tragikern begegnen Formen des zu στάζω gebildeten Substantivs σταγών, σταγόνος, auch von Blut (A. Ag. 1122; Ch. 400; S. OT 1278; E. Ba. 767). Die Junktur kombiniert tragische und lyrische Vorbilder (αἱματηραῖς σταγόσι, E.Ph. 1415; μελαίνας / σταγόνος ἀμβρότας, Tim. fr. 4,2 PMG).

1517 κείνων ὀφίων γένος Die Junktur ὀφίων γένος begegnet zuvor nur bei Aristoteles, nämlich regelmäßig zur Kategorisierung von Lebewesen (z. B. τῶν ἰχθύων γένος καὶ τὸ τῶν ὄφεων, Arist. GA 716b 16; τῶν ὄφεων τὸ πλεῖστον γένος, 723b 4; ἄπουν δὲ φύσει ἐστὶν ἔναιμον πεζὸν τὸ τῶν ὄφεων γένος, HA 490b 24; vgl. Zierlein 2013, ad 490b 23 ff.). Der *versus spondiacus* setzt der Ophiogenese, die die Herkunft von Mopsos' Gegner erklärt, ein betontes Ende. Bei Ap. beschreibt die Ophiogenese die Entstehung aller Giftschlangenarten in Nordafrika. Ein Vergleich der Auswirkungen des Schlangengiftes auf Mopsos etwa mit den bei Nikander beschriebenen Giftwirkungen legt nahe, dass Nikander die tödlichen Giftwirkungen der Mutter aller Giftschlangen auf verschiedene Arten verteilt (vgl. ad 1524 ff.). Die Genese neuer aus dem Blut getöteter Wesen ist Grundmotiv griechischer Mythologie. Es entstehen bei Hesiod aus den Blutstropfen des Ouranos, die auf die Erde fallen, die Erinnyen, die Giganten und die Melischen Nymphen (Hes. Th. 182–187; vgl. West 1966, ad 183). Bei Aischylos lässt Gaia tödliche Kreaturen aus Blut entstehen, die Apis in Argos unschädlich macht (A. Supp. 265 ff.). Bei Ap. findet sich das Motiv auch für den kolchischen Drachen, der aus dem Blut Typhaons entstanden sein soll (2,1209–1213). Ferner wird der Kronos-Mythos kurz erwähnt (4,985 f.). Aus dem Ichor des Prometheus entstand das Prometheion, Medeas Zaubermittel für Jason (3,851 ff.; vgl. dazu Moreau 2000). Akusilaos meint, dass πάντα τὰ δάκνοντα vom Blut Typhaons abstammen (Acus. fr. 14,8 FGrH = Schol. Nic. Th. 12a). Bei Nikander entstehen die Giftschlangen unter Berufung auf Hesiod aus dem Blut der Titanen (Nic. Th. 8–12; Hes. fr. dub. 367 M.-W.; vgl. Overduin 2015, ad 12; 25–31). Schlangenhaare sind Hauptattribut der Gorgone Medusa (z. B. Hes. Sc. 233; Pi. P. 10,45 ff.; Ol. 13,63; A. Pr. 799; E. Ion 995; Ov. Met. 4,771; vgl. ad 1515). Bei Euripides besitzt das Blut der Gorgo wunderbare Kräfte, es kann zum Teil töten, zum Teil heilen (E. Ion 1003 ff.; vgl. Apollod. 3,10,3). Der tödliche Blutstropfen entstammt aber dem Haupt der Gorgo (κτείνει, δρακόντων ἰὸς ὢν τῶν Γοργόνος, E. Ion 1015). Inwieweit die Ophiogenese eine Erfindung des Ap. ist, ist nicht nachvollziehbar (vgl. Wick 2004 II, 242 f.). Ein Nikander-Scholion legt nahe, dass Ap. die Ophiogenese auch in seiner *Ktisis* Alexandrias behandelte (Ἀπολλώνιος δὲ ὁ Ῥόδιος ἐν τῆι τῆς Ἀλεξανδρείας Κτίσει ἀπὸ τῶν σταγόνων τοῦ τῆς Γοργόνος αἵματος, A.R. fr. 4 Powell = Schol. Nic. Th. 12a; womöglich ein Selbstzitat, vgl.

Hunter 2015, ad 1513–17; zur *Ktisis* vgl. Sistakou 2008a; Barbantani 2014). Eine an dieser Erzählung orientierte, erweiterte Version der Ophiogenese geben sowohl Ovid als auch Lukan (Ov. Met. 4,617 ff.; Luc. 9,619–699).

ἐβλάστησαν Das Verb βλαστάνω verwendet Ap. hier nicht intransitiv, sondern als kausatives Aktiv (vgl. z. B. Hp. Alim. 54; Aristeas 230; A.R. 1,1129 ff.; 4,676 f.; vgl. dagegen ad 1425). Mit der Junktur αἵματος βλαστάνω beschreibt Ap. auch die Genese der Heroen aus dem Blut der Götter (ἥρωες ἀφ' αἵματος ἐβλάστησεν, 3,921).

1518 ἄκρην ... ἄκανθην Das hom. ἅπαξ λ. ἄκανθα bezeichnet Disteln oder pflanzliche Stacheln (Od. 5,328; S. fr. 718; Theocr. 1,132; 7,140; 13,64). Dieselbe Junktur bei Theophrast für eine Ginsterart (Thphr. HP 6,4,2). Bei Ap. steht ἄκανθα vom Rückgrat des kolchischen Drachen (δολιχὴν ἀνελύετ' ἄκανθην, 4,150) und vom Fischschwanz Tritons (vgl. ad 1615; Livrea 1973, ad 150; Kyriakou 1996, 51 Anm. 96; 223). Vorbilder für diese Verwendung von ἄκανθα finden sich in Drama und Historiographie sowie bei Theokrit (A. fr. 275 Mette; Ar. V. 969; in Bezug auf Schlangen: Hdt. 2,75; Theocr. 24,32).

ἐνεστηρίξατο Das Verb ἐνστηρίζω steht als ἅπαξ λ. bei Homer in der Bedeutung „stecken bleiben" vom Speer des Asteropaios (γαίῃ ἐνεστήρικτο, Il. 21,168). Häufiger bei Hippokrates (z. B. Hp. Coac. 33,3, Int. 19,2), bei Kallimachos für die Verankerung der Insel Delos (πόντῳ ἐνεστήρικται, Call. Del. 13; Livrea 1973, ad loc.). Ähnlich wird das Simplex gebraucht (οὐρανῷ ἐστήρικτο, h. Merc. 11; πρὸς οὐρανὸν ἐστήρικται, Hes. Th. 779; Arat. 351; Call. Ap. 23; vgl. Mineur 1984, ad 13; Williams 1978, ad 23). Bei Ap. findet sich ἐνστηρίζω nur hier, das Simplex in übertragener Bedeutung (χόλος ἐστήρικται, 4,816). Wie im *Ilias*-Vorbild Asteropaios in Folge des Speerverlustes den Tod findet, stirbt Mopsos in Folge des Schlangenbisses, die Entlehnung könnte auf diese Parallele abzielen (ähnlich Kyriakou 1995, 74 Anm. 165).

1519 λαιὸν ἐπιπροφέρων ταρσὸν ποδός Fränkels Vereinfachung zu λαιοῦ ist unnötig. Die Enallage ist bei Ap. beliebtes Stilmittel für detaillierte Beschreibungen (vgl. ad 1238; Teil I.B; Livrea 1973, ad loc.; Hunter 2015, ad loc.). Im hom. Vorbild durchbohrt ein Pfeil den Fuß des Diomedes (ταρσὸν δεξιτεροῖο ποδός, Il. 11,377). Ein dezenter Überbietungsgestus: Während Diomedes lediglich eine Verletzung davonträgt, folgt bei Mopsos dem Biss in den linken Fuß der sofortige Tod. Ebenso wie Diomedes (Il. 11,388; 397 ff.) geht Mopsos von einer harmlosen Wunde aus, da sie kaum schmerzt. Aber ihm bleibt keine Zeit mehr für eine Schmährede, wie seinem hom. Vorbild (Il. 11,385–395). Er stirbt sofort (vgl. ad 1522 ff.). Ap. beschreibt eine scheinbar vernachlässigbare Wunde, die den Helden dennoch tötet.

Hier wird erneut der Kampf der Argonauten in Libyen mit einem epischen Zweikampf parallelisiert (vgl. ad 1243; 1301 f.; 1390; Teil I.D.III.2).

1520 κερκίδα Hom. δίς λ. für das Weberschiffchen (Il. 22,448; Od. 5,62). Hier wie in der (späteren) medizinischen Literatur für das menschliche Schienbein (vgl. Heroph. *apud* Ruf. Onom. 123; Plu. Alex. 45; Poll. 2,191). Bei Ap. noch für Aphrodites goldenen Kamm (3,46).

μυῶνα Das δίς λ. bezeichnet in der *Ilias* einen großen Muskelverband an Bein oder Arm (Il. 16,315; 324). Sonst nur bei Theokrit von Herakles' Armmuskeln (Theocr. 25,149), hier von Mopsos' Wadenmuskulatur. In der Dichtung wieder bei Quintus (Q.S. 3,287; 4,228; 6,236 etc.).

ὀδύνῃσιν ἑλιχθείς Die Beschreibung der sich verteidigenden Schlange kehrt ein *Ilias*-Gleichnis um, das Hektor, wie er sich dem Kampf mit Achill stellt, mit einer in ihrer Höhle einem Opfer auflauernden, giftigen Schlange vergleicht (ὡς δὲ δράκων ἐπὶ χειῇ ὀρέστερος ἄνδρα μένῃσι / βεβρωκὼς κακὰ φάρμακ', ἔδυ δέ τέ μιν χόλος αἰνός / σμερδαλέον δὲ δέδορκεν ἑλισσόμενος περὶ χειῇ, Il. 22,93 ff.). Ap. kehrt das Gleichnis um und assoziiert die Schlange mit dem gefährlichsten Gegner der Griechen in der *Ilias*: Wie im Vorbild Hektor im Grunde vor allem seine Stadt verteidigen will, greift die Schlange hier ebenfalls nur an, weil sie sich von Mopsos' Tritt angegriffen fühlt – wie der Erzähler zuvor verdeutlicht hat (vgl. ad 1505 ff.). Indirekt wird die libysche Giftschlange, der Mopsos zum Opfer fällt, mit dem besten Kämpfer Troias verglichen. Anders als Hektor trägt die Schlange hier den Sieg davon (vgl. Teil I.D.III.2).

1521 σάρκα δακών Die Junktur ist zuvor nur bei Aristoteles und Diokles bezeugt (Arist. Pr. 959b 8; Diocl. Med. fr. 185,44).

ἐχάραξεν Das Verb χαράσσειν steht oft u.a. bei hellenistischen Dichtern in der übertragenen Bedeutung „einritzen, niederschreiben" (z. B. Arist. fr. 285; Theocr. 23,46; Lyc. 1173; AP 7,50,5; 7,710,8; vgl. Salvo 2013, 134; Hornblower 2015, ad 1173). Ap. verwendet es nur hier, allerdings in der ursprünglichen Bedeutung „ritzen, schneiden", wie es im Passiv bei Euripides belegt ist (E. Rh. 73). So verwendet auch Nikander das Verb von Schlangenbiss und Insektenstich (Nic. Th. 545; 807 f.).

1521 f. Reaktion der Mädchen auf den Schlangenbiss Medea, sonst um den spontanen Einsatz wirkungsmächtiger Zaubermittel nicht verlegen (vgl. ad 1638–1688), reagiert auf den Schlangenbiss ebenso schreckhaft wie die Phäakenmädchen. Dass die Μήδεια πολυφάρμακα der *Arg.* gegen das Gift der Schlange in der libyschen Wüste kein Mittel kennt, hängt zum einen damit zusammen, dass Mopsos' Tod vorherbestimmt war (1,80 f.; vgl. ad

1504). Zum anderen lässt die schnelle Wirkung des Giftes der kolchischen Zauberin keine Zeit, über Heilmittel nachzudenken – es handelt sich um das besonders tödliche Gift der Gorgo (vgl. ad 1513–1517), ihr Verhalten beschreibt also kein „cliché femminile tradizionale" (Borgogno 2003, 402). Ferner kontrastiert der instinktive, der Bedrohlichkeit des Giftes angemessene Schreck Medeas und der Mädchen effektiv die Reaktion des Sehers selbst. Beide Reaktionsschilderungen betonen die Schnelligkeit, mit der das Gift der libyschen Schlange tötet (vgl. ad 1504 f.). Weniger scheint dagegen der Kontrast zum Verhalten der Helden eine Rolle zu spielen, die sich um den zusammengebrochenen Mopsos versammeln (Vian / Delage 1996², ad loc), – zeigen sich doch auch die Helden ἀδινῇ περιθαμβέες ἄτῃ (vgl. ad 1528). Die Erzähltechnik verleiht der kurzen Szene Anschaulichkeit: In der entscheidenden Sekunde lenkt der Erzähler den Blick von dem angreifenden Tier (1519 f.) zunächst zur Reaktion der Mädchen (1521 f.), um dann erst Mopsos' eigene Reaktion zu beschreiben (1522 ff.) – wie um zu signalisieren, dass der Betroffene die Situation erst nach den Zuschauerinnen begreift.

1522 ἔτρεσαν Das Simplex τρέω steht hier (wie in 4,12) in der Bedeutung „zurückschrecken, fliehen" wie sonst das Kompositum ὑποτρέω (1,1049; 1050; 4,1507; Vian / Delage 1996², N.C. ad 12.; dagegen Livrea 1973, 491; Borgogno 2003, ad loc.).

φοίνιον Das hom. Adjektiv (φοίνιον αἷμα, Od. 22,97) begegnet bei Ibykos und Pindar und häufig bei den Tragikern (ebenfalls von einer Wunde: δήγματι φοινίῳ, A. Ag. 1164; vgl. z. B. Pi. I. 3/4, 53b; Ibyc. fr. S. 167,6 Page; A. Ch. 614; S. OT 1276; E. Or. 975) und erlebt eine Renaissance bei hellenistischen Dichtern (Theocr. 22,99; Lyc. 507; 1001; 1080; Nic. Al. 492; Bion Adon. Ep. 41), bei Ap. nur hier.

1522 ἕλκος ἄφασσεν Statt des hom. Verbs ἀφάω (Il. 6,322) verwendet Ap. das zuvor bei Herodot und Hippokrates belegte Verb ἀφάσσω (Hdt. 3,69; Hp. morb. 2,30,8; vgl. auch Lyc. 114; vgl. A.R. 2,710; 4,181; 428; Livrea 1973, ad loc.; ad 181). Oppian und Nonnos imitieren den Ausdruck (Opp. H. 2,597; Nonn. D. 29,102; 154; 35,58). Die Verse betonen den Kontrast zwischen der Unscheinbarkeit und der Tödlichkeit der Wunde – Mopsos befühlt sie unbedenklich, weil sie nicht schmerzt, doch tötet der Biss ihn in wenigen Augenblicken (vgl. σχέτλιος, 1524).

1523 θαρσαλέως Das Adjektiv θαρσαλέος wird in den *Arg.* wie im hom. Epos in den Bedeutungen „vertrauensvoll, mutig, zuversichtlich" (2,639; 1218; 4,836; vgl. Il. 5,602; Od. 7,51) sowie „anmaßend, vermessen" (1,477; vgl. Il. 19,169; Od. 19,91) gebraucht. Das Adverb steht dagegen immer in der Bedeutung „zuversichtlich" (noch 1,707; 2,336; 877; 3,245; 505; 1370;

vgl. Od. 1,382; 18,411; 20,269). Bei den hellenistischen Dichtern vereinzelt belegt (Arat. 460; Theocr. 24,117; Call. Del. 201; Dian. 80; Rhian. fr. 1,6 Powell; Posidipp. AP 16,119,1; Phaedim. AP 13,22,6; Nic. Th. 474; 740). Die Verwendung von θαρσαλέως in diesem Zusammenhang ist bemerkenswert. Mopsos weiß ja nicht, dass der Biss Folgen haben wird und ist, bevor er dies erfasst, schon ohnmächtig (1524 f.). Das Adverb fungiert als indirekter Erzählerkommentar, der sich an den externen Rezipienten richtet und durch folgendes σχέτλιος fortgeführt wird (1524). θαρσαλέως ist Mopsos' Verhalten aus der Perspektive des Rezipienten, der mit dem Vorwissen über das Schlangengift ausgestattet ist und weiß, dass es sich um eine tödliche Wunde handelt (vgl. ad 1513–1517). Das Adverb betont den Kontrast zwischen Mopsos' Reaktion und dem instinktiven Schrecken der Frauen (vgl. ad 1521 f.).

ὑπέρβιον ὑπέρβιον ist adverbial zu verstehen (vgl. Il. 17,19; Od.12,379; Wellauer 1828, ad loc.) und steht hier in der ursprünglichen, neutralen Bedeutung „überwältigend, übermäßig".

ἕλκος ἔτειρε Die Mss. überliefern einheitlich ἕλκος, das den meisten Herausgebern nach ἕλκος in 1522 unästhetische Wiederholung ist, weshalb Bruncks Konjektur ἄλγον gedruckt wird (Fränkel 1961, ad loc. in app.; Pompella 2006, ad loc.; Hunter 2015, ad loc.; dagegen Wellauer 1828, ad loc.; Vian / Delage 1996², N.C. ad loc.; Dräger 2002, ad loc.; Borgogno 2003, ad loc.). Die überlieferte Wiederholung von ἕλκος ist jedoch wie oft bei Ap. beabsichtigt und nicht zu beanstanden. Wortwiederholungen im Epos sind gängig (Giangrande 1968, 523 ff.; 1969c, 141). Eine Liste von gut 20 Wortwiederholungen in den *Arg.* bei Vian (1973, 87 f.). Epanalepse verbindet die inhaltlich zusammengehörigen Verse 1522 f. durch exakt parallelen Bau der Vershälften auch formal, die gleichsam das Adverb θαρσαλέως wie ein Rahmen umgeben. Vian (1996², N.C. ad loc.) führt ferner ein iologisches Fragment des Numenios von Herakleia mit derselben Wiederholung ins Feld, die Ap. gekannt haben könnte (Num. fr. 590 SH; vgl. Jacques 2002, xliv; 304). Dass dort die Wiederholung von allen Textzeugen überliefert ist, man aber die Konjektur Meinekes druckt, ist ebenfalls modernem Unbehagen geschuldet und spricht nicht gegen die Wiederholung bei Ap. (anders Hunter 2015, ad loc.). Für ἕλκος spricht zudem, dass die aufmerksamen *Arg.*-Leser Quintus und Nonnos, die Ap. bei seltenen Ausdrücken gern imitieren, eine Junktur mit ἄλγον nicht kennen, wohl aber ἕλκεϊ τειρόμενον (Q.S. 9,461; περὶ δ' ἕλκεϊ θυμὸν / τείρετο, 10,254). Die Junktur ἕλκος τείρω kennt die *Ilias* für eine Wunde des Glaukos (Il. 16,510 f.), während ἄλγεσι τειρόμενος überhaupt erst bei Gregor von Nazianz belegt ist (Greg. Naz. carm. mor. 769,6).

1524–1531 Auswirkungen des Schlangengiftes Ap. beschreibt kurz, aber umfassend die Auswirkungen des Giftes auf den Körper des Mopsos. Er empfindet keine Schmerzen, wird sofort bewusstlos (1524 f.), ihm wird schwarz vor Augen (1525), er fällt regungslos zu Boden und ist tot (1526 f.). Hier lenkt Ap. den Blick auf die Reaktion der Gefährten, die fassungslos zusehen (1527 f.). Dann folgen die Auswirkungen des Giftes auf den Leichnam, es zersetzt seine Überreste, seine Haare lösen sich ab, die Leiche verfault (1530 ff.), sodass er umgehend von den Argonauten begraben wird. Ähnliche Beschreibungen von Giftwirkungen begegnen bei Nikander, dort aber verteilt auf mehrere Schlangenarten. So schmerzt etwa der Biss der Kobra (ἀσπίς) kaum, ist nicht zu sehen, führt aber zu einem schlafähnlichen, schnellen Tod (Nic. Th. 187 ff.). Kälte und Lethargie der Gliedmaßen sowie ein Verfaulen des Körpers bewirkt ein Biss der Viper (ἔχιδνα, Nic. Th. 235–257), Verfaulen und Lähmung zieht der Biss des *Cerastes cornutus* nach sich (280 f.). Das Gift der Sepedonschlange bewirkt ebenfalls Verfaulen der Glieder sowie Ausfallen der Haare (330 f.). Dass Nikander diese Giftwirkungen verschiedenen Schlangenarten zuschreibt, verdeutlicht, was Ap. mit der Beschreibung der Auswirkungen des Schlangenbisses der Gorgoschlange bewirkt: Diese Schlangenart ist gleichsam die Mutter aller Giftschlangen (vgl. ad 1516), ihr Gift ist so tödlich, dass es alle bekannten Auswirkungen von Schlangengift in sich vereint. Auch Paian kann Mopsos nicht retten (vgl. ad 1508–1512).

1524 σχέτλιος Das Adjektiv σχέτλιος, ursprünglich „hartnäckig, unermüdlich", steht bei Ap. mal im hom. Sinn (z. B. Il. 9,630; 17,150; vgl. 2,1028; σχέτλι' Έρως, 4,445; 739; 1047), mal wie hier nach tragischem Vorbild bedauernd im Sinn von „elend, erbärmlich" (z. B. A. Pr. 644; S. Ph. 396; E. Alc. 824; vgl. noch 1,1302; 2,1028; 4,916; vgl. Faerber 1932, 91 Anm. 7; Livrea 1973, ad 376; ad 1047; ad loc.; Rengakos 1994, 25). Der Erzählereinwurf hebt die Tragik von Mopsos' Tod hervor, indem der Seher σχέτλιος genannt wird (vgl. Vanséveren 1998; Cuypers 2004; De Jong 2009; Klooster 2013). Todesszenen oder Nahezu-Tode kommentiert der Erzähler auch sonst in Form von Ausrufen, Apostrophen oder Sentenzen (z. B. 2,815 ff.; 4,1504; 4,1673–1675; 4,1706–1710; vgl. Teil I.E).

δύετο κῶμα Das Substantiv begegnet drei Mal im alten Epos vom tiefen Schlaf (Il. 14,359; Od. 18,201; Hes. Th. 798). Tiefer Schlaf und Tod gelten bekanntlich als Brüder (vgl. Il. 16,671 ff.; Hes. Th. 211 ff.). Wenn Ap. das Substantiv sonst wie im hom. Epos verwendet (vgl. 3,748), wird es hier im Sinn des medizinischen *terminus* gebraucht. Laut Aristoteles ist der Hauptunterschied zwischen Bewusstlosigkeit und Schlaf, dass man in Bewusstlosigkeit nichts wahrnimmt (Arist. Somn. Vig. 455b2 ff.; vgl. Hp. Epid. 3,3,6; 7,1,5; Mul. 123,4; 171,6; so auch von der Bewusstlosigkeit des Phineus:

ἀβληχρῷ δ' ἐπὶ κώματι κέκλιτ' ἄναυδος, 2,205; vgl. dazu Erbse 1953, 186 f.; Stamatu in Leven 2005, s.v. Bewusstlosigkeit, Sp. 149 f.). Nikander verwendet das Substantiv in einer Anweisung, wie ein Vergiftungsopfer vor der Bewusstlosigkeit zu bewahren ist (κατηβολέων ὁλοὸν διὰ κῶμα κεδαίη, Nic. Al. 458). Der Scholiast zur Nikander-Stelle fasst κῶμα als Zustand zwischen Wachen und Schlafen auf (τὴν μεταξὺ ὕπνου καὶ ἐγρηγόρσεως καταφορὰν κῶμα καλοῦσιν, Schol. Nic. Al. 458).

1525 λυσιμελές Das Adjektiv steht im alten Epos immer an derselben Versposition, in der *Odyssee* vom ὕπνος, in der *Theogonie* dagegen vom ἔρως (Od. 20,57; 23,343; Hes. Th. 121; 911), bei Euripides explizit vom Tod (θανάτῳ λυσιμελεῖ, E. Supp. 46). Bei Ap. nur hier. Die hellenistischen Dichter gebrauchen es spärlich (noch ὕπνος ... λυσιμελής, Mosch. E. 3 f.; Λυσιμελοῦς Βάκχου καὶ λυσιμελοῦς Ἀφροδίτης / γεννᾶται θυγάτηρ λυσιμελὴς ποδάγρα, Hedyl. AP 11,414; weit nach dem 3. Jhd. v. Chr. entstanden, vgl. Gow / Page 1965 II, 298 ad 11,414). Nonnos verkehrt das hier von Ap. imitierte Enjambement der alten Epiker (λυσιμελῆ δὲ / ὕπνον, Nonn. D. 48,652).

κατ' ὀφθαλμῶν χέετ' ἀχλύς Zu ἀχλύς vgl. ad 1361 f. Ap. variiert hier verschiedene Vorbilder, die den Moment des Todes beschreiben (z. B. κατὰ δ' ὀφθαλμῶν κέχυτ' ἀχλύς, Il. 5,696; 16,344; Od. 22,88; ἀπ' ὀφθαλμῶν σκέδασ' ἀχλὺν, Il. 20,341; οἱ ἀχλὺν θεσπεσίην κατέχευε, Od. 7,41; vgl. auch πολλὴν κατ' ἀχλὺν ὀμμάτων ἔχευεν, Archil. 191,2 West; πρὸς δ' ὄμμ' ἀχλὺς ἀμβλωπὸς ἐφίζει, Critias. fr. 6,13 D.-K.). Ähnlich beschreibt Nikander die Auswirkung des Chelydros-Giftes (ἀμφὶ καὶ ἀχλύς / ὄσσε κατακρύπτουσα κακοσταθέοντα δαμάζει, Nic. Th. 430 f.). Mopsos wird sofort nach dem Biss der Schlange schwarz vor Augen. Diese Information ist im Vergleich zu den hom. Vorbildern nicht nur Vorausdeutung auf den Tod (vgl. ad 1526 f.). Zugleich greift die Bemerkung ironisch die Unfähigkeit des Sehers auf, seinen vorherbestimmten Tod selbst vorherzusehen (vgl. ad 1502 ff.).

1526 αὐτίκα δὲ κλίνας δαπέδῳ Hier findet sich eine weitere Parallele zum Tod des Sehers Idmon im zweiten Buch: Auch Idmon stürzt nach dem Biss des wilden Ebers sofort zu Boden (ὀξὺ δ' ὅγε κλάγξας οὔδει πέσεν, 2,827). Im Gegensatz zu Idmon vermag Mopsos nicht einmal mehr zu schreien, sondern ist bereits besinnungslos, als er zu Boden fällt (1525).

βεβαρηότα γυῖα Das Verb βαρέω steht im hom. Epos als δίς λ. vom Weingenuss (Od. 3,139; 19,122; Livrea 1973, ad loc.). Motivisches Vorbild ist jedoch eine Rede des Odysseus, der den versöhnten Achill drängt, die Griechen nicht ohne Frühstück in die Schlacht zu führen, damit sie nicht kraftlos und kampfunfähig werden (ἀλλά τε λάθρη γυῖα βαρύνεται, Il. 19,165). Das Vorbild ist nicht zufällig gewählt, sondern vergleicht indirekt die Auswirkungen des Schlangengiftes auf den gesunden Körper eines Argonauten mit denen eines langen Schlachttages ohne Stärkung. Der indirekte Vergleich passt zur Tendenz der Libyenepisode, die Herausforderungen in Libyen zu einem epischen Zweikampf zu stilisieren. Die Natur wird dabei personalisiert (vgl. Teil I.D.III.2). Eine ähnliche Junktur nur bei Nikander von einer schwerfälligen Krabbe (Nic. Th. 789). Imitiert bei Oppian (Opp. H. 4,666 f.).

1527 ψύχετ' ἀμηχανίη Das Verb ist hom. ἅπαξ λ. vom Atem der Athene (ἧκα μάλα ψύξασα, Il. 20,440). Hier übertragen vom Auskühlen der Glieder (vgl. γίγνοιτο σκότος καὶ τὸ πῦρ ἐψυγμένον τὰ περὶ τὰ θύματα εἴη, Pl. Criti. 120B; ἀλλὰ καταθνήσκω ψυχόμενος Παφίη, Paul. Sil. AP 5,239; Schmidt 1878, 290; Livrea 1973, ad loc.). Das Verb verbindet einmal mehr die beiden Episoden vom Tod der Seher im zweiten und vierten Buch: Ap. verwendet es nur, um zu beschreiben, wie der Eber sich im Sumpf kühlt, bevor er den Idmon überfällt (ψυχόμενος λαγόνας τε καὶ ἄσπετον ἰλύι νηδύν, 2,819; vgl. ἄγραυλοι ψύχωσι, Nic. Th. 473). Nikander greift die Junktur zur Beschreibung der auskühlenden Glieder eines Vergifteten auf (ἐκθέρμαινε ποτῷ ἐψυγμένα γυῖα, Nic. Al. 461). Auch bei anderen Vergiftungen, etwa durch Blei oder Schierling, beschreibt er ähnliche Folgen (ὑπναλέος ψύχει δέμας, Nic. Al. 85; ἄκρα δέ τοι ψύχει, 192). Das Substantiv ἀμηχανία beschreibt nicht so sehr die Hilflosigkeit des Mopsos, sondern betont die Unaufhaltsamkeit des Todes nach dem Biss dieser libyschen Schlange. Es greift prägnant die Beschreibung des Schlangengiftes im Aition zu Beginn auf und verleiht der Gefahr Nachdruck, die von dieser Schlangenart ausgeht (vgl. ad 1508–1512). Kyriakous Deutung (1995, 76 f.) übersieht diesen Rückgriff auf das ausführliche Aition. Die Ratlosigkeit der Gefährten wird so nachvollziehbar (vgl. ad 1528; 1259; 1308; 1318; 1701).

1528 ἀδινῇ ... ἄτη Die Junktur greift den hom. Gebrauch des Adjektivs auf (ἀδινός = πυκνός, z. B. μυιάων ἀδινάων ἔθνεα, Il. 2,469; φρένες ἔρχαται ἀμφ' ἀδινὸν κῆρ, Il. 16,481; vgl. ad 1422). Das Hyperbaton umschließt περιθαμβέες und bildet so den Inhalt ab: Die Argonauten sind von der Macht des Schicksals, dass ihren Seher dahinrafft, eingenommen, sie erstarren vor Entsetzen (vgl. ad 1262). Inhaltliches Vorbild ist ein Gleichnis, das beschreibt, wie alle Anwesenden entsetzt Priamos betrachten, der in Achills Zelt kommt und dessen Hände küsst – wie man einen vor einer Blutschuld die eigene Stadt fliehenden Mann anschaut, wenn er das Haus eines anderes betritt (ὅτ' ἂν ἄνδρ' ἄτη πυκινὴ λάβῃ, Il. 24,480; vgl. Livrea 1973, ad 29; Rengakos 1994, 35; Fantuzzi 2008[2], 238). Ebenso wie man Priamos und den Mann im Gleichnis betrachtet, schauen die Helden auf Mopsos, wie auf einen Mann „under a cloud of disaster" (Richardson 1993, ad 24,480–4. Vgl. Gould 1973, 96 Anm. 111). Dass die Argonauten Mopsos wie einen Aussätzigen betrachten, liegt an der Wirkung des Schlangengiftes. Wie Priamos seine Abscheu vor Achill überwindet, damit er Hektor bestatten kann, überwinden die Argonauten ihre Abscheu und graben, um den Gefährten standesgemäß zu bestatten.

περιθαμβέες Das Adjektiv begegnet zuerst bei Ap., noch vom Staunen der Helden beim Zusammentreffen mit den Phrixiden am Ende des zweiten Buches (σφεας ἀμφίεπον περιθαμβέες, 2,1158). Später nur bei Plutarch (Plu. Cat. Mi. 59,2).

1529 οὐδ' ἐπὶ τυτθόν Ardizzonis (1967, ad 1359) Konjektur ἔτι τυτθόν ist unnötig (vgl. εἶσ' ἔτι τυτθὸν ἐόντα, Od. 20,210), wenn sie auch zum Inhalt passt (vgl. Livrea 1973, ad loc). Die in den Mss. überlieferte Lesart ἐπὶ τυτθόν ist aber gut haltbar. Dieselbe Formulierung begegnet in Kallimachos' Aitienprolog, wird dort lokal verstanden, könnte aber auch wie hier temporal aufgefasst werden (ἔπος δ' ἐπὶ τυτθὸν ἐλ[ίσσω, Call. fr. 1,5 Pf.). Der Ausdruck steht für die kallimacheische Μοῦσα λεπταλέα im Vergleich zur großformatigen Dichtung (Call. fr. 1,3; 1,24 Pf.; vgl. Harder 2012 II, 26 ff.). In den *Arg*. begegnet die Junktur auch sonst in temporaler Bedeutung (οὐδ' ἐπὶ τυτθὸν ἄητο, 1,1359; τυτθόν περ ἐπὶ χρόνον, vgl. ad 1257; vgl. ἠελίῳ δέ / αὐήνας ἐπὶ τυτθόν, Nic. fr. 70,10 f. G.-S.).

1530 κεῖσθαι ὑπ' ἠελίῳ Die Junktur ὑπ' ἠελίῳ hat doppelte Bedeutung. Zum einen steht sie wie im hom. Epos im Sinn von „unter der Sonne auf der Erde", also vom Aufenthaltsort der Menschen im Allgemeinen (vgl. z. B. Il. 4,44 f.; Od. 15,349). Zum anderen betont der formelhafte Ausdruck die besondere Situation, in der die mittägliche Wüstensonne (vgl. ad 1505) in Kombination mit dem Gift verheerende Auswirkungen auf Mopsos' Leichnam hat.

1530 f. πύθεσκε γὰρ ἔνδοθι σάρκας / ἰὸς ἄφαρ Für das Bild des verrottenden Leichnams sind die Sirenen Vorbild, die zwischen verrottenden Leichen ihren Gesang anstimmen (vgl. πολὺς δ' ἀμφ' ὀστεόφιν θὶς / ἀνδρῶν πυθομένων, περὶ δὲ ῥινοὶ μινύθουσιν, Od. 12,45 f.). Zu Beginn der Hesperiden-Episode steht analog der faulende Leichnam Ladons. Mopsos' faulende Leiche beschließt ringkompositorisch die Hesperiden-Episode. Die Übereinstimmung lässt auch Kontraste hervortreten: Während den Argonauten der von Herakles herbeigeführte Tod der Schlange sehr nutzt, bewirkt hier eine Schlange den Tod eines Gefährten und schadet ihnen (vgl. ad 1393–1536; bes. 1396–1405; vgl. Hunter 1993b, 31 f.). Die Gegenüberstellung ist symptomatisch für die Ambivalenz Libyens, die den *Arg*. insgesamt zugrunde gelegt ist (vgl. Teil I.D). Beschleunigte Zersetzungsprozesse beschreibt Nikander als Folge von Schlangengift (vgl. ad 1524 ff.). Am Wortlaut dieses Verses orientiert er sich zur Beschreibung der Wirkung des Stachelrochengiftes, das Odysseus getötet haben soll (ἀνδρὶ δὲ σάρκες / πυθόμεναι μινύθουσι, Nic. Th. 835 ff.). Bei Quintus findet sich eine Reminiszenz (Q.S. 9,383 f.).

1531 μυδόωσα Das Verb μυδάω begegnet in der Bedeutung „feucht sein, tropfen" nur bei Sophokles und in medizinischer Literatur (S. Ant 1008; OT 1278; Hp. Mul. 2,64; Ulc. 10,22; Thphr. phys. op. 12,38; Zeno.stoic. fr. 106,47 SVF; Hedyl. AP 5,199,3; wie hier in der Bedeutung „aufgrund von Verwesungsprozessen feucht sein": S. Ant. 410; Hp. VC 15,11; 15,22). Bei Nikander dann in einem Gerberei-Gleichnis vom Gift der Dryinas-Schlange, das stinkende, faulige Wunden verursacht (Nic. Th. 421 ff.). Bei Ap. nur hier. Das hom. Adjektiv μυδαλέος (Il. 11,54) dagegen sowohl hom. im Sinn von „feucht, nass" (A.R. 2,1106) als auch für verfaulende, modrig stinkende Speisen (2,191; 229).

ἔρρεε λάχνη Die Lesart ἔρρεεν ἄχνη der Ms.-Ggruppe *d* wird von Fränkel in Betracht gezogen. *lectio difficilior* ist jedoch ἔρρεε λάχνη. Das seltene Substantiv λάχνη bezeichnet zuvor den Flaum des Gottes Apoll oder den des Pelops (Od. 11,320; Pi. O. 1,68), das spärliche Haar des Thersites (Il. 2,219) oder das Fell von Tieren (Hes. Op. 513; Nic. Th. 690). Bei Pindar und Kallimachos mit komischem Unterton von der Brustbehaarung des Typhoeus oder des Herakles (Pi. P. 1,19; Call. fr. 24,2 Pf.). Bei Ap. beschreibt es noch das dunkle Stierfell, das Argos trägt (1,325). Hier zielt es auf die durch das Gift und die Zersetzung beeinträchtigte Konsistenz der herabfallenden Haare ab. Das Gift der Sepedonschlange bewirkt laut Nikander ebenfalls ein Verfaulen der Glieder sowie Ausfallen der Haare (Nic. Th. 330 f.; Paraphrase bei Ael. NA 15,18). Nikander, Aelian und Ap. haben zumindest indirekt dieselbe Quelle, die auf den Iologen Apollodoros zurückgehenden *Theriaka* des Numenios (SH 589–594; vgl. ad 1506; 1679 f.; vgl. Morel 1928, 362; Fränkel 1962, ad loc. in app.; Livrea 1973, ad loc.; zu Numenios vgl. Cameron 1995, 203; Jacques 2002, xxxiii–xxxvii; xliv f.; Overduin 2015, 29). Der zu schnell verwesende Leichnam bildet eine Umkehrung des hom. Motivs der durch göttliches Zutun vor der Verwesung bewahrten Leichen von Patroklos und Hektor (Il. 19,38 f.; 23,194–191; 24,410–423; Hunter 2015, ad loc.). Das Motiv wird aufgegriffen, als die Gefährten dem Toten ihre Haare als Grabbeigabe und Ausgleich für den Verlust mitgeben (vgl. ad 1533).

1532 βαθὺν τάφον ἐξελάχαινον Die Junktur βαθὺν τάφον erinnert an die τάφρος βαθεῖα der *Ilias* (Il. 7,341; 8,336). Das Verb ἐκλαχαίνω ist in Anlehnung an das hom. ἀμφελάχαινε gebildet (Od. 24,242; vgl. die alternative Lesart: ἀμφελάχαινον zu χθαμαλώτερον ἐξελάχαινον, 1,374). Sonst nur bei Tryphiodor (Tryph. 208). Das Simplex ist seit hellenistischer Zeit häufiger belegt (bei Ap. noch 3,222; Call. fr. 701 Pf.; Lyc. 624; [Mosch.] Meg. 96;

Opp. H. 3,121; 5,264; 597; Nonn. D. 12,331; Paul. Sil. AP 7,609,2; Orph. fr. 280,6).

1533 ἐσσυμένως μακέλῃσιν Zu ἐσσυμένως vgl. ad 1409. Das Substantiv ist ἅπαξ λ. in der Form μακέλλα in einem Gleichnis, das die um Achill herumströmenden Fluten des Skamandros mit der mit Hilfe einer Hacke herbeigeführten Bewässerung eines Feldes vergleicht (χερσὶ μάκελλαν ἔχων, Il. 21,259; übertragen: A. Ag. 526; Ar. Av. 1240). Hesiod hat die Form μακέλη, die auch von den hellenistischen Dichtern bevorzugt wird (Hes. Op. 470; Theocr. 16,32; Philet. fr. 10,2 Powell; Arat. 1,8; [Mosch.] Meg. 94; 108). Eindeutige Imitationen dieser Stelle sind bezeugt (Tryph. 295;, D.P. 1115; Nonn. D. 4,255; Livrea 1973, ad loc.). Der Rückgriff auf das *Ilias*-Gleichnis und die Verwendung des in der Regel mit erschöpfender Feldarbeit verbundenen Substantivs ist kein Zufall (dagegen Kyriakou 1995, 77): Der kräftezehrende Kampf gegen die Zeit unter der sengenden Wüstensonne ist durch die Übernahme mit beiden Kontexten verbunden. Zum einen werden durch den agrarischen Kontext die körperlichen Mühen bei der Wüstenbestattung betont. Zum anderen passt der indirekte Vergleich mit Achills bestialischem Kampf gegen den Flussgott zur Tendenz der Libyenepisode, die Mühen, die die Argonauten in Libyen erdulden, mit epischen Kämpfen zu assoziieren (vgl. ad 1238–1243; 1487 f.; 1520; 1633 sowie Teil I.D.III.2).

ἐμοιρήσαντο δὲ χαίτας Das Verb μοιράω ist in der Tragödie (A. Th. 907), bei Hippokrates, Zeno und Theophrast belegt (Hp. Ep. 26,4; Thphr. phys.op. 12,56; Zeno.stoic. fr. 106,57 SVF). Männer und Frauen geben Toten Haarbüschel mit ins Grab. Die Zeremonie spielt auf einen Ritus an, der in der *Ilias* für die Bestattung des Patroklos geschildert wird (θριξὶ δὲ πάντα νέκυν καταείνυσαν, ἃς ἐπέβαλλον / κειρόμενοι, Il. 23,135 f.; Livrea 1973, ad loc.; Vian / Delage 1996[2], N.C. ad loc.). Ap. erweitert das hom. Motiv, denn das Haaropfer erbringen die Argonauten als Ausgleich für den fäulnisbedingten Haarausfall des Sehers (vgl. ad 1531). Im Gegensatz zum Trauerritus des Raufens oder Scherens der Haare, ist die Locke als Grabbeigabe selten bezeugt, häufiger das Opfer einer Haarlocke für einen Gott oder an einem Fluss (Richardson 1993, 182 f.; Burkert 1972, 12; 75).

1534 νέκυν ἐλεεινὰ παθόντα Zu ἐλεεινά vgl. ad 1304. Die Junktur verbindet ein Vorbild aus der Bestattung des Patroklos (ἀμφὶ νέκυν ἐλεεινόν, Il. 23,110) mit einem odysseischen Versschluss, der Odysseus' vielfältige Leiden beschreibt (κακὰ πολλὰ παθόντα, Od. 13,131). Ein ähnlicher Ausdruck bei Theokrit (αἰαῖ ἐλεινὰ παθοῦσα Περιστερή, Theocr. Ep. 16,5).

1535 τρὶς δ ἀμφὶ σὺν ἔντεσι δινηθέντες Dreimaliger Waffentanz ums Grab wird als Bestattungsritual auch für Patroklos vorgenommen (οἳ δὲ τρὶς περὶ νεκρὸν ἐύτριχας ἤλασαν ἵππους / μυρόμενοι, Il. 23,13). Ferner verfolgt dessen Rächer Achill Hektor drei Mal um Troia herum (ὣς τὼ τρὶς Πριάμοιο πόλιν πέρι δινηθήτην, Il. 22,165). Drei Mal umkreist bei Ap. Talos auf ehernen Füßen die Insel Kreta. Drei Mal spricht Medea ihren Zauber, um diesen zu stürzen (vgl. ad 1644 f.; 1668 f.). Auch das Trauerzeremoniell nach dem Tod des Kyzikos beinhaltet dreitägiges Klagen sowie dreimalige Umkreisung des Grabes in Waffen (τρὶς περὶ χαλκείοις σὺν τεύχεσι δινηθέντες, 1,1059). Die dreimalige Umkreisung des Grabes ist in römischen Epen gängiges Motiv (z. B. Verg. A. 11,188; Sil. It. 2,266; Val. Fl. 3,347; zur Dreizahl vgl. Fränkel 1968, 580 f.; Livrea 1973, ad loc.). Die Bestattung des Mopsos ist ein Exempel für die Zivilisationstätigkeit der Argonauten in Libyen. Sie vollziehen nach religiösen Regeln den griechischen Brauch der Erdbestattung in der zivilisationslosen Einöde Libyens, auch unter erschwerten Bedingungen. So hinterlassen sie ein Symbol griechischer Kultur (vgl. ad 1536). Im Vergleich zur Beschreibung des unbestattet in der Sonne faulenden Ladon zu Beginn tritt der Unterschied hervor: Vor dem Besuch der Argonauten wird in Libyen die Kulturtechnik der Erdbestattung nicht vollzogen (vgl. Teil I.D.III).

1536 χυτήν γαῖαν ἐπὶ ἔθεντο Das Aufschütten eines Grabhügels beschreiben die hom. Epen ähnlich (χυτὴν ἐπὶ γαῖαν ἔχευαν, Il. 23,256; θανόντι χυτὴν ἐπὶ γαῖαν ἔχευαν, Od. 3,258). Ap. übernimmt die hom. *figura etymologica* jedoch nie (vgl. τύμβῳ ἐνεκτερέιξαν, 1,1060; καὶ δή τοι κέχυται τοῦδ' ἀνέρος ἐν χθονὶ κείνῃ / τύμβος, 2,841 f.; ἐπεὶ καὶ ἔτ' αὖτις ἔχευαν / ἥρωες τότε τύμβον ἀποφθιμένου ἑτάροιο, 851 f.; vgl. ad 1485–1536; ad 1500). Kontrastiv zu den griechischen Bestattungsriten schildert Ap. die fremdartigen, kolchischen Bestattungssitten. Männliche Leichen werden weder verbrannt, noch in Grabhügeln bestattet. Sie werden in Felle gewickelt und an Bäume gehängt (3,201–209; bes. 205: ὕπερθ' ἐπὶ σῆμα χέεσθαι; vgl. ad 1499).

III. 4,1537–1626 Bei Triton am Tritonsee

Inhalt und Aufbau Die Tritonepisode gliedert sich in vier Abschnitte. Das Kernstück bilden zwei Begegnungen der Argonauten mit Triton, der ihnen zunächst als Eurypylos und dann in seiner wahren Gestalt vor Augen tritt (B. 1551–1585; C. 1586–1616). Das Kernstück weist dabei wie die Begegnungen mit den Herossae und den Hesperiden dialogische Züge auf (vgl. ad 1315–1336; 1409–1449), wobei zwei Reden, die der Gott an die Argonauten richtet und die Antwort des Eurypylos sowie das Gebet Jasons wörtlich wiedergegeben werden (vgl. dagegen ad 1701–1705). Die Beschreibung Tritons in seiner wahren Gestalt mit göttlichem Oberkörper und Fischschwanz verdient besonderes Interesse (vgl. ad 1602–1616). Schilderungen der zunächst erfolglosen, mit Tritons Hilfe dann erfolgreichen Ausfahrt aus dem Tritonsee sowie der Reaktion der Argonauten auf die Situation bilden den Rahmen (A. 1537–1550; D. 1617–1624). Ein Aition am Schluss der Tritonepisode (1620 ff.) leitet über zu den folgenden, stärker aitiologisch geprägten, transitorischen Episoden, die die Rückkehr in griechische Gewässer erzählen (vgl. ad 1526–1772). Die Tritonepisode weist Parallelen auf zur Begegnung der Argonauten mit dem Meeresdaimon Glaukos am Ende des ersten Buches, der ihnen erscheint, um den Streit wegen der Zurücklassung des Herakles zu schlichten (1,1310–1328; vgl. ad 1602–1616). Die Begegnungen mit den Meeresgottheiten erfolgen jeweils nach dem Verlust bzw. der verfehlten Wiederbegegnung mit Herakles (vgl. ad 1457–1484).

Triton und die Argonauten in Literatur und Ikonographie In der *Theogonie* ist Triton Sohn von Amphitrite und Poseidon und lebt in den Tiefen des Meeres (Hes. Th. 930–933). Bei Herodot findet sich eine Version seiner Begegnung mit den Argonauten, der sturmbedingte Abstecher nach Libyen findet aber auf der Hinfahrt statt. Die Argo gelangt direkt in den Tritonsee, Triton fordert einen Dreifuß als Lohn für seine Hilfe. Er weissagt die griechische Herrschaft über Nordafrika, sollten die Nachfahren der Helden den Dreifuß zurückgewinnen (Hdt. 4,179). Bei Hekataios gelangen die Argonauten nicht zum Tritonsee, sondern über den Phasis in den Okeanos, von dort in den Nil und zurück ins Mittelmeer (Hecat. fr. 18a FGrH; vgl. Delage 1930, 270; Vian 1987a, 251 ff.; Vian / Delage 1996^2, 57–68). Der Rückweg der Argonauten über Libyen ist dagegen in den hesiodeischen *Frauenkatalogen* zuerst bezeugt (Hes. fr. 241 M.-W. = Schol. A.R. 4,257–262b; vgl. Delage 1930, 253 ff.; Livrea 1987, 177 ff.; Vian 1987, 251 ff.). Bei Pindar ist zwar das Tragen der Argo (Pi. P. 4,25 ff.; vgl. ad 1381–1392), nicht aber die Begegnung mit Triton Bestandteil der Erzählung. Bei Lykophron gibt Medea dem Triton als Lohn für seine Hilfe eine goldene Schale (Lyc. 885–894; vgl. S. West 2007; S. West 2009; Hornblower 2015, ad 887 f.). Auch Kallimachos könnte die Begegnung der Argonauten mit Triton behandelt haben (Call. fr. 584 Pf.; D'Alessio 2007, 736 Anm. 81; dagegen Hollis 2007, 286). Im Gegensatz zu den Meergöttern Proteus, Nereus und Thetis ist Triton traditionell kein Gestaltwandler. Seine Verwandlung zu Eurypylos entspricht dem gattungsüblichen Habitus von Gottheiten (vgl. ad 1589 ff.; 1598 f.).

Triton ist beliebtes Motiv in der Malerei. Als bärtiger, fischschwänziger Mann ist er mit seinen Eltern auf einem korinthischen Pinax aus dem 6. Jhd. v. Chr. dargestellt. Weitere Darstellungen auf schwarz- und rotfigurigen Vasen zeigen ihn statt Nereus als Geleiter des Theseus, beim Kampf des Peleus mit Thetis oder mit Herakles. Auf rotfigurigen Vasenbildern ist Triton in der Regel als friedliche Gottheit dargestellt, bei den schwarzfigurigen Darstellungen dagegen ist häufig sein Kampf mit Herakles erhalten (vgl. Icard-Gianolio, LIMC 8.1, s.v. Triton, 68–73; Mommsen 2014).

A. 1537–1550 Keine Ausfahrt aus dem Tritonsee

Inhalt und Aufbau Der erste Teil der Tritonepisode knüpft den Knoten für die nächste Bedrohung, die Libyen für die Helden bereithält. Nachdem sie die Argo im Tritonsee wassern (vgl. ad 1391 f.), nehmen sie die Fahrt wieder auf. Umso größer ist die Enttäuschung, als sie keinen Zugang ins offene Meer finden. Erneut drohen Orientierungsverlust, Verdursten und das ruhmlose Ende in Libyen (1537–1540). Diese Situation illustriert ein Schlangen-Gleichnis (1541–1547). Orpheus gewinnt den Argonauten schließlich die Gunst des einheimischen Gottes. Dieser fordert die Helden auf, einen Dreifuß als Votivgabe aufzustellen (1548 ff.).

1537 ἀήτεω Vgl. ad 1263.

1538 ἀπετεκμαίροντο Das Kompositum nur hier. Das Imperfekt ist konativ aufzufassen und bedeutet „aus Mangel an Zeichen nicht erkennen können", ähnlich wie etwa ἀπογιγνώσκειν (vgl. Linsenbarth 1887, 7; Livrea 1973, ad loc.; Vian / Delage 1996², N.C. ad 1540).

1539 λίμνης ... Τριτωνίδος Τριτωνίς heißt der See auch bei Pindar, Herodot, Pherekydes u. a. (Pi. P. 4,20 f.; A. fr. 459a 9 Mette; Hdt. 4,178; 180; 186; Pherecyd. fr. 33d 3 etc.). Τριτωνίς heißt sonst Athene (1,109; 3,1183; vgl. Call. fr. 202,28 Pf.). Bei Ap. werden ferner das ägyptische Theben Θήβης Τριτωνίδος sowie der Nil ποταμὸς Τρίτων genannt (4,260; 269; Livrea 1973, ad 269; Hunter 2015, ad 259 f.). Triton in Verbindung mit dem libyschen Tritonsee begegnet bei Aischylos, Herodot sowie im Periplous des Skylax (A. Eu. 292 ff.; Hdt. 4,178,4; 4,180,3; 4,191,10). Skylax schreibt, der See sei groß, habe eine Insel in der schmalen Mündung ins Meer, sei bei Ebbe nicht befahrbar und an seinen Ufern lebten blonde Libyer (Scyl. 110). Bei Herodot werden die Argonauten auf dem Weg zum Delphischen Orakel nach Libyen verschlagen und laufen im Tritonsee auf Grund (Hdt. 4,179). Ap.' hellenistische Dichterkollegen kennen einen See in Nordafrika als Tritonsee (Lyc. 119; 576; Call. fr. 37,1 Pf.), oft begegnet die Gegend um den Tritonsee in der Darstellung der Geschichte Kyrenes des Akesandros (Schol. A.R. 4,1561c; Schol. Pi. P. 4,57). Auch die Hesperidenepisode sowie die

Erzählung vom Tod der beiden Argonauten ereignen sich in der Umgebung des Tritonsees, wie der Erzähler mehrfach verdeutlicht (vgl. ad 1391; 1444; 1495). Ob die Informationen in den *Arg.* eine genaue Verortung des Sees zulassen, ist wie für Syrte und Hesperidengarten umstritten. Sie müssen in der Kyrenaia liegen (vgl. Teil I.D).

λίμνης ἐκπρομολεῖν Das Kompositum ist zuerst bei Ap. und nur im vierten Buch belegt, noch bei der Ausfahrt der Kolcher aus dem Istros ins Meer (ἅλαδε ἐκπρομολόντες, 4,327). Ap. greift exakt dieselbe Formulierung auf, um die geglückte Ausfahrt der Argonauten aus dem Tritonsee einzuleiten (vgl. ad 1587; später nur Orph. L. 706; Livrea 1973, ad 327).

1540 ἀφραδέως Im alten Epos im Sinn von „unbedacht, sinnlos; rücksichtslos" gängiges Adjektiv (z. B. ἀφραδέως ἐπὶ πολλὸν ἑλίσσεται, Il. 23,320; μνηστήρων ... ἀφραδέων, Od. 2,282; ζώουσ' ἀφραδέες καὶ ἀμήχανοι, h.Ap. 192), das erst in hellenistischer Zeit wieder belegt ist. Bei Ap. nur das Adverb, hier in der Bedeutung „sinn-, ziellos", dagegen „unbedacht" von Phineus über die Argonauten (2,327), von Paraibios' Frevel gegen die Baumnymphe (2,481). „Unbedacht" heißt ἀφραδέως auch sonst (Nic. Al. 158; 502; Rhian. fr. 1,3 Powell; häufiger ab dem 4. Jhd. n. Chr., z. B. Tryph. 310; Greg. Naz. carm. mor. 765,2; Q.S. 1,454; Nonn. D. 5,349). Das Adverb betont die Planlosigkeit der Fahrt auf dem See, die im Gleichnis aufgegriffen wird durch die unsinnig umherkriechende Schlange (vgl. ad 1542 f.).

πανημέροι φορέοντο Das Kompositum ist in vorhellenistischer Zeit selten (nur A. Pr. 1024; S. Tr. 660; Ar. Ra. 387; Hdt. 7,183; vgl. Call. Del. 261; Cer. 87). Die Argonauten fahren den gesamten Tag über bei günstigen Winden (1537 f.) auf dem See umher. Die Zeitangabe ist eindeutig, von einer „unending night" (Sistakou 2012, 126 ff.) kann keine Rede sein. Die Beschreibung und das Schlangengleichnis ziehen gerade aus der Tatsache ihren Reiz, dass die vergeblichen Ausfahrtversuche am hellen Tag stattfinden, da die Argonauten die Ausfahrt eigentlich erkennen müssten (vgl. ad 1312; ad 1541-1574 sowie Teil I.D).

1541-1547 Schlangen-Gleichnis Das Schlangen-Gleichnis illustriert die ausweglose Fahrt der Argo auf dem Tritonsee unter der brennenden Sonne Libyens. Vergleichspunkte sind die mäandrierenden Bewegungen von Schlange und Schiff sowie die die Unruhe des Tieres und der Helden katalysierende Wirkung der heftigen Sonneneinstrahlung und die Erregtheit, die das Tier und die Argonauten auf dem Schiff angesichts eines fehlenden Auswegs empfinden. Die schmale Erdspalte, die der Schlange als Unterschlupf dient, nimmt zudem bereits den schmalen Ausweg aus dem See vorweg, den die Argonauten schließlich finden (vgl. ad 1545; 1575 f.). Sowohl das Problem als auch die Lösung werden im Gleichnis gespiegelt. Man hat in dem Gleichnis einen Hinweis erblickt auf die endgültige Auflösung der Grenze zwischen Griechen und „Barbaren", da die Argo nun als Schlange dargestellt werde, als „quintessential signifier of a chthonic, precivilized world" (Stephens 2003, 194). Das Schlangenmotiv wird ringkompositorisch aufgegriffen bei der Ausfahrt aus dem See unter der Führung Tritons (vgl. ad 1541; 1613 ff.). Unter umgekehrtem Vorzeichen greift diese Motivik auf die der Hesperidenepisode zurück: Dort bedeutet der Tod einer großen Schlange für die Argonauten ihre Rettung, während ein Argonaut durch eine Schlange getötet wird (vgl. ad 1393–1536 A.).

1541 δράκων ... εἰλιγμένος Vorbildhaft ist womöglich ein hesiodeisches Gedicht (εἰλιγμένος εἶσι δράκων ὥς, Hes. fr. 70,23 M.-W.), das auch von Dionysios imitiert wird (D.P. 123; Livrea 1973, ad loc.). Mit einer ähnlichen Junktur beschreibt Ap. die Schlange, die Mopsos tötet (αὐτὰρ ὁ ... ὀδύνῃσιν ἑλιχθείς, vgl. ad 1519 f.). Das Schlangenmotiv verbindet so nicht nur Beginn und Schluss der Tritonepisode, sondern auch die beiden mittleren Großteile der gesamten Libyenepisode, die Hesperiden- und die Tritonepisode (vgl. Teil I.C).

σκολιὴν ... οἶμον Das Adjektiv σκολιός beschreibt im alten Epos ungerechte Rechtssprüche (σκολιὰς κρίνωσι θέμιστας, Il. 16,387; vgl. Hes. Op. 219; 250; 262 etc.), bei Herodot auch gewundene Flüsse (Hdt. 1,185; 2,29). Vorbildhaft ist hier Arats Sternbild des Drachen (σκολιοῖο Δράκοντος, Arat. 70; 187; Livrea 1973, ad loc.). Ein weiteres Vorbild für das Motiv findet sich bei Pindar, der in einem Gleichnis den Weg eines Wolfes beschreibt (ἀλλ' ἄλλοτε πατέων ὁδοῖς σκολιαῖς, Pi. P. 2,85). Der Wolf ist bei Pindar ein kämpferisches Tier (vgl. Fränkel 1955a, 359; Carey 1981, 59 ad 85). Die Übernahme unterstreicht die Ausdauer der Argonauten, die sich im Folgenden trotz Hitze und Erfolglosigkeit nicht entmutigen lassen, weiter nach einem Ausweg aus dem See zu suchen. Dasselbe Bild gebraucht Ap. für den engen Wasserweg durch die Symplegaden (σκολιοῖο πόρου στεινωπὸν ἵκοντο, 2,549). Bei Kallimachos beschreibt σκολιός die engen Wege im Labyrinth des Minotauros (Call. Del. 311). Ap. zeichnet Tritons Ungeheuerschwanz wie eine Schlange und verbindet die vergebliche und die erfolgreiche Ausfahrt aus dem Tritonsee über das Schlangenmotiv (σκολιοῖς ἐπὶ νειόθι κέντροις, vgl. ad 1615; ad 1541–1547). Die Junktur beschreibt auch die Fortbewegung der Kerastes-Schlange (Nic. Th. 267), deren Bewegungen dann mit einem Schiff verglichen werden (τράμπιος ὁλκαίης ἀκάτω ἴσος ἥ τε δι' ἅλμης ..., Nic. Th. 268 ff.). Nikander kehrt dieses Gleichnis also um. Die Junktur später bei Dionysius (D.P. 861; vgl. σκολιὰς ... κελεύθους, D.P. 62).

1542 ὀξύτατον θάλπει σέλας ἠελίοιο Ap. kombiniert für das Gleichnis verschiedene Vorbilder (ὀξύτατον πέλεται φάος θάλπων, Il. 14,345; ἔνθα καὶ ἔνθα σέλα πυρός, Od. 21,246; λαμπρὸς ἡλίου κύκλος / καὶ καῦμ' ἔθαλπε, S. Ant. 416 f.; τὸ σῶμα ὑπὸ τοῦ ἡλίου θαλφθῇ, Hp. Aff. 17,2). Das Bild der dörrenden libyschen Sonne wird in jeder Teilepsiode betont, ist somit zentraler Bestandteil der Gefahr, die von diesem Landstrich ausgeht (vgl. z. B. ad 1245 ff.; 1312 f.; 1387 f.; 1393 ff.; 1505; 1529 f. sowie Teil I.D). Die zuvor nicht belegte Junktur ὀξύτατον σέλας erst spät (Opp. H. 2,537 f.; Marc. Sid. pisc. 56; Nonn. D. 5,176).

1543 ῥοίζῳ In den hom. Epen steht ῥοῖζος vom Sausen der Pfeile sowie vom Pfiff des Kyklopen (Il. 16,361; Od. 9,315). Das Substantiv beschreibt bei Ap. sonst das Kreischen des Adlers, der die Leber des Prometheus frisst, sowie das Fauchen der Schlange beim Vlies (2,1251; 4,138; Livrea 1973, ad 138).

1543 f. ἐν δέ οἱ ὄσσε / ... πυρὸς ἐναλίγκια Die feurigen Augen der Schlange im Gleichnis sind angelehnt an die häufige Beschreibung der feurigen Augen kampfbegieriger Helden im hom. Epos (z. B. Hektor: Il. 12,466; 15,607 f.; Achill: 19,16 f.; 19,365 f.; Antinoos: Od. 4,662; Löwe = Odysseus: 6,131). Das Gleichnis erinnert an Hesiods Beschreibung der feurig blickenden Drachenköpfe an den Schultern des Typhoeus (ἐν δέ οἱ ὄσσε / θεσπεσίης κεφαλῇσιν ὑπ' ὀφρύσι πῦρ ἀμάρυσσεν, Hes. Th. 826 f.). Bei Ap. hat auch Telamon im Zorn feurige Augen (1,1296 f.). Medeas Verzweiflung äußert sich durch glühende Augen (4,16). Kurz zuvor beschreibt die Hesperide Aigle das Feuer in den Augen des Herakles (vgl. ad 1437). Das Motiv der aggressiven, feurigen Augen verknüpft die durch das Schlangenmotiv verbundenen Episoden zusätzlich. Einen feurigen Glanz haben in den *Arg.* zudem die Augen aller Helios-Nachfahren, also die von Medea, Aietes und Kirke (vgl. 3,855 f.; 4,683 f.; 725–729 sowie ad 1661 f.).

1544 σπινθαρύγεσσι Das Substantiv σπινθάρυξ ist sonst lediglich in einem lyrischen Fragment belegt (ὀξυτάταις σπι]νθαρύγεσσ[ι, Lyr.Adesp. fr. S458,5 SLG). Das Substantiv ist vom hom. ἅπαξ λ., später gebräuchlichen σπινθήρ, „Funken" abgeleitet (vgl. Schol. A.R. 4,1544). In der *Ilias* beschreibt es die Funken eines Sterns, mit dem Athene verglichen wird (Il. 4,77).

μαιμώοντι Das Verb ist hom. (Il. 5,670; 13,75). Vorbild ist eine Schlange bei Aischylos (μαιμᾷ πέλας δίπους ὄφις / ἔχιδνα..., A. Supp. 895). Im Corpus Theocriteum begegnet eine ähnliche Beschreibung vom Angriff des Löwen von Nemea (ἀθρόος ἆλτο / μαιμώων χροὸς ἆσαι, Theocr. 25,252 f.). Bei Ap. noch von den Harpyien und den Kolchern (2,269; 4,219), von Herakles (1,1270 ff.) sowie in einem Gleichnis über einen wilden Eber (3,1351 ff.).

1545 μυχόνδε διὰ ῥωχμοῖο δύηται Das Substantiv ῥωχμός bezeichnet als hom. ἅπαξ λ. vom Wasser gegrabene Gänge im Boden (Il. 23,420; vgl. Bion. fr. 4 Gow; Str. 8,5,7; Plu. Crass. 4,6; Opp. C. 3,323; Nonn. D. 37,397; Livrea 1973, ad loc.). Die schmale Erdspalte, in die sich die Schlange flüchtet steht proleptisch für den schmalen Ausweg aus dem Tritonsee (vgl. ad 1575).

1546 λίμνης στόμα Das Substantiv στόμα steht regelmäßig von der Mündung eines Flusses (z. B. Il. 12,24; Od. 5,441; A. Pr. 847; Hdt. 2,17). Sonst selten von Seen, dieselbe Junktur findet sich bei Skylax, auch vom Tritonsee, dessen Mündung er als schmal bezeichnet (αὐτόθεν ἐστὶν Ἀθηνᾶς Τριτωνίδος ἱερόν Στόμα δὲ ἔχει ἡ λίμνη μικρὸν, Scyl. 110; τὸ στόμα τῆς Μαιώτιδος λίμνης, Scyl. 68). Die Junktur greift Ap. auf, wenn Triton den Argonauten von der schmalen Durchfahrt erzählt (vgl. ad 1572). Die Insel des Tritonsees, sowohl bei Herodot als auch bei Skylax beschrieben, erwähnt Ap. nicht (vgl. Hdt. 4,178; Scyl. 110).

ναύπορον Das Adjektiv begegnet lediglich zwei Mal in der Tragödie (A. Eu. 10; E. Tr. 877). Dort bedeutet es „häufig von Schiffen frequentiert", dagegen bezeichnet es hier die generelle Befahrbarkeit der Ausfahrt aus dem See.

1547 ἀμφεπόλει Das seltenere Kompositum ἀμφιπολέω nur hier, zuvor u. a. auch zwei Mal in der vorbildhaften vierten *Pythie* Pindars (Pi. P. 4,158; 271; vgl. Pi. N. 8,6; O. 12,2; S. OT 680; B. fr. 1a4; Theocr. 1,124).

δηναιὸν ἐπὶ χρόνον Das Adjektiv δηναιός steht als ἅπαξ λ. für Diomedes' Torheit, gegen einen Gott kämpfen zu wollen (ὅττι μάλ' οὐ δηναιὸς ὃς ἀθανάτοισι μάχηται, Il. 5,407; vgl. A. Eu. 845; 877; Pr. 794; 912; Theocr. 16,54; Lyc. 145; 876; 1139; Call. Iov. 60; fr. 100,2 Pf.). Ap. verwendet es häufiger zur Bezeichnung eines langen Zeitraumes bzw. hohen Alters, sonst aber stets ohne χρόνος (noch 1,334; 2,183; 3,53; 590; 4,645).

αὐτίκα Das Adverb scheint auf den ersten Blick nicht in den Kontext zu passen. Wenn die Argonauten lange Zeit (δηναιὸν ἐπὶ χρόνον) umherfahren, kann Orpheus nicht „augenblicklich, auf der Stelle" seinen Vorschlag machen. Orpheus' Plan kann jedoch während der langen, ziellosen Fahrt gereift sein. Anders als bei den Hesperiden gibt es keinen Hinweis auf ein Götterzeichen (vgl. ad 1409 ff.). Mit Verweis auf eine *Odyssee*-Stelle, die Ap. dahingehend missverstanden habe, dass αὐτίκα dort zu ἐεικοστῷ und nicht zu ἰδόντ' gehöre, hat Van Krevelen (1974) die Bedeutung „schließlich" vorgeschlagen (Ἄργον δ' αὖ κατὰ μοῖρ' ἔλαβεν μέλανος θανάτοιο, / αὐτίκ' ἰδόντ' Ὀδυσῆα ἐεικοστῷ ἐνιαυτῷ. Od. 17,326 f.; vgl. aber Fränkel 1968, 474 Anm. 40). Das Adverb dürfte hier wie oft bei Ap. eine starke Raffung und Verkürzung mehrerer gedanklicher Schritte vorstellen. Orpheus äußert seinen Plan, sobald er ihn vollständig durchdacht hat.

Ὀρφεύς Der Sänger der Argonauten wusste, mit welchen Worten er die Hesperiden beruhigen kann, damit sie den durstigen Helden eine Quelle weisen (vgl. ad 1409). Orpheus macht also sowohl in der Hesperiden- als auch in der Tritonepisode den Vorschlag, der zur Befreiung von der Gefahr führt. Die beiden mittleren Großteile der Libyenepisode werden über dieses Motiv verknüpft (vgl. Teil I.C). Während Orpheus' Gebet an die Hesperiden wörtlich wiedergegeben wird, wird hier seine Anweisung zusammenfassend in indirekter Rede wiedergegeben (vgl. zu Orpheus in den *Arg.* ad 1409–1421; 1537–1624 mit der weiteren Literatur).

1548 Ἀπόλλωνος τρίποδα μέγαν Der Dreifuß hat in Delphi rituelle Bedeutung, u. a. saß die Pythia darauf bei ihren Prophezeiungen (vgl. Fontenrose 1978, 225 f.; Amandry 1986, 167–184). Die Dreifußepisode kennt bereits Herodot. Dort ist jedoch nur von einem Dreifuß die Rede, den Triton sich als Geschenk aussucht. Auch stammt die Prophezeiung von Triton selbst und besagt, dass zahlreiche griechische Kolonien am Tritonsee entstehen werden, wenn ein Nachfahre der Argonauten den Dreifuß einst zurückerobert (Hdt. 4,179). Bei Ap. hingegen händigt Apoll Jason zwei Dreifüße aus, als dieser nach Delphi kommt, und sagt vorher, dass der Ort, der einen Dreifuß bekäme, nie mehr von Feinden verwüstet werden könne (4,527 ff.). Den ersten Dreifuß bekommen die Hylleer als Geschenk für ihre Hilfe bei der Fahrtroute (4,523–536). Die beiden apollinischen Dreifüße werden von den Argonauten in die Umgebung zweier zentraler antiker Orakelstätten verbracht: Der eine Dreifuß verbleibt bei den Hylleern an der Ostküste des Ionischen Meeres in der Gegend nördlich des Zeus-Orakels von Dodona. Der andere wird bei Triton am Tritonsee in der Nähe des großen Orakels des Zeus-Ammon in Siwa zurückgelassen. Für den rituellen Betrieb beider Orakelstätten sind ähnliche Dreifüße schon in frühen Stadien von Bedeutung gewesen, wie Funde und Inschriften nahelegen (zu Dodona vgl. z. B. Parke 1967, 1–163; Gartziou-Tatti 1990; Dieterle 2007, bes. 170 ff.; zu Siwa vgl. Kuhlmann 1988; Malkin 1994, 159 ff.). Beide Orakel liegen zwar nicht exakt an dem Ort, den die Argonauten aufsuchen, allerdings befinden sich beide in der Gegend und liegen zudem aus griechischer Perspektive an den Rändern der Oikoumene, in weit entfernten, wilden, gefährlichen und schwer zugänglichen Gegenden (vgl. Willeitner 2003, 114–133). Die beiden Orakelstätten gelten als älteste Orakel des Mittelmeerraumes nach Delphi und waren durch einen gemeinsamen Gründungsmythos verbunden (Hdt. 2,51–57). Die Argonauten tragen also nicht nur den in der Prophezeiung versprochenen Schutz des Apollo, sondern auch die Weissagekunst in Form dieser beiden Dreifüße vom griechischen Delphi bis an die epirotische Küste und über das Mittelmeer nach Libyen und exportieren die griechische Orakelkunst nach Libyen (vgl. Teil I.D). Dementsprechend verbindet eine weitere, für Ap. und seine Zeitgenossen bedeutsame Gemeinsamkeit Epiros und die Gegend um den Tritonsee: An beiden Orten gründeten hellenistische Herrscher eine Kolonie mit dem Namen Berenike: Euhesperides-Berenike (heute Benghazi) an der Ostküste der Großen Syrte, in der Nähe vom Tritonsee, wurde von Ptolemaios III. neu begründet und nach seiner Frau Berenike II. benannt (vgl. ad 1393–1536 C.). Berenike auf der „Chersonesos von Epiros" wurde um 280 v. Chr. von Pyrrhos zu Ehren seiner Schwiegermutter Berenike I. gegründet (Plu. Pyrrh. 6,1; App. Mith. 1,4). Die exakte Lage ist umstritten, möglicherweise lag Berenike an der Stelle des späteren Nikopolis in der Nähe des heutigen Préveza (vgl. Cohen 1995, 76 ff.; Huß 2001, 261). Triton wird mit diesem Dreifuß in den See tauchen. Mehr erfährt der Rezipient nicht über den Dreifuß, der bei Herodot mit der Prophezeiung griechischer Kolonien in Libyen verbunden ist (Hdt. 4,179). Bei Ap. wird erst die Erdscholle wie im pindarischen Vorbild zum Unterpfand der griechischen Besiedelung Libyens (vgl. ad 1552; 1562; 1731–1764).

1549 δαίμοσιν ἐγγενέταις ἐγγενέτης statt gebräuchlicherem ἐγγενής ist sonst nur bei Euripides bezeugt (Λακεδαίμονος ἐγγενέταισιν, E. Andr. 128; vgl. Schol. E. Andr. 128).

μείλια In der *Ilias* von den Geschenken, die Agamemnon dem Achill zur Besänftigung anbietet (ἐπὶ μείλια δώσω, Il. 9,147; 289). Das hom. δίς λ. greifen erst hellenistische Dichter auf. Für die *Ilias*-Stelle hat Ap. im Gegensatz zu Aristarch, der die Univerbierung ἐπιμείλια bevorzugte (Schol. Il. 9,147a), Tmesis des Verbs angenommen, wie durch den Dativ deutlich wird (vgl. Merkel 1850, 76; Rengakos 1994, 112 f.). Der Gebrauch stimmt mit einem *Ilias*-Scholion überein (Μείλια δέ ἐστιν, οἷς μειλίσσονται τοὺς ἄνδρας, Schol. D Il. 9,147), das den ungewöhnlichen Vorschlag betont, dass Agamemnon dem Achill seine Tochter nicht nur ohne Brautpreis, sondern sogar mit zusätzlichen Geschenken geben will (vgl. Erbse 1953, 175 f.; zu μειλίσσομαι = ἱλάσκομαι vgl. Marxer 1935, 58; Livrea 1973, ad 1190). Bei Ap. steht μείλια sonst vom Spielzeug des Eros und von goldenen Geschenken für Medea (3,125; 146; 4,1190) sowie im Sinn von „besänftigende Buße, Strafe" (ἐοικότα μείλια τείσειν, 3,594). Bei den hellenistischen Dichtern steht μείλια sonst wie hier für „besänftigende Gaben" (Call. Dian. 230; Posidipp. 37,8 AB).

1550 Φοίβου κτέρας ἵδρυον Das Substantiv κτέρας bezeichnet als hom. δίς λ. wertvolle Besitztümer (Il. 10,216; 24,234 f.). Ap. verwendet es zwei Mal vom Goldenen Vlies als Besitz des Aietes (3,186; 389). Hier wird es wie vom Becher der Thraker in der *Ilias* (s.o.) im Sinn von „Geschenk" verwendet. Ap. übernimmt also beide hom. Bedeutungen. Die Argonauten führen aus, was Orpheus vorgeschlagen hat, wobei die Worte variiert werden (vgl. ad 1548).

B. 1551–1585 Triton-Eurypylos überreicht die Scholle

Inhalt und Aufbau Vgl. ad 1537–1626.

1551 ἀντεβόλησε Formelhafter Versschluss nach hom. Vorbild (Il. 11,809; 13,210; 246; 16,790; 10,277; h.Merc. 143; [Hes.] Sc. 439, vgl. 3,68; 1213; 4,1592; Livrea 1973, ad loc.).

1552 Τρίτων εὐρυβίης In der *Theogonie* ist Triton Sohn Amphitrites und Poseidons, εὐρυβίης ist sein Epitheton (Hes. Th. 931 ff.; vgl. [Orph.] A. 339). Das Adjektiv εὐρυβίης ist gängig für Meeresgottheiten. So heißt eine Tochter des Pontos Eurybie (Hes. Th. 239), bei Pindar von Poseidon (Pi. O. 6,58; P. 2,12), für den weitere, ähnliche Bezeichnungen üblich sind (εὐρυσθένης, εὐρυμέδων, εὐρυκρείων). Den Silen rufen bei Euripides Triton und Nereus gemeinsam an (E. Cyc. 263).

γαίης δ' ἀνὰ βῶλον ἀείρας Das Substantiv βῶλος bezeichnet als hom. ἅπαξ λ. die dem Pflug weichenden Ackerschollen (Od. 18,374). Später häufig im Drama und in historischer und wissenschaftlicher Prosa (z. B. E. Or. 984b; S. Aj. 1286; Ar. Av. 235; X. Cyr. 8,3,27; Hdt. 2,111; Arist. cael. 276a3; Thphr. HP 1,6,12). Bei Lykophron bezeichnet βῶλος einen Erdklumpen, der ebenfalls die Gründung der Stadt Milet durch Neileos nach sich zieht (Lyc. 1380). Ap. nennt die Erdscholle mal βῶλος (noch 1736; 1756), mal βῶλαξ (1562; 1734; 1750). Bei Pindar heißt die Scholle βῶλαξ (Pi. P. 4,37). Euphemos erhält hier von Triton die Scholle libyscher Erde, die er bei Anaphe ins Meer wirft, aus der die Insel Thera-Kalliste entsteht, von der aus wiederum die Stadt Kyrene an der libyschen Küste gegründet wird (vgl. ad 1731–1764). Vorbild ist eine Pindar-Passage, in der Eurypylos dem Euphemos ebenfalls libysche Erde reicht (δ' εὐθὺς ἁρπάξαις ἀρούρας / δεξιτερᾷ προτυχὸν ξένιον μάστευσε δοῦναι, Pi. P. 4,34 ff.). Ap. erweitert die pindarische Version von der Schollenübergabe (Pi. P. 4,38–44), indem er die Begegnung zu einem ausführlichen Dialog umgestaltet und den Mythos in chronologischer Reihenfolge erzählt (vgl. ad 1562–1587; ad 1731–1764).

1553 ξείνι' ... προΐσχετο Das hom. Epos kennt sowohl ξείνιον (z. B. Il. 11,779; Od. 9,365; 20,296) als auch ξεινήιον (Il. 10,269; 11,20; Od. 4,33; 24,273 etc.). Ap. bevorzugt sonst ξεινήιον vor ξείνιον (vgl. 1,770; 846; 2,31; 529; 4,428; 1220; 1555; 1752; letzteres nur hier; Livrea 1973, ad 422; 1220). Vom Geschenk der Phäaken an die Argonauten auch bei Kallimachos (ξείνιον Ἀλκινό[ο, Call. fr. 21,6 Pf.), von einem Hirtenstab bei Theokrit (ἐκ Μοισᾶν ξεινήιον, Theocr. 7,129).

1554 οὐ περιώσιον Das Adjektiv kann bei Ap. wie περισσός, „ungewöhnlich" (wie 1,466; 590; 1307; 2,434; 627; 866; 1063; 3,1326; vgl. Emp. 129,1; Opp. C. 4,354) oder „zahllos, unzählig" (περιώσια φῦλα Βεχείρων, 2,394; Adjektivbildung nach hom. Vorbild, dort Adverb im Sinn von „übermäßig, allzusehr", vgl. Il, 4,359; Od. 16,203) oder komparativisch „überlegen, besser" bedeuten (vgl. 1,466; h. Cer. 362; Nic. Th. 518; Livrea 1973, ad 554; Fränkel 1968, 446; Matteo 2007, ad 394; Hunter 2015, ad loc.). Die Entschuldigung des Gottes für die Schlichtheit des Gastgeschenks erzeugt eine auffällige, mehrdeutige Spannung. Die Idee der Diskrepanz zwischen vermeintlicher Belanglosigkeit und tatsächlicher Bedeutsamkeit der libyschen Erdscholle als Unterpfand griechischer Herrschaft in der Kyrenaia ist im pindarischen Vorbild angelegt (οὐδ' ἀπίθησέ ἱν', ἀλλ' ἥρως ἐπ' ἀκταῖσιν θορών, Pi. P. 4,36). Dies spricht zusammen mit der Negation dafür, dass das Adjektiv hier bewusst wegen seiner Mehrdeutigkeit gewählt wurde. Die Scholle ist zugleich ein gewöhnliches Stück libyscher Erde, aber eben auch ein sehr ungewöhnliches Unterpfand blühender griechischer Herrschaft in Libyen, das zahlreiche griechische Siedlungen in der Kyrenaia hervorbringen wird.

ἐγγυαλίξαι Das Verb steht nach hom. Vorbild (z. B. Il. 1,353; 17,206; Od. 16,66) auch bei Ap. in der Regel am Versende (vgl. z. B. 2,55; 446; 3,1016; 4,294; 1752; Ausnahme 3,1016; Livrea 1973, ad 1555).

1555 ξεινήιον Vgl. ad 1553. Vorbild ist wiederum Pindars Version (προτυχὸν ξένιον μάστεσε δοῦναι, Pi. P. 4,35; vgl. ad 1562 f.; vgl. Vian / Delage 1996², N.C. ad 1555). Die Scholle gibt Triton-Eurypylos als Gastgeschenk im Austausch für den Dreifuß. Anstatt sich über die (vermeintliche) Ungleichheit der Geschenke zu wundern, nimmt Euphemos das seltsame Geschenk ehrfürchtig und dankbar entgegen (vgl. ad 1562 ff.). Wichtiger Teil des ξεινήιον von Triton ist daneben auch das Wissen um den Ausweg aus dem Tritonsee und die Hilfe bei der Ausfahrt (vgl. ad 1556 ff.).

ἀντομένοισιν Ap. inszeniert beide Bedeutungen des Verbs. In seiner Identität als Eurypylos gebraucht Triton wie schon in der *Ilias* das Medium anstelle des Aktivs ἀντάω in der Bedeutung „treffen, begegnen". Es schwingt aber auch die tragische Bedeutung „anflehen, bitten" mit (vgl. S. OC 250; E. Alc. 1098). Livrea (1973, ad 1096) geht von der zweiten Möglichkeit aus (dagegen Hunter 2015, ad loc.). Die Argonauten haben explizit für die heimischen Gottheiten ihren Dreifuß aufgebaut (vgl. ad 1547 ff.). Da er auf das Gebet reagiert, ist Triton im Grunde als Gottheit erkennbar, wenn er auch zunächst nicht in seiner wahren Gestalt erscheint.

1556 πόρους ... ἁλός Formales Vorbild ist Odysseus' Klage über den grausigen Tod seiner Gefährten durch Skylla (πάντων, ὅσσ' ἐμόγησα πόρους ἁλὸς ἐξερεείνων, Od. 12,259; vgl. ἐξερέω, 1558). Die Übernahme deutet das Schicksal an, das den Argonauten ohne Tritons Beistand drohen würde: Wie die Gefährten des Odysseus würden sie am Ende einer langen Fahrt sterben. Die Junktur πόρους ἁλός steht häufiger in den *Arg.* für den Weg über das Meer (1,21; 361; 986), hier vom Weg zurück ins Meer. So schon vom Weg in das Ausonische Meer zu Kirke an der Schnittstelle zwischen der Asien- und der Europaepisode des vierten Buches (4,586; vgl. Teil I.C). Oppian teilt Ap.' Vorliebe für die Junktur (Opp. H. 1,73; 245; 4,515; 540; 5,69 etc.).

μαίεσθ' In der *Odyssee* im Sinn von „ausspähen", wie hier mit Akkusativ (μαιομένη κευθμῶνας ἀνὰ σπέος, Od. 13,367; μαίεσθαι προτέρω, 14,356; Livrea 1973, ad loc.). Bei Ap. in derselben Bedeutung, noch von der Auswahl der Beute, von dem Ziel, das Vlies nach Griechenland zu holen, sowie vom Begehren der Argonauten nach Heimkehr (2,162; 1192; vgl. ad 1275).

1557 ἐπ' ἀλλοδαπῇ περόωντες Die Junktur spielt auf ein typisches *Odyssee*-Motiv an (πλέων ἐπὶ οἴνοπα πόντον ἐπ' ἀλλοθρόους ἀνθρώπους, Od. 1,183; γαίῃ ἐν ἀλλοδαπῇ ναίει, 9,36; ἄνδρας ἐς ἀλλοδαπούς, 14,231). Eine Imitation der zuvor nicht belegten Junktur des Ap. findet sich bei Quintus (ἀλλοδαπὴν περόωντες ἐπὶ χθόνα, Q.S. 2,51).

1558 ἐξερέω Vgl. ad 1556. Die vorigen Verse bauen mit dem εἰ-Satz eine inhaltliche Spannung auf, die erst hier durch das schlichte, durch die Trithemimeres betonte Futur, das als Enjambement nachklappt, effektvoll aufgelöst wird. Der Rezipient kann beinahe hören, wie die Argonauten bis zu diesem Punkt gespannt den Atem anhalten und nun aufatmen.

ἐπιίστορα Das hom. ἅπαξ λ. in der *Odyssee* von Herakles (Od. 21,26; vgl. Str. 1,1,16), dann erst wieder in einem Euklid zugeschriebenen Rechenaufgaben-Epigramm sowie in den *Arg.* (Eucl. App. Anth. 7,2; A.R. 2,872; 4,16; μύθων ἐπιίστορας, 4,89; vgl. Pall. AP 11,371; Q.S. 13,373). Die Mehrdeutigkeit der *Odyssee*-Stelle lizenziert zwei Bedeutungen, „mitwissend" und „kundig, sich verstehend auf" (vgl. Livrea 1973, ad 16; Rengakos 1994, 87).

1558 f. Wortstellung Das Verspaar prägen mehrere Hyperbata. Die Subjektteile πατήρ und Ποσειδάων stehen betont vor der jeweiligen Zäsur, die Objektakkusative με und ἐπιίστορα rahmen und betonen πατήρ, auch πόντου und zugehöriges τοῦδ' stehen gesperrt. Die gesperrte Wortstellung dehnt Triton noch auf die Nennung seines vorgeblichen Namens aus (τιν' .../ Εὐρύπυλον ... ἐγγεγαῶτα, 1560 f.). Die zahlreichen Plosivlaute verleihen der Rede des Triton-Eurypylos zusätzlich Nachdruck.

πατὴρ ... / ... Ποσειδάων Indirekten Kontakt mit Poseidon haben die Argonauten in Libyen bereits, als sie sein Pferd als richtungsweisendes Zeichen sehen. Die Hilfe ist wie üblich in der Libyenepisode mit einer Aufgabe verknüpft (vgl. ad 1326; 1356 sowie Teil I.D). Triton und der Argonaut Euphemos sind Halbbrüder, beide stammen von Poseidon ab (1,179 ff.). Diesen Umstand hat Ap. aus Pindars Version übernommen (Pi. P. 4,44 ff.; vgl. ad 1563; Livrea 1973, ad 1563). Auch wenn weitere Poseidonsöhne an Bord sind (Nauplios, 1,136; Erginos aus Milet; Ankaios aus Parthenia, 1,185 ff.), unterstützt der Gott das Unternehmen eher indirekt und stets in Form von Herausforderungen, wie durch seinen Sohn Triton und durch das Pferdezeichen (anders 1,950 ff. bei den Dolionen). Auch einige Gegner der Argonauten stammen bekanntlich vom Meeresgott ab (Pelias, 1,13; Amykos, 2,3). Die Argonauten errichten Poseidon und Triton aus Dankbarkeit einen Altar am Tritonsee (vgl. ad 1620 ff.; Teil I.D).

1559 αὐτὰρ ἀνάσσω Hier werden hom. und tragische Vorbilder vermischt (z. B. ἀτὰρ Ταφίοισι φιληρέτμοισιν ἀνάσσω, Od. 1,181 = 419; παρὰ τὸν Ἀχέροντα θεὸς ἀνάσσων, S. El. 183).

1560 παρραλίης Die Form des Adjektivs mit verdoppeltem ρ findet sich sonst nur bei Kallimachos (ἕν κοτε παρραλίη Ἐφέσῳ βρέτας ἱδρύσαντο, Call. Dian. 238; vgl. Schol. Call. Dian. 238: παρραλίη Ἐφέσῳ: τῇ παραθαλασσίῃ; vgl. Mooney 1914, ad loc.; Bornmann 1968, ad 238; Livrea 1973, ad loc.).

ἀκούετε νόσφιν ἐόντες Vorbild für Tritons indirekte Frage ist Nestors Bericht vom Schicksal Agamemnons nach seiner Rückkehr aus Troia (Od. 3,193; Livrea 1973, ad loc.). Während nun Agamemnons Schicksal, soweit uns das nachvollziehbar ist, tatsächlich zu den bekanntesten griechischen Mythen zählt, dürfte sich der mythische König Libyens jedenfalls nicht des gleichen Bekanntheitsgrades erfreut haben (vgl. ad 1561). Die Äußerung Tritons mit dem direkten Zitat aus Nestors Rede über Agamemnon entbehrt auf intertextueller Ebene nicht einer gewissen Ironie.

1561 Εὐρύπυλον Eurypylos, Sohn von Poseidon und Kelaino, ist mythischer König Libyens. Triton gibt sich auch bei Pindar als Eurypylos aus (Εὐρύπυλος Γαιαόχου παῖς ἀφθίτου, Pi. P. 4,33 f.). Sonst ist Eurypylos nur bei Kallimachos und Lykophron sowie in Historikerfragmenten greifbar (Call. Ap. 92 ff.; Acesand. FgrH 1; 4; Phylarch FGrH 15; vgl. Dräger 1993, 282 ff.). Lykophron setzt den hom. Eurypylos, einen Thessalier, mit dem libyschen König Eurypylos gleich (Il. 2,736; Lyc. 877 ff.; 900 ff.). Kallimachos verbindet den Mythos, nach dem die Nymphe Kyrene einen wilden Löwen erlegt, mit dem libyschen König Eurypylos, der dem Löwentöter sein Königreich verspricht (vgl. Hes. fr. 215 M.-W.; Pi. P. 9,17–70). Von der

Nymphe Kyrene erzählt Ap. wiederum, dass sie von Apollo aus Thessalien nach Nordafrika entführt wird, wo sie ihm den Aristaios gebiert (2,500 ff.).

Λιβύῃ θηροτρόφῳ Das Adjektiv θηροτρόφος, „wilde Tiere nährend" ist zuvor nur bei Euripides in Zusammenhang mit dem Dionysos-Kult für Nysa belegt (Νύσας ἄρα τᾶς θηροτρόφου θυρσοφορεῖς, E. Ba. 556). Ein Fragment überliefert einen ähnlichen Ausdruck, der auf die Ophiogenese Bezug zu nehmen scheint (Διὸ καὶ Λιβύην πολύθηρον εἶπε, Alex. Polyh. fr. 135,5). Von dieser Stelle ist Nikanders Beschreibung der schlangenreichen Syrte abhängig (Σύρτις βόσκει θηροτρόφος, Nic. fr. 32,3 G.-S.; vgl. λίπεν θηροτρόφον ὕλην, Nonn. D. 16,393). Das Adjektiv greift hier zum einen den früh in der literarischen Tradition etablierten Topos von Libyens Herdenreichtum auf (z. B. Od. 4,85 ff.). Zum anderen erinnert Tritons Beschreibung seiner Heimat an die Episode vom Tod des Kanthos und des Mopsos. Die Gegend am Tritonsee nährt zwei Arten von Tieren: Üppige Schafherden (vgl. ad 1485–1501) und gefährliche Schlangen (vgl. ad 1502–1536). Wenn Libyens Fauna auf todbringende Schlangen und nahrhafte Schafe beschränkt zu sein scheint, entspricht dies dem stark durch bipolare Kontraste geprägten Libyenbild der *Arg.* (vgl. Teil I.D).

1562 πρόφρων δ' ὑπερέσχεθε βώλακι χεῖρας Vian und Delage (1996², 136 Anm. 6; N.Add. ad loc.) übernehmen die auf poetische Texte beschränkte Aoristform ὑποέσχεθε, eine Konjektur Madvigs, da ihnen die Bedeutung „hielt seine Hände unter die Scholle" besser zu passen scheint. Vian war es zudem möglich, eine Lesart ὑποι... *ante rasuram* im Laurentianus zu entziffern (vgl. Alberti 1972; Haslam 1978; Vian / Delage 1980, ix ff.). Livrea (1983, 425) korrigiert mit Verweis auf eine Parallelstelle (μάργος Ἔρως λαιῆς ὑποΐσχανε χειρὸς ἀγοστόν, 3,120) zu ὑποΐσχανε. Die von allen Mss. übereinstimmend überlieferte Form ὑπερέσχεθε ist aber haltbar. Das Verb dürfte bewusst Gebrauch finden, um die Mehrdeutigkeit der Passage zu betonen: ὑπερέχειν heißt hier sowohl „die Hand über etw. halten" als auch übertragen „etw. beschützen" (vgl. Livrea 1973, ad loc., m. Parallelstellen). So wird ausgedrückt, dass Euphemos den Erdklumpen entgegennimmt und die Hand darüber breitet, aber auch, dass er das gehaltvolle Stück Land ab sofort beschützt. Die Sorgfalt des Euphemos im Umgang mit der Scholle steht in scharfem Gegensatz zur Version Pindars, in der die Scholle aufgrund mangelnder Umsichtigkeit ihrer Beschützer frühzeitig von Bord gespült wird (Pi. P. 4,40 ff.). Auch aus diesem Grund muss der überlieferte Plural χεῖρας trotz des Singulars einiger Vorbilder (Il. 5,188; Pi. P. 4,37) stehen bleiben (Konjektur bei Platt 1914, 51 f.). Mit der unscheinbaren Scholle hält Euphemos zugleich die griechische Zukunft Nordafrikas in seinen Händen (vgl. ad 1552; ad 1694–1730), was durch die Verwendung des Verbs in Kombination mit χεῖρας angedeutet wird. In Frage kommt zudem Beeinflussung durch zeitgenössischen Sprachgebrauch im Sinn von „die Hände ausstrecken nach" (vgl. Pap.Cair.Zen. 292.498; 790.25; Mooney 1914, ad loc.). Ähnlich gebraucht Ap. das verwandte Verb ὑπερίσχειν (Διός, ὃς ξείνοις ἱκέτῃσί τε χεῖρ᾽ ὑπερίσχει, 3,986). Vorbild ist erneut Pindars Version, die Ap. um die beiden Reden erweitert. Pindar beschränkt sich darauf, die Übergabe zu erwähnen (χειρί οἱ χεῖρ᾽ ἀντερείσαις δέξατο βώλακα δαιμονίαν, Pi. P. 4,37; vgl. ad 1555).

1563 Εὔφημος Der Argonaut Euphemos ist schon bei Pindar als Poseidonsohn ein Halbbruder Tritons (1,179 ff.; Pi. P. 4,44 ff.; vgl. ad 1465 ff.; ad 1559). Diese Verbindung prädestiniert ihn zum Empfang der Erdscholle, die ihm als Unterpfand für die griechische Herrschaft über die Kyrenaia überreicht wird (Livrea 1973, ad loc.; zu Euphemos vgl. Jackson 1987; Köhnken 2005; Adorjáni 2012). In der Symplegaden-Episode hat er bewiesen, dass er wichtige Gaben bewahren kann: Euphemos beschützt auch die Taube, die den Argonauten die sichere Durchfahrt durch die Felsen ermöglicht (2,535 f.; 561–573). Die Rolle des Euphemos trägt zur Parallelisierung der Libyen- und der Symplegaden-Episode bei (vgl. Teil I.C).

παραβλήδην Das hom. ἅπαξ λ. παραβλήδην (κερτομίοις ἐπέεσσι παραβλήδην ἀγορεύων, Il. 4,6) ist erst in hellenistischer Zeit wieder belegt. Ap. gebraucht es acht Mal, hier schlicht in der Bedeutung „zur Antwort" (wie 1,835; 2,60; 448; vgl. ad 1608). Der sonstige Gebrauch weist auf Kenntnis der Diskussion bei den Homer-Exegeten hin, die drei mögliche Bedeutungen annehmen („täuschend, trügerisch", „vergleichend", „entgegnend"; vgl. Gillies 1928, ad 3,107; Ardizzoni 1967, ad 835; Livrea 1973, ad loc.; Rengakos 1994, 125 f.). παραβλήδην beschreibt bei Arat in Bezug auf Sternenkonstellationen die mathematische Figur des Parallelogramms (Arat. 535; in der Form παρβολάδην: 318; 525). Diese Vorstellung greift Ap. für das Bild der seitlich neben der Argo schwimmenden Delphine auf (ἄλλοτε παρβολάδην, 4,936; vgl. Livrea 1973, ad 936).

1564–1570 Euphemos' Antwort Euphemos beantwortet die Rede des Triton-Eurypylos, indem er die Argonauten vorstellt, erklärt, weshalb sie sich in Libyen befinden und was sie dort erlebt haben. Anders als die Herossae hat Triton zunächst weder seine Göttlichkeit noch sein Wissen erkennen lassen (vgl. ad 1318–1329). Die kurze Antwort des Euphemos beginnt und endet mit dem zentralen Anliegen, der Frage nach dem Weg in die griechische Heimat (1564 f.; 1569 f.). Den Mittelteil bildet eine kurze Zusammenfassung der Libyenabenteuer (1566 ff.). Die Kürze der Rede dient nicht so sehr der Vermeidung von Wiederholung, sie charakterisiert Euphemos. Er ist ein tatkräftiger Held, der über Wasser gehen und schnell laufen kann (1,179–184; vgl. ad 1466), er ist aber kein Mann großer Worte – seine Rede kommt weitgehend ohne Adjektive aus. Gewandter drücken sich Jason (vgl. auch Mori 2006; Volonaki 2013), Orpheus (vgl. z. B. ad 1411–1420) und sogar der Steuermann Ankaios aus (vgl. ad 1261–1276).

1564 Ἀπίδα Ap. wählt hier nicht die übliche Bezeichung Ἀπία (γῆ, χθών; A. Ag. 256; S. OC 1303) für die Peloponnes, vermutlich da ein Adjektiv ἄπιος mit kurzem α im hom. Epos auch „fern" bedeutet (τηλόθεν ἐξ ἀπίης γαίης, Il. 1,270; vgl. ἔσαν Ἀρκάδες Ἀπιδανῆες, 4,263; καλέουσι λεχώιον Ἀπιδανῆες, Call. Jov. 14; τοῦ δὲ κλυτὸς Ἄοις, ὅς ῥ' Ἀπίην ἐφάτιξε καὶ ἀνέρας Ἀπιδανῆας, Rhian. fr. 13 Powell). Stattdessen wird stellvertretend der Name des mythischen Königs Apis gebraucht (vgl. A. Supp. 260; Livrea 1973, ad 263; ad loc.). Ein ähnlicher Ausdruck begegnet bei Theokrit zur Beschreibung der Peloponnes. Dort wird betont, dass die Peloponnes frei ist von Ungeheuern – im Gegensatz zu Libyen (οὐ μὲν γὰρ κε τοσόνδε κατ' Ἀπίδα κνώδαλον / εὕροις ἱμείρων ἰδέειν, ἐπεὶ οὐ μάλα τηλίκα βόσκει, Theocr. 25,183 f.). Ap. rekurriert auf diese Beschreibung und stellt die ungeheuerfreie Peloponnes der Λιβύη θηροτρόφος Tritons kontrastierend gegenüber (vgl. ad 1561). Da Euphemos aus dem Tainaron-Gebirge in der Peloponnes stammt (1,179 ff.), nennt er seine Heimat stellvertretend für Griechenland.

πέλαγος Μινώιον Das Adjektiv Μινώιος begegnet zuerst im hom. Apollon-Hymnos und bei Semonides (h. Ap. 393; Semon. fr. 1a3), später bei Thukydides (Th. 3,51,1; 4,67,1; 4,118,4). Ap. verwendet sonst das feminine Μινωίς (2,299; 3,998; 4,433; vgl. ad 4,1691). Das Minos-Meer ist das Mittelmeer bei Kreta, das abgegrenzt wird vom Libyschen bzw. ägyptischen Meer im Süden. Das Kretische Meer bildet einen Übergangsbereich zwischen Europa und Afrika und steht hier nicht zuletzt als Prolepse auf die Fahrt der Argonauten nach Kreta (vgl. ad 1577 ff.; ad 1625–1693; Schol. A.R. 4,1564a). Ebenso wie die Peloponnes ist das Minos-Meer für Euphemos ein besonders geeigneter Bezugspunkt (vgl. ad 1564).

1565 ἐξεδάης Die Aoristform zu ἐκδάω ist zuerst hier, dann gelegentlich ab dem 2. Jhd. n. Chr. belegt (D.P. Lith. 2 f.; Man. 6,469; Greg. Naz. AP 8,133,6; Paul. Sil. Descr. 1015).

νημερτὲς ... ἔνισπε Ap. variiert eine hom. Formel (z. B. μοι νημερτὲς ἐνίσπες, Il. 14,470; νημερτέως τὸν μῦθον ἐνισπήσω, Od. 5,98; νημερτέα πάντ' ἐνέποντα, Od. 17,549; vgl. νημερτέα μῦθον ἐνίψω, A.R. 4,810; Livrea 1973, ad 810).

1566 f. βορείαις /... θυέλλαις Die Lesart βαρείαις der Ms.-Gruppe *m* dürfte als Verschreibung durch das folgende βεβαρημένοι (1569) in den Text gelangt sein. Euphemos gebraucht eine ähnliche Junktur für den Sturm wie zuvor der Erzähler, der dessen verheerende Auswirkungen geschildert hat (βορέαο θύελλα, vgl. ad 1232). Auffällig ist die extreme Sperrung von βορείαις θυέλλαις, die der Junktur besonderen Nachdruck verleiht und als Hinweis verstanden werden kann: Ursache aller Mühen der Helden in Libyen, aber auch all ihrer Errungenschaften auf dem dritten Kontinent sind diese widrigen Winde, die die Libyenepisode ermöglichen – ebenso wie ein Sturm die Irrfahrten der Argo durch Europa verursacht (vgl. Teil I.C.; I.D).

1567 χρίμψαντες Vgl. ad 1679.

γαίης ἐνὶ πείρασι τῆσδε Die Junktur ist typisch für die Darstellung Libyens in den *Arg.*: Libyen liegt von Griechenland ebenso wie von Kolchis, also von Europa ebenso wie von Asien aus gesehen am anderen Ende der Welt (A.R. 1,79–85; vgl. ad 1227; ad 1384). Auch wenn die Argonauten selbst Libyens Bedeutung als Kontinent nicht verstehen, stellt der Erzähler Libyen gleichberechtigt neben die beiden anderen Erdteile. Die besondere Gefährlichkeit der Gegend wird im Zuge der Libyenepisode ebenso ausführlich thematisiert wie ihr Potential als fruchtbarer griechischer Siedlungsraum (vgl. Teil I.D).

1568 νῆα μεταχρονίην Erneut greift Euphemos die Beschreibung des Erzählers auf, der das Tragen der Argo durch die Wüste mit derselben Junktur bezeichnet (vgl. ad 1385; zum Adjektiv vgl. ad 1269).

1568 f. ἐκομίσσαμεν ... / ... δι' ἠπείρου, βεβαρημένοι Euphemos beschränkt seinen Bericht auf die für den potentiellen Helfer Triton-Eurypylos wesentlichen Ereignisse: Den Sturm, die Tapferkeit der Helden beim Tragen des Schiffes und ihre Ankunft im Tritonsee.

1569 f. ἐς τόδε λίμνης / χεῦμα Ap. verwendet verschiedene Bezeichnungen für den Tritonsee (vgl. ad 1311; 1391; 1444; 1539). Diese Junktur begegnet sonst nicht. Zum hom. ἅπαξ λ. χεῦμα vgl. ad 1242.

1570 πῇ πλόος ἐξανάγει Das Verb ἐξανάγω ist im hom. Epos nicht belegt, sondern entstammt tragischem und vor allem historiographischem Vokabular (S. Ph. 571; E. Heracl. 218; Hdt. 6,98; 7,194; 8,84; 2,25,5; Th. 8,16,2; vgl. Fränkel 1961 in app. ad loc.; Livrea 1973, ad loc.). Das hauptsächlich in Prosa gebrauchte Verb unterstreicht den schlichten Gestus der Rede des Euphemos (vgl. ad 1564–1570). Weiteres Vorbild ist einmal mehr Pindars vierte *Pythie*, wo es nach geglückter Fahrt der Argo durch die Symplegaden und kurz vor Ankunft in Kolchis heißt: τελευτὰν κεῖνος αὐταῖς / ἡμιθέων πλόος ἄγαγεν, (Pi. P. 4,211). Ein solches Ende der Fahrt sehnt Euphemos hier herbei.

Πελοπηΐδα γαῖαν ἱκέσθαι Euphemos' Rede schließt mit der formelhaften Klausel γαῖαν ἱκέσθαι (vgl. z. B. Od. 1,21; 4,558 etc.; Livrea 1973, ad loc.). Dass er erneut auf die Peloponnes zu sprechen kommt (vgl. ad 1564), verleiht seiner kurzen Rede ringkompositorische Form. Zugleich fassen die letzten Worte zusammen, worauf es ihm ankommt (vgl. Teil I.B.II). Das Adjektiv Πελοπηΐς ist erst seit hellenistischer Zeit zur Bezeichnung der Peloponnes oder der Frau des Pelops belegt (Call. fr. 384,11 Pf.; Del. 72; Nic. fr. 104,4 G.-S.). Triton greift in seiner Antwort diesen Ausdruck auf (vgl. ad 1577).

1571 χεῖρα τανύσσατο Im alten Epos findet sich zwar dieselbe Junktur, allerdings in der Bedeutung „mit den Händen etw. spannen" (εὖ μάλα χερσὶ τανύσσῃ, Il. 23,761; τάνυσεν χείρε[σσι φίλῃσι, Hes. fr. 33a35 M.-W.). Die Konstruktion aus Medium und *acc. respectus* begegnet erst in hellenistischer Zeit (vgl. δεξιτερὴν ἀνὰ χεῖρα τανύσσατο, 1,344; ἀμφοτέρας χεῖρας τανύοντι ἔοικεν, Arat. 183; πολλὰς δὲ μάτην ἐτανύσσατο χεῖρας, Call. Dian. 27; τὼ χέρε τεινόμενος, Theocr. 21,48).

ἄπωθεν Ap. konstruiert ἄπωθεν sowohl wie hier absolut (1,583; 2,48; 86; 431; 981; 3,1137; 1191; 4,443; 1172) als auch mit Genitiv (4,323; 954; Livrea 1973, ad 323). Das Adverb ist unhomerisch, begegnet zuerst in dramatischen Texten (S. Tr. 816; E. HF 674; IA 983; IT 108; mit Genitiv: S. Ant. 1206), häufig in Prosa (z. B. Th. 2,81,8; 4,67,2; X. Cyr. 5,1,16; Cyn. 9,16,4; Arist. Mu. 392b23; Ath. 22,6 etc.), dann in hellenistischer Dichtung (Call. fr. 197, 25 Pf.; AP 7,172,4; mit Genitiv: Lyc. 804; Call. fr. 194,97 Pf.; Theocr. 1,45).

1572 ἀγχιβαθές In der *Odyssee* beschreibt das ἅπαξ λ. die schroffe Küste der Phäakeninsel, die Odysseus zunächst keinen Ausweg aus dem Meer bietet (λισσὴ δ' ἀναδέδρομε πέτρη, / ἀγχιβαθὴς δὲ θάλασσα, Od. 5,412 f.). Über die Bedeutung „in der Nähe tief" zeigen die Homer-Kommentatoren Einigkeit (z. B. ἡ ἀγχοῦ τῆς γῆς βαθεῖα, Ap.S. 5,29 = Hsch. s.v. α883; vgl. Pl. Criti. 111a; Arist. HA 548b28; Rengakos 1994, 33). Einige inhaltliche Parallelen dürften Ap. hier interessiert haben. Ebenso wie der erschöpfte Odysseus keinen Ausweg aus dem tobenden Meer findet, finden die Argonauten, während sie die libysche Sonne ausdörrt, keinen Ausweg aus dem Tritonsee (vgl. ad 1537–1550). Dem Odysseus kommt Athene zu Hilfe und zeigt ihm einen Ausweg. Den Argonauten hilft Triton, indem er den Weg aus dem See weist (φωνήσας πόντον τε καὶ ἀγχιβαθές στόμα λίμνης). Sowohl für Odysseus als auch für die Argonauten nähert sich die Fahrt ihrem Ende, es folgt noch eine letzte Runde: Odysseus' Besuch bei den Phäaken und Rückkehr nach Ithaka bzw. für die Argonauten die Überfahrt nach Kreta und die transitorischen Episoden im Meer vor Griechenland.

στόμα λίμνης Vgl. ad 1546.

1573–1585 Antwort des Triton-Eurypylos Die zweite Rede Tritons an die Argonauten besteht aus zwei Teilen und einem propemptikon-ähnlichen Doppelvers am Schluss. Der Gott führt die Argonauten und beschreibt Ort und Aussehen der Durchfahrt ins offene Meer. Seine Beschreibung folgt dem Blick eines Seefahrers, dem zuerst auffällt, dass an der Stelle der Durchfahrt das Gewässer zum Ufer hin tief und dunkel ist, dem dann der weißliche Schaum an den Rändern und schließlich, wenn er nah herangekommen ist, erst der Weg hinaus ins Auge fällt (1573–1576). Triton fährt im zweiten Teil fort, den Weg an der libyschen Küste entlang, hinauf bis nach Kreta und von dort Richtung Peloponnes zu schildern (1577–1583). Tritons Rede nimmt so die folgenden transitorischen Episoden proleptisch vorweg (vgl. ad 1625–1772). Die Rede schließt mit einem Propemptikon an die Argonauten (1584 f.).

1573 πόντοιο διήλυσις Das Substantiv διήλυσις nur hier (vgl. erst Paul. Sil. Amb. 287; 295). Ein Scholion kommentiert διεξέλευσις, ἔξοδος (Schol. A.R. 4,1573). Der Ausdruck wird durch στεινὴ ... ὁδὸς ἐκτός (1576) wieder aufgenommen.

1573 f. ἔνθα μάλιστα / βένθος ἀκίνητον μελανεῖ Das Adjektiv ἀκίνητος ist im Epos sehr selten (nur Hes. Op. 750, von Gräbern), in Prosa gebräuchlich (z. B. Hdt. 1,187; 6,134). Die Verbform μελανέω statt μελαίνω verwenden nur die hellenistischen Dichter (Arat. 817; 836; 877 f.; Call. fr. 307,24 Pf.; Philod. AP 5,121,1). In den *Arg.* finden sich auch Formen von μελαίνω (3,750; 4,569). Die von einigen Mss. überlieferte Variante μελάνει kommt als intransitives Präsens womöglich in Frage (vgl. Il. 7,64; Vian / Delage 1996[2], ad loc.; dagegen Pompella 2006, ad loc.; Hunter 2015, ad loc.). Vorbild ist ein hom. Kurzgleichnis, das das versammelte Troier-Heer mit dem vom Wind aufgewühlten Meer vergleicht (οἵη δὲ Ζεφύροιο ἐχεύατο πόντον ἔπι φρὶξ / ὀρνυμένοιο νέον, μελάνει δέ τε πόντος ὑπ' αὐτῆς, Il. 7,63 f.; Livrea 1973, ad loc.). Der Tritonsee wird so implizit mit dem Heer verglichen (vgl. Teil I.D.III.2). Ähnlich bezeichnet Ap. die Μέλας κόλπος genannte Bucht zwischen Imbros und Thrakien, die die Argonauten kurz vor Einfahrt in den Hellespont durchqueren (κεῖθεν δ' εἰρεσίῃ Μέλανος διὰ βένθεα Πόντου, 1,922; vgl. Hdt. 4,41; 7,58; Str. 7,331). Der heutige Golf von Saros ist an die 600 Meter tief und darum dunkler als das umgebende Meer. Dieses Phänomen sollen die Argonauten hier auf der Suche nach der Ausfahrt aus dem Tritonsee nutzen.

1574 f. ἑκάτερθε δὲ λευκαί / ῥηγμῖνες φρίσσουσι διαυγέες Hier ist eine Rede Nestors vorbildhaft, in der er den Zielpfosten für das Pferderennen beschreibt, an dem sein Sohn Antilochos teilnimmt (λᾶε δὲ τοῦ ἑκάτερθεν ἐρηρέδαται δύο λευκὼ / ἐν ξυνοχῇσιν ὁδοῦ, λεῖος δ' ἱππόδρομος ἀμφὶς, Il.

23,329 f.; Livrea 1973, ad loc.). Die Übernahme zielt auf eine Gemeinsamkeit ab: Sowohl Antilochos als auch die Argonauten müssen Aufmerksamkeit walten lassen, um das kleine Ziel bei hoher Lauf- bzw. Fahrtgeschwindigkeit nicht zu verfehlen.

1575 διαυγέες Das Adjektiv ist in vorhellenistischer Zeit lediglich in philosophischer und naturwissenschaftlicher Prosa in der Bedeutung „durchscheinend" belegt (z. B. Hp. Mul. 211,3; Arist. Mir. 840b34; Thphr. HP 3,7,5). Ap. verwendet διαυγής in der Bedeutung „strahlend, blank", außer hier von den goldenen Flügeln der Boreaden und blinkenden Sternen (1,220 f.; 2,1104). Bei Kallimachos vom „blanken" Erz, das Aphrodite vor dem Urteil des Paris als Spiegel benutzt (Call. Lav. Pall. 21), bei Nikander von der glänzenden Rückenzeichnung einer Spinne (Nic. Th. 726).

1575 f. ῥηγμῖνες ... / ῥηγμίνων Das Substantiv steht seit Homer sowohl in der Bedeutung „Brandung" (Il. 20,229; Od. 12,214; Pi. N. 5,13; Lyc. 192) als auch „Meeresküste" (Il. 1,437; 2,773; 8,501; 16,67; Od. 9,150; 547; 12,6; 15,499; h.Ap. 490; 505; 508; E. IT 253; Lyc. 412; vgl. Rengakos 1994, 136 f.). Ap. verwendet beide Bedeutungen, hier ist von „Brandung" die Rede, während ῥηγμίν sonst „Küste, Strand" heißt (1,1004; 2,348; 532; 4,251; Livrea 1973, ad loc.; dagegen Matteo 2007, ad 348). Die Anapher lässt die abbildende Wortstellung deutlich hervortreten: Die Brandung zu beiden Seiten der Fahrtrinne (ἑκάτερθε δὲ λευκαὶ ῥηγμῖνες – ῥηγμίνων) umschließt auch im Textbild den Weg in der Mitte (ἡ δὲ μεσηγύ, vgl. ad 1625–1637 sowie Teil I.B.II).

1576 στεινὴ τελέθει ὁδός Die Junktur στεινὴ ὁδός ist zuvor nur in Prosa belegt und wird sowohl eigentlich als auch übertragen gebraucht (vgl. z. B. X. An. 4,1,10; Hp. Flat. 8,34; D. Call. 22,5; 29,2). Theokrit beschreibt so sentenzenhaft den mühseligen Lebensweg des Sängers (χαλεπαὶ γὰρ ὁδοὶ τελέθουσιν ἀοιδοῖς, Theocr. 16,69).

ἐκτὸς ἐλάσσαι Vorbilder sind die Beschreibung von Eumaios' Schweinepferch (Od. 14,11) sowie ein Erzählerkommentar bei Bakchylides, der die Wendung poetologisch gebraucht (Τί μακρὰν γ[λ]ῶ[σ]σαν ἰθύσας ἐλαύνω / ἐκτὸς ὁδοῦ; Ba. 10,50 f.; vgl. Maehler 1982, ad 10,51 f.). Bei Ap. begegnet die Junktur außerdem von der Fahrt der Argo aus dem Phasis (4,211).

1577 ὑπηέριον Zuvor nur bei Hippokrates belegt, dort in der Bedeutung „der Luft ausgesetzt" (δίαυλοι καὶ ὑπηέριοι ἵπποι, Hp. Vict. 2,63; vgl. AP 5,15,2). Hier heißt das Kompositum dagegen „neblig" (vgl. zu ἠέριος ad 1239; Livrea 1973, ad loc.).

Πελοπηίδα γαῖαν Ein spezifischer Rückgriff Tritons auf die Formulierung, die Euphemos in seiner Frage gebraucht hat (vgl. ad 1570). Triton signalisiert den Gefährten so, dass er Kenntnis von der Region hat und ein vertrauenswürdiger, wohlwollender Berater ist. Seine umfassende geographische Kenntnis auch des europäischen Teils des Mittelmeeres lässt seine Göttlichkeit vermuten, die er später offen zeigen wird (1586–1616). Das umfassende Wissen hat er mit den libyschen Herossae gemein (vgl. ad 1305–1336).

1578 εἰσανέχει πέλαγος Das Kompositum εἰσανέχω ist erst bei Ap. belegt und bezieht sich stets auf die geographische Lage eines Gewässers (1,1360 f.; 4,290 f.; vgl. Ardizzoni 1967, ad 1360; Livrea 1973, ad 291). Eine Imitation erst bei Dionysios (D.P. 470 f.).

Κρήτης ὕπερ Formales Vorbild ist Odysseus fingierte Erzählung an Eumaios, in der er sich als Kreter ausgibt (ἔθεεν βορέη ἀνέμῳ ἀκραέι καλῷ / μέσσον ὑπὲρ Κρήτης, Od. 14,299 f.). Kreta ist auch die nächste Station der Argonauten. Sie werden dort noch einmal mit einer bedeutenden Gefahr konfrontiert. Wie in den übrigen Großteilen der Libyenepisode findet sich hier ein proleptischer Hinweis auf die kommende Episode (vgl. ad 1625–1693).

1578 f. ἐπὶ χειρός / δεξιτερῆς Vorbild für den Ausdruck ist die Anweisung Kalypsos an Odysseus, das Sternbild Orion auf der Fahrt immer linker Hand zu behalten (Od. 5,277). Ein ähnlicher Ausdruck findet sich von der Leier des Hermes (ἐπ' ἀριστερὰ χερὸς ἐέργων, h.Merc. 153; 418 = 499). Bei Ap. wie im hom. Vorbild für Richtungsangaben (ἐπ' ἀριστερὰ χειρῶν, 2,1266; vgl. Βιθυνῶν ἐπὶ δεξιὰ γαῖαν ἔχοντες, 2,347).

1579 εἰς ... βάλητε Das Verb εἰσβάλλειν begegnet in den *Arg.* öfter in der Bedeutung „einfahren, hindurchfahren" (vgl. 1,928; 4,496; 639; 826). Ein Vorbild findet sich bei Demosthenes (ἐὰν δὲ μὴ εἰσβάλωσι (sc. εἰς Πόντον), D. 35,13; vgl. Livrea 1973, ad 639).

ἁλὸς οἶδμα In früherer epischer und lyrischer Dichtung sind ähnliche Ausdrücke belegt (z. B. πόντος ἀπείριτος οἴδματι θυίων, Hes. Th. 109; οἶδμα θαλάσσης, h. Cer. 14; οἶδμ' ἅλιον, h. Ap. 417; ἐπ' οἶδμ' ἅλιον, Pi. fr. 221,4). Dieselbe Junktur findet sich bei den Tragikern (οἶδ]μα ποντίας ἁλός, A. fr. 449,6 Mette; ἐς οἶδμ' ἁλός, E. Hec. 26; ποντίας ἁλὸς / οἶδμα, S. Ant. 586 f.). Ap. gebraucht sie häufiger (vgl. 1,588; 1014; 4,232; 457; 659).

1580 f. αὐτὴν παρὰ χέρσον ἐεργμένοι .../ ἔστ' ἂν ἄνω τείνῃσι Mit ähnlich exakter, wenn auch knapper Beschreibung der geographischen Landmarken formuliert bei Ap. der Seher Phineus eine Routenbeschreibung, der den Helden den Weg entlang der Küste Bithyniens bis nach Kolchis erklärt (2,347–407). Zum Kap, das Triton hier beschreibt, vgl. ad 1583.

1581 περιρρήδην Das Adverb ist nur hier belegt (vgl. ἀντὶ τοῦ κατὰ περιφέρειαν, Schol. A.R. 4,1581). Vorbildhaft für die Bildung ist das hom. ἅπαξ λ. περιρρηδής, dort vom Taumeln des getroffenen Eurymachos (περιρρηδὴς δὲ τραπέζῃ / κάππεσεν ἰδνωθείς, Od. 22,84 f.). Die Bedeutung ist unter hellenistischen Philologen umstritten. Ap. imitiert die *Odyssee*-Passage auch für die Darstellung eines von Ankaios niedergeschlagenen Stieres (ἤριπε δ' ἀμφοτέροισι περιρρηδὴς κεράεσσιν, 1,431). Die Belege lassen vermuten, dass Ap. von der Bedeutung „sich um etw. herum ergießen" oder „um sich herumdrehend" ausging (> περιρρέω bzw. > περιρρησόμενος, περικεκλασμένος), die auch in der medizinischen Fachliteratur zugrunde liegt (Hp. Art. 16; Mul. 2,158; Gal. 18a 419 ff.; vgl. Rengakos 1994, 128). Der Gebrauch im Sinn von „sich krümmend" ist hier ebenso einmalig wie das Adverb: Wenn die Argonauten das äußere Ende des Kaps erblicken, an dem die Küstenlinie sich wieder in die andere Richtung zum Land hin krümmt, sollen sie auf das offene Meer hinausfahren.

1582 f. ἑτέρωσε / κλινομένης χέρσοιο Die Junktur ἑτέρωσε κλίνειν begegnet zuvor im hom. Epos von Sterbenden, vom umstürzenden Waschbecken der Eurykleia (Il. 13,543; Od. 22,17; Od. 19,470) sowie bei Hippokrates (Hp. Mul. 132,1). Ap.' Gebrauch zur Beschreibung einer Küstenlinie scheint einmalig zu sein.

1583 ἀγκῶνος ... προύχοντος Die vorspringende Landzunge, die den Argonauten von Triton als landschaftliche Markierung genannt wird, von der aus sie über das offene Meer aufbrechen sollen, wird gern mit dem Kap Phykous, dem heutigen Kap Ras Sem identifiziert (Goodchild 1976, 249 f.; Stucchi 1976, 21 ff.; Vian / Delage 1996[2], ad 1625). Tritons Beschreibungen lassen jedoch im Grunde lediglich erkennen, dass es sich um eine auffällige Landzunge handeln muss, die die Argonauten als Orientierungspunkt für die Fahrt hinaus ins offene Meer nutzen sollen. Da weder der Ausgangspunkt noch irgendein weiterer Ort auf dieser Route exakt benannt sind, ist eine konkrete Verortung nicht möglich. Zahlreiche Landzungen der libyschen Küste kämen in Frage (vgl. ad 1626). Es ist wahrscheinlich, dass Ap. diese Landzunge ebenso wie den Tritonsee und die übrigen Orte Libyens bewusst nicht exakter verortet, um die Darstellung Libyens zwischen geographischer Realität und poetischer Phantasielandschaft in der Schwebe zu halten (vgl. Teil I.D).

τετάνυσται ἄπο Die Mss. überliefern τετάνυσται ἰθὺς ἄπο, wobei ἰθύς durch Verschreibung von vorhergehendem ἰθύνεσθε (1580) in den Text gelangt sein dürfte und von Brunck getilgt wird. Merkels Konjektur τέτατ' ἰθὺς ἀπό passt nicht zu Ap.' zurückhaltendem Gebrauch der Elision von αι (vgl. Platt 1919, 84; Livrea 1973, ad loc.). Fränkels (1962, ad loc. in app.) Vorschlag (τετάνυσται ἄπο πρόσω ἰθὺς ἰούσιν) greift zu stark in den Text ein.

πλόος ... ἀπήμων Inhaltliches und formales Vorbild ist die Beschreibung Agamemnons bei seiner Heimkehr als „scheinbar unversehrt" (ἐφαίνετο νόστος ἀπήμων, Od. 4,519). Dieselbe Junktur findet sich in Agamemnons Rede nach der Opferung Iphigenies in Aulis, in der er der griechischen Unternehmung eine „unversehrte Fahrt" wünscht (δὸς γενέσθαι πλοῦν νεῶν ἀπήμονα, E. IA 1575). Die Parallelen sind beabsichtigt: Wie Agamemnon vorerst unversehrt zuhause eintrifft und wie bei Euripides die Griechen schließlich ihre Fahrt vollenden und in Troja ankommen, wird auch die Argo diese Fahrt gut vollenden und nach Hause gelangen. Zugleich schwingt in der Übernahme jedoch etwas Unheilvolles mit. Der Rezipient weiß um die weiteren Ereignisse im Atridenhaus sowie vor Troja und denkt an Agamemnons Ermordung bzw. den blutigen Krieg, der den Griechen bevorsteht. Dies könnte parallel zu den Vorbildern als unheilvolle Vorausdeutung auf das Schicksal von Medea und Jason nach ihrer Rückkehr nach Griechenland verstanden werden.

1584 f. Propemptikon Die Konstruktion der Verse ist umstritten. Es handelt sich wohl um einen *genitivus qualitatis* als Attribut zu ἀνίη. Von der Substantivgruppe ist ein epexegetischer Infinitiv abhängig, dem wiederum die Partizipgruppe um κεκασμένα untergeordnet ist. Triton-Eurypylos schickt die Argonauten mit einem Gruß auf die Heimreise, der Züge eines Propemptikons aufweist (vgl. z. B. Sappho fr. 5 Voigt; Thgn. 691–692; E. IT 1123–1136; Call. fr. 400 Pf.; Theocr. 7,52–89; F. Cairns 1998, 67 ff.; Wachsmuth 1967). Der Wunsch, ihnen möge eine glückliche Fahrt über das Meer (εὔπλοια) beschieden sein, wird zwar nicht unmittelbar, aber in näherer Zukunft erfüllt (vgl. ad 1773–1781). Tritons Wunsch weist so zugleich auf die Mühen der transitorischen Episoden wie auf das glückliche Ende der Fahrt voraus.

1584 ἴτε γηθόσυνοι Ap. greift das hom. Adjektiv γηθόσυνος (γηθόσυνος κῆρ, Il. 4,272; 326; 18,557) als auch auf das Substantiv γηθοσύνη (Il. 13,20; 21,390; h.Cer. 437) regelmäßig auf, wenn sich die Argonauten über die Lösung eines Problems freuen (1,349 f.; 1279; 2,878; 1,784; 2,435; 3,259; 490; 1171; 1255; 4,171; 298; 620; vgl. aber ad 1726; Ardizzoni 1967, ad 784; Livrea 1973, ad 620; Latacz 1966, 154 ff.). Der Gebrauch des Adjektivs im Femininum (γηθόσυναι ξείνῳ, 1,784) durch Ap. spiegelt seine Opposition zu Aristophanes in Bezug auf die Lesung zweier Homer-Stelle (γηθοσύνη δὲ θάλασσα bzw. γηθοσύνῃ δὲ θάλασσα, Il. 13,29; (ψυχή) γηθοσύνη, Od.

11,540; Rengakos 1993, 92). Die Junktur hat motivische Vorbilder bei Homer (z. B. ἴσαν χαίροντες Ἀχαιοί, Il. 10,565; οἷς χαίρων μὲν ἐγὼν ἀπέπεμπον ἐκεῖνον, / χαῖρε δὲ κεῖνος ἰών, Od. 24,312 f.).

1584 f. καμάτοιο δὲ μή τις ἀνίη / γιγνέσθω Die Junktur καμάτοιο ἀνίη ist zuerst hier belegt und wird ab dem 2. Jhd. selten imitiert (Max. 7,309 Ludwich; Nonn. D. 7,8).

1585 κεκασμένα γυῖα Die Junktur ist für Empedokles in einem Fragment belegt, das sich gegen die anthropomorphe Göttervorstellung der frühen Dichtung wendet (οὐδὲ γὰρ ἀνδρομέηι κεφαλῆι κατὰ γυῖα κέκασται, Emp. fr. 134,8 D.-K.). Ap. könnte dem anthropomorphen Gott Triton, dessen göttliche Gestalt später beschrieben wird (vgl. ad 1586–1616), dieses Zitat gezielt zur Bezeichnung der menschlichen Helden in den Mund gelegt haben. Dieser Anspielung auf einen gebräuchlichen Topos der antiken Dichtungskritik aus dem Munde Tritons eignet ein humoristisch-ironischer Zug.

γυῖα μογῆσαι Nikander greift die Junktur zur Beschreibung der Qualen auf, die der Biss der Dryinas-Schlange verursacht (κακὴ δ' ἐπιδίψιος ἄτη / ἐσχατίη μογέουσι τρόμον κατεχεύατο γυίοις, Nic. Th. 436 f.).

C. 1586–1616 Triton führt die Argo aus dem See

Inhalt und Aufbau Vgl. ad 1537–1626.

1586 ἴσκεν Das defektive Imperfekt ist hom. (Od. 19,203; 22,31). Ap. verwendet es in der Bedeutung „sagte(n), sprach(en)" (1,834; 2,240; 1196; 3,396; 439; 484; 555; 938; 4,92; 410; vgl. aber ad 1718). So auch Theokrit und Lykophron (ἴσκον, Theocr. 22,167; ἴσκων, Lyc. 574). Die Bedeutung der *Odyssee*-Stellen ist umstritten (vgl. Chantraine 1968, s.v. ἔοικα; Livrea 1973, ad 92; Rengakos 1994, 100 f.; 160; 170; dagegen van der Valk 1949, 116 f.; 193). Aristarch ist der Meinung, ἴσκεν müsse „glich" heißen (Aristonic. ad Il. 16,41; ad Od. 19,204; 22,31 ff.; vgl. Lehrs 1865, 105 f.). So auch ein Ap.-Scholiast (τὸ δὲ ἴσκεν ἀντὶ τοῦ ἔλεγεν, κακῶς· Ὅμηρος γὰρ ἀντὶ τοῦ ὡμοίου, Schol. A.R. 1,834).

1587 λίμνης ἐκπρομολεῖν Vgl. ad 1539.

1588 ἐπιπρονέοντο Das Kompositum ist nur hier belegt.

λελιημένοι Im alten Epos findet sich nur das Partizip Perfekt zum Ausdruck eines heftigen Begehrens (Il. 4,465; 5,690; 12,106; 16,552). Ap. gebraucht das Partizip häufiger (1,78; 1164; 1276; 2,252; 897) und bildet darüber hinaus wie Theokrit weitere finite Formen (ἐπεὶ λελίησαι ἀκούειν, Theocr. 25,196; vgl. z. B. λελίητο, 3,646; 1158; 4,1009; Marxer 1935, 8; Gow 1952 II, ad 25,196; Livrea 1973, ad loc.; Matteo 2007, ad 252). Von den späteren Dichtern beschränken sich Oppian, Tryphiodor und Quintus auf den Gebrauch des Partizips, finite Formen nur bei Maximus und Dionysios (Max. 10,459; D.P. fr. 9v 42 Heitsch).

1589 τρίποδα μέγαν Der Dreifuß des Apollo garantiert den Schutz eines Landes vor Zerstörung, wie bei der Überreichung des ersten Dreifußes an die Hylleer hervorgehoben wird (4,532–536; zu Tritons Dreifuß vgl. ad 1548 sowie Teil I.C).

1589 f. εἴσατο λίμνην / εἰσβαίνειν εἴσατο hier von εἴδομαι, nicht von εἶμι (wie 4,855; 1733; Vian / Delage 1996², N.C. ad loc.; dagegen McLennan 1973, 55). Zuvor sind bereits die Argonauten nach ihrem Wüstenmarsch mit der Argo auf den Schultern in den Tritonsee gestiegen (vgl. ad 1391 f.).

1590 ἐσέδρακεν Vgl. ad 1361.

1590 f. ἄφαντος / ... ἔπλετο Die Junktur ist nur bei Pindar in Zusammenhang mit dem Pelops-Mythos belegt (ὡς δ' ἄφαντος ἔπελες, Pi. O. 1,46). In den *Arg.* werden wie Triton auch die übrigen libyschen Gottheiten unsichtbar (Herossae, vgl. ad 1305–1336; Hesperiden, vgl. 1393–1456). Das ambivalente Verhalten der libyschen Gottheiten trägt zum Teil Züge der hom. Götter, wenn sie den Menschen begegnen, muss aber vor allem als Ausdruck des spezifischen Libyenbildes der *Arg.* aufgefasst werden (vgl. Teil I.D).

1591 σχεδόν Für das hier temporal gebrauchte Adverb geht man von der seltenen Bedeutung „plötzlich, sogleich" aus (vgl. ἐπὶ δὲ σχεδὸν ἤνεον ἄμφω, A.R. 3,947; καὶ δὴ σχεδόν ἥλατο πόντον, Call. Dian. 195; Mooney 1912, ad 3,947; Livrea 1973, ad loc.; Vian / Delage 1980, N.C. ad 295).

1592 μακάρων τις Die Bezeichnung ist bei Ap. für die Götter reserviert, während im hom. Epos auch Menschen μάκαρες genannt werden (z. B. Od. 1,217; 11,483; vgl. ad 1612; ad 1773). Die im frühen Epos häufige Schlussklausel μακάρεσσι θεοῖσιν (Il. 1,599; 5,340; 14,72; 15,38; Od. 1,82; 5,186; 6,326; h. Ap. 86; Hes. Op. 120; [Hes.] Sc. 476) begegnet in den *Arg.* nicht, die Verbindung wird jedoch nach altepischem Vorbild in alternativer metrischer Form sowie im Hyperbaton am Versschluss eingesetzt: μακάρεσσι θεοῖς (1,501; vgl. Il. 5,819; 6,141; h. Ap. 498; 512; Hes. Th. 128; Op. 139); μακάρεσσιν ⏑ ‒ ‒ ‒ ⏑ θεοῖσιν; vgl. Od. 10,74; h. Ap. 321). Beim Ausdruck μακάρων τις handelt es sich um fokalisierte Erzählerrede (vgl. Teil I.E). Der Erzähler gibt die Perspektive der Helden wieder, die im Gegensatz zum Rezipienten nicht wissen, um welchen Gott es sich handelt. Markiert ist die Fokalisation durch den Verbalausdruck τοῖσι δ' ἰάνθη / θυμός. Ap. verwendet den Ausdruck auch in der Rede der Polyxo für eine Gottheit, die aus Figurenperspektive nicht bekannt ist (μακάρων τις ἀποτρέποι, 1,681).

ὃ δὴ ... ἀντεβόλησεν Das Relativum im Akkusativ Neutrum steht hier adverbial im Sinn von „in Bezug darauf, dass = weil, da" (vgl. z. B. ταρβήσας ὅ οἱ ἄγχι πάγη βέλος, Il. 20,283).

μακάρων τις ἐναίσιμος Das Adjektiv ἐναίσιμος steht im alten Epos bei Personen in der Bedeutung „gerecht, rechtmäßig" (z. B. Od. 10,383), bei Gegenständen auch „angemessen" (z. B. Il. 24,425), bei Ereignissen „schicksalhaft, schicksalverkündend". In den *Arg.* findet sich derselbe Gebrauch (gerechte Worte einer Person z. B.: πάντεσσι δ' ἐναίσιμον ἥνδανε μῦθος, 1,717; angemessene Dinge: ἐναίσιμα πείσματα, 2,1275; ἐναίσιμον ... ἀρωγήν, 3,524; schicksalhafte Ereignisse: z. B. λιγνύν / ἐναίσιμον ἀίσσουσαν, 1,437 f.; 4,861; 1122; vgl. Livrea 1973, ad 861; Vian / Delage 1996², ad loc.; Matteo 2007, ad 1275). Hier wird die Begegnung mit dem Gott als gutes Vorzeichen bezeichnet. Die Aussage über deren Schicksalhaftigkeit übernimmt Figurenperspektive in den Erzählertext. Die Verse 1591 ff. schildern das Verhalten der Argonauten, ab 1592 f. handelt es sich um indirekt wiedergegebene Rede der Helden, die in 1592 durch die Bezeichnung Tritons als μακάρων τις vorweggenommen wird – im Gegensatz zu Erzähler und Rezipient wissen die Argonauten noch nicht, um welchen Gott es sich handelt.

ἀντεβόλησεν Vgl. ad 1551.

1593 μήλων ὅ τι φέρτατον ἄλλων Inhaltliches Vorbild ist eine Passage über die Freier, die die besten Tiere aus den Herden des Odysseus schlachten (Od. 14,105 ff.). Die Übernahme bewirkt eine starke Kontrastierung, die das gottesfürchtige Verhalten der Argonauten in Libyen betont: Während die frevelhaften Freier der Penelope in ihrem Überfluss die besten Tiere für sich wollen, wollen die frommen Argonauten von den wenigen verbliebenen Opfertieren das allerbeste dem Gott opfern (vgl. Teil I.D). Herodot berichtet, dass die Völker Libyens nur wenigen Göttern neben Sonne und Mond Opfer darbringen, nämlich Athena, Triton und Poseidon (Hdt. 4,188). Dass nur Triton von allen libyschen Gottheiten, die den Argonauten helfen, ein Tieropfer dargebracht wird, könnte Bezug darauf nehmen.

1594 ἐπευφημῆσαι ἑλόντα Seltenes hom. Verb, begegnet zu Beginn der *Ilias*, als die Achaier dem Chryses seine Tochter zurückgegeben wollen. Agamemnon kränkt den Priester und Apollo (πάντες ἐπευφήμησαν Ἀχαιοί, Il. 1,22; 376). Das Zitat kontrastiert das fromme Verhalten der Argonauten. Im Gegensatz zu Agamemnon kommt Jason der Bitte der Gefährten nach.

Er lässt es nicht an der gebotenen Handlung fehlen und sichert die Gunst der Gottheit. Livrea schlägt vor, das aktive Partizip ἑλόντα auf Triton zu beziehen, „einen Lobgesang auf den, der den Dreifuß nahm" (ἀνθέμενος, 1589; Livrea 1971, 151 f.; Livrea 1973, ad loc.). Wahrscheinlich bezieht sich das Partizip aber auf Jason (1593). Es steht entweder die aktive Form stellvertretend für das Medium („auswählen"; Hunter 2015, ad loc.) oder ῥέξαι καὶ ἐπευφημῆσαι ἑλόντα heißt schlicht „unter Gebeten ergreifen und schlachten". Dass der Erzähler hier in geraffter, indirekter Form die Bitten mehrerer Argonauten zusammenfasst, passt zum schlichten Stil der Verse (vgl. ad 1251–1258).

1595 ἐσσυμένως Vgl. ad 1409; 1533. Die Verbindung des Adverbs mit αἶψα hebt hervor, wie sehr Jason bemüht ist, der Bitte seiner Gefährten umgehend nachzukommen.

1595 f. ἀείρας / σφάξε ... ἐπὶ δ' ἔννεπεν εὐχωλῇσιν Die Ausführung des Opfers erfolgt exakt so, wie die Argonauten es sich vorstellen: Die drei Verben greifen parallel ῥέξαι, ἐπευφημῆσαι und ἑλόντα wieder auf (vgl. ad 1594; dagegen Vian *per litteras ad H. Livrea missas, apud* Livrea 1973, ad loc.). Dieselbe Junktur in einem Empedokles-Fragment, das von der Opferung eines Sohns durch den Vater berichtet (πατὴρ φίλον υἱὸν ἀείρας / σφάζει ἐπευχόμενος, Emp. fr. 137 D.-K.).

1596 κατὰ πρύμνης Die Junktur begegnet in Dichtung und Geschichtsschreibung, wenn Winde ein Schiff vom Heck her treffen (S. Ph. 1450 f.; Th. 2,97,1; Theocr. 22,10). Bei Kallimachos wird ein „Heros am Heck" als Schutzpatron angerufen, der vermutlich auf den Minos-Sohn Androgeos zurückgeht (Ἥρως ᾧ κατὰ πρύμναν, ἐπεὶ τόδε κύρβις ἀείδει, Call. fr. 103 Pf.; vgl. Wachsmuth 1967, 92 ff.; Casson 1971, 344 ff.). Ferner sind Standbilder vom Schutzpatron eines Schiffes am Heck bezeugt (E. IA 239 ff.; 275 f.). Jason opfert am Heck, einem besonderen, mit einer schützenden Gottheit verbundenen Platz (vgl. ad 1602).

ἐπὶ δ' ἔννεπεν εὐχωλῇσιν Die Präposition ἐπί kann adverbial verstanden werden oder es handelt sich um das Verb ἐπεννέπω in Tmesis (vgl. ἐπὶ μῦθον ἐνίψω, 3,780; Ardizzoni 1958, ad 780; Livrea 1973, ad loc.; Vian / Delage 1996[2], ad loc.). Das hom. Substantiv εὐχωλή („Gebet", z. B. Il. 1,93; „Ruhm", Il. 2,160) begegnet bei Ap. nur in der Bedeutung „Gebet" (noch 1,425; 2,334; 4,713; 1601). Hier rahmt es Jasons Bitte (vgl. ad 1601).

1597–1600 Jasons Opfergebet Jasons Gebet hat eine schlichte, zweigeteilte Struktur: Anrede (1597 ff.) sowie Bitte um Erhörung (1600; zu Opferhandlungen vgl. Mori 2008, 157 ff.). Die Anrede ist aufgrund der Unsicherheit

Jasons bezüglich der Identität der Gottheit dreiteilig – wie schon zuvor beim Gebet des Orpheus an die Hesperiden (vgl. ad 1410 ff.) Das Gebet bildet ein Gegenstück zum Gebet an die Herossae: Dies weist ebenfalls vier Verse und dieselbe Kombination aus Anrede und Bitte um Erhörung auf. Jason weiß dort um die Identität der Göttinnen, versteht ihren Spruch allerdings nicht (vgl. ad 1333–1336). Hier ist demgegenüber die Identität des Gottes unklar, sein Spruch aber verständlich.

1597 δαῖμον ... φαάνθης Als Vorbild kommt das Gebet der Zauberin an Selene bei Theokrit in Frage (ἀλλά, Σελάνα / φαῖνε καλόν· τὶν γὰρ ποταείσομαι ἄσυχα, δαῖμον, Theocr. 2,10 f.). Anrede und zugehöriges Verb stellt Ap. auch gesperrt zu Beginn und Ende des Verses.

λίμνης ἐπὶ πείρασι Der Ausdruck variiert γαίης ἐνὶ πείρασι τῆσδε aus der Rede des Euphemos (vgl. ad 1567). Dass sich die Gegenden Libyens, die die Argonauten besuchen, an den Rändern der Welt befinden, gehört zum Grundtenor der Libyenepisode und bestimmt maßgeblich das Libyenbild der *Arg.* (vgl. ad 1227; Teil I.D).

1598 Τρίτων', ἅλιον τέρας Das Adjektiv ἅλιος steht im hom. Epos als Epitheton bei Phorkys (Od. 13,96), Nereus (Il. 1,538; 556; 20,107; 24,562; Od. 24,58) und Proteus (Od. 4,349; 365; 384; 401; 542; 17,140; Livrea 1973, ad loc.). Die Argonauten nehmen an, dass sie ein göttliches Wesen, nämlich Triton, Phorkys oder Nereus getroffen haben, da diese traditionell über prophetische und/oder gestaltwandlerische Fähigkeiten verfügen.

1598 f. Φόρκυν / ἢ Νηρῆα Die Meeresgötter Phorkys und Nereus gelten als Söhne von Pontos und Gaia (vgl. Hes. Th. 233–239), Phorkys auch als Vater der Hesperiden (Schol. A.R. 4,1399d) und der Schlange Ladon (Hes. Th. 270–333; vgl. ad 1396 ff.). Der Meergreis Nereus ist Vater der Nereiden und Herakles-Gegner (Hes. Th. 240 ff.).

1599 θύγατρες ... ἁλοσύδναι Das hom. δίς λ. ἁλοσύδνη beschreibt die Göttin Thetis (Θέτιδος καλλιπλοκάμου ἁλοσύδνης, Il. 20,207) und eine nicht weiter bezeichnete Meeresgöttin und Robbenmutter, womöglich Amphitrite (φῶκαι νέποδες καλῆς ἁλοσύδνης, Od 4,404). Nikander bezeichnet die Muscheln im Meer als Kinder der Meeresgöttin (γλίσχρ' ἁλοσύδνης τέκνα, Nic. fr. 83,3 G.-S.). Gemeint sind hier die Nereiden.

ἐπικλείουσ' In der *Odyssee* steht ἐπικλείω in der Bedeutung „preisen" (Od. 1,351), bei Ap. geht Livrea von drei verschiedenen Bedeutungsnuancen aus, „nennen, rufen" wie hier (vgl. 2,1156; 4,571), „anrufen" (2,700; 3,553) und „erzählen" (1,18; Livrea 1973, ad 571). Da vermutlich an letzterer Stelle Bruncks Konjektur οἱ πρόσθεν ἐπικλείουσιν ἀοιδοί statt des überlieferten ἔτι κλείουσιν ἀοιδοί unnötig ist (Ardizzoni 1967, ad 18; Vian 1974, ad 18), relativiert sich diese Nuancierung. Die ersten beiden Bedeutungsnuancen liegen so nah beieinander, dass man für die *Arg.* von der Bedeutung „(an)rufen" ausgehen kann (vgl. auch ἄνδρες ἐπικλείουσι Βοώτην, Arat. 92).

1600 νόστοιο τέλος θυμηδές Vorbildhaft ist Odysseus' Vorwurf an den Propheten Leiotes, er habe für sein Verderben gebetet (23,323; Livrea 1973, ad loc.). In Frage kommt überdies eine Junktur, die bei Pindar die Fahrten des Herakles beschreibt (ῥοάς, ὁπᾷ πόμπιμον κατέβαινε νόστου τέλος, Pi. N. 3,25). In den *Arg.* begegnet exakt dieselbe Junktur sowohl hier, gegen Ende der Fahrt, als auch zu Beginn, vor Fahrtantritt, von den Gebeten der Frauen von Iolkos (εὐχόμεναι νόστοιο τέλος θυμηδὲς ὁπάσσαι, 1,249). So entsteht eine motivische und lexikalische Klammer für das gesamte Fahrtgeschehen.

1601 εὐχωλῇσιν Vgl. ad 1596.

λαιμοτομήσας Das Verb ist zuerst bei Ap. belegt (vgl. ταφήια λαιμοτόμησαν, 2,840; Str. 7,2,3; Plu. Oth. 2; S.E. M. 1,264,4). Verwandte Substantive finden sich bei Euripides (Περσέα λαιμοτόμαν ὑπὲρ ἁλός, E. El. 459; ἐλιχθεῖσα λαιμοτόμωι, IT 444 etc.; vgl. Livrea 1973, ad loc.; Matteo 2007, ad 840). Das Durchtrennen der Kehle des Opfertiers wird von Ap. dabei nicht mit dem umfassenderen Begriff „opfern" gleichgesetzt. Das Verb λαιμοτομέω wird vielmehr in beiden Fällen gebraucht, um eine konkrete Handlung des Opferritus (vgl. Bestattung eines Helden, 2,840) in wichtige Schritte zu gliedern (dagegen Hunter 2015, ad loc.). Jasons Opfergebet besteht aus drei Schritten: Eigentliches Gebet, Durchtrennen der Kehle des Tieres, Hinabwerfen des Tierkörpers vom Schiff (1602).

1602 κατὰ πρύμνης Vgl. ad 1596.

1602–1616 Tritons wahre Gestalt Der Erzähler beschreibt zunächst mit Hilfe eines Gleichnisses, wie der Gott die Argo aus dem See schiebt (1604–1610), dann sein Aussehen (1610–1616). Die Neugier des Rezipienten auf das Erscheinungsbild wird verzögert befriedigt. Bei Pindar erscheint Triton nur als Eurypylos (Pi. P. 4,32 ff.), die zweite Begegnung kennt nur Ap. Eine ähnliche Verdoppelung weisen alle drei Großteile der Libyenepisode auf: In der Syrte begegnen die Helden zuerst den Herossae, dann Poseidons Pferd (1305–1336; 1363–1392). Die Hesperiden erscheinen den Argonauten, verschwinden wieder und erscheinen erneut, erst als Bäume, dann als Nymphen (1393–1421). Triton erscheint erst in Gestalt des Eurypylos (1551–1581), nun als er selbst.

1602 βένθεος ἐξεφαάνθη Das Verb ist hom. (Il. 4,468; 13,278) und begegnet öfter in den *Arg.* (1,1310; 3,855; 4,1001). Die Junktur greift die Beschreibung der Charybdis auf, die die Balken von Odysseus' Schiff ausspeit (δοῦρα Χαρύβδιος ἐξεφαάνθη, Od. 12,441). An einen dieser Balken geklammert, überlebt Odysseus den Schiffbruch. Das Auftauchen der Balken bedeutet seine Rettung, wie auch hier Tritons Auftauchen den Ausweg aus dem See und Rettung bringt.

1604–1610 Rennpferd-Gleichnis Drei Hauptgedanken werden im Gleichnis ausgeführt. Triton führt das Schiff, wie ein Mann ein Rennpferd im Wettkampf führt (1604). Der Mann ist voll Eifer (1605 f.), das Pferd folgt freudig (1606 ff.). Das Gleichnis weist Besonderheiten auf. Wenn ein Gott, der sich zuvor als Mensch ausgegeben hatte, in seiner göttlichen Gestalt wiederum mit einem Menschen verglichen wird, darf man darin einen Hinweis auf die Beziehung der Argonauten zu Triton erblicken – der Schwerpunkt liegt dementsprechend auf der Haltung des Pferdes gegenüber seinem Führer (1606 ff.; dagegen Feeney 1992, 79; Hitch 2012, 156). Der Gott führt die Argonauten wie ein liebgewonnenes, folgsames Tier. Wie das Rennpferd im Gleichnis vertrauen sie der Führung, sie wahren die Gastfreundschaft mit Eurypylos-Triton und verrichten Opfer. Das Gleichnis illustriert so nicht nur die Situation, sondern bewertet auch das Verhalten der Helden.

1604 θοὸν ἵππον Das hom. Epos kennt die Junktur nicht, wohl aber verwandte Bilder (Ἥρη δὲ μάστιγι θοῶς ἐπεμαίετ' ἄρ' ἵππους, Il. 5,748 = 8,392). Die Junktur findet sich sonst in der Dichtung (θοάς τ' Ὀ[λυμ]πιοδρόμους Ἱέρωνος ἵππ[ο]υς, B. 3,3; μολὼν θοαῖσιν ἵπποις E. IT 2; θοαῖς ἵπποισιν εἰλίσσων, Ph. 3; πῶλοι μαίνονται ἀν' ὤρεα καὶ θοαὶ ἵπποι, Theocr. 2,49). Dass Ap. ausgerechnet hier, bei der Ausfahrt aus dem Tritonsee, ein Rennpferd-Gleichnis bringt, spielt darauf an, dass das nahe gelegene Kyrene und die Kyrenaia für schnelle Pferde und gute Reiter berühmt waren. Diese werden in Pindars Darstellung der Gründung Kyrenes thematisiert (ἀντὶ δελφίνων δ' ἐλαχυπτερύγων ἵππους ἀμείψαντες θοάς, Pi. P. 4,17). Bei Ap. sonst nur von den Pferden des Aietes (φεύγωμεν πρὶν τόνγε θοῶν ἐπιβήμεναι ἵππων, 4,86). Allerdings greift das Gleichnis ein Motiv aus der Syrtenepisode auf: Dort treffen die Helden auf das Pferd Poseidons (πελώριος ... ἵππος, ... πνοιῇ ἴκελος πόδας, vgl. ad 1364–1368).

ἐς εὐρέα κύκλον ἀγῶνος Die Junktur kombiniert eine Szene, in der Achill die Griechen zur Versammlung bittet und eine Pindar-Stelle (λαὸν ἔρυκε καὶ ἵζανεν εὐρὺν ἀγῶνα, Il. 23,258; γλῶσσα μέλιτος ἄωτον γλυκὺν ἀγῶνα Λοξίᾳ καταβάντ' εὐρὺν, Pi. Pae. fr. 52f,60). Bei Arat für den Himmelskreis (κεκεασμένον εὐρέϊ κύκλῳ, Arat. 474).

1605 λασίης … χαίτης Das Adjektiv λάσιος steht im hom. Epos von der behaarten Heldenbrust (Il. 1,189; 2,851; 16,554; Pl. Tht. 194e) und von Schaf und Widder (Il. 24,125; Od. 9,433; vgl. Ar. Ran. 822; Livrea 1973, ad loc.). Bei Herodot beschreibt es die langhaarigen Pferde der Thraker (Hdt. 5,9). Bei Kallimachos begegnet die Junktur in einer Szene, in der Artemis dem Brontes ein Büschel Brusthaare ausreißt (Call. Dian. 76). Womöglich spielt die üppige Mähne des Pferdes im Gleichnis nach hom. Vorbild auf die heldenhafte Behaarung der Argonauten an (vgl. ad 1604–1610).

εὐπειθέα Das Adjektiv zuvor nur selten in der Dichtung (Ibyc. fr. S230,4 SLG; A. Supp. 623; Ag. 982), sonst hauptsächlich in Geschichtsschreibung und Philosophie, von Pferden z. B. bei Platon und Xenophon (Pl. Phdr. 254a; X. Mem. 4,2,25; Smp. 2,10,6).

1606 εἶθαρ Das im alten Epos gebräuchliche Adverb (z. B. Il. 23,256; Hes. Th. 688) wird erst von den hellenistischen Dichtern wieder aufgegriffen (vgl. A.R. 2,408; 3,1313; Call. fr. 31b Pf.; Antim. fr. 20,5; Theocr. 25,213; Nic. Th. 547; Al. 517).

ἐπιτροχάων Vgl. ad 1266.

ἐπ' αὐχένι γαῦρος ἀερθείς Das Adjektiv γαῦρος ist im alten Epos unbekannt, begegnet zuvor in Lyrik und Drama (z. B. Archil. fr. 114,2; E. Supp. 217; Ph. 127; Ar. Ra. 282). Bei Theokrit nennt der Kyklop seine Galatea μόσχῳ γαυροτέρα (Theocr. 11,21). Sonst ist das Adjektiv in hellenistischer Dichtung nicht belegt. Die Syntax ist nicht eindeutig. Entweder versteht man ἐπί kausal oder als Variation zu ἐπ' αὐχένι γαῦρος ἀερθέντι, „freudig sich streckend bis hoch in den Nacken" (Mooney 1912, ad loc.). Ein eindeutiges Bild ergäbe zwar die Konjektur ἐπ' αὐχένι γαύρῳ ἀερθείς. Anzeichen für eine Korruptele liegen jedoch nicht vor. Überdies wären Wortstellung und *correptio* im fünften Fuß ungewöhnlich (Campbell 1973, 89; Hunter 2015, ad loc). Vermutlich handelt es sich um eine Kollation vorbildhafter Ausdrücke (ὀρθωθεὶς δ' ἄρ' ἐπ' ἀγκῶνος κεφαλὴν ἐπαείρας, Il. 10,80; εὐδαομοίη ἐπαρθέντες, Hdt. 5,81). Der Inhalt ist klar verständlich: Es wird ein Pferd mit aufgerichtetem Nacken beschrieben (vgl. Il. 6,509; Xen. Eq. 10,4 f.; 13; 16; Livrea 1973, ad loc.; Vian / Delage 1996[2], N.C. ad 1607). In den *Arg.* finden sich ähnliche Beschreibungen (3,1260 ff.; vgl. ad 1366: μετήορος αὐχένα).

1607 ἕσπεται Wahrscheinlich eine Präsensrückbildung von der Aoristform ἑσπόμην, die von der Schwundstufe parallel zu ἔχω gebildet wurde. Ap. fand diese Formen in zeitgenössischen Homertexten vor (vgl. Marxer 1935, 12; Ardizzoni 1967a, 44; Livrea 1973, ad loc.).

ἀργινόεντα Das Adjektiv begegnet als δίς λ. nur im Schiffskatalog für Landschaften (ἀργινόεντα Λύκαστον, Il. 2,647; ἀργινόεντα Κάμειρον, 2,656). Das Bedeutungsspektrum schwankt bei antiken Exegeten zwischen λευκός, λευκόγειος und ἀργιλώδης, (z. B. Schol. D Il. 2,647; Hsch. s.v. α7018; Eust. 312,33; vgl. Drögemüller 1956, 15; Livrea 1973, ad loc.). Das Adjektiv steht im *Pan-Hymnos* (h.Pan. 12) und bei Pindar von Landschaften, wenn auch metaphorisch von „der Erde weißer Brust" (ἐν ἀργεννόεντι μαστῷ, Pi. P. 4,8). Ap. überträgt es auf weißen Raureif (ἀργινόεσσαν ἀεὶ περιτέτροφε πάχνην, 2,738). Man geht davon aus, dass es hier auf den weißlichen Speichelschaum am Zaumzeug oder auf dessen hellen, metallischen Schimmer abhebt (Mooney 1912, ad loc.; Vian / Delage 1996², N.C. ad 1608).

χαλινά In der Form χαλινός als hom. ἅπαξ λ. von den Pferden des Automedon (ἐν δὲ χαλινοὺς / γαμφηλῇς ἔβαλον, Il. 19,393 f.), häufig in Lyrik, Geschichtsschreibung und Tragödie. Die Pluralform χαλινά ist erst in hellenistischer Dichtung belegt, etwa bei Kallimachos vom Zaumzeug der Artemis-Hindinnen (ἐβάλευ χρύσεια, θεή, κεμάδεσσι χαλινά, Call. Dian. 112; πάντα χαλινά, Nic. Al. 16; λίτρῳ μὲν ἐπιχρώζουσα χαλινά, 337; vgl. D.S. 17,34,6; Opp. H. 1,191; 229; 352; C. 2,410; 538).

1608 ὀδακτάζοντι Das Verb ὀδακτάζω sonst nur bei Kallimachos (πρέμνον ὀδακτάσαι ἁγνὸν ἐλαίης, Call. Del. 322). Der Sinn wird durch typische, verkürzte Ausdrucksweise verdunkelt, ist aber eindeutig: Das Zaumzeug klirrt (κροτέονται) beidseitig unter dem festen Biss des erregten Tieres im Takt zur Bewegung der Zügel (παραβλήδην). Das Bild wird von Vergil imitiert (*stat sonipes ac frena spumantia mandit*, Verg. A. 4,135; *fulvum mandunt sub dentibus aurum*, 7,279).

παραβλήδην Vgl. ad 1563.

κροτέονται In der *Ilias* ἅπαξ λ. ebenfalls vom Zaumzeug der Pferde des sterbenden Kleitos (Il. 15,452 f.), im *Apollon-Hymnos* von den Zugpferden des Gottes (h.Ap. 233 f.). Später häufig in anderen Zusammenhängen in Geschichtsschreibung, Philosophie und Dichtung. Bei Ap. steht das Verb noch vom rhythmischen Stampfen des Sängers Orpheus (ταρφέα σιγαλόεντι πέδον κροτέοντα πεδίλῳ, 4,1195; vgl. Vian / Delage 1996², ad 1195; Hunter 2015, ad 1195).

1609 γλαφυρῆς ὁλκήιον Ἀργοῦς Die epische Form zu ὁλκεῖον ist sonst nicht belegt. Ähnlich heißt es von der Argo νηίου ὁληαίοιο (1,1314; vgl. Ardizzoni 1967, ad 1314; Livrea 1973, ad loc.). Bezeichnet sein könnte der Achtersteven am Heck des Schiffes, an dem der Gott Triton die Argo wie an Zügeln ins Meer hinausführen kann (vgl. Livrea 1973, ad loc.; Vian / Delage

1996², ad loc.) oder hölzerne Verlängerungen am Querbalken (vgl. Casson 1971, 46 Anm. 20; Hunter 2015, ad loc.).

1610 προτέρωσε Vgl. ad 1377.

ἐξ ὑπάτοιο Vgl. ad 1348 f.

1611 κράατος ἀμφί τε νῶτα καὶ ἰξύας ἔστ' ἐπὶ νηδύν Formale und inhaltliche Vorbilder finden sich etliche, etwa eine Aufzählung verwundbarer Körperteile (Il. 13,389 f.; vgl. ferner X. An. 4,5,6; 4,8,8; Theocr. 7,67; Call. Cer. 10). Eine ähnliche Beschreibung, die das Aussehen verschiedener Körperteile aufgreift, gibt Jason von den libyschen Wüstengöttinnen (vgl. ad 1346 ff.). Hier liegt die Betonung darauf, welche Körperteile Tritons die eines anthropomorphen Gottes sind: Kopf, Rumpf und Bauch bis zu den Hüften. Weitere Ausführungen zu den gewöhnlich-göttlichen Körperteilen gibt es nicht, denn der Vers dient vornehmlich dazu, auf die interessante, untere Körperpartie zu verweisen (1612 ff.). Oppian greift die Beschreibung auf, wenn er mit ἰξύς den Punkt bezeichnet, an dem Mensch- und Pferdekörper des Zentauren zusammengefügt sind (Opp. C. 2,6).

1612 ἀντικρὺ μακάρεσσι ... ἔικτο Der Vergleich mit Göttern begegnet im Epos vor allem für Menschen, die durch göttliche Einwirkung Göttern gleichen (vgl. ad 1612; ad 1773). Triton dagegen hat den anthropomorphen Oberkörper eines Gottes (vgl. ad 1537–1626). Der Vers greift die Szene auf, in der Diomedes den Kampf gegen einen Gott verweigert (μακάρεσσι θεοῖς ἀντικρὺ μάχεσθαι, Il. 5,819). Triton, der überdies halb Meeresungeheuer ist, wirkt vor der Folie des kämpfenden Kriegsgottes Ares, gegen den Diomedes antreten soll, sehr harmlos. ἀντικρύ steht hier wie in 1334 nicht in der im hom. Epos gängigeren Bedeutung „gegen", sondern bedeutet „ganz, vollkommen" (vgl. ad 1334). Das hom. ἅπαξ λ. ἔικτο beschreibt, wie die Seele des toten Patroklos dem Lebenden gleicht (ἔικτο δὲ θέσκελον αὐτῷ, Il. 23,107; Livrea 1973, ad loc.; Vergleich des Bebrykerkönigs Amykos mit Typhoeus: 2,38 ff.).

φυήν ἔκπαγλον ἔκπαγλος steht adjektivisch und in der Bedeutung „wunderbar, beeindruckend" (vgl. Pi. P. 4,79; I. 7,22; A. Ag. 862; S. El. 204; X. Hier. 11,3; Vian / Delage 1996², ad loc.). Derartige Verse beschreiben in den hom. Epen ähnliche Personen (z. B. εἶδός τε μέγεθός τε φυήν τ' ἄγχιστα ἐῴκει, Od. 6,128; εἴδωλον ποίησε, δέμας δ' ἤικτο γυναικί, 4,796; vgl. Feeney 1992, 79).

1613 ὑπαί Die Lesart ὑπαί ist besser bezeugt. Zwar ist denkbar, dass hier eine Lizenz zur Längung der vorhergehenden Silbe durch folgendes λ im Stil des alten Epos verloren gegangen ist (vgl. ad 1735; Hunter 2015, ad loc.). Derselbe Fall liegt noch ein weiteres Mal vor (Ὀρφῆος ὑπαὶ λίγα φορμίζοντος, 4,1159, Brunck korrigiert dort zu ὑπό). Ap. scheint von der altepischen Lizenz aber ungern Gebrauch zu machen (vgl. z. B. ἀλλ' ὑπὸ μητρυιῇ, 1,272; οὐδ' ὑπὸ νυκτί; 1,1022; νύχθ' ὕπο λυγαίην, 2,1120; ἡ δ' ὑπὸ νυκτί, 4,1684; vgl. Teil I.B).

δίκραιρα Tritons Fischschwanz ist analog zu menschlichen Beinen in zwei Schwanzteile gespalten (Fränkel 1968, 611). Das Adjektiv δίκραιρος ist sehr selten und bedeutet „mit doppeltem Horn" oder „gespalten" (δικραίρῳ δικέρωτα, δασυκνάμῳ δασυχαίταν, Agath. AP 6,32,1; δούρατα δικραίροιο μέσον τροχάοντα σιδήρου, Paul. Sil. Descr. 856).

1614 κήτεος ἀλκαίη Ein Scholion legt nahe, dass das Substantiv oft mit Löwenschwänzen assoziiert wurde (Schol. A.R. 4,1614; vgl. Livrea 1973, ad loc.; Livrea 1979, 40; Schmitt 1970, 41; Harder 2012 II, 454 ad 54c,23). Bei Arat findet sich bezeichnenderweise eine ähnliche Junktur vom Sternbild des Seeungeheuers (Κήτεος οὐρήν, Arat. 502; 719). Das seltene Substantiv ἀλκαίη wird hier wie bei Kallimachos in der Bedeutung οὐρά, „Schwanz" gebraucht (vgl. ἀλκαίαις ἀφύσαντες, Call. fr. 177,23 Pf.; Ael. NA 5,39).

1614 f. κόπτε δ' ἀκάνθαις / ἄκρον ὕδωρ Die Junktur ἄκρον ὕδωρ ist gebräuchlich für die Wasseroberfläche (μέλαν ὕδωρ / ἄκρον, Il. 16,161 f.; νῆχον ἐπ' ἄκρον ὕδωρ, Hes. Sc. 317; ἄκρον ἐφ' ὕδωρ, Mimn. fr. 12,7 West; ἄκρον ὕδωρ, Nonn. D. 43,204). Das Substantiv ἄκανθος bezeichnet sonst eine krautige Pflanze mit gelappten oder gezahnten Blättern, die in der abbildenden Kunst, etwa auf den Kapitellen korinthischer Säulen, imitiert wird (vgl. z. B. Theocr. 1,55). Hier sind zweifellos die Enden von Tritons Fischschwanz gemeint – die unten auseinanderlaufen wie die Blätter dieser Pflanze. Eine Imitation der Stelle bei Nonnos bestätigt dies (δισσοφυῆ Τρίτωνος ὁμόζυγα κύκλον ἀκάνθης, Nonn. D. 43,114; vgl. Livrea 1973, ad loc.; dagegen Hunter 2015, ad loc.). Bei Ap. schlagen sonst die Argonauten selbst das Wasser mit Rudern (κόπτον ὕδωρ δολιχῇσιν, 1,914; 2,590; vgl. πολιὴν ἅλα τύπτον ἐρετμοῖς, Od. 4,580: 9,104; 12,147 etc.). Auch bei Kallimachos in der Argonauten-Erzählung (πικρὸν ἔκοψαν ὕδωρ, Call. fr. 18,11 Pf.). Die Junktur veranschaulicht hier, dass Triton für die Argo die Ruderarbeit mit seiner Schwanzflosse übernimmt (1615 f.).

1616 μήνης ὡς κεράεσσι ἐειδόμεναι διχόωντα Auf die Schwanzflosse Tritons rekurriert Aelian zur Beschreibung der Rückenflosse des „Mondfisches" (τὰ νῶτα δέ οἱ λοφιὰς ἔχειν ... ταύτας οὖν, ὅταν ὁ ἰχθὺς οὗτος ὑπονήχηται, διαιρεῖσθαι καὶ ἀποδεικνύναι κύκλου ἡμίτομον, καὶ εἶναι σελήνης ὅσα ἰδεῖν τῆς διῃρημένης σχῆμα, Ael. NA 15,4; vgl. Bühler 1960, 136 Anm. 8 sowie 138). Das Verb διχάω ist häufig bei Arat belegt (Arat. 512; 605;

773; 779; 856; vgl. auch Mosch. E. 87 f.; Nonn. D. 37,107), bei Ap. nur hier (Livrea 1973, ad loc.).

D. 1617–1626 Ausfahrt aus dem Tritonsee

1617 τείως Das Adverb steht (wie in 4,821) im Sinn von ἕως (vgl. Hdt. 4,165; Hp. Int. 26; Mul, 2,165; Pl. Smp. 191c; D. 19,326; vgl. Livrea 1973, ad 821).

1618 μέσον βυθόν Die Lesart μέγαν der Ms.-Familie *m* kann korrekt sein, beide Lesarten sind gleichberechtigt bezeugt. Inhaltlich bietet μέσον βυθόν aber das komplexere Bild. Die Junktur verweist auf den Verbleib von Argo und Triton. Der Gott taucht zurück in den Tritonsee und nicht wie die Argo ins weite Meer (vgl. διαδράμοι ἁλμυρὸν ὕδωρ / ἄσπετον Od. 5,100; φέρει βυθὸς ἄσπετος ἄλμης, Call. fr. 378,2 Pf.).

οἱ δ' ὁμάδησαν Das Verb wird zuvor nur in der *Odyssee* von den Freiern gebraucht (μνηστῆρες δ' ὁμάδησαν ἀνὰ μέγαρα σκιόεντα, Od. 1,365; 4,768; 17,360; 18,399; 22,21). Ap. überträgt es auf die erdgeborenen Stiere (3,1304) sowie vor allem auf die Argonauten, die aus Verärgerung (1,474; 2,638; 3,564) oder wie hier aus Freude lärmen (3,1254). In einem Baumgleichnis, das die erste Begegnung Jasons und Medeas illustriert, rauschen die Fichten stellvertretend zu diesem freudigen Ereignis (3,974). Quintus greift dies auf (Q.S. 4,231; 467).

1619 τέρας αἰνόν Das Adjektiv αἰνός wird von Ap. in mehreren Bedeutungsnuancen gebraucht, die sich nicht genau unterscheiden lassen (anders Fränkel 1968, 611; Livrea 1973, ad loc.). Hier wird es mehr um ein ehrfurchtgebietendes denn um ein furchtbares Wunder gehen. Dagegen bietet der Drache in Kolchis, den Phineus mit derselben Junktur beschreibt, zweifellos einen furchtbaren Anblick (δράκων, τέρας αἰνὸν ἰδέσθαι, 2,405). Triton hat mit dem Drachen den schlangenartigen Unterleib gemein.

1620 ἔνθα μέν Die Partikeln und der folgende Nebensatz (ἐπεὶ κεῖν' ἦμαρ, 1622) verweisen auf den zeitlichen Abstand zwischen dem erzählten Geschehen und der langen Zeit, die der Argo-Hafen am Tritonsee noch Bestand hat (vgl. ad 1727; Teil I.D).

Ἀργῷος τε λιμήν Einen Argo-Hafen hinterlassen die Helden auch auf Aithalia (ἔνθα λιμὴν Ἀργῷος ἐπωνυμίην πεφάτισται, 4,658). Eine Argoische

Ebene auf der Kirke-Insel erwähnt Lykophron (Lyc. 1273 f.). Von einem bei Ap. nicht erwähnten Argo-Hafen auf Korsika berichtet Strabo (Str. 5,2,6).

σήματα νηός Zeichen für ihre Anwesenheit hinterlassen die Argonauten regelmäßig auf ihrer gesamten Fahrt (vgl. z. B. 2,841 ff.; ad 1532 ff.). Die Junktur ist programmatische Ankündigung der folgenden Übergangsepisoden, die die Argonauten über Kreta wieder zurück in heimische Gewässer führen: Die Aitien stehen im Zentrum der Darstellung und verdeutlichen, dass die Argonauten nicht nur ein Goldenes Vlies und eine kolchische Zauberin nach Griechenland holen, sondern auch griechische Kultur in die gesamte Mittelmeerwelt tragen (vgl. ad 1625–1772; Teil I.D mit der weiteren Literatur).

1621 f. Ποσειδάωνος ἰδὲ Τρίτωνος ἔασιν / βωμοί Neben dem Hafen hinterlassen die Argonauten Altäre zu Ehren von Poseidon und Triton. Herodot berichtet, dass die Einheimischen am Tritonsee neben Sonne und Mond vor allem Poseidon, Athene und Triton verehren (Hdt. 4,188; vgl. Scyl. 112,27 GGM). Ap. greift diese Bemerkung indirekt auf. Libyen wird als unbewohntes, erst durch den Besuch der Helden einigermaßen bewohnbar gemachtes Land gezeichnet, auch religiöse Kultpraktiken am Tritonsee werden letztlich auf den Besuch der Argonauten zurückgeführt (vgl. Teil I.D).

1622 κεῖν' ἦμαρ Die Junktur steht im alten Epos nie wie hier im temporalen Akkusativ, sondern im Dativ (ἤματι κείνῳ, Il. 2,37; 4,543; 18,324; vgl. Hes. Th. 667). Bei Pindar findet sich der Akkusativ, ebenfalls in seiner Libyenepisode (κεῖνο κεῖν' ἆμαρ διαίτασεν, Pi. P. 9,68; vgl. παρατρέχοι ἤματα κεῖνα, Arat. 844; κἠγὼ τῆνο κατ' ἆμαρ, Theocr. 7,63). Ap. gebraucht die Junktur mehrfach sowohl akkusativisch als auch dativisch (1,278; 547; 2,760; 1029; 3,850; 922). Der nachklappende Hinweis auf die Tempelerrichtung ist aus Perspektive des Erzählers gesprochen, der explizit die temporale Distanz der eigenen Zeit zur mythischen Vergangenheit der Argonauten hervorhebt (vgl. ad 1764; Teil I.E).

ἐπέσχεθον Diese Aoristform zu ἐπέχω ist zuvor bei Aischylos und in einem Stesichoros-Fragment belegt (βέλος ἐπισχέθοι, A. Th. 453; αἴ ποκ' ἐμ]όν τιν μαζ[ὸν] ἐ[πέσχεθον, Stesich. S13,15 Page). In den *Arg.* noch vom Halt auf Aigina (vgl. ad 1766).

αὐτὰρ ἐς ἠῶ Hier steht ἐς nicht wie häufig im Sinn von „bis zu" (z. B. ἐς ἠῶ δῖαν, Od. 11,375), sondern bezeichnet den Zeitpunkt, zu dem der Aufbruch stattfindet (vgl. ἐς ἠέλιον καταδύντα, Od. 3,138; ἐλεύσεσθαι ἢ ἐς θέρος ἢ ἐς ὀπώρην, 14,384; ἐς ἀῶ, Theocr. 18,14; νεύμεθα κἄμμες ἐς ὄρθον, 18,56; Livrea 1973, ad loc.).

1623 λαίφεσι πεπταμένοις Vgl. ad 1229.

1623 f. αὐτὴν ἐπὶ δεξί' ἔχοντες / γαῖαν ἐρημαίην Die Argonauten halten sich exakt an Tritons Anweisungen (vgl. ad 1578 f.). Der Erzähler nimmt ihre Perspektive ein: Wenn er Libyen als einsames Land bezeichnet, entspricht dies den Erfahrungen der Helden (vgl. Teil I.D).

πνοιῇ ζεφύροιο θέεσκον Dieselbe Junktur begegnet in der *Ilias* in einer Selbstbeschreibung von Achills Pferd Xanthos, das so schnell läuft wie der Zephyros (Il. 19,415). Die Schnelligkeit der Argo während der Fahrt entlang der Küste wird hervorgehoben.

1625 ἀγκῶνα θ' ὁμοῦ μυχάτην τε θάλασσαν Der Superlativ μύχατος zuerst beim Mythographen Akusilaos (Acus. fr. 14,3 Jacoby) sowie in einer Inschrift aus Delphi aus dem 3. Jhd. v. Chr. (ἔντοσθεν μυχάτοιο δόμου, Inv.-Nr. 3861; vgl. Pomtow 1918, 48 f.; Livrea 1973, ad 630). Häufig bei Ap., zeitgenössischen und späteren Dichtern (noch 1,170; 2,398; 4,596; 4,630; 4,1243; 4,1698; Alex. Aet. fr. 3,20 Powell; Call. Dian. 68; Hec. fr. 256 Pf.; Nic. Th. 11; Opp. H. 1,453; C. 2,241; D.P. 382; Q.S. 6,477; Orph. A. 697 etc.). Die Junktur μυχάτη θάλασσα wird nur von Ap. und zwar programmatisch für die Bezeichnung der beiden Enden der Welt verwendet, die Europa entgegengesetzt sind. Sie weist voraus auf den Beginn der transitorischen Episoden (vgl. Teil III.IV) und bezeichnet vom Meer aus gesehen die Grenzen von Libyen und Asien. Parallel weist Phineus die Argonauten für ihre Fahrt nach Kolchis an, bis ans äußerste Ende des Pontos zu fahren, wo der Fluss Phasis und der Kontinent Asien beginnen: ἕως μυχάτῃ κεν ἐνιχρίμψητε θαλάσσῃ (2,398; vgl. Teil I.C sowie D; anders Vian 1996², ad loc.). Der Satzbau lenkt die Aufmerksamkeit des Rezipienten auf das von Triton als Markierung für die Überfahrt ins offene Meer genannte Kap. Erst das Verb ἴδοντο am Schluss des Verspaares löst die Spannung, die die Verse 1622 ff. aufgebaut haben: Tritons Routenbeschreibung entsprechend segelt man in Richtung Kreta.

1625 f. ἀγκῶνα .../ ἀγκῶνος ὕπερ προύχοντος ἴδοντο Die polyptotonartige Figur an gleicher Position im Innern beider Verse (ἀγκῶνα, 1625) leitet eine Reihe von ähnlichen Figuren im folgenden Abschnitt ein und weist auf die auffällige Gestaltung der Verse 1632–1637 voraus. Das Ende der Triton-Episode und der Beginn der transitorischen Episoden werden auf diese Weise verknüpft. Durch Wortwiederholung und Versbau bilden 1625 und 1626 ein Verspaar (vgl. ad 1583). Polyptota dieser Art finden sich bereits im alten Epos (Il. 13,130 f.; Od. 5,120 f.; Hes. Op. 182 ff.; Anaphern: Il. 2,671; 21,350; vgl. Gygli-Wiss 1966, 89–97). Ap. setzt das Stilmittel jedoch in der Libyenepisode gezielt ein (vgl. z. B. ad 1228 f.; 1419 f.; 1494 f.; 1575 f.;

1695 f.; 1704 f.; Teil I.B). Polyptota und Symploke sind in Verbindung mit Anapher oder Epipher beliebt in hellenistischer Dichtung (z. B. Call. Dian. 33 f.; 139 f.; 156; Del. 5 ff.; 39 f.; 70 ff.; 83 ff.; 89 ff.; Call. Ap. 61 ff.; Catull. 64,19 ff.). Die Schlussworte fassen die Episode programmatisch zusammen: Die Argonauten finden den Ausweg aus dem See nicht, Triton hilft ihnen.

IV. 4,1627–1772 Transitorische Episoden: Kreta, Anaphe, Thera, Aigina

Transitorische Episoden Bevor die Argonauten endgültig in ihren iolkischen Heimathafen zurückkehren, müssen sie weitere Gefahren überwinden. Den vier Inselstationen kommt dabei transitorische Funktion für die Gesamthandlung zu. Sie stehen an der Grenze zwischen den Kontinenten: Die Argonauten gelangen nach und nach in den griechischen Einzugsbereich und verlassen den libyschen Kontinent. Mit der Talos-Episode beginnen parallel zum inhaltlichen Übergang von Afrika nach Europa auch auf der Erzählebene die Schlussepisoden der *Argonautika*. Die abnehmende Gefährlichkeit der Abenteuer bei der Annäherung an Europa auf Inhaltsebene wird dabei durch die abnehmende Länge der Episoden gespiegelt (Talos-Episode: 63, Anaphe-Episode: 41, Thera-Episode: 33, Aigina-Episode: 7 Verse). Kreta als der bei weitem größten Insel ist die längste Episode gewidmet. Der ersten transitorischen Station kommt überdies aus anderen Gründen eine besondere Rolle zu. Südlich von Kreta heißt das Meer traditionell das Libysche (Str. 2,5,18; 10,4,2; Plin. 5,1; Mela 1,21; 2,119), nördlich von Kreta auch bei Ap. das Kretische (vgl. ad 1564). Kreta ist Grenzgebiet zwischen Afrika und Europa. Entsprechend symbolisiert die Überwindung von Talos auf Kreta ein letztes Mal die Bezwingung des unzivilisierten, archaischen libyschen Kontinents und seiner Gefahren durch die Besatzung der Argo. Auch die zweite, kürzere Anaphe-Episode bietet noch eine gefahrvolle Herausforderung für die Helden. Die folgenden Stationen Thera und Aigina dagegen erfordern friedliche Fähigkeiten und bieten Anlass zu aitiologischen Episoden. Die Argonauten bezwingen in den transitorischen Episoden die Reste des archaischen Chaos im Übergangsgebiet zwischen Libyen und Griechenland, das der Bronzemann Talos und die plötzliche Finsternis bei Anaphe repräsentieren. Indem sie an jedem der vier Orte eine griechisch geprägte Kulteinrichtung entstehen lassen, schaffen sie griechische Zivilisationsorte. Thera existierte zuvor nicht einmal. Sie gründen Heiligtümer für Athene und Apollo auf Kreta bzw. Anaphe, lassen die Insel Thera-Kalliste

IV. 4,1627–1772 Transitorische Episoden: Kreta, Anaphe, Thera, Aigina 319

entstehen, von der aus später Kyrene gegründet wird und begründen einen Festritus auf Aigina (vgl. Teil I.C und D mit der weiteren Literatur).

Aufbau Die ersten beiden Episoden nehmen doppelt so viele Verse in Anspruch wie die rein aitiologischen Stationen: A. Talos und Kreta (1527–1688); B. Anaphe (1689–1730); C. Euphemos und Thera aus der Erdscholle (1731–1764); D. Aigina (1765–1772). Wie in den drei Hauptteilen der Libyenepisode sind die einzelnen Teilepisoden durch motivische Bezüge eng verbunden. Die Talos-Episode und die Aigina-Episode weisen das Motiv des Wasserschöpfens auf, die Thera-Episode und die Anaphe-Episode sind durch erotische Motive verknüpft, sodass A und D gleichsam B und C umklammern.

Geographie und Fahrtroute Nach ihrer Ausfahrt aus dem Tritonsee und mit Verlassen des libyschen Festlandes lässt sich die Fahrtroute der Argo wieder mit der historischen Geographie in Einklang bringen (vgl. ad 1235–1240; Teil I.D). Die Argonauten segeln zunächst entlang der libyschen Küste nach Osten bzw. Nordosten, bis das Land eine Biegung nach Südosten macht, von dort über das offene Meer Richtung Norden (vgl. ad 1578–1583; Delage 1930, 268 ff.; Fränkel 1968, 611 f.; Goodchild 1976; 249 f.; Stucchi 1976, 21 ff.). Vom libyschen Meer aus erreicht die Argo das ägäische Meer östlich von Kreta, die kleine Sporadeninsel Anaphe, Thera sowie Aigina, von wo die Helden unbehelligt nach Iolkos übersetzen.

A. 1627–1693 Kreta und Talos

Inhalt und Aufbau Die erste transitorische Episode gliedert sich in vier Teile: Die Überfahrt (1627–1637), die Erzählung von Talos, der die Argo bedroht und von Medea getötet wird (1638–1688), unterbrochen von einer Zeus-Apostrophe des Erzählers (1673–1677). Das Aition von der Stiftung eines Athene-Heiligtums auf Kreta beschließt die Episode (1689–1693), wie schon das Hafen-Aition die Triton-Episode beschließt (vgl. ad 1620–1624).

Hintergründe und Bedeutung der Kreta-Episode Kreta eignet sich gut als Austragungsort für eine Episode, in der die Rückkehr der Helden von Libyen nach Europa und ein zivilisationsstiftender Akt im Zentrum stehen. Die Insel steht historisch in enger Verbindung zu Libyen. Die geographische Nähe zur nordafrikanischen Küste beförderte stets enge Beziehungen, auch wenn das dorische Kreta im 5. Jhd. nicht zum griechischen Kernland gehörte. Das Griechentum der Kreter wurde traditionell angezweifelt, sie galten eher als μιξοβάρβαροι (Spyridakis 1970, 14). Hinzu kommt, dass Kreta in der literarischen Tradition eng verknüpft ist mit der Gründung der griechischen Kolonien auf der Insel Thera und in der Kyrenaia (vgl. ad 1731–1765). Herodot berichtet, dass sich die griechischen Siedler auf Thera um Auskunft über die Lage Libyens an die Kreter wenden, als sie eine Aufforderung des Orakels von Delphi, in Libyen eine Kolonie zu gründen, aus Mangel an geographischem Wissen nicht ausführen konnten. Sie finden in der Stadt Itanos den Korobios, der die libysche Küste kennt und ihnen als Führer dient (Hdt. 4,151). In der anderen Version des Gründungsmythos von Kyrene, die Herodot erzählt, ist der Gründer Battos selbst ein halber Kreter (4,154). Ab dem Ende des 4. Jhd. begann Kreta zudem begünstigt durch seine Grenzlage verstärkt eine Mittlerposition zwischen Griechenland, Asien und dem hellenistischen Ägypten einzunehmen. Das Interesse der Ptolemäer an Kreta war aus diesem Grund beträchtlich (Van Effenterre 1948, 114; Bagnall 1967, 117 ff.; Mueller 2006, 157 f.; Austin 2008). Zur Zeit des Chremonideischen Krieges (267–261 v. Chr.) ließ Ptolemaios II. Philadelphos durch seinen General Patroklos auf Kreta drei Siedlungen gründen (Arsinoe-Methana, Arsinoe-Koressos, Arsinoe-Rethymna), die als Zugangsstationen und Überwachungsposten für ptolemäische Aktivitäten auf dem griechischen Festland dienten. In den *Arg.* versucht die Argo, Kreta von Nordosten her anzulaufen. Denkbar ist, dass Ap. konkret die nordöstliche Bucht der Insel vor Augen hatte, in der die Stadt Itanos lag, die laut Herodot für den griechischen Einfluss in der Kyrenaia eine entscheidende Rolle spielt und die ab dem 3. Jhd. v. Chr. mit dem ptolemäischen Alexandria verbündet war (vgl. Viviers / Tsingarida 2014). Die Ptolemäer standen Itanos im 3. Jhd. im Kampf gegen die Nachbarstadt Praisos bei. Itanos wurde Festung und Flottenbasis der Ptolemäer an einem zentralen Punkt zwischen Ägäis und *mare Libycum*. Die ptolemäische Einflussnahme in Itanos hatte weitreichende Folgen und bestimmte in dieser Zeit zum großen Teil die Politik zwischen den kretischen Städten. Andererseits zog es große Mengen kretischer Söldner in die ägyptische Armee (Spyridakis 1970, 104 f.; ders. 1992, 55–82; Chaniotis 1996). Von der engen Verbundenheit Kretas mit der Kyrenaia zeugt die Tatsache, dass die römischen Besatzer unter Augustus die Gebiete zur Provinz *Creta et Cyrene* erklärten und einem einzigen Prokonsul unterstellten. Diese Verbundenheit spiegelt die Gestaltung der transitorischen Episoden. Auch wenn sich keine direkten Hinweise auf die zeitgenössische Rolle der Insel finden, darf man annehmen, dass die Bedeutung Kretas für die Politik der Ptolemäer und ihre Aktivitäten in Griechenland bei der Gestaltung der Kreta-Episode Spuren hinterlassen hat. In jedem Fall korreliert die zeitgenössische politische Bedeutsamkeit Kretas mit der herausgehobenen Position der Kreta-Abenteuer innerhalb der Libyenepisode. Die griechischen Argonauten legen bei Ap. durch die Befreiung der Insel vom ehernen Wächter Talos gleichsam einen mythischen Grundstein für griechische Siedlungsaktivität. Die Bemühungen der Ptolemäer auf Kreta lassen sich vor diesem Hintergrund als Fortsetzung der zivilisationsstiftenden Arbeit der Argo-Besatzung deuten, auch wenn Ap. diesen Gedanken wie üblich nicht explizit ausführt (vgl. Teil I.D).

1627–1637 Überfahrt nach Kreta Die Verse 1620 ff. und 1623–1637 beginnen ein Leitthema der Libyenepisode: Die Helden hinterlassen zivilisatorische Einrichtungen (Argo-Hafen; Altäre für die Meeresgötter, vgl. ad 1620 ff.) und legen die restliche Strecke bis nach Iolkos von Natur und Göttern weitgehend begünstigt zurück (wie von den Winden, 1623–1637; vgl. Fränkel 1968, 609 f.; Williams 1991, 215 ff.). Zwei größere Hindernisse sind zu bezwingen. Deren Bewältigung trägt zum aitiologischen Charakter und zum Motiv der kulturellen Urbarmachung durch die Argonauten bei. Der ersten Fahrtepisode (1625–1637) kommt in besonderem Maß transitorische Funktion zu. Sie stellt das Bindeglied zwischen den existenzgefährdenden Libyenabenteuern auf dem Festland und den aitiologischen Schlussepisoden auf den Inseln dar. Die Überfahrt nach Kreta ist gekennzeichnet durch Extreme: Zunächst profitiert die Argo von sehr guten Windverhältnissen (1625–1628). Im Kontrast dazu stehen die letzten 36 Stunden der Fahrt, in denen durchgängige, anstrengende Ruderarbeit die Helden bis zur Erschöpfung fordert (1630–1637). Den Übergang markiert ein Kurzgleichnis (1629 f.).

1627 ζέφυρος Die Wiederholung (ζεφύροιο, 1624) schreibt West (1963, 12) einer Glosseninterpolation zu und korrigiert in Zusammenhang mit dem textkritischen Problem in 1628 zu ἀργέστης (vgl. ad 1628). Die Wiederholung kann jedoch mit dem Hinweis auf den intakten Textzustand und ein hom. Vorbild gehalten werden (Il. 23,195; 200; vgl. Livrea 1973, ad loc.). Hinzu kommt, dass die Wiederholung hier erneut zur Verspaarbildung dient (vgl. ad 1625 f.; 1632–1637). Parallel zu 1627 f. stehen als Partnerverse 1623 f. Die Verse 1623 f. und 1627 f. rahmen das Verspaar 1625 f. Die rahmenden Verspaare 1623 f. und 1627 f. haben jeweils die günstigen Winde zum Inhalt, die für die zügige Fahrt der Argonauten entlang der libyschen Küste bis zur Landzunge und für ihre Überfahrt in Richtung Ägäis entscheidend sind. Die Wortwiederholung markiert die zusammengehörigen Verse und sollte daher nicht emendiert werden.

ἐλώφεεν, ἤλυθε... λωφάω ist δίς λ. in den hom. Epen (λωφήσει, Il. 21,292; λωφήσειε, Od. 9,460) und wird von Ap. fünf Mal verwendet, nur hier intransitiv. Der Endungsvokal schwankt (noch 2,648; 3,784; 4,819; 4,1418). Die Flexibilität der Endungen auf -εω und -αω entspricht hom. Gebrauch und erhält sich auch im späten griechischen Epos (Chantraine 1948 I, 361; Vian 1963, ad 14,283). Der für die Weiterfahrt der Argo entscheidende Wetterumschwung, der nachlassende Zephyr bei gleichzeitig aufkommendem Notos wird von der bukolischen Dihärese in Szene gesetzt (vgl. ad 1628).

1627 ff. ἤλυθε δ' αὔρη / ... / ... ἤλυθεν ἀστήρ Ap. verwendet mit der Anadiplose ein weiteres wiederholendes Stilmittel, das zwei Verspaare verknüpft (vgl.: τοῦ δ' ἐγὼ ἀντίος εἶμι καὶ εἰ πυρὶ χεῖρας ἔοικεν, εἰ πυρὶ χεῖρας ἔοικε, Il. 20,371 f.; vgl. ad 1629). In den Versen 1627 f. und 1629 f. steht je dasselbe Verb an derselben Versposition, das Substantiv auf -α parallelisiert sie zusätzlich.

1628 πρυμνήταο νότου Während die Mss. der *m*-Klasse ἀργεστάο lesen, hat die *w*-Klasse πρυμνήταο, beide Varianten sind stemmatisch gleichwertig. πρυμνήταο wird als *lectio difficilior* von Fränkel, Livrea und Hunter verteidigt, von Vian, Borgogno und Pompella dagegen verworfen. Möglich ist, dass Ap. mit Ἀργεστάο Νότου, einer Variante zum hom. ἀργεστάο Νότοιο (Il. 11,306; 21,334), einen Südwestwind zwischen dem Notos und dem Lips bezeichnet, der von Nordafrika her weht und auch Leukonotos heißt (Str. 1,2,21; 17,3,21; vgl. Vian / Delage 1996[2], N.C. ad loc.; N. add. ad loc.; West 1966, ad 379; Rengakos 1994, 55 f.). Während ἀργεστής in der *Ilias* als Beiwort zum Notos (s.o.), bei Hesiod (Hes. Th. 379; 870) zum Zephyros gestellt wird, verwendet Ap. es sonst nur ohne Apposition zur Bezeichnung eines Westwindes (2,961; 2,993). Daher hat man die Verwendung von ἀργεστής als Beitrag zur Verortung dieses Argestes als West-Nord-Westwind verstanden, was für die Lesart ἀργεστάο ins Feld geführt wird (vgl. Rengakos 1994, 55 f.; Masselink 1956, 73 ff. sowie Taf. II, IV, V). Einer schlüssigeren Deutung der Verse kommt jedoch die Lesart πρυμνήταο entgegen: Die im Folgenden günstigen Winde übernehmen gleichsam das Steuer und führen die Argo zunächst nach Osten die Küste entlang, dann nach Nordosten auf das offene Meer und schließlich nach Kreta, ohne dass die Argonauten rudernd oder steuernd eingreifen müssen. Ihre Freude darüber wird explizit erwähnt (vgl. ad 1628). Klare Sicht herrscht zudem auch vor dem Windrichtungswechsel schon (1622 ff.), ἀργεστάο stünde also ohne inhaltliche Bedeutung ausschließlich zum Verweis auf das hom. Vorbild und als Beitrag zu einer gelehrten Diskussion über Winde. Ap. pflegt aber vorbildhafte Ausdrücke bei der Übernahme inhaltlich zu funktionalisieren. Der ungewöhnliche Glücksfall, dass der Wind sich dem geplanten Kurswechsel der Argo anpasst, soll hier hervorgehoben werden. πρυμνήτης, das vorher nur in übertragener Bedeutung begegnet (vgl. A. Eu. 16; 765; E. Med. 770), verwendet Ap. wie die tragischen Vorbilder in Apposition. Ferner lässt sich der gesamte Ausdruck als Überbietungsgestus dem hom. Vorbild gegenüber deuten. Wenn Winde und Steuermann in die gleiche Richtung lenken, heißt es in der *Odyssee*: τὴν δ' ἄνεμός τε κυβερνήτης τ' ἴθυνε, (Od. 9,78; 11,10; 12,152; 14,256). Dieser Gedanke wird von Ap. hier aufgegriffen. Die Fahrt über das libysche Meer verläuft zügig und ohne Zwischenfälle (vgl. Teil I.C). Fahrtziel und Windrichtung stimmen so ideal überein, dass der Wind das Schiff zu steuern scheint. Eine ähnliche Gedankenfigur findet sich im 5. Jhd. n. Chr. (καὶ ζεφύρου καὶ κυβερνήτου κρεῖττον καὶ τῶν οἰάκων κατευθύνει τὸν λόγον ἡμῶν, Jo. Chr. in fac. rest. 51,372).

χήραντο δὲ θυμὸν ἰωῇ Die verwandte Junktur χαῖρε δὲ θυμῷ steht im hom. Epos oft am Versende (z. B. Il. 14,156; 21,423; Od. 8,483; 24,545). Der modale Dativ ἰωῇ ergänzt die Bedeutung der hom. Formel zu „seiner Freude Ausdruck verleihen durch" (vgl. z. B.: χαίροντα ὑβριστικῷ γέλωτι, X. Cyr. 8,1,33). ἰωή im Sinn von „Ruf, lautes Geräusch, Klang" begegnet im frühen Epos (Il. 4,276; 10,139; 11,308; 16,127; Od. 17,261; Hes. Th. 682; h. Merc. 421; vgl. auch Livrea 1968, ad 56). In den *Arg.* steht ἰωή sonst für einen menschlichen Klagelaut (1,1136; 3,708) und für das Heulen des Windes (1,1299). Ap. stellt ἰωή wie Kallimachos ans Versende (σαμάντριαν ἃ δὲ πυρᾶς ἐνόησ' ἰ[ωάν, Call. fr. 228,40 Pf.). Hier bezeichnet ἰωή den freudigen Ruf der Argonauten über die besonders günstigen Winde. Die Aufbruchsstimmung zu Beginn der Überfahrt wird so am Ende durch ein Wort prägnant zusammengefasst (vgl. Teil I.B).

1629 ἦμος δ' ἥλιος μὲν ἔδυ, ἀνὰ δ' ἤλυθεν... Der Vers hat verschiedene hom. Vorbilder (z. B. ἦμος δ' ἥλιος κατέδυ καὶ ἐπὶ κνέφας ἦλθε, Il. 1,475; Il. 16,779 = Od. 4,400; Il. 18,241). Der homerisierende Versbeginn mit ἦμος auch sonst bei Ap. (1,450 f.; 1,1172 ff.; 1,1280 ff.; 3,1340 ff.; 4,109 ff.; vgl. Faerber 1932, 43; Livrea 1973, ad loc.; ad 1170), ähnlich bei Arat (ἦμος ὅτ' ἠελίοιο κατερχομένοιο δύηται, Arat. 584). Der Wechsel von Tag und Nacht spielt in der gesamten griechischen Epik von Homer bis Quintus von Smyrna eine Rolle zur Unterscheidung von zeitlichen Abständen (James 1978, 153–183). Der das Versende bildende Ausdruck ἤλυθεν ἀστήρ wiederholt das Versende von 1627 (ἤλυθε δ' αὔρη) in auffälliger Weise und markiert den parallelen Bau: Wie in 1627 umspielen die Verben einen markanten Verseinschnitt, hier die Hephthemimeres, während die zugehörigen Subjekte am Versende bzw. nach Temporaladverb/-konjunktion am Versanfang stehen. Die Vershälften sind durch μέν und δέ gegliedert. Der formalen Übereinstimmung entspricht die inhaltliche Nähe beider Verse: 1627 f. behandeln den Wechsel der Winde, 1629 f. den Wechsel der Tageszeit.

1629 f. ἀστήρ / αὔλιος Vorbild der Junktur ist ein Kurzgleichnis, das Hektor mit einem aus den Wolken hervorblitzenden Stern vergleicht (οἷος δ' ἐκ νεφέων ἀναφαίνεται οὔλιος ἀστήρ / παμφαίνων, τοτὲ δ' αὖτις ἔδυ νέφεα σκιόεντα, Il. 11,62). Das Aristonikos-Scholion schlägt dazu als weitere Lesart αὔλιος vor, wie es sich hier bei Ap. findet (οὔλιος ἀστήρ. ὅτι τινὲς γράφοθσιν αὔλιος, ὅ ἐστιν ἑσπέριος, πρὸς ὃν αὐλίζεται τὰ ζῷα, Schol. A Il. 11,62). Der folgende epexegetische Relativsatz (vgl. ad 1630) lässt den Vers wie eine Glosse zu einer umstrittenen Homervariante wirken (Van der Valk

1963, 81; Rengakos 1993, 133 f.; ders. 1994, 61). Der Stern im vorbildhaften Gleichnis kündigt Unheil an, nämlich den Kampf zwischen Troiern und Griechen und die Gefahr, die von Hektor als Kämpfer ausgeht (Il. 11,64–83). Ap. kehrt die hom. Bedeutung zunächst um: Der Stern kündigt dem erschöpften Pflüger im Gleichnis seine Nachtruhe an (vgl. ad 1629 f.). Zugleich kündigt die motivische Übernahme Unheil an: Sobald die Argonauten erschöpft von der mehrtägigen Ruderarbeit nach Kreta gelangen, erwartet sie der Kampf gegen Talos. Das Kurzgleichnis lässt zusammen mit dem explizit benannten Wechsel von Tag zu Nacht (1629 sowie 1631) die freudige Segelstimmung in eine bedrohliche Atmosphäre umschlagen. Der Rezipient ahnt, dass die Gefahren für die Argo noch nicht ausgestanden sind. Der Ausdruck ἀστὴρ αὔλιος begegnet auch in einer entstellten Passage im dritten Aitienbuch, dem man gern Priorität vor den *Arg.* gibt (ἀστὴρ δ' εὖτ'] ἄρ' ἔμελλε βοῶν ἄπο μέσσαβα [λύσειν / αὔλιος], ὃς δυθμὴν εἶσιν ὑπ' ἠελίου, Call. fr. 177,5 f. Pf.). Dort beginnt bei Anbruch der Nacht, in der „jochelösenden Stunde" der Kampf des Molorchos gegen die Mäuseplage (vgl. Livrea 1979; Rengakos 1994, 61 Anm. 197; 133 f.; Montanari 1995, 57; Massimilla 2010, 265). Kallimachos verwendet den Kurzvergleich in parodistischem Kontext. Die Parodie funktioniert mit Bezug auf das hom. Vorbild, ohne dass sie notwendigerweise auf Ap.' Bearbeitung abzielen muss, insbesondere da der „jochelösende" Sonnenuntergang weitere Vorbilder hat (ἦμος δ' Ἥλιος μετενίσετο βουλυτόνδέ, Il. 16,779 = Od. 9,58; vgl. James 1978, 169; Harder 1998, 105; Klooster 2019). Die jochelösende Stunde des Sonnenuntergangs hat ein hesiodeisches Pendant im Bild von der Morgenstunde, die „vielen Rindern das Joch auflegt" (ἠώς, ἥ τε ... πολλοῖσι δ' ἐπὶ ζυγὰ βουσὶ τίθησιν, Hes. Op. 580 f.), das ebenfalls von Kallimachos aufgegriffen wird (τόφρα δ ἀνιήσοθσα λίφον βοὸς ἔγρετο Τιτώ, Call. fr. 21,3 Pf.).

1630 ὅς τ'... Das verallgemeinernde Relativum verleiht der Erklärung zum ἀστὴρ αὔλιος zusammen mit dem gnomischen Aorist ἀνέπαυσεν gleichnishaften Charakter: „der ja immer..." (z. B.: Θέμιστος, / ἥ τ' ἀνδρῶν ἀγορὰς ἠμὲν λύει ἠδὲ καθίζει, Od. 2,68 f.). Das Bild vergleicht die Ruderarbeit mit der Arbeit der Landleute zur „jochelösenden" Stunde.

ἀνέπαυσεν Die alternative Lesart ἀνέπνευσεν des Scorialensis ist als kausatives Aktiv in der Bedeutung „aufatmen lassen" zu verstehen (vgl. εἶθαρ ἀνέπνευσεν καμάτου βίη, Nic. Th. 547; ἀναπνεῦσαι δὲ καὶ τὴν ἵππον, Hld. 8,14,2). Das ἅπαξ λ. ἀναπαύω begegnet in der *Ilias* in einem Gleichnis aus dem Bereich des Landlebens in der Bedeutung „Erleichterung bringen, zur Ruhe schicken" (ἀνθρώπους ἀνέπαυσεν ἐπὶ χθονί, Il. 17,550). Ap. verwendet das Verb jedoch sonst nie kausativ (vgl. 2,208; 2607; 2,737; 3,231; 3,1292; 4,472; 4,1264). Wie bei Ap. steht ἀναπαύω bei Kallimachos (Call. fr. 194,84 Pf.; fr. 203,62 Pf.), dort aber in der Bedeutung „nachlassen, ausruhen von" (Call. Dian. 194; Call. fr. 13 Pf.). Beide Bedeutungen finden sich bei Theokrit (Theoc. Ep. 3,1 f.; Theocr. 1,17).

ὀιζυροὺς ἀροτῆρας Das Substantiv ἀροτῆρ steht ohne Attribut zwei Mal in der *Ilias* von pflügenden Männern (Il. 18,542; 23,835). Ap. verwendet es ebenso (noch 3,1332; 3,1343), das jüngere ἀρότης dagegen auch vom Pflugstier (βοῦν ἀρότην, 1,1217; vgl. Schmitt 1970, 68; Giangrande 1967, 89 f.; Fränkel 1968, 612; Livrea 1973, ad loc.). In Zusammenhang mit dem Motiv von der „jochelösenden" Stunde des Sonnenuntergangs (vgl. ad 1629 f.) auch in einem Kurzgleichnis, um zu illustrieren, wie schnell Jason das Aresfeld pflügt (3,1341 f.). Dort bedeutet für Jason das Abschirren der Rinder nicht das Ende der Prüfungen: Im Anschluss muss er die Erdgeborenen bezwingen (3,1354–1407). Ebenso steht hier der Kampf gegen den Bronzemann noch bevor. Talos weist weitere Gemeinsamkeiten mit den Erdgeborenen auf (vgl. ad 1638 f.).

1631 ἀνέμοιο ... λιπόντος Dieselbe intransitive Verwendung von λείπω bei Winden findet sich sonst bei Ap. (1,607; 2,1032). Van Krevelen (1953, 46) führt sie auf eine falsche Interpretation hom. Vorbilder zurück, die λείπω eigentlich transitiv verwenden (ψυχὴ δὲ λέλοιπεν, Od. 14,134; νῦν δ᾽ ἤδη πάντα λέλοιπεν, Od. 14,213). Für die intransitive Verwendung fand Ap. aber auch tragische Vorbilder (S. El. 514; E. H.F. 133; E. Hel. 1157; Livrea 1973, ad loc.).

κελαινῇ νυκτί Die Verbindung wird in der *Ilias* von zu Boden gehenden Kämpfern verwendet (ἀμφὶ δὲ ὄσσε κελαινὴ νὺξ ἐκάλυψεν, Il. 5,310 = 11,356). Ap. überträgt sie verallgemeinernd auf die Nacht (vgl. 4,1171; Livrea 1973, ad 1171). Bindeglied ist die Verwendung des Ausdrucks durch die Tragiker. In den *Persern* wird das hom. Vorbild im Schlachtenkontext verwendet, bezeichnet aber ebenfalls das Hereinbrechen der Nacht (A. Pers. 426 ff.). Euripides zielt auf die hesiodeisch inspirierte Nyx-Nachkommenschaft ab (Hes. Th. 211–232; vgl. ad 1393), wenn er Lyssa von der „schwarzen Nacht" abstammen lässt (Νυκτὸς κελαινῆς ἀνυμέναιε παρθένε, E. HF 834). Der Beginn der Dunkelheit läutet für die Argonauten zugleich die anderthalbtätige Fahrt unter vollem Rudereinsatz ein. Die Passage beschreibt dies in abbildender Wortstellung, das Motiv des Nachtruderns wird erneut aufgegriffen (1635) und vom Motiv des Tagruderns unterbrochen (1634). Wie Ap. verwenden spätere Epiker die Junktur allgemein von der Dunkelheit (Paul. Sil. 322; 578: Orph. A. 304).

1632 περιμήκεα Ap. variiert eine Beschreibung der Nymphengrotte auf Ithaka, in der die Phäaken den schlafenden Odysseus niederlegen (ἐν δ᾽ ἱστοὶ λίθεοι περιμήκεες, ἔνθα τε Νύμφαι / φάρε᾽ ὑφαίνουσιν ἁλιπόρφυρα, Od. 13,107 f.). Das Adjektiv beschreibt dort die Webstühle der Naiaden, hier den Mastbaum der Argo (Livrea 1973, ad loc.; ad 127). In den *Arg.* steht περιμήκης sonst von Bergspitzen (2,1056; 3,70; vgl. ἀπ' αἰγίλιπος πέτρης περιμήκεος, Il. 13,63; περίμηκες ὄρος; Od. 13,183) oder nach dem Vorbild der Skylla (δειραὶ περιμήκεες, Od. 12,90) vom Hals des Drachen, der das Vlies bewacht (περιμήκεα ... δειρήν, 4,127) sowie von einer überlangen Fackel des Aietes (πεύκην περιμήκεα, 4,223), die er in Anlehnung an den Zauberstab seiner Schwester Kirke trägt (περιμήκει ῥαβδῳ, Od. 10,293). Webstühle, Mastbaum, Drachenhals und Fackel haben einen göttlichen oder jedenfalls übermenschlichen Charakter gemeinsam und auch die Felsvorsprünge werden in Zusammenhang mit den göttlichen Taten des Herakles und der Wohltat Jasons gegenüber Hera genannt. Die Gesellschaft dieser Gegenstände steht dem Mastbaum der ehrwürdigen Argo gut an.

1632 f. ἱστία /... ἱστόν Die folgenden sechs Verse bilden drei Verspaare. Die inhaltliche Zusammengehörigkeit der Paare wird durch die auffällige, polyptotonartige Wiederholung stammverwandter Wörter formal gespiegelt (vgl. ad 1755–1764). Das erste Paar handelt vom Segelreffen und den Vorbereitungen auf die nächtliche Ruderarbeit. Die Substantive ἱστία und ἱστός begegnen zuvor häufig in unmittelbarer Nachbarschaft (vgl. z. B. Il. 1,433; 1,480 f.; Od. 2,426 ff.; 4,578; h. Ap. 503 f.; E. Hel. 1535; Hdt. 2,96,11). Ap. verwendet Beschreibungen des Niederlegens von Segeln und Mastbaum aus der *Odyssee* lediglich zwei Mal und weist der Szene so eine spezifische Bedeutung zu. Das Umlegen von Mastbaum und Segel wird sonst nur kurz vor Ende der Hinfahrt beschrieben, als die Argonauten ihr Schiff den Phasis hinaufrudern (2,1262 ff.). Die Szene steht somit jeweils gegen Ende der Hin- und der Rückfahrt und signalisiert, dass das Ziel der Argo nicht mehr fern liegt.

1633 εὐξέστῃσι ἐπερρώοντ' ἐλάτῃσιν ἐπιρρώομαι ist hom. δίς λ. (Il. 1,529; Od. 20,107; vgl. auch h. Bacch. 14; Hes. Th. 8; Th. 7,7,4; 7,17,3; bei Ap. noch in Tmesis: 1,385; 2,661; absolut: 2,677; 3,1258; wie hier mit dem Dativ: 4,504; Livrea 1968, ad 100; Livrea 1973, ad 504). Der Halbvers variiert ein hom. Gleichnis (ὡς δὲ θεὸς ναύτῃσιν ἐελδομένοισιν ἔδωκεν / οὖρον, ἐπεί κε κάμωσιν ἐϋξέστῃς ἐλάτῃσι / πόντον ἐλαύνοντες, καμάτῳ δ' ὑπὸ γυῖα λέλυνται, Il. 7,4 ff.; vgl. Ciani 1975, 202 Anm. 21). Das Vorbild vergleicht Hektors und Paris' Eingreifen ins Kampfgeschehen mit dem erlösenden Wind nach langem Rudern. Hier werden Handlungs- und Gleichnisebene umgekehrt. Die Unermüdlichkeit, die die Argonauten beim Rudern an den Tag legen, tritt so hervor: Im vorbildhaften Gleichnis wird die Erleichterung, die brauchbarer Fahrtwind nach anstrengender Ruderarbeit bringt, mit der Erleichterung der Kämpfer verglichen. Das Zitat stellt indirekt die Ruderarbeit der Helden mit den Kämpfen vor Troia auf eine Ebene und enthält zudem einen Überbietungsgestus. Die Argonauten werden nämlich nicht durch erleichternde Umstände motiviert. Vielmehr haben sie bis zu diesem Zeitpunkt die Freuden guten Fahrwindes bereits genossen (1624–1628) und müssen anschließend zu den ermüdenden Rudern greifen. Ihnen wird keine dem Vorbild vergleichbare Motivation zuteil, dennoch greifen sie zu den Rudern und zeigen keine Ermüdung. Ap. setzt die Technik des umgekehrten Gleichnisses ein, um heldenhafte Taten der Argonauten zu epischen Kämpfen zu stilisieren (vgl. Teil I.D.III.2). Die dreifache Alliteration fügt sich in den Kontext der umgebenden Verspaare, die stark durch Wiederholungsfiguren geprägt sind. Zudem spiegelt der spondeenreiche Vers die mühselige Ruderarbeit auch klanglich. Das lange Rudern erklärt auch, weshalb die Argonauten auf Kreta zunächst Kraft sammeln müssen und nicht gegen Talos kämpfen (vgl. ad 1649–1653; Fränkel 1968, 612). Rudern müssen die Argonauten auf Hin- und Rückfahrt auch sonst, wobei Ap. den Vergleich der Ruder- mit der Feldarbeit schätzt (vgl. 2,649; 660–667). Ein ähnlicher Vers begegnet am Ende der Asienepisode im vierten Buch, als die Argonauten nach dem Mord an Apsyrtos wieder zu den Rudern greifen (ῥίμφα δὲ νῆ' ἐπιβάντες ἐπερρώοντ' ἐλάτῃσιν, 4,504; vgl. Teil I.C).

1634 ἐπ' ἦμαρ, ἐπ' ἤματι Im alten Epos bedeutet ἐπ' ἤματι „im Laufe eines Tages" (Il. 10,48; 19,229; Od. 2,284), „am Tag" (Od. 12,105; 14,105, Hes. Op. 102; vgl. A.R. 1,934; ἐπ' ἤματι κεῖσε θάμιζον, 2,451) oder „an diesem Tag" (Il. 13,234; 19,110; Hes. Op. 43; vgl. παράμειβον ἐπ' ἤματι, A.R. 4,979). Hier jedoch steht ἐπ' ἤματι im Sinn von „am Ende des Tages" wie sonst nur bei Theokrit (αὐτὰρ ἐπ' ἄματι τυννὸν ἄνευ πυρὸς αἴνυτο δόρπον, Theocr. 24,139). Die repetitiven Gestaltungsmittel Epanalepse und Polyptoton werden in der Versmitte kombiniert (vgl. ad 1626; Teil I.B). Die Zäsur nach dem dritten Trochäus fungiert dabei als Spiegelachse: Nacht, Tag und folgende Nacht gleichen einander durch die andauernde, einseitige Beschäftigung. Dieser Zusammenhang wird durch den abbildenden Versbau gespiegelt.

1634 f. παννύχιοι ... / νύχθ' ἑτέρην Auch diese Verse bilden ein Paar: Zu Beginn hebt Ap. durch die Wahl eines Wortes vom Stamm νυκ- ihre Zusammengehörigkeit hervor (vgl. S. El. 91 f.). Den beiden Worten am Versbeginn entspricht ἐπ' ἦμαρ, ἐπ' ἤματι in der Versmitte von 1634. Das Verspaar hat die nächtliche Ruderarbeit der Argonauten zum Thema. Gesucht ist der starke inhaltliche Kontrast im Vergleich mit der Feldarbeit, die jede Nacht ruht (1630), während die Helden über mehrere Tage nicht ruhen können (vgl. ad 1632 f.). Die betonte Trithemimeres (1635) markiert das Ende des Themas. Nachts fahren die Argonauten auch sonst, bei gutem (1,1358 f.; 4,979 ff.), bei widrigem Fahrtwind (1,1015 ff.) und rudernd (2,660 ff.; 944 f.; 1000).

1635 ὑπέδεκτο δ' ἀπόπροθι Das Verb hier in der Bedeutung „grüßte sie in der Ferne" (Fränkel 1968, 612 f.; Livrea 1973, ad loc; dagegen Vian 1996², N.C. ad loc.), sonst „aufnehmen" (1,954) sowie „empfangen, erhalten" (3,1014). Die Junktur ist einzigartig und gezielt gewählt: Nach dem gefahrvollen Ausflug auf den libyschen Kontinent ist die zerklüftete Karpathos die erste zu Europa gehörige Insel, die die Argonauten stellvertretend in heimischen Gewässern begrüßt. Sie landen dort aber nicht (vgl. ad 1636; anders Vian / Delage 1996², N.C. ad loc.; Dräger 2001, ad loc.). ἀπόπροθι steht in Anlehnung an Homer (sechs Belege, z. B. Il. 23,832; Od. 4,757) sieben Mal bei Ap. (noch 1,602; 3,313; 3,372; 3,1065; 4,287; 4,555), stets zur Bezeichnung einer beträchtlichen Entfernung. Die Struktur des Satzes spiegelt den Inhalt: Die ägäischen Inseln sind für die Argonauten sichtbar, aber noch nicht erreichbar. Daher klappt der Name als Enjambement nach (1635 f.).

1635 f. παιπαλόεσσα / Κάρπαθος Das Adjektiv παιπαλόεις verwendet Ap. nur hier. In den hom. Gedichten steht es mehrfach von kleinen, schroffen Inseln (Il. 13,33; Od. 3,170; 4,671; 11,480; 15,29; h. Ap. 39; 141; 172; Livrea 1973, ad loc.). Die Argonauten laufen Kreta von Nordwesten an, sodass sie Karpathos aus der Ferne erkennen. Die Insel, zwischen Rhodos und Kreta gelegen, spielt vor Ap. keine besondere Rolle in erhaltenen Texten. Der Schiffskatalog der *Ilias* nennt ein Heer aus Karpathos (Il. 2, 676), ferner erwähnt sie Herodot (Hdt. 3,45; vgl. h. Ap. 43; Scyl. 99,15 Müller GGM; Str. 10,489; noch 2,124). Lykophron assoziiert zerklüftete Berge (Καρπάθου τ' ὀρῶν, Lyc. 924). Strabo berichtet, dass die Stadt Nisyros auf Karpathos genau gegenüber des libyschen Gebirges Leuke Akte liegt (Str. 10,489). Womöglich erwähnt Ap. die Insel auch aus diesem Grund.

1636 ἔνθεν... περαιώσεσθαι ἔμελλον Der Versschluss imitiert eine hom. Klausel (vgl. μνήσεσθαι ἔμελλον, Il. 2,724; ἀναπλεύσεσθαι ἔμελλον, 11,22; Livrea 1973 ad loc. mit weiteren Beispielen). περαιόω ist hom. ἅπαξ λ. (Od. 24,437), so auch bei Ap. Sonst begegnet das Verb häufig in Prosa (Aesop. 28,2; Hdt. 1,209; 5,14; Th. 5,109,1; 6,34,4 etc.), in der Dichtung nur bei Aristophanes (Ar. Ra. 138). Die Meerenge zwischen Karpathos und Kreta gilt als Grenze zwischen *mare Libycum* und Ägäis (Str. 10,4,2; Plin. 5,1). Die Passage vom libyschen Meer in die Ägäis beschreibt Ap. in abbildender Wortstellung: Die Namen Karpathos und Kreta bilden den Rahmen, dazwischen wird der Wasserweg beschrieben, der sie verbindet. ἔνθεν bezeichnet den Ausgangspunkt der Landeanfahrt auf Kreta in der Mitte der Durchfahrt, nämlich den Punkt, ab dem Karpathos sichtbar wird (ὑπέδεκτο, 1635), sodass klar ist, dass die Argo von Südosten her eine Bucht im Osten Kretas ansteuert (vgl. auch Fränkel 1968, 612; Vian / Delage 1996², N.C. ad 1636).

1637 Κρήτην Kreta als erste transitorische Station wird erst am Schluss der Beschreibung explizit genannt (vgl. Teil I.B.II). Die Verse 1636 f. werden durch Alliteration der beiden Inselnamen am Beginn polyptotonartig miteinander verknüpft und bilden das letzte Verspaar der Dreierreihe (vgl. ad 1632 f.). Eine vergleichbare Figur verwendet Kallimachos für ein Aition (δίκτυα, ... / νύμφην μὲν Δίκτυναν, ... / Δικταῖον, Call. Dian. 197 ff.; vgl. οὐδὲ γὰρ Ὦτος / οὐδὲ μὲν Ὠαρίων, Call. Dian. 264 f.). Es beginnt die Rückkehr der Argo in europäische Gewässer nach geglückter Überfahrt von Libyen in die Ägäis. Durch die auffällige Gliederung der Passage 1632–1637 in drei Verspaare wird die schrittweise Rückkehr der Helden formal abgebildet, sodass der transitorische Charakter der Episode ins Auge fällt (vgl. ad 1625–1693; ad 1638–1693).

ἥ τ' ἄλλων ὑπερέπλετο εἰν ἁλὶ νήσων Ob das ἅπαξ λ. ὑπερέπλετο korrekt überliefert ist, ist umstritten. Konjiziert werden ὑποκέκλιται (Fränkel 1961, ad loc. in app.) und ὑπερέσχεθε (Giangrande 1963, 156). Livrea lehnt eine Korrektur jedoch zu Recht ab. ὑπερέπλετο begegnet zwar erst wieder in Prosa ab dem 8. Jhd. n. Chr. (Theod. Stud. ep. 330,11; 519,17; Athanas. 159,7). Die Bedeutung entspricht jedoch ὑπερέκειτο. Das Verb wird auch auf die Größe Kretas bzw. die Höhe der Gebirge im Vergleich zu den umgebenden Inseln bezogen (vgl. Mooney 1912, ad loc.; Vian / Delage 1996², N.C. ad loc.). Livrea (1973, ad loc.) übersetzt dagegen mit Verweis auf die parallele Verwendung von καθύπερθε (1,924; 1,928) „Kreta, die in diesem Meer jenseits der übrigen Inseln liegt". Die ausgesuchte Seltenheit des Verbs und die odysseischen Vorbilder sprechen für Livreas Lösung. Ap. hebt so die besondere Lage Kretas am Rand der Ägäis hervor. Die Tatsache, dass die Insel die äußerste, am nächsten zum offenen Meer und an der Grenze zum *mare Libycum* gelegen ist, ist hier zentral (vgl. Teil I.C.II; Spyridakis 1970, 10 f.). In der *Odyssee* wird die Randlage der Insel ähnlich beschrieben (ἐν Κρήτῃ εὐρείῃ / τηλοῦ ὑπὲρ πόντου, Od. 13,256 f.; 14,295–301). Ebenso hat Triton den Übergang vom libyschen ins ägäische Meer erläutert (εἰσανέχει πέλαγος Κρήτης ὕπερ, vgl. ad 1578). Die Beschreibung der Lage Kretas lässt ferner an die Insel Asteris denken, auf der die Freier einen Hinterhalt für Telemachos planen (ἔστι δέ τις νῆσος μέσσῃ ἁλὶ πετρήεσσα, Od. 4,844 ff.). Beide Inseln kennzeichnen schroffe Klippen. Beide Inseln bieten Schiffen eigentlich einen sicheren, geschützten Hafen (λιμένες δ' ἔνι ναύλοχοι αὐτῇ / ἀμφίδυμοι, Od. 4,846 f.; vgl. Δικταίην ὅρμοιο κατερχομένους ἐπιωγήν, 1641). Wie den Telemachos erwartet die Argonauten auf Kreta aber stattdessen ein gefährlicher Hinterhalt.

1638–1688 Die Argonauten bei Talos auf Kreta

Aufbau und Inhalt Auf Kreta bekommt es die Argo mit dem archaischen Bronzeriesen Talos zu tun, der schließlich von Medea bezwungen wird, sodass die Argo landen und Vorräte aufnehmen kann. Die Argonauten stiften am nächsten Morgen das Heiligtum der Minoischen Athene. Talos ist der letzte echte Gegner der Argonauten. Die Helden sind seinen Felswürfen hilflos ausgeliefert und wollen fliehen, als Medea die Initiative ergreift und Talos mit Zaubersprüchen und dem „bösen Blick" zu Fall bringt. Die Episode gliedert sich wie folgt: Talos' Herkunft und Aufgabe auf Kreta (1638–1644); Talos Schwachstelle, die Ferse (1645–1648); Rede Medeas (1654–1658); Medeas Aktion (1659–1672); Erzählerkommentar (1673–1675); Talos' Verletzung und Fall (1676–1688) mit Baumgleichnis (1682–1686).

Talos und der Weltaltermythos Talos repräsentiert mit Bezug auf den Weltaltermythos (1641 f.) das vergangene, bronzene Geschlecht. Seine Überwindung am Schluss des Epos symbolisiert den Beginn der Herrschaft des neuen Heldengeschlechtes. Durch die Beseitigung des letzten Vertreters des ehernen Geschlechts, läuten die Argonauten das Zeitalter des Heroengeschlechts ein. Ap. siedelt damit die Handlung der *Arg.* am Übergang vom bronzenen Zeitalter zum Zeitalter der Helden innerhalb des Weltaltermythos an (vgl. Livrea 1973, ad 1641; Kyriakou 1995, 53–60; Hunter 1993b, 166; Dickie 1990, 267–296; Knight 1995, 139 f.; Vian / Delage 1996², N.C. ad 1642; Holmberg 1998, 155 f.; Regan 2014, 298 ff.; Strootman 2014).

Talos, Medea und das Heldenbild der *Arg.* Talos ist in den *Arg.* explizit als archaisches Relikt eines vergangenen Zeitalters gezeichnet, als ein Wesen, das sich ähnlich wie der odysseische Kyklop durch Anwendung roher Gewalt, durch Zivilisations- und Rechtlosigkeit auszeichnet. Anlass zu unterschiedlichen Deutungen gibt die Tatsache, dass der eherne Talos von Medea, nicht von den männlichen Helden der Erzählung bezwungen wird (vgl. ad 1611–1688), während alle Prüfungen in Libyen von den Argonauten selbst zu bestehen waren. Man hat dies dahingehend gedeutet, dass in der Passage indirekt Medeas magische Fähigkeiten oder das Verhalten der Argonauten kritisiert werde (zu Talos vgl. z. B. Robertson 1977; Belloni 1981; Hunter 1987; Dyck 1989; Dickie 1990; Clauss 1997; Buxton 1998; Fantuzzi 2008²). Für die Deutung sind bisher die zahlreichen Überbietungsgesten (vgl. z. B. ad 1641 ff.; 1645 ff.; 1651 ff.; 1655 f.) sowie die Mehrdeutigkeit des Erzählerkommentars und des Baumgleichnisses am Schluss der Episode (vgl. ad 1673–1677; ad 1677–1688; Teil I.E.II) zu wenig beachtet worden.

1638 Τάλως χάλκειος Der Riese Talos ist als letzter Vertreter des bronzenen Geschlechts auch selbst aus Bronze (vgl. ad 1641 f.), ein wiederkehrendes Leitmotiv der Episode: Talos ist χάλκειος (1638), seine Herkunft χαλκείης ... ῥίζης (1641 f.), seine geschäftigen Füße (χαλκείοις ... ποσί, 1644), er ist χάλκεος ἠδ' ἄρρηκτος (1646) bis auf die verhängnisvolle Ader. Medea beschreibt ihn als παγχάλκεον (1655). Nachdem ihr Zauber beschrieben wurde, kehrt die erzählerische Perspektive zurück (χαλκείοιο Τάλω, 1670), im Erzählerkommentar wird das Motiv aufgegriffen (χάλκειός περ ἐών, 1676), indirekt klingt es mehrfach an (τηκομένῳ ... μολίβῳ, 1680; πελέκεσσι, 1683; ποσσίν ἀκαμάτοις, 1686 f.; ἀπείρονι ... δούπῳ, 1688). Da Talos hier statuesk auf einem hohen Felsen steht, hat man vermutet, dass an die berühmte kolossale Bronzestatue des Helios auf Rhodos erinnert werde (Frontisi-Ducroux 1975, 123 f.; DeForest 1994, 136 ff.). Diese dürfte zwar im 3. Jhd. v. Chr. bekannt gewesen sein, jedoch findet die Begegnung nicht auf Rhodos statt, sondern auf Kreta. Talos' Standpunkt hoch über der Bucht verleiht ihm einen taktischen Vorteil gegenüber den Argonauten, die sich auf den Ruderbänken nur schlecht verteidigen können. Der sofortige Rückzug der Helden (1649 f.) wird so motiviert.

Die Quellen zu Talos stimmen v.a. darin überein, dass es sich um einen Bronzeriesen handelt (Agatarch. mar. Ery. 7,76; Apollod. 1,9,26; Schol. Od. 20,302; Schol. Pl. p. 926a 31; Schol. A.R. 4,1637 ff.; Zen. 5,85,20–29). Ap. wählt nicht die Variante, nach der Talos ein Hephaistoteukon ist (Apollod. 1,9,26), spielt aber womöglich darauf an (τέτυκτο, 1645; Buxton 1998, 83–109: bes. 88 f.). Der *Minos* rationalisiert den Talos-Mythos, indem er Talos als einen frühen Richter im ländlichen Kreta darstellt, der Gesetze auf ehernen Tafeln mit sich geführt und daher „der Eherne" genannt worden sei ([Pl.] Min. 320c; vgl. Dalfen 2009, 57; 161 ff.). Ein „eherner Erzgigant", χάλκειος τριγίγας ist Talos dann in den *Orphica* (Orph. A. 1351). Zwei Scholien und Zenobios, der die Sage auf Simonides zurückführt, überliefern uns den Zusammenhang des Talos-Mythos mit dem sog. sardonischen Lachen: Es gehe auf Talos zurück, der seine Opfer an seine glühende Erzbrust presse, sodass sie mit zu einem Grinsen verzerrten Gesicht sterben (vgl. Schol. Pl. p. 926a 31; Schol. A.R. 4,1637 ff.; Zen. 5,85,20–29). Einen Talos kennt auch der athenische Sagenkreis. Der Mythos wird bei Diodor berichtet (4,76). Danach war Talos ein Neffe und Schüler des Daidalos, der die Töpferscheibe und einen Zirkel erfindet, weshalb Daidalos ihn aus Neid tötet (Apollod. 3,15,8). Bei Ovid wird dieser Talos in ein Rebhuhn verwandelt (Ov. Met. 8,236–259). Die Talos-Episode bei Ap. weist zudem Gemeinsamkeiten mit der Erzählung vom Kampf gegen den Bebrykerkönig Amykos auf, beide thematisieren die Überwindung archaischer, gesetzloser, physisch überlegener Gegner an den Rändern Europas (vgl. ad 1687). Bei Valerius Flaccus wird Amycus in einem Gleichnis mit Bezug auf die Gesetzlosigkeit direkt mit den *rabidi Cyclopes* verglichen (Val. Fl. 4,104–108).

1638 f. ἀπὸ στιβαροῦ σκοπέλοιο / ῥηγνύμενος πέτρας Kretas Landschaft wird von drei Gebirgszügen dominiert. Die Argonauten erreichen die Insel im Osten, beim Dikte-Gebirge (1640), womöglich in der Bucht von Itanos (vgl. ad 1637). Die felsige, bergige Landschaft gilt als Charakteristikum der Insel (Str. 10,4,4). Talos als Felsen schleudernder Wächter der Insel, wie Ap. ihn hier beschreibt, war wohl ein bekanntes Motiv. Es sind Münzen der kretischen Stadt Phaistos erhalten, die Talos im Kampf mit erhobenen Felsen zeigen (vgl. ad 1644; Berthold 1911, 43 ff.; Svoronos 1970 (=1890), 255, Nr. 4–6; 264 Nr. 67–79 sowie Taf. XXIV 24.25; Franke / Hirmer 1964, 114 sowie Taf. 167; Sheedy 2012, 120 ff.; Buxton 1998, 90 ff.). Mit dem steinewerfenden Talos bietet Ap. zudem, wie ein Scholion erläutert (Schol. A.R. ad 4,1659), eine Kontrafaktur des Kyklopen Polyphem, der durch Felswürfe Odysseus und seine Gefährten an der Flucht zu hindern versucht (ἧκε δ' ἀπορρήξας κορυφὴν ὄρεος μεγάλοιο ... ἐκλύσθη δὲ θάλασσα κατερχομένης ὑπὸ πέτρης, Od. 9,481 ff.; vgl. ad 1641 f.; 1657 f.). Mit den Kyklopen haben das eherne Geschlecht und Talos eine gesetzlose, frevelhafte Lebensweise und die Missachtung des dem Zeus heiligen Gastrechts gemein (vgl. Hes. Op. 145 ff.; Od. 9,105 f.; 9,275 ff.). Ap. rückt Talos in die Nähe der Erdgeborenen auf Kyzikos, die die Argonauten ebenfalls mit Steinen angreifen (1,989–1011) und wie das bronzene Geschlecht im Weltaltermythos (Hes. Op. 143–155) gesetzlose Wilde sind (ὑβρισταί τε καὶ ἄγριοι ... / Γηγενέες, 1,942 f.; vgl. 1,944 ff.; Hes. Th. 150). Mit Herakles' Hilfe (1,997), besiegen die Argonauten die archaischen Erdgeborenen (vgl. Vian 1951, 14–25). Talos dagegen stellt in mehrfacher Hinsicht eine größere Gefahr dar: Zum einen ist er fast unbesiegbar, zum anderen kann Herakles, dessen Kampf gegen archaische Untiere den Argonauten zum Vorteil gereicht (vgl. ad 1432–1460), gegen Talos nicht helfen. Ein archaischer Gegner erfordert besondere Maßnahmen. Der Einsatz der magischen Fähigkeiten Medeas wird so indirekt vorbereitet.

1639 εἶργε χθονὶ πείσματ' ἀνάψαι ἔργειν ohne Negation beim Infinitiv nach tragischen Vorbildern (z. B. S. OT 192; S. Ph. 1407). Mit der Verbindung πείσματ' ἀνάπτειν wird noch die Landung bei Phineus (2,177; 2,460) sowie im Phasis (3,570) beschrieben, abwechselnd mit πρυμνῇσι' ἀνάπτειν (1,965; 2,160; 4,840). Der Halbvers ruft die typische hom. Landungsszene in Erinnerung (z. B. Od. 15,496–501). Talos' Intervention wirkt dabei wie ein Motivabbruch, der verhindert, dass eine Landungsszene erzählt werden kann. Zu Beginn des Kyklopenabenteuers findet sich ein Vorbild für beide Variationen. Das Befestigen von Seilen wird von Odysseus in der vermeintlich sicheren Bucht auf der Kyklopeninsel explizit unterlassen (ἐν δὲ λιμὴν εὔορμος, ἵν' οὐ χρεὼ πείσματός ἐστιν, / οὔτ' εὐνὰς βαλέειν οὔτε πρυμνῇσι' ἀνάψαι, Od. 9,136 f.). Die Beschreibung des Landemanövers beginnt eine Reihe intertextueller Anspielungen auf die Kyklopenepisode (vgl. ad 1638).

1640 Δικταίην Während das Adjektiv sonst bei Ap. (1,509; 1,1130; 2,434) und bei anderen hellenistischen (Arat. 33 ff.; Call. Iov. 4 ff.; 47–51; Lyc. 1300) wie auch lateinischen Dichtern (Lucr. 2,633 f.; Verg. A. 3,171; 4,73; Verg. G. 2,536; Ov. M. 3,2; 8,43; Sil. 13,184) allgemein „kretisch" bedeutet, bezieht es sich hier auf eine Bucht im Nordosten Kretas nahe des Dikte-Gebirges, südlich vom Kap Salmonis, dem heutigen Kap Sideros. Diese diktaeische Bucht versucht die Argo anzulaufen. Ein Arat-Scholion bestätigt, dass ein Gebirge Dikte genannt wurde, dass in Richtung des *mare libycum* liegt (Schol. Q Arat. 30–33). Es ist möglich, dass Ap. die Bucht der Stadt Itanos im Sinn hatte (vgl. ad 1637).

ὅρμοιο Vgl. ad 1345. Bei Ap. bezeichnet ὅρμος einen natürlichen, geschützten Ankerplatz. Die Bucht wäre ein sicherer Ort zum Landen – lebte dort nicht Talos (vgl. ad 1678).

ἐπιωγήν ἐπιωγή bezeichnet eine natürliche, windgeschützte Bucht (Schol. A.R. 4,1640). Das hom. ἅπαξ λ. beschreibt die Klippen der Phäakeninsel (οὐ γὰρ ἔσαν λιμένες νηῶν ὀχοί, οὐδ' ἐπιωγαί, Od. 5,404). Die Übernahme impliziert einen dezenten Überbietungsgestus. Während Odysseus die rettende Bucht nicht findet, können die Argonauten sie sehen, aber nicht landen.

1641 τὸν μέν Die Gegenüberstellung von Talos und den Argonauten wird für die folgende Beschreibung von Talos' Herkunft unterbrochen, mit οἱ δέ (1649) aber wieder aufgegriffen.

1641 f. χαλκείης μελιηγενέων ἀνθρώπων / ῥίζης Ap. nimmt Bezug auf den bei Hesiod überlieferten Weltaltermythos (Hes. Op. 143–160), wenn er den Bronzeriesen Talos zum dritten, ehernen, von Zeus „aus Eschen" geschaffenen Geschlecht rechnet (ἐκ μελιᾶν, Hes. Op. 145). Das eherne wird vom Geschlecht der Halbgötter abgelöst, zu denen für Ap. explizit die Argonauten gehören (1,548). Das eherne Geschlecht ist gekennzeichnet durch gewaltige Körperkraft, mangelnde Intelligenz und einen frevelhaften Charakter (δεινόν τε καὶ ὄβριμον, οἷσιν Ἄρηος / ἔργ' ἔμελε στονόεντα καὶ ὕβριες, Hes. Op. 145 f.), sodass sie von eigener Hand fallen (Hes. Op. 152 ff.). Dies gilt auch für Talos: Zwar wird er Opfer von Medeas Zauber. Indem er sich jedoch selbst an einem Felsen die Ader aufreißt, trägt er zu seinem Untergang bei (vgl. ad 1673 ff.; ad 1677–1688). Dass Talos unter die ἄνθρωποι gerechnet wird (ἄνδρα τόν, 1655), rückt ihn in die Nähe ähnlicher Zwitterwesen wie Silenen und Kyklopen. Auch bei Hesiod wird das bronzene Geschlecht zu den Menschengeschlechtern gezählt (Hes. Op. 143 f.).

λοιπὸν ἐόντα μετ' ἀνδράσιν ἡμιθέοισιν ἡμίθεος ist hom. ἅπαξ λ. (ἡμιθέων γένος ἀνδρῶν, Il. 12,23), später gängiges Dichterrepertoire (Callin. fr. 1,19; Alc. fr. 42,13 LP; Ibyc. fr. S176,1 Page; Semon. fr. 18,1,2 Page; B. 9,10;

11,62; 13,122). Pindar rechnet die Argonauten ebenfalls zu den ἡμίθεοι (Pi. P. 4,12; 184; 211). Ap. verwendet die Bezeichnung nur zwei Mal, programmatisch kurz nach Beginn und kurz vor Ende der Argofahrt (1,548; 4,1642). Auf den halbgöttlichen Status der Helden verweist er regelmäßig (vgl. z. B. 1,51 ff.; 65 f.; 115 f.; 142 ff.; 179 ff.; 548; 641 ff.; 2,43; 2,273 ff.; 3,365 f.; 3,402 f.; 4,1389).

1643 Εὐρώπῃ ... οὖρον Talos als Wächter Europas nur hier sowie in einem *Odyssee*-Scholion (Schol. ad Od. 20,302; möglicherweise von Ap. abhängig, vgl. Berthold 1911, 44; Livrea 1973, ad loc.). In sonstigen Mythenvarianten weist Zeus ihm den Dienst bei Minos zu (Pl. Rep. 1,337a; Apollod. 1,140; Zenob. 5,82; Luc. Philops. 19,25). Dyck nimmt an, dass Ap. diese Variante des Talosmythos gewählt hat, um den Bronzemann als erotisches Geschenk zu inszenieren, dass zuerst Zeus der Europa geschenkt hat und das nun Medea für Jason als Unterpfand ihrer Liebe bezwingt (Dyck 1989, 468).

Κρονίδης νήσου πόρεν ἔμμεναι οὖρον Zu Beginn der Episode wird die enge Beziehung des Göttervaters zur Insel Kreta eingeführt (vgl. ad 1673). Die Verbindung ἔμμεναι οὖρον beschreibt in der *Ilias* an derselben Versposition einen Grenzstein, den Athene im Kampf gegen Ares verwendet (τόν ῥ' ἄνδρες πρότεροι θέσαν ἔμμεναι οὖρον ἀρούρης, Il. 21,405). Die Übernahme verweist auf Talos' Funktion als Wächter Europas sowie diejenige der Insel Kreta als Tor zu Europa und Grenze zum *mare libycum* (vgl. Teil I.D). Kreta hatte besondere Bedeutung für die Machtpolitik der Ptolemäer in der Ägäis (vgl. ad 1637).

1644 τρὶς περὶ χαλκείοις Κρήτην ποσὶ δινεύοντα Ob Talos drei Mal im Jahr (vgl. Pl. Min. 320 C) oder drei Mal am Tag (vgl. Apollod. 1,9,26; Zen. 5,85,20–30) die Insel umrundet, legt Ap. nicht fest (vgl. ad 1638; Dalfen 2009, 161 f.). Dies ist aber womöglich einem hom. Vorbild geschuldet, auch Achill verfolgt Hektor vor dem finalen Kampf drei Mal ohne nähere Angaben (ὡς τὼ τρὶς Πριάμοιο πόλιν πέρι δινηθήτην / καρπαλίμοισι πόδεσσι, Il. 22, 165 f.). Zum einen weist die Übernahme auf den Tod des Bronzemannes voraus, insbesondere wenn man berücksichtigt, dass Ap. ähnliche Adaptionen des *Ilias*-Verses in Zusammenhang mit den Bestattungen des Herrschers von Kyzikos (τρὶς περὶ χαλκείοις σὺν τεύχεσι δινηθέντες, 1,1059) und des Mopsos gestaltet (τρὶς δ' ἀμφὶ σὺν ἔντεσι δινηθέντες, vgl. ad 1535). Beide Szenen betonen explizit die Unüberwindbarkeit des Todesloses für Helden, Halbgötter und Menschen (1,1037 f.; vgl. ad 1502 ff.). Zum anderen beinhaltet die Anspielung kurz vor der Beseitigung von Talos einen Überbietungsgestus. Der archaische Riese wird indirekt mit den besten Kämpfern der *Ilias* verglichen und so zum gefährlichen Gegner stilisiert (vgl. Teil I.D). Es wird nicht die „unepische" Grausamkeit von Medeas Zauber herausgestellt (so Kyriakou 1995, 79), sondern vielmehr der Rückgriff auf Medeas Fähigkeiten als einziger Ausweg vorbereitet. Ähnlich gefährliche, archaische Wesen, wie etwa die Erdgeborenen in Kolchis (3,1354–1398) und der Drache beim Vlies (4,126–166) können ebenfalls nur mit Hilfe übernatürlicher Maßnahmen überwunden werden. Das Motiv des dreimaligen Umkreisens weist zudem voraus auf Medeas Zauberhandlungen, die sie ebenfalls je drei Mal ausführt. Die Beliebtheit der iliadischen Verfolgungsjagd bei Ap. korrespondiert mit zwei Kommentaren zur Szene in Aristoteles' Poetik (Arist. Po. 1460a 14 ff.; 1460b22 ff.). Dass ferner Talos' eherne Füße (χαλκείοις ... ποσί) hier explizit hervorgehoben werden, obwohl ein Bronzemann wahrscheinlich bronzene Füße hat, ist eine Prolepse auf seinen einzigen Schwachpunkt, die Ader am Knöchel, die ihm zum Verhängnis wird (vgl. ad 1646 ff.). Überdies wartet Ap. hier mit einem funktionalisierten Selbstzitat auf, hatte doch Jason mit Medeas Hilfe bereits die kolchischen Aresstiere mit einem Tritt in die ehernen Beine bezwungen (κρούσας πόδα χάλκεον, 3,1309). Auch Talos wird nun durch die verwundbare Ader an den Füßen zu Fall gebracht. Der *versus spondiacus* beschließt die Beschreibung.

1645 ἀλλ' ἤτοι In der *Ilias* häufige Einleitung am Versbeginn (z. B. Il. 1,140; 4,9; 4,62; 17,514; 23,828 etc.), in hellenistischer Zeit gelegentlich (Theocr. 12,22; 22,189; Arat. 687; Nic. Th. 8; 121; 620; Al. 12; Opp. H. 2,263; 2,475). Bei Ap. nur hier, häufiger dagegen ἤτοι ὁ μέν (z. B. 1,73; 1,186; 1,427; 4,6 etc.).

τὸ μὲν ἄλλο δέμας Ap. zitiert eine bei Apollonios Sophistes überlieferte Lesart (ὃς τὸ μὲν ἄλλο δέμας φοῖνιξ ἦν, Apollon. 164,29) einer hom. Pferdebeschreibung (ὃς τὸ μὲν ἄλλο τόσον φοῖνιξ ἦν, Il. 23,454). Die Lesart geht auf eine Umarbeitung der Homer-Glossographen zurück, wie Ap. sie gelegentlich berücksichtigt. Ap. zeigt zudem in einer weiteren Passage, dass er auch die *lectio difficilior* τόσον kannte (ὃς τόσον ἤδη / παμφαίνων ἐτέτυκτο, 1,731 f.). Bei Moschos findet sich nur der Bezug auf die Glossographen-Variante (τοῦ δ' ἤτοι τὸ μὲν ἄλλο δέμας ξανθόχροον ἔσκε, Mosch. 84; vgl. Rengakos 1993, 136 f.).

γυῖα τέτυκτο Der Ausdruck variiert verschiedene Versschlüsse (πάντα τέτυκτο, Il. 14,215; ἔργα τέτυκτο, 17,279; θαῦμα τέτυκτο, 18,549). τέτυκτο entspricht von der Bedeutung her ἦν, spielt aber auch auf eine Mythenvariante an, die von der „Formung" des ehernen Talos durch Hephaistos erzählt (vgl. Apollod. 1,92; Paus. 8,53,5; Livrea 1973, ad loc.).

1646 χάλκεος ἠδ' ἄρρηκτος Die Junktur greift zum einen das Motiv von der unzerstörbaren Mauer um die Aiolosinsel auf (πᾶσαν δέ τέ μιν πέρι τεῖχος / χάλκεον ἄρρηκτον, Od. 10,4.). Zum anderen wird der Musenanruf zu Beginn des Schiffskatalogs zitiert (οὐδ' εἴ μοι δέκα μὲν γλῶσσαι, δέκα δὲ στόματ' εἶεν, / φωνὴ δ' ἄρρηκτος, χάλκεον δέ μοι ἦτορ ἐνείη, Il. 2,489 f.). Die berühmte hyperbolische *praeteritio* im Musenanruf beschreibt ein nicht existierendes Wesen mit einer „Stimme, die nicht bricht" und „ehernem Herzen". Wenn Ap. seinen Bronzemann mit derselben Junktur als ἄρρηκτος und χάλκεος beschreibt, hebt er Talos' unheimliche Fähigkeiten durch das Zitat besonders hervor.

1646 f. ὑπαὶ δέ ἔσκε τένοντος / ... κατὰ σφυρόν ὑπαὶ δέ nimmt Bezug auf ἀλλ' ἤτοι τὸ μέν (1645) und stellt dem gewaltigen Leib des Riesen die entscheidende, winzige Ader am Knöchel gegenüber. Die Lage der Blutader unter einer Sehne rekurriert auf die *Ilias*: An den Sehnen der Knöchel wird bei den Leichnamen von Patroklos und Hektor ein Riemen befestigt wird, um sie zu schleifen (Il. 17,290; Il. 22,396 f.). Erneut greift die Talos-Episode ein Motiv aus dem Kampf Hektors gegen Achill auf (vgl. ad 1644; ad 1679).

1647 σῦριγξ αἱματόεσσα Die Junktur σῦριγξ αἱματόεσσα steht semantisch einem hom. Ausdruck nahe, der eine blutige Strieme bezeichnet (σμῶδιξ αἱματόεσσα, Il. 2,267; Il. 23,716). Der Ausdruck σῦριγξ dient sonst als medizinischer *terminus technicus* (Arist. Resp. 478a13,480b7; Arist. HA 496b3,513b5; Arist. PA 664a28; Hp. Cord. 2; Hp. Mul. 1,78), der sich selten in Dichtung findet (Emp. fr. 100,12 D.-K.; S. Ai. 1412; Max. 169; vgl. ad 1423 ff.; Livrea 1973, ad loc.; Kyriakou 1994). Diese Übernahme erinnert an die exakte Beschreibung des Schmerzes der verliebten Medea, die sich nach medizinischem Vorbild um eine Unterscheidung von Nerven und Sehnen bemüht. Die Nervenstränge heißen demgemäß bei Ap. ἀραιὰς ἶνας (3,763 f.), die Sehnen dagegen wie hier τένοντες (Burkert 2009, 32 ff.). Die Übertragung dieser der menschlichen Anatomie entlehnten Details auf Talos bewirkt eine Vermenschlichung, die im Kontrast steht zur übrigen Darstellung als archaisches, gewalttätiges Relikt des bronzenen Zeitalters.

αὐτὰρ ὁ τήν γε Ob der Ausdruck korrekt überliefert ist, ist umstritten. Keine der Konjekturen von Fränkel (ἀμφ' ἄρα τήνγε), Brunck (αὐτὰρ ὁ τῆσγε) oder Platt (αὐτὰρ ὁ τῇ γε) kann bisher vor der Kritik bestehen. Livrea (1973, ad loc.) geht von einer unheilbaren Korruptele aus. Vian (1996[2], N.C. ad loc.) versucht zu Recht, den überlieferten Text zu halten, indem er auf den possessiven Charakter von ὁ verweist (dagegen Hunter 2015, ad loc.).

1648 λεπτὸς ὑμήν Das Substantiv ὑμήν bezeichnet ein dünnes Häutchen oder eine Membran, wird v.a. als medizinischer *terminus technicus* gebraucht (z. B. Arist. HA 494b29; 519b4; Gal. UP 10,7,9; Sor. Gyn. 1,8,1) und oft wie hier neben Sehnen, Haut und Adern genannt (Arist. GA 737b5; vgl. ad 1646 f.; Kerschensteiner 1959, 443 f.; Fränkel 1968, 613). Auch die Junktur λεπτὸς ὑμήν begegnet häufig (z. B. Hp. Flat. 14,38; Nat. Mul.

10,3; Arist. Resp. 475a18; GA 746a24; HA 529a21). Das Häutchen steht in Kontrast zu Talos' unzerbrechlichem Erzleib, der durch den exakt analogen metrischen Aufbau der V. 1646 und 1648 mit Zäsur nach dem dritten Trochäus zusätzlich unterstrichen wird. Das Häutchen weicht in den späteren Talosmythen einem ehernen Nagel (Apollod. 1,9,26). Oppian überträgt den Ausdruck (Opp. H. 1, 347).

ζωῆς ἔχε πείρατα καὶ θανάτοιο Ähnliche Bedeutung von πείρατα ist in der *Ilias* und bei Pindar belegt (Τρώεσσιν ὀλέθρου πείρατ' ἐφῆπται, Il. 7,402; ἤτοι βροτῶν γε κέκριται / πεῖρας οὔ τι θανάτου, Pi. Ol. 2,30 f.; zu πείρατα bei Ap. vgl. Fränkel 1968, 72 f.). Bei Ap.' Zeitgenosse Sotades dieselbe Kombination (Ζεὺς ὁ καὶ ζωῆς καὶ θανάτου πείρατα νωμῶν, Sotad. fr. 4c Powell). Eine mögliche Nachahmung findet sich bei Meleager (Mel. AP 12,158,8). Die Stellung von Verb und Akkusativobjekt zwischen den beiden Genitiven bildet in der Textgestalt einen inhaltlichen Zusammenhang ab (vgl. Teil I.B): Wie πείρατα zwischen ζωῆς und θανάτοιο steht, befindet sich zwischen Leben und Tod als Hindernis (πείρατα) bei Talos nur das λεπτὸς ὑμήν.

1649 δύῃ μάλα περ δεδμημένοι Ap. adaptiert die altepische Formel δεδμημένοι ὕπνῳ (z. B. Il. 10,2; Od. 7,318; 13,119; θνῇσκον δ' ὥσθ' ὕπνῳ δεδμημένοι, Hes. Op.116; vgl. δεδμημένοι ... ὕπνῳ, A.R. 1,1081 f.). Wie nach dem Wüstenmarsch sind die Argonauten nach der Ruderarbeit durstig und erschöpft. Die motivische Übereinstimmung wird durch ähnliche Junkturen hervorgehoben (vgl. δύῃ ... δίψῃ τε καὶ ἄλγεσι, 4,1649–1652; δίψα δυηπαθίη τε καὶ ἄλγεσι, 4,1394 f.). Auffällig ist die Häufung von Dentallauten in diesem Vers, die περιδδείσαντες (1650) wieder aufnimmt. Das Partizip δεδμημένοι weist voraus auf Medeas Rede, die programmatisch an Schluss und Beginn von den Formen δαμάσσειν (1654) und δαμῆναι (1658) gerahmt wird. Dass von den Argonauten das Passiv, von Medea selbst aber das Aktiv gebraucht wird, spiegelt ihre Rollen auf Kreta: Medea ist Talos' aktive Überwinderin, die Argonauten sehen zu.

1650 νῆα ... ἀνακρούεσκον Das Verb ἀνακρούειν begegnet in historischer und philosophischer Prosa sowie in der Komödie ab dem 5. Jhd. (z. B. Hdt. 8,84,2; Th. 7,38,1; Emp. fr. 15,6 D.-K.; Eup. fr. 96,117 Austin; Ar. V. 399; X. Eq. 11,3,2; Pl. Phlb. 13d7) und wird in hellenistischer Dichtung aufgegriffen (vgl. noch 1,1277; Arat. 193; Theocr. 4,31; Nic. Th. 479; Al. 359; 379).

1651 ff. καί νύ κ' ... / εἰ μή ... Vergleichbare Konditionalsätze stehen seit dem hom. Epos vor einem Handlungsumschwung, indem sie ein Geschehen beschreiben, das bei Ausbleiben der Bedingung eingetreten wäre. Während in der *Ilias* „Beinahe-Episoden" oder *counterfactuals* hauptsächlich Kämpfe betreffen, geben in *Odyssee* und *Arg.* verschiedene Themen Anlass zur

Darstellung verhinderten Geschehens (Nesselrath (1992, 44) zählt 46 sog. ‚Beinahe-Episoden' in der *Ilias*, 27 in der *Odyssee*, 13 bei Apollonios; vgl. Sistakou 2014a). Die formelhafte Einleitung der Episode, καὶ νύ κεν - εἰ μή, (vgl. z. B. Il. 3,373 f.; 7,104–108; Od. 16,220; 23,241 f.) wird hier nicht variiert (vgl. 2,284 ff.; 4,636; ad 1228–1232; 1305–1309 und Teil I.E.).

ἐπισμυγερῶς Vgl. ad 1267.

1652 ἀμφότερον ... τε καί Adverbialer Akkusativ mit τε καί nach hom. Vorbild stets am Versbeginn (z. B. ἀμφότερον βασιλεύς τ᾽ ἀγαθὸς κρατερός τ᾽ αἰχμητής, Il. 3,179; ἀμφότερον γενεῇ τε καὶ οὕνεκα σὴ παράκοιτις, Il. 4,60; ἀμφότερον, κῦδός τε καὶ ἀγλαΐη καὶ ὄνειαρ, Od. 15,78; ἀμφότερον δαπάνα ἴς τε καὶ πόνοις, Pi. I. 1,42). Wie Ap. (mit folgendem τε δέ auch 3,987; vgl. Pi. P. 4,79) verwenden Kallimachos und Arat die Konstruktion (Call. fr. 24,7 Pf.; Cer. 79; Arat. 617; 799; 821; [Theocr.] 25,69; vgl. Chantraine 1953, 15; 48; Massimilla 1996, 296; Hopkinson 1984, ad 35; ad 79). Der Auslaut -ον wird durch μοχθίζοντες am Ende wiederholt und balanciert den Vers (vgl. Arat. 571; 617; 821). Der doppelte *versus spondiacus* verleiht dem *counterfactual* besonderes Pathos (1651 f.).

δίψῃ τε καὶ ἄλγεσι Vgl. ad 1394; ad 1649. Talos verletzt – wie zuvor schon Amykos (2,1–24; vgl. ad 1687) – das von Zeus geschützte Gesetz der Gastfreundschaft, indem er den erschöpften Argonauten Wasser und Ruhe auf seiner Insel verweigert. Deutlicher als Ap., der in der Amykos-Episode einen Schwerpunkt auf die Vermessenheit des Bebrykers legt (Köhnken 1965, 84–121), tritt das Motiv der verletzten Gastfreundschaft bei Theokrit (Theocr. 22,27–134; bes. 54–65) und schließlich bei Valerius Flaccus zutage (Val. Fl. 4,206–222).

μοχθίζοντες Die Konstruktion mit Dativ ist einem hom. ἅπαξ λ. nachempfunden (ἕλκει μοχθίζοντα, Il. 2,723), das die Leiden des Philoktet an einem Schlangenbiss beschreibt. Ap. stellt so indirekt Hilflosigkeit und Leiden der Argonauten neben die des Philoktet auf Lemnos. Die Konstruktion wird später aufgegriffen (ἀτρύτοισιν / ἄλγεσι μοχθίζουσαν, Mosch. 69 f.; καμάτῳ τε καὶ ἄλγεσι μοχθίζοντα, Opp. H. 3,329; ἀνέρες ἐν πενίῃ τε καὶ ἄλγεσι μοχθίζουσιν, Man. 6,17). Es handelt sich um ein funktionalisiertes Selbstzitat. Jason hält seinen Gefährten Medeas Verdienste vor Augen (ὀιζύϊ μο-χθίζοντες, / εὐπαλέως κούρης ὑπὸ δήνεσι κεκράανται, 4,192 ff.). Kurz vor Abschluss der Fahrt ergänzt Medea wie zum Beweis diese Liste, indem sie Talos bezwingt und die Besatzung der Argo rettet.

1653 λιαζομένοις Die Handschriftenfamilie *m* überliefert λιλαιομένοις, doch λιαζομένοις der Familie *w* ist als *lectio difficilior* vorzuziehen. Das Partizip λιαζομένοις greift den Rückzug der Helden auf (ἀνακρούεσκον,

1650). Medea spricht, um die Flucht zu verhindern und die Argo in einer bestimmten Entfernung zu Talos zu halten (1669 ff.; Vian / Delage 1996², N.C. ad loc.). Livreas (1973, ad loc.) Argument, λιλαιομένοις ἀγόρευσεν sei als „echte apollonianische Formel" hier vorzuziehen, überzeugt nicht (vgl. 1,350; 4,256), zeichnen sich doch die *Arg.* gerade durch Flexibilität und Variation bei der Verwendung formelhafter Ausdrücke aus (vgl. Arend 1933; Nesselrath 1992, 44–48; Knight 1995; F. Cairns 1998; Fantuzzi 2008², 287–310).

1654 κέκλυτε μευ Häufige Einleitung einer Rede am Versanfang im frühen Epos (Il. 3,86; 8,5, Od. 2,25; 8,387; 18,43 etc.; Hes. Th. 644; h. Ap. 311; 334), die Ap. nur hier verwendet und sonst variiert (vgl. 1,411; 2,11; 2,209; 2,311; 4,783; 4,1347).

1654 μούνη γὰρ ὀίομαι... Die Passage variiert eine Szene der *Odyssee*. Antinoos, der hartnäckigste Freier Penelopes, ahnt auch kurz vor seinem Tod nicht, was ihm bevorsteht, denn er glaubt, niemand wage es, ihn zu töten. Medeas Rede greift verschiedene Elemente dieser in indirekter Rede wiedergegeben Auffassung auf (τίς κ' οἴοιτο μετ' ἀνδράσι δαιτυμόνεσσι / μοῦνον ἐνὶ πλεόνεσσι, καὶ εἰ μάλα καρτερὸς εἴη, / οἵ τεύξειν θάνατόν τε κακὸν καὶ κῆρα μέλαιναν; Od. 22,12 ff.; vgl. μούνη γὰρ ὀίομαι ὕμμι δαμάσσειν / ἄνδρα τὸν ὅστις ὅδ' ἐστί καὶ εἰ παγχάλκεον ἴσχει / ὃν δέμας, 1654 ff.). Die Übernahme erfolgt gezielt: Medeas Angriff auf Talos beginnt ebenso überraschend wie Odysseus' Angriff auf die Freier. Wie die Freier und Antinoos nicht erkennen, welche Gefahr vom „Bettler" ausgeht, erkennt Talos nicht, welche Gefahr Medea bedeutet. Da Medea zudem eine vermeintlich wehrlose Frau ist, Talos aber ein urzeitlicher Bronzeriese und kein gewöhnlicher Adliger wie die Freier, dient das Zitat zugleich der Überbietung des Vorbilds.

ὕμμι δαμάσσειν *Dativus ethicus* nach hom Vorbild (z. B. Il. 13,625). Im alten Epos ist zu δάμνημι im Futur nur die Form δαμάᾳ belegt (Il. 22,271), daher vermutet Marxer, Ap. habe δαμάσσει(ν) (vgl. noch 3,353) nach einem fälschlich als Futur aufgefassten Aorist Konjunktiv δαμάσσομεν bei Homer (Il. 22,176) oder analog zu ἐλάουσι (Il. 13,315), ἐλάσσεις (Il. 23,427) gebildet (Chantraine 1948 I, 448; Marxer 1935, 9; Livrea 1973, ad loc.). Später findet sich das Futur (Orph. L. 22; Nonn. D. 11,205; 202,69; 26,34).

1655 ἄνδρα τὸν ὅστις ὅδ' ἐστί Der Ausdruck kombiniert zwei hom. Vorbilder in einem Halbsatz: Der erste stammt aus Aiolos' Rede an Odysseus (οὐ γάρ μοι θέμις ἐστὶ κομιζέμεν οὐδ' ἀποπέμπειν / ἄνδρα τόν, ὅς τε θεοῖσιν ἀπέχθηται μακάρεσσιν, Od. 10,74), der zweite Teil aus einer Frage des Priamos aus der Teichoskopie (εἴπ' ἄγε μοι καὶ τόνδε, φίλον τέκος, ὅς τις ὅδ' ἐστί, Il. 3,192; Livrea 1973, ad loc.).

καὶ εἰ παγχάλκεον ἴσχει Wests Konjektur ἴσκει ist nicht notwendig, ἴσχει steht hier der im 4. Jhd. aufgekommenen, wissenschaftssprachlichen Tradition gemäß in der Bedeutung „sein" (vgl. Arist. HA 577b27; 630a15; 632b19; West 1963, 12; Fränkel 1968, 613; Livrea 1973, ad loc.; ad 92). Medea macht deutlich, dass Talos aus Erz besteht und nicht mit konventionellen Mitteln im Kampf besiegt werden kann (Vian / Delage 1996², N.C. ad loc.). In der *Odyssee* wird παγχάλκεος nur für Gegenstände verwendet (Od. 8,403; 11,575; 18,378; 22,102; vgl. A. Th. 591; S. Ant. 143; E. Ph. 121 f.). Der Halbvers steht in der Tradition vergleichbarer, mutbezeugender Exklamationen (z. B. Il. 4,347 f.; 13,58; 20,371 f.), ruft aber explizit eine Rede des Aineias in Erinnerung, der sich über die Unbesiegbarkeit Achills beklagt (εἰ δὲ θεός περ / ἶσον τείνειεν πολέμου τέλος, οὔ κε μάλα ῥέα / νικήσει', οὐδ' εἰ παγχάλκεος εὔχεται εἶναι, Il. 20,100 ff.). Es handelt sich um einen Überbietungsgestus: Achill, der eben nicht παγχάλκεος ist, auch wenn er es behauptet, ist für die anderen Helden im Kampf unbezwingbar. Talos aber ist nicht nur ein archaischer Riese, sondern hat auch die einzige Eigenschaft, die Aineias dem Achill abspricht: Er ist παγχάλκεος und damit ein gefährlicherer Gegner als Achill. Dies ist bei der Beurteilung des Verhaltens der Männer zu berücksichtigen (vgl. ad 1661–1688). Medeas Worte werden am Schluss der Episode ringkompositorisch aufgegriffen (vgl. ad 1676 f.).

1656 ὃν δέμας Die Anwendung des Zaubermittels Prometheion, das Medea Jason gegen die Erdgeborenen gibt, wird ähnlich beschrieben, zunächst vom Erzähler, später von Medea (ἑὸν δέμας ἰκμαίνοιτο, 3,846 f.; τεὸν δέμας, 3,1042 f.). Die lexikalische Übereinstimmung zwischen der Erdgeborenen- und der Talosepisode in einer Rede Medeas betont die Komplementarität der Episoden: Die Ausstattung Jasons mit dem Zaubermittel war ihre erste Tat für Jason, die Bezwingung des Bronzemannes ist ihre letzte in den *Arg*. Während sie in der ersten Episode einem unterlegenen männlichen Körper durch ihre Zauberkünste übermächtige Kraft verleiht (3,1042–1051 sowie 3,1256–1402), schwächt sie nun einen an Körperkraft weit überlegenen Gegner, sodass dieser eine tödliche Verletzung erleidet (vgl. ad 1641–1648; ad 1665–1678). An gleicher Versposition verwendet Ap. den Ausdruck vom Bad der Artemis am Parthenion (ὃν δέμας ἱμερτοῖσιν ἀναψύχει ὑδάτεσσιν, 2,939; vgl. A. Pr. 146; E. Hipp. 1418; Hec. 368; Hel. 383; Ph. 699; Ariston. Lyr. Ap. 42 ff.). Oppian gebraucht die Wendung später immer an derselben Position wie Ap. (3,847; 3,1043; vgl. Opp. H. 3,122; 4,449; C. 2,81; 2,106; Man. 1,240; 244; dagegen Coll. 357; 360; Q.S. 8,413; 13,552; Nonn. D. 11,137; 11,294 etc.).

ὁππότε μή ... πέλοι Medeas Rede greift wörtlich die Beschreibung des Erzählers auf (1645 f.). Mit Beginn des Nebensatzes wird deutlich, dass das Figurenwissen Medeas hinter dem Erzählerwissen zurücksteht. Während dieser bereits von Talos' verwundbarer Ader berichtet hat (1646 f.), kann Medea nur auf Verwundbarkeit des Bronzeriesen hoffen (vgl. Teil I.E.II).

ἐπ' ἀκάματος ... αἰών Fasst man αἰών in der Bedeutung „innere Lebenskraft" auf, so bildet der Ausdruck den Kontrast zu Talos' übermächtigem Körper (χάλκεος ἠδ' ἄρρηκτος, 1646), wie Medea weiß (παγχάλκεον ἴσχει / ὃν δέμας, 1655 f.). Medea fragt sich, ob Talos zusätzlich auch (ἐπ') unzerstörbar ist und gibt zu verstehen, dass sie dann nichts auszurichten vermag. Dazu passt, dass αἰών nicht nur in der medizinischen Literatur das Rückenmark oder die Rückenmarksflüssigkeit als Sitz des Lebens bezeichnet (h. Merc. 42; 119; Pi. fr. 111; B. 1,151 ff.; Hp. Epid. 7,122; AP 6,346). Die Bedeutung von αἰών in seiner nicht-zeitlichen Dimension variiert zwischen „Lebenskraft, Seele, Leben" (vgl. Onians 1954, 204 ff.; Degani 1961, 29–43; Classen 1962; Gaertner 2003). ἀκάματος hat Vian in der ersten Auflage zu ἀθάνατος korrigiert, die Korrektur jedoch zu Recht zurückgenommen (Vian / Delage 1996², N.C. ad loc. sowie N. Add. ad loc). ἀκάματος steht im hom. Epos im Sinn von „unermüdlich, unerschöpflich" nur beim Feuer (ἀκάματον πῦρ, z. B. Il. 5,4; 15,731; Od. 20,123; vgl. Hes. Th. 563). Dann wird das Adjektiv übertragen gebraucht (ἀκάματος ῥέει αὐδή, Hes. Th. 39; ἀκαμάτῃσι χέρεσσι, Th. 519; φωνὰν ἀκαμάταν, Sapp. AP 6,269,2; B. 5,25; 18,20; A. Pers. 901; S. Ant. 339; Ar. Nu. 285; Emp. fr. 111,6 D.-K.). In der medizinischen Literatur wird es passend zu αἰών in der Bedeutung „weniger schmerzhaft" verwendet (Hp. Mul. Aff. 1,12; Fract, 3,35). In den *Arg.* begegnen je die älteren Junkturen (3,531; vgl. Theocr. 11,51; 2,275) und die übertragene Bedeutung (2,661; 3,765; 3,1030; 3,1343; vgl. ad 4,1687).

1657 θελήμονες Vor Ap. finden sich verwandtes θέλημος bei Bakchylides (B. 17,85; wohl in der Bedeutung πρόθυμος, vgl. Maehler 1997, ad 17,84 f.) und Empedokles (Emp. fr. 35,23 D.-K.), ἐθέλημος bei Hesiod (Hes. Op. 118) und Kallimachos (Call. Dian. 31; zur Prioritätsfrage vgl. Bornmann 1968, vii–xi; Cameron 1995, 247–257; Köhnken 2008²). In den *Erga* bedeutet ἐθέλημοι wohl „nach Belieben". Im Fall von Hes. Th. 763 glaubt West (1966, ad 763), dass es sich um eine eingedrungene Glosse handelt. Ap. scheint die Stelle in Vers 2,656 im Sinn zu haben, wo auch die Form übereinstimmt (vgl. West 1978, ad 118). Kallimachos gebraucht die Bedeutung „nach Belieben" nach Hesiods Vorbild (vgl. Bornmann 1968, ad 30–32; Asper 2004, 403). θελήμων und ἐθέλημος beschreiben bei Ap. die Rudertätigkeit der Argonauten kurz vor ihrer Durchfahrt durch die Symplegaden (2,556 f.) sowie im Anschluss die idyllische Wohnstätte des Dimpsakos (2,656 f.). Später nur bei Nonnos (z. B. Nonn. D. 10,357; 17,50; 48,737). Auch wenn ein Scholiast für θέλημος (2,557) explizit die Bedeutung ἥσυχος ablehnt und stattdessen πρόθυμον καὶ ἐπιτεταμένην angibt (Schol. A.R. ad 2,557), hat sich v.a. aufgrund der Erklärung des Photios (θέλημος· ἀντὶ τοῦ ἥσυχος, Phot. θ 67) die Ansicht durchgesetzt, dass θέλημος sowohl in 2,557 als auch hier ἥσυχος bedeute. Im Kontext der Belegstellen bei Ap. scheint aber die Bedeutung „ruhig, bedächtig" angemessener (vgl. Wifstrand 1928/1929, 88; Fränkel 1968, 204; 614; Vian / Delage 1974, ad 2,557; Paduano 1986, 303).

1657 f. ἐρωῆς / πετράων Im hom. Epos steht ἐρωή von Geschossen und Speeren (Il. 11,357; 17,562) sowie von Menschen im Sinn von „Gewalt, Kraft" (Il. 3,63; 13,590). Diese Junktur für Talos' Felshagel ist einmalig. Die Gefahr, die vom kretischen Bronzemann für die Argonauten ausgeht, wird betont: Während die Männer vor Troia lediglich βελέων ἐρωήν (Il. 15,358) abzuwehren haben, muss die Mannschaft der Argo mit ganzen Felsen fertig werden (ἐρωῆς πετράων, vgl. ὑπὲκ βελέων, 1659). Die zweite hom. Bedeutung liegt einer weiteren Belegstelle zugrunde (ἰῇ στυφέλιξαν ἐρωῇ, 1,384). Oppian greift die Junktur auf (Opp. H. 2,338).

1658 εἵως Entspricht dem hom. ἧος (z. B. Il. 1,193; 3,291), das aus metrischen Gründen anstelle von ἕως steht (Marxer 1935, 26; Livrea 1973, ad loc.). εἵως auch im *Aphrodite-Hymnos* (h. Ven. 225) und bei Antimachos (Antim. fr. 28,2 Wyss; vgl. οἱ δ' εἵως μὲν δὴ περιώσια θυμαίνεσκον, A.R. 3,1326).

1659 f. καὶ τοὶ μὲν ὑπὲκ βελέων ἐρύοντο / νῆ' ἐπ' ἐρετμοῖσιν Der Halbvers knüpft an die Erzählung von Talos' Steinwürfen an (1638). ἐρύοντο hier von ἐρύω, „ziehen", nicht von ἐρύω „schützen" (zu den Verbformen bei Ap. vgl. Vian / Delage 1996², N.C. ad loc.). Da hier zwei Tätigkeiten zeugmatisch von einem Verb wiedergegeben werden, ist die Passage dunkel. Vorbild ist wie in 2,1282 eine hom. Junktur, die das Navigieren und Ankern eines Schiffes bezeichnet ((νῆας) πάσας δὲ ἐρύσσομεν εἰς ἅλα δῖαν, / ὕψι δ' ἐπ' εὐνῶν ὁρμίσσομεν, Il. 14,76 f.; νῆα μὲν ὡρμίσαμεν, κοῖλον σπέος εἰσερύσαντες, Od. 13,317). Die Argonauten entziehen das Schiff den Felswürfen (ἐρύοντο) und verankern (Form von ὁρμίζω) es an einem sicheren Ort, hier das offene Meer außerhalb der Reichweite von Talos' Felswürfen, deswegen „auf den Rudern" (ἐπ' ἐρετμοῖσιν). Weiteres Vorbild ist eine Passage, in der die Achaier den Leichnam des Patroklos vor Geschossen in Sicherheit bringen (ὑπὲκ βελέων ἐρύσαντες, Il. 18,232). Eine Variation des Ausdrucks bei Kallimachos wird dem dritten oder vierten Aitienbuch zugeordnet (νιφετοῦ καὶ βελέων ἔρυμα, Call. fr. 677 Pf.; Asper 2004, 128; Massimilla 2010, 550–553).

1660 δεδοκημένοι Das Partizip ist hom. ἅπαξ λ. von Aias, der vom Schiff das Kampfgeschehen beobachtet und unterstützt (Il. 15,730; vgl. Hes. Sc. 214). In den *Arg.* noch vom Drachen, der das Goldene Vlies bewacht sowie von den Sirenen, die auf ihrem Felsen auf Beute warten (2,406; 4,900). Das Partizip erfüllt hier, da es von den Argonauten gebraucht wird, die von der Argo aus Medeas Aktion beobachten, proleptische Funktion: Die Helden warten in sicherer Entfernung auf den Ausgang des Kampfes.

1661–1688 Medea und Talos Medeas letzter Auftritt als Zauberin knüpft an ihre Rolle bei der Bezwingung der Erdgeborenen, der Beschaffung des Vlieses und dem Mord an Apsyrtos an. Von der Talosepisode geht ein wichtiger Anstoß zu Diskussionen über die Einheitlichkeit von Medeas Charakter aus. Angewiesen ist Medea mehrfach auf die Hilfe der Argonauten (4,50 ff.; 4,83–108; 4,337–352; 4,1165 ff.; 4,1296–1304). Schwinge (1986, bes. 136–152) möchte der alten These vom Bruch in Medeas Charakter wieder zu Geltung verhelfen, um zu zeigen, wie Ap. mit der Medea-Figur „das Große, das Heldische, das das zentrale Konstitutivum des Epos ist, vollends, schon im Ansatz als unmöglich [aufweist] und die Unmöglichkeit des Heldenepos überhaupt, damit des Epos, in einem Epos unverkennbar demonstriert", (zu Medeas Charakter vgl. ferner Fränkel 1960, 18 f. m. Anm. 21; Phinney 1967, 327–341; Belloni 1981, 117–133; Hunter 1987, 129–139; Hunter 1993b, 59–68). Buxton (2000) findet eine neue Perspektive auf Medea, indem er analysiert, wie ihr Verhalten im Verlauf der Handlung des dritten und vierten Buches zwischen Bewegung und Stillstand oszilliert. Die Tatsache, dass Medea Talos' bezwingt, während die Argonauten und Jason nicht mehr dazu beitragen, als ihr „die Hände zu halten" (1663 f.), hat verschiedene Interpretationen hervorgebracht. Liest man die *Arg.* insgesamt als Epos, dessen eigentliche Heldin Medea ist oder zählt Medea als gleichberechtigte Heroine zu den Argonauten, passt die Episode ins Bild (vgl. Pavlock 1990, 16–68; DeForest 1994, 107–124; Mori 2008, 125 f.). Sieht man dagegen Jason und die Argonauten als grundsätzlich der hom. Tradition verpflichtete, epische Helden an, scheint die Episode nicht ins Bild zu passen (vgl. z. B. Clauss 1997, 149; Pietsch 1999, 99–158). Die Deutungen hängen dabei immer auch von der Bewertung ihres Gegners Talos ab, auch seine Rolle hat verschiedene Bewertungen erfahren (Robertson 1977; Belloni 1981; Dyck 1989; Dickie 1990). Talos repräsentiert jedenfalls das alte, sich auf körperliche Gewalt stützende bronzene Geschlecht des hesiodeischen Weltaltermythos, das vom Heldengeschlecht, repräsentiert durch die Argonauten, abgelöst wird (vgl. Hes. Op. 143–172; ad 1641 ff.). Betrachtet man den Sieg über Talos als Überwindung eines überkommenen Zeitalters, als Chiffre für den Übergang von archaischer Rückständigkeit zu griechischer Kultur und als Bestätigung ptolemäischer Ansprüche auf das kulturelle Erbe Griechenlands in Libyen (Hunter 1993b, 166–169; Knight 1995, 139 f.), müsste Talos eigentlich von den Argonauten selbst bezwungen werden. Es ist aber Medea, eine kolchische, also asiatische Zauberin, die hier die bronzezeitliche Rückständigkeit überwindet und das neue, griechisch-zivilisierte Zeitalter der Heroen einläutet. Daher wird die Episode auch als Bemühen gelesen, die gemeinsamen Wurzeln der griechischen Kultur und der kolchischen Städte zu betonen, die beide in Ägypten liegen (4,259–278; vgl. Stephens 2003, 175; Regan 2014, 299 f.). Möglicherweise hat die Argo-Besatzung auch schlicht das Glück, dass der verwirrte Bronzeriese sich unglücklich selbst zu Fall bringt. Die Talosepisode provoziert kontroverse Deutungen. Wenn man sowohl den Argonauten als auch Medea eine zentrale Rolle in den *Arg.* zugesteht, lassen sich die verschiedenen Perspektiven am besten kombinieren. Medea übernimmt für die Besatzung der Argo den Gegner Talos, da die Männer, die den Gefahren Libyens zu begegnen wissen, in diesem Moment keinen Rat wissen. Sie besiegt mit Talos ihren ersten Gegner auf fremden Boden, in Kreta, an der Grenze zwischen libyscher und europäischer Einflusssphäre. Die Talos-Episode ist damit auch externe Prolepse, die auf die außerhalb der *Arg.* liegende Handlung des Medea-Mythos vorausweist. Die erzählerische Struktur der gesamten Partie (1651–1688) spiegelt zudem das Erzählte: Zwischen Medeas Aktionen aus der Distanz (1651–1672) und den Auswirkungen ihrer Künste, dem Sterben des Talos an der gegenüberliegenden Küste Kretas (1676–1688), liegt eine beträchtliche physische Distanz. Der Erzählereinwurf (1673–1675) steht zwischen beiden Partien, trägt also zur Abbildung dieser physischen Distanz im Text bei (καὶ δή τις ἀπόπροθεν ἄμμε χαλέπτει) und spiegelt diese auf der formalen Ebene.

1661 ἀνωίστως Das Adjektiv ἀνώιστος, hom. ἅπαξ (Il. 21,39) und das regelhaft dazu gebildete Adverb begegnen bei Ap. sonst wie hier in der hom. Bedeutung „unvorhergesehen, plötzlich" (1,680; 3,670; vgl. Schol. D Il. 21,39: ἀνυπονόητον, ἀπροσδόκητον) oder im Sinn von „heimlich, verborgen" (3,6; 3,800; 4,255). Die einmalige hom. Adverbbildung ἀνωιστί (Od. 4,91 f.) übernimmt Ap. nicht (Ardizzoni 1967, ad 680; Livrea 1973, ad 255). In *Ilias* und *Odyssee* begegnen ἀνώιστον bzw. ἀνωιστί jeweils im Zusammenhang von Tötungen. Kyriakou (1995, 173 f.) geht daher in Bezug auf die Belegstelle in Medeas Selbstmord-Monolog (3,800) davon aus, dass Medeas Zukunft explizit im Spiegel des hom. Kontextes vorweggenommen und mit dem Schicksal Klytaimnestras verglichen wird. Hier wird ein ähnlicher Zusammenhang hergestellt, denn auch Talos' Tod steht unmittelbar bevor.

1661 f. πτύχα πορφυρέοιο / προσχομένη πέπλοιο παρειάων Ap. vermischt hom. Vorbilder: Aineias' Rettung durch Aphrodite sowie Hektors Bestattung (πρόσθε δέ οἱ <u>πέπλοιο</u> φαεινοῦ <u>πτύγμα</u> κάλυψεν, Il. 5,315; <u>πορφυρέοις πέπλοισι</u> καλύψαντες μαλακοῖσιν, Il. 24,796; vgl. Bühler 1960, 171; Livrea

1973, ad loc.). Purpurn ist auch das Gewand, das Jason auf Lemnos von Hypsipyle geschenkt bekommt (πέπλον δόσαν ἱερὸν Ὑψιπυλείης / πορφύρεον, 4,423). Dieses Selbstzitat verweist wiederum auf Jasons Bereitwilligkeit, die Verliebtheit der Frauen zu seinem Vorteil zu nutzen und beinhaltet eine Vorausdeutung auf Medeas Zukunft – womöglich sogar konkret auf das Gewand, das Medea bei Euripides Jasons neuer Braut zum Verhängnis werden lässt (vgl. λαβοῦσα πέπλους ποικίλους ἠμπέσχετο, E. Med. 1161). Das Bedecken von Augen und Gesicht mit dem Gewand ist in der Tragödie ein Zeichen von Trauer oder Furcht (E. IA 1123; Suppl. 978; HF 1198; IT 1207), wie auch sonst bei Ap. (vgl. z. B. ἐντυπὰς εὐκήλως εἰλυμένοι, 2,861; 4,1294). Als Grund für das Verdecken des Gesichts wird hier mädchenhafte Scheu angeführt oder eine Vorbereitungs- und Konzentrationsstrategie (vgl. Wilamowitz 1924 II, 205; Herter 1955, 399; Fränkel 1968, 614; Paduano 1970/71, 58). Die Idee einer Entwicklung Medeas vom scheuen Mädchen zur Mörderin und gefährlichen Zauberin steht bei diesen Deutungen im Hintergrund. Dass Medea sich nach ihrer mutigen Initiative dennoch vor Talos fürchtet, ist schlüssig, ist doch Talos ein eindrucksvoller Riese und Medea sich – im Gegensatz zum Drachen beim Vlies, den sie ja kannte – nicht sicher, ob sie ihn bezwingen kann (1658). Bei Kirke verbirgt Medea ebenfalls ihr Antlitz mit den Händen (4,695; 749–752), da sie die Verwandte und mächtige Zauberin fürchtet. Jason hält dabei ihre Hand (4,749–752) wie auch hier (vgl. ad 1663 f.). Zudem geht man davon aus, dass demokriteische Vorstellungen über den bösen Blick die Talosepsiode beeinflussen, nach denen der φθόνος eines Menschen die Ursache des bösen Blicks ist. Plutarch berichtet von Personen, denen ihr übermächtiger φθόνος gleichsam ins Blut übergegangen ist, sodass ihrem Blick immer eine böse Kraft innewohnt (Plu. Mor. 682b–f; vgl. Dickie 1990, 268 f.). Die fünffache Alliteration mit dem Plosivlaut unterstützt diese Auslegung, ahmen die Verse doch das ängstliche Zittern der Lippen des Mädchens onomatopoetisch nach. Der besondere Glanz der Helios-Nachfahren in den Augen Medeas wird dementsprechend betont (vgl. 3,855 f.; 4,683 f.; 4,725–729). Die Keren schlagen auch sonst ihre Opfer mit Blindheit (z. B. E. Phoen. 935; Phineus: 2,258 ff.; ähnlich Malten, RE S. IV, s.v. Ker, Sp. 886; vgl. Vian / Delage 1996², N.C. ad loc.). Medea verbirgt ihr Gesicht demnach auch, um nicht selbst Opfer der Macht zu werden, die sie heraufbeschwört.

παρειάων ἑκάτερθεν Die Junktur an gleicher Versposition auch von Apolls Haar (2,676; Livrea 1973, ad loc.).

1663 βῆσατ᾽ ἐπ᾽ ἰκριόφιν Bildungen mit dem Suffix -φι (ausgenommen häufiges νόσφι) finden sich nach hom. Vorbild wie hier vor der Penthemimeres (noch 2,493; 4,80; vgl. z. B. νηὸς ἐπ᾽ ἰκριόφιν, Od. 3, 353; 12,414; 13,74; 15,283; 552) oder nach der trochäischen Zäsur (1,566; vgl. Theoc.

25,138; Arat. 588; 980; Call. Dian. 77; 162; Nic. Th. 409; 931; Lehrs 1837, 306 f.; Rzach 1878, 77; Ardizzoni 1967, ad 566; Campbell 1983, 191). Vereinzelte Beispiele in nachhellenistischer Epik (D.P. 1113; Orph. A.1088; Opp. C. 3,377; 4,55; 115; Man. 2,311; Q.S. 4,338; Procl. H. 1,17).

χειρὸς δέ ἑ χειρὶ μεμαρπώς μάρπτω steht hier wie die Verben des Anfassens mit Genitiv, etwa ψαύω (Boesch 1908, 30; Livrea 1973 ad loc.). Ap. verwendet nur μεμαρπώς, immer mit χειρὶ oder χερσὶ (1,756; 2,535; 2,555; 3,1388). Ausnahme ist die Beschreibung des Geschenks, das Medea und Jason Apsyrtos schicken, an dem noch der Duft des Dionysos haftet (καλὰ μεμαρπώς / στήθεα παρθενικῆς Μινωίδος, 4,432 f.). Das Part. Perf. Akt. μεμαρπώς ist vor Ap. nur bei Hesiod belegt (Hes. Op. 204). Sonst finden sich Belege bei den Lyrikern (Archil. fr. 101,1 West; Sapph. fr. 58,21 L.-P.; Pi. N. 1,45; O. 6, 14; N. 6,11), zahlreiche im Drama (z. B. A. Eu. 597; S. Ai. 144; OT 1681; E. Hec. 1061; Ar. Eq. 179; Pax. 1100). Lykrophron verwendet das Verb (Lyc. 311; 494; 760), u. a. von Jasons Griff nach dem Vlies (1316). Selten in hellenistischer Dichtung (Lyc. 311; Call. Dian. 195). Jason nimmt Medeas Hand auch nach dem Treffen mit Kirke (A.R. 4,752).

1664 διὰ κληῖδας ἰοῦσαν Bruncks Konjektur κληῖδας statt des überlieferten κληῖδος wird allgemein akzeptiert, muss es sich doch um die Ruderbänke handeln, über die Medea hier steigt. Im hom. Epos bezeichnet der Plural eher die Ruderpflöcke (z. B. Il. 16,170; Od. 2,419; 12,215), bei Ap. dagegen immer die Bänke (vgl. 1,358; 1,399; 3,1269; 4,887).

1665–1672 Verzauberung des Talos Medeas Zauber ist zweiteilig: Herbeirufung der Keren und Anwendung des bösen Blicks (1665–1669; 1669–1672), wiederum in weitere Einzelschritte gegliedert (vgl. Rakoczy 1996, 156 f.; Buxton 2000). Zunächst ruft sie mit bittenden Gesängen und Zauberformeln die Keren herbei (1665), um diese dann mit dreimaligem Zauberspruch (ἀοιδαί) und dreimaligem Gebet (λιταί) um Hilfe zu bitten. Die Beschreibung von Medeas Kerenzauber lässt einen Rückgriff nach dem Vorbild Pindars (λιτάς τ᾽ ἐπαοιδάς, Pi. P. 4,217) auf polare, archaische Begriffspaare erkennen (z. B. Ἀργείων ἠμὲν νέοι ἠδὲ γέροντες, Il. 9,36; vgl. Chantraine 1953a, 16; Vian / Delage 1996², N.C. ad 1667; Braswell 1988, ad 217c). Mit besänftigenden Zauberformeln und einem Schlaftrank war sie schon dem Drachen beigekommen, der das Goldene Vlies bewacht (4,146 ff.). Während dieser nur eingeschläfert wird (4,163 ff.), stirbt Talos (1679–1683). Zu Beginn, im Asienteil des vierten Buches in Kolchis und am Ende der Reise, zum Abschluss der Libyenabenteuer steht damit je ein archaisches Untier, das Medea mit Zauberei bezwingt. Der Europateil des vierten Buches hingegen fordert von Medea weniger ihre Zauber- als vielmehr ihre Redekünste: Sie muss die Zauberin Kirke (4,728–737) und das phäakische Königspaar

(4,1014–1028) davon überzeugen, ihre Verbindung mit Jason zu unterstützen (vgl. Teil I.C.I).

1665 μειλίσσετο Das Verb hat bei Ap. vier Bedeutungsnuancen. Hier (und 4,1026) heißt es „besänftigen", sonst auch „sich geneigt machen" (2,692; 2,923; 4,708) sowie „bewegen zu" (1,650; 4,416) und „bitten" (1,860; 2,478; 3,105; 3,613; 3,985; 3,1035; 4,1012; 4,1210), wobei die Übergänge zwischen den ersten beiden und den letzten beiden fließend sind. Auch wenn μειλίσσω bei Homer v.a. in der Bedeutung „besänftigen" auftritt (z. B. Il. 7,410; Od. 3,96; 4,326), handelt es sich bei den anderen Bedeutungen nicht notwendig um eigene Kreationen (anders Livrea 1973, ad 416). Die Tragiker und die übrigen hellenistischen Dichter kennen die Bedeutungserweiterung im Vergleich zum hom. Epos (Theocr. 16,28; Lyc. 542). Womöglich ist die Bedeutung „bitten" hergeleitet aus einer missverstandenen *Ilias*-Stelle (τῷ ἐν χερσὶ φόως οὐ μειλιχίη πολέμοιο, Il. 15,741; vgl. Schol. A. Il. 15,741). Indem er an anderer Stelle mit Bezug auf das hom. Vorbild μειλιχίη durch εὐχωλή ersetzt, gibt Ap. indirekt zu verstehen (2,333 f.), dass er wie Aristarch im *Ilias*-Vers πολέμοιο auf φόως bezieht, also nicht wie Dion hinter φόως einen Einschnitt vermutet und μειλιχίη entsprechend der Bedeutung von μειλίσσομαι als „Bitte" auffasst (vgl. Livrea 1973, ad 416; Rengakos 1994, 113 m. Anm. 508). Ap. verwendet das Verb beispiellos häufig, später erst seit Josephus regelmäßig (J. BJ 1,68,3; 3,7,3; Ael. NA 3,2,22; 10,48,41; Philostr. VA 7,23,38; Her. 53,5,1). Bei Tryphiodor eher die hom. Bedeutung (Tryph. 283; vgl. aber Nonn. D. 2,61; 8,124; 8,269; etc.).

ἔνθα δ' ἀοιδῇσιν ἔνθα δέ beginnt einen neuen Abschnitt mit Medeas eigentlicher Zauberhandlung. δέ kontrastiert zudem Jasons und Medeas Verhalten. Medea tritt in Aktion, Jason bleibt zur Unterstützung im Hintergrund. Einen ähnlichen Gegensatz zwischen Jasons und Medeas Taten gestaltet Ap. bei der Besänftigung des Drachen zu Beginn des vierten Buches (1663–1672). Während Medea dem Drachen entgegentritt (τοῖο δ'..., 4,145–148), ist Jason zögerlich, bleibt aber, wie hier, in Medeas Nähe (εἵπετο δ' Αἰσονίδης, 4,149). Mit derselben, sonst nicht belegten Wendung beschreibt Ap. die Huldigungen, die die Lemnierinnen zusammen mit den Argonauten der Aphrodite zuteilwerden lassen (Κύπριν ἀοιδῇσιν θυέεσσί τε μειλίσσοντο, 1,860). Nach dem Purpurmantel (vgl. ad 1661 f.) ist dies der zweite entlegene, lexikalische Verweis auf Jasons Liebschaft auf Lemnos und gleichzeitig externe Prolepse auf Medeas zukünftiges Schicksal als verlassende Liebende.

μειλίσσετο, θέλγε τε... Fränkel und Livrea drucken θέλγε, wie es die Mss. der Gruppe *w* überliefern, Vian präferiert dagegen μέλπε aus *m*, ihm folgen die jüngeren Editionen. Beide Varianten sind stemmatisch gleichwertig. Vian entscheidet sich für μέλπε, da θέλγειν sonst in Zusammenhang mit den Gesängen des Orpheus (z. B. A.R. 1,27; 1,31), der Anziehungskraft der

Liebe (1,777) oder der Rede (2,772) gebraucht wird, was zu Medeas Kerenzauber nicht passe (Vian / Delage 1996², N.C. ad 1667). Das Argument überzeugt nicht, weitere Parallelen lassen sogar den umgekehrten Schluss zu, insbesondere Medeas Zaubergesänge für den Drachen beim Goldenen Vlies (θέλξαι τέρας, 4,147; αὐτὰρ ὅγ' ἤδη / οἴμῃ θελγόμενος δολιχὴν ἀνελύετ' ἄκανθαν, 4,149 f.). Auch Kirkes berühmter Verwandlungszauber passt zu Medeas Zauber (οἷσι πάρος ξείνους θέλγ' ἀνέρας ὅστις ἵκοιτο, 4,667). Der verderbenbringende Gesang der Sirenen schließlich kombiniert sogar beide Wortfelder (Σειρῆνες σίνοντ' Ἀχελωίδες ἡδείῃσι / θέλγουσαι μολπῇσιν, 4,893 f.). Umgekehrt wird μέλπειν ebenfalls von Orpheus' Gesang (φορμίζων εὐθήμονι μέλπεν ἀοιδῇ, 1,569) sowie oft von fröhlichem oder rituellem Tanzgesang ohne magischen Zusammenhang gebraucht (1,1151; 2,703; 2,714; 3,949 f.; 4,898). Dass Medea selbst zaubert und gleichzeitig Opfer göttlicher Magie ist, – für den durchaus ambivalenten Liebeszauber, der Medea trifft, wird ebenfalls θέλγειν gebraucht (3,4; 3,28; 3,86; 3,143) – trägt zur Vielschichtigkeit der Figur bei. θέλγε ist demnach vorzuziehen. Außerdem kann θέλγε als Vorausweisung auf die Zweiteilung von Medeas Zauberpraxis verstanden werden, die aus Bitten und Zaubergesängen besteht (vgl. ad 1668 ff.), war doch bereits von Besänftigung (μειλίσσετο = λιταί) die Rede, nun werden die magischen Formeln (θέλγε = ἀοιδαί) genannt. Dabei ist ἀοιδῇσιν als Instrument der Aktion ebenso wie das Akkusativobjekt κῆρας zeugmatisch zu beiden Verben zu ziehen. μέλπε ist vermutlich als Glosse aufgrund der komplexen, verkürzenden Syntax in den Text gelangt. Wellauers Verbesserung des zweiten überlieferten δέ zu τε ist dagegen zwingend, zumal eine Verschreibung aufgrund der Häufigkeit von δέ in der Umgebung des Verses (1661; 1662; 1665; 1669; 1671) leicht denkbar ist (anders jedoch Vian / Delage 1996², N.C. ad 1667.).

Κῆρας Vgl. ad 1485. Dass Medea diese Todesdämonen für ihren Zauber zu Hilfe ruft, ist kein Zufall. Sie verfügen traditionsgemäß über den bösen Blick, mit dem sie Talos zu Fall bringt. Überdies verursachen die Keren Blindheit bei ihren Opfern, wie auch Medea Talos' Augen verzaubert (δεινωποὶ βλοσυροί τε, Hes. Sc. 255; Hes. Th. 222; Ps.-Hdt. Vit. Hom. 185; E. Ph. 950 sowie 2,258 f.; vgl. ad 1669 ff.). Die Helferinnen verfügen also über die in dieser Situation benötigten Fähigkeiten. Dies spricht gegen die Annahme, dass die Keren hier mit den Erinnyen gleichgesetzt werden oder „flache, allgemeine Unglücksgeister" seien (vgl. aber Dickie 1990, 270; Gärtner 2007, 227). Medea ersetzt für die Argonauten hier den Bezwinger archaischer Ungeheuer, Herakles, der auch als Keramyntes bekannt ist (Orph. h. 12,16; Lyc. 663). Sie übernimmt zwar Herakles' Rolle, bedient sich aber subtiler magischer Mittel, die der rohen Gewalt des Herakles gegenüberstehen. Auch überbietet sie Herakles Keramyntes, kann sie doch die Keren nicht nur vertreiben, sondern sogar herbeirufen und lenken. Die gesamte

Wendung **Κῆρας** / θυμοβόρους, Ἄϊδαο θοὰς κύνας bildet durch die ähnlichen An-, Aus- und Mittellaute eine klangliche Miniatur-Ringform, sodass die Zusammengehörigkeit der Begriffe hervortritt und diese selbst wie eine in den Erzählertext übernommene Zauberformel wirken.

1666 θυμοβόρους In der *Ilias* Epitheton zu ἔρις (Il. 7,210; 301; 16,476; 19,58; 20,253), als Verb ἅπαξ λ. bei Hesiod (ἄλγεσι θυμοβορεῖν, Hes. Op. 799). θυμοβόρος wie θυμοφθόρον (Od. 4,716) für Sorgen und Kummer. Das Motiv des „herzverzehrenden Kummers" ist auch in den sumerischen *Instruktionen aus Šurrupak* und dem ägyptischen *Totenbuch* bekannt (vgl. Alster 1974, 99; Hornung 1993, 125). Das Adjektiv θυμοβόρος findet sich bei Theognis und Alkaios (Thgn. 2,1323 f.; Alc. fr. 70.10 Page-Lobel) sowie als Konjektur zu θυμοφθόρος bei Aischylos (A. Ag. 103; vgl. auch App. Anth. 696,14; Antip. Thess. AP 9,77,2).

Ἄϊδαο θοὰς κύνας Das alte Epos stellte sich die Keren als vogelmenschengestaltige Dämonen mit scharfen Zähnen vor (Il. 18,535 ff.; Κῆρες κυάνεαι, λευκοὺς ἀραβεῦσαι ὀδόντας, Hes. Sc. 249 ff.). Der Hundsvergleich, üblich für chthonische Wesen, begegnet zuerst bei Euripides, wo die Dioskouren dem Orestes Verfolgung durch hundsköpfige Keren androhen (δειναὶ δὲ κῆρές σ' αἱ κυνώπιδες θεαί, E. El. 1252). Theodoridas' Kerenbeschreibung ist wohl von Ap. abhängig (Theodorid. AP 7,439,3; vgl. Livrea 1973, ad 1666). Die θοοὺς κύνας (Call. Dian. 17) gehören im Artemishymnos zwar zur Jagdgöttin (vgl. Call. Del. 282), stehen jedoch ebenfalls nach der trochäischen Zäsur. In der *Ilias* vergleicht Hektor die Griechen, die er zugleich als Hunde beschimpft, mit den Keren (Il. 8,527 f.). Akzeptiert man die Versumstellung Jacksons, so legt auch Euripides der personifizierten Lyssa den Vergleich der Keren mit Hunden in den Mund (μυκᾶται δὲ Κῆρας ἀνακαλῶν τὰς Ταρτάρου / τάχος ἐπιρροίβδην θ' ὁμαρτεῖν ὡς κυνηγέτῃ κύνας, E. HF 870; E. HF 860; vgl. ἴτε θοαὶ Λύσσας κύνες, E. Ba. 977). In der Tragödie sind Keren und Erinnyen als Töchter der Nyx verwandte Wesen (E. HF 822; 834; A. Eum. 321) mit der Fähigkeit, Wahnsinn zu verursachen (A. Ch. 1054; Eum. 246). Das Epitheton „Hunde des Hades" rückt die Keren in die Nähe der Hekate und ihrer Totenseelen, die von geifernden Hunden begleitet werden – eine Verbindung, die zur Hekatepriesterin Medea passt (vgl. A.R. 3,252; 3,478; 3,529; 3,1035; 4,145ff). Die kolchischen Erdgeborenen, die aus den Zähnen des thebanischen Drachen entspringen und wie Talos aus dem vorheroischen Zeitalter stammen (3,1177 ff.), heißen bei Ap. wie die Keren θοοὶ κύνες (3,1373). Auch diese besiegt Jason mit einem Zaubermittel Medeas, dem Prometheion (3,845–866).

1666 f. αἳ περὶ πᾶσαν ἠέρα δινεύουσαι Fränkels Eingriffe werden von Vian und Livrea zurückgewiesen. Dass ἠήρ hier feminin zu sein scheint, kann mit einer bei Apollonios Sophista überlieferten Unterscheidung von ἠήρ fem., „Nebel" und ἠήρ m., „Luft" zusammenhängen (Ap. Soph. 12,8 ff.; Livrea 1973, ad loc.; vgl. auch Bühler 1961, 184 Anm. 1). Für die hom. Epen wird das von Aristarch konstruierte Luftschichtensystem gelegentlich noch verteidigt, bei den hellenistischen Dichtern aber bedeuten ἀήρ und αἰθήρ wie bei Ap. unterschiedslos „Luft" (vgl. Lehrs 1865, 164ff; Leaf 1960, 599 ff.; Schmidt 1976, 75–85; Williams 1978, ad 5; Rengakos 1994, 37 ff.). Den Beweis für die hellenistischen Dichter führt Ronconi (1937, 239 f.). Dass die Keren sich in der Luft befinden und durch Zauber auf Menschen gehetzt werden, scheint eine seit hellenistischer Zeit verbreitete Vorstellung gewesen zu sein (vgl. Orph. Lith. 272 / 269; Plut. Lys. 17; Orph. H. 12,15 ff.). Dies teilen sie neben ihrem chthonischen Charakter mit der Erinys (vgl. A. Th. 1054 f.; [Mosch.] Meg. 14), deren Kenntnisnahme des Mordes an Apsyrtos Ap. explizit erwähnt wird (4,475 f.). Imitationen der Wendung περὶ … ἠέρα δινεύουσαι wieder bei Oppian und Nonnos (Opp. H. 5,14; Nonn. D. 2,407; 9,93; 18,258).

ἐπὶ ζωοῖσιν ἄγονται Der Ausdruck führt das Bild der Keren als Hunde fort (vgl. ad 1666). ἐπάγειν steht in der Bedeutung „hetzen auf" (vgl. ἐπάγοντες ἐπῇσαν [sc. κύνας], Od. 19,445: X. Cyn. 6,25; 10,19; Seaton 1912, ad loc.; Fränkel 1961, ad loc.; Livrea 1973, ad loc. Vian / Delage 1996², ad loc.).

1668 f. τρὶς μὲν παρεκέκλετ' ἀοιδαῖς, τρὶς δὲ λιταῖς Hier wird explizit die Kombination aus Zaubersprüchen und Gebeten erwähnt, die Medea zur Anwendung bringt (vgl. ad 1665). An bedeutsamen Stationen auf Medeas Weg begegnen vergleichbare Anaphern mit τρίς, etwa um Medeas Entscheidungsprozess zu veranschaulichen, bis sie den Griechen hilft und ihre Heimat verrät (τρὶς μὲν ἐπειρήθη, τρὶς δ' ἔσχετο, 3,654). Drei Mal ruft sie, um auf die Argo zu gelangen (τρὶς μὲν ἀνήυσεν, τρὶς δ' ὀτρύνοντος ὁμίλου, 4,75). Drei Mal leckt Jason am Blut des toten Apsyrtos, um den Mord zu sühnen (τρὶς δ' ἀπέλειξε φόνου, τρὶς δ' ἐξ ἄγος ἔπτυσ' ὀδόντων, 4, 478). Der Sieg über Talos reiht sich ein in diese entscheidenden Ereignisse auf Medeas Reise nach Griechenland. Weitere Tätigkeiten der Argonauten werden dreimalig ausgeführt, etwa der Waffentanz für Mopsos (vgl. ad 1535), jedoch ohne die auffällige Anapher beschrieben (z. B. 1,1059; 2,342). Hylas ruft ebenfalls dreifach (Theocr. 13,58), woran man Überlegungen zur Chronologie der beiden Werke knüpft (vgl. Livrea 1973, ad 75; Gow 1952, ad 13,58; Köhnken 1965, 78 f.; Köhnken 2008², bes. 85–94).

1669 θεμένη δὲ κακὸν νόον Verschiedene Vorbilder sind hier kontaminiert (Il. 13,732; Od. 2,124; vgl. Thgn. 89; A. Pr. 163; Carm. Conv. 18,2 Page), wobei besonders die Passage hervorzuheben ist, in der Odysseus, der noch nicht erkannt hat, dass er sich wieder in Ithaka befindet, Athene in Gestalt eines Hirten anspricht (μή μοί τι κακῷ νόῳ ἀντιβολήσαις, Od. 13,229). Schon in der *Odyssee* hat diese Bitte auf Figuren- und Rezipientenebene verschiedene Bedeutungen. Der Rezipient weiß im Gegensatz zu Odysseus, dass die Angesprochene eine Göttin ist, die κακῷ νόῳ tatsächlich Schaden verursachen könnte und versteht die Anspielung nicht wie Odysseus nur als freundlichen Gruß. Dieses Spiel mit dem Informationsgefälle wird fortgesetzt (Od. 13,230 f.; vgl. De Jong 2001, 325 sowie für Ap. Teil I.E). Während in der *Odyssee* die Auswirkungen des „bösen Sinns" nur anklingen, führt Ap. diese in einem Überbietungsgestus tatsächlich vor Augen. Der Vorbereitungsakt verdeutlicht dabei, dass auch die Zauberin und Heliosenkelin zur Ausübung des „bösen Blicks", über den sonst vor allem Götter und Dämonen verfügen, besondere Anstrengungen auf sich nehmen muss (vgl. Rakoczy 1996, 40 ff.; 158 m. Anm. 547). Zudem wird hier durch ein Selbstzitat anlässlich von Medeas letzter Tat ringkompositorisch der Bezug zu dem Moment hergestellt, indem Medea sich entscheidet, Jason zu helfen (θεμένη κύνεον κέαρ οὐκέτ' ἄνευθεν / αὐτοκασιγνήτης πειρήσομαι, 3,641 f.). Dass sie hier „üblen Sinn annehmen" muss, erscheint so als direkte Konsequenz aus ihrer früheren Entscheidung. Fränkel und Hunter verweisen für die Frage, ob hier Medeas Entwicklung vom unschuldigen Mädchen zur bösen Magierin beendet ist, zu Recht darauf, dass ein ambivalentes Changieren zwischen diesen beiden Polen über die gesamte Handlung zentrales Merkmal und reizvolles Arrangement zur Charakterisierung der Figur ist (vgl. ad 1677; Fränkel 1968, 614 f.; Hunter 1987; dagegen Belloni 1981, bes. 129 ff.).

1669–1672 Der böse Blick Der zweite, direkte Teil von Medeas magischem Ritual basiert auf einer Vorstellung vom Sehen, die von der aktiven Kraft des Auges ausgeht und dem Blick aufgrund von Ausströmungen besonderen Einfluss zuschreibt. Auch nachdem Johannes Kepler für das europäische Abendland die tatsächliche Funktion von Auge und Netzhaut erforscht, bleibt diese Vorstellung vom aktiven Auge noch lange im kulturellen Gedächtnis bestehen (vgl. Rakoczy 1996, bes. 19–42). Ap. verdanken wir mit dieser ungewöhnlichen Szene die seltene Beschreibung von Ausübung und Wirkung des bösen Blicks in der griechischen Literatur (vgl. Rakoczy 1996, 156; Lovatt 2013, 335; ferner Maloney 1976; Herzfeld 1981; Dundes 1981; Hauschild 1982; Lovatt 2013, 7–24). Sonst verwendet Medea für ihre Zauberkunst zumeist Tränke und Gifte, der böse Blick wird nur hier eingesetzt. Berüchtigt für ihren bösen Blick sind auch die Telchinen (Ov. Met. 7,366), die zuerst bei Stesichoros erwähnt und dort mit den hier agierenden Keren verglichen werden (τὰς κῆρας καὶ σκοτώσεις Τελχῖνας προσηγόρευσεν, Stesich. fr. 265 PMG). Die personifizierte *Invidia* operiert ebenfalls mit dem bösen Blick (Ov. Met. 2,752–808).

1669 ἐχθοδοποῖσιν Das Verb ἐχθοδοπέω ist hom. ἅπαξ λ. im Streit von Zeus und Hera (Il. 1,518). Das Adjektiv ἐχθοδοπός ist ἅπαξ λ. bei Ap. und begegnet sonst nur im Drama (S. Ai. 931; Phil. 1137; Aristoph. Ach. 226; Plat. Com. Fr 196 Kock) sowie bei Platon (Pl. Lg. 810 d). Später bei Oppian (Opp. H. 4,663; 690; 5,365).

1670 ὄμμασι ... ὀπωπάς Die gesperrte Stellung der beiden die Augen der Kontrahenten bezeichnenden Begriffe bildet die inhaltliche Vorstellung auf formaler Ebene ab: Ausgehend von Medeas Augen fließt die zerstörerische Kraft ihres bösen Sinns und Blicks hinüber in die Augen des Bronzemannes. Die beiden Augenpaare rahmen so die zusammenfassende Beschreibung des zentralen Geschehens der Passage (χαλκείοιο Τάλῳ ἐμέγηρεν). Das Aussenden des bösen Blicks durch Medea wird wiederum gerahmt von ihrem Groll (κακὸν νόον, 1669; λευγαλέον ... χόλον, 1671).

ἐμέγηρεν Das Verb μεγαίρειν steht hier im Sinn von βασκαίνειν nach hom. Vorbild (ἀμενήνωσεν δέ οἱ αἰχμὴν / κυανοχαῖτα Ποσειδάων βιότοιο μεγήρας, Il. 13,563; vgl. Schol. Il. 13,563b). Dagegen passt die übliche Erklärung der Homerexegese hier nicht (φθονεῖν; vgl. Schol. Il. 4,54; Hsch. μ 451 f.; Livrea 1973, ad loc.; dagegen Rengakos 1994, 112). Vian (brieflich *apud* Rengakos 1994, 112 Anm. 499) vermutet, die Bedeutung „verzaubern" für μεγαίρειν könnte auf die Erinnye und Zauberin Megaira zurückgehen (vgl. οὐκ ἔδρακες ὄμμα Μεγαίρης, Nonn. D. 12,218).

1671 λευγαλέον δ' ἐπὶ οἷ πρῖεν χόλον Die Lesart λευγαλέος ... χόλος, die das *Etymologicum Magnum* überliefert, zieht Fränkel mit Hinweis auf ein Antipatros-Epigramm (πριομένα κάλλει Γανυμήδεος εἶπέ ποθ' Ἥρα, AP 9,77,1) in Erwägung, sie wird aber sonst verworfen (vgl. Livrea 1973, ad loc.; Vian / Delage 1996², ad loc.). Das Verb πρίειν, eigentlich „sägen", noch nicht im alten Epos, hebt hier auf das Knirschen der Zähne ab. Der Zorn Medeas stellt neben dem bösen Blick eine weitere Gemeinsamkeit zu den von ihr zu Hilfe gerufenen Keren dar, die ihre Opfer ebenfalls mit Zorn und bösem Blick verfolgen (Hes. Th. 220 ff.). πρίειν auch sonst vom zornigen bzw. fiebrigen Zähneknirschen (Ar. Ra. 927; Hp. Prog. 3), das Kompositum möglicherweise bei Kallimachos (Call. fr. 332 Pf.; vgl. Antip. AP 7,531); Hsch. ε 5096; Opp. C. 4,139; H. 2,376 f.). Sonst wird der Zusammenhang anders formuliert (τρίζων ὀδόντας, Aesop. 107,4; τρίζοντα τοὺς ὀδόντας, Cyranid. 1,23,26). Ein verwandtes Bild für Trauer haben Aischylos und Kallimachos, „sein Gewand über jemandem zerreißen" (πέπλον δ' ἐπέρρηξ' ἐπὶ συμφορᾷ, A. Pers. 1030; ἵνα καὶ σοὶ ἐπιρρήξαιμι χιτῶνα, Call. fr. 350,3 Pf.).

1671 f. ἀΐδηλα / δείκηλα προΐαλλεν Das Homoioteleuton ἀΐδηλα δείκηλα ist nur hier belegt. ἀΐδηλος hat die Bedeutung „vernichtend, zerstörerisch" als hom. Adjektiv (πῦρ ἀΐδηλον, Il. 2,455; 5,897; 9,436; Od. 16,29; 22,165; 23,303; vgl. Hes. Op. 756; S. Ai. 605; Tyrt. fr.11,7 West; Emp. fr. 109,8 Diels-Kranz; Parm. fr. 10,11 D.-K.) sowie „unsichtbar, unerwartet" (vgl. Hsch. α 1773; Nic. Th. 727). Bei Ap. mehrfach, oft ohne eindeutige Nuance (z. B. 1,102; 2,138; 3,1132; 4,47; 4,681). Hier passen beide Bedeutungen. Die Mehrdeutigkeit des Adjektivs entspricht der Tatsache, dass Medeas Künste sowohl zerstörerisch als auch dem bloßen Auge verborgen sind, und bereitet so den Erzählereinwurf vor, der diesen Umstand explizit betont (vgl. ad 1673 ff.; ähnlich Hunter 2015, ad loc.; anders Rengakos 1994, 40 f., 153). Das Homoioteleuton ἀΐδηλα δείκηλα steht exakt an der Spiegelachse des Verspaares und wird von Medeas Zorn gerahmt, der Bedingung und Quelle der Trugbilder ist. Das Substantiv δείκηλον in der Bedeutung „Abbild, Trugbild" begegnet zuerst bei Herodot und Demokrit (Hdt. 2,171,2; Democr. B 123,1 D.-K.). Sonst in der Bedeutung „Standbild, Götterbild" (z. B. Lyc. 1179; 1259; Euph. fr. 418,26 L.-J.-P.; Hegesian. fr. 2 Powell; J. BJ 2,170,4). Plutarch berichtet, dass laut Demokrit (Democr. fr. 68A77 D.-K. = Plut. Quast. conv. 5,7,6 682f–683a) ein Übelwollender einem Mitmenschen durch den bösen Blick schlimme Halluzinationen (εἴδωλα) eingeben kann (Livrea 1973, ad loc.; Vian / Delage 1996[2], N.C. ad loc.). Unter Bezug auf Demokrits materialistische Atomlehre geht Epikur in seiner Wahrnehmungslehre bekanntlich davon aus, dass von jedem Objekt atomare Bilder (εἴδωλα; τύποι) ausgesendet werden und in das Wahrnehmungssubjekt eindringen (Epicur. Ep. ad Hdt. 45–49; vgl. z. B. Erler 1994, 147 ff.; Althoff 1999, 168). Diese Vorstellungen könnten hier eine Rolle spielen.

1672 ἐπιζάφελον κοτέουσα Adverbialer Gebrauch des Neutrums nur hier, im alten Epos dagegen ἐπιζαφελῶς (Il. 9,516; Od. 6,330; h. Merc. 487). ἐπιζάφελος ist selten, begegnet aber in der *Ilias* zur Beschreibung von Achills Zorn (Il. 9,516; Il. 9,525). Die Übernahme des seltenen Adjektivs dient hier dem indirekten Vergleich und kontrastiert vor dem Hintergrund von Achills begründetem, aber übermäßigem Zorn die Heftigkeit von Medeas künstlichem Zorn effektvoll. Aufgrund ihrer magischen Fähigkeiten, so impliziert die Übernahme, ist sie in der Lage, sich den epischen Zorn schlechthin anzueignen.

1673–1675 Erzählerkommentar Die Tatsache, dass Medeas Zauberei aus der Ferne (ἀπόπροθεν, 1675) ohne physischen Kontakt zu schaden vermag, wird durch die formale Gestalt der Partie (1659–1688) herausgestrichen. Wie die Distanz, aus der Medea ans Werk geht, hier inhaltlich betont wird, treiben Apostrophe und Kommentar (1673–1677) auch formal einen Keil zwischen die Beschreibung von Medeas magischen Handlungen (1659–1672) und diejenige von Talos' Tod (1678–1688). Die Zwischenstellung des Erzählerkommentars bildet die physische Distanz ab, die zu Beginn der Erzählpartie zwischen Medea und ihrem Opfer aufgebaut wird (ὑπὲκ βελέων ἐρύνοτο / νῆ' ἐπ' ἐρετμοῖσιν, 1659; vgl. auch Teil I.B.II). Die Partie weist strukturelle Gemeinsamkeiten mit Eros-Apostrophe (4,445–449) und Musenanruf auf (vgl. ad 1388–1390). Der Erzählfluss wird unterbrochen, die Erzählung verliert an Unmittelbarkeit, das Erzählverhalten selbst tritt in den Vordergrund und wird autoreferentiell kommentiert (vgl. Teil I.E).

Erzählerkommentar und Apostrophe sind für Medeas Charakterzeichnung von Interesse. Der Kommentar gilt häufig als Gefühlsausbruch, der Medeas magische Praxis ethisch werte (z. B. Fränkel 1968, 615 f.; Paduano 1970/1971; Fusillo 1985, 379 f.; Clare 2002, 259; ferner Holmberg 1998; Fantuzzi 2008[2]). Eine paradoxe Sympathiebezeugung des Erzählers mit Talos sieht dagegen Dyck (1989, 469). Andererseits deutet man diesen als Ausdruck aufgeklärt-rationalistischer Skepsis gegenüber der traditionellen Erzählung von Medeas bösen Blick (vgl. Glei / Natzel-Glei 1996 II. 203 Anm. 146 f.; Lovatt 2013, 335). Beide Deutungsrichtungen greifen für sich zu kurz. Ein Blick auf den Umgang Plutarchs mit der ambivalenten Einstellung zeitgenössischer intellektueller Eliten zum Phänomen des bösen Blicks bietet hier eine hilfreiche Kontextualisierung. Nach kurzer Diskussion über die Ernsthaftigkeit des Gegenstandes erweist der Gastgeber Mestrius Florus, Plutarchs römischer Adoptivvater und Mentor, mit Hilfe naturwissenschaftlicher Erklärungen die Wirkungsmacht des bösen Blicks und entlarvt die Zweifler und Skeptiker als die eigentlich Unwissenden (Περὶ τῶν καταβασκαίνειν λεγομένων, Plut. Mor. 5,7; so Rakoczy 1996, 186–205; vgl. Dickie 1991; Lovatt 2013, 328). Ob an den bösen Blick auch heute noch sehr viele gebildete Zeitgenossen glauben, wie Hunter (2015, ad 1673 ff.) meint, darf bezweifelt werden. Der Kommentar bei Ap. dürfte demnach weder Ausdruck echten Entsetzens noch reiner Skepsis sein, vielmehr geht es ähnlich wie später bei Plutarch um eine differenzierte Betrachtung des Phänomens und vor allem um die raffinierte Gestaltung der Episode (vgl. ad 1682–1688 sowie Teil I.E).

1673 Ζεῦ πάτερ Die Zeus-Apostrophe ist weitaus weniger verwunderlich, als man gemeinhin annimmt und selbstverständlich kein Zufall (so Klooster 2013, 163; zu den Apostrophen vgl. Cuypers 2004, 46–53). Bedenkt man Zeus' Zuständigkeit als Hüter über das Gastrecht, das Talos mit dem Angriff auf die Argonauten missachtet, ist sie sogar sehr naheliegend (vgl. ad 1638 ff.). Zeus ist zudem verantwortlich für die Begegnung mit Talos, denn er hat ihn auf Kreta als Wächter der Europa platziert (vgl. ad 1643 f.). Überdies passt die Zeus-Apostrophe zum Ort des Geschehens, galt doch Kreta als Geburts- und Bestattungsort, man verehrte Zeus in zahlreichen Kulten (vgl. z. B. Call. Iov. 5–9 sowie ad 1638; Cook 1964, 149 ff.; 157 ff.; 719 ff.; Verbruggen 1981). Eine Zeus-Apostrophe legt Ap. sonst nur einmal iolkischen

Männern in den Mund, als sie die Argonauten in Waffen durch die Stadt eilen sehen (Ζεῦ ἄνα, τίς Πελίαο νόος, 1,242). Die Zeus-Apostrophe ist demnach in mehrfacher Hinsicht inhaltlich und motivisch mit der Handlung verknüpft. Sie lässt überdies die Präsenz dreier verschiedener zeitlicher Ebenen spürbar werden (wie z. B. auch σχέτλι' Ἔρως, 4,445; Λητοΐδη, τύνη ... ἵκεο, 4,1706). Die mythische Vergangenheit des ehernen Geschlechts trifft auf das Heldenzeitalter und zugleich auf die Gegenwart der Rezipienten, was eine metaleptische Durchbrechung der Unmittelbarkeit der Erzählung zur Folge hat, die durch weitere Erzählerkommentare intensiviert wird (vgl. v.a. ἄμμε, ad 1675; Teil I. E).

ἦ μέγα δή μοι Vgl. ad 1255.

μέγα ... ἐνὶ φρεσὶ θάμβος ἄηται Die Junktur μέγα θάμβος nur bei Lykophron (Lyc. 509) und Ap. (vgl. μέγα θάμβος ἰδέσθαι, A.R. 1,220; später Nonn. D. 12,173; Paul. Sil. 493). Die semantisch verwandte, häufige hom. Junktur μέγα θαῦμα verwendet Ap. von den Erdgeborenen auf Kyzikos (1,943), wodurch Talos' Verbindung zu diesen intensiviert wird (vgl. ad 1641–1646). In *Ilias* und *Odyssee* steht die Junktur stets in Figurenrede in Situationen, in denen jemand einen Kämpfer erblickt, der eigentlich nicht vor Ort sein sollte (μέγα θαῦμα τόδ' ὀφθαλμοῖσιν ὁρῶμαι, vgl. Il. 13,99; 15,286; 20,344; 21,54; Od. 19,36; h. Cer. 403). Den erstaunten Ausruf überträgt Ap. passenderweise auf Talos, erblicken doch die Argonauten hier ein Relikt vergangener Zeiten. Vorbild ist zudem eine Bemerkung des *Ilias*-Erzählers (ἐν δ' ἄλλοισι θεοῖσιν ἔρις πέσε βεβριθυῖα / ἀργαλέη, δίχα δέ σφιν ἐνὶ φρεσὶ θυμὸς ἄητο, Il. 21,385 f.).

1675 ἀντιάει Sonst heißt ἀντιάειν bei Ap. oft „angehen, bitten, ersuchen" (1,703; 3,35; 3,643; 3,694; 3,717; 4,405; 4,703; 4,717; 4,1078), eine Bedeutung, die das Verb erst in hellenistischer Zeit erhält (vgl. Fränkel 1968, 577 Anm. 262; Livrea 1973, ad 405). Hier steht es dagegen in der hom. Bedeutung „begegnen, treffen" (vgl. z. B. Il. 13,215; Od. 22,28), jedoch mit abstraktem Subjekt und ohne explizites Objekt. Dem Sinn nach muss ἀνθρώπων o.Ä. ergänzt werden (vgl. z. B. ἀλλά κεν ἢ στέρνων ἢ νηδύος ἀντιάσειε (sc. βέλος), Il. 13,290).

ἀπόπροθεν Bei Ap. hier (wie auch 1,39; 1,1227; 1,1244; 3,1111 sowie [Theocr.] 25,68) in der Bedeutung „aus der Ferne", dagegen bei Homer stets „in der Ferne" (z. B. Il. 10,209; Od. 6,218; 17,408; mögliche Ausnahme: Il. 17,66; vgl. Gow 1952, ad 25,68; Livrea 1973, ad loc.). Der Erzähler benennt als Charakteristikum für Medeas Zauber die Wirkung aus der Ferne ohne physischen Kontakt zum Objekt des Zaubers. Diese spektakuläre magische Aktion Medeas überbietet gegen Ende des Epos noch einmal ihre bisherigen Zauberkunststücke. Der Sieg über Talos zeigt zudem Parallelen zu Orpheus' Sieg über die Sirenen: Die Gegner lauern an der Küste und werden aus der Entfernung bezwungen (Clare 2002, 258). Orpheus kann jedoch die Sirenen nur übertönen, weil er räumlich näher an den übrigen Helden ist. Den Argonauten Butes kann er nicht überzeugen, dieser springt wegen des Sirenengesangs über Bord (4,912 ff.). Medeas magische Fähigkeit rückt sie in die Nähe der Sirenen, die mit ihrem Gesang ebenfalls aus großer Distanz Seeleute ins Verderben reißen (vgl. 4,891–911). Hier kommt ihre ambivalente Charakterzeichnung zum Tragen.

χαλέπτει Das Verb nimmt Bezug auf den Tod des Mopsos (νωθὴς μὲν ἑκὼν ἀέκοντα χαλέψαι, vgl. ad 1506) und betont die Unentrinnbarkeit des Todes für Talos (vgl. Kyriakou 1995, 79 f.).

1676 f. Der Rückbezug auf Medeas selbstbewusste Behauptung (1655) ist mehrdeutig gehalten (vgl. ad 1673–1675; ad 1682–1686).

1677 Μηδείης ... πολυφαρμάκου Das Epitheton haben im frühen Epos Kirke (Od. 10,276; Hes. fr. 302,15 M.-W.) sowie Ärzte, die Verwundete pflegen (Il. 16,28; vgl Sol. fr. 13,57 West). Bei Theophrast steht das Adjektiv von Ländern im Sinn von „reich an wirkungsvollen Pflanzen" (Thphr. HP 9,15,1; HP 9,15,8). Medea ist auch bei Pindar mit allen Zaubermitteln vertraut (παμφαρμάκου ξεινᾶς, Pi. P. 4,233). Das Epitheton deutet dort die Gefahr an, die Medea für Jason bedeutet. Hier erhält Medea Kirkes hom. Epitheton, ist jedoch eine große Hilfe für die Argonauten. Ihr ambivalenter Charakter tritt deutlich zutage, denn hier verbirgt sich auch eine externe Prolepse auf ihre zukünftigen, für Jason weniger ersprießlichen Zaubertaten. πολυφάρμακος heißt Medea programmatisch bei Eintritt ins epische Geschehen (κούρην Αἰήτεω πολυφάρμακον, 3,27) und hier, als ihre letzte Tat in den *Arg.* geschildert wird. Für die Charakterisierung als Hexe greift Ap. zudem auf Elemente zurück, die auch sonst mit thessalischer Hexenkunst in Verbindung gebracht werden (vgl. Belloni 1981, 128 ff.; Holmberg 1998, 135–159; Fantuzzi 2008, 290 f.; Regan 2014).

βρίμῃ Das Substantiv zuvor nur im hom. Hymnos auf Athene (μέγας δ' ἐλελίζετ' Ὄλυμπος / δεινὸν ὑπὸ βρίμης γλαυκώπιδος, h. Hom. 28,10). Hier in der Bedeutung τῇ ἰσχύι (Schol. A.R. 4,1677), doch ist das seltene Substantiv bewusst gewählt. Zum einen verweist der Stamm βρι- auf Medeas Verbindung zur Magie-Göttin Βριμώ (Hekate, vgl. 3,861), deren Priesterin sie ist (vgl. Vian 1961, ad 3,861; Zybert 2012). Da auch das Verb βρίθω, „beschweren" anklingt, kommt dem Substantiv hier zudem proleptische Funktion zu: Medeas magische Macht wiegt so schwer, dass sie Talos zu Boden werfen kann (1680 f.; 1686 ff.). Zum anderen steht Medeas βρίμη in paradoxer Antithese zu den βαρείας ... λάιγγας, die Talos sich entsprechend seiner Zugehörigkeit zum ehernen Geschlecht als Waffe gewählt hat (vgl.

ad 1638 ff.). Deren physisches Gewicht ist beträchtlich und doch sind sie Medeas unsichtbaren Waffen unterlegen.

1678–1688 Talos' Verletzung und Fall Der letzte Teil der Episode beschreibt Talos' Verletzung und Fall, die durch ein Baumgleichnis (1682–1686) illustriert werden. Die Handlung ist auf ein Minimum an notwendigen Informationen reduziert bzw. zum Teil in das Gleichnis verlegt. Dramatik erhält die Szene vornehmlich im Gleichnis. Sowohl der Tod des Talos als auch das Baumgleichnis orientieren sich an der typischen Szene des gefallenen Kriegers der hom. Epen. Talos' Tod scheint zudem beliebtes Motiv der abbildenden Kunst gewesen zu sein. Ein Vasenbild auf einer Amphore aus Ruvo und eine ähnliche Darstellung auf einem Krater aus Spina zeigen Talos, wie er unter dem bösen Blick Medeas strauchelt. Seine bronzene Gestalt ist gut zu erkennen, außerdem Medea, die eine Schachtel in der Hand hält (vgl. Robertson 1977, 158 ff.; Rakoczy 1996, 160 ff.; Buxton 1998, 92 ff.).

1679 πετραίῳ στόνυχι χρίμψε σφυρόν Vorbildhaft ist die Szene, in der Achill Löcher in Hektors Fersen bohrt, um ihn an Riemen um die Stadt schleifen zu können (Il. 22,396 f.; vgl. ad 1644; 1646 f.). Das Verb χρίμπτω konstruiert Ap. nur hier transitiv nach tragischen Vorbildern (A. Pr. 713; S. El. 721 f.; E. Hel. 526). Transitiv auch bei Theokrit (Theoc. 25,144). Häufiger wird es intransitiv gebraucht (Od. 10,516; vgl. h. Ap. 439), auch bei Ap. (2,290; 2,729; 2,1081; 3,1286; vgl. ad 1567). Das Substantiv στόνυξ ist zuerst bei Euripides in der ebenfalls von der *Ilias*-Szene beeinflussten Beschreibung des grausamen Schlachtens belegt, das der Kyklop mit Odysseus' Männern veranstaltet. Dort bezeichnet es eine vorstehende Felsnase, gegen die er einen Gefährten mit dem Kopf schleudert (E. Cyc. 400 f.; vgl. Lyc. 486; 795; 1181; Opp. C. 3,232; Paul. Sil. descr. amb. 85). στόνυξ ist bei Ap. ἅπαξ λ. Die Verletzung am Knöchel öffnet die Ader des Talos, sodass er „ausblutet" und zu Boden stürzt. Die Ferse als Lindenblatt kennt eine spätere Tradition für Achill (Hyg. Fab. 107). Für Alexander überliefert Plutarch eine Knöchelwunden-Anekdote, nach der er seine Bewunderer darauf verweist, dass aus seiner Wunde menschliches Blut und nicht göttlicher ἰχώρ fließt (Plut. Mor. 341b; Mor. 180e; vgl. Balensiefen 1996, 88; Buxton 1998, 106 f.; Buxton 2000, 266; Buxton 2013, 92 ff.).

ἰχώρ Bei Homer haben statt Blut nur die unsterblichen Götter ἰχώρ in den Adern, die „weder Brot noch Wein zu sich nehmen" (Il. 5,339–342). Daher fließt ἰχώρ, wenn Diomedes Aphrodite verwundet (Il. 5,416). Bei Ap. hat auch Talos statt Blut metallisch glänzenden ἰχώρ. Die Bedeutung ist fraglich. Bereits seit dem 5. Jhd. bezeichnet ἰχώρ in medizinischen Fachtexten unterschiedliche, menschliche Körperflüssigkeiten, wobei früh über die korrekte Bedeutung des Begriffs gestritten wird, ἰχώρ jedoch in jedem Fall von gewöhnlichem Blut verschieden ist. Als Begriff für χολή und andere schädliche Körperflüssigkeit steht ἰχώρ im hippokratischen Corpus und in einem Philolaos-Zitat bei Meno (Hp. Nat. Hom. 12; Hp. Epid. 5,65; Philol. test. fr. 27, 17 f. Diels; vgl. auch Pl. Tim. 83c5). Aristoteles verwendet den Begriff zwar auch für krankhafte Körperflüssigkeiten (Arist. PA 651a17), kennt jedoch die Vorstellung, dass Blut durch Einkochen von ἰχώρ entsteht, also gleichsam dessen Grundstoff darstellt (Arist. HA 521a18; HA 521b1; vgl. Huffman 1993, 304 f.). Er unterteilt die Lebewesen in Bluttiere und Nicht-Bluttiere (Arist. HA 489a30–34), wobei die Nicht-Bluttiere statt Blut und Adern entweder nur die Fasern oder nur das Serum haben (Arist. HA 511b1–7; vgl. z. B. Hirschberger 2001, 61–71; Kullmann 2007, 205). In der Dichtung begegnet ἰχώρ früh in der Bedeutung „schädliche Flüssigkeit" (A. Ag. 1479 f.), also im Sinn der medizinischen Traktate (ἰχώρ ist dort notwendige Konjektur Headlams; vgl. aber Fränkel 1950, ad 1480; Dumortier 1975, 53; Duminil 1977, 65 f.; Buxton 2013, 94). Ap. kombiniert die poetische Verwendung und die aristotelische Unterscheidung von Blut und ἰχώρ. So tritt ἰχώρ konsequenterweise lediglich aus den Wunden aus, die dem Titanen Prometheus (αἱματόεντ' ἰχῶρα, 3,853) und dem bronzenen Talos zugefügt werden. Das Adjektiv αἱματόεις kann dort im Sinn von „blutähnlich" aufgefasst werden. Prometheus hat als ἀνάλογον zum Blut wie die aristotelischen Nicht-Bluttiere ἰχώρ in den Adern. Es haben bei Ap. demnach nur diejenigen Wesen ἰχώρ, die einer früheren Generation angehören (anders Hunter 1989, ad 853). Die Argonauten, die zur Halbgöttergeneration zählen, verlieren gewöhnliches Blut (z. B. φοίνιον ἕλκος ἄφασσεν, 4,1522). Die Halbgöttergeneration hat die nach Aristoteles „gekochte" Variante, also die nächste Stufe von Blut in ihren Adern. Dies passt zur Tendenz der Libyenepisode, die Argonauten als endgültige Überwinder einer überkommenen Epoche und Begründer eines neuen Zeitalters zu inszenieren (vgl. auch Teil I.D). Vom medizinischen ἰχώρ-Begriff hängt auch die Beschreibung des Wundwassers ab, das der Biss der Schlange Kokytos hinterlässt (Nic. Th. 235 f.). Ob Nikander direkt von Ap. abhängt (Livrea 1973, ad loc.), ist unsicher. Nikander dürfte wie Ap. von den medizinischen Traktaten zum Thema zumindest einige gekannt haben (vgl. Overduin 2015, ad 235). Bei Strabo steht ἰχώρ in aitiologischem Zusammenhang für das Blut der Giganten (Str. 6,3,5). Talos ist somit Pendant zum Titanen Prometheus, an dem die Argonauten kurz vor Ende der Hinfahrt im äußersten Winkel des Pontos vorbeifahren (2,1246–1259). Die Begegnungen mit den archaischen Wesen Talos und Prometheus, die noch rohen ἰχώρ statt Blut in ihren Adern haben, markieren jeweils das unmittelbar bevorstehende Ende der Hin- bzw. Rückfahrt der Argo (vgl. ad 1695 ff.; Teil I.C).

1680 τηκομένῳ ἴκελος μολίβῳ Der Ausdruck μόλιβος stammt aus der *Ilias* (Il. 11,237). Ap. erweitert ihn für den Kurzvergleich zu geschmolzenem Blei. Auch bei Kallimachos begegnet μόλιβος in einem Gleichnis (Call. fr. 75,30 Pf.). Die im Vergleich zu μολύβδος seltene Form μόλιβος ist bei Antipatros von Sidon (Antip. Sid. AP 9,723) und Nikander als Vergleichspunkt für Hautverfärbungen belegt (Al. 600; Th. 256; später häufiger, vgl. z. B. Opp. H. 4,83; 4,302; 4,537). Quintus von Smyrna imitiert das Gleichnis mit flüssigem Blei (Q.S. 7,387 f.). Für diesen Vers könnte eine Passage aus Numenios Pate gestanden haben (ῥέθεσίν γε μὲν εἴδετ᾽ ἐπ᾽ ἰχώρ / ἠερόεις· τοτὲ δ᾽ αὖ μολίβῳ ἐναλίγκιον εἶδος / ἀμφί ἑ κυδαίνει χάλκῃ ἴσον, Schol. Nic. Th. 257) – vorausgesetzt man setzt Numenios vor Ap. an (vgl. ad 1512, 1523). Cameron (1995, 203 und Anm. 86) datiert Numenios auf 300 v. Chr. (vgl. Morel 1928, 364 f.; Livrea 1973, ad loc.; Vian / Delage 1996², N.C. ad 1680). Auch sonst zeigt Ap. Parallelen zu Numenios (z. B. 4,144; 4,941; 4,1512; 4,1523; vgl. Vian / Delage 1996², N.C. ad loc.). Dass Ap. sich den ἰχώρ des Talos wie geschmolzenes Blei vorstellt, stimmt nicht zum hom. Bild vom reinen, klaren ἰχώρ der Götter. Dennoch passt die Vorstellung, denn Talos ist keine olympische Gottheit – sein Blut gleicht weder dem der Götter noch dem der Menschen (vgl. ad 1679). Zudem passt die Beschreibung von Talos' bleiernem Blut gut zum ehernen Geschlecht (vgl. Hes. Th. 146 f.; Hes. Th. 150 f.). Talos ist aus Metall, daher fließt auch in seinen Adern Metall.

1682–1688 Fichtengleichnis Das Gleichnis orientiert sich an dem typischen Vergleich eines gefallenen Kriegers mit einem fallenden Baum (z. B. Il. 4,482 ff.; 3,389 ff.). Offensichtliches *tertium comparationis* ist zunächst das Schwanken und Fallen des strauchelnden Bronzemannes bzw. des angeschlagenen Baumes aus großer Höhe. Raffinierterer Vergleichspunkt ist jedoch auch das Töten bzw. Fällen auf Distanz (vgl. ad 1673–1677). Fällen und Fall der Fichte erfolgen mit beträchtlichem Zeitunterschied. Zwischen den Holzfällern und der Fichte besteht zum Zeitpunkt des Falls eine beträchtliche räumliche Distanz wie bei der Tötung des Bronzemannes durch Medea. Die Einwirkung der Holzfäller setzt den Fall des Baumes nur in Gang. Er fällt später durch Wind und Wetter, ohne dass die Verursacher zum Zeitpunkt des Falles physisch anwesend sind. Ebenso verletzt sich Talos seinen verwundbaren Knöchel selbst am Felsen, sodass er seinen Tod selbst in Gang setzt. Auch dies hat er mit Hesiods ehernem Geschlecht gemein (Hes. Op. 152 f.; vgl. ad 1641 ff.). Einige Details der Erzählung vom Fall des Erzmannes werden also nicht direkt, sondern nur im Spiegel des Gleichnisses erzählt. Das Gleichnis ersetzt einen Teil der Handlung (nach Drögemüller 1956 ein „Aktionsgleichnis"; vgl. auch Fusillo 1985, 327 ff.). Der Gleichnistyp wird in den *Arg.* systematisch eingesetzt und illustriert die drei zentralen Kämpfe gegen erdgeborene, archaische Unwesen. So vergleicht Ap.

die toten Erdgeborenen auf Kyzikos (1,1003 ff.) ebenso wie die kolchischen Erdgeborenen, die unter Jasons Waffen fallen, mit gefällten Baumstämmen (3,1374 ff.; anders Effe 2008², 199–220. Vgl. ferner Hunter 1993b, 41 ff.; Knight 1995, 82 ff.; Pietsch 1999, 99–157). Talos als archaisch-rückständiges, mit Felsen werfendes Relikt eines vergangenen Geschlechts (vgl. ad 1641 f.) passt zu den vernunftlosen, frevelhaften Erdgeborenen (ὑβρισταί τε αἰ ἄγριοι, 1,942; οἱ δ' ὥς τε θοοὶ κύνες ἀμφιθορόντες, 3,1373). Ap. spezifiziert somit einen Gleichnistyp, den die *Ilias* für im Kampf fallende Helden kennt (z. B. Il. 14,414–417 für Hektor; ferner 12,132 ff.; 13,389 ff.) für archaisch-rückständige, den Heroen zwar an Körperkraft überlegene, aber aufgrund mangelnder Einsichtsfähigkeit letztlich unterlegene Gegner, die von den Argonauten im Zuge ihrer Fahrt überwunden werden. Das Gleichnis lässt auch Unterschiede beider Situationen ins Auge fallen (vgl. Drögemüller 1956, 187 ff.; Fusillo 1985, 334 ff.; Hunter 1993b, 129 ff.; Effe 1996, 293 ff.). Während die Fichte auf dem Berg eine von vielen ist, ist Talos der letzte seiner Art. Die Holzfäller fällen zwar aus Distanz, jedoch hatten sie vorher physischen Kontakt zum Objekt, Medea hingegen berührt Talos nie. Zwar hat man stets vermutet, dass der Erzählerkommentar und dieses Gleichnis zusammen eine rationale Skepsis gegenüber der Wirkung von Medeas magischen Kräften zum Ausdruck bringen sollen. Diese wird jedoch nirgends konkret greifbar (vgl. ad 1673 ff.; ähnlich Hunter 2015, ad 1673 ff.; Lovatts (2013, 335) Deutung bleibt vage). Die Talosepisode kombiniert vielmehr sowohl eine ethisch-moralische als auch eine skeptische Perspektive auf Medeas magische Praxis. Auch die Anleihen bei Demokrit dienen diesem Zweck (anders Dickie 1990). Verschiedene Perspektiven auf die Überwindung des Talos durch Medea treten durch die Interventionen des Erzählers indirekt miteinander in Konkurrenz, ohne dass der Rezipient auf eine bestimmte Haltung festgelegt wird (vgl. Teil I.E). In der *Aeneis* finden sich ähnliche Gleichnisse (Verg. A. 2,626–631; 5,448 f.).

1682 πελωρίη ... πεύκη Das Substantiv πεύκη kennt das alte Epos (Il. 11,494 ff.; 23,328; Eumel. fr. 9,4; [Hes.] Sc. 376; 421), es handelt sich um eine Fichtenart. Vermutlich las Ap. in einem Baumgleichnis des *Scutum* auch πεύκη statt πέτρη (ἤριπε δ' ὡς ὅτε τις δρῦς ἤριπεν ἢ ὅτε πεύκη / ἠλίβατος, [Hes.] Sc. 421 f.), während Nonnos (Nonn. D. 48,504 f.) dort die Lesart πέτρη kannte (vgl. Russo 1950 ad 422; West 1962, 231; Livrea 1973, ad loc.). Bei Ap. heißt auch eine Insel in der Istrosmündung Peuke (4,309). Zuvor vergleicht Ap. in einem Kurzgleichnis die kolchischen Erdgeborenen, die sich gegenseitig töten und so ebenfalls selbst vernichten, mit gefällten Fichten (3,1375 f.). Diese Parallele rückt Talos, dem das Fichtengleichnis gilt, einmal mehr in die Nähe der archaischen Erdgeborenen (vgl. ad 1682–1688). Aus dem Holz der πεύκη ist die Fackel des Aietes (4,223 f.). πελωρίη hier im Gleichnis von der Fichte, in der *Ilias* von Göttern und Heroen (Il. 5,395; 3,229; 11,820), bei Hesiod von der Sichel des Kronos (Th. 179). In der *Odyssee* speziell von Polyphem (Od. 9,187; vgl. ad 1365). Das Gleichnis gewinnt noch einmal an Vielschichtigkeit, wenn man annimmt, dass Ap. die Baumart bewusst mit Bezug auf ein botanisches Charakteristikum auswählt. In hom. Gleichnissen begegnen oft mehrere Baumnamen als Alternativen, da die Gleichnisse nicht auf eine spezielle Art zielen (z. B. Il. 13,389 f.). Ap. verfeinert diese Technik (z. B. 1,536–539; 2,38 ff.; 3,967–970; vgl. ad 1280–1287). Hier steht dagegen gezielt nur die πεύκη ohne Alternative. Die πεύκη gehört laut Theophrast im Gegensatz zur verwandten πίτυς zu den wenigen Baumarten, die, ist sie einmal beschädigt, nie wieder austreibt, sondern vollständig abstirbt (πεύκην μὲν γὰρ ἐπικαυθεισῶν τῶν ῥιζῶν οὐκ ἀναβλαστάνειν, τὴν πίτυν δέ φασί τινες ἀναβλαστάνειν, Thphr. HP 3,9,5). Talos teilt diese Eigenschaft der πεύκη. Auch er stirbt und mit ihm endet zugleich das Zeitalter des ehernen Geschlechts, dessen letzter Vertreter er war. Parallel zur winzigen Knöchelverletzung des Talos (vgl. ad 1646 f.; 1679 f.) genügt auch bei der πεύκη eine geringe Beschädigung zur vollständigen Vernichtung, etwa wenn sie ihren Wipfel verliert (vgl. Thphr. HP 3,7,1; Teil I.E.II.3).

1683 θοοῖς πελέκεσσιν Abwandlung der hom. Junkturen πελέκεσσι νεήκεσι (Il. 13,391; 16,484) und ὀξέσι δὴ πελέκεσσι (Il. 15,711; Od. 3,442; Livrea 1973, ad loc.). Auch bei Kallimachos bezeugt (πελεκέσσι καὶ ἀξίναισιν ὁπλίσσας, Call. Cer. 35; vgl. πελέκεσσι καὶ ἀξίνῃσι θοῇσιν, Q.S. 13,151). Die bronzenen Beile der Holzfäller (vgl. z. B. πέλεκυν μέγαν χάλκεον, Od. 5,234 f.) nehmen die Bronze als Leitmotiv der Talosepisode auf. Der enallagetische Charakter des Adjektivs θοός zu πέλεκυς birgt in verkürzter Ausdrucksweise den Inhalt eines weiteren Satzes: Die Holzfäller im Gleichnis versuchen den Baum schnell vor Einbruch der Dunkelheit zu fällen. Dies gelingt nicht, worauf im Folgenden ἡμιπλῆγα und ὑπὸ νυκτί verweisen.

ἡμιπλῆγα ἅπαξ λ., das erst wieder in Stephanos' Galenkommentar belegt ist (Steph. in Gal. 1,321,30; vgl. aber das ἅπαξ λ. ἡμιπληγής, Olymp. in Mete. 200,15). Komposita auf -πλήξ sind lediglich zwei Mal in der *Odyssee* belegt (ἰόνας παραπλῆγας, Od. 5,418 = 5,440), häufig jedoch seit hellenistischer Zeit (vgl. Livrea 1973, ad loc.; auf folgende Analogien sei verwiesen: διοπλήξ, Hippon. fr. 19,1; κυμοπλήξ, AP 10,7,1; φρενοπλήξ, A. Pr. 878; Greg. Naz. dogm. 437,10; AP 9,141,1; ἡδονοπλήξ, Anaxarch. fr. 10,5 Diels-Kranz; κεραυνοπλήξ, Alc. Com. fr. 2,1 Kock; ὀνειροπλήξ, Ph. Ios. 12,5; Macar. apud Porph. Chr. fr. 30,1; θυρσοπλήξ, Limen. 19; φωτοπλήξ, Hymn. Mag. fr. 9,1 Heitsch.). Das Hyperbaton τήν τε ... ἡμιπλῆγα umspannt θοοῖς πελέκεσσιν, bildet also einen Rahmen für den Fällversuch.

1684 ὑλοτόμοι Zwei Mal bei Homer von Männern, die das Holz für Patroklos' Scheiterhaufen fällen (Il. 23,114; 123). Bei Ap. bezeichnenderweise nur noch im Holzfällergleichnis, das die Erdgeborenen auf Kyzikos mit gefällten Bäumen vergleicht (1,1003 ff.). Die Ähnlichkeit verdeutlicht die Zusammengehörigkeit der Episoden über Talos und die Erdgeboren (vgl. ad 1673; 1682–1688; 1682). Ap. könnte zudem ein Holzfällergleichnis inspiriert haben, das Simonides in der Plataea-Elegie aufbietet (Simonid. fr. 11,2–7 West). Quintus imitiert die halb-gefällte πεύκη (Q.S. 9,451 f.; vgl. auch Nonn. D. 2,100 ff.).

δρυμοῖο κατήλυθον Im alten Epos nur der Plural δρυμά (Il. 11,118; Od. 10,150; Hes. fr. 204,131 Merkelbach-West). δρυμός heißt eigentlich „Gebüsch, Buschwald" bei den Tragikern (z. B. A. fr. 31 b 3 Mette; E. Ba. 1229; S. OT 1399), hier für „Wald". Begegnet häufig bei Theokrit (Theocr. 1,72; 1,117; 3,16; 13,67; 20,36; 25,135), in den *Arg.* noch in Zusammenhang mit einem Hinterhalt des Aietes (3,581). Dass die Holzfäller den Wald bereits verlassen haben, ist wichtige Handlungsparallele des Gleichnisses (τις ἀπόπροθεν ἄμμε χαλέπτει, vgl. ad 1675).

ὑπὸ νυκτί Den Ausdruck verwendet das alte Epos nicht, Ap. jedoch häufig (1,1022; 1,1038; 3,323; 3,1361; vgl. Linsenbarth 1887, 65; Oswald 1904, 201; Livrea 1973, ad loc.). Der Dativ bei ὑπό gibt die Begleitumstände der Gleichnishandlung an, den Einbruch der Nacht. Ähnlicher Gebrauch der Präposition findet sich in *Odyssee*, Tragödie und Lyrik (πνοιῇ ὕπο ζεφύροιο, Od. 4,402; ὑπὸ σκότῳ, A. Ag. 1030; λάμπει δ' ὑπὸ μαρμαρυγαῖς ὁ χρυσός, B. 3,17; αἰθομένα δᾴς ὑπὸ ξανθαῖσι πεύκαις, Pi. fr. 79).

1684 f. ὑπὸ νυκτί / ῥιπῇσιν ... τινάσσεται Vorbilder sind hom. Ausdrücke für kräftige Winde (ἄνεμος ... τινάξῃ, Od. 5,368; ἀνέμοισι τινάσσεται, 6,43) sowie ein Baumgleichnis, das den Fall Hektors illustriert (Il. 14,414 ff.). Ap. kombiniert zum Verb τινάσσω statt des hom. ἄνεμος wie hier auch sonst alternative Substantive (vgl. z. B. ὑπὸ πνοιῇ ... τινάσσετο, 2,725) und verwendet ῥιπή auch andernorts in der Bedeutung ἄνεμος (1,1016; 2,1114; 2,1229; 3,970; Giangrande 1967, 90 f.; Livrea 1973, ad loc.). Eine ähnliche Junktur in der Titanomachie (πεδόθεν δὲ τινάσσετο μακρὸς Ὄλυμπος / ῥιπῇ ὕπ' ἀθανάτων, Hes. Th. 681 f.). Ap. verwendet sie in einem Vogelgleichnis, das die rasche Fahrt der Argo illustriert (οὐδὲ τινάσσει / ῥιπήν, 2,934 f.).

1685 f. ὕστερον αὖτε / ... κατήριπεν Die räumliche Distanz zwischen Verursacher und Ereignis findet ihr Pendant in der räumlichen Distanz zwischen Talos und Medea (vgl. ad 1675; 1684). Die zeitliche Distanz zwischen Ursache des Falls und Fall des Baumes auf der Gleichnisebene findet ebenfalls Entsprechung auf der Handlungsebene (ὕστερον αὖτ' ... κάππεσε, 1688).

1686 πρυμνόθεν Das Adverb πρυμνόθεν, „von Grund auf" zuerst bei Aischylos (A. Th. 71; 1056). Bei Eudoxos von Knidos vom Heck der Argo (Eudox. fr. 48,2). Ap. verwendet wie Arat sowohl das hom. πρύμνηθεν als auch πρυμνόθεν in der Bedeutung „vom Heck an" in Bezug auf die Argo (2,586; 4,911; vgl. Il. 15,716; Arat. 343; 348; Martin 2003², ad 343). Das Adverb stattet das Gleichnis mit einem weiteren *tertium comparationis* aus: Wie der Baum am Fuß von den Holzfällern angesägt wird und deswegen von Grund auf zusammenstürzt, geschieht auch der Sturz des Talos aufgrund einer Verletzung seines Fußknöchels (vgl. στόνυχι χρίμψε σφυρόν, 1679).

ἐξεαγεῖσα Der Guelferbytanus überliefert die abweichende Lesart ἐξαγεῖσα mit langem α, vermutlich verursacht durch die Annahme einer etymologischen Zusammengehörigkeit von ἄγνυμι und ἄγω. Die Lesart wird von Fränkel im Anschluss an Wackernagel in den Text übernommen, von Livrea und Vian im Anschluss an Giangrande jedoch zu Recht verworfen. ἐξεαγεῖσα ist ionisierende Form und *lectio difficilior* (Vian / Delage 1996², N.C. ad loc; N. Add. ad loc.; Giangrande 1969, 184 Anm. 5; Livrea 1973, ad 942). Das Verb ist δίς λ. der *Ilias*, steht immer in Tmesis und jeweils in einem Löwengleichnis (Il. 5,161; 17,63).

1686 f. ποσσίν / ἀκαμάτοις Die Junktur bezieht sich ringkompositorisch auf den Beginn der Episode (vgl. ad 1656).

1687 ἐπισταδὸν ἠωρεῖτο Für das Adverb werden verschiedene Bedeutungen diskutiert. Ap. greift hier die hom. Bedeutung „der Reihe nach" auf (vgl. Od. 12,392; 13,53 f.; 16,453 f.). Die Junktur bezeichnet Talos' Schwanken von einem Fuß auf den anderen und nimmt das Verb τινάσσεται aus dem Gleichnis auf. ἠωρεῖτο bildet einen Kontrast zu ποσσίν ἀκαμάτοις (1686 f.). Unter Verweis auf Diskussionen über Herleitung und Bedeutung von ἐπισταδόν in den *Odyssee*-Scholien (ἐεστῶτες, also von ἐπιστῆναι, Schol. V ad Od. 12,392) tritt Rengakos für „(dabei) stehend" ein, wenn die sukzessive Bedeutung mitschwingt (1,293; 2,84 ff.). ἐπισταδόν bildet so das Gegenstück zum folgenden κάππεσε (1688; Rengakos 1994, 89 m. Anm. 372). Das Verb αἰωρέω begegnet zuerst bei Asios und Pindar (PMG fr. 13,5 Bernabé; Pi. P. 1,9), später in Prosa häufig passivisch und wie hier im Sinn von „schwanken, hin- und herschwingen" (z. B. Pl. La. 184a6; Phd. 112b3; Hp. Art. 70,20; Coac. 521,1; Fract. 7,36). ἠωρεῖτο steht bei Ap. noch von der Furcht der Lemnierinnen an derselben Versposition (1,639), ebenso bei Theokrit von einem Löwenfell, das von den Schultern des Bebrykerkönigs Amykos herabhängt (Theocr. 22,51). Talos weist weitere Berührungspunkte mit Amykos auf: Riesenhaftigkeit und gewaltige Körperkraft (Theocr. 22,44–50; vgl. ad 1639 ff.; 1682 f.), Körper (wie) aus Metall (Theocr. 22,47; vgl. ad 1645 ff.; 1655 f.; 1676 f.), Missachtung des Gastrechts durch Weigerung, die

Ankömmlinge mit Wasser zu versorgen (Theocr. 22,54–74; vgl. ad 1652), Niederlage trotz gewaltiger Körperkraft aufgrund der überlegenen τέχνη des Gegners (Theocr. 22,115–130; vgl. ad 1645 ff.; 1655 f.; 1661–1672). In den *Arg.* existieren ähnliche Parallelen zu Amykos (vgl. Köhnken 1965, 84–121; Köhnken 2008²), etwa die Verletzung des Gastrechts (2,5–18), Riesenhaftigkeit und physische Kraft gepaart mit barbarisch-archaischer Ungehobeltheit (2,30–34; 2,38 f.), Niederlage durch überlegene τέχνη des griechischen Gegners (2,25–29; 75–97). Die Ähnlichkeit der Figuren Amykos und Talos wird durch die Funktion gespiegelt, die beiden Episoden zukommt. Beide Erzählungen handeln vom Sieg der Argo-Besatzung über physisch überlegene, archaische Gegner, die göttliches und menschliches Recht missachten. Beide Episoden ereignen sich überdies an besonderen Orten, die nämlich jeweils den Aus- und den Wiedereintritt der Argonauten aus bzw. nach Europa markieren. Die Argonauten müssen die beiden Riesen Amykos und Talos kurz vor Verlassen europäischer Gewässer (Amykos in Bithynien kurz vor der Fahrt durch den Hellespont; 2,1–163) in Richtung Asien sowie vor ihrer Rückkehr aus libyscher Sphäre nach Europa besiegen (vgl. ad 1638 ff.; Teil I.C). Beide Episoden erfüllen demnach auch transitorische Funktion.

1688 ὕστερον αὖτ᾽ Vgl. ad 1685.

ἀμενηνός ... κάππεσε Das Adjektiv ἀμενηνός steht in der *Odyssee* von den Totenseelen in der Unterwelt im Sinn von „kraftlos; schwindend" (Od. 10,536; 11,29; 11,49; vgl. E. Tr. 193), oft heißt auch die Menschheit φυλ᾽ ἀμενηνῶν ἀνθρώπων (h. Cer. 352; vgl. Ar. Av. 686; fr. 222,2 Kock). Bei Ap. nur hier. Die Übernahme dieses auf die Sterblichkeit verweisenden Adjektivs ist funktional: Durch die Verletzung wird Talos kraftlos und fällt, seine Sterblichkeit wird deutlich. So beantwortet ἀμενηνός auch ringkompositorisch die Frage nach der Sterblichkeit des Bronzemannes, die für die Argonauten zweifelhaft war (vgl. ad 1641 ff.; ad 1655 f.). Die Junktur wird von Oppian imitiert (Opp. H. 1,540; 4,544).

ἀπείρονι κάππεσε δούπῳ Der Halbvers variiert die typische Vorstellung vom lauten Dröhnen der hom. Erzwaffen (z. B. δούπησεν δὲ πεσών, ἀράβησε δὲ τεύχε᾽ ἐπ᾽ αὐτῷ, Il. 4,504, 5,42; 5,540; 13,187; 14,420). Das Geräusch wird auf den ehernen Leib des Talos übertragen (Fränkel 1968, 639). Das Leitmotiv der Talosepisode wird so abschließend hervorgehoben (vgl. ad 1638).

1689–1693 Aition des Kults für die Minoische Athene Die Argo-Besatzung schlägt auf Kreta ihr Nachtlager auf. Sie errichten, stets auf die Gebote der Götter bedacht, im Sinn einer Kultivierung der jetzt für Seereisende zugänglichen Insel ein Heiligtum für Athene (vgl. Teil I.D). Das Aition beschließt die Kreta-Episode wie zuvor das Hafen-Aition die Tritonepisode. In den folgenden drei transitorischen Episoden wiederholen die Helden einen solchen zivilisationsstiftenden Akt (vgl. ad 1714 ff.; 1725–1730; 1755 ff.; 1770 ff.).

1689 Κρήτῃ ἔνι ... ηὐλίζαντο Fränkel, Vian und Hunter übernehmen ἐνί, in den Text und nehmen Tmesis des Kompositums ἐναυλίζομαι an. Dagegen ist hier von einer anastrophierten Präposition ἔνι statt vom Verb ἐναυλίζομαι auszugehen, wobei das Simplex αὐλίζομαι, hom. δίς λ. (Od. 12,265; 14,412), aufgegriffen wird (vgl. Fränkel 1961, ad loc.; Livrea 1973, ad loc.; Vian / Delage 1996², ad loc.). Das Kompositum ἐναυλίζομαι begegnet vor Ap. in Geschichtsschreibung und Tragödie (Hdt. 1,181; 9,15, Th. 3,91,5; 4,54,4; X. An. 7,7,8; S. Ph. 33; E. El. 304; E. fr. 12,7), im Epos erst bei Nonnos (Nonn. D. 12,2; 20,2 etc.). αὐλίζομαι steht bei Ap. auch sonst mit der Präposition ἐν, ohne dass notwendig Tmesis anzunehmen ist (2,908; 3,839; vgl. aber 2,1284).

1691 ἱρὸν ... ἱδρύσαντο Die häufige Junktur (vgl. noch 1,959 f.; 1,1118 ff.; ebenfalls umklammernd für einen Götternamen: ἱερὸν Ἀφροδίτης ἐν Ἀθήναις ἱδρύσατο, Asclep. Tragil. fr. 24,8; vgl. z. B. Th. 2,15,5; Peripl. 4,1; Theopomp.Hist. fr. 253,156; Alex. fr. 267,5; Call. Dian. 239; Beros. fr. 1a40) umschließt den Götternamen und verleiht dem Vers mit den zahlreichen Spondeen eine getragene Erhabenheit.

Ἀθηναίης Μινωΐδης Das Adjektiv Μινωΐς begegnet nur bei Kallimachos und Ap. (Call. fr. 110,59 Pf.; vgl. noch 2,299; 3,998; 4,433 sowie Μινώιον, 4,1564), später erst bei Nonnos (Nonn. D. 47,424; 48,548). Hier steht es als Epitheton der Göttin Athene, sonst von Ariadne (Livrea 1973, ad 433). Ein Heiligtum der Athene auf Kreta erwähnt der anonyme *Stadiasmus Maris Magni*. Dort wird passend zur Aktivität der Argonauten an diesem Ort ebenfalls eine Wasserquelle erwähnt: ἔχει ὕφορμον καὶ ὕδωρ (Stadiasm. mar. m. 318 = GGM 2,505). Dass die Göttin Athene von den Argonauten geehrt wird, ist kein Zufall. Sie ist von Beginn an Schutzgottheit des Argo-Unternehmens (z. B. 1,18 ff.). Schließlich verknüpft das Aition im Sinn des transitorischen Charakters der Episoden die Ereignisse auf dem libyschen Festland mit der Kreta-Episode. Die Göttin Athene soll am Tritonsee geboren worden und von indigenen Bevölkerungsgruppen verehrt worden sein (Hdt. 4,180; A. Eu. 292 ff.; vgl. ad 1309 ff.). Dass die Kyrenaia und Kreta unter den Ptolemäern eine enge politische, kulturelle und wirtschaftliche Beziehung verband (vgl. ad 1625–1693), mag dieses Aition zusätzlich inspiriert haben.

1692 ff. Überfahrt von Kreta nach Anaphe Die Grenze zwischen Talos- und Anaphe-Episode wird von diesen drei Versen gleichsam umspielt. Die Verse bilden einen fließenden Übergang, der auf der formalen Ebene den

Inhalt, die reibungslose, zügige Ruderfahrt der Argo spiegelt (παμπρωτίστα, 1693; vgl. auch Teil I.B).

ὕδωρ τ' εἰσαφύσαντο καὶ εἰσέβαν εἰσαφύω ist ἅπαξ λ., so auch in der *Odyssee* (ἔνθα δ' ἐπ' ἠπείρου βῆμεν καὶ ἀφυσσάμεθ' ὕδωρ, Od. 9,85 = 10,56), Konstruktionen mit dem hom. Verb ἀφύω auch sonst (1,1208 f.; 3,1349; 4,669; Livrea 1973, ad loc.). Der Halbvers erfüllt doppelte Verweisfunktion. Analeptisch greift er den Grund für die Landung auf Kreta auf – Versorgung mit Wasser und Proviant (1651 f.) – und führt die ringkompositorisch angelegte Talosepisode zu Ende. Zugleich verweist der Halbvers proleptisch auf die letzte der vier Übergangsepisoden und das Aition zum Wettkampf im Wasserholen auf Aigina (vgl. ad 1765–1772; zur Struktur der vier transitorischen Schlussepisoden vgl. ad 1625–1772). Insgesamt ist die Darstellung stark verkürzt, dem Sinn nach sind zwei Objekte zu ergänzen: Ein Gefäß zu εἰσαφύσαντο sowie νῆα zu εἰσέβαν. Das Verstauen der gefüllten Wasserkrüge im Schiff ist ausgespart. Diese syntaktische Verkürzung spiegelt – wie auch παμπρώτιστα (Fränkel 1968, 616) unterstreicht – die Eile der Argonauten, die unbedingt Fahrt aufnehmen wollen (vgl. Teil I.B.II).

1693 παμπρώτιστα Das Adverb im Superlativ ist ἅπαξ λ. Im hom. Epos begegnet lediglich πάμπρωτα (Il. 4,97; 17,568; vgl. auch 3,1203; 4,1134) sowie πάμπρωτον (Od. 4,577; 10,403; 10,423; 11,2; vgl. 1,368; 2,317; 4,1134; 4,1424; Livrea 1973, ad 1134; ad loc.).

βάλοιεν ὑπέρ In der Bedeutung „umschiffen" steht ὑπερβάλλω in der Geschichtsschreibung mit Akkusativ (z. B. Hdt. 7,168; Th. 8,104,5), in der allgemeineren Bedeutung „passieren" in der Tragödie ausnahmsweise mit Genitiv (E. Ion. 1321), sonst immer mit Akkusativ (A. Ag. 307; A. Pr. 722; E. Or. 443; 1644; vgl. Hecat.Abd. fr. 25,935; X. An. 4,4,20).

Σαλμωνίδος ἄκρης Die Form Σαλμωνίς zuerst bei Ap., auch später selten (D.P. 110; vgl. Eustath. Comm. D.P. 83,16; 83,22; 110,3; latinisiert Avien. 164; Prisc. 113). Hier ist das heutige Kap Siderion an der äußersten Nordostspitze Kretas gemeint (vgl. Stadiasm. mar. m. 318 = GGM 2,505; Plin. NH 4,58; Mel. 2,112; Ptol. 3,17,5; sonst Σαλμώνη, Σαμώνιον oder Σαλμώνιον, vgl. Str. 8,3,31; 10,4,5; 2,4,3; Delage 1930, 271 f.; Livrea 1973, ad loc.). Die Erwähnung des Kaps im abschließenden Vers greift die Lokalisation der Ereignisse im Nordosten Kretas zu Beginn der Talos-Episode auf und trägt zur ringkompositorischen Struktur der Episode bei (vgl. ad 1640). Zugleich erinnert das felsige Kap an die Felswürfe des Talos (ἀπὸ στιβαροῦ σκοπέλοιο ῥηγνύμενος πέτρας, 1638 f.) und nennt so abschließend das Thema erneut (vgl. Teil I.B.II sowie C).

B. 1694–1730 Anaphe

Inhalt und Aufbau Die zweite transitorische Episode über den Halt der Argonauten auf der Sporadeninsel Anaphe gliedert sich in drei Abschnitte. Dabei stehen die Bedrohung der Argo durch eine plötzliche Finsternis sowie ein Aition für einen Kult Apolls im Zentrum. Zunächst berichtet der Erzähler, wie die Helden auf offenem Meer von Finsternis überrascht werden (1694–1701), es folgen Jasons Reaktion, ein Gebet an Apollo in indirekter Rede sowie das Erscheinen der Gottheit und die Rückkehr des Lichts (1701–1714). Schließlich errichten die Argonauten auf der Insel ein Heiligtum, begründen Wettkämpfe zu Ehren des Apollo Aigletes und nennen die Insel Anaphe (1714–1730).

Anaphe und Libyen Die Insel Anaphe muss wie zuvor Kreta und später Thera geographisch im Grenzbereich zwischen libyschen und griechischen Gewässern liegen. Als die Argonauten Anaphe erreichen, sind sie einen Schritt näher an ihrer griechischen Heimat als noch auf Kreta. Es existieren motivische Verknüpfungen zwischen der Libyenepisode und den transitorischen Inselepisoden, die deren Zugehörigkeit zur Libyenepisode betonen (vgl. ad 1637; ad 1731–1764). Bei Anaphe überrascht die Argonauten eine chaotische Dunkelheit, die ebenso wie das Stranden in der libyschen Syrte zu Beginn der Libyenepisode eine räumliche Orientierung und ein Navigieren unmöglich macht (vgl. ad 1246 f.; zu Anaphe auch Clare 2002, 160; Chuvin 2003; Bremmer 2005; Thalmann 2011, 82 f.; Phillips 2020, 187–191).

1694–1701 Plötzliche Finsternis Motivische Vorbilder für die plötzlich hereinbrechende Finsternis sind zwei Passagen, in denen im Anschluss an den Raub der Helios-Rinder sowie nach dem Besuch auf Kreta, den Odysseus für Eumaios erfindet, plötzlich finstere Nacht über Odysseus und seine Gefährten hereinbricht (Od. 12, 301 ff.; 14,405 ff.; vgl. Delage 1930, 273; Vian / Delage 1996², N.C. ad loc.). Die Nacht ist dort Zeichen für göttlichen Zorn aufgrund einer Verfehlung der Seefahrenden und Vorbote eines Sturms, der die Zerstörung des Schiffes zur Folge hat. Hier jedoch hat die Finsternis keine schwerwiegenden Folgen. Jason kann durch sein Gebet die Hilfe Apolls gewinnen. Die Überwindung dieses hom. Zeichens für göttlichen Zorn inszeniert in Form eines Überbietungsgestus gegenüber dem Vorbild das gottesfürchtige Verhalten der Argonauten: Während Odysseus erfolglos versucht, den Frevel und die Vernichtung seiner Gefährten durch die Götter zu verhindern (Od. 12,371 ff.; 12,390 ff.), gelingt Jason die Rettung seiner Mannschaft (1701–1714), die sich auch im fremden Libyen fromm verhalten hat. Die plötzliche Finsternis versetzt den Argonauten einen letzten Schrecken, den sie aber unbeschadet überstehen. Die letzten zwei transitorischen Episoden, Thera und Aigina, haben ausschließlich aitiologischen Charakter (vgl. Teil I.C sowie D).

In der Finsternis und im Dunkel der Nacht landen die Argonauten auch auf Lemnos (1,633–639; 650 ff.), sie passieren den Hellespont in der Dunkelheit (1,922–935), Hylas wird im Mondschein entführt (1,1228–1232), der folgenreiche Kampf gegen die Dolionen findet in der Nacht statt (1,1015– 1056). In Libyen verbringen die Argonauten eine von Todesangst erfüllte Nacht in der Syrtenwüste (vgl. ad 1295 f.) und zwei anstrengende Nächte rudernd während ihrer Überfahrt nach Kreta (vgl. ad 1629–1635; zu den Dunkelheitsepisoden vgl. Williams 1991, 25–51). Dennoch findet natürlich bei weitem nicht „each and every critical action, associated with the fantastic or the horrific" (Sistakou 2012, 105) in den *Arg.* bei Nacht statt. Im Gegenteil kennt gerade die Libyenepisode phantastische, fürchterliche sowie sehr handlungsrelevante Ereignisse, die sich zur Mittagszeit (vgl. ad 1312 ff.; ad 1505) oder zu anderen, zum Teil unbestimmten Tageszeiten ereignen. Alle zentralen Begegnungen mit den indigenen Gottheiten Libyens finden bei Tag statt und auch Medeas Zauberei auf Kreta fällt auf den Nachmittag oder Abend (vgl. ad 1659–1690).

1694 αὐτίκα Das Adverb an erster Versposition unterbricht den Bericht von der reibungslosen Fahrt von Kreta nach Anaphe und markiert den Beginn der neuen Episode (andere Episodeneinteilungen bei Livrea 1973, xx; Vian / Delage 1996², 13). Die Information, die die nachklappende, retardierende Partizipialkonstruktion gibt, gehört sinngemäß zur Talos-Episode (vgl. ad 1692 ff.). Die Überlappung der beiden Episoden spiegelt auf der Textebene die Wahrnehmung der Argonauten, die erst kurz vor Anaphe bemerken, dass sie Kretas Gewässer verlassen und eine neue Insel erreicht haben. Diese Erzähltechnik findet sich auch, als die Argonauten in der Syrte aus dem Schiff steigen (vgl. ad 1245–1249).

Κρηταῖον ὑπὲρ μέγα λαῖτμα θέοντας Vorbild ist ein Verspaar aus Odysseus' Kreta-Erzählung bei Eumaios (ἡ δ' ἔθεεν βορέῃ ἀνέμῳ ἀκραέι καλῷ / μέσσον ὑπὲρ Κρήτης, Od. 14,299 f.; vgl. ad 1694–1701), in Frage kommen weitere Partien (Od. h. Ap. 481; Call. Jov. 34, Dian. 41). μέγα λαῖτμα ist häufige poetische Junktur (z. B. Il. 19,267; Od. 4,504; 5,174; 7,35 etc.; h. Ap. 481; 469; Hes. Op. 164; Ephor. fr. 199,13; Ar. Av. 1563; vgl. Delage 1930, 273; Livrea 1973, ad 980, dort fehlt Ar. Av. 1563), die Ap., den hom. Vorbildern (Od. 12,371 ff.; 14,299 f.; vgl. ad 1694–1701) verpflichtet, ausschließlich von der Fahrt der Helden über das offene Meer nach Passieren der Inseln Sizilien und Kreta verwendet (4,980; 1694). Die Handlung wird so zwar im odysseischen Kosmos verortet. Ap. wählt jedoch die Abenteuer der Argonauten oft in Abgrenzung zu denen des Odysseus – so nimmt die Argo z. B. den Weg durch die Plankten, an den Rindern des Helios segelt sie vorbei (4,920–932; 4,961–981; vgl. Knight 1995, 160 ff.). Bei Theokrit steht μέγα λαῖτμα bezeichnenderweise ebenfalls für die Fahrt der Argo, die mit dem Flug eines Adlers über das weite Meer verglichen wird (Theocr. 13,24). Später bei Tryphiodor und Quintus (Tryph. 119; Q.S. 3,102; 7,307; 14,590).

1695 νὺξ ἐφόβει Odysseus' Mannschaft gruselt sich im hom. Vorbild schon beim Gedanken an eine Unterweltsfahrt fürchterlich (ὣς ἐφάμην, τοῖσιν δὲ κατεκλάσθη φίλον ἦτορ, / ἑζόμενοι δὲ κατ' αὖθι γόων τίλλοντό τε χαίτας, Od. 10,566 f.). Die Argonauten dagegen werden plötzlich am hellen Tag von Dunkelheit überrascht, sie fürchten sich, Jason reagiert aber sofort (vgl. ad 1696; 1699). Die Anaphe-Episode weist überdies motivische Parallelen auf zur Beschreibung vom Auflaufen der Argo in der Syrte. Ein Sonnenfinsternis-Gleichnis illustriert dort die Verzweiflung der Argonauten. Die Beschreibung der Sonnenfinsternis gleicht lexikalisch der plötzlichen Nacht bei Anaphe – nur dass während der Sonnenfinsternis im Gleichnis immerhin die Sterne zu sehen waren (vgl. ad 1286 f.), die nun nicht mehr zu sehen sind (1696 f.). Während Ap. die Reaktion auf die Lage in der Syrte ausführlich beschreibt, wird sie hier nur kurz erwähnt (1695; 1699 ff.). In beiden Gefahrensituationen bringt eine Gottheit die Lösung (vgl. ad 1305 ff.; ad 1706 ff.). Ähnlich wie bei Ap. in der Syrtenepisode hat Kallimachos für die Anaphe-Episode die Reaktion des Tiphys und der anderen Argonauten im Einzelnen beschrieben: Tiphys ist ratlos, alle fürchten sich, Polydeukes rudert blind (Call. fr. 17,8 Pf.; fr. 17,11 Pf.; fr. 17,12 ff. Pf.). Die Erlebnisse in der Syrte und die aitiologischen Episoden kurz vor der Rückkehr nach Europa bilden durch die lexikalische und motivische Verknüpfung den Rahmen für die Libyenepisode. Zugleich wirkt dieser letzte, kurze Schrecken als retardierendes Element, das effektiv die folgenden, scherzhaften Elemente des Aitions für den Kult des Apollon Aigletes kontrastiert (vgl. ad 1720–1730).

κατουλάδα κατουλάς vor Ap. nur bei Sophokles (ἐπεύχομαι δὲ νυκτὶ τῇ κατ ουλάδι, S. fr. 433 Radt; vgl. auch Schol. A.R. 4,1695). Hergeleitet wird es bei antiken Lexikographen entweder von κατειλέω, „einhüllen" oder von ὀλοός (vgl. Hsch., s.v. κ 1857; Phot. s.v. κ 488). Livrea vermutet anhand der Worterklärungen, dass Photios sich von der *Arg.*-Passage inspirieren ließ und alexandrinisches Material sammelte, während Eustathios und das *Etymologicum Gudianum* von Photios abhängen (vgl. Et.Gud.s.v. κατουλάς; Eust. 2,84,41 ff.; Livrea 1973, ad loc.). Ap. verdeutlicht glossenartig im folgenden Vers, dass er κατουλάς von ὀλοός herleitet (1696; vgl. Vian / Delage 1996[2], 142 Anm. 3).

1696 νύκτ' ὀλοήν Hom. Vorbild ist die Dunkelheit der Unterwelt (ἀλλ' ἐπὶ νὺξ ὀλοὴ τέταται δειλοῖσι βροτοῖσι, Od. 11,19). In Zusammenhang mit dem Tod bzw. dem Einzug in den Hades stehen auch die Erwähnungen der νὺξ ὀλοή in der *Ilias* (Ζεὺς δ' ἐπὶ νύκτ' ὀλοὴν τάνυσε κρατερῇ ὑσμίνῃ, Il. 16,567; νύχθ' ὕπο τήνδ' ὀλοήν, 22,102). Die Junktur νὺξ ὀλοή steht bei Hesiod von der personifizierten Nacht (Hes. Th 224; 757). Der Eingang der kurzen Anaphe-Episode ist als Kontrafaktur der Unterweltfahrt des Odysseus gestaltet (vgl. ad 1695; ad 1696 f.; ad 1699) – es folgt jedoch keine Totenschau, sondern freudiges Kultstiften der Argonauten (1706–1730). Der Kontrast zur Unterweltsdunkelheit lässt das folgende Aition umso reizvoller wirken.

1696 f. οὐκ ἄστρα διΐσχανεν Das Verb διϊσχάνω begegnet nur hier. Ap. verwendet sonst das hom. Simplex ἰσχάνω in der Bedeutung „hindern, abhalten" (vgl. Il. 14,387; 17,747; Hes. Op. 495; h. Bacch. 13; h. Cer. 479) nur in spezifischem Kontext: Beschreibt das Verb in der *Ilias* das Abwehren eines Angriffs, so verwendet Ap. es von einer inneren oder äußeren Kraft, die Handlungen verhindert, die der ἔρως einer verliebten Frau (Hypsipyle, 1,902; Medea, 3,612; 4,108) eingibt. διϊσχάνω bezeichnet dagegen eine spezifische Eigenschaft, die dem Licht der nächtlichen Gestirne zukommt, dass sie die vollkommene, leere Dunkelheit, „zugleich durchbrechen und abhalten", also vollständige Dunkelheit durch ihr Licht verhindern. Dies ist im Fall der Dunkelheit vor Anaphe nicht der Fall, sie ist vollkommen, kein einziger Stern erhellt sie (μέλαν χάος, 1697; vgl. Vian / Delage 1996², 67; N.C. ad 1998, N. Add. ad 1698; Livrea 1987, 189; Hunter 1991, 98 f.). Hier zeigt sich Einfluss einer historiographischen Perspektive auf Sonnenfinsternisse, berichtet doch etwa Thukydides, dass eine Sonnenfinsternis nur bei Neumond erfolgen kann und dass bei vollkommenen Finsternissen einzelne Sterne sichtbar werden (Th. 2,28). Ähnlich wird in den *Arg.* auch die Dunkelheit auf der Insel des Ares beschrieben, auf die ein fürchterlicher Sturm folgt (κελαινὴ δ' οὐρανὸν ἀχλὺς / ἄμπεχεν, οὐδέ πῇ ἄστρα διαυγέα φαίνετ' ἰδέσθαι / ἐκ νεφέων, σκοτόεις δὲ περὶ ζόφος ἠρήρειστο, 2,1103 ff.). Die zweifache, sternenlose Dunkelheit platziert Ap. – wie zuvor schon die Seestürme oder die Begegnungen mit Prometheus und Talos (vgl. ad 1232 ff.; ad 1679 f.; Teil I.C) – an thematisch und strukturell bezogenen Stellen: Die Momente sternenloser Dunkelheit markieren am Ende der Bücher 2 und 4 das bevorstehende Ende des Hin- bzw. des Rückweges der Argo nach und von Kolchis.

1696 f. οὐκ ἀμαρυγαὶ / μήνης ἀμαρυγή ist selten in der frühen Dichtung (h. Merc. 45; Ar. Av. 925; Eudox. fr. 96,5). Bei Arat vom Leuchten des Sirius (Arat. 676). Hier vom Strahlen des Mondes, sonst bei Ap. für das Leuchten des Abendsterns (2,42) sowie das Strahlen aus Medeas Augen (3,1017 f.). Das verwandte Substantiv ἀμάρυγμα dagegen von kurzen Blicken oder Lichtblitzen (A.R. 3,288; 4,847; vgl. Sapph. fr. 16,18 LP; Bacch. 9,36; Theocr. 23,7), das Verb ἀμαρύσσω vom Aufleuchten des Goldenen Vlieses (A.R.

4,178; 4,1146). Eine ähnliche Junktur bei Maximus (Σεληναίης ἀμαρυγήν, Max. 4,52).

1697 οὐρανόθεν δὲ μέλαν χάος Vorbild ist u. a. Od. 11,17 ff. (vgl. ad 1696). Für μέλαν χάος nimmt man hesiodeischen Einfluss an. Ap. wende sich im Anschluss an Hesiod gegen die spätere Verortung des Chaos in der Luft (z. B. Bacch. 5,27; E. fr. 448; Ar. Nub. 424; 627; Av. 1218; Simm. Pter. 7; Arist. Ph. 208b28) und siedele das Chaos wieder in der Unterwelt an (Livrea 1973, ad loc.). Bevor Erde und Tartaros existierten, gab es nach Hesiod nur das leere Chaos (Hes. Th. 116; 736–745; 807–814). Auch in anderen Kosmogonien steht zu Beginn eine dunkle Entität, z. B. Aer und Nyx bei Epimenides (Epimenid. fr. B1) oder Caligo und Chaos bei Hygin (Hyg. Poet. Astr. Prae f. 1,1; vgl. West 1966, ad 116). Diese urzeitliche Dunkelheit wird hier jedoch nicht aus bloßem Interesse an kosmogonischen Entitäten zitiert, vielmehr weist Ap. ihr eine neue Funktion zu. Das Chaos vor Anaphe ist das letzte Hindernis, das die Helden der Argo auf ihrem Weg als Zivilisationsstifter durch die Oikoumene zu überwinden haben. Das Chaos deutet hier ein letztes Mal – ähnlich wie der Bronzeriese Talos (vgl. ad 1625–1693) – das vergangene Zeitalter an und markiert den Beginn des neuen Heroenzeitalters (vgl. Teil I.D).

1698 ὠρώρει Vorbild ist hier eine hom. Wendung (ὀρώρει δ' οὐρανόθεν νύξ, Od. 5,294; 9,69; 12,315), ähnlich vom Tagesbeginn (ἐπ' ἤματι δ' ἦμαρ ὀρώρει, 2,473; vgl. εἰ μέσον ἆμαρ ὄροιτο, Theocr. 13,10). Die Perfektformen des Verbs ὄρνυμι verwendet Ap. wie im hom. Vorbild in der Bedeutung „aufkommen, sich erheben" (2,473; 3,739), sonst im Sinn von εἶναι (vgl. 1,713; 1,1291; 2,312), manchmal sind beide Bedeutungen denkbar (3,457).

σκοτίη σκότιος wird bei Ap. adjektivisch (1,810; 3,1379; 4,60) nach hom. Vorbild (Il. 6,24) verwendet (vgl. Livrea 1967, 435 f.; Livrea 1973, ad 60), ähnlich bei Euripides (ὦ σκοτία νύξ, E. Hec. 68; Alc. 268) und Kallimachos (γενέθλη / Ζηνὸς ... σκοτίη, Call. Aet. 55,3 Pf.). Vollständige, sternenlose Dunkelheit heißt in den *Arg.* auch σκοτόεις ζόφος (2,1105; vgl. ad 1696).

μυχάτων ... βερέθρων Zu μυχάτος vgl. ad 1625. βέρεθρον ist hom. δίς λ., dort vom Tartaros sowie von der Höhle der Skylla (Il. 8,14; Od. 12,94), bei Ap. nach hom. Vorbild von der Unterwelt (noch 2,642 ff.). Die vollkommene Dunkelheit lässt die Argonauten glauben, dass sie sich tatsächlich in der Unterwelt befinden (vgl. ad 1699 f.).

1699 f. εἴ τ' Ἀίδῃ εἴ θ' ὕδασιν ἐμφορέοντο Die Wendung ὕδασι ἐμφορέοντο begegnet zwei Mal (noch 4,626) und ist dem hom. κύμασιν ἐμφορέοντο (Od. 12,419; 14,309) nachempfunden. Die Fahrt der Argo durch die Dunkelheit weist motivische Gemeinsamkeiten auf mit der Fahrt der Sonnenbarke in der ägyptischen Sonnenmythologie (vgl. Hunter 1991, 98 ff.; Stephens 2003, 224 ff., 236 f., 255 f.; Noegel 2004, 131).

1700 ἠείδειν Seltene Form (Plqpf. 3. P. Pl.; vgl. ᾔδειν, 2,65; ἠρήρειν, 4,947), womöglich in Anlehnung an die Analogie ἦν = ἦσαν ist (z. B. Hes. Th. 321) gebildet (so Schol. A.R. 2,65; vgl. Wackernagel 1916, 183 Anm. 2; Marxer 1935, 21; West 1966, ad 321; Livrea 1973, ad 947).

1701–1714 Der zweite Teil der Anaphe-Episode gibt Jasons Gebet an Apoll in indirekter Rede wieder. Es folgt eine Apoll-Apostrophe des Erzählers. Daraufhin erscheint der Gott selbst und lässt mit dem Licht seines goldenen Bogens die kleine Sporadeninsel erscheinen, die den Namen Anaphe tragen wird. Als das Tageslicht zurückkehrt, schlägt Jasons Gebet den Bogen zum Beginn der *Arg*. Kurz vor der Abfahrt betet er ebenfalls zu Apoll, wobei er die Argo-Fahrt unter dessen Patronat stellt und Opfergaben verspricht (1,411–424). Jasons Gebete an Apoll bilden so einen Rahmen für die gesamte Fahrthandlung (Hutchinson 1988, 92). Überdies entspricht Jasons Gebet hier strukturell der Bitte des Phrixossohnes Argos, der kurz vor Ende der Hinfahrt im zweiten Buch mit seinen Brüdern von Dunkelheit und Sturm überrascht wird (2,1123–1133). Diese Bitte findet wiederum einen Gegenpart in Medeas Bitte zu Beginn der Rückfahrt, in der sie Jason und die Argonauten anfleht, sie nach Griechenland mitzunehmen. So steht jeweils zu Beginn und Ende der gesamten Fahrt ein Gebet Jasons an Apoll, zu Beginn und Ende der Hin- bzw. Rückfahrt stehen die korrespondierenden Bitten der Kolcher Argos und Medea. Gebete einzelner Argonauten an verschiedene libysche Gottheiten dienen parallel dazu als Strukturelemente in der Libyenepisode. Jeder der vier Teile der Libyenepisode weist ein Gebet an eine Gottheit auf (vgl. Teil I.C; ad 1333–1336; ad 1411–1421; ad 1597–1600).

1700 f. ἐπέτρεψαν .../ νόστον, ἀμηχανέοντες ὅπῃ φέροι Zur ἀμηχανίη vgl. ad 1259. Wie Jason dem Plan des Argos, Medeas Hilfe zu erbitten, zunächst nur in Ermangelung von Alternativen zustimmt (3,487 f.), vertrauen die Helden aus Ratlosigkeit ihre Route dem Willen des Meeres an, denn der Steuermann kann nicht navigieren. Die ausweglose Situation erinnert an die Verzweiflung der Helden in der Syrtenwüste (vgl. ad 1276–1304). In beiden Situationen wird Jason zum Initiator der Rettung (vgl. ad 1701 ff.). Die Syrtenepisode und die Anaphe-Episode, die jeweils bei Ankunft der Argo in Libyen bzw. kurz vor ihrer Rückkehr nach Europa stehen, rahmen durch diese motivische Entsprechung die Libyenepisode. Kallimachos verwendet eine ähnliche Formulierung für die schwimmende Insel Delos (Call. Del. 194). Für die Fahrt der Trojaner von Kreta in Richtung Strophaden übernimmt Vergil die orientierungslose Fahrt durch sternenlose Dunkelheit (Verg. A. 3,201–204).

IV. 4,1627–1772 Transitorische Episoden: Kreta, Anaphe, Thera, Aigina   373

1702–1705 Jasons Gebet Inhaltliche und wörtliche Übereinstimmungen mit Jasons Bitte an Apoll weist ein Fragment gleichen Inhalts aus den Partien des ersten Buches der *Aitien* auf, das von der Argonautenfahrt handelt (Call. fr. 7–21 Pf., hier: fr. 18,6 ff. Pf.; vgl. z. B. 1703; 1704 f.). Dort geht dem Gebet Jasons eines der Dioskouren voraus (Call. fr. 18,1 ff.), das bei Ap. kein Pendant hat. Beide Dichter beschreiben Jasons Gemütszustand, geben sein Gebet in indirekter Rede wieder und schließen eine Apoll-Apostrophe des Erzählers an (vgl. ad 1707; zur Prioritätsfrage vgl. Pfeiffer 1949, 17; Webster 1963; Bulloch 1977; Hopkinson 1988, 7 f.; Rengakos 1992a; Sier 1993; Albis 1995; Lefkowitz 2008[2]. Murrays (2014) Datierung der *Arg.* ins Jahr 238 v. Chr. verleiht der Annahme neues Gewicht, dass die erhaltene Version der *Arg.* jünger ist als die ersten beiden *Aitien*-Bücher; vgl. auch Klooster 2019). Jasons Gebet folgt dem typischen dreiteiligen Muster, das Gebete im hom. Epos aufweisen (*invocatio*: 1701 f., *preces*: 1703, *pars epica* oder Rechtfertigung des Bittenden: 1704 f.; vgl. z. B. Il. 1,37–42; Norden 1956, 143–163), wird aber in indirekter Rede und verkürzter Form vom Erzähler wiedergegeben. An relevanten Punkten der Handlung, die für eine emotionalisierende, unmittelbare Darstellungsweise im Grunde geeignet sind, schafft der Erzähler häufig Distanz zum Geschehen mit autoreferentiellen Kommentaren (vgl. ad 1305 ff.; 1381 ff.; 1400–1407; 1423–1428; 1490–1496; 1508–1517; 1673 ff.; 1706 f. sowie Teil I.E). Ausgerechnet kurz vor Ende der Heimfahrt, als ein letztes Mal Gefahr droht, wird Jasons Gebet verkürzt und in indirekter Rede wiedergegeben. Die Apostrophe übernimmt entsprechend der Erzähler, der so in Vorwegnahme des Epilogs ins Zentrum des Interesses rückt (vgl. ad 1706).

1702 χεῖρας ἀνασχόμενος In Kallimachos' Anaphe-Aition reckt Jason ebenfalls die Hände zum Gebet in die Höhe (σοὶ χέρας ἠέρ]ταζεν, Ἰήιε, Call. fr. 18,5 f. Pf.). Ap. übernimmt jedoch die für den Bittgestus häufige Formulierung χεῖρας ἀνέχειν (vgl. z. B. Il. 1,450; 3,318; Od. 13,355; Archil. fr. 169; Tyrt. fr. 19 West; E. El. 593), die in den *Arg.* auch sonst zum Einsatz kommt (2,69; 3,257; 4,593; 4,808; vgl. χεῖρας ἀείρας, 1,248; 1,1025; 4,282; Livrea 1973, ad 228, ad 593, ad loc.; Massimilla 1996, 275 ad 1,20,6).

μεγάλῃ ὀπί Die Junktur bezeichnet Odysseus' Redetalent im Gegensatz zu seinem linkischen Äußeren (ὄπα τε μεγάλην ἐκ στήθεος εἴη, Il. 3,221). Dass Jason in dieser Hinsicht über ähnliche Fähigkeiten wie Odysseus verfügt, legt auch eine Stelle im zweiten Buch nahe. In Anlehnung (Od. 17,514; 521) beschreibt der Erzähler die Wirkung von Jasons Rede auf die Mariandyner (ὁ δ' ἑξείης ἐνέποντος / θέλγετ' ἀκουῇ θυμόν, 2,771 f.). μεγάλῃ ὀπί äußerst sich außer Jason noch der rebellische Idas, wenn er ausfällig wird (1,462; 3,557).

Φοῖβον Die *Arg.* sind in mancherlei Hinsicht ein Apoll-Epos. Der Erzähler richtet sich im Proöm zuerst an Apollo, die Musen spielen eine vergleichsweise untergeordnete Rolle (ἀρχόμενος, σέο Φοῖβε, 1,1; vgl. Teil I.E). Der Gott Apoll ist zugleich der Schutzgott der Argonauten und der Argo-Fahrt insgesamt. Die Argonauten kommen mehrfach in den Genuss seiner Hilfe und erweisen ihm ihre Verehrung (1,966; 1186; 2,686–719; 927 f.; vgl. z. B. Fränkel 1968, 35 ff.; Hunter 1993b, 83ff; Pietsch 1999, 53–71).

αὔτει Mit Akkusativ der Person in der Bedeutung „um Hilfe rufen, anrufen" steht αὐτέω bei Homer (Il. 11,258), von einem Gott auch bei Euripides (αὔτευν Ἄρτεμιν, E. Hipp. 167) und Aristophanes (τί Ζῆν' αὐτεῖς; Ar. Lys. 717). Ap. verwendet αὐτέω sonst in der Bedeutung „laut rufen" (vgl. ad 1337: ἐπὶ μακρὸν αὔτει). Mit dem Verb ἐπαυτέω bezeichnet Kallimachos die ἰὴ ἰή-Rufe der Männer in Pytho, die Apollo ermuntern, auf den Drachen zu schießen (ἐπηύτησε δὲ λαός· / ἰὴ ἰὴ παιῆον, ἵει βέλος, Call. Del. 102 f.) – ein alternatives Aition zur Version des Ap., der den Ruf im Paian in einem Lied des Orpheus auf korykische Nymphen zurückführt (2,711 f.; vgl. Hunter 1986). Die Verbindung von αὐτέω und καλέω bei Aischylos (τοιαῦτ' αὐτεῖ καὶ θεοὺς γενεθλίους / καλεῖ, A. Th. 639 f.).

1703 ῥύσασθαι καλέων Dieselbe Junktur legt Ap. der Thetis in den Mund, als sie Peleus vom Plan berichtet, die Argo mit göttlicher Hilfe durch die Plankten zu manövrieren (4,859 ff.).

ἀσχαλόωντι Das Verb begegnet im hom. Epos (z. B. Il. 22,412; 24,403; Od. 1,304). Ap. verwendet es mehrfach („bedrückt, elend, sorgenvoll sein", 2,243; 489; 836; 888; 1114; 3,433; 448; 3,710; 4,138), auch vom weinenden Ankaios sowie von den Argonauten, die voll Todesangst im Syrtensand kauern (vgl. ad 1277; 1347) – eine weitere lexikalische Verbindung zwischen Syrten- und Anaphe-Episode. Ähnlich ist Medea dargestellt, als sie Kolchis verlässt (4,106 ff.). Jasons Verzweiflung vor Anaphe betont auch die Version des Kallimachos (ἀλλ' ὅγ' ἀνιάζων ὃν κέαρ Αἰσονίδης, Call. fr. 18,5 Pf.). Die Wendung imitiert Quintus (Q.S. 5,502 f.)

1704 δάκρυα Jason weint lediglich beim Abschied vom Heimatland (1,535), nachdem er zuvor noch seiner Mutter das Weinen verbieten wollte (1,250; 264 f.; 275; 297) und hier. Jasons Tränen, die nur zu Beginn der Fahrt und kurz vor ihrem Ende erwähnt werden, bilden gemeinsam mit den Gebeten an Apoll (vgl. ad 1702–1705) einen motivischen Rahmen für die gesamte Handlung. Im Kollektiv weinen die Argonauten ebenfalls nur zwei Mal, aus Mitleid mit dem Elend des Phineus – wobei nur die Dioskouren namentlich genannt werden (2,242) –, sowie in der ausweglosen Situation in der Syrte, als alle glauben, sterben zu müssen (vgl. ad 1277; 1291). Das Weinen verbindet Syrten- und Anaphe-Episode motivisch (vgl. ad 1694–1730). Im

Gegensatz zu den homerischen Helden, die bei vielen Gelegenheiten Tränen vergießen, weinen Jason und die Argonauten seltener (aus Verzweiflung, aus Trauer, aus Furcht, vgl. Föllinger 2009). Vian (Vian / Delage 1974, ad 1,535) verweist für 1,535 somit nicht ganz zu Recht auf die epische Tradition. Wenn einer der Argonauten oder ein Freund stirbt, ist von Tränen keine Rede (1,1057 ff.; 2,837 ff.; vgl. ad 1501; ad 1533–1536). Hypsipyle, Medea, weitere Frauen und Kinder (meist in Gleichnissen) weinen öfter, zumeist aus Liebespein oder aus Trauer um einen Verstorbenen (1,1067; 3,462; 661 f.; 674 ff.; 705; 708; 761; 805; 995; 1119; 4,34; 750; 1029). Zwei Mal gehören mythische Tränen zu einem Aition (Tränen Apolls, 4,612; Tränen der Heliostöchter am Eridanos, 4,605; 624 f.).

1704 f. Opferversprechen an Apollo Die Opferversprechen ersetzen hier eine echte *pars epica*, die an den Sendungsauftrag Apolls erinnern könnte (1,359 f.; 403 f.; vgl. dagegen ὅτι σήν, Φοῖβε, κατ' αἰσιμίην / πείσματ'] ἔλυσαν ἐκ[λ]ηρώσαντό τ' ἐρετμά /]. πικρὸν ἔκοψαν ὕδωρ, Call. fr. 18,9 ff.). Von den genannten Orten, Pytho, Amyklai und Ortygia, begegnen Pytho und Ortygia auch im Gebet Jasons bei Kallimachos (πολλὰ δ' ἀπείλει / ἐς Πυθὼ πέμψειν, πολλὰ δ' ἐς Ὀρτυγίην, Call. fr. 18,6 f. Pf.). Jason ergänzt anlässlich der bedrohlichen Dunkelheit vor Anaphe seine Opferversprechen, die er am heimischen Strand von Pagasai gelobt hat (vgl. 1,416–419).

πολλά ... πολλά .../ πολλά Zu beiden Gelegenheiten bestehen Jasons Opferversprechen aus drei Gliedern, die hier durch dreifache Anapher mit πολλά gleichberechtigt nebeneinander stehen. Dagegen heben die Opferversprechen für Apoll zu Beginn den Altar in Iolkos hervor. Die beiden anderen Apollo-Heiligtümer werden dort mit ἄλλα angefügt (1,417 f.). Anapher mit πολλά findet sich wie in den hom. Gedichten (Il. 9,464 ff.; Od. 2,373 f.; 22.47 f.; h.Ven. 125 f.) auch sonst bei Ap. (2,471; 4,1011 f.; 1219 f.) und in hellenistischer Dichtung, etwa bei Kallimachos zur Beschreibung der ebenfalls dreigliedrigen Sehersprüche des Teiresias, in einer Apoll-Apostrophe und bei Theokrit (Call. Lav. Pall. 125 f.; Call. fr. 399 Pf.; Call. Ap. 70 f.; Theocr. 1,74 f.).

1704 Ἀμύκλαις Amyklai südlich von Sparta war seit dem 8. Jhd. v. Chr. berühmt für sein Heiligtum mit hohem Standbild und dem marmornen „Thron des Apoll", der ca. 530 v. Chr. errichtet wurde (Pol. 5,19,2; Str. 8,5,1; 4; Paus. 3,18,6 ff.; vgl. z. B. Delivorrias 2009).

1705 Ὀρτυγίην Der Name Ortygia wird in der *Odyssee* erwähnt (Od. 5,123; 15,404) und wurde in der Antike verschiedenen Orten zugeordnet: Delos, einem Stadtteil von Syrakus auf Sizilien (vgl. Pi. P. 2,6; O. 6,92), einem Ort in Aitolien (Tac. Ann. 3,61) oder einem Hain bei Ephesos (vgl. Schol.

A.R. 1,419; Str. 14,1,20). Der hom. *Apollon-Hymnos* unterscheidet Ortygia explizit von Delos als Geburtsort von Artemis und Apollo: τὴν μὲν ἐν Ὀρτυγίῃ, τὸν δὲ κραναῇ ἐνὶ Δήλῳ (h. Ap. 16; vgl. Eichgrün 1961, 260 Anm. 38; Williams 1978, ad 59; Stephens 2015, 102). Da Jason von den drei ältesten und bekanntesten Apollo-Heiligtümern spricht, ist hier aber Delos gemeint (vgl. 1,537; Call. Ap. 59; fr. 18,7 Pf.; Epigr. 62,2 Pf.).

ἀπερείσια δῶρα κομίσσειν Der Ausdruck stellt eine Umgestaltung der hom. Formel ἀπερείσι' ἄποινα dar (z. B. Il. 1,13; 372; 6,49; 427; 9,120). Jasons Gebet zu Beginn der *Arg.* wird zitiert (ἀπερείσια δῶρα κομίσσω, 1,419). Vorbild sind Agamemnons Versprechen an Odysseus, der den Ausdruck mit einer Liste weiterer δῶρα verknüpft (Il. 9,120 f.; vgl. Orph. fr. 23,15 f. D.-K.). Die Junktur δῶρα κομίζειν ist sonst nur in historischer Prosa belegt (Hdt. 3,97,21; X. Cyr. 3,3,2; Ctes. fr. 45 d 39; Theopomp. Hist. fr. 263a6), außerdem in einem Ap. zugeschriebenen Fragment des *Canobus* (*Τέρψει δὲ νηῶν ὁ γλυκύς σε χωρίτης / πλόος κομίζων δῶρα πλουσίου Νείλου, A.R. fr. 2 CA; die Autorschaft ist umstritten, vgl. Krevans 2000, 76 ff.; Sistakou 2008a, 312 ff.). Nonnos greift den Ausdruck auf (z. B. Nonn. D. 4,260; 16,106; 37,103; 777; 42,416).

1706 ff. Apollos Epiphanie Apollo erscheint den Argonauten bei Anaphe zum zweiten Mal, die erste Erscheinung findet auf der Hinfahrt auf der Insel Thynias statt. Die Argonauten sind eben mit viel Mühe den Symplegaden entronnen, als sie den Gott im Morgengrauen nach nächtlicher Ruderarbeit erblicken (2,669–719). Sie richten den Blick zu Boden, erbauen auf Orpheus' Rat einen Altar und benennen die Insel nach dem „Apoll am Morgen" (2,686–693; vgl. ad 1714 ff.). Die strukturellen Parallelen beider Episoden sind offenkundig. Die Argonauten sind auch vor Anaphe eben knapp den Herausforderungen Libyens entkommen, als ihnen Apoll in plötzlicher Dunkelheit erneut erscheint. Seine Hilfe bei Anaphe wird durch ihr gottesfürchtiges Verhalten nach der ersten Begegnung motiviert. Bei der ersten Begegnung fügt Ap. zwei Aitien an. Anlässlich des Opfers berichtet Orpheus von der Entstehung des Apollonhymnos (2,701–713). Nach dem Fest schwören die Argonauten einander einen Eid, sich zu helfen und stiften einen Altar für die Ὁμόνοια (2,714–719). Auch auf Anaphe zieht das Zusammentreffen Aitien nach sich. Die Insel wird nach Apollo Aigletes benannt, es wird ein Altar errichtet und die Aischrologie von Anaphe ins Leben gerufen (vgl. ad 1714–1730). Die Episode greift dessen Epiphanien im Lager der Griechen auf und kehrt die vorbildhafte hom. Szene um (vgl. Il. 1,8–52). Während der Gott in der *Ilias* νυκτὶ ἐοικώς (Il. 1,47) Verderben und Krankheit bringt, wird er von Ap. als Vertreiber nächtlicher Dunkelheit, als helfende Gottheit und Lichtbringer inszeniert. Dies ist zum einen dem Aition geschuldet, das seinen Beinamen Aigletes erklärt (vgl. Hunter 1986, 52 ff.; dagegen Bremmer

2005, 20). Zum anderen ist eine Epiphanie Apolls im Hymnos traditionell mit hellem Glanz verbunden (vgl. h.Ap. 440 ff.; Call. Ap. 9). Im 3. Jhd. v. Chr. tritt überdies Apollos Bedeutung als Sonnengott stärker hervor (vgl. ad 1716; Williams 1978, ad 9; Graf 2009, 151 f.; Stephens 2003, 233 f.; Noegel 2004). Insgesamt sind Begegnungen der Argonauten mit olympischen Göttern selten. Anderen Gottheiten und göttlichen Wesen begegnen die Argonauten häufiger (Athene, 2,598 ff., Hera, 4,508 f., 4,753 ff., Triton, vgl. ad 1573 ff., Hesperiden, vgl. ad 1337–1380; ad 1422–1449). Apolls Neigung zur Epiphanie betont Kallimachos (z. B. Call. Ap. 9 ff.). Eine andere Version von Apolls Erscheinung bei Anaphe gibt Konon: Der Gott bewirkt, dass die Insel sich erst aus den Tiefen des Meeres erhebt (FGrH 26 F 1,49 J.).

1706 Λητοΐδη Das Metronym begegnet zuerst im hom. *Hermes-Hymnos* (h. Merc. 158; 253; 403; 508; 513; 524), dort auch im Vokativ in einer Rede des Hermes an Apoll (Λητοΐδη τίνα τοῦτον ἀπηνέα μῦθον ἔειπας, h. Merc. 261) sowie bei Hesiod (Hes. Sc. 479; fr. 51,3 M.-W.; vgl. Thgn. 1120; Pi. P. 1,12; 3,67; 4,3; 4,259; 9,5; N. 9,53; Bacch. 3,39; Russo 1950, ad 479; Vergados 2013, ad 158). An gleicher Versposition stehen Anrede und Pronomen, als sich Tiphys nach der Durchquerung der Plankten an Jason wendet (2,615 f.). Jasons verzweifeltes Gebet in der Dunkelheit wird hier in indirekter Rede und gerafft wiedergegeben. Statt Jason zu Wort kommen zu lassen, übernimmt der Erzähler die Apostrophe. In Zusammenwirkung mit der mittelbaren Wiedergabe des Gebets wird dessen Präsenz deutlich spürbar (vgl. ad 1704 ff.; Teil I.E).

τύνη δὲ κατ' οὐρανοῦ ἵκεο Der Erzähler fährt fort, in der zweiten Person von Apolls Erscheinen zu berichten. Bei Kallimachos dagegen folgt auf die Apostrophe die Rückkehr zur indirekten Rede in der dritten Person (Φοῖβε, κατ' αἰσμίην πείσματ' ἔλυσαν, Call. fr. 18,9 f. Pf.). Die Form τύνη steht bei Ap. oft nach der Penthemimeres (1,901; 2,615; 3,508; 1109; 4,88; 414; vgl. Il. 6,262), im frühen Epos häufiger am Versbeginn (Il. 5,485; 12,237; 16,64; 19,10; 24,465; Hes. Th. 36; Op. 10; 164; vgl. 3,940; 4,414; Call. Dian. 124). κατ' οὐρανοῦ steht bei Homer und Euripides von Göttern, die sich auf die Erde begeben (Il. 6,128; Od. 7,199; E. Hel. 491; 1671) oder von ihrer Wohnstatt (E. Heracl. 9; Hipp. 76).

1706 f. πέτρας ... Μελαντείους Die Argo treibt auf gefährliche Klippen zu, als Apoll erscheint. Die Klippen erwähnt auch Kallimachos (Μελαντείους δ' ἐπὶ πέτρας, Call. fr. 19 Pf.; vgl. ad 1702–1705; vgl. Orph. A. 1355). Wo Ap. und Kallimachos die Felsen verorten, bleibt vage. Laut Strabo befinden sie sich im Westen von Samos zwischen Ikaria und Mykonos, also nördlich von Anaphe, Naxos und Amorgos (Str. 14,1,13; vgl. Stad. 280,6; 284,16). Das Scholion zur Stelle verortet die Felsen in der Nähe von Thera und fügt hinzu, dass sie nach einem Melas benannt sind (Schol. A.R. 4,1707). Bei den Melantischen Felsen könnte es sich auch um zwei der Insel Anaphe vorgelagerte Klippen handeln, Pachia und Makria (Hiller von Gaertringen 1899, 352 m. Abb.; Delage 1930, 273 f.).

1707 ἀριήκοος Das seltene Adjektiv wird als kallimacheische Neubildung in Anlehnung an vergleichbare Zusammensetzungen betrachtet (ἀριπρεπής (z. B. A.R. 4,1192), ἀρίγνωτος, ἀριδείκετος, ἀνήκοος, ἐπήκοος, εὐήκοος etc.) und meist im Sinn von „bekannt" wiedergegeben (Call. Del. 307 f.). Hier hingegen muss die Bedeutung „bereitwillig erhörend" sein (vgl. λίαν ἐπήκοος, Schol. A.R. 4,1707; vgl. Kuiper 1896, 187; Livrea 1973, ad loc.; Mineur 1984, ad 308; Vian / Delage 1996², N.C. ad loc.). Eine Lösung für beide Belegstellen bei Weinreich (1912, 56): „much inclined to give ear". ἀριήκοος ist erst wieder bei Nonnos belegt (Nonn. Par. 10,57; vgl. Procl. H. 2,14; Dam. Isid. 279,3; Phot. 351 b5). Hyperbaton von Λητοίδη, τύνη (1706) und zugehörigem ἀριήκοος umschließt κατ' οὐρανοῦ und πέτρας ... Μελαντείους in abbildender Wortstellung. Dass der Gott den Weg zu den Melantischen Felsen, wo sich die Argo befindet, tatsächlich auf Jasons Bitte zurücklegt, wird so hervorgehoben.

1708 δοιάων δὲ μιῆς Eine ähnliche Formulierung wird vom Platznehmen der Argonauten auf den Ruderbänken zu Beginn der Fahrt gebraucht (1,395 f.).

ἐφύπερθεν ὀρούρας Das Adverb ἐφύπερθεν mehrfach im hom. Epos in der Bedeutung „darüber" (Il. 9,213; 14,184; 24,645; Od. 14,150). Bei Ap. auch in präpositionaler Verwendung mit Genitiv (vgl. 2,393; 3,217; dagegen 3,834; 4,176). Vorbildhaft dürfte Arats Sternbild des „mühebeladenen Mannes" sein (μέσσῳ δ' ἐφύπερθε καρήνῳ / δεξιτεροῦ ποδὸς ἄκρον ἔχει σκολιοῖο Δράκοντος, Arat. 69 f.). Auch die Statue des Liebesgottes bei Theokrit kommt „von oben herab" und tötet den Knaben im *Erastes* (Theocr. 23,50 f.).

1709 δεξιτερῇ ... ἀνέσχεθες Motivische Vorbilder aus *Ilias* und *Odyssee* (Il. 1,450; Il. 22,33 f.; Od. 19,448 etc.). Die hom. Formel bezeichnet in der Regel das Heben der Hände bei einem Menschen, oft als Bittgestus, so auch von Jasons Gebet. Bei seinem Erscheinen hebt nun Apoll den rechten Arm mit dem Bogen und spiegelt so Jasons Bittgeste (vgl. ad 1702).

χρύσειον ... τόξον Den goldenen Bogen hat Apoll auch in Hymnos und Drama bei sich (h. Ap. 7 ff.; h.Ap. 13; Ar. Th. 108 f.; Call. Ap. 32 ff.). Artemis hat ebenfalls einen goldenen Bogen oder goldene Geschosse (h. 27,5; Pi. P. 3,10). Das pindarische χρυσότοξος findet sich nur noch bei Isyllos (Pi. O. 14,10; Isyll. fr. 48). Das im alten Epos geläufige Epitheton ἀργυρότοξος

(z. B. Il. 1,37; 2,766; Od. 7,64; 15,410; h. Ap. 140; 178 etc.) greifen weder Ap. noch Kallimachos auf. Der Bogen Apolls bei der ersten Begegnung mit den Argonauten ist jedoch silbern (λαιῇ δ' ἀργύρεον νώμα βιόν, 2,678, vgl. ad 1706 ff.). Einen silbernen Bogen trägt Apoll in der Dichtung vor Ap., wenn er als unheilvoller Rächer auftritt oder frühzeitigen Tod bringt (Il. 1,49; Il. 24,605; Od. 7,64; h. Ven. 151f; Pi. O. 9,32 f.). Bei der ersten Begegnung versetzt der Gott die Argonauten in große Furcht, das Land erzittert unter seinen Füßen, er beachtet aber die Argo nicht (2,674–684). Bei Kallimachos tötet Apollo den Drachen von Delphi mit dem goldenen Bogen (Call. Ap. 99). Artemis hat den Silberbogen, mit dem sie Unheil über die ungerechten Städte bringt (Call. Dian. 119–128; vgl. auch Orph. A. 1356; Apollod. 1,9,26).

ὑψόθι Das im hom. Epos seltene Adverb ὑψόθι (nur Il. 10,16; 17,676; 19,376) findet in den *Arg.* häufig Gebrauch (1,590; 2,354; 933; 1282; 4,46 etc.), während das verwandte, im alten Epos geläufige Adverb ὑψόσε (Il. 10,505; 11,307; 18,211; 21,269; Od. 8,375; 12,238) sparsam eingesetzt wird (nur 3,957). ὑψόθι steht in Prosa nur bei Hippokrates (Hp. Mul. 1,64,32), in der Dichtung häufig (Arat. 87; 404; 485; 558; 992; Theocr. 1,29; 16,95; 24,57; Euph. fr. 423,9 L.-J.-P.). Bei Kallimachos von der Göttin Rhea (Call. Jov. 30).

1710 μαρμαρέην ... αἴγλην Die Junktur zuerst hier, dann nur bei Nonnos (Nonn. D. 4,380; 18,71). Ähnlich beschreibt Aristophanes das Himmelsauge (μαρμαρέαισιν αὐγαῖς, Ar. Nub. 286). Das Adjektiv steht im frühen Epos von Zeus' Aigis, vom Rand des Schildes für Achill, vom Meer sowie den Toren des Hades (Il. 14,273; 17,594; 18,480; Hes. Th. 811). Der Bogen Apolls ist im *Hymnos* bekannt für seine Strahlkraft (h. Ap. 4). In der plötzlichen Finsternis erhellt hier der Bogen die gesamte Umgebung (πάντοθεν). Das Hyperbaton μαρμαρέην ... αἴγλην sowie die Mittelstellung von βιός bilden diesen Umstand durch die Wortstellung ab.

ἀπέλαμψε βιὸς πέρι πάντοθεν Vorbild ist eine Szene, in der Zeus auf Aias' Gebet hin Licht ins Schlachtgetümmel bringt (Il. 17,628–650; bes. 17,650: ἠέλιος δ' ἐπέλαμψε; vgl. ad 1711). In Kallimachos' Version zerteilt sich in diesem Moment eine Nebelwolke (ἀμιχθαλόεσσα ἠήρ, Call. fr. 18,8 Pf.; ἐτμήγη δὲ κύφελλα; Call. fr. 20 Pf.; vgl. ad 1702–1705). Die Zuordnung basiert auf der Parallelepisode der *Arg.* (vgl. Massimilla 1996, 278 f., ad 1,21; 279, ad 1,22). Wie auch nach anderen Apostrophen (vgl. ad 1389; ad 1485; ad 1676) wechselt die Erzählerrede nun zurück in die dritte Person.

1711 f. Anaphes Erscheinung Die Insel, die in der Antike den Namen Anaphe trägt und auf der sich ein Heiligtum des Apollo Aigletes befindet, ist 35 Quadratkilometer groß, heißt heute Anaphi und zählt zu den südlichen

Randinseln der Kykladen (vgl. ad 1711; Philippson / Kirsten 1959 IV, 161; Kaletsch, s.v. Anaphe, in: Lauffer 1989, 112 f.). Ap. könnte die Insel aus den Schriften des Timosthenes von Rhodos über Mittelmeerhäfen gekannt haben (Schol. A.R. 4,1712; vgl. Str. 9,3,10; Plin. HN 6,15). Die Beschreibung des Auftauchens der Insel aus dem Dunkel weist Parallelen zu ägyptischer Sonnenmythologie auf (Stephens 2003, 209, 233 m. Anm 177; dagegen Bremmer 2005, 20).

1711 f. τις Σποράδων βαιή .../ νῆσος Die Junktur νῆσός τις βαιή findet sich von der kleinen Insel Psyttaleia bei Salamis (A. Pers. 448 f.). Die Insel Anaphe war jedenfalls so klein, dass sie im 3. Jhd. v. Chr. nur wenige hundert Einwohner hatte (IG XII.3 249,39; vgl. Bremmer 2005, 20). Der Name Sporaden für die ägäische Inselgruppe ist ab Ende des 4. Jhds. v. Chr. häufiger belegt (Arist. Mu. 393a 9–15; vgl. Str. 1,10,6; 2,5,21; 10,4,1; 10,5,12 ff.; D.P. 130 ff.; 144 ff.; Pompon. 2,111; Plin. HN 4,68–71; vgl. aber Hecat. fr. 139 J.). Die Abgrenzung der Sporaden von den Kykladen war umstritten. Strabo rechnet Anaphe und Thera zu den Sporaden (Str. 10,5,1; vgl. ad 1762). Bei Ps.-Skylax gehört Anaphe wie auch Thera zu den südlichen Kykladen (Scyl. 48).

1711 τόφρα Hier wie schon im hom. Epos absolut (z. B. Il. 10,498; 13,83; Od. 3,303) in der Bedeutung „da, indes" (vgl. A.R. 1,1207; 2,301; 3,275; 609; Call. fr. 260,27 Pf.; fr. 21,3 Pf.).

φαάνθη Vorbild ist eine Szene, in der Zeus sich des Aias erbarmt und das Dunkel in der Schlacht um Patroklos Leichnam zerstreut (ἠέλιος δ᾽ ἐπέλαμψε, μάχη δ᾽ ἐπὶ πᾶσα φαάνθη, Il. 17,650). Die Übernahme zielt auf eine Kontrastierung ab: Während im Vorbild das grausige Schlachtfeld sichtbar wird, erscheint den Argonauten die Insel Anaphe als Rettung in Not. Während die Schlacht im Vorbild noch lange weiter tobt, hält die Überfahrt nach diesem letzten Schrecken für die Argonauten kein Unheil mehr bereit.

1712 νῆσος ἰδεῖν ... νήσου Die kyklische *repetitio* unterstreicht die Bedeutsamkeit des wunderbaren Erscheinens der Insel Anaphe. Eine ähnliche *repetitio* findet sich in einem Vers über die Ares-Insel (καὶ νῆσον καὶ πᾶσαν ὅσην κατεναντία νήσου, 2,1116). Die Passage weist weitere Wiederholungsfiguren auf (vgl. ad 1713 f.; 1715; 1716; 1719).

ὀλίγης ... νήσου Die Junktur ist selten (ἣν διὰ πολλὰ παθὼν ὀλίγην ἐσενάσσατο νῆσον, Hermesian. 7,31 Powell). Eine ähnliche findet sich bei Kallimachos (ὀλίγην νησῖδα Καλυψοῦς, Call. fr. 470,2 Pf.). Diese Übereinstimmung wird im Sinn einer Zugehörigkeit zur Anaphe-Passage der *Aitia* ausgelegt (vgl. Livrea 1973, ad loc.; Vian / Delage 1996², N.C. ad loc.; Massimilla 1996, 451 f., ad 470,2 Pf.).

Ἱππουρίδος Die Insel Hippouris in der Nähe von Anaphe und Thera wird von Timosthenes von Rhodos und Pythainetos erwähnt (Schol. A.R. 4,1712 = Timosth. fr. 24 Wagner = Pythaen. FGrH 299,1). Wie Ap. rechnet Pomponius Mela Hippouris zu den Sporaden (Pompon. 2,111). Es handelt sich vermutlich um eine der heutigen Inseln Amorgopoula, Pachia oder Phtini (Delage 1930, 273 f.; Vian / Delage 1996², N.C. ad loc.).

1713–1717 Licht und Schatten Die Partie von 1713–1717 ist ringkompositorisch und parallel angelegt und bildet so den inhaltlich zentralen Gegensatz von Licht und Schatten formal ab. Dabei steht das von den Argonauten gegründete ἀγλαὸν τέμενος als wichtigster Teil des Aitions exakt in der Mitte (1715), umgeben von einem Ring aus Schatten (ἄλσει ἐνὶ σκιερῷ – σκιόεντα τε βωμόν, 1715), sowie Erwähnungen des Apollo Aigletes (Ἀπόλλωνι, 1714 – Αἰγλήτην ... Φοῖβον, 1716 f.), dann folgt im äußeren Ring die in helles Licht getauchte Insel Anaphe (ἠὼς φέγγεν, 1713 f. – Ἀνάφην ... νῆσον, 1717). So darf man sich die Anordnung von Heiligtum und Inselumgebung vorstellen, ein dunkler Hain in der Mitte, gewidmet dem Apoll, umgeben von strahlend heller, karger Insellandschaft.

1713 εὐνὰς ἐβάλοντο Hom. Ausdruck für „Anker werfen" (Il. 1,436 = Od. 15,498; Od. 9,137; vgl. auch Pi. P. 2,35; 9,12). Die εὐναί, große Steine, werden als Anker über Bord geworfen (ὕψι δ᾽ ἐπ᾽ εὐνάων ὁρμίσσομεν, Il. 14,77; vgl. 1,955; 1277; 2,1282; 3,574; 4,888; εὐναίας τ᾽ ἐβάλοντο, Call. fr. 727 Pf.). Der Begriff wird auf eiserne Anker übertragen (Schol. Il. 1,436). Imitiert bei Quintus (Q.S. 12,346).

1713 f. ἠὼς / φέγγεν ἀνερχομένη Ap. beschreibt die Tageszeiten zwar mit hom. Vokabular, verwendet aber wenig formelhafte Elemente, sondern variiert Wortwahl und Motivik (vgl. z. B. 2,669 ff.; vgl. Fantuzzi 1988, 121 ff.; Williams 1991, 25–51; De Jong 1996; Matteo 2007, ad 669–71). Kallimachos' Anaphe-Aition beschreibt den Moment der Rückkehr des Lichts ausgefeilter (τόφρα δ᾽ ἀνιήσουσα λόφον βοὸς ἔγρετο Τιτὼ / Λαομεδοντείῳ παιδὶ χροϊσσαμένη, Call. fr. 21,3 ff. Pf.). Epiphanie von Gott und Insel ereignen sich am frühen Morgen. Stephens sieht hier eine Parallele zur ägyptischen Kosmogonie, die das Auftauchen einer Insel aus dem Wasser des Chaos als Symbol für den Beginn des ägyptischen Weltalls versteht (Stephens 2003, 209; 233 m. Anm. 177; dagegen Bremmer 2005, 20 ff.; Köhnken 2012, 40 ff.). Die Beschreibung der Rückkehr des Lichts kontrastiert den schattigen Hain (vgl. ad 1715).

1714 ff. Kultstätte für Apollo Aigletes Das Aition hat vier Bestandteile: Die Gründung des Kultes für Apollo und die Aischrologie während des Festes sowie die Namen Anaphe für die Insel und Aigletes für Apollo werden auf den Besuch der Argonauten zurückgeführt. Valverde Sánchez (1989, 264 ff.) erkennt dagegen drei zusammengehörige Aitien. Das Aition wird auch bei Kallimachos (fr. 7,23 f.; fr. 19–21 Pf.), Konon (FGrH 26F1 §49), Apollodor (1,9,26) und in den Orphischen *Argonautika* erzählt (Orph. A. 1357 f.). Der Apollonkult auf Anaphe ist inschriftlich (IG XII 3 247–319; 1264 f.) und durch archäologische Funde belegt. Das Heiligtum befindet sich unterhalb eines Berghanges des Kálamos-Gebirges am östlichen Ende der Insel und schaut zu beiden Seiten über das Meer. Seit dem 18. Jhd. steht auf dessen Resten das Kloster Panagia Kalamiotissa. Aus hellenistischer Zeit stammen die Molenbauten, die im Hafen entdeckt wurden. Man geht davon aus, dass Apoll auf Anaphe mit Asklepios assoziiert war und als Heilgottheit verehrt wurde (vgl. Philippson / Kirsten 1959, 161 ff.; McNeal 1967, 254–263; Bremmer 2005, 23–27).

1714 f. ἀγλαὸν ... / ... τέμενος Die Junktur ist hom. (ἔνθά τέ οἱ τέμενος βωμός τε θυήεις, Il. 8,48). Der Hain, den die Argonauten für Apollo errichten, bildet sowohl das strahlende Zentrum des neuen Heiligtums als auch exakt die Mitte der ringkompositorisch gestalteten Partie (vgl. ad 1713–1717). Der Satzbau bildet die Beschreibung des Hains ab. Ap. verwendet das hom. Adjektiv ἀγλαός (vgl. insbes. ἱερὸν Ποσιδήιον ἀγλαὸν ἄλσος, Il. 2,506; ferner Il. 2,307; 19,385; Od. 10,223) hier im Kontext einer Erzählung vom Wiedererscheinen des Lichtes ähnlich wie Arat (νότιος δ' Ὄνος ἀγλαὸς, Arat. 906) in der von hellenistischen Grammatikern als ursprünglich empfundenen, von αἴγλη abgeleiteten Bedeutung „hell erleuchtet" (παρὰ τὴν αἴγλην, Ap. Soph. Lex. Hom. 4,16; Giangrande 1977a, 102 ff.). Von einem ἀγλαὸν τέμενος des Zeus ist bei Simonides die Rede (Simonid. fr. 2,1,3 Page). Ein Epigramm unbekannter Herkunft lädt die Lesbierinnen in das ἀγλαὸν τέμενος Heras ein (AP 9,189,1).

1715 ἄλσει ἐνὶ σκιερῷ Die Junktur begegnet zuvor selten (ἄλσος ὕπο σκιερὸν ἑκατηβόλου Ἀπόλλωνος, Od. 20,278; κρήνην τε ψυχρὴν ἄλσεά τε σκιερά, Thgn. 2,1252). Das Adjektiv σκιερός steht von Ruheplätzen oder der Unterwelt (ἐν νέμεϊ σκιερῷ, Il. 11,480; φεύγειν δὲ σκιεροὺς θώκους, Hes. Op. 574; κρήνην τε ψυχρὴν ἄλσεά τε σκιερά, Thgn. 2,1252; ἔλθῃ δ' ἐς σκιερὸν χῶρον, Thgn. 1,708). Schattenspendende Bäume sind entscheidendes Merkmal eines ἄλσος, damit dieser Schutz vor der Sonne bietet (vgl. ἄλσει σκιαρόν τε φύτευμα, Pi. O. 3,18; σκιερᾶι κάτεχ' ἄλσος εὔφυλλον δάφναι, E. IT 1246; Theoc. 7,138; 12,8; 18,44; 46; 22,76; 25,227). Bei Ap. noch vom Hain des Ares (2,404; vgl. ad 1291). Anaphe muss kahl und felsig gewesen sein, sodass ein schattiger Hain von besonderem Wert für die Insel ist (vgl. ad 1715).

σκιόεντά τε βωμόν Vian übernimmt eine Konjektur Campbells (1971, 423 Anm. 1) in den Text, die die einheitlich überlieferte Wiederholung zweier Adjektive mit ähnlicher Bedeutung vom gleichen Wortstamm tilgt. Für Campbells στιόεντα spricht zwar, dass beim Altarbau Steine als Material erwähnt werden (vgl. 2,694 ff.; στιάων, 1170 ff.). Das Adjektiv στιόεις ist jedoch sonst nicht belegt. Überdies müsste eine Ableitung von στία das lange ι enthalten, während das Versmaß an dieser Stelle eine Kürze wie im überlieferten σκιόεντα fordert (Hunter 2015, ad loc.). Die epanaleptische *repetitio* σκιόεντα – σκιερῷ ist zudem weniger anstößig als angenommen. Sie trägt vielmehr als wichtiger Bestandteil die Ringkomposition der Verse und stellt zusammen mit den weiteren Wiederholungen (vgl. ad 1713–1717) ein dominantes, strukturgebendes Gestaltungsmittel dar. Der Vers 1715 ist dementsprechend parallel gebaut: Anfang, Mitte und Ende des Verses nehmen jeweils die den Ort beschreibenden Substantive ein, dazwischen sind Adjektive positioniert, die die Schattigkeit des Haines hervorheben (vgl. auch Teil I.B.II). Die Beschreibung schreitet vom Großen zum Kleinen fort: ἄλσος, τέμενος, βωμός. Dass der Altar auf Anaphe ein schattiger Ort ist, wird hervorgehoben, um einen Kontrast zu schaffen zur gleißenden Helle, die die Umgebung des Hains und die umgebenden Verse dominiert (ἠὼς φέγγεν, 1713 f.; ἀγλαόν, 1714; Αἰγλήτην ... αἴγλης, 1716). Die Verse mit der Wiederholung σκιόεντα ... σκιερῷ liegen also in der Mitte zweier weiterer Verdoppelungen zum Thema „heller Glanz", von denen eine ebenfalls denselben Wortstamm verwendet. Der dunkle Hain inmitten der strahlend hellen Insellandschaft, der angesichts der schon in der Antike baumlosen, felsigen Landschaft Anaphes einer der wenigen schattigen Plätze auf der Insel gewesen sein wird (vgl. IG XII,3,248; XII,3,92; Bremmer 2005, 21), spiegelt sich so im Versbau.

1715 f. βωμὸν / ποίεον Die Junktur ist typisch für die hom. Hymnen (h.Cer. 298; h.Ap. 384; 490; 508; h.Ven. 101), auch in historischer Prosa (Hdt. 1,132,3; X. An. 5,3,9; Herodor. fr. 29,3). Bei Ap. noch in einem Aition vom Altar, den Aristaios auf Keos erbaut (2,522).

1716 εὐσκόπου εἵνεκεν αἴγλης Das Adjektiv εὔσκοπος bedeutet im frühen Epos „mit scharfem Blick" und ist Epitheton für Hermes (Il. 24,24; 24,109; Od. 1,38; 7,137; h.Ven. 262; h.Ap. 200; h.Merc. 73). Hier steht es in der Bedeutung „weithin sichtbar" wie bei Aristophanes (κάλλιστ᾽ ἐν εὐσκόποισιν, Ar. Ec. 2; Livrea 1973, ad loc.). Dass εὔσκοπος auch „zielsicher, treffsicher" heißen kann (Od. 11,198; τόξοις πρόσωθεν εὐσκόποις, A. Ch. 694; εὐσκόπῳ Ἀπόλλωνι, Hdt. 5,61,3; εὐσκόπῳ Ἡρακλεῖ, Theocr. 25,143; Βριτόμαρτιν εὔσκοπον, Call. Dian. 190), wird hier mit hineinspielen (Hunter 2015, ad loc.), ist doch die Rede vom Ferntreffer Apollo.

1716 f. Αἰγλήτην .../ Φοῖβον Der Beiname Apolls von Anaphe ist zuerst in Inschriften des 6. Jhds. v. Chr. aus dem benachbarten Thera (IG XII,3,412) sowie durch eine Weihinschrift aus Anaphe belegt (IG XII,3,260; Bremmer 2005, 22 mit weiteren inschriftlichen Beispielen). Ap. etymologisiert das Epitheton durch folgendes αἴγλη (1716). Bei Kallimachos steht das Epitheton stellvertretend für den Namen des Gottes (Αἰγλήτην Ἀνάφην τε, Λακωνίδι γείτονα / Θήρῃ π]ρῶτ[ον ἐνὶ μ]νήμῃ κάτθεο καὶ Μινύας, Call. fr. 7,23 Pf.). Bei Ap. steht zu Beginn und Ende des Aitions Αἰγλήτης jeweils neben dem Namen des Gottes (vgl. ad 1730). Neben Aigletes sind für den anaphiotischen Apoll auch die Epitheta Anaphaios (Cornut. 32; vgl. auch St.Byz. s.v. Ἀνάφη) sowie Asgelatas (IG XII,3,248 f.) überliefert, welcher zum aischrologischen Teil des Aitions (1722–1729) passt, von Ap. aber nicht erwähnt wird. Zum Teil hält man Asgelatas für den älteren, ursprünglichen Namen, dieser ist inschriftlich jedoch erst im 2. Jhd. v. Chr. belegt (IG XII,3,248 f.; Burkert 1984, 76 f.; Cameron 1995, 250 Anm. 77; dagegen Bremmer 2005, 23). In literarischen Zeugnissen begegnet ab späthellenistischer Zeit vor allem Aigletes (Str. 10,5,1; Apollod. 1,29,6; Hsch. α1736; Phot. Bibl. 141b29; 142a4).

1717 Ἀνάφην Den Namen der Insel leitet man in der Antike von ἀνάπτειν oder ἀναφαίνεσθαι her, weil die Insel bei tiefstehender Sonne von der Nachbarinsel Thera aus aufzuleuchten scheint (vgl. z. B. Thphr. fr. 30,3,8, Cornut. 67,6; Apollod. 1,67,5). Zuerst begegnet Anaphe als Inselname im *Periplus Scylacis* unter den Kykladen (Scyl. 48,5). Bei Kallimachos wird der Name der Insel im Aition genannt (Call. fr. 7,23 Pf.). Bei Ap. steht er rahmend zu Beginn und am Ende der Episode sowie verknüpfend in der folgenden Thera-Episode (vgl. ad 1730, 1744).

λισσάδα νῆσον Adjektivisch begegnet λισσάς erst in den Chorpartien der Tragiker (A. Supp. 794; E. Andr. 533; HF 1148), im hom. Epos nur λισσός und λίς (immer λισσῇ πέτρῃ, Od. 3,293; 5,412; 10,4; πέτρη γὰρ λίς ἐστι, περιξεστῇ εἰκυῖα, Od. 12,64; 79). Die Junktur λιττάδα [π]έτραν aber bei Corinna (Corinn. fr. 1a31 Page). λισσός beschreibt bei Ap. die Aresinsel und den Felsen der Skylla (2,382; 4,922), λισσάς Anaphe sowie die Klippen am Acherusischen Kap und Hephaistos' Ausguck bei der Planktendurchfahrt (2,730 f.; 4,956). λισσάς wird später als Substantiv verwendet (Plu. Mar. 23; Crass. 9; Opp. H. 2,320).

1717 f. Φοῖβον ... / ... Φοῖβος Das Anaphe-Aition erzielt seine Wirkung durch die zahlreichen Wiederholungsformen, die die ringkompositorische Struktur um den Altar des Gottes in der Mitte unterstreichen (vgl. ad 1713–1717). Die Wiederholung des Götternamens verleiht der aitiologischen Partie hymnischen Charakter (vgl. z. B. Call. Ap. 30 f.; 44 f.; inbes. 56–58: Aition für den Hornaltar auf Delos; 64 f.).

1718 ἴσκον Sonst wird ἴσκον bei den hellenistischen Dichtern wie ἔλεγον verwendet (vgl. ad 1586), nur hier im Sinn von „benennen" (Livrea 1973, ad 92).

μιν ... ἀνέφηνεν Die Mss. überliefern hier sowohl μιν als auch μέν (vgl. z. B. 4,880; Livrea 1969, 47–51; Livrea 1973, ad 880). Der Gebrauch von μιν als Form für den Akkusativ Plural findet sich sonst bei Ap. (2,8; 4,1209; wohl in Anlehnung an Il. 10,127; dort ist die Beziehung von μιν unsicher, vgl. Rengakos 1992, 113 f.), hier greift μιν pointiert Ἀνάφην λισσάδα νῆσον aus dem vorigen Vers auf. Das Verb ἀνέφηνεν etymologisiert am Versschluss den Namen der Insel wie schon im Vers zuvor αἴγλη den Namen Apolls (vgl. ad 1716 f.).

ἀτυζομένοις Vgl. ad 1317.

1719–1730 Opferspiele und Aischrologie Der dritte Teil der Anaphe-Episode gibt ein Aition für die Aischrologie zwischen Männern und Frauen beim Apoll-Fest und führt diese auf den Spott der Phäakenmädchen über die dürftigen Opfer der Argonauten zurück. Dies erinnert an aischrologische Bräuche im Demeterkult (vgl. ad 1725–1729). Die für den Kult des Apollo Asgelatas bezeugte Aischrologie hat Gemeinsamkeiten mit dem Kult der akkadischen Göttin Gula (*azugallatu*). Apollo wurde nur auf Anaphe in dieser Form verehrt (vgl. ad 1725–1729).

1719 ῥέζον ... ῥέζειν Die kyklische *repetitio* wiederholt diejenige zu Beginn der Partie (1712), beschließt das Aition vom Altarbau und betont den kyklischen Bau (vgl. ad 1713–1717).

1719 f. ἐρημαίη ... / ἀκτῇ Das Adjektiv ἐρημαῖος nicht bei Homer (vgl. ad 1263). Die Junktur sonst nur bei Tryphiodor (Tryph. 141) und in einem Priap-Gedicht (AP 10,8,3). Die Einsamkeit und Leere der Landschaft ist Leitmotiv der Libyenepisode (ἐρήμη / πέζα, 1257 f.; τῇδ' ὑπ' ἐρημαίῃ, 1263; ἐρημαῖοι, 1298; ἐρημονόμοι κυδραὶ θεαί, 1333; θῖνας ἐρήμους, 1384; γαῖαν ἐρημαίην, 1624), das für Anaphe erneut aufgegriffen wird. Die Argonauten treffen in Libyen zunächst Zivilisationslosigkeit an und hinterlassen kulturelle Einrichtungen (vgl. Teil I.D).

ῥέζον δ' οἷα ... / ... ἐφοπλίσσειαν Eine Modalpartikel fehlt (wie 1,479 f.; Boesch 1908, 27). Das hom. Verb ἐφοπλίζω, „bereiten, rüsten" (Il. 4,344; 8,503; 9,66; Od. 6,69; 19,419; 24,360 etc.) begegnet nicht mehr bis in hellenistische Zeit, erst Ap. greift es auf (vom Schiff: 1,332; von Speisen: 2,157;

vom Zaubermittel: 3,843), eine Ausnahme bildet die Parodie des Matron (Conv. 111), jedoch mit Cento-Charakter. Dann wieder ab Nikander (Nic. fr. 68,2 G.-S.; vgl. Opp. H. 1,29; 5,259; C. 1,412; Q.S. 6,53 etc.). Konstruktion und Inhalt gleichen exakt der Rede des Orpheus nach der ersten Begegnung mit Apoll, in der er zu Altarbau und Opfer auffordert (τὰ δὲ ῥέξομεν, οἷα πάρεστιν, 2,688). Die beiden Apollo-Episoden werden so eng verknüpft. Ap. sorgt aber auch für *variatio*: Während auf der Thynischen Insel das Vorgehen der Helden durch Figurenrede vorweggenommen wird, berichtet hier der Erzähler. Vorbildhaft ist eine *Odyssee*-Partie, die beschreibt, wie die Gefährten des Odysseus aus Mangel an Opfergerste und Wein auf Blätter und Wasser zurückgreifen, als sie die Rinder des Helios opfern (φύλλα δρεψάμενοι τέρενα δρυὸς ὑψικόμοιο· / οὐ γὰρ ἔχον κρῖ λευκὸν ἐυσσέλμου ἐπὶ νηός, / [...] οὐδ' εἶχον μέθυ λεῖψαι ἐπ' αἰθομένοισ' ἱεροῖσιν, / ἀλλ' ὕδατι σπένδοντες ἐπώπτων ἔγκατα πάντα, Od. 12,357–363). Das Vorbild dient als Kontrastfolie: Im Gegensatz zu den Gefährten des Odysseus, denen das frevelhafte Opfer der Helios-Rinder zum Verhängnis wird, folgt für die Argonauten fröhliches Gezänk mit den Phäakenmädchen, bevor alle unversehrt nach Iolkos zurückkehren.

1720 f. δαλοῖς / ... αἰθομένοισιν Die Junktur bezeichnet in der *Ilias* einen Schiffsbrand (Il. 13.320), später imitiert bei Quintus (Q.S. 12,569).

1721 ὕδωρ ... ἐπιλλείβοντας Ap. wendet die typische hom. Formulierung für die Weinspende auf Wasser an (z. B. Διὶ λείβειν αἴθοπα οἶνον, Il. 6,266; λεῖβον μελιηδέα οἶνον, Il. 10,579; λεῖβε δὲ οἶνον, Il. 16,231; ἐπὶ δ' αἴθοπα οἶνον / λεῖβε, Od. 3,559 f.; Od. 15,148 f.; 18,426 etc.; zu ἐπιλείβω vgl. Casabona 1966, 271 f.). Die Libation ist Voraussetzung für ein formgerechtes Gebet an die Götter. Da aber kein Wein zur Hand ist, nehmen die Argonauten Wasser (vgl. Burkert 2011, 113 ff.; ferner Mori 2008, 157 ff.). Eine entgegengesetzte Version bei Konon: Die Argonauten und die Mädchen feiern ihre Rettung die Nacht hindurch mit Wein (Conon. fr. 1,49 Jacoby; vgl. Vian / Delage 1996[2], 67). Hier wäre Wein die angemessene Spende, so wissen die Phäakenmädchen, daher verspotten sie das Opfer der Männer. Die Libation ohne Wein und das Gelächter begegnen auch im hom. *Demeter-Hymnos* (vgl. ad 1725 f.). Ap. kennt den bei Homer nicht belegten Brauch der weinfreien Nephalia zur Entsühnung und Besänftigung einer Gottheit (μείλικτρά τε νηφαλίῃσιν / καῖεν, 4,712). Wasser-Libationes sind mit Ausnahme der vorbildhaften *Odyssee*-Stelle (Od. 12,362 f.; vgl. ad 1720) nur selten bezeugt. Theophrast geht unter Berufung auf Empedokles davon aus, dass Libationes ursprünglich aus Wasser bestanden, dann aus Honig und erst spät durch Wein ersetzt wurden (τὰ μὲν ἀρχαῖα τῶν ἱερῶν νηφάλια παρὰ πολλοῖς ἦν, νηφάλια δ' ἐστὶν τὰ ὑδρόσπονδα, τὰ δὲ μετὰ ταῦτα μελίσπονδα, Thphr. piet. fr. 12 Pötscher; vgl. Pötscher 1964, 105 f.). Die Beschreibung der Wasserspenden bei Ap. könnte in Zusammenhang mit der einflussreichen Schrift Περὶ εὐσεβείας stehen (vgl. ad 1729). Dass die Schrift in der Antike stark rezipiert wurde, belegen zahlreiche Zitate, etwa bei einem Scholiasten (Schol. Il. 1,449; vgl. Obbink 1988). Es existiert ein Papyrusfragment aus dem 3. Jhd. v. Chr., das für eine weite Verbreitung der Schrift spricht (vgl. Gortemann 1958). Dass die Kultstifter die ersten Opfer für den Anaphiotischen Apoll mit Wasser vollziehen, passt zu Theophrasts Idee von einer stufenweisen Veränderung der Opfer mit fortschreitendem Entwicklungsstand einer rituellen Kultur. Auf Anaphe gab es in Ap.' Darstellung vor dem Besuch der Argonauten keine rituellen Bräuche. Die Argonauten können aus Mangel an Alternativen in einer nicht kultivierten Gegend nur Wasseropfer darbringen. Dazu passt der Kontrast zur Gewohnheit der Phäakenmädchen, die am Hof des Alkinoos aufwändige Weinspenden und Tieropfer kennengelernt haben. Die Phäaken sind auch bei Ap. als zivilisiertes, kulturell weit fortgeschrittenes Volk beschrieben (4,1097–1109; 1201–1210), das reichhaltige Opfer darbringt (4,1180–1191).

1722 Μηδείης δμωαὶ Φαιηκίδες Die Phäakenmägde hat Medea seit dem Aufenthalt bei Alkinoos und Arete bei sich (1221 f.). Das Femininum Φαιηκίς ist zuerst bei Timaios von Tauromenion (Timae. fr. 53,5) und beim Ethnographen Lykos bezeugt (Lycus. fr. 3,6 Müller), der sich um ca. 290 v. Chr. am Hof von Alexandria aufhielt. Kallimachos und Ap. verwenden es je für die Phäakenmägde, die Medea von Arete geschenkt werden (noch 1222; Call. fr. 21,5 ff. Pf.), Ap. auch für die Insel selbst (Φαιηκίδα νῆσον, 769). Die Phäakenmädchen spielen hier und im ersten Teil der Libyenepisode eine Rolle für die Handlung (vgl. ad 1296 ff.). So wird die Anaphe-Erzählung mit dem Beginn der Libyenepisode motivisch verknüpft.

1723 ἴσχειν ... γέλω σθένον Mit dem Intensivum ἴσχειν nur hier. Die Junktur γέλως ἔχειν in der *Odyssee* von Poseidon, der sich am göttlichen Gelächter über Ares und Aphrodite nicht beteiligt (Od. 8,343 f.). Der erotische Kontext des Vorbildes passt zu der folgenden, erotisch konnotierten Neckerei zwischen Mägden und Argonauten. Theokrit gebraucht den Ausdruck für die Scherze des Ziegenhirten Lykidas (γέλως δέ οἱ εἴχετο χείλευς, Theoc. 7,20).

1723 f. θαμειάς / ... βοοκτασίας Der Plural θαμέες häufig in den hom. Epen (Il. 1,52; 12,44; 278; 287; 296; 11,552; Od. 5,252; 12,92; etc.; vgl. Archil. fr. 3,1 West; A. fr. 36B 401a2 Mette; Panyass. fr. 7,2 B.; Diophil. fr. 391,5 SH; Hp. Super f. 25,13; Mul. 167,17). Bei Ap. aber nur noch für die Inseln im Gebiet der Hylleer (4,524). Später ebenfalls selten, häufig erst bei Oppian und Quintus (Nic. Al. 581; Th. 434; Opp. H. 1,517 etc.; Q.S. 1,692; 5,53 etc.). Das Substantiv βοοκτασία bei Leonidas von Tarent über eine Löwenjagd (Leon. AP 6,263,6). Ähnlich schließt Antipatros ein Jagdepigramm auf

Philipp (Antip. Sid. AP 6,115,8). Nur hier wird βοοκτασία in Zusammenhang mit Opferriten verwendet. Ap. bildet das verwandte ἅπαξ λ. δολοκτασίη (4,479). Sprachliches Vorbild ist die hom. ἀνδροκτασίη (Il. 5,909; 7,237 etc.; vgl. συοκτασίη, Mel. AP 7,421,12; ἀρνοκτασία, Rhet. Graec. 3,607,9 Walz).

1724 ἐν Ἀλκινόοιο Wie reichhaltige Opfer im Palast des Alkinoos nach allen Regeln der Kunst abgehalten werden, erzählt die Phäakenepisode (4,1128 ff.; 1185 ff.).

1725–1729 Aischrologie Ein aischrologischer Brauch, wie ihn Ap. und Kallimachos auf die Scherze zwischen Phäakenmädchen und Argonauten zurückführen, ist inschriftlich bezeugt für ein Asgelaia genanntes Apoll-Fest auf Anaphe, (IG XII,3,248,12; 249,22–29; 412). Bei Konon feiern die Geretteten, die Mädchen beginnen aufgrund ihrer Trunkenheit das Wortgefecht und die Männer müssen sich ihre σκώμματα gefallen lassen (Conon. fr. 1,49 Jacoby; vgl. Pl. Leg. 653D). Für Pellene ist ebenfalls ein Ritus bezeugt, bei dem sich Männer und Frauen mit Spott überziehen (Paus. 7,27,9). Aischrologien sind Bestandteil verschiedener Zeremonien im Demeterkult, etwa bei den Thesmophorien oder den Haloen, wobei allein die Frauen das Schimpfen übernehmen. Ap. scheint über Entlehnungen aus dem hom. *Demeter-Hymnos* eine Verbindung seines Anaphe-Aitions mit diesem Brauch im Demeterkult herzustellen (vgl. ad 1725; 1726). Apollodor (Apollod. 1,5,1) betrachtet die Scherze der Iambe zu Demeters Aufmunterung (h.Cer. 202 ff.) als Aition für Aischrologien bei den Thesmophorien (vgl. Fluck 1931, 23–26; 59–62; Strauss Clay 1989, 233 ff.; Brumfield 1996, 67–74; Chuvin 2003, 218 ff.; Bremmer 2005, 21 ff.; Burkert 2011, 165 f., 367 f.).

1725 αἰσχροῖς ... ἔπεσσιν Die Junktur steht von Hektor, wenn er Paris mangelnde Tüchtigkeit im Kampf vorwirft (Il. 3,38; 6,325; 13,768) und vom trauernden Priamos (24,238). Ap. verwendet die Junktur nur hier, überträgt also ein Vorbild aus kriegerischem Kontext auf ein erotisches Wortgefecht zwischen Argonauten und Mädchen (vgl. Teil I.D.III.2). Der Vers etymologisiert ἐπεσβόλον (vgl. ad 1727; Rengakos 1994, 83 f.). Kallimachos beginnt womöglich den Argonauten-Zyklus mit einer Frage nach der kultischen Aischrologie auf Anaphe (κῶς δέ, θεαί, .[...] μὲν ἀνὴρ Ἀναφαῖος ἐπ' αἰσ[χροῖς, Call. fr. 7,19 Pf.; vgl. Massimilla 1996, 257, ad 19 ff.; Harder 2012 II, 139 f.; 148, ad 19 ff.). Bei Apollodor sind es παιγνίας, die den Männern von den Mägden zuteilwerden (Apollod. 1,139).

ἐπεστοβέεσκον Das Verb ἐπιστοβέω, „verspotten" begegnet nur bei Ap. (μή μιν κερτομέουσαι ἐπιστοβέωσι γυναῖκες, 3,663). Die von zwei Textzeugen überlieferte Form ἐπιστοβέεσκον entspricht zwar dem hom. Gebrauch des Iterativs ohne Augment (ähnlich ἐπεκλονέεσκον, 3,687), die augmentierte Version ἐπεστοβέεσκον könnte einer Schreiberkorrektur geschuldet sein (Fränkel 1961, in app. ad 1725; dagegen Vian / Delage 1996², ad loc.). Dass das seltene Verb klanglich und sinngemäß durch das Adjektiv ἐπεσβόλος am Ende des Satzes (1727) wieder aufgenommen wird, spricht aber für die augmentierte Form. Die Bedeutung wird von der antiken Exegese diskutiert (ἔπεσιν ἐλοιδοροῦντο, ὕβριζον, Schol. A.R. 4,1725; χλευάζωσι, λοιδορήσωσι, μωμήσωνται, Schol. A.R. 3,687; στοβάζειν· κακολογεῖν, Hsch. σ 1887). Das Simplex στοβέω ist erst ab dem 3. Jhd. n. Chr. belegt (D.P. fr. 16,18; Man. 6,625). Vermutlich nimmt Ap. Bezug auf eine bei Zenodot überlieferte Diskussion zu Od. 4,159 (ὧδ' ἐλθὼν τὸ πρῶτον ἐπεσβολίας ἀναφαίνειν), bildet im Gegensatz zu Zenodot (ἐπιστομίας, Schol. Od. 4,159) das Verb ἐπιστοβέω jedoch in Anlehnung an die Lesart ἐπεσβολίας. Bei Rhianos fehlen die Verse 158 ff., Aristarch athetiert sie (vgl. Rengakos 1993, 64). Das zugehörige Substantiv στόβος ist erst in hellenistischer Zeit belegt (Lyc. 395; der Scholiast scheint die Diskussion um die Homerstelle zu kennen, vgl. Schol. Lyc. 395,10 f.).

1726 χλεύη Das Substantiv χλεύη zuerst in einem Aition zur Entstehung des Iambos (h.Cer. 202 f.; vgl. Schol. Nic. Al. 130). Einen Zusammenhang zwischen anaphiotischem Apollon-Kult und Demeter-Kult scheint Kallimachos anzunehmen. Die Übernahme des seltenen Substantivs bei Ap. dürfte demnach kein Zufall sein (τερπ.[..].υ..ις.. τινος ἡδομέναις χλεύ[.]. δει....ος ἀπεκρύψαντο λα[.. Call. fr. 21,8 Pf.; vgl. Pfeiffer 1949, ad loc.; Massimilla 1996, 283 f., ad 8; Harder 2012 II, 205, ad 8–9). χλεύη bezeichnet hier die Neckereien der Mädchen mit erotischem Hintergrund wie auch im Philainis-Epigramm von Aischrion und bei Lykophron (Aeschr. AP 7,345,3 f.; Lyc. 1385 f.).

γηθόσυνοι γηθόσυνος und das Substantiv γηθοσύνη bezeichnen bei Ap. die Freude über die Lösung eines Problems (vgl. ad 1584). Wenn γηθόσυνος hier die Freude über die Neckereien der Mägde bezeichnet, weicht Ap. vom üblichen Gebrauch des Wortes ab (vgl. Latacz 1966, 154 ff.).

ἀνεδαίετο Das Verb ἀναδαίω ist aktivisch im Sinn von „entzünden" nur bei Aischylos bezeugt (πέμπουσι δ' ἀνδαίοντες ἀφθόνωι μένει, A. Ag. 305; vgl. Schol. A. Ag. 305; Livrea 1973, ad loc.).

1726 f. γλυκερὴ... / κερτομίη καὶ νεῖκος κερτομίη begegnet zwei Mal im hom. Epos, von Achills Streitgespräch mit Aineias und von den Schmähungen der Freier gegenüber Odysseus (Il. 20,202 = 20,433; Od. 20,263). Bei Ap. noch in Medeas Monolog von den Schmähungen, die sie sich als Folge ihrer Hilfe für Jason ausmalt (3,791 f.). Hier dagegen handelt es sich um spielerische Schmähungen, um einen rituellen Wettstreit. Eine ähnliche

Junktur gebraucht Kallimachos für den Wettstreit der Götter um das schönste Geburtstagsgeschenk für Hebe (γλυκεῖαν ἀλλήλοις ἔριν, Call. fr. 202,45 Pf.). Ein erotisches, allerdings selten beleidigendes Wortgefecht liefert sich auch Daphnis mit seiner Schafhirtin (vgl. [Theocr.] 27).

1727 ἐπεσβόλον Die Bedeutung des hom. ἅπαξ λ. ἐπεσβόλος (von Thersites: λωβητῆρα ἐπεσβόλον, Il. 2,275) entspricht λοίδορος (vgl. Lyc. 130; 332; Q.S. 1,748). ἐπεσβόλος wird von ἔπος und βάλλειν abgeleitet (Schol. D Il. 2,275; EM 357,2; Eust. 219,38; Hsch. ε 4450). Ap. scheint eine ähnliche Etymologie des Adjektivs in diese Passage integriert zu haben: αἰσχροῖς ... ἐπεστοβέεσκον ἔπεσσιν (vgl. ad 1525; Livrea 1973, ad loc.; Rengakos 1994, 83 f. Dagegen Van der Valk 1949, 193 f.: „to utter nonsense").

ἐκ δέ νυ κείνης Der Ausdruck leitet die letzten drei Verse des Aitions ein. Der Erzähler verweist explizit auf die eigene Zeit, in der auf Anaphe in Folge des Besuchs der Argo noch immer zum Fest des Apollo Aigletes rituelle Schmähreden zwischen Männern und Frauen stattfinden. Solche Hinweise auf die Distanz zwischen der erzählten Zeit der Helden und derjenigen des Erzählers sind charakteristisch für die *Arg.* (vgl. 1,1062; 2,698; 4,252; ad 1428; ad 1620 ff.; Teil I.E).

1728 μολπῆς Ap. kennt für hom. μολπή und μέλπομαι drei Bedeutungen: 1. Lied (1,569; 4,894; 898; 1665); 2. ᾠδὴ ὑπορχηματική (nach Il. 7,241; 16,182; 18,572 etc. in 1,28; 1225; 2,702 f.; 714); 3. Spiel (noch 3,897; 949 f.) und wendet sich gegen die Beschränkung der Wortbedeutung auf παιδιά, die Aristarch veranlasste, Atethesen vorzunehmen (Schol. Od. 4,19; Schol. Od. 6,101; vgl. Merkel 1854, 182 f.; Lehrs 1882, 138; Van der Valk 1964 II, 443; Livrea 1973, ad loc.; Rengakos 1994, 116). Auch bei Kallimachos μολπή für Gesang (Call. Ap. 8; Del. 249).

1729 δηριόωνται Das hom. Verb (Il. 12,421; 16,96; 756; 17,734; 21,467; Od. 8,76; 78) verwendet Ap. häufiger als seine Zeitgenossen (1,493; 752; 1343; 2,16; 89; 4,1767; 1772; vgl. nur Theocr. 22,70; 25,82; Lyc. 1306; Euph. fr. 98,3 Powell). Die Bedeutungsspanne reicht von „wetteifern" (noch 1,752; 4,1767; 1772) bis „kämpfen auf Leben und Tod" (2,16; 89). Die mittleren der vier aitiologischen Episoden (vgl. ad 1625–1772) auf Anaphe und Thera beschreiben je einen Wettkampf als Aition für den entsprechenden Ritus (vgl. ad 1767; 1772). Anaphe- und Thera-Episode werden so verknüpft.

1729 f. θυηλαῖς /... ἰλάσκωνται θυηλή steht als hom. ἅπαξ λ. in der Bedeutung ἀπαρχαί (ἐν πυρὶ βάλλε θυηλάς, Il. 9,220; vgl. Schol. Il. 9,219b), heißt bei Ap. allgemein „Opfer" und bezeichnet verschiedene, zum Teil explizit genannte Opfergaben (1,361; 420; 1140; 2,156; 527; 3,191; 4,247). Dies entspricht poetischem Sprachgebrauch (S. El. 1422; Ar. Av. 1519; Lyc. 324; vgl. Euph. fr. 418,27 Lloyd-Jones-Parsons; Nic. fr. 62,2; Lehrs 1865, 84; Livrea 1973, ad 247; Casabona 1966, 122; Rengakos 1994, 25). Vorbilder für die Junktur finden sich früh (Hes. Op. 338; h.Cer. 368). Theophrasts These von den stufenweise sich verändernden Opfergaben an die Götter, bei denen es sich ursprünglich um schlichte Dinge wie Wasser, Kräuter und Blätter gehandelt habe (Thrphr. piet. 2,33 = 12 Pötscher; vgl. ad 1721), enthält eine Passage, in der daran erinnert wird, dass nach altem Brauch die Opfergaben für Apollo nur aus Opferkuchen und Früchten, nicht aus Tieropfern bestanden. Auf diese schlichten Gaben gingen die Worte θυσίαι, θυηλαί und θυμέλαι zurück, die im Folgenden auch für Tieropfer gebräuchlich geworden seien (Thphr. piet. fr. 8,3 ff. Pötscher). Die Szene, in der die Argonauten aus Mangel an besseren Opfergaben dem Gott nur Wasser spenden, dürfte hieran orientiert sein. Die Opfer der Argonauten begründen in Ap.' Darstellung Kult und Ritus für Apollo auf Anaphe (vgl. auch Teil I.D). Der *versus spondiacus* beschließt das Aition in hymnisch-feierlichem Stil.

Ἀπόλλωνα ... / Αἰγλήτην Ἀνάφης ... ἱλάσκωνται Der Erzähler benennt den Gott erneut mit seinen anaphiotischen Kultnamen. Die Ringform wird deutlich (vgl. ad 1714 ff.; 1694–1730). Der letzte Vers könnte gleichsam als Leitmotiv für die gesamte Anaphe-Episode stehen. Sogar die aitiologischen Bemerkungen zum Kultnamen werden aufgegriffen (vgl. ad 1716 ff.).

τιμήορον Das Adjektiv τιμήρος / τιμωρός ist nicht hom. Ap. verwendet es ausschließlich im vierten Buch von Gottheiten, die den Argonauten aus bedrohlichen Situationen helfen (vgl. ad 1309). Sonst ist das Adjektiv in einem *Hekale*-Fragment belegt (Call. fr. 258 Pf.).

C. 1731–1764 Thera-Kalliste und die Gründung Kyrenes

Die Kalliste-Thera-Episode und der Gründungsmythos Kyrenes Ap. gestaltet eine eigene Version des Mythos und führt die Gründung der Stadt Kyrene in Nordafrika auf den Argonauten Euphemos zurück. Dieser erhält von Triton am Tritonsee eine Scholle libyscher Erde, nimmt sie mit an Bord der Argo und wirft sie bei Anaphe ins Meer, dort entsteht die Insel Kalliste. Die Nachkommen des Euphemos siedeln 17 Generationen später von Sparta aus auf Kalliste, die in Thera umbenannt wird. Die Theraier gründen aufgrund von Hunger und Überbevölkerung eine Kolonie in Nordafrika, zunächst auf der Insel Plataea vor der libyschen Küste, später an der Küste die Stadt Kyrene. Teile des Mythos, wie die Besiedelung von Thera und die Gründung Kyrenes um 631 v. Chr., gelten als historisch (Chamoux 1953; Goodchild 1971, 17–26; Calame 1990; Calame 2003; Austin 2008, 196–201). Der

Gründungsmythos ist in mehreren vorhellenistischen und hellenistischen literarischen Bearbeitungen greifbar. Pindar verwendet in seiner vierten *Pythie* 462 v. Chr. die Herkunft des kyrenischen Herrschergeschlechts der Battiaden vom Argonauten Euphemos, um den Sieg des Arkesilaos IV. bei einem Wagenrennen zu feiern. Den Mythos erzählt Pindar in umgekehrter Reihenfolge, der Schwerpunkt liegt auf einer Prophezeiung Medeas über die Gründung Kyrenes. Die Ursachen der Argonautenfahrt, die Hinreise und die Ereignisse in Kolchis werden anschließend erzählt (Pi. P. 4, bes. 11–58; 254–262). Bei Kallimachos finden sich in einigen Passagen der *Aitien* und des *Apollon-Hymnos* Teile des Gründungsmythos, so etwa die drei Stationen der Besiedelung, Sparta, Thera, Kyrene (Call. Ap. 72–92; frr. 7–20 Pf.; vgl. Delage 1930, 274 ff.; Jackson 1987, 23–30; Calame 1990, 281–300; Corsano 1991; Cusset 1999, 343–255; Stephens 2003, 178–182; Köhnken 2005, 70–75; Stephens 2011; Adorjáni 2012, 108–112; Köhnken 2012; Klooster 2019), von denen bei Ap. lediglich Sparta und Thera genannt werden (vgl. ad 1761 ff.). Bei Lykophron ist eine Partie der Gründung Kyrenes gewidmet, die eine Prophezeiung griechischer Vorherrschaft in Libyen ins Zentrum stellt (Lyc. 886–894; vgl. ad 1537–1624). Herodots Bericht enthält die Geschichte der Nachfahren der Argonauten und der Lemnierinnen, die nach Sparta gelangen und von dort unter der Leitung des Theras auf der Insel eine Kolonie gründen (Hdt. 4,145–149). Die Version des Ap. stimmt zum Teil überein (vgl. ad 1755–1764). Für die Gründung Kyrenes legt Herodot zwei Alternativen vor, von denen eine aus Thera (Hdt. 4,150–153; 157–158), die andere aus Kyrene stammen soll (4,154 ff.). Dieser in Anbetracht der Ereignisse der Libyenepisode eigentlich entscheidende Schritt wird in Ap.' Version ausgeklammert und der Imagination des Rezipienten überlassen. Die Erzählung wird mittels einer expliziten Abbruchformel vorher beendet (vgl. Teil I.E). Der Mythos wird also bis zum Zeitpunkt der Besiedlung und Umbenennung Theras durch die Euphemiden erzählt. Die Übersiedelung der Theraner nach Libyen unter Battos I. auf ein Orakel Apolls hin und die Gründung Kyrenes werden nicht erwähnt (vgl. ad 1764).

Aufbau und Erzählmodus Die Thera-Erzählung bildet einen Exkurs, der im Gegensatz zu Pindars Version die Entstehungsgeschichte der Insel knapp und in chronologischer Reihenfolge erzählt. Die Episode hat zwei Teile (A + B), deren Einzelelemente jeweils aufeinander bezogen sind: Der Erzähler berichtet (A1 – 1731 ff.) von Euphemos' Traum, Tritons libysche Erdscholle sei von ihm zu einer Jungfrau großgezogen worden, mit der er geschlechtlich verkehrt (A2 – 1733–1739). Sie erklärt ihm ihre Herkunft von Triton und Libye, gibt sich als Amme seiner Nachfahren zu erkennen und fordert ihn auf, sie im Meer bei Libyen wohnen zu lassen (A3 – 1740–1745). Euphemos erzählt dies Jason (B1 – 1746 ff.), der den Traum mit Hilfe eines

Orakels deutet: Aus der Scholle, die Euphemos von Triton erhielt, werde eine Insel entstehen, auf der die Nachfahren des Euphemos leben werden (B2 – 1749–1754). Der Erzähler berichtet, dass Euphemos die Scholle ins Meer wirft, die Insel Kalliste sich erhebt, die bei der Besiedelung durch das Geschlecht des Euphemos schließlich in Thera umbenannt werden wird (B3 – 1755–1764). Der wechselnde Erzählmodus ist von Interesse: Die beiden Figurenreden des Mädchens und Jasons im Zentrum (1741–1745; 1749–1754) werden gerahmt von stark gerafften Erzählerberichten (1731–1740; 1755–1764).

Euphemos' prophetischer Traum Der prophetische Traum des Euphemos spielt im Gegensatz zum Rest des Mythos nur in den *Arg*. eine Rolle (vgl. z. B. Weber 1998; Weber 2000; Walde 2001. Zu Träumen bei Ap. vgl. Kessels 1982; Giangrande 2000). Während bei Pindar die Prophezeiung von Medea ausgeht (Pi. P. 4,13–57), bildet der Traum hier den Kern der Episode, dem die meisten Verse gewidmet sind und der im Vergleich zum stark gerafften Rest der Thera-Handlung anschaulich wiedergegeben wird. Auch bei der Motivierung der Handlung setzt Ap. einen eigenen Schwerpunkt. Bei Pindar landet die libysche Scholle im Meer, weil sie aufgrund der Unachtsamkeit ihrer Beschützer zufällig über Bord gewaschen wird (vgl. Calame 1990, 296; Adorjáni 2012, 110 f.). Diesem Zufall setzt Ap. schicksalhafte Bestimmung und göttlichen Willen entgegen. Durch den Kontrast zur Vorlage wird so die gottesfürchtige Umsicht des Euphemos im Umgang mit der Scholle betont. Sein Traum ereignet sich ferner in der Nacht, die die Helden in Apolls Heiligtum auf Anaphe verbringen. Er kann somit als gottgesandt verstanden werden und Jason deutet ihn entsprechend mit Hilfe eines Orakels des Apollo. In diesem Bewusstsein wirft Euphemos die Scholle über Bord (vgl. ad 1755 f.). Thera entsteht damit nach dem Willen der Götter schicksalhaft exakt an dieser Stelle. Da die Insel als Ort gilt, von dem aus die griechische Besiedelung Nordafrikas begann, dürfte Ap. die Zufälligkeit der Entstehung Theras nicht gefallen haben. Es liegt ihm vielmehr daran, zu zeigen, wie die zivilisatorische Tätigkeit der Argonauten den Grundstein legt für die spätere Hellenisierung Nordafrikas (vgl. ad 1393–1536; ad 1625–1772; Teil I.D).

Der Traum verbindet inhaltlich die Anaphe- und die Thera-Episode, er ereignet sich auf Anaphe, wird aber erst während der Fahrt von Euphemos erinnert und von Jason gedeutet. Die Episoden sind zudem durch das Motiv der spontanen Entstehung bzw. Erscheinung beider Inseln sowie durch ihre Mittelstellung innerhalb der vier letzten Übergangsepisoden verbunden (vgl. ad 1625–1772). Die Erlebnisse auf Anaphe und Thera sind auch bei Kallimachos verbunden (Call. frr. 7–20; vgl. Stephens 2008[2], 103; 2011, 204 ff.). Der Traum des Latinus im Hain des Faunus (Verg. A. 7,81 ff.) weist Parallelen zu Euphemos' Traum auf. So handelt der Traum in beiden Fällen von der Zukunft einer (vermeintlichen) Tochter, das Thema Hochzeit ist von Belang und sie ereignen sich nachts an heiligen Orten (vgl. ad 1732).

Thera in hellenistischer Zeit Die Insel Thera ist ab dem Jahr 275 v. Chr. Flottenstützpunkt der Ptolemäer, die im Chremonideischen Krieg (267–261 v. Chr.) dort einen Statthalter, eine Garnison und an der Südspitze der Insel den Kriegshafen Exomython installieren. Ab dieser Zeit wird auf Thera rege gebaut. Der Dionysos-Tempel dient ab dem 2. Jhd. v. Chr. ebenfalls dem ptolemäischen Königskult (vgl. Külzer / Jung, DNP s.v. Thera IV; Sperling 1973, 81 ff. m. Taf. 31). Das Interesse an Thera muss demnach im 3. Jhd. in Alexandria groß sein. Die Entscheidung, die Geschichte Theras und Kyrenes lediglich bis zur Besiedelung durch die Euphemos-Nachfahren von Sparta aus zu erzählen, gewinnt vor diesem Hintergrund an Bedeutung (vgl. Teil I.D).

1731 ἀλλ' ὅτε δὴ κἀκεῖθεν Die Entscheidung für die einheitlich überlieferte Krasis basiert auf ähnlichen Erwägungen wie im Fall von κἀκεῖνος (vgl. ad 1441). Zwar wird hier ein Halbvers der *Odyssee* aufgegriffen, der in der Hauptüberlieferung keine Krasis aufweist (ἀλλ' ὅτε δὴ καὶ κεῖθεν ἐφαίνετο νόστος ἀπήμων, Od. 4,519). Da jedoch die Homer-Vulgata dort wie in ähnlichen Fällen die Krasis hat, darf man davon ausgehen, dass Ap. und Kallimachos mit der Vulgata übereinstimmen, während Zenodot und Aristarch wie die meisten modernen Editoren die Krasis verwerfen (vgl. Düntzer 1848, 59; La Roche 1866, 247 ff.). Dagegen folgt Ap. Zenodot im Falle der Krasis mit dem Artikel z. T. (1,1081 f.; vgl. Rengakos 1993, 54 f. sowie bes. 54 Anm. 3; dagegen Livrea 1973, ad loc.). Belegt ist κἀκεῖθεν auch sonst (Thgn. 1,711; E. Fr. 64,83; Fr. 12,318; S. Phil. 490; Ar. Av. 854; 1288; Demetr. Com. Vet. fr. 1,1 Kock).

ὑπεύδια Vgl. ad 1224.

πείσματ' ἔλυσαν Die Junktur hat ein hom. Vorbild (πεῖσμα δ' ἔλυσαν ἀπὸ τρητοῖο λίθοις, Od. 13,77). Ap. verwendet stets wie hier den Plural (vgl. 1,422f; 652; 1013; 2,166; 536), ebenso Kallimachos (Call. fr. 18,10; Hec. fr. 327,1). Ein Pendant bildet bei Ap. die Wendung πείσματ' ἔδησαν (4,523), ebenfalls nach hom. Vorbild (πείσματα δήσας, Od. 10,96).

1732 ὀνείρατος ἐννυχίοιο Das Adjektiv zuvor zur Beschreibung nächtlicher Aktivitäten von Menschen (Il. 11,683; Od. 3,178; S. Ai. 1203; 1211; Ar. Eq. 1290) und Gottheiten (Hes. Th. 10; Scut 32; vgl. Pi. P. 3,79). Seltener ist die Variante ἔννυχος (Il. 11,716; Pi. P. 11,25; A. Pr. 645). Bei Arat von einem Sternbild (Arat. 135), bei Kallimachos von einer nächtlichen Weissagung Apolls (Φοῖβον· ὁ δ' ἐννύχιον τοῦτ' ἔπος ηὐδάσατο, Call.fr. 75,21). Ap.

verwendet ἐννύχιος nach Hesiods Vorbild für nächtliche Gesänge der Nymphen zu Ehren der Artemis (1,1225), aber auch wie im hom. Epos für die Nachtfahrten der Argo (1,600; 1,929; 2,1260) sowie für Medeas Aktivitäten (3,846; 4,1063). Den Traum träumt Euphemos in der Nacht in der Nähe des Apoll-Heiligtums, er passt zu den abendlichen erotischen Neckereien. Asper sieht in ἐννύχιον gar einen Hinweis auf die Dunkelheit im Adyton des Apollontempels. Der Bezug wird schon von der antiken Exegese hergestellt (ἐννύχιον κρύπτεις· σκοτεινῶς καὶ δολίως· τινὲς δὲ ‚ἐμμύχιον' ἐν τῷ μυχῷ, Hsch. s.v. ἐννύχιον). Die Nähe eines Heiligtums ist für prophetische Träume regelmäßig von Vorteil (z. B. Verg. A. 7,81 ff.; vgl. Fränkel 1968, 618; Livrea 1973, ad loc.; Walde 2001, 196 ff.; Asper 2004, ad 75,21). Von Interesse für die Struktur des vierten Buches ist die lexikalische Übereinstimmung mit der Erzählung vom Traum Kirkes (τοῖον γὰρ νυχίοισιν ὀνείρασιν ἐπτοίητο, 4,664). Dieser (4,665–669) bildet das Pendant zum Traum des Euphemos vor der Entsühnung durch Kirke (4,699–717; vgl. Teil I.C; Giangrande 2000, bes. 114–117 mit Verweis auf oneirokritische Theorien; ferner Del Corno 1969, 81).

1733 ἀζόμενος Μαίης υἷα κλυτόν Die Junktur nach hom. Vorbild (ἀζόμενοι Διὸς υἷον, Il. 1,21; Μαίης ἐρικυδέος υἱός, h.Merc. 89; 550; Λητοῦς ἐρικυδέος υἱός, h.Merc. 176; 189; 416). Eine lesbische Inschrift aus dem 3. Jhd. v. Chr. überliefert einen ähnlichen Ausdruck (Ζηνὸς καὶ Μαιάδος ἐρικυδέος ἀγλαὸν Ἑρμῆ[ν], Epigr. Gr. 812 = IG XII, 2 476). Außer von Hermes bei Ap. ähnlich auch von Hephaistos (1,859) und dem Argonauten Aithalides (3,1175). Euphemos denkt sogleich an den hom. Hermes als Urheber von Schlaf und Traum (ἡγήτορ' ὀνείρων, / νυκτὸς ὀπωπητῆρα, h.Merc. 14 f.; vgl. Il. 24,343; 24, 445; Od. 5,47 f.; 7,137 f.; 24,3).

εἴσατο γάρ οἱ Nach dem Vorbild von Odysseus, als ihn Poseidon bemerkt (εἴσατο γάρ οἱ, Od. 5,283), bei Ap. noch von einer Welle bei der Symplegadendurchfahrt (εἴσατο γάρ ῥα, 2,582). Das Verb steht sonst wie hier in Zusammenhang mit Träumen (1,290; vgl. Mosch. 7 f.). Die Junktur leitet die indirekte, knappe Wiedergabe des Traumes durch den Erzähler ein, die mit der wörtlichen Rede des Mädchens endet (vgl. ad 1741).

1734 δαιμονίη βῶλαξ Das Substantiv βῶλαξ bei Pindar, dann erst in hellenistischer Zeit. Theokrit verwendet den Ausdruck für das fruchtbare Nilufer (Νεῖλος ἀναβλύζων διερὰν ὅτε βώλακα θρύπτει, Theocr. 17,80; vgl. ad 1457). Ap. bezeichnet mit βῶλαξ in Anlehnung an diese Vorbilder die Scholle libyscher Erde, um auf deren übernatürliche Fruchtbarkeit hinzuweisen – sie bringt die ganze Insel Thera und damit Kyrene hervor (vgl. ad 1562; ad 1736; 1750). Ebenso ist der Aresacker, der die Erdgeborenen hervorbringt, von übernatürlicher Fruchtbarkeit (βώλακες ... ἀνδραχθέες, 3,1334). Das

Adjektiv erinnert an die göttliche Herkunft der Scholle und verweist auf die glorreiche Zukunft, die nach ihrer Verwandlung in eine Insel bevorsteht, von der aus griechische Kolonien in Afrika gegründet werden (vgl. Teil I.D.III).

ἐπιμάστιος ἐπιμάστιος ist zuerst bei Ap., dann im 2. Jhd. n. Chr. belegt (Poll. 2,8; ἡ τοῦ Τρίτωνος / βῶλος ἐπὶ τῶν μαστῶν· δαίμονα γὰρ τοῦτον εἶπεν, Schol. A.R. 4,1734). Bei den Tragikern findet sich verwandtes ἐπιμαστίδιος zur Bezeichnung von Säuglingen (A. Th. 350 f.; E. IT. 231; Soph. fr. 793,2). Das Säugen der Scholle durch Euphemos symbolisiert die sorgfältige Bewahrung, die er dem Geschenk Tritons angedeihen lässt – diese steht im Gegensatz zur Nachlässigkeit der zur Bewachung abgestellten Männer in der Version Pindars (Pi. P. 4,41; vgl. Calame 1990, 296; Adorjáni 2012, 110). Indem er die Scholle aus Ehrfurcht vor dem Geber zu ihrem Bestimmungsort bringt, ermöglicht Euphemos die Entstehung der Insel (vgl. ad 1755–1764).

ᾧ ἐν ἀγοστῷ In der *Ilias* begegnet ἀγοστός nur in der Wendung ἕλε γαῖαν ἀγοστῷ (Il. 11,425; 13,502; 520; 14,452; 17,315) und stets in der Bedeutung „flache Hand, Handfläche". Theokrit verwendet ἀγοστός an Stelle von ἀγκάλη anlässlich des Ehevollzugs zwischen Ptolemaios II. und Arsinoe II. (νυμφίον ἐν μεγάροισι γυνὰ περιβάλλετ' ἀγοστῷ, Theocr. 17,129). Die antike Homerphilologie diskutiert verschiedene Bedeutungen von ἀγοστός (vgl. Hsch. s.v. ἀγοστόν; Schol. D Il. 17,315; Schol. T Il. 11,425). An zwei weiteren Stellen in den *Arg.* steht ἀγοστός sowohl für „flache Hand" (3,119 f.) als auch für „Arm" (3,1392). Ob man hier „in seiner Hand" oder „in seinen Armen" als Bedeutung annehmen muss, ist umstritten (Faerber 1932, 16; Erbse 1953, 175; Livrea 1973, ad loc.; Rengakos 1994, 32; dagegen Perrotta 1926, 203). Relevant für die Interpretation ist jedenfalls, dass das Halten im Arm oder in der Hand die Sorgfalt betont, mit der Euphemos das Geschenk Tritons behandelt (vgl. ad 1734).

1735 ἄρδεσθαι Das Verb zuerst in den hom. Hymnen (h.Ap. 263; h.Hom. 9,3; vgl. E. Suppl. 207; A. Pers. 487; Pl. Ti. 76a; Hdt. 5,12). Bei Pindar von einem Heer (Pi. O. 5,12), dann auch übertragen (Pi. O. 5,23; ferner Pl. R. 550b). Bei Ap. nur im eigentlichen Sinn, außer hier noch von der ägyptischen Nilschwemme (4,269 f.; vgl. ad 1734).

λευκῇσιν ... λιβάδεσσι γάλακτος Das Substantiv λιβάς sonst vom klaren Wasser einer Quelle oder eines Baches im Vergleich mit Tränen (A. Pers. 613; E. Andr. 116; 534; S. Ph. 1215; E. IT 1106), bei Ap. für die Bernstein-Tränen der Heliostöchter am Phaethonsee sowie für Honigtropfen (4,606; vgl. ad 1454). Bei Kallimachos im oft programmatisch-poetologisch gedeuteten Schlussteil des *Apollon-Hymnos* (πίδακος ἐξ ἱερῆς ὀλίγη λιβὰς ἄκρον ἄωτον, Call. Ap. 112; vgl. Wimmel 1960, 224; Williams 1978, ad 112; Calame 1993, 50–55; Asper 1997, 108–112) sowie in der Anaphe-Episode (Call.

fr. 17,10 Pf.). Die Junktur λευκῶν λιβάδων auch im Epigramm (Antip. AP 7,218). Mit einer erotischen Deutung der weißen Tropfen beglückt Fränkel die Fachwelt (vgl. Fränkel 1950, 133; Fränkel 1968, 619; dagegen zu Recht Walde 2001, 199).

ὑπό Die Lesart des Scorialensis ist aus metrischen Gründen (Längung des kurzen -o bei folgendem Liquid) *lectio difficilior* und wird zu Recht bevorzugt (Erbse 1963, 27; Livrea 1973, ad loc.; Vian / Delage 1996², ad loc.; dagegen Pompella 2006, ad loc.; zur Längung durch Liquide bei Ap. vgl. Rzach 1878, 481). Auffällig ist der parallele Bau des Verses um die Präposition als Mittelachse. Darum legen sich Dative, die sich auf die Form der Nahrung beziehen, der Vorgang des Nährens und die Milch als Nahrung bilden Beginn und Ende.

1736 βώλοιο ... ὀλίγης περ ἐούσης Zu βῶλος vgl. ad 1552. In einem Epigramm des Dioskorides begegnet dieselbe Junktur (τὴν ὀλίγην βῶλον ἀπημφίασε; Diosc. AP 7,76). Hier wird explizit betont, dass sich Euphemos wundert, wie aus einer winzigen Scholle eine Frau entstehen kann. Seine Verwunderung ist Prolepse auf das wundersame Element der Entstehung der Insel Anaphe aus einer kleinen Erdscholle (vgl. ad 1757 ff.).

1737 παρθενικῇ ἰκέλη Hom. Vorbild ist eine Beschreibung von Athenes Verwandlung (παρθενικῇ εἰκυῖα, Od. 7,20; Livrea 1973, ad loc.; ad 909). Bei Ap. findet sich passenderweise ein ähnlicher Ausdruck von den doppelgestaltigen Sirenen (παρθενικῆς ἐναλίγκιαι, 4,899). Auch das Mädchen im Traum des Euphemos ist kein echtes Mädchen, sondern Metapher für die Insel Thera, Nährmutter der Euphemiden und Nachkomme Tritons, der ebenfalls Zwitterwesen ist (vgl. zu Triton ad 1610–1616, zu Thera ad 1741 ff.; 1757 ff.).

μίχθη δέ οἱ ἐν φιλότητι Vorbild ist eine altepische Formel (z. B. μίσγεαι ἐν φιλότητι, Il. 2,232; 3,445; Od. 19,266; h.Merc. 4; h.Ven. 263; Hes. Th. 125; 306; 333 etc.). Die erotische Vereinigung in Euphemos' Traum hat symbolischen Charakter: Sie nimmt nach der vorläufigen Trennung durch das Über-Bord-Werfen die später erfolgende Wiedervereinigung der Insel mit den Euphemiden vorweg (1758–1764; vgl. ad 1735; ad 1738). Zu dieser symbolischen φιλότης im Traum passt, dass Ap. νεῖκος und φιλότης auch sonst in Abwandlung empedokleischen Gedankenguts als kosmische Kräfte auffasst (z. B. im Lied des Orpheus, 1,494–515; vgl. Kyriakou 1994).

1738 ἄσχετον ἱμερθείς Ap. gebraucht ἄσχετος entweder als Verbaladjektiv zu ἀνέχομαι im Sinn von „unerträglich" (vgl. 1,334; 3,606, 4,622; 4,742; 4,1084 f.) oder wie hier in der hom. Bedeutung „unaufhaltsam" (Il. 16,549; 24,708; Od. 3,104; noch 3,1048 f.; 3,1322). Ap. setzt wohl ἄσχετος und ἀάσχετος gleich, da für letzteres von den antiken Homererklärern irrtümlicherweise schon die Bedeutung „unerträglich" angenommen wurde (vgl. Erbse 1953, 172; Campbell 1973, 72; Livrea 1980, 158; Rengakos 1994, 60). Der erotische ἵμερος des Euphemos, von dem hier die Rede ist, ist im alten Epos γλυκύς (vgl. z. B. Il. 14,238; Hes. Sc. 31). Unmittelbar auf die Erfüllung erfolgt auch im Traum die Reue, getrennt lediglich durch die Penthemimeres.

ὀλοφύρατο Die überlieferten Varianten ὀλοφύρετο der Ms.familie *m* und ὀλοφύρατο aus *w* stehen gleichberechtigt nebeneinander. Bei Homer ist der Aorist ὀλοφύρατο belegt (Il. 7,245; 17,648; Od. 4,364; 10,157; bei Ap. noch 3,72; 4,29). Das Imperfekt ὀλοφύρετο (bei Ap. noch 1,250) könnte hier die zum Zeitpunkt der Rede des Mädchens andauernde Klage des Euphemos bezeichnen (vgl. Mooney 1912, ad loc.; Hunter 2015, ad loc.). Der Aorist könnte ingressiv ausdrücken, dass Euphemos zu klagen beginnt, als ihn das Mädchen unterbricht. Ein effektiv aufgefasster Aorist könnte ferner eine entschuldigende Klage zusammenfassen, die Euphemos zuvor an das Mädchen gerichtet hatte und auf die sie nun antwortet. Es gilt Livreas (1973, ad loc.) Fazit: „Scelta ardua".

1738 f. ἠύτε κούρην / ζευξάμενος κούρη hier in der gängigen Bedeutung „Tochter" (so häufig bei Ap., z. B. 1,55; 136; 181 etc.; vgl. ad 1742: οὐ κούρη). Möglicherweise handelt es sich um hellenistischen Sprachgebrauch. Vorhellenistische Vorbilder für κούρη = „Tochter" gibt es zwar, allerdings zumeist mit Patronym im Genitiv (Il. 6,420; Od. 5,382; A. Eu. 415; S. OC 40; E. Hel. 168; Ar. Pax 119; Pl. Rep. 617a). Die Einleitung ἠύτε κούρη begegnet noch in einem Gleichnis zum Kummer Alkimedes sowie in Jasons Bericht von den libyschen Heroinen (1,269; vgl. ad 1349). Vorbild sind Gleichnisse, die unangemessen „weibisches" Verhalten eines Helden tadeln (Il. 2,872 f.; 16,7 f.). Besonders der zweite Kurzvergleich aus einer Rede Achills, der Patroklos gegenüber Vatergefühle erkennen lässt, passt gut zu Euphemos' geträumter Mutterrolle dem libyschen Schollenmädchen gegenüber. Achill und Euphemos sind nicht wirklich Eltern, empfinden aber entsprechend.

1739 αὐτός ... ἀτίταλλε Der Aorist zu ἀτάλλω in der Bedeutung „aufziehen, ernähren" ist gängig seit dem alten Epos (z. B. Il. 14,202; 24,60; Od. 15,174; 18,323; Hes. Th. 480; h.Ven, 231; Pi. N. 3,58), in den *Arg.* nur hier. Bei Theokrit weiter gefasst (Theocr. 15,111; 17,58). Bei Moschos findet sich die Junktur ebenfalls in einem Traum, der von der Aufzucht der symbolisch für einen Kontinent stehenden Europa handelt (ἔτικτε καὶ ὡς ἀτίτηλέ μιν αὐτή, Mosch. 14).

1740 παρηγορέεσκε Das dem alten Epos unbekannte Verb παρηγορέω bei Äsop, Pindar, den Tragikern sowie in historischer und medizinischer Prosa (z. B. Aesop. 255,1,4; Pi. O. 9,77; A. Pers. 530; S. fr. 176,2; Eu. 507; E. Hec. 288; Hdt. 5,104; 9,54; Hp. Hum. 1,12). Für die anderen hellenistischen Dichter ist es nicht belegt. Ap. dagegen hat eine Vorliebe (z. B. 2,64; 622; die Junktur παρηγορέω ἔπεσσιν noch 1,294; 3,303; 610). Der Ausdruck wird imitiert von Quintus und Nonnos (Q.S. 14,161; Nonn. D. 47,426). An derselben Versposition von Orpheus, der durch sein ehrerbietiges Verhalten die Hesperiden überzeugt, den Argonauten zu helfen (1410).

μειλιχίοισι ... ἔπεσσιν Das Mädchen, das in Euphemos' Traum Thera symbolisiert, schlägt dem Argonauten gegenüber bezeichnenderweise denselben Ton an wie ihre Verwandten, die libyschen Heroinen und die Hesperide Aigle (μειλιχίοις ἐπέεσσιν ἀτυζόμενον προσέειπον, vgl. ad 1317; μειλιχίοις ἐπέεσσιν ἀμειβομένη, vgl. ad 1431). Diese Gemeinsamkeit steht symbolisch für den Charakter des libyschen Kontinents in den *Arg.*: Zwar fordert Libyen die Argonauten durch Gefahren heraus und zeigt sich rätselhaft, erweist sich jedoch in Gestalt heimischer Gottheiten aufgrund von Gottesfurcht und Hartnäckigkeit als freundschaftlich, hilfsbereit und dem griechischen Kulturstiftertum gegenüber aufgeschlossen – wie das Mädchen aus libyscher Erde bereitwillig als „Amme" für Euphemos' Nachfahren fungiert (vgl. ad 1741; Teil I.D).

1741–1745 Traumrede des Mädchens Die Ansprache des Mädchens wird wörtlich wiedergegeben, beendet den Traumbericht und steht strukturell der folgenden Rede Jasons gegenüber, der den Traum deutet. Beide Figurenreden bestehen entsprechend aus denselben Elementen: Anrede; Bezug zur Person des Euphemos; Herkunft der Scholle von Triton und Libye(n); Aufforderung, die Scholle ins Meer zu werfen (vgl. ad 1731–1764; ad 1749–1754).

τεῶν τροφὸς ... παίδων τροφός nur in der *Odyssee*, oft von Eurykleia (z. B. 2,361; 4,742; 19,21 etc.). Als Metapher steht τροφός von einer Stadt bei Pindar und den Tragikern (Pi. P. 2,2; A. Th. 16; S. OC 760). Ap. vereinigt hier wörtliche und symbolische Bedeutung des Begriffs. Das Mädchen im Traum verwendet den Begriff wörtlich, symbolisch steht τροφός aber für die Insel, die als Nährmutter und neue Heimat für die Euphemos-Nachfahren dienen wird (vgl. ad 1758).

1742 οὐ κούρη Vgl. ad 1738 f.

Τρίτων γὰρ ἐμοὶ Λιβύη τε τοκῆες Die Herkunft des Mädchens von Triton und Libye ist Symbol für die Entstehung Theras aus der libyschen Erdscholle, die Euphemos von Triton erhält (vgl. ad 1552–1555, ad 1752 ff.). Die

Heroine Libye gilt früh als Namenspatronin des Kontinents (A. Suppl. 319; Hdt. 4,45; Schol. Il. 1,42; vgl. ad 1227), weshalb sie hier Mutter des Mädchens ist. Bei Pindar tritt Libye auch als Ziehmutter Kyrenes in Erscheinung (Pi. P. 9,55 ff.; vgl. ad 1764). Ap. erwähnt sie in seiner Version des Mythos jedoch nicht (2,500–527; vgl. Hes. fr. 216f: Pi. P. 9,59 ff.).

1743 Νηρῆος παρθενικῇσιν Die Nereiden bewohnen mit ihren Eltern Nereus und Doris das Meer (Il. 18,38; 18,52; Hes. Th. 233–263). Das Mädchen aus der Scholle wünscht sich ihre Gesellschaft nicht zufällig, sie und die Nereiden verbindet vielmehr die Herkunft von einem „Meergreis" (ἡμένη ἐν βένθεσσιν ἁλὸς παρὰ πατρὶ γέροντι, Il. 1,158), zu denen Nereus und Triton gleichermaßen gerechnet werden. Die prophetische Bedeutung des Traums passt zu den prophetischen Fähigkeiten dieser Meergötter. Eine weitere Gemeinsamkeit zwischen dem Mädchen und den Nereiden besteht in ihrem Wohlwollen den Argonauten gegenüber: Die Nereiden unter Thetis' Führung schützen die Argo vor den Gefahren der Plankten (4,930–955).

1744 f. ἐς αὐγας / ἠελίου Variation einer odysseeischen Junktur, dort meist vom Leben auf der Erde mit der Präposition ὑπό (ὑπ' αὐγὰς ἠελίοιο, Od. 2,181; 11,498; 15,349 etc.). Bei Ap. noch von Aithalides' unsterblicher Seele (1,647 f.).

1745 νεπόδεσσιν Das Substantiv νέπους ist ἅπαξ λ. im alten Epos (φῶκαι νέποδες καλῆς ἁλοσύδνης, Od. 4,404). Die Bedeutung ist hier umstritten, wahrscheinlich sind „Robben, Kinder der schönen Tochter des Meeres" gemeint (νέποδες ... θαλάσσης αἱ φῶκαι, ὅ ἐστι τέκνα. νέπυς γὰρ κατά τινα γλῶσσαν, ὁ ἀπόγονος, Schol. Eust. Od, 4,404; vgl. Rengakos 1994, 117; Harder 2012 II, 534, ad 66,1; zur Etymologie vgl. Pariente 1943, 115 ff.). Ap. fasst νέποδες jedenfalls wie der Elegiker Kleon (βριαροὶ Γοργφόνου νέποδες, Cleon Sic. fr. 340,2 SH) im Sinn von ἀπόγονοι auf, so auch Theokrit und Kallimachos (ἀθάνατοι δὲ καλεῦνται ἑοὶ νέποδες γεγαῶτες, Theocr. 17,25; ἡρῶσσαι [..].ιᾶς Ἰάσιδος νέπ[ο]δες, Call. fr. 66,1 Pf.; ...ἱπνόης νέποδες, Call. fr. 186,2; ὡς ὁ Κεῖος Ὑλίχου νέπυς, Call. fr. 222,2; πουλὺ θαλασσαίων μυνδότεροι νεπόδων, Call. fr. 533; vgl. Perrotta 1924–1926, 212; Pfeiffer 1949, ad 533; Livrea 1973, ad loc.). Spätere Dichter und Lexikographen nehmen dagegen „fußlos, mit einem Fischschwanz als Fuß, Fisch" als Bedeutung an (Nic. Al. 468; 485; Opp. H. 3,441; 4,468; C. 1,384; Nonn. D. 10,154; 20,385; Sat. AP 6,11,6; Ap. Soph. 115,31; Hsch. v 374; 375; Suid. v 251; EM 601,29).

1746 τῶν ἄρ' ἐπὶ μνῆστιν κραδίῃ βάλεν Die überlieferte Lesart βάλεν ergibt einen seltenen, gesuchten Ausdruck (vgl. τοὺς ἐμοὺς λόγους θυμῷ βάλ', A. PV 705 f.; S. OT 975), ist aber haltbar. Vians (1996², N.C. ad.; N. Add. ad loc.) Konjektur λάβεν ist sinnvoll, aber unnötig (vgl. Livrea 1973, ad loc.; Campbell 1976, 340; Campbell 1982, 139; Paduano 1986, ad loc.; Hunter 2015, ad loc.). Womöglich verbirgt sich hier eine Sentenz aus den *Erga*, die den Perses als unkundigen und beratungsresistenten Mann tadelt (ὃς δέ κε μήτ' αὐτῷ νοέῃ μήτ' ἄλλου ἀκούων / ἐν θυμῷ βάλληται, ὃ δ' αὖτ' ἀχρήιος ἀνήρ, Hes. Op. 296 f.). Dann handelt es sich um eine dezente Kontrastierung: Der umsichtige Euphemos sucht anders als Perses bewusst den Rat eines weiseren Mannes. Das Substantiv μνῆστις ist ἅπαξ λ. in der *Odyssee* in der Bedeutung „Gedanke" (Od. 13,279), in den *Arg.* in der Bedeutung „Gedächtnis" (μνῆστιν ἄφθιτον, 1,643) oder „Gedanke" (οὐδέ τιν' ἄλλην / μνῆστιν ἔχεν, 2,389 f.). Die Erinnerung an den prophetischen Traum stellt eine Verbindung zur Entsühnung der Argonauten durch Kirke zu Beginn der Europa-Episode des vierten Buches her (vgl. Teil I.C). Wie Euphemos erinnert sich Kirke beim Anblick Jasons und Medeas an ihren Traum und versteht ihn erst im Moment der Erinnerung (ἦ γὰρ ὀνείρων / μνῆστις ἀεικελίη δῦνεν φρένας ὁρμαίνουσαν, 4,723f).

1746 ff. Vom Traum zur Deutung Dieser knappe Erzählerbericht steht gleichsam als Spiegelachse in der Mitte der Thera-Episode und verbindet die beiden Episodenhälften Traum (A) und Deutung (B) miteinander (vgl. ad 1731–1764).

1747 θεοπροπίας Ἑκάτοιο Die Junktur ist hom. (Il. 1,385; vgl. A.R. 1,958). Den Namen Hekataios verwendet Ap. absolut, während er im frühen Epos als Epitheton gebraucht wird (Il. 6,83; 20,295; h.Ap. 1; h.Hom. 24,1; Livrea 1973, ad loc.). Die zeitlich vor der Argo-Fahrt liegende Prophezeiung Apolls an Jason in Delphi, die durch kurze Analepsen in die Handlung integriert wird (1,412 ff.; 4,530–533), enthielt folglich einen Hinweis auf Thera und die Euphemiden.

1748 ἀνενείκατο φώνησέν τε Der Ausdruck greift die Einleitung einer Trauerrede Achills auf (μνησάμενος δ' ἀδινῶς ἀνενείκατο φώνησέν τε, Il. 19,314). Hier steht ἀναφέρειν nicht wie im hom. Vorbild im Sinn von „aufseufzen" (über das Glück des anderen; Livrea 1968, ad 169; dagegen Vian / Delage 1996², 209 ad loc.), sondern bezeichnet schlicht den Beginn des Sprechens, das „Heraufholen der Stimme" (ἀνενείκατο μῦθον, 3,463; ἀδινὴν δ' ἀνενείκατο φωνήν, 3,635; Bühler 1960, 66 f.; Livrea 1973, ad loc.; Dräger 2002, 560 ad loc.). Von der Bedeutung „Heraufholen der Stimme" geht ein Scholion aus (ἀνήνεγκεν ἐκ στέρνων τὴν φωνὴν ἀθρόαν, Schol. Il. 19,314), andere nehmen die Bedeutung „einen Seufzer aus sich heraufholen" an (Schol. D Il. 19,314; Ap. S. 34,28; Hsych. α 4890; Eust. 1186,7; 1604,4; 1704,14). Hier allein steht das Verb nicht zur Einleitung einer traurigen Rede, sondern einer „sehr erfreulichen Vorhersagung" (Rengakos 1994, 50 f.; Buttmann 1865 I, 251).

1749 ὦ πέπον Die seit dem hom. Epos geläufige Formel wird als höfliche Anrede eines Nahestehenden (wie Il. 6,55; 9,252; 17,238; Od. 13,154; 22,233) gebraucht.

ἀγλαὸν ... κῦδος Zu ἀγλαός vgl. ad 1714 f. Die Junktur (noch 1,287) ist nicht hom. (vgl. aber κῦδός τε καὶ ἀγλαΐη καὶ ὄνειαρ, Od.15,78; Livrea 1973, ad loc.). Die *Argonautica Orphica* greifen sie auf (Orph. A. 875 f.).

1750 f. βώλακα γὰρ τεύξουσι θεοὶ ... / νῆσον Bei Pindar existiert Kalliste schon, als die Argonauten die Scholle dort versehentlich verlieren. Die Verzögerung bei der Erfüllung der Prophezeiung um 17 Generationen wird so erklärt (Pi. P. 4,43 f.; vgl. Schol. A.R. 4,1750–7; Braswell 1988, ad 42–43a; Dräger 1993, 263 f.). Bei Ap. ist die Generationenzahl nicht festgelegt (vgl. ad 1764). Syntax und Versbau spiegeln hier den Inhalt (vgl. Teil I.B): Die zukünftige göttliche Schöpfungsaktion nimmt die Mitte des Verses ein (τεύξουσι θεοί), während die Scholle, aus der alles entsteht, den Versanfang bildet (βώλακα). Die Aktion des Euphemos, πόντονδε βαλόντι, steht am Versende überleitend zum Beginn des nächsten Verses. Die Insel, das Ergebnis des Verwandlungsprozesses, beschließt den Satzteil. Zugleich steht νῆσον auch am Versanfang von 1751. Das Enjambement betont die wundersame Verwandlung zusätzlich.

1751 f. ὁπλότεροι παίδων σέθεν .../ παῖδες Zu den Siedlungsorten der Euphemiden vgl. ad 1759 ff. Ein Vorbild für den Ausdruck παῖδες παίδων begegnet in einer Prophezeiung Poseidons für die Aeneaden (νῦν δὲ δὴ Αἰνείαο βίη Τρώεσσιν ἀνάξει / καὶ παίδων παῖδες, τοί κεν μετόπισθε γένωνται, Il. 20,307 f.; vgl. Tyrt. fr. 12,29 f. West; Pi. N. 7,100; E. Ph. 281; Pl. Leg. 927 b 7), bei Herodot ebenfalls von den Euphemiden (τῶν ἐκ τῆς Ἀργοῦς ἐπιβατέων παίδων παῖδες ἐξελασθέντες, Hdt. 4,145).

1752 ξεινήιον ἐγγυάλιξεν Zu ξεινήιον vgl. ad 1553. Zu ἐγγυάλιξεν vgl. ad 1554. Jasons Deutung greift exakt die Worte Tritons auf, die dieser beim Überreichen der Scholle an Euphemos richtet (vgl. ad 1554–1561).

1752 ff. Τρίτων ... / ... οὔ νύ τις ἄλλος / ἀθανάτων ἢ κεῖνος Dass es sich bei Eurypylos um Triton handelt, erkennen die Argonauten, als dieser ihnen das zweite Mal begegnet (vgl. ad 1602–1624). Dass Jason hier die Hälfte seiner Rede der göttlichen Herkunft der Scholle widmet, entspricht dem Grundtenor der Thera-Episode. Die Schicksalshaftigkeit der Entstehung und späteren Besiedelung der Insel durch die Euphemiden wird so betont (vgl.

IV. 4,1627–1772 Transitorische Episoden: Kreta, Anaphe, Thera, Aigina   403

ad 1731–1764). Der unausgesprochene nächste Schritt ist die Kolonisierung Nordafrikas durch griechische Siedler von Thera aus.

1753 τήνδε ἠπείροιο Λιβυστίδος Das Adjektiv ist zunächst nur bei Kallimachos (ζορκός τοι, φίλε κοῦρε, Λιβυστίδος αὐτίκα δώσω / πέντε νεοσμήκτους ἄστριας, Call. fr. 676 Pf.; Asper (2004, 377, ad 676 Pf.) zieht eine Beziehung zum Argonautenmythos in Betracht) und hier belegt, später dann häufiger (App. B.C. 1,9,80; D.P. 614; Nonn. D. 10,230; 13,345; 364; 44,276; Christodor. 2,1,138; Paul. Sil. Descr. 913; 919). Sonst bei Ap. auch Λιβυστικός (vgl. ad 1233). Das feminine Demonstrativum kann hier sowohl auf βώλακα (1750) als auf νῆσον (1751) bezogen werden, was aufgrund der Identität von Scholle und Insel sicher kein Zufall ist.

1754 ὅ μιν πόρεν ἀντιβολήσας Die Formulierung hat eine Frage Nestors an Odysseus zum Vorbild (ὅππως τούσδ' ἵππους λάβετον καταδύντες ὅμιλον / Τρώων, ἦ τίς σφωε πόρεν θεὸς ἀντιβολήσας, Il. 10,545 f.; vgl. Livrea 1973, ad 182).

1755 ἁλίωσεν Das Verb ἁλιόω steht im hom. Epos von einem treffsicheren Wurfgeschoss und vom Willen des Zeus (Il. 16,737; Od. 5,104 = 138). Der Gebrauch scheint hier von Sophokles inspiriert (κοὐχ ἡλίωσε τοὔπος, S. Tr. 258). Bei Ap. noch vom Gang der Herolde zu Aietes und vom wirkungsvollen Zorn Heras (3,1176; 4,21). Wie schon zuvor beim Empfang der Scholle (vgl. ad 1562 f.), handelt Euphemos genau nach den göttlichen Geboten.

ὑπόκρισιν Αἰσονίδαο Das Substantiv ὑπόκρισις ist vor allem in Prosa zu finden, bei Herodot auch im Sinn von ἀπόκρισις (Hdt. 1,116; 9,9), bei Aristoteles vom Auftritt eines Redners oder der Rolle eines Schauspielers (Arist. Rh. 1386a32; EN 1118a8). Ferner ist ὑπόκρισις in einem Pindar-Fragment in der Bedeutung „Verhalten, Gebaren" und in einem Epigramm des Phokylides in der Bedeutung „aus Verstellung, zum Schein" überliefert (Pi. fr. 140b15 Snell; Phoc. AP 10,117,3). Da das verwandte Verb ὑποκρίνειν von Ap. auch im Sinn von „einen Traum deuten" gebraucht wird (so A.R. 3,546: οὐδέ πῃ ἄλλως ἐστὶν ὑποκρίνασθαι ἄρειον), geht Hunter hier von einer einmaligen Bedeutung „Interpretation" aus. Es ist jedoch die Bedeutung „Antwort" ebenso wie aristotelisch „Rede, Vortrag" denkbar (vgl. Hunter 2015, ad loc.; Livrea 1973, ad loc.; Vian / Delage 1996², ad loc.).

1756–1764 Kallistes Entstehung und die Umbenennung in Thera Im letzten Teil der Thera-Episode wechselt die Erzählform wieder von der Figuren- zur Erzählerrede (1731–1740). Eine akkumulierte Wiederholung von Eigennamen kennzeichnet die Partie (Εὔφημος, 1756; Καλλίστη ... Εὐφήμοιο, 1758; Λῆμνον, 1759; Λήμνου, 1760; Σπάρτην, 1761; Σπάρτην...

Θήρας, 1762; Καλλίστην... Θήρα, 1763; Εὐφήμοιο, 1764). Dabei wird jede Station der Euphemiden auf ihrer Wanderschaft doppelt genannt, ebenso der alte und der neue Name der Insel, die den Zielpunkt der Umsiedelung ausmacht (Lemnos – Sparta – Thera-Kalliste). Überdies wird in den Versen 1759–1763 jeweils die vorige Station wiederholend in den folgenden Vers übernommen und gemeinsam mit der nächsten Station genannt. Die gehäuften Eigennamen in dieser Passage verstärken den Eindruck einer bewusst knapp gehaltenen Auflistung zusätzlich zum Abbruch der Erzählung (vgl. ad 1764). Zugleich bildet die Namenshäufung den Weg der Euphemiden und den Wechsel von Ansiedelung und neuer Siedlungsaufgabe im Text ab. Zahlreiche Wiederholungen weist auch die parallele Version bei Kallimachos auf (Call. Ap. 71–75). Dieselben Stationen nennen Herodot und Pindar, bei Kallimachos fehlt Lemnos, hier bei Ap. hingegen wird die letzte Station, Libyen, nicht genannt (vgl. Hdt. 4,145–148 Pi. P. 50–53; 251–262; Call. Ap. 72–77).

1756 Εὔφημος Der sprechende Name des Protagonisten wird zu Beginn, in der Mitte und zum Abschluss der Kalliste-Thera-Episode explizit genannt (1732; 1758; 1764). Die Bedeutsamkeit des Stammvaters der späteren Griechen der Kyrenaia wird so hervorgehoben und gliedert zugleich die Handlung, die sich in drei Schritten vollzieht (vgl. ad 1731–1764).

θεοπροπίῃσιν ἰανθείς Das hom. Substantiv ist außer in einem Philochoros-Fragment erst wieder bei Ap. belegt (vgl. Il. 1,87; 11,794; Od. 1,415 etc.; Philoch. fr. 77,3). Ap. verwendet es häufig in den Bedeutungen „Vorhersagekunst" (1,66; 144; 487; 2,213; 512) und „Orakel, Prophezeiung" (1,209; 301; 448; 958 1106; 2,769; 4,1457; 1747; anders Matteo 2007, ad 213).

1756 f. βῶλον .../ ... ὑποβρυχίην Das Adverb ὑπόβρυχα heißt in der *Odyssee* „unter Wasser" (Od. 5,319). Das Adjektiv ὑποβρύχιος zuerst in den hom. *Hymnen* in der Bedeutung „unter der Erde" (h.Merc. 116; vgl. A. Pr. 1082 f.; Pl. Phdr. 248a; Vergados 2013, ad 116) sowie „unter Wasser" (h.Hom. 33,12). Bei Ap. noch vom toten Typhaon, ebenfalls wie hier in der Bedeutung „unter Wasser" (κεῖται, ὑποβρύχιος Σερβωνίδος ὕδασι λίμνης, 2,1215). Die gesperrte Stellung der Junktur spiegelt den Inhalt (vgl. ad 1750 f.): ὑποβρυχίην ist die Scholle eigentlich erst im Anschluss an den Wurf, das Adjektiv bezeichnet das Handlungsergebnis und beschließt daher den Satz.

1758 Καλλίστη Der erste Name der Insel Thera (vgl. Hdt. 4,147; Pi. P. 4,257 f.; Call. Ap. 72 ff.; fr. 716 Pf.; vgl. Str. 8,347; Paus. 3,1,73; 3,15,6; 7,2,2) passt von der Bedeutung zum Traum des Euphemos, in dem ein schönes Mädchen die Insel symbolisiert. Umbenennungen von Inseln sind ein beliebtes Thema in der hellenistischen Dichtung (bei Ap. noch 1,624; 2,296;

vgl. Call. Dian 47 f.; Del. 36–40; 49; fr. 75 Pf.; 62 f.; 601; 716; evtl. Call. fr. 14; 297; Livrea 1973, ad loc.; Hunter 2015, ad loc.).

ἱερὴ τροφός Vorbild ist einerseits die hom. Junktur φίλη τροφός (Od. 2, 361; 4,742 etc.; vgl. 1,668; 3,133; Call. Del. 97), andererseits ein Euripides-Fragment, in dem Kreta als Ziehmutter der Kureten bezeichnet wird (Διοτρόφον Κρῆταν ἱεράν / Κουρήτων τροφὸν ἀνδρῶν, E. fr. 12,74 f.; zu den Kureten in den *Arg*. vgl. ad 1229). Dasselbe Bild braucht Ap. von Drepane (Δρεπάνη... Φαιήκων ἱερὴ τροφός, 4,990 f.).

1759 f. Σιντηΐδα Λῆμνον So auch in der Lemnos-Episode (1,608), wohl nach hom. Vorbild (κάππεσον ἐν Λήμνῳ, ὀλίγος δ' ἔτι θυμὸς ἐνῆεν / ἔνθά με Σίντιες ἄνδρες ἄφαρ κομίσαντο πεσόντα, Il. 1,593 f.; οἴχεται ἐς Λῆμνον μετὰ Σίντιας ἀγριοφώνους, Od. 8,294). Thrakische Sintier sind als Bewohner von Lemnos bekannt (vgl. Hecat. fr. 138a; Str. 12,3,20), die aber schon im hom. Epos auch als griechische Insel gilt (Il. 7,467 f.; 21,40 f.; 23,753). Ab dem 5. Jhd. heißen die Bewohner von Lemnos Pelasgoi oder Tyrsenoi (Hdt. 6,137 ff.; A. Ch. 631 ff.; vgl. Ficuciello 2013, 69–78; ferner Delage 1930, 84 f.; Vian / Delage 1974, N.C. ad 1,608).

1760 Λήμνου τ' ἐξελαθέντες ὑπ' ἀνδράσι Τυρσηνοῖσιν Vgl. ad 1759. Bei Herodot sind es Pelasger, die die Euphemiden aus Lemnos vertreiben (ἐξελασθέντες ὑπὸ Πελασγῶν, Hdt. 4,145). Thukydides hält beide Stämme für identisch (Th. 4,109,4). Τυρρηνοί bzw. Τυρσηνοί ist ionischer bzw. altattischer Begriff für die Etrusker (lat. *Tyrrheni*). Die lemnischen Tyrsenoi waren möglicherweise Etrusker (vgl. De Simone 1996; Ficuciello 2013, 69–78).

1761 Σπάρτην Sparta ist auch bei Pindar, Herodot und Kallimachos die nächste Station der Euphemiden (Pi. P. 4,50–53; Hdt. 4,145 f.; Call. Ap. 72 ff.). Die Verbindung Theras mit Sparta ist historisch und geht auf die Zeit nach dem ersten Messenischen Krieg (ca. 735–715 v. Chr.) zurück. Von dorischen Spartanern wurde die Stadt Alt-Thera gegründet (Hdt. 4,147–151; Strab. 10,5,1). Die ältesten Funde stammen aus dem 6. Jhd. v. Chr. (vgl. Hiller von Gärtringen 1899, 141–159; Sperling 1973, 72 ff.; Hoepfner / Antkowiak 1997).

ἐφέστιοι Das Adjektiv ἐφέστιος steht zur Bezeichnung des eigenen (Il. 2,125; Od. 3,234; 23,55; A. Th. 851; S. Tr. 607; E. El. 216; E. Ion 654) oder eines fremden Herdes, an dem Schutz gesucht wird (Od. 7,248; h. Cer. 488; A. Eu. 577; Supp. 365). Ap. verwendet das Adjektiv in beiden Bedeutungen (1,117; 909, 3,116; dagegen 3,585; 1117; 4,703; 723; 747; beide zugleich: 4,518; 1761) und konstruiert nicht wie Homer und die Tragiker mit Genitiv (Il. 2,125), sondern mit Dativ (z. B. 4,518; vgl. Linsenbarth 1887, 60; Ardizzoni 1967, ad 909; Livrea 1973, ad 518; zum Bittgesuch vgl. Platinga 2000). Auch hier spielen beide Bedeutungen eine Rolle: Die Nachkommen der Argonauten wurden Herodot zufolge von den Lakedaimoniern aufgenommen und mit dem Bürgerrecht ausgestattet, fanden also nach ihrer Vertreibung nicht nur Schutz, sondern für einige Generationen auch eine Heimat (Hdt. 4,145 f.). Der Schwerpunkt liegt dennoch auf ihrer Aufnahme als Schutzsuchende am fremden Herd.

1762 Αὐτεσίωνος ἐὺς πάις ... Θήρας Die Junktur ἐὺς πάις Ἀγχίσαο steht formelhaft von Aineias (Il. 2,819; 12,98; 17,491; vgl. Hes. Th. 50; 565; Sc. 26). Die Formel wird erst wieder von Ap. gebraucht, noch von Orpheus und dem Teleoniden Butes (2,703; 4,912). In spätantiker Zeit bei Quintus (Q.S. 2,235; 4,100; 7,365). Der Vater des Theras, Autesion, ist Thebaner (vgl. Call. Ap. 74; Paus. 9,1,7; 9,5,13–16; Diod. 4,66; Schol. A.R. 4,1763c; Vian 1963a, 218 ff.). Theras, bei Herodot auch Sohn des Autesion, verlässt Sparta, als seine Neffen alt genug sind, selbst zu herrschen, damit er auf Thera Herrscher sein kann. Die Nachfahren der Argonauten nimmt er mit und rettet sie vor der Vollstreckung des Todesurteils, nachdem sie aufrührerisch geworden sind (Hdt. 4,147 f.; Str. 8,3,19). Ap. verwendet die Junktur ἐὺς πάις demnach nicht formelhaft, sondern um in einer äußerst knappen Prolepse auf die Hilfe des Theras für die Euphemiden zu verweisen.

1762 f. Θήρας... / Καλλίστην ... Θήρα Die Wiederholungen unterstreichen den hymnischen Charakter der Passage (vgl. ad 1765–1764), sie finden sich auch in der entsprechenden Passage des kallimacheischen Hymnos (Καρνεῖον .../ Σπάρτη... Καρνείε ... / Θήρη ... / Σπάρτης ... / Θηραίην ... Θήρης, Call. Ap. 71–75).

1763 f. ἀμείψατο δ᾽ οὔνομα Θήρα / ἐκ σέθεν Die Konjekturen Fränkels (Vok. Θήρα statt θήρης bzw. θήρας) und Wendels (ἐκ σέθεν statt ἐξ ἕθεν) sind sinnvoll und notwendig. Das reflexive ἕθεν der Mss. passt nicht zum Subjekt des Satzes, das hier die Insel sein muss, damit der Sinn – die Umbenennung der Insel nach Theras – hergestellt ist. Statt ἐκσεθεν kann die Buchstabenfolge ἐξεθεν durch Verschreibung in den Text gelangt sein. Die Anrede an Theras hat Wendel überdies aus einer in den Scholien überlieferten Paraphrase entnommen (ἤλλαξε δὲ τὸ ὄνομα ἡ Καλλίστη νῆσος, καὶ ὠνομάσθη Θήρα ἀπὸ σοῦ, ὦ υἱὲ Αὐτεσίωνος Θήρα, ἐκεῖ σοῦ ἀπὸ Σπάρτης ἀποικίαν ποιήσαντος καὶ μείναντος, Schol. A.R. 4,1760–4 b; vgl. Vian / Delage 1996[2], ad loc.; Hunter 2015, ad loc.). Ferner passt die Apostrophe des Gründers von Thera zu denen in den übrigen transitorischen Episoden und verleiht der Passage hymnischen Charakter (vgl. ad 1673; ad 1706; ad 1773). Die Umbenennung der Insel Kalliste ist fester Bestandteil des Thera-Mythos (Pi. P. 4,257 ff.; Hdt. 4,147; Call. fr. 716,1 Pf.; Paus. 7,2,2). Ebenso wie bei Kallimachos (Call. fr. 716,1) steht hier der erste Name zu Beginn, der Umbenennungsprozess in der Mitte, der neue Name beschließt den Vers. Die Wortstellung bildet somit bei beiden Autoren den Inhalt ab.

1764 ἀλλὰ τὰ μὲν μετόπιν γένετ' Εὐφήμοιο Die Thera-Episode beginnt und schließt mit einer Nennung ihres Protagonisten (μνήσατ' ἔπειτ' Εὔφημος, 1732; vgl. Teil I.B.II).

1764 Erzählabbruch – und die Gründung Kyrenes? Von Interesse ist zunächst der Zeitpunkt, zu dem die Erzählung abgebrochen wird. Die Besiedelung Theras durch die Euphemiden wird geschildert, die Gründung Kyrenes und die Besiedelung der Kyrenaia durch Battos I. auf Geheiß Apolls, auf die es Pindar in der vierten *Pythie* gerade ankommt, wird dagegen nicht mehr berichtet. Das Verstummen an dieser Stelle hat mehrere Gründe. So ist zunächst einmal möglich, dass Ap. aus politischen Gründen schweigt, die in der einen oder anderen Weise mit den Auseinandersetzungen der Ptolemaier mit Magas von Kyrene in der ersten Hälfte des 3. Jhd. v. Chr. oder der Heirat des Ptolemaios II. mit der Tochter des Magas, Berenike II. zusammenhängen (vgl. Stephens 2008[2]; Stephens 2012; Hunter 2015, ad 1731–64; Klooster 2019; anders Corsano 1991, 71 f.). Eine detailliertere Deutung einer politischen Intention wäre auf eine zuverlässige, genaue Datierung der *Arg.* angewiesen, die nach wie vor kaum möglich ist (zu älteren Datierungsversuchen vgl. Köhnken 2008[2]). Murray (2014) gleicht zwar einen den *Arg.* vermeintlich immanenten Sternenhimmel mit historischen Sternenkarten ab und kommt zu dem bemerkenswerten Ergebnis, dass das Jahr 238 v. Chr. dieselbe Konstellation aufweise. Sie schließt auch, dass die Veröffentlichung der *Arg.* 238 v. Chr. anlässlich der Feierlichkeiten für den Geburtstag und das Thronjubiläum von Ptolemaios III. Euergetes erfolgte. Der Abgleich mit einem immanenten Sternenhimmel ist jedoch aufgrund des dürftigen, allgemeinen Charakters der meisten Zeitangaben schwierig. So bezeichnet z. B. im Gegensatz zu Murrays Annahme τὴν δὲ νέον Τιτηνὶς ἀνερχομένη περάτηθεν (4,54; vgl. ad 1479 f.) nicht den Neumond, sondern schlicht den Mondaufgang ohne Angabe einer Mondphase. Für den Abbruch der Erzählung müssen dagegen poetologische Gründe haftbar gemacht werden. Die Besiedelung Theras durch die spartanischen Nachfahren des Euphemos steht in Zusammenhang mit Euphemos selbst und der eigentlichen Handlung des Epos. Die spätere Kolonisierung der Kyrenaia von Thera aus aber liegt außerhalb des Zeitrahmens, den der Erzähler in seinem Epos abzudecken gedenkt – wie der explizite Erzählabbruch verdeutlicht. Die beträchtliche zeitliche Distanz zwischen der erzählten Zeit der Argonauten und der Erzählzeit wird so besonders ins Blickfeld des Rezipienten gerückt (vgl. Teil I.E.II).

D. 1765–1772 Aigina

Aigina und die Argonauten Aigina ist der endgültig letzte Halt der Argo vor ihrer Rückkehr nach Iolkos. Die Erzählung von den zivilisatorischen Tätigkeiten der Argonauten auf Aigina beschließt damit als vierte und kürzeste Episode die transitorischen Erzählungen, die den Übergang der Helden aus Libyen zurück in heimatliche griechische Gefilde thematisieren und diese mit Aitien verbinden (vgl. ad 1625–1772). Motivisch ist die Aigina-Episode mit der ersten der vier transitorischen Episoden, der Kreta-Episode verknüpft: Als Anlass für die Argonauten, von Bord zu gehen, wird jeweils ihr Bedürfnis nach frischem Wasser genannt (1662; 1767). Auf Kreta wird Talos bezwungen und die Insel so als Stützpunkt für die Seefahrerei auf dem *mare Libycum* geöffnet. Auf Aigina steht in Form des Aitions für die Wettläufe das Kulturstiftertum der Argonauten im Zentrum. Die Insel Aigina, die etwa von 700–450 v. Chr. eine wirtschaftliche und kulturelle Blütezeit erlebt, steht passend zu der motivischen Verbundenheit mit der Kreta-Episode auch historisch schon in minoischer Zeit mit Kreta in regem Austausch. So geht man davon aus, dass es sich bei der aiginetischen Göttin Aphaia, von deren Heiligtum noch Ruinen zu besichtigen sind, um die kretische Jagdgöttin Diktynna handelt (Paus. 2,30,3; vgl. Willetts 1962, 179–193). In den *Arg.* spiegelt sich die Verbundenheit beider Inseln durch strukturelle und motivische Bezüge der Episoden.

Aufbau Die Aigina-Episode besteht aus nur acht Versen. Die Kürze ist zum einen dem Aufbau der transitorischen Episoden insgesamt geschuldet (vgl. ad 1627–1772). Zum anderen spiegelt sie so die große Hast der Helden beim Wasserschöpfen. Dabei gruppieren sich je drei Verse um ein Zentrum aus zwei Versen. Zentrum des Aitions bildet das Verspaar 1768 f., das als Leitmotiv der Aigina-Episode die Eile der Helden begründet. Den Rahmen bilden die knappe Hinleitung, wie der Wettstreit unter den Argonauten zustande kommt, während 1770 ff. mit der typischen Einleitung (ἔνθ' ἔτι νῦν) das Aition um eine proleptische Dimension erweitern.

Intertextualität Kallimachos' *Achter Iambus* behandelt im Kontext des Sieges eines gewissen Polykles bei der Hydrophorie auf Aigina ebenfalls die Stiftung des Wettkampfes durch die Argonauten (Call. fr. 198 Pf.). Erhalten sind lediglich Diegesis und erster Vers (Ἀργὼ κοτ' ἐμπνέοντες ἤκαλον νότου), wobei die Diegesis inhaltliche Übereinstimmungen aufweist. Die Prioritätsfrage wird dadurch verkompliziert, dass die Diegesis nicht unbedingt zeitnah zum verlorenen Iambus entstanden sein muss (vgl. Wilamowitz 1924 II, 174; Herter 1937, 166; Livrea 1973, ad 1766; ad 1768; Clayman 1976, 39; Fuhrer 1992, 206 f.; zur Diegesis und der Beziehung beider Paralleltexte vgl. Kerkhecker 1999, 197–204). Für die Priorität von Kallimachos spricht sich dennoch Cameron (1995, 251 ff.) aus.

1765 ἀπτερέως Das Adverb begegnet zuerst bei Hesiod und Parmenides (Hes. fr. 204,84 M.-W.; Parm. fr. 28 B1,16 f. D.-K.), bei Ap. nur hier. Während es hier wie im Parmenides-Fragment oder bei Lykophron (Lyc. 627) „schnell" bedeutet (vgl. Schol. A.R. 4,1765: ἀπτερέως· ταχέως), ist die Bedeutung im Hesiod-Fragment umstritten (vgl. Troxler 1964, 32 f.). Im Fall des Adjektivs ἄπτερος sind die antiken Exegeten uneins, ob es sich um ein α-*privativum* oder α-*intensivum* handelt, ob es also in der formelhaften hom. Wendung τῇ δ' ἄπτερος ἔπλετο μῦθος (Od. 17,57; 19,29; 21,386; 22,398) „unausgesprochen" (Schol. QV Od. 17,57) oder „schnell" heißen muss (Schol. Q Od. 17,57; vgl. Livrea 1973, ad loc.; Rengakos 1994, 54; ferner Latacz 1968; Fletcher 2008; Reece 2009). Wetteifernde Schnelligkeit ist zweifellos das Leitthema der Episode, das trotz der extremen Kürze entsprechend häufig erwähnt wird (αἶψά, 1766; δῆριν ... δηρίσαντο, 1767; φθαίη, 1768; ἔπειγεν, 1769; κούφοισιν ... ἀγῶνα πόδεσσιν / ... νίκης πέρι δηριόωνται, 1771 f.).

διὰ μυρίον οἶδμα λιπόντες Das Verb διαλείπω in der Bedeutung „dazwischen frei lassen" liegt der Konstruktion zugrunde, vereint allerdings stark verkürzend mehrere Handlungen: „Von dort fuhren sie derartig schnell (κεῖθεν δ' ἀπτερέως), dass sie in kurzer Zeit einen gewaltigen Abschnitt des Meeres (μυρίον οἶδμα) zwischen sich und dem letzten Aufenthaltsort hinter sich lassen konnten (διὰ ... λιπόντες)." Der ungewohnte Gebrauch von διαλείπω und die Kombination des Verbs mit κεῖθεν erklären sich aus dieser Verkürzung – letztlich ersetzt διαλείπω hier zwei Verbalhandlungen, nämlich ἀπολείπω (vgl. z. B. ἀπολείπουσιν κοῖλον δόμον, Il. 12,169) und διατρέχω (vgl. z. B. ἰχθυόεντα κέλευθα διέδραμον, Od. 3,177; διαδράμοι ἁλμυρὸν ὕδωρ / ἄσπετον, Od. 5,100 f.). Die Brachylogie spiegelt dabei auf der formalen Ebene das inhaltliche Leitthema der Passage, den eiligen Wettkampf (vgl. ad 1765). Maas' Konjektur (ταμόντες) ist bestechend, jedoch unnötig. Zu diesem Schluss kommen auch Campbell (1976, 340) und Vian (1996[2], N.C. ad loc.), jedoch mit anderen Argumenten (vgl. dagegen Fränkel 1961, in app. ad loc.; Livrea 1973, ad loc.; Hunter 2015, ad loc.). Um die Gestaltung der Passage hervorzuheben und zu betonen, in welch kurzer Zeit die Argo die beschriebene Strecke zurücklegt, wählt Ap. hier die sonst nicht belegte Kombination μυρίον οἶδμα – statt der semantisch verwandten, aber formelhaften Ausdrücke εὐρέα πόντον (Il. 9,72; Od. 12,293 etc.), πόντος ἀπείριτος (Od. 10,195) oder πόντος ἀπείρων (Od. 4,510; Il.1,350; Hes. Th. 678).

1766 Αἰγίνης Vgl. Teil III.IV.D.

ἐπέσχεθον Vgl. ad 1622.

1767 ὑδρείης Der Begriff begegnet in historischer, philosophischer und botanischer Prosa (Aesop. 180,2,6; vom Wasserholen bei Seeleuten: Th. 7,13,2; Hellanic. fr. 131b 3; Pl. Lg. 844b 7; Ti. 77d 6; von der Bewässerung: Thphr. HP 2,6,3; 2,7,3; CP 3,9,2). In der Dichtung erst wieder bei Gregor von Nazianz (Greg. Naz. Mor. 647,3). Den Wettstreit auf Aigina ohne das Aition erwähnt auch Apollodor (γίνεται περὶ τῆς ὑδρείας αὐτοῖς ἅμιλλα, Apollod. 1.142).

ἀμεμφέα Das Adjektiv ist für die *Ilias* nur als Lesart Aristarchs zu ἀεικέα in einem Spinnerinnen-Gleichnis belegt (ἵνα παισὶν ἀεικέα μισθὸν ἄρηται, Il. 12,435; vgl. Faerber 1932, 20; Livrea 1973, ad loc.; Hainsworth 1993, ad 12,433–5). Bei Ap. nur hier zur Charakterisierung des Streites als ernsthaften, wenn auch harmlosen Wettkampf, der allen zu Gute kommt.

δῆριν ... δηρίσαντο Die Lesart δηρίσαντο ist δηριόωντο vorzuziehen, letztere scheint aus 1772 in den Text gedrungen zu sein (Livrea 1973, ad loc.). δῆρις ist hom. δίς λ. (Il. 17,158; Od. 24,515), mehrfach bei Hesiod, Ibykos, Empedokles und Aischylos belegt (Hes. Op. 14; 33; Sc. 241; 251; 306; Ibyc. fr. 1a,6; 30b,1; S151,6 Page; Emp. fr. 27a4; 122,8; A. Supp. 412; Ag. 942). Bei Ap. nur hier (vgl. Lyc. 428; Euph. fr. 98,2; Nic. Th. 450; Batr. 4; 196; Opp. H. 2,359; C. 1,213; 2,63; D.P. 685; 699; 1051; Q.S. 1,174; etc.; Nonn. D. 2,263; etc.). Wenn δῆρις in klassischer Zeit noch ein negativer Sinn anhaftet, so stellt Ap.' Kombination δῆριν ἀμεμφέα möglicherweise auch einen Versuch dar, diesem entgegenzuwirken (noch 1,493; 752; 1343; 2,16; 2,89; 4,1729; 1772). Ap. markiert das Ende der Abenteuer mit der Imitation einer *Odyssee*-Passage, die vom Anfang des Streites zwischen Achill und Odysseus mit denselben Verbformen berichtet (ὥς ποτε δηρίσαντο ... ἄριστοι Ἀχαιῶν δηριόωντο, Od. 8,76 ff.; Hunter 2015, ad loc.). Der harmlose Wettkampf der Helden steht am Ende vieler, nicht harmloser Kämpfe und als Abschluss der gefährlichen Libyenabenteuer (vgl. Teil I.D). Erst hier, auf Aigina, nahe der griechischen Heimat, nähert sich die bis zum Schluss (Libyen, Kreta, Anaphe) gefahrvolle Argo-Fahrt ihrem Ende. Die *figura etymologica* unterstreicht dies zusätzlich (vgl. z. B. 1,578; 4,214).

1768 ἀφυσσάμενος φθαίη Diese Junktur hat nur Ap., außer hier noch vom folgenreichen Versuch des Hylas, Wasser zu schöpfen (1,1208 f.). Das Scholion zur Stelle (Schol. A.R. 1,1207b) erwähnt ein Kallimachos-Fragment, das sowohl zu einer Hylas-Erzählung als auch zu einem Aigina-Aition gehören könnte, wie es etwa der *Achte Iambus* geboten haben muss (vgl. ad 1765–1772; Pfeiffer 1922, 84; Ardizzoni 1967, ad 1,1207; Livrea 1973, ad loc.). Das Motiv des Wasserschöpfens verbindet die erste und letzte der vier transitorischen Episoden, Kreta und Aigina (vgl. ad 1692; ad 1765–1772).

μετὰ νῆάδ' ἱκέσθαι Die allative Form νῆάδ' begegnet im hom. Epos, von den Phäaken, die Odysseus nach Hause bringen (νῆάδ' ἐπεσσεύοντο, φέρον δ' εὐήνορα χαλκόν, Od. 13,19; vgl. ἀγορήνδε, Il. 2,208; νομόνδε, 18,575). Diese Junktur vermischt sie mit der hom. Formel οἴκαδ' ἱκέσθαι (Il. 1,19; 24,287; Od. 9,530; 21,211; 22,35; vgl. 2,442; 3,900; 1069; 1125; vgl. Livrea 1973, ad loc.). Vorbildhaft ist zudem der flexible hom. Ausdruck νῆας ἱκέσθην (Il. 1,328; 6,69; 9,185; 16,247; Od. 10,117 etc.).

1769 ἄσπετος οὖρος Ein Vorbild findet sich im *Aphrodithe-Hymnos* (φωνὴ ῥεῖ ἄσπετος, h. Ven. 237). Im Gegensatz zum ὄμβρον ἄσπετον im Vorzeichen-Gleichnis (vgl. ad 1283) bringt das Nichtabflauen des Windes hier großen Segen für die Argo, verspricht dieser doch, sie bald nach Iolkos zu bringen. Wegen des Windes entsteht der Wettstreit beim Wasserholen.

χρειώ Gemeint ist der Durst der Helden, ein Motiv, das nicht nur Aigina- und Kreta-Episode verknüpft (vgl. ad 1625–1692; 1765–1722), sondern auch sonst in den Libyenabenteuern eine wichtige Rolle spielt (4,1295; 1393 ff.).

1770 ἔνθ' ἔτι νῦν Typisch apollonianische Formulierung zur Hervorhebung der Distanz zwischen der erzählten Zeit und der Zeit des Erzählers in einem Aition (vgl. 1,825; 1061; 2,1214; 3,312; 4,480). Vorbildhaft sind die seltenen Kommentare, in denen der hom. Erzähler die Ereignisse zu seiner eigenen Zeit in Beziehung setzt (z. B. οἷοι νῦν βροτοί εἰσι, Il. 5,304; vgl. Teil I.E). Hier leitet die Formel die letzten drei Verse der Aigina-Episode ein, die die Erzählung in Relation setzt zur Zeitebene des Erzählers und der Rezipienten, auf der auch der Epilog anhebt (vgl. ad 1773).

πλήθοντας ... ἀμφιφορῆας Häufiger ist die spätere Form ἀμφορεύς (vgl. zuerst Pi. fr. 104b,4; A. fr. 157,3; E. Cyc. 327; Hdt. 1,51,9 etc.; Th. 4,115,2; Ar. Nu. 1203 etc.), Ap. wählt mit ἀμφιφορεύς die hom. Form, worin ihm Quintus und Nonnos folgen (Q.S. 3,736; 5,635; Nonn. D. 5,226 etc.). Amphoren sind im hom. Epos mit Wein (Od. 2,349; 9,204) oder Öl (Il. 23,170) gefüllt, so auch in einem Simonides-Epigramm (Simon. AP 13,19,4). Thukydides berichtet von den Athenern, wie sie bei einer Verteidigungsmaßnahme Wasser in Amphoren füllen (Th. 4,15,2). Bei Hippokrates werden Amphoren zu Heilzwecken mit Wasser gefüllt (Hp. Ep. 5,42). Während bei Ap. die Argonauten bei den Phäaken ebenfalls Wein aus Amphoren genießen konnten (4,1187), steht ihnen bei der Durchquerung Libyens im besten Fall Wasser gegen den Durst zur Verfügung, das des Öfteren auch knapp wird (vgl. ad 1768; Teil I.D). Eine ähnliche Junktur bei Oppian (πλείου πειρώμενος ἀμφιφορῆος, Opp. H. 4,462).

ἐπωμαδόν Sehr seltenes Adverb, zuerst bei Ap. (vgl. Ζῆθος μὲν ἐπωμαδὸν ἤρταζεν, 1,738 f.), später erst wieder seit Oppian belegt (Opp. C. 2,162; Greg. Naz. de se ipso 988,9; Christod. AP 2,1,94; 275; A. Pl. 16,279,3).

δηριόωνται Vgl. ad 1767.

1771 κούφοισιν ... πόδεσσιν In der *Ilias* ist das Adverb in ähnlichem Zusammenhang belegt, (von den Schritten des Deiphobos: κοῦφα ποσὶ προβιβὰς, Il. 13,158). Im *Hermes-Hymnos* von den Sandalen des Gottes (h.Merc. 83). Als Komparativ von der Erleichterung des Odysseus bei den Phäaken (κουφότερον μετεφώνεε Φαιήκεσσι, Od. 8,201). Die Junktur begegnet gelegentlich (Pi. N. 8,19; Ol. 13,114; S. Ant. 224; Ar. Th. 659). Bei Theokrit (ὑπὲρ οὐδὸν ἀμειβόμενον ποδὶ κούφῳ, Theocr. 2,104) ebenfalls in athletischem Zusammenhang. Ap. verwendet die Junktur sonst von der berüchtigten Schnelligkeit des Euphemos (vgl. ad 1465). Die Schnelligkeit des Wettstreites ist Leitthema der Aigina-Episode (vgl. ad 1765–1772).

κατ᾽ ἀγῶνα Der Ausdruck greift δῆριν ἀμεμφέα (1767) zu Beginn der Aigina-Episode wieder auf. Diese Wiederaufnahme bildet den Inhalt des Aitions ab: Noch zur Zeit des Erzählers wetteifern die Aigineten wie damals die Argonauten.

1772 Μυρμιδόνων Bei Homer stammen die Myrmidonen aus Thessalien und sind tapfere Krieger unter der Führung des Aiakosenkels Achill (Il. 2,638 ff.; 21,188 ff.; Od. 3,188). Ap. greift dagegen auf eine Tradition zurück, die die Myrmidonen als autochthone Aigineten kennt und die zuerst bei Hesiod greifbar ist (Hes. fr. 205 M.-W.; vgl. Pi. N. 3,13 ff.; O. 8,30 ff.; Carnes 1990; Burnett 2005, bes. 14–28). Die Tradition, nach der die Myrmidonen von Zeus auf ein Gebet des Aiakos aus Ameisen geschaffen worden sind, findet sich bei Ovid und Strabo (Ov. Met. 7,614–660; Str. 8,6,16). Zu den Myrmidonen zählen die Aiakossöhne und Argonauten Telamon und Peleus, die Aigina nach dem Mord an Phokos verlassen (1,90–94). Die Brüder kehren mit der Argo in ihre Heimat zurück, um dort als Kultstifter tätig zu werden.

νίκης πέρι δηρόωνται Der Schluss der Aigina-Episode nimmt Bezug auf δῆριν ... δηρίσαντο (vgl. ad 1767) und trägt zur exakten Parallelisierung der beiden Zeitebenen des Aitions bei.

V. 4,1773–1781 Epilog der *Argonautika*

Inhalt und Aufbau des Epilogs Der Epilog berichtet die ereignislose Fahrt von Aigina zurück nach Iolkos. Der nüchterne, reihende Stil ist typisch für Fahrtbeschreibungen, in denen lediglich die Orte erwähnt werden, die die Argo passiert (vgl. ad 1775–1781). Den Epilog nutzt Ap. für abschließende, poetologische Bemerkungen. Der Erzähler beginnt mit einer hymnischen Apostrophe an die Argonauten selbst und bittet um Nachruhm für sein Gedicht (1773 ff.). Die Protagonisten ersetzen in diesem Anruf gleichsam die Musen, an die sich der Erzähler im Prolog (1,22) sowie im Laufe der Erzählung mit unterschiedlichen Anliegen wendet (2,845 ff.). Im vierten Buch häufen sich Musenanrufe bzw. Musen-Hinweise, sodass sie auch dessen Struktur mitbestimmen. Es steht je ein Musenanruf zu Beginn jedes der drei Teile des vierten Buches, zu Beginn der Asienepisode (2 ff.), der Europaepisode (552 ff.), sowie zu Beginn der Libyenepisode (1381 ff.; vgl. Teil I.C). Inhaltlich führt der Erzähler Elemente der Handlung auf die Musen zurück (vgl. ad 1381 ff.) oder bittet sie um Verzeihung für vermeintlich anstößige Mythen (ἵλατε, Μοῦσαι, / οὐκ ἐθέλων ἐνέπω προτέρων ἔπος, 4,982 ff.; vgl. Teil I.E sowie zu den Musen z. B. Fusillo 1985, 371 f.; Goldhill 1991, 294; Hunter 1993b, 69; Albis 1996, 98; Cerri 2007). Die *Arg.* enden mit der Landung der Helden in Pagasai. Ende des Epos und Verlassen des Schiffes durch die Protagonisten fallen exakt zusammen (εἰσαπέβητε, 1781; vgl. Teil I.B.II; E).

1773 ἵλατ᾽ Der Imperativ Plural zu ἱλάω begegnet zuvor nur in äolischer Form bei Kallimachos, vermutlich an die Chariten gerichtet, bei denen der Erzähler ebenfalls um Erfolg für sein Gedicht ersucht (ἔλλατε νῦν, Call. fr. 7,13 Pf.; vgl. Hunter 2008a, 122; Hunter 2015, ad loc.). Beide Apostrophen stehen in unmittelbarer Nachbarschaft zu einer aitiologischen Erzählung um den Apollonkult auf Anaphe, die bei Ap. überdies durch hymnische Erzählelemente geprägt ist (vgl. ad 1694–1730; Call. fr. 7,19–34 Pf.). Die hymnischen Apostrophen der Argonauten an die libyschen Gottheiten und an Apollo in den Figurenreden stimmen formal mit dem Anruf des Erzählers überein (vgl. ad 1333; 1411; 1600). Die Apostrophe an die Helden greift einen weiteren, ähnlichen Ausruf des Erzählers zu Beginn der Libyenepisode auf (ὑμέας, ὦ πέρι δὴ μέγα φέρτατοι υἷες ἀνάκτων, vgl. ad 1382). Die Apostrophen-Form in der 2. Pers. Pl. wird für die letzten Verse durchgehend beibehalten. Beschlossen wird das Gedicht ebenfalls in dieser Form (εἰσαπέβητε, vgl. ad 1781).

ἀριστήων μακάρων γένος Hier wird eine Junktur aus der Dichterweihe der *Theogonie* übernommen. Wie bei Hesiod die Musen den Dichter beauftragen, das Geschlecht der Götter zu besingen (καί μ' ἐκέλονθ' ὑμνεῖν μακάρων γένος αἰὲν ἐόντων, Hes. Th. 33), zeigt sich der Erzähler berufen, die Taten der Halbgötter zu besingen. Wie im Proöm werden die *Arg.* so abschließend auf poetologischer Ebene der Gattung des mythologischen Epos zugeordnet. Der Erzähler reiht sich unter die von den Musen inspirierten Dichter (wie Kallimachos im Musentraum am Helikon, Call. fr. 1,41–45; 2a; 2 Pf.; vgl. auch Teil I.E).

1773 f. αἴδε δ' ἀοιδαί / ... γλυκερώταται εἶεν ἀείδειν Die Junktur ἀοιδή γλυκεῖα begegnet zuerst bei Pindar in einem Paragone-Bild, also einer ebenfalls poetologisch durchformten Partie zu Beginn eines Preisliedes (ὁλκάδος ἔν τ' ἀκάτῳ, γλυκεῖ' ἀοιδά, Pi. N. 5,2; vgl. φέρων γλυκεῖαν ᾠδάν, Ar. Av. 750). Im hom. Epos dagegen die verwandte Junktur ἡδεῖα ἀοιδή, auch in einem Zusammenhang, der die Beziehung zwischen Dichter und Muse erläutert (τὸν περὶ Μοῦσ' ἐφίλησε, δίδου δ' ἀγαθόν τε κακόν τε· / ὀφθαλμῶν μὲν ἄμερσε, δίδου δ' ἡδεῖαν ἀοιδήν, Od. 8,63 f.; vgl. ὦ κοῦραι, τίς δ' ὕμμιν ἀνὴρ ἥδιστος ἀοιδῶν, h. Ap. 169; X. Smp. 6,4,3; vgl. Giangrande 1968, 56). Die Wiederholungen geben dem Satz seine spezifische Struktur, die *figura etymologica* ἀοιδαί ἀείδειν umschließt die Zeitangabe εἰς ἔτος ἐξ ἔτεος. So wird der Jahr für Jahr wiederholte Gesang durch Wortwiederholung und Wortstellung im Text formal abgebildet (vgl. Teil I.B.II). Der Wunsch des Erzählers, der Ruhm möge alle Zeiten überdauern, wird selbstbewusst verknüpft mit den Liedern, mit denen epische Dichtung im Lauf der Jahre die Taten der Helden im kollektiven Gedächtnis verankert (vgl. Teil I.E).

1774 εἰς ἔτος ἐξ ἔτεος Die polyptoton-artige Wiederholung des Wortes ἔτος findet sich zuvor vornehmlich in Geschichtsschreibung und Fachliteratur (vgl. z. B. Hdt. 2,133; 3,131; Th. 2,2,1; διαφέρει γὰρ καὶ ἔτος ἔτεος, Hp. Morb. 1,16,8; Prorrh. 2,9). Ähnliche Junkturen begegnen in Tragödie und hellenistischer Dichtung (ἰλλομένων ἀρότρων ἔτος εἰς ἔτος, S. Ant. 340; ἐξ ἔτεος γίνοντο μάλ' εἰς ἔτος, Theocr. 25,124; κῆς ἔτος ἐξ ἔτεος, 18,15; vgl. auch: ἐκ δ' αὖθ' ὡράων εἰς τοὺς πολλοὺς ἐνιαυτούς, h.Bacch. 13; Ar. Th. 950). Die Wortwiederholung bildet den Inhalt ab und dient der Anschaulichkeit (vgl. ad 1773 f.).

1775 ἀνθρώποις Die Bedeutung des Adressaten für den Ruhm des Dichters sowie für den der besungenen Helden wird im Epilog nicht vergessen. Die Menschen, die die Lieder Jahr für Jahr hören und denen sie gefallen sollen, um ihre Wirkung zu entfalten, lässt Ap. hier bedeutungsvoll als Enjambement nachklappen.

κλυτὰ πείραθ' ἱκάνω Die Junktur πείραθ' ἱκάνειν ist hom. und bezeichnet das Ende von Odysseus' Irrfahrten, aber auch das Ende der Welt (Od. 5,289;

11,13; Livrea 1973, ad loc.). Die Junktur κλυτὰ πείρατα findet sich auch in einer Rede des Phineus, der Jason darauf hinweist, dass er für ein glückliches Ende seines Unternehmens auf die Hilfe der Liebesgöttin angewiesen ist (Κύπριδος, ἐν γὰρ τῇ κλυτὰ πείρατα κεῖται ἀέθλου, 2,424). Das ruhmreiche Ende steht sowohl für die Helden als auch für das Gedicht unmittelbar bevor und wird explizit vom Erzähler benannt (vgl. Goldhill 1991, 294 f.; Theodorakopoulos 1998). Zugleich greift κλυτά den Wunsch nach Nachruhm für Gedicht und Gegenstand auf (vgl. ad 1773 f.). Der Erzähler kommentiert sein Vorgehen in der ersten Person und nimmt dabei Bezug auf den beträchtlichen Abstand zwischen eigener Zeit und erzählter Zeit. Auf diese Weise rückt die eigentliche Handlung in den Hintergrund, die Aufmerksamkeit des Rezipienten wird auf den Darbietungsmodus gelenkt. Am Schluss wie schon am Beginn des Epos und auch sonst an zentralen Stellen der Handlung wird so das Geschehen in größere Distanz gerückt (vgl. Teil I.E).

1776 ὑμετέρων καμάτων Vorbild ist eine Junktur aus der Rede des Eumaios (Od. 14,416; vgl. ad 1275 f.). Der Erzähler spricht hier erneut direkt seine Protagonisten an (vgl. ad 1773) und greift dabei dieselbe Formulierung auf, die die libyschen Herossae und die Hesperide Aigle den Argonauten gegenüber in Bezug auf ihre Fahrterlebnisse gebrauchen (vgl. ad 1320; 1432).

οὔ νύ τις ὔμμιν ἄεθλος / αὖτις ἀπ' Αἰγίνηθεν ἀνερχομένοισιν ἐτύχθη Eine weitere Apostrophe des Erzählers an die Protagonisten (ὔμμιν). Hier wird ferner eine Junktur aus dem ersten Buch aufgegriffen, die auf die Taten des Herakles nach dessen Zurücklassung durch die Argonauten vorausdeutet (ὁ δ' Εὐρυσθῆος ἀέθλους / αὖτις ἰὼν πονέεσθαι, 1,1347 f.). Das Selbstzitat dient der indirekten Gegenüberstellung des Schicksals der Argonauten und ihres ehemaligen Mitstreiters Herakles. Während die einen nach Griechenland zurückkehren können, ist der andere für weitere ἄεθλοι auf Reisen. Die fünffache Alliteration trägt zum pathetischen Stil des Epilogs bei.

1777 ἀπ' Αἰγίνηθεν Derartige Pleonasmen sind häufig (vgl. z. B. ἐξ Αἰσύμηθεν, Il. 8,304; Hes. Op. 765; Theocr. 22,11; 25,180; A.R. 2,586; 993; Livrea 1973, ad loc.).

1778 ἀνέμων ἐριωλαί Das Substantiv ἐριωλή ist sonst nur in der Komödie und bei Antimachos belegt (Ar. Eq. 511; V. 1148; Dionys.Trag. fr. 12,4 TGF; Antim. fr. 72,3 SH; vgl. Hsch. s.v. ἐριῶλαι; Schol. A.R. 4,1778). Möglicherweise handelt es sich um ein alltagssprachliches Wort (Ardizzoni 1967, ad 1132). In den *Arg.* noch in einem Gebet auf dem Dindymon, in dem Jason Kybele um ein Ende der Stürme bittet (1,1132). Erneut wird so im Epilog in Erzählerrede prägnantes Vokabular gebraucht, das andernorts in Figurenrede zum Einsatz kam (vgl. ad 1776).

ἐνέσταθεν Die überlieferten Varianten sind gleichberechtigt (ἀνέσταθεν, Hs.-Familie *w* und Scorialensis). Da ἐνίστημι hier gut „blocked your way" (LSJ, s.v. ἐνίστημι, B.IV1) heißen kann, ergibt sich eine spezifischere Bedeutung für diesen Vers als „Winde kamen auf". Dies ist freilich von besonderer Bedeutung, heißt nämlich „keine Stürme hielten euch mehr auf" (so überzeugend Hunter 2015, ad loc.; anders Vian / Delage 1996², ad loc.). Das Verb nimmt konkret Bezug auf die beiden Stürme, die die Argo im vierten Buch zwei Mal erheblich vom Weg abbringen und als strukturgebende Elemente des vierten Buches dienen (vgl. Teil I.C). Die Stürme sind für einen erheblichen Teil der Rückfahrroute verantwortlich. Das scheinbar schlichte Verb beschließt demnach programmatisch die Abenteuer der Argo.

1779 γαῖαν Κεκροπίην Kekropia ist ein Name der Akropolis von Athen (E. Hipp. 34; Supp. 658; El. 1289; Men. Sam. 325). Laut Herodot heißt die ganze Stadt bis zur Zeit des Erechtheus Kekropia (Hdt. 8,44). Ap. verwendet den Ausdruck für Attika, etwa zur Herkunftsbezeichnung für den Argonauten Butes und die Mutter der Boreaden (Κεκροπίηθεν ἀρήιος ἤλυθε Βούτης, 1,95; Θρηίκιος Βορέης ἀνερείψατο Κεκροπίηθεν, 214). Der Erzähler nennt im Folgenden zentrale Orte des griechischen Kernlandes, die die Argo nun endlich passiert.

παρά ... μετρήσαντες Das Kompositum zuvor nur in philosophischer Prosa in der Bedeutung „messen an, vergleichen" (Pl. Tht. 154b 1–4; Epicur. Ep. Hdt. 72,10). Den Gebrauch des Verbs überträgt Ap. vermutlich vom hom. ἅπαξ λ. μετρέω auf das Kompositum (πέλαγος μέγα μετρήσαντες, Od. 3,179; vgl. ἅλα μετρήσασθαι, Mosch. E. 157; Livrea 1973, ad 218). Ap. verwendet es, um eine Bewegung zu beschreiben (vgl. 1,595; 2,937; in der Bedeutung „entlanglaufen": 4,218). Hier wird ausgedrückt, dass die Argo ohne jede Unterbrechung an den genannten Orten vorbei an ihr Ziel gelangt (vgl. Nonn. D. 7,314; 14,721).

1779 f. Αὐλίδα / Εὐβοίης ἔντοσθεν Die Argonauten passieren Aulis in Böotien, am euboiischen Golf gelegen, sie fahren also durch den Enipos, der Euboia und Böotien trennt, nach Iolkos.

1780 Ὀπούντια τ' ἄστεα Λοκρῶν Das Adjektiv Ὀπούντιος ist zuvor nur in Prosa und bei Aristophanes belegt (z. B. Ar. Av. 152; 1294; Hdt. 8,1; Th. 3,89; X. HG 3,5,3). Opus, der Hauptort der östlichen Lokris, und die anderen lokrischen Städte liegen gegenüber der Nordwestküste Euboias. Einen Katalog lokrischer Städte hat die *Ilias* (Il. 2,531 ff.; vgl. Livrea 1973, ad loc.; Vian / Delage 1996², ad loc.; Hunter 2015, ad loc.; ferner Visser 1997, 397 ff.). Die Stadt wird erwähnt, da aus Opus der Argonaut Menoitios kommt (υἷα Μενοίτιον ἐξ Ὀπόεντος, 1,69).

1781 ἀσπασίως Die Verwendung von ἀσπασίως im letzten Vers der *Arg.* wird gelegentlich herangezogen, um die These zu untermauern, Ap. sei der Meinung, das eigentliche, echte Ende der *Odyssee* müsse früher angesetzt werden (ἀσπάσιοι λέκτροιο παλαιοῦ θεσμὸν ἵκοντο, 23,296). Dies ist nicht haltbar. Vian (Vian / Delage 1996², 68) verweist zu Recht auf die Häufigkeit des Wortes im Epos zur Beschreibung von Freude und Erleichterung nach einer Prüfung, besonders auch bei freudiger Rückkehr. Erbse (1972, 166–177) hat in dieser Debatte die Fehlinterpretation einiger Passagen bei Aristophanes von Byzanz und Aristarch nachweisen können (vgl. auch Rossi 1968; Pfeiffer 1968, 175 ff.; Campbell 1983a, 155; Rengakos 1993, 92 f.; dagegen Hunter 2015, ad loc.). Vorbild für den Schlussvers dürfte jedoch eher ein anderer *Odyssee*-Vers sein (ἀσπάσιοι δ' ἐπέβαν γαίης, Od. 23,238).

ἀκτὰς Παγασηίδας Die Junktur beschreibt zu Beginn der *Arg.* den Moment, als Jason zu seinen Gefährten im Hafen stößt (ἀκτήνδ' ἵκανεν Παγασηίδα, 1,318). Diese und weitere motivische und lexikalische Übereinstimmungen spannen den Bogen zwischen Beginn und Ende des gesamten Epos (vgl. Vian / Delage 1996², 68).

εἰσαπέβητε Ein *versus spondiacus*, von Ap. gern am Schluss von Einzelepisoden eingesetzt, beschließt auch die *Arg.* insgesamt (vgl. Teil I.B). Das letzte Wort richtet zum einen der Erzähler an die Protagonisten, die den gesamten Epilog über angesprochen sind (vgl. ad 1773; ad 1776). Zum anderen werden so das Ende des Epos und die Rückkehr der Argonauten auf das griechische Festland parallelisiert (vgl. z. B. Albis 1996; Theodorakopoulos 1998; Wray 2000; Klooster 2007, 78; Morrison 2007, 305 f.). Stellt man sich die Rezeptionssituation dieses Werkes vor, so wird zugleich auch der Rezipient, sei es Leser oder Zuhörer, aus der Rezeptionssituation entlassen, als hätte dieser für die Dauer des Gedichtes selbst an der Reise und den Abenteuern der Argonauten teilgenommen (vgl. Teil I.E.).

Literaturverzeichnis

I. Textausgaben und Kommentare

1. Apollonios Rhodios

Ardizzoni, A.: Apollonio Rodio, Le Argonautiche, Libro III, ed. A. A., Bari 1958.

Ardizzoni, A.: Apollonio Rodio, Le Argonautiche, Libro I, ed. A. A., Rom 1967.

Borgogno, A.: Apollonio Rodio, Argonautiche, Mailand 2003.

Brunck, R.P.: Apollonii Rhodii Argonautica, libri IV, Straßburg 1780. Editio nova auctior et correctior, cura G.H. Schaeferi, Leipzig 1810.

Campbell, M.: A Commentary on Apollonius Rhodius, Argonautica, Book III, 1–471. Leiden/ New York 1994.

Crees, J.H.E.; Wordsworth, J.C.: Apollonius Rhodius, Argonautica. Book 3 and 4, 1–211. The story of Medea, ed. by J.H.E.C. and J.C.W., Cambridge 1927.

Dräger, P.: Apollonios von Rhodos, Die Fahrt der Argonauten, Stuttgart 2002.

Flangini, L.: L'Argonautica di Apollonio Rodio tradotta ed illustrata a patre purpurato L. F., Roma, 1791–1794.

Fränkel, H.: Apollonii Rhodii Argonautica. Rec. brevique adnotatione critica instruxit, Oxford 1961.

Gillies, M.M.: The Argonautica of Apollonius Rhodius, Book III. Ed. with introduction and commentary by M.M.G., Cambridge 1928.

Glei, R.; Natzel-Glei, S.: Apollonios von Rhodos, Das Argonautenepos. Herausgegeben, übersetzt und erläutert von R.G. und S. N.-G., 2 Bände, Darmstadt 1996.

Green, P.: Apollonios Rhodios, The Argonautika. Translated with an introduction, commentary and glossary by P.G., Berkeley 1997.

Hunter, R. L.: Apollonius of Rhodes, Argonautica, Book III, ed. R.L.H., Cambridge 1989.

Hunter, R. L.: Apollonius of Rhodes. Jason and the Golden Fleece (The Argonautica). Translated with introduction and explanatory notes, Oxford 1993. (= Hunter 1993a)

Hunter, R. L.: Apollonius of Rhodes. Argonautica, Book IV, ed. R.L.H., Cambridge 2015.

Livrea, E.: Apollonii Rhodii Argonauticon Liber Quartus. Introduzione, testo critico, traduzione e commento a cura di E.L., Florenz 1973.

Matteo, R.: Apollonio Rodio, Le Argonautiche, Libro II. Introduzione e commento, Lecce 2007.

Merkel, R.: Apollonii Rhodii Argonautica, Leipzig 1854.

Merkel, R.: Apollonii Rhodii Argonautica emendavit, apparatum criticum et prolegomena adiecit, Leipzig 1905.

Mooney, G.W.: The Argonautica of Apollonius Rhodius. Ed. with introduction and commentary, Dublin 1912.

Paduano, G.: Apollonio Rodio, Le Argonautiche, Mailand 1986.

Pompella, G.: Apollonio Rodio, Le Argonautiche, libri 1 e 2. Testo, traduzione e nota a cura di G.P., Neapel 1968.

Pompella, G.: Apollonio Rodio, Le Argonautiche, libri 3 e 4. Testo, traduzione e nota a cura di G.P., Neapel 1970.

Pompella, G.: Apollonii Rhodii Argonautica. Lehrs translatione in Latinum addita, Hildesheim 2006.

Race, W.H.: Apollonius Rhodius, Argonautica, Cambridge 2008.

Von Scheffer, T.: Apollonios Rhodios. Die Argonauten (verdeutscht), Wiesbaden 1940.

Seaton, R.C.: Apollonii Rhodii Argonautica, recognovit brevique adnotatione instruxit R.C.S., Oxford 1900.

Stephanus, H. (i.e. Estienne, H.): Apollonius Rhodius, Argonauticon libri IIII, Genf 1574.

Valverde Sánchez, M.: Apolonio de Rodas, Argonáuticas, Madrid 1996.

Vian, F.: Apollonios de Rhodes, Argonautiques, Chants 3. Édition, introduction et commentaire, Paris 1961.

Vian, F., Delage, E.: Apollonios de Rhodes, Argonautiques Tome I, Chants 1 et 2. Texte établi et commenté par F.V. et traduit par E.D., Paris 1974, 2002[2].

Vian, F., Delage, E.: Apollonios de Rhodes, Argonautiques Tome II, Chant 3. Texte établi et commenté par F.V. et traduit par E.D., Paris 1980, 1993[2].

Vian, F., Delage, E.: Apollonios de Rhodes, Argonautiques Tome III, Chant 4. Texte établi et commenté par F.V. et traduit par E.D., Paris 1981, 1996[2].

Wellauer, A.: Apollonii Rhodii Argonautica, Leipzig 1828.

2. Andere Autoren

D'Alessio, G.B.: Callimaco. Inni, Epigrammi, Ecale, Aitia, Giambi e altri frammenti, Mailand 2007[2].

Alster, B.: The Instructions of Suruppak. A Sumerian proverb collection, Kopenhagen 1974.

Amigues, S.: Théophraste. Recherches sur le plantes I–V (livres 1–9), Paris 1988/1989/1993/2003/2006.

Amigues, S.: Théophraste. Les causes des phénomènes végétaux I (livres 1 et 2)/ II (livres 3 et 4), Paris 2012/2015.

Asper, M.: Kallimachos. Werke, Darmstadt 2004.

Austin, R. G.: P. Vergili Maronis Aeneidos Liber Primus with a commentary, Oxford 1971.

Bär, S.: Quintus Smyrnaeus. Posthomerica I. Die Wiedergeburt des Epos aus dem Geiste der Amazonomachie. Mit einem Kommentar zu den Versen 1–219, Göttingen 2011.

Beckby, H.: Anthologia Graeca. Bd. I–IV, München 1958, 1965².

Berger, H.: Die geographischen Fragmente des Eratosthenes, Leipzig 1880.

Bornmann, F.: Callimachi Hymnus in Dianam, Florenz 1968.

Brodersen, K.: Dionysios von Alexandria. Das Lied von der Welt, Hildesheim 1994.

Braswell, B.K.: A Commentary on the Fourth Pythian Ode of Pindar, Berlin 1988.

Bühler, W.: Die Europa des Moschos. Text, Übersetzung und Kommentar, Stuttgart 1960.

Bulloch, A.W.: Callimachus. The Fifth Hymn, Cambridge 1985.

Carey, C.: A Commentary on Five Odes of Pindar. Pythian 2, Pythian 9, Nemean 1, Nemean 7, Isthmian 8, New Hampshire 1981.

Corsten, T.: Die Inschriften von Kios, Bonn 1985.

Dalfen, J.: Platon. Minos, Göttingen 2009.

Davies, M.: Epicorum Graecorum Fragmenta, Göttingen 1988.

Del Corno, D.: Graecorum de re onirocriticia scriptorum reliquiae, Mailand 1969.

Dräger, P.: Valerius Flaccus, Argonautica. Die Sendung der Argonauten, Frankfurt a.M. 2003.

Edwards, M.W.: The Iliad. A Commentary. Vol. V: Books 17–20, Cambridge 1991.

Erbse, H.: Scholia Graeca in Homeri Iliadem (Scholia vetera), Berlin 1969–1977.

Fränkel, E.: Aeschylus Agamemnon, 3 Bände, Oxford 1950.

di Gregorio, L.: Eronda. Mimiambi (V–XIII), Mailand 2004.

Gow, A.S.F.: Theocritus. Edited with a translation and commentary. Vol. I: Text; Vol. II: Commentary, Appendix, Indexes, Plates, Cambridge 1952².

Gow, A.S.F.; Scholfield, A.F.: Nicander. The Poems and Poetical Fragments, Cambridge 1953.

Gow, A.S.F.; Page, D.L.: The Greek Anthology. Hellenistic Epigrams, Vol. I: Text. Vol. II: Commentary and Indexes, Cambridge 1965.

Hainsworth, B.: The Ilias: A Commentary. Vol. III. Books 9–12, Oxford 1993.

Harder, A.: Callimachus. Vol. 1: Introduction, Text, Translation and Commentary, Oxford 2012.

Heitsch, E.: Die griechischen Dichterfragmente der römischen Kaiserzeit, Göttingen 1961.

Headlam, W.; Knox, D.: Herodas. The Mimes and fragments, Oxford 1922, 1966².

Heubeck, A.; West, S.; Hainsworth, J.B.: A Commentary on Homer's Odyssey, Vol. I. Introduction and Books I–VIII, Oxford 1988.

Heubeck, A.; West, S.; Hainsworth, J.B.: Commentary on Homer's Odyssey, Vol. II. Books IX–XVI, Oxford 1989.

Heubeck, A.; West, S.; Hainsworth, J.B.: Commentary on Homer's Odyssey, Vol. III. Books XVII–XXIV, Oxford 1992.

Hirschberger, M.: Gynaikon Katalogos und Megalai Ehoiai. Kommentar zu den Fragmenten zweier hesiodeischer Epen, München 2004.

Hoffmann, D.; Schliebitz, C.; Stocker, H.: Lukan. Bürgerkrieg, Darmstadt 2011.

Hollis, A.: Callimachus. Hecale, Oxford 2009.

Holzinger, C. von: Lykophrons Alexandra. Mit erklärenden Anmerkungen, Leipzig 1895.

Hornblower, S.: Lycophron. Alexandra, Oxford 2015.

Horsfall, N.: Virgil. Aeneid 7. A Commentary, Leiden 2000.

How, W.W.; Wells, J.: A Commentary on Herodotus. Vol. I, Oxford 1928.

Huffman, C. A.: Philolaus of Croton. Pythagorean and Presocratic, Cambridge 1993.

Hunter, R.: Theocritus. A Selection. Idylls 1, 3, 4, 6, 7, 10, 11, and 13, Cambridge 1999.

Hunter, R.: Theocritus. Encomium of Ptolemy Philadelphus, Berkeley 2003.

Hurst, A.; Kolde, A.: Lycophron. Alexandra. Texte établi, traduit et annoté par A.H. en collabrotaion avec A.K., Paris 2008.

Jacques, J. M.: Nicander. Oeuvres. Tome II: Les Thériaques. Fragments iologiques antérieurs à Nicandre, Paris 2002.

Jacques, J. M.: Nicander. Oeuvres. Tome III: Les Alexipharmaques. Lieux parallèles du livre XIII des Iatrica d'Aetius, Paris 2007.

Janko, R.: The Iliad: A commentary. Vol. IV: Books 13–16, Cambridge 1992.

Kidd, D.: Aratus. Phaenomena, Cambridge 1997.

Kirk, G.S.: The Iliad. A Commentary. Vol. I, books 1–4, Cambridge 1985.

Kirk, G.S.: The Iliad. A Commentary. Vol. II, books 5–8, Cambridge 1990.

Kullmann, W.: Aristoteles. Über die Teile der Lebewesen, Darmstadt 2007.

Lachenaud, G.: Scholies à Apollonios de Rhodes. Traduction et commentaire, Paris 2010.

Leaf, W.: The Iliad. In two volumes. 1. Books I–XII / 2. Books XII–XXIV, London 1959 / 1960 (= London 1900 / 1902).

Livrea, E.: Colluto. Il ratto di Elena, Bologna 1968.

Lloyd-Jones, H.: Supplementum Supplementi Hellenistici, Berlin 2005.

Maehler, H.: Die Lieder des Bakchylides I: Siegeslieder, Leiden 1982.

Maehler, H.: Die Lieder des Bakchylides II: Dothyramben und Fragmente, Leiden 1997.

Mair, G.R.: Callimachus. Hymns and Epigrams. Lycophron. Aratus, London 1921.

Martin, Jean: Scholia in Aratum Vetera, Leipzig 1974.

Martin, Jean: Aratos. Phénomènes. Texte établi, traduit et commenté, Paris 1998, 2003².

Mascialino, L.: Lycophronis Alexandra, Leipzig 1964.

Massimilla, G.: Callimaco. Aitia, libri primo e secundo. Introduzione, testo critico e commento, Pisa 1996.

Massimilla, G.: Callimaco. Aitia, libro terzo e quarto, Pisa / Rom 2010.

Matthews, V.J.: Panyassis of Halikarnassos, Leiden 1974.

Matthews, V.J.: Antimachus of Colophon, Leiden 1996.

Mineur, W.H.: Callimachus, Hymn to Delos. Introduction and Commentary, Leiden 1984.

Orsini, P.: Colluthus. L'enlèvement d'Hélène, Paris 1972.

Overduin, F.: Nicander of Colophon's Theriaca: A literary commentary, Leiden 2015.

Page, D.L.: Select Papyri III: Literary Papyri, London 1950.

Pfeiffer, R.: Callimachus I. Fragmenta / Callimachus II. Hymni et epigrammata, Oxford 1949 / 1953.

Pfeiffer, R.: History of classical scholarship: from the beginnings to the end of Hellenistic age, Oxford 1968.

Pötscher, W.: Theophrastos. ΠΕΡΙ ΕΥΣΕΒΕΙΑΣ, Leiden 1964.

Powell, J.U.: Collectanea Alexandrina, Oxford 1925.

Radt, S.: Strabons Geographika, 10 Bände, Göttingen 2002–2011.

Raschle, C.R.: Pestes Harenae. Die Schlangenepisode in Lucans Pharsalia IX 587–949. Einleitung, Text, Übersetzung, Kommentar, Frankfurt a.M. 2001.

Richardson, N.: The Iliad. A Commentary, Vol. VI: books 21–24, Cambridge 1993.

Russo, C. F.: Hesiodi Scutum. Introduzione, testo critico e commento con traduzione e indici, Florenz 1950, 1965².

Russo, J. / Fernández-Galiano, M. / Heubeck, A.: A Commentary on Homer's Odyssey, Vol. III, Oxford 1992.

Schelske, O.: Orpheus in der Spätantike. Studien und Kommentar zu den Argonautika des Orpheus: Ein literarisches, religiöses und philosophisches Zeugnis, Berlin / Boston 2011.

Schönberger, O.: Kolluthos. Raub der Helena. Griechischer Text mit kritischem Apparat, deutscher Übersetzung in Prosa, Anmerkungen und Nachwort, Würzburg 1993.

Seewald, M.: Studien zum 9. Buch von Lucans Bellum Civile, Berlin 2008.

Sens, A.: Theocritus: Dioscuri (Idyll 22). Introduction, Text, and Commentary, Göttingen 1997.

Solmsen, F.; Merkelbach, R.; West, M.L.: Hesiodi Theogonia Opera et Dies Scutum ed. F.S., Fragmenta Selecta edd. R.M. et M.L.W., Oxford 1970.

Stephens, S.: Callimachus. The hymns, Oxford 2015.

Vergados, A.: The „Homeric Hymn to Hermes". Introduction, text and commentary, Berlin 2013.

Vian, F.: Quintus de Smyrne. La suite d' Homère I: Livres I–IV, Paris 1963.

Vian, F.: Quintus de Smyrne. La suite d' Homère II: Livres V–IX, Paris 1966.

Vian, F.: Les Argonautiques Orphiques. Texte établi et traduit, Paris 1987.

Wendel, C.: Scholia in Apollonium Rhodium vetera, Berlin 1935.

West, M.L.: Hesiod. Theogony, with Prolegomena and Commentary, Oxford 1966.

West, M.L.: Hesiod. Works and Days, with Prolegomena and Commentary, Oxford 1978.

West, M.L.: Iambi et Elegi Graeci ante Alexandrum cantati. Vol. II, editio altera, Oxford 1992.

West, M.L.: Greek Epic Fragments. From the seventh to the fifth century, Cambridge 2003.

West, M.L.: The Epic Cycle. A Commentary in the Lost Troy Epics, Oxford 2013.

Wick, C.: M. Annaeus Lucanus, Bellum civile, liber IX. Band I: Einleitung, Text und Übersetzung; Band II: Kommentar, München 2004.

Williams, F.: Callimachus. Hymn to Apollo. A commentary, Oxford 1978.

Wright, M.: Empedocles. The extant fragments, New Haven 1981.

Zierlein, S.: Aristoteles. Historia Animalium, Buch I und II, Berlin 2013.

Zissos, A.: Valerius Flaccus' Argonautika. Book 1, Oxford 2008.

II. Sekundärliteratur

Accorinti, D.: Anaphe, ou la derniere epreuve des Argonautes, in: Chuvin, P.: Des Geants a Dionysos, Alessandria 2003, 215–221.

Acosta-Hughes, B.; Lehnus, L.; Stephens S.A.: Brill's Companion to Callimachus, Leiden 2011.

Adamietz, J.: Jason und Hercules in den Epen des Apollonios Rhodios und Valerius Flaccus, in: A&A 16, 1970, 29–38.

Adamietz, J.: Zur Komposition der Argonautica des Valerius Flaccus, München 1976.

Adorjáni, Z.: Euphemos, Pindar und Apollonios Rhodios. Zu Arg. 4,1731–1772, RhM 155, 2012, 108–112.

Adorjáni, Z.: Pindar-Allusionen bei Apollonios Rhodios. Zu A.R. 4,1537–619, Mnemosyne 66, 2013, 133–121.

Alberti, G.B.: Note alla tradizione manoscritta di Apollonio Rodio, in: Studi classici in onore di Q. Cataudella I, Catania 1972, 9–18.

Albis, R.V.: Jasons Prayer to Apollo in „Aetia 1", and the „Argonautica", Phoenix 49, 1995, 104–109.

Albis, R.V.: Poet and Audience in the Argonautica of Apollonius, Lanham 1996.

Alexiou, M.: The ritual lament in Greek tradition, Cambridge 1974.

Algra, K.: Concepts of Space in Greek Thought, Leiden 1995.

Althoff, J.: Biologie im Zeitalter des Hellenismus (ca. 322–31 v. Chr.), in: Wöhrle, G.: Biologie. Geschichte der Mathematik und der Naturwissenschaften in der Antike I, Stuttgart 1999, 155–180.

Amandry, P.: Sièges mycéniens tripodes et trépied pythique, in: Φίλια Έπη. FS G. E. Mylonas I, Athen 1986, 167–184.

Ambühl, A.: (Re)Constructing Myth: Elliptical Narrative in Hellenistic and Latin Poetry, in: Hunter, R.; Rengakos, A.; Sistakou, E.: Hellenistic Studies at a Crossroads, Berlin 2014, 113–132.

Arend, W.: Die typischen Szenen bei Homer, Berlin 1933.

Ardizzoni, A.: Per il testo di Apollonio Rodio, RFIC 95, 1967, 44–47 (= Ardizzoni 1967a).

Ardizzoni, A.: Note Apolloniane, Maia 20, 1968, 11–14.

Ardizzoni, A.: Una presa di posizione di Apollonio Rodio riguardo ad un particolare mitico in Pindaro, Boll. Ist. Fil. Gr. Univ. di Padova 1, 1974, 164–172.

Arieti, J.A.: Homer's Litai and Ate, CJ 84, 1988, 1–12.

Asper, M.: Onomata allotria. Zur Genese, Struktur und Funktion poetologischer Metaphern bei Kallimachos, Stuttgart 1997.

Asper, M.: Apollonius on Poetry, in: T.D. Papanghelis, A. Rengakos: Companion to Apollonios Rhodios, Leiden 2008[2], 167–197.

Asper, M.: Science and Fiction in Callimachus, in: Harder, M. A.; Regtuit, R.F.; Wakker, G.C.: Nature and Science in Hellenistic Poetry, Leuven 2009, 1–18.

Asper, M.: Dimensions of Power: Callimachean geopoetics and the Ptolemaic empire, in: B. Acosta-Hughes; L. Lehnus: Brill's Companion to Callimachus, Leiden 2011, 155–177.

Augoustakis, A.: Flavian Poetry and its Greek Past, Leiden / Boston 2014.

Austin, M.: The Greeks in Libya, in: Tsetskhladze, G.R.: Greek Colonisation. An Account of Greek Settlements and Other Colonies Overseas. Vol. 2, Leiden 2008, 187–218.

Austin, N.: Archery at the Dark of the Moon. Poetic Problems in Homer's Odyssey, Berkeley 1975.

Austin, C.: L'apthéose d' Arsinoe (P.Berol. 13417 A = Callim. fr. 228 Pf.), in: Bastianini, G.; Casanova, A.: Callimaco. Cent' Anni di Papiri, Florenz 2006, 57–68.

Bär, S.: Herakles im griechischen Epos. Studien zur Narrativität und Poetizität eines Helden, Stuttgart 2018.

Bagnall, R.S.: The Administration of the Ptolemaic possessions outside Egypt, Leiden 1976.

Bahrenfuss, W.: Die Abenteuer der Argonauten auf Lemnos bei Apollonios Rhodios, Valerius Flaccus und Statius mit einem Exkurs über den Hypsipyle-Brief aus Ovids Heroides, Diss. Kiel 1951.

Baines, J.: Egyptian Elite Self-Presentation in the Context of Ptolemaic Rule, in: W.V. Harris / G. Ruffini: Ancient Alexandria between Egypt and Greece, Leiden 2004, 33–61.

Bal, M.: Narratology. Introduction to the Theory of Narrative, Toronto 1985, 1997², 2009³.

Balensiefen, L.: Achills verwundbare Ferse. Zum Wandel der Gestalt des Achilles in nacharchaischer Zeit, JDAI 111, 1996, 75–103.

Barbantani, S.: Mother of snakes and kings: Apollonius Rhodius' *Foundation of Alexandria*, Histos 8, 2014, 209–245.

Barigazzi, A.: Eracle e Tiodamante in Callimaco e Apollonio Rodio, Prometheus 2, 1976, 227–238.

Barnes, R.: Cloistered Bookworms in the Chicken-Coop of the Muses. The ancient library of Alexandria, in: MacLeod, R.: The library of Alexandria. Centre of Learning in the Ancient World, London / New York 2000, 61–78.

Barth, H.-L.: Die Fragmente aus den Schriften des Grammatikers Kallistratos zu Homers Ilias und Odyssee, Bonn 1984.

Basset, S.E.: Notes on the Bucolic Diaeresis, TAPA 36, 1905, 111–124.

Baumbach, M.: Verhüllt, verschluckt, verschwunden: Die Sonnenfinsternis in Mythos, Mantik und Magie in der Antike, in: Görgemanns, H.; Köhler, H., Baumbach, M.: "Stürmend auf finsterem Pfad..." Ein Symposion zur Sonnenfinsternis in der Antike, Heidelberg 2000, 13–34.

Bechtel, F.: Lexilogus zu Homer. Etymologie und Stammbildung homerischer Wörter, Halle a. d. Saale 1914 (= Darmstadt 1964).

Beekes, R.S.P.: On the structure of the Greek Hexameter, Glotta 50, 1972, 1–10.

Belloni, L.: Medea πολυφάρμακος, CCC 2, 1981, 117–133.

Belloni, L.: Un icona di Apollo (Ap. Rh. Arg. 2, 669–684), Prometheus 25, 1999, 231–242.

Benedetto, G.: Il sogno e l' invettiva. Momenti di storia dell' esegesi Callimachea, Florenz 1993.

Di Benedetto, V.: Osservazioni intorno a *αυσ- e *αιερι, Glotta 61, 1983, 149–164.

Di Benedetto, V.: Posidippo tra Pindaro e Callimaco, Prometheus 29, 2003, 97–119.

Bennett, P.; Wilson, A.I.; Buzaian, A.; Hamilton, K.; Thorpe, D.; Roberston, D.; Zimi, E.: Euesperides (Benghazi). Preliminary Report of the spring 2000 season, LibStud 31, 2000, 121–143.

Berkowitz, G.: Semi-public Narration in Apollonius' Argonautica, Leuven 2004.

Bers, V.: Enallage and Greek style, Leiden 1974.

Berthold, O.: Die Unverwundbarkeit in Sage und Aberglauben der Griechen, RVV 11, 1911, 1–73.

Beye, C. R.: Jason as a Love-hero in Apollonios' *Argonautika*, GRBS 10, 1969, 31–55.

Beye, C. R.: Epic and Romance in the *Argonautica* of Apollonios, Carbondale 1982.

Bianchi, U.: Dios Aisa. Destino, uomini e divinità nell'epos, nelle teogonie e nel culto dei Greci, Rom 1953.

Bing, P.: The Alder and the Poet, RhM 129, 1986, 222–226.

Bing, P.: The well-read Muse. Present and Past in Callimachus and the Hellenistic poets, Göttingen 1988.

Bissinger, M.: Das Adjektiv *megas* in der griechischen Literatur, München 1966.

Blumberg, K. W.: Untersuchungen zur epischen Technik des Apollonios von Rhodos, Diss. Leipzig 1931.

Boardman, J.: The Greeks Overseas, London 1980.

Boesch, G.: De Apollonii Rhodii elocutione, Berlin 1908.

Bolle, H.-J.: Mediterranean Climate. Variability and Trends, Berlin 2003.

Bolling, G.M.: The Participle in Apollonius Rhodius, in: Studies in honor of B.L. Gildersleeve, Baltimore 1902, 449–470.

Bond, R.C.; Swales, J.M.: Surface finds of coins from the city of Euesperides, LibAnt 2, 1965, 91–101.

Börstinghaus, J.: Sturmfahrt und Schiffbruch, Tübingen 2010.

Bremmer, J.: Walking, standing, and sitting in ancient Greek culture, in: Bremmer, J.; Roodenburg, H.: A Cultural History of Gesture. With an introduction by Sir Keith Thomas, Ithaca 1991, 15–35.

Bremmer, J.N.: Why did Medea kill her brother Apsyrtos?, in: Clauss, J.J.; Iles Johnston, S.: Medea. Essays on Medea in myth, literature, philosophy, and art, Princeton 1997, 83–100.

Bremmer, J.N.: Anaphe, Aeschrology and Apollo Aigletes: Apollonius Rhodius 4,1711–1730, in: Harder, A.; Cuypers, M.: Beginning from Apollo. Studies in Apollonius Rhodius and the Argonautic Tradition, Leuven 2005, 18–34.

Brioso Sánchez, M.: El concepto de Divinidad en las Argonáuticas de Apolonio de Rodas, in: López Férez, J.A.: Mitos en la literature griega helenistica e imperial, Madrid 2003, 15–54.

Brodersen, K.: Terra cognita: Studien zur römischen Raumerfassung, München 1995.

Brown, N.O.: The birth of Athena, TAPA 83, 1952, 130–143.

Brumfield, A.C.: Aporreta. Verbal and Ritual Obscenity in the Cults of Ancient Women, in: R. Hägg: The Role of Religion in the Early Greek Polis, Stockholm 1996, 67–74.

Buck, C.D.; Petersen, W.: A reverse Index of Greek nouns and adjectives. Arranged by terminations with brief historical introductions, Hildesheim 1970 (= Chicago 1945).

Bulloch, A.W.: Callimachus' Erysichthon, Homer and Apollonius Rhodius, AJPh 98, 1977, 97–123.

Bundy, E.: The quarrel between Kallimachos and Apollonios, Part 1: The epilogue of Kallimachos' Hymn to Apollo, CSCA 5, 1972, 39–94.

Burck, E.: Unwetterszenen bei den flavischen Epikern, Wiesbaden 1978.

Burkert, W.: Structure and History in Greek mythology and ritual, Berkeley 1979.

Burkert, W.: Die orientalisierende Epoche in der griechischen Religion und Literatur, Heidelberg 1984 (= The Orientalizing Revolution, Harvard 1992).

Burkert, W.: Die Entdeckung der Nerven. Anatomische Evidenz und Widerstand der Philosophie, in: Brockmann, C.; Brunschön, W.; Overwien, O.: Antike Medizin im Schnittpunkt von Geistes- und Naturwissenschaften, Berlin / Bew York 2009, 31–44.

Burkert, W.: Griechische Religion der archaischen und klassischen Epoche, Stuttgart 2011².

Burnett, A.: Pindar's Songs für Young Athletes from Aigina, Oxford 2005.

Busch, S.: Orpheus bei Apollonios Rhodios, Hermes 121, 1993, 301–324.

Buttmann, P.: Lexilogus oder Beiträge zur griechischen Wort-Erklärung hauptsächlich für Homer und Hesiod, 2 Bände, Berlin 1865⁴.

Buttrey, T.V.: Coins and Coinage at Euesperides, LibStud 25, 1994, 137–145.

Buxton, R.: The myth of Talos, in: Atherton, C.: Monsters and monstrosity in Greek and Roman cultures, Bari 1998, 83–112.

Buxton, R.: Les yeux de Médée: le regard et la magie dans les Argonautiques d'Apollonios de Rhodes, in: Turpin, J.-C.; Moreau, A.: La Magie. Actes du colloque international de Montpellier, 25–27 Mars 1999. Tome II: La Magie dans l'antiquité grecque tardive. Les mythes, Montpellier 2000, 265–276.

Buxton, R.: Forms of Astonishment. Greek Myths of Metamorphosis, Oxford 2009.

Byre, C.S.: The narrators addresses to the narratee in Apollonius Rhodius' Argonautica, TAPA 121, 1991, 215–227.

Byre, C.S.: The killing of Apsyrtus in Apollonius' Argonautica, Phoenix 50, 1996, 3–16.

Byre, C.S.: A reading of Apollonius Rhodius' *Argonautica*. The poetics of uncertainty, Lewiston 2002.

Caillois, R.: Les démons de midi, RHR 116, 1937, 54–83.

Cairns, F.: Orality, Writing and Reoralisation: Some Departures and Arrivals in Homer and Apollonius Rhodius, in: Tristram, H.L.C.: New Methods in the Research of Epic. Neue Methoden der Epenforschung, Tübingen 1998, 64–84.

Calame, C.: Narrating the foundation of a city. The symbolic birth of Cyrene, in: Edmunds, L.: Approaches to Greek Myth, Baltimore 1990, 277–341.

Calame, C.: Legendary narration and poetic procedure in Callimachus' Hymn to Apollo, in: Harder, M.A.; Regtuit, R.F.; Wakker, G.C.: Callimachus, Groningen 1993, 37–56.

Calame, C.: Myth and History in ancient Greece. The symbolic creation of a colony, Princeton 2003.

Calame, C.: Mythe et histoire dans l'antiquité Grecque. La creation symbolique d' une colonie, Paris 2011.

Cameron, A.: Callimachus and his Critics, Princeton 1995.

Campbell, M.: Notes on Apollonius Rhodius, CQ 19, 1969, 269–284.

Campbell, M.: Further Notes on Apollonius Rhodius, CQ 21, 1971, 402–423.

Campbell, M.: Notes on Apollonius of Rhodes, Argonautica II, RPh 47, 1973, 68–90.

Campbell, M.: Review of Apollonii Rhodii Argonauticon liber quartus by E. Livrea, Gnomon 48, 1976, 336–340.

Campbell, M.: Echoes and Imitations of Early Epic in Apollonius Rhodius, Leiden 1981.

Campbell, M.: The Budé Apollonius Completed, CR 32, 1982, 137–139.

Campbell, M.: Index verborum in Apollonium Rhodium, Hildesheim 1983.

Campbell, M.: Apollonian and Homeric Book Division, Mnemosyne 36, 1983, 154–156. (= Campbell 1983a)

Campbell, M.: Hiatus in Apollonius Rhodius, in: Fantuzzi, M.; Pretagostini, R.: Struttura e storia dell' esametro greco I, Rom 1995, 193–219.

Campbell, M.: Review of R. Glei; S. Natzel-Glei: Apollonios von Rhodos: Das Argonautenepos, Classical Review 47, 1997, 414.

Capponi, L.: The Oikos of Alexandria, in: W.V. Harris; G. Ruffini: Ancient Alexandria between Egypt and Greece, Leiden 2004, 115–124.

Carnes, J.S.: The Aiginetan Genesis of the Myrmidons. A Note on "Nemean" 3,13–16, CW 84, 1990, 41–44.

Carspecken, J.F.: Apollonius Rhodius and the Homeric Epic, YCS 13, 1952, 33–143.

Casabona, J.: Recherches sur le vocabulaire des sacrifices en Grec, Paris 1966.

Casson, L.: Ships and seamanship in the Ancient World, Baltimore 1971 (= 1995).

Cerri, G.: Apollonio Rodio e le Muse Hypophetores. Tre interpretazioni a confronto, QUCC 85, 2007, 159–165.

Chantraine, P.: Grammaire Homérique. Tome I, Phonétique et Morphologie, Paris 1948.

Chantraine, P.: Grammaire Homérique. Tome II, Syntaxe, Paris 1953.

Chantraine, P.: Un tour archaïque chez Pindare, RPh 27, 1953, 16–20 (= Chantraine 1953a).

Chantraine, P.: Dictionnaire etymologique de la langue grecque. Histoire des mots, Paris 1968.

Chuvin, P.: Anaphé, ou la dernière épreuve des Argonautes, in: D. Accorinti, P. Chuvin: Des Géants à Dionysos. Mélanges offerts a F. Vian, Alessandria 2003, 215–222.

Ciani, M.G.: φάος nell' epica ellenistica, AAPat 85, 1972, 25–48.

Ciani, M.G.: Poesia come enigma. Considerazioni sulla poesia di Apollonio Rodio, in: Scritti in onore di Carlo Diano, Bologna 1975, 77–111.

Clare, R. J.: The path of the Argo. Language, imagery and narrative in the *Argonautica* of Apollonios Rhodius, Cambridge 2002.

Clarke, H.C.: The Art of the Odyssey, Bristol 1967.

Classen, J..: Rez. zu Degani, E.: Aion. Da Omero ad Aristotele, Gnomon 34, 1962, 366–370.

Clauss, J.J.: The Best of the Argonauts: The Redefinition of the Epic Hero in Book One of Apollonius' *Argonautica*, Berkeley 1993.

Clauss, J.J.: Conquest of Mephistolian Nausicaa. Medea's role in Apollonius' redefinition of the epic hero, in: Clauss, J.J u. a.: Medea. Essays on Medea in Myth, Literature, Philosophy and Art, Princeton 1997, 149–177.

Clauss, J.J.: Cosmos without Imperium: The Argonautic Journey through Time, in: Harder, M.A.; Regtuit, R.F.; Wakker, G.C.: Apollonius of Rhodes, Groningen 2000, 11–32.

Clauss, J.J.; Cuypers, M.: A Companion to Hellenistic Literature, Malden 2010.

Clauss, J.J.: The Argonautic Anabasis: Myth and Hellenic Identiy in Apollonius' *Argonautica*, in: Cusset, C.; Le Meur-Weissman, N.; Levin, F.: Mythe et pouvoir à l' époque hellenistique, Leuven 2012.

Clauss, J.J.: *Heldendämmerung* Anticipated. The gods in Apollonius' *Argonautica*, in: Clauss, J.J.; Cuypers, M.; Kahane, A.: The gods in Greek hexameter poetry, Stuttgart 2016, 135–151.

Clauss, M.: Alexandria. Schicksale einer antiken Weltstadt, Stuttgart 2004.

Clay, T.: Rhetoric and Repetition. The *figura etymologica* in Homeric Epic, Diss. Cornell 2009.

Clayman, D.L.: Callimachus' Thirteenth Iamb: The Last Word, Hermes 104, 1976, 29–35.

Clayman, D.L.: The skepticism of Apollonius, in: Harder, M. A.; Regtuit, R.F.; Wakker, G.C.: Apollonius Rhodius, Leuven 2000, 33–53.

Clayman, D.L.: Berenice II and the Golden Age of Ptolemaic Egypt, Oxford 2013.

Clúa Serena, J. A.: Comparative Notes on Minor Episodes from Apollonius Rhodius' Argonautica and Callimachus' Aetia, Athenaeum 92, 2004, 493–497.

Chamoux, F.: Cyréne sous la monarchie des Battiades, Paris 1953.

Chamoux, F.: Les Libyens d'après Diodore de Sicile, BSAF 1980/1981, 254–257.

Chaniotis, A.: Die Verträge zwischen kretischen Poleis in der hellenistischen Zeit, Stuttgart 1996.

Citroni, M.: Arte Allusiva: Pasquali and Onward, in: Acosta-Hughes, B.; Lehnus, L.; Stephens, S.: Brill's Companion to Callimachus, Leiden 2011, 566–586.

Cohen, G.M.: The Hellenistic settlements in Europe, the Islands and Asia Minor, Berkeley 1995.

Cohen, G.M.: The Hellenistic settlements in Syria, the Red Sea Basin, and North Africa, Berkeley 2006.

Cook, A.B.: Zeus III. God of the dark sky, Cambridge 1940.

Corlu, A.: Recherches sur les mots relatifs a l'idée de prière, d'Homère aux tragiques, Paris 1966.

Corsano, M.: Il sogno di Eufemo e la fondazione di Cirene nelle Argonautiche di Apollonio Rodio, Rudiae 3, 1991, 55–72.

Crane, G.: The *Odyssey* and the Conventions of the Heroic Quest, ClAnt 6, 1987, 11–37.

Cristóbal, V.: Tempestades epicas, CIF 14, 1988, 125–148.

Cusset, C.: La Muse dans la Bibliotheque. Réécriture et intertextualité dans la poésie alexandrine, Paris 1999.

Cusset, C.: Apollonios lecteur de la tragédie, in: A. Billault; C. Mauduit: Lectures antiques de la tragédie grecque, Lyon 2001, 61–76.

Cusset, C.: Les Argonautiques d' Apollonios de Rhodes comme itinéraire à travers la sauvagerie, in: Charpentier, M.-C.: Les espaces du sauvage dans le monde antique, Besancon 2004, 31–52.

Cusset, C.: Apollonios de Rhodes et Eratosthene de Cyrene. Bibliothecaires et poetes a Alexandrie, in: Rico, C.; Dan, A.: The library of Alexandria. A cultural crossroads of the ancient world, Jerusalem 2017, 141–164.

Cuypers, M.: Apollonius of Rhodes, in: De Jong, I.J.F.; Nünlist, R.; Bowie, A.: Narrators, Narratees and Narratives in Ancient Greek Literature. Studies in Ancient Greek Narrative, Volume 1, Leiden 2004, 43–62.

Cuypers, M.: Interactional particles and narrative voice in Apollonius and Homer, in: Harder, A.; Cuypers, M.: Beginning from Apollo. Studies in Apollonius Rhodius and the Argonautic tradition, Leuven 2005, 35–69.

Cuypers, T.: Reizen in de voetsporen van Herakles. De Argonautika van Apollonios, Hermeneus 73, 2001, 186–192.

Danek, G.: Epos und Zitat. Studien zu den Quellen der Odyssee, Wien 1998.

Danek, G.: Apollonius as an (Anti-)Homeric Narrator: Time and Space in the Argonautica, in: Grethlein, J.; Rengakos, A.: Narratology and Interpretation, Berlin 2009, 275–293.

Davies, M.; Kathirithamby, J.: Greek Insects, London 1986.

Debiasi, A.: Naupaktia – Argous naupegia, Eikasmos 14, 2003, 91–101.

Debrunner, A.: Die Adjektive auf -αλεος, IF 23, 1908–1909, 1–43.

DeForest, M.M.: Apollonius' Argonautica. A Callimachean Epic, Leiden 1994.

Degani, E.: Aion. Da Omero ad Aristotele, Padua 1961.

Delage, E.: La Géographie dans les Argonautiques d' Apollonios de Rhodes, Paris-Bordeaux 1930.

Delivorrias, A.: The throne of Apollo at the Amykleion, ABSA 16, 2009, 133–35.

Dennerlein, K.: Narratologie des Raumes, Berlin 2009.

Denniston, J.D.: The Greek Particles, Oxford 1959².

Desbordes, F.: Argonautica: Trois études sur l'imitation dans la literature antique, Brüssel 1979.

Dickie, M. W.: Talos bewitched. Magic, Atomic Theory and Paradoxography in Apollonius Rhodius, LICS 6, 1990, 267–296.

Dickie, M. W.: Heliodorus and Plutarch on the Evil Eye, CPh 86, 1991, 17–29.

Dickie, M. W.: βασκάνια, προβασκάνια and προσβασκάνια, Glotta 71, 1993, 174–177.

Dieterle, M.: Dodona. Religionsgeschichtliche und historische Untersuchungen zur Entstehung und Entwicklung des Zeus-Heiligtums, Hildesheim 2007.

Dinter, M.: ...und es bewegt sich doch! Der Automatismus des abgehackten Gliedes, in: Hömke, N.: Lucans *Bellum Civile*: Between epic tradition and aesthetic innovation, Berlin 2010, 175–190.

Dougherty, C.: The Poetics of Colonization. From City to Text in Archaic Greece, New York 1993.

Downs, R.N.; Stea, D.: Kognitive Karten. Die Welt in unseren Köpfen, New York 1982.

Dräger, P.: Argo Pasimelousa. Der Argonautenmythos in der griechischen und lateinischen Literatur, Stuttgart 1993.

Dräger, P.: „Abbruchformel" und Jona-Motiv in Pindars vierter Pythischer Ode, WJA 21, 1997, 93–99.

Dräger, P.: Die *Argonautika* des Apollonios Rhodios. Das zweite Zorn-Epos der griechischen Literatur, München 2001.

Drögemüller, H.-P.: Die Gleichnisse im hellenistischen Epos, Diss. Hamburg 1956.

Duckworth, G.E.: Foreshadowing and Suspense in the epics of Homer, Apollonius, and Vergil, Princeton 1933.

Dufner, C.M.: The Odyssey in the Argonautica. Reminiscence, Revision, Reconstruction, Diss. Princeton 1988.

Duminil, M.-P.: Les sens de *ichor* dans les textes hippocratiques, in: Joly, R.: Corpus Hippocraticum, Mons 1977, 65–76.

Dumortier, J.: Le Vocabulaire médical d' Eschyle et les écrits Hippocratiques, Paris 1975².

Duncan, A.: Spellbinding Performance: Poet as Witch in Theocritus' Second Idyll and Apollonius' Argonautica, Helios 28, 2001, 43–56.

Dundes, A.: The evil eye. A folklore casebook, New York 1981.

Düntzer, H.: De Zenodoti studiis Homericis, Göttingen 1848.

Durbec, Y.: Several Deaths in the Argonautica, Myrtia 23, 2008, 53–73.

Dyck, A.R.: On the Way from Colchis to Corinth. Medea in Book 4 of the 'Argonautica', Hermes 117, 1989, 455–470.

Effe, B.: Epische Objektivität und auktoriales Erzählen. Zur Entfaltung emotionaler Subjektivität in Vergils *Aeneis*, Gymnasium 90, 1983, 171–186.

Effe, B.: Tradition und Innovation. Zur Funktion der Gleichnisse des Apollonios Rhodios, Hermes 124, 1996, 290–312.

Effe, B.: Epische Objektivität und subjektives Erzählen. ‚Auktoriale Narrativik' von Homer bis zum römischen Epos der Flavierzeit, Trier 2004.

Effe, B.: The Similes of Apollonius Rhodius. Intertextuality and Epic Innovation, in: T.D. Papanghelis, A. Rengakos: Companion to Apollonios Rhodios, Leiden 2008², 199–220.

Eichgrün, E.: Kallimachos und Apollonios Rhodios, Berlin 1961.

Elliger, W.: Gleichnis und Vergleich bei Homer und den griechischen Tragikern, Tübingen 1955.

Elliger, W.: Die Darstellung der Landschaft in der antiken Literatur, Berlin 1975.

Emonds, H.: Zweite Auflage im Altertum. Kulturgeschichtliche Studien zur Überlieferung der antiken Literatur, Leipzig 1941.

Erbse, H.: Homerscholien und hellenistische Glossare, Hermes 81, 1953, 163–169.

Erbse, H.: Versumstellungen in den *Argonautika* des Apollonios Rhodios, RhM 106, 1963, 229–251. (= Erbse 1963a)

Erbse, H.: Rezension zu Apollonii Rhodii Argonautica ed. H. Fränkel, Gnomon 35, 1963, 18–27. (= Erbse 1963b)

Erbse, H.: Rezension zur Einleitung zur kritischen Ausgabe von H. Fränkel, Gnomon 38, 1966, 157–162.

Erbse, H.: Beiträge zum Verständnis der Odyssee, Berlin 1972.

Erler, M.: Die hellenistische Philosophie (Überweg Grundriß der Geschichte der Philosophie. Die Philosophie der Antike, Bd. 4, Hbb. 2), Basel u.a 1994.

Faerber, H.: Zur dichterischen Kunst in Apollonios' Argonautika, Diss. Berlin 1932.

Faller, S.: Studien zu antiken Identitäten, Freiburg 2002.

Fantuzzi, M.: Ricerche su Apollonio Rodio. Diacronie della dizione epica, Rom 1988.

Fantuzzi, M.: Variazioni sull' esametro in Teocrito, in: Fantuzzi, M.; Pretagostini, R.: Struttura e storia dell' esametro Greco I, Rom 1995, 221–264.

Fantuzzi, M.; Hunter, R.: Tradition and Innovation in Hellenistic Poetry, Cambridge 2004.

Fantuzzi, M.: „Homeric" formularity in the *Argonautica* of Apollonius of Rhodes, in: Papanghelis T.D.; Rengakos, A. Companion to Apollonios Rhodios, Leiden 2008², 221–242.

Fantuzzi, M.: Which magic? Which eros? Apollonius' Argonautica and the different narrative role of Medea as a sorceress in love, in: Papanghelis T.D.; Rengakos, A. Companion to Apollonios Rhodios, Leiden 2008², 287–310 (= Fantuzzi 2008a).

Fantuzzi, M.: Tragic similes: When tragedy gets to comic for Aristotle and later Hellenistic readers, in: Hunter, R.; Rengakos, A.; Sistakou, E.: Hellenistic Studies at a Crossroads, Berlin 2014, 215–233.

Faust, M.: Die künstliche Verwendung von κύων „Hund" in den homerischen Epen, Glotta 48, 1970, 8–31.

Feeney, D. C.: The Gods in Epic, Oxford 1991.

Fenik, B.: Typical Battle Scenes in the Iliad. Studies in the narrative techniques of battle description, Stuttgart 1968.

Ferri, S.: Tracce del passaggio degli Argonauti a Bengazi, in: Historia 1 (Milano), 1927, 66–107.

Ferri, S.: Fenomeni ecologici della Cirenaica costiera nel II millennio a.C. Nuovi dati archeologici su gli Argonauti a Euesperide, in: QAL 8, 1976, 11–17.

Ficuciello, L.: Lemnos: cultura, storia, archeologia, topografia di un' isola del nord-Egeo, Athen 2013.

Finkelberg, M.: The geography of the Prometheus vinctus, in: RhM 141, 1998, 119–141.

Finkmann, S.: Collective Speech and Silence in the Argonautica of Apollonius and Valerius, in: Augoustakis, A.: Flavian Poetry and its Greek Past, Leiden 2014, 73–93.

Flashar, H.: Urzeugung und/oder spontane Entstehung, in: Föllinger, S.: Was ist "Leben"? Aristoteles' Anschauungen zur Entstehung und Funktionsweise von Leben, Stuttgart 2010, 331–338.

Fletcher, J.: Women's Space and Wingless Words in the Odyssey, Phoenix 62, 2008, 77–91.

Fluck, H.: Skurrile Riten in griechischen Kulten, Diss. Freiburg 1931.

Föllinger, S.: Die Funktion von Nicht-Wissen in der frühgriechischen Lyrik, in: Althoff, J.: Philosophie und Dichtung im antiken Griechenland, Stuttgart 2007, 53–65.

Föllinger, S.: Tears and crying in Archaic Greek Poetry (especially Homer), in: Fögen, T.: Tears in the Greco-Roman World, Berlin 2009, 17–36.

Fontenrose, J.: The Delphic Oracle, Berkeley 1978.

Ford, A.: The genre of genres. Paeans and *Paian* in Early Greek Poetry, Poetica 38, 2006, 277–295.

Fränkel, H.: Die homerischen Gleichnisse, Göttingen 1921, 1977².

Fränkel, H.: Die Handschriften der Argonautika des Apollonios Rhodios, in: Nachrichten von der Gesellschaft der Wissenschaften in Göttingen (NGG) 1929, 164–194.

Fränkel, H.: Problems of Text and Interpretation in Apollonius' Argonautica, AJP 71, 1950, 113–133.

Fränkel, H.: Der homerische und der kallimacheische Hexameter (Völlig umgearbeitet), in: Tietze, F.: Hermann Fränkel. Wege und Formen frühgriechischen Denkens. Literarische und philosophiegeschichtliche Studien, München 1955, 100–156.

Fränkel, H.: Wege und Formen frühgriechischen Denkens. Literarische und philosophiegeschichtliche Studien, München 1955. (= Fränkel 1955a)

Fränkel, H.: Das Argonautenepos des Apollonios, MH 14, 1957, 1–19.

Fränkel, H.: Ein Don Quijote unter den Argonauten des Apollonios, MH 17, 1960, 1–20.

Fränkel, H.: Einleitung zur kritischen Ausgabe der Argonautika, Göttingen 1964.

Fränkel, H.: Noten zu den Argonautika des Apollonios, München 1968.

Franke, P.; Hirmer, M.: Die griechische Münze, München 1964.

Fraser, P.M.: An Inscription from Euesperides, Bulletin de la Société Royale d'Archéologie d'Alexandrie 39, 1951, 132–143.

Fraser, P.M.: Ptolemaic Alexandria I–III, Oxford 1972.

Friedrich, R.: On the compositional use of similies in the Odyssey, AJP 102, 1981, 120–137.

Friedrich, W.H..: Episches Unwetter, in: Festschrift für Bruno Snell, München 1956, 77–87.

Frisk, H.: Griechisches etymologisches Wörterbuch. Bd. I–III, Heidelberg 1960–1972.

Froidefond, C.: Le Mirage Égyptien dans la littérature grecque d'Homère a Aristote, Aix-en-Provence 1971.

Frontisi-Ducroux, F.: Dédale. Mythologie de l'artisan en Grèce ancienne, Paris 1975.

Fusillo, M.: Il tempo delle Argonautiche. Un' analisi del racconto in Apollonio Rodio, Rom 1985.

Fusillo, M.: Apollonio Rodio, in: Cambiano, G.; Canfora, L.; Lanza, D.: Lo spazio letterario della Grecia antica, Vol. I, Tom. II: L'Ellenismo, Rom 1993, 107–143.

Fusillo, M.: Apollonius Rhodius as "Inventor" of Interior Monologue, in: Papanghelis, T., Rengakos, A.: Companion to Apollonius Rhodius, Leiden 2008[2], 147–166.

Gaertner, J.-F.: Bakchylides 17, 112, Hesych. e 2225 und die Geschichte des Wortes ἀιών, WS 116, 2003, 71–75.

Gärtner, U.: Gehalt und Funktion der Gleichnisse bei Valerius Flaccus, Stuttgart 1994.

Gärtner, U.: Zur Rolle der Personifikation des Schicksals in den Posthomerica des Quintus Smyrnaeus, in: M. Baumbach; S. Bär: Quintus Smyrnaeus: Transforming Homer in Second Sophistic Epic, Berlin 2007, 211–240.

Gärtner, U.: Schicksal und Entscheidungsfreiheit bei Quintus Smyrnaeus, Philologus 158, 2014, 97–129.

Gartziou-Tatti, A.: L'oracle de Dodona. Mythe et rituel, in: Motte, A.: Oracles et mantique en Grèce ancienne, Athen 1990, 175–184.

Gautschy, R.: Sonnenfinsternisse und ihre chronologische Bedeutung. Ein neuer Sonnenfinsterniskanon für Altertumswissenschaftler, Klio 94, 2012, 7–17.

Gehrke, H.-J.: Geschichte des Hellenismus, München 2003.

Gehrke, H.-J.: Incontri di culture: L'ellenismo, in: A. Barbero: Storia d'Europa e del Mediterraneo I, Sezione II, IV: Grecia e Mediterraneo dall'età delle guerre persiane all'Ellenismo, Roma 2008, 651–702.

Genette, G.: Narrative Discourse. An Essay in Method, Ithaca 1980.

Genette, G.: Die Erzählung, Paderborn 2010[3].

Gercke, A.: Alexandrinische Studien, RhM 44, 1889, 127–150.

Germain, G.: Homère et la mystique des nombres, Paris 1954.

Giangrande, G.: Review of Apollonius Rhodius: Argonautica by H. Fränkel, CR 77, 1963, 153–156.

Giangrande, G.: 'Arte allusiva' and Alexandrian Epic Poetry, in: CQ 17, 1967, 85–97.

Giangrande, G.: On the Use of the Vocative in Alexandrian Epic, CQ 18, 1968, 52–59.

Giangrande, G.: On Moschus' Megara, CQ 19, 1969, 181–184.

Giangrande, G.: Interpretationen hellenistischer Dichter, Hermes 97, 1969, 440–454 (= Giangrande 1969a).

Giangrande, G.: Review of A. Hurst: Apollonios de Rhodes, manières et cohérences (1967), JHS 89, 1969, 136 (= Giangrande 1969b).

Giangrande, G.: Review of P. Orsini: Héro et Léandre (1968), JHS 89, 1969, 139–146 (= Giangrande 1969c).

Giangrande, G.: Der stilistische Gebrauch der Dorismen im Epos, Hermes 98, 1970, 257–277.

Giangrande, G.: Zu Sprachgebrauch, Technik und Text des Apollonios Rhodios, Amsterdam 1973.

Giangrande, G.: Eine unerforschte Handschrift des Apollonios Rhodios, in: K. Treu: Studia codicologica, Berlin 1977, 227–230.

Giangrande, G.: Polisemia del linguaggio nella poesia alessandrina, QUCC 24, 1977, 97–106 (= Giangrande 1977a).

Giangrande, G.: Corolla Londiniensis, Amsterdam 1981.

Giangrande, G.: Dreams in Apollonius Rhodius, QUCC 66, 2000, 107–123.

Giannini, P.: A proposito di Pindaro, Pyth. 4,25–27, QUCC 22, 1976, 77–81.

Gil Fernández, L.: *Procul recedans somnia*. Los ensueños eróticos en la anteguedad pagana e cristiana, in: Melena, J.: Symbolae. Ludovico Mitxelenae septuagenario oblatae I, Vitoria 1985, 193–219.

Glei, R.F.: Outlines of Apollonian Scholarship 1955–1999 [with an Addendum: Apollonius 2000 and Beyond], in: Papanghelis, T.D., Rengakos, A.: Companion to Apollonius Rhodius, Leiden 2008^2, 1–28.

Goldhill, S.: The poet's voice. Essays on poetics and Greek literature, Cambridge 1991.

González, J.M.: Musai Hypophetores. Apollonius of Rhodes on Inspiration and Interpretation, HSCP 100, 2000, 269–292.

Goodchild, R.G.: Kyrene und Apollonia, Zürich 1971.

Goodchild, R.G.: Libyan Studies. Select papers of the late R.G. Goodchild. Ed. by J. Renolds, London 1976.

Gorteman, C.: Un Fragment du Περὶ εὐσεβείας de Théophraste dans le P. Petrie li 49 E.?, Chronique d'Egypte 33, 1958, 79–101.

Goudie, A.: Physische Geographie. Eine Einführung, München 2002^4.

Gould, J.: HIKETEIA, JHS 93, 1973, 74–103.

Graf, F.: Apollo, London 2009.

Grethlein, J.; Rengakos, A.: Narratology and Interpretation, Berlin 2009, 275–293.

Griffin, J.: Homer on Life and Death, Oxford 1980.

Griffin, J.: Homeric Words and Speakers, JHS 106, 1986, 36–57.

Griffiths, F.T.: Theocritus at Court, Leiden 1979.

Griffiths, F.T: Claiming Libya: Peleus and the Ptolemies in Apollonius Rhodius' Argonautica, in: C. Cusset; N. Le Meur-Weissman; F. Levin: Mythe et Pouvoir à l'époque hellénistique, Leuven 2012, 1–35.

Gronewald, M.: Verkannte Papyri mit Homer, Pindar, Apollonios Rhodios und Xenophon, ZPE 86, 1991, 1–4.

van Groningen, B.A.: La poésie verbale grecque, Amsterdam 1953.

Gruen, E.: Cultural Identity. The Ancient Mediterranean, Los Angeles 2011.

Gummert, P. H.: Die Erzählstruktur in den Argonautika des Apollonios Rhodios, Frankfurt a. M. 1992.

Günther, H.-G.: Überlegungen zur Entstehung von Vergils Aeneis, Göttingen 1996.

Gutzwiller, K.: A Guide to Hellenistic Literature, Malden 2007.

Gygli-Wiss, B.: Das nominale Polyptoton im älteren Griechisch, Göttingen 1966.

Haars, M.: Die allgemeinen Wirkungspotenziale der einfachen Arzneimittel bei Galen. Oreibasios, Collectiones medicae XV. Einleitung, Übersetzung und pharmazeutischer Kommentar, Stuttgart 2018.

Händel, P.: Beobachtungen zur epischen Technik des Apollonios Rhodios, München 1954.

Händel, P.: Die Götter des Apollonios als Personen, in: Miscellanea di studi Alessandrini in memoria di Augusto Rostagni, Turin 1963, 363–381.

Harder, M.A.: Untrodden paths: Where do they lead?, HSCPh 93, 1990, 287–309.

Harder, M.A.: Aspects of the Structure of Callimachus' *Aetia*, in: Harder, M. A.; Regtuit, R.F.; Wakker, G.C.: Callimachus, Groningen 1993, 99–110.

Harder, M.A.: ‚Generic Games' in Callimachus' *Aetia*, in: Harder, M. A.; Regtuit, R.F.; Wakker, G.C.: Genre in Hellenistic Poetry, Groningen 1998, 95–113.

Harder, M.A.: Intertextuality in Callimachus' Aetia, in: Lehnus, L.: Callimaque. Sept exposés suivis de discussions, Genf 2002, 189–223.

Harder, M.A.: Spiders in the Greek Wide Web?, in: Hunter, R.; Rengakos, A.; Sistakou, E.: Hellenistic Studies at a Crossroads, Berlin 2014, 259–271.

Harris, H.: Things come to life. Spontaneous generation revisited, Oxford 2002.

Haslam, M.W.: Apollonius Rhodius and the Papyri, ICS 3, 1978, 47–73.

Hauschild, T.: Der böse Blick. Ideengeschichtliche und sozialpsychologische Untersuchung, Berlin 1982.

Heerink, V.: Echoing Hylas. A study in Hellenistic and Roman metapoetics, Madison 2015.

Heinze, R.: Virgils epische Technik, Leipzig 1903.

Hennig, R.: Von rätselhaften Ländern. Versunkene Stätten der Geschichte, München 1925.

Hennig, R.: Neue Erkenntnisse zur Geographie Homers, RhM 75, 1926, 266–286.

Henrichs, A.: Gods in action: the poetics of divine performance in the Hymns of Callimachus, in: Harder, M. A.; Regtuit, R.F.; Wakker, G.C.: Callimachus, Groningen 1993, 127–147.

Herter, H.: Kallimachos und Homer. Ein Beitrag zur Interpretation des Hymnos auf Artemis, in: Xenia Bonnensia. FS zum 75jährigen Bestehen des Philologischen Vereins und Bonner Kreises, 1929, 50–105.

Herter, H.: Bericht über die Literatur zur hellenistischen Dichtung aus den Jahren 1921–1935. I. Teil, Bursians Jahresbericht 255, 1937, 63–288.

Herter, H.: Bericht über die Literatur zur hellenistischen Dichtung seit dem Jahre 1921, II. Teil: Apollonios von Rhodos, in: JAW 285, 1955, 214–410.

Herter, H.: Apollonios, der Epiker, in: RE Suppl. XIII, 1973, Sp. 15–56.

Hershkowitz, D.: Valerius Flaccus' Argonautica. Abbreviated Voyages in Silver Latin Epic, Oxford 1998.

Herzfeld, M.: Meaning and Morality: a Semitic Approach to Evil Eye Accusations in a Greek Village, American Ethologist 8, 1981, 560–574.

Herzhoff, B.: Zur Identifikation antiker Pflanzennamen, in: Döring, K.: Vorträge des ersten Symposions des Bamberger Arbeitskreises „Antike Naturwissenschaft und ihre Rezeption" (AKAN), Wiesbaden 1990, 9–32.

Hescher, H.: Metrische Untersuchungen am epischen Hexameter der Alexandriner, Gießen 1914.

Hiller, S.: Aiakiden im Diesseits. Der panhellenische Kosmos der Nachkommen des Aiakos, in: Reinholdt, C.; Scherrer, P.; Wohlmayr, W.: Aiakeion. Festschrift Felten, Wien 2009, 24–36.

Hiller von Gaertringen, F.: Thera. Untersuchungen, Vermessungen und Ausgrabungen in den Jahren 1895–1899, Bd. I, Berlin 1899.

Hirschberger, M.: Aristoteles' Einteilung der Lebewesen in Bluttiere und Nicht-Bluttiere im Lichte der modernen Biologie, AKAN 11, 2001, 61–71.

Hitch, S.: Hero Cult in Apollonius Rhodius, in: Harder, M. A.; Regtuit, R.F.; Wakker, G.C.: Gods and Religion in Hellenistic Poetry, Leuven 2012, 131–162.

Hoepfner, W.; Antkowiak, A.: Das dorische Thera V. Stadtgeschichte und Kultstätten am nördlichen Stadtrand, Berlin 1997.

Hoepfner, W.: Der Koloss von Rhodos und die Bauten des Helios, Darmstadt 2003.

Hollis, A.S.: Some Poetic Connections of Lycophron's Alexandra, in: Finglass, P.J.; Collard, C.; Richardson, N.J.: Hesperos. Studies in Ancient Greek Poetry (FS M.L. West), Oxford 2007, 276–293.

Hölscher, U.: Die Odyssee. Epos zwischen Märchen und Roman, München 1988.

Holmberg, I.: Metis and Gender in Apollonius Rhodius' Argonautica, TAPA 128, 1998, 135–159.

Horn, F.: Held und Heldentum bei Homer: Das homerische Heldenkonzept und seine poetische Verwendung, Tübingen 2014.

Hornung, E.: Das Totenbuch der Ägypter, München 1993.

Hornung, E.: Der Eine und die Vielen. Altägyptische Götterwelt, Darmstadt 2015⁷.

Hübscher, A.: Die Charakteristik der Personen in Apollonios' Argonautika, Fribourg 1940.

Hühn, P.; Pier, J.; Schmid, W.; Schönert, J.: Handbook of Narratology, Berlin 2009.

Hunter, R.: Apollo and the Argonauts. Two notes on A.R. 2,669–719, MH 43, 1986, 50–60.

Hunter, R.: Medea's Flight: the Fourth Book of the *Argonautica*, CQ 37, 1987, 129–139.

Hunter, R.: Short on Heroics: Jason in the *Argonautica*, CQ 38, 1988, 436–453.

Hunter, R.: Greek and Non-Greek in the Argonautica of Apollonius, in: Said, S.: Hellenismos. Quelques jalons pour une histoire de l'identité grecque, Leiden 1991, 81–99.

Hunter, R.: The *Argonautica* of Apollonius. Literary studies, Cambridge 1993. (= Hunter 1993b)

Hunter, R.: The Divine and Human Map of the Argonautica, SyllClass 6, 1995, 13–27.

Hunter, R.: The Shadow of Callimachus, Cambridge 2006.

Hunter, R.: The poetics of narrative in the *Argonautica*, in: Papanghelis, T.D., Rengakos, A.: Companion to Apollonius Rhodius, Leiden 2008², 115–146. (= Hunter 2008a)

Hunter, R.: On Coming After. Studies in Post-Classical Greek Literature and its Reception, Berlin 2008. (= Hunter 2008b)

Hunter, R.; Rengakos, A.; Sistakou, E.: Hellenistic Studies at a Crossroads, Berlin 2014.

Hurst, A.: Apollonios de Rhodes. Manière et cohérence. Contribution a l'étude et l'estéthique alexandrine, Rom 1967.

Huß, W.: Untersuchungen zur Außenpolitik Ptolemaios IV., München 1976.

Huß, W.: Ägypten in hellenistischer Zeit, 332–30 v. Chr., München 2001.

Hutchinson, G.O.: Hellenistic Poetry, Oxford 1988.

Hutchinson, G.O.: Hellenistic Poetry and Hellenistic Prose, in: Hunter, R.; Rengakos, A.; Sistakou, E.: Hellenistic Studies at a Crossroads, Berlin 2014, 31–51.

Ibscher, R.: Gestalt der Szene und Form der Rede in den Argonautika des Apollonios Rhodios, Berlin 1939.

Jackson, S.: Apollonius' Argonautica: Euphemus, a Clod and a Tripod, ICS 12, 1987, 23–30.

Jackson, S.: Creative Selectivity in Apollonius' *Argonautica*, Amsterdam 1993.

Jacob, C.: Paysage et bois sacrée: ἄλσος dans la Périègèse de la Grèce de Pausanias, in: Cazanove, O. de: Les bois sacrées, Neapel 1993, 31–44.

James, A.W.: Night and Day in Epic Narrative from Homer to Quintus of Smyrna, MPhL 3, 1978, 153–183.

James, A.W.: Apollonius Rhodius and his Sources: Interpretative Notes on the Argonautica, in: Giangrande, G.: Corolla Londiniensis, Amsterdam 1981, 59–86.

Jones, D.M.: ἦρι, ἠέριος: a neglected case of metrical lengthening?, Glotta 39, 1961, 123–127.

Jones, G.D.B.: Beginnings and endings in Cyrenaican cities, in: Barker, G.W.W.; Lloyd, J.A.; Reynolds, J.M.: Cyrenaica in Antiquity, Oxford 1985, 27–41.

De Jong, I.J.F.: Narrators and Focalizers. The presentation of the story in the Iliad, Amsterdam 1987.

De Jong, I.J.F.: Sunset and sunrise in Homer and Apollonius of Rhodes: Book-Divisions and Beyond, Dialogos 3, 1996, 20–35.

De Jong, I.J.F.: A Narratological Commentary on the Odyssey, Cambridge 2001.

De Jong, I.J.F.: The Origins of Figural Narration in Antiquity, in: Van Peer, W., Chatman. S.: New Perspectives on Narrative Perspective, Albany 2001, 67–81 (= De Jong 2001b).

De Jong, I.J.F.; Nünlist, R.; Bowie, A.: Narrators, Narratees and Narratives in Ancient Greek Literature. Studies in Ancient Greek Narrative, Volume 1, Leiden 2004.

De Jong, I.J.F.: Homer, in: De Jong, I.J.F.; Nünlist, R.; Bowie, A.: Narrators, Narratees and Narratives in Ancient Greek Literature. Studies in Ancient Greek Narrative, Volume 1, Leiden 2004, 13–24 (= De Jong 2004a).

De Jong, I.J.F.; Nünlist, R.: From bird's eye view to close-up. The standpoint of the narrator in the Homeric epics, in: J. Latacz: Antike Literatur in neuer Deutung (FS A. Bierl), München 2004, 63–83.

De Jong, I.J.F.; Nünlist, R.: Time in Ancient Greek Literature. Studies in Ancient Greek Narrative, Volume 2, Leiden 2007.

De Jong, I.J.F.: Metalepsis in Ancient Greek Literature, in: Grethlein, J.; Rengakos, A.; Narratology and Interpretation. Berlin 2009, 87–115.

De Jong, I.J.F.: Space in Ancient Greek Literature. Studies in Ancient Greek Narrative, Volume 3, Leiden 2012.

De Jong, I.J.F.: Metalepsis and Embedded Speech in Pindaric and Bacchylidean Myth, in: Eisen, U.; Möllendorff, P. von: Über die Grenze. Metalepse in Text- und Bildmedien des Altertums, Berlin 2013, 97–118.

Jouanna, J.; Demont, P.: Le sens d' ἰχώρ chez Homère (*Iliade* V, v. 340 et 346) et Eschyle (*Agamemnon*, v. 1480) en relation avec les emplois du mot dans la Collection Hippocratique, REA 83, 1981, 197–209.

Juhnke, H.: Homerisches bei Silius Italicus und Statius, München 1972.

Kahane, A.: Callimachus, Apollonius and the poetics of mud, TAPhA 124, 1994, 121–133.

Kahlmeyer, J.: Seesturm und Schiffbruch als Bild im antiken Schrifttum, Hildesheim 1934.

Kambylis, A.: Die Dichterweihe und ihre Symbolik, Heidelberg 1965.

Kampakoglou, A.: Studies in the reception of Pindar in Hellenistic poetry, Berlin 2019.

Käppel, L.: Paian. Studien zur Geschichte einer Gattung, Berlin 1992.

Kauer, S.: Die Geburt der Athene im altgriechischen Epos, Würzburg 1959.

Keil, J.; von Premerstein, A.: Bericht über eine Reise in Lydien und der südlichen Aiolis, Wien 1908.

Kerschensteiner, J.: Zu Leukippos A1, Hermes 87, 1959, 441–448.

Kessels, A.H.M.: Dreams in Apollonius' Argonautica, in: Den Boeft, J., Kessels, A.H.M.: Actus. Studies in Honour of H.L.W. Nelson, Utrecht 1982, 155–175.

Kingston, P.: A Papyrus of Apollonius Rhodius, BICS 7, 1960, 45–56.

Kingston, P.: P. Oxy. 2691–2792, Apollonius Rhodius, *Argonautica*, P. Oxy. 34, 1968, 37–84.

Kitchin, R.M.: What are they and why study them?, in: Journal of Environmental Psychology 14, 1994, 1–19.

Klein, T.M.: Apollonius' Jason: Hero and Scoundrel, QUCC 13, 1983, 115–126.

Klooster, J.J.: Apollonius of Rhodes, in: I. De Jong; R. Nünlist: Time in Ancient Greek Narrative, Leiden 2007, 63–80.

Klooster, J.J.: Poetry as Window and Mirror. Positioning the Poet in Hellenistic Poetry, Leiden 2011.

Klooster, J.J.: Apollonius of Rhodes, in: De Jong, I.: Space in Ancient Greek Literature, Leiden 2012, 55–76.

Klooster, J.J.: Apostrophe in Homer, Apollonius, and Callimachus, in: Eisen, U.; Möllendorff, P. von: Über die Grenze. Metalepse in Text- und Bildmedien des Altertums, Berlin 2013, 151–173.

Klooster, J.J.: Argo Was Here. The Ideology of Geographical Space in the Argonautica of Apollonius of Rhodes, in: Klooster, J.; Heirman, J.: The Ideologies of Lived Space in literary texts, Gent 2013, 159–174. (= Klooster 2013a)

Klooster, J.J.: The Thera Episode in Argonautica IV reconsidered in light of the poetic interaction between Apollonius and Callimachus, Aev(ant) NS 19, 2019, 57–75.

Knight, V.: The Renewal of Epic. Responses to Homer in the *Argonautica* of Apollonius, Leiden 1995.

Koch, J.; Oesterreicher, W.: Sprache der Nähe – Sprache der Distanz, Romanistisches Jahrbuch 36, 1985, 15–43.

Kofler, W.: Bienen, Männer und Lemnos. Beobachtungen zu einem epischen Gleichnis bei Apollonios, (1,878–885), Hermes 120, 1992, 310–319.

Köhnken, A.: Apollonios Rhodios und Theokrit. Die Hylas- und Amykosgeschichten beider Dichter und die Frage der Priorität, Göttingen 1965.

Köhnken, A.: Rez. zu Thierstein, P.: Bau der Szenen in den Argonautika des Apollonios Rhodios, Gnomon 46, 1974, 408–411.

Köhnken, A.: Der Status Jasons: Besonderkeiten der Darstellungstechnik in den Argonautika des Apollonios Rhodios, in: Harder, M. A.; Regtuit, R.F.; Wakker, G.C.: Apollonius Rhodius, Leuven 2000, 55–68.

Köhnken, A.: Apoll-Aitien bei Kallimachos und Apollonios, in: D. Accorinti, P. Chuvin: Des Géants à Dionysos. Mélanges offerts a F. Vian, Alessandria 2003, 207–213.

Köhnken, A.: Herakles und Orpheus als mythische Referenzfiguren im hellenistischen Epos, in: Aland, B.; Hahn, J.; Ronning, C.: Literarische Konstituierung von Identifikationsfiguren in der Antike, Tübingen 2003, 19–27 (= Köhnken 2003a).

Köhnken, A.: Der Argonaut Euphemos, in: Harder, A.; Cuypers, M.: Beginnung from Apollo. Studies in Apollonius Rhodius and the Argonautic Tradition, Leuven 2005, 70–75.

Köhnken, A.: Hellenistic Chronology: Theocritus, Callimachus and Apollonius Rhodius, in: Papanghelis, T.D.; Rengakos, A.: Companion to Apollonius Rhodius, Leiden 2008^2, 73–94.

Köhnken, A.: Apollonius' Argonautica, in: J.J. Clauss; M. Cuypers: A Companion to Hellenistic Literature, Malden 2010, 146–149.

Köhnken, A.: Libysche Mythologie bei Kallimachos und Apollonios Rhodios, in: Cusset, C.; Le Meur-Weissman, N.; Levin, F.; Mythe et pouvoir à l'époque hellenistique, Leuven 2012, 37–44.

Kouremenos, T.: Herakles, Jason and the `Programmatic Similes´ in Apollonius Rhodius, RhM 139, 1996, 233–250.

Krevans, N.: On the margins of epic: The foundation-poems of Apollonius, in: Harder, M. A.; Regtuit, R.F.; Wakker, G.C.: Apollonius Rhodius, Leuven 2000, 69–84.

Krevelen, D.A. van: Kritische und exegetische Bemerkungen zu Apollonios Rhodios, SIFC 25, 1951, 95–103.

Krevelen, D.A. van: Zu Apollonios von Rhodos, Mnemosyne 6, 1953, 46–55.

Krevelen, D.A. van: Die Bedeutung von αὐτίκα in den Argonautika des Apollonios (2,946; 3,22; 251; 4,1547), RhM 117, 1974, 359f–360.

Krumeich, R.; Pechstein, N.; Seidensticker, B.: Das griechische Satyrspiel, Darmstadt 1999.

Kuiper, K.: Studia Callimachea, Leiden 1896.

Kullmann, W.: Kallimachos in Alexandrien und Rom. Sein poetologischer Einfluß, in: Radke, A.E.: Candide Iudex. Festschrift für W. Wimmel zum 75. Geburtstag, Stuttgart 1998, 163–179.

Kullmann, W.: Ilias, in: Rengakos, A.; Zimmermann, B.: Homer Handbuch. Leben, Werk, Wirkung, Stuttgart 2011, 78–199.

Kyriakou, P.: Empedoclean Echoes in Apollonius Rhodios' Argonautica, Hermes 122, 1994, 309–319.

Kyriakou, P.: Homeric Hapax Legomena in the Argonautica of Apollonius Rhodius, Stuttgart 1995.

Kyriakou, P.: Narrator and poetic divinities in Apollonius Rhodius' Argonautica, TC 10 (2), 2018, 367–391.

Lang, G.: Untersuchungen zur Geographie der Odyssee, Karlsruhe 1905.

Lang, M.: Unreal conditions in Homeric narrative, GRBS 30, 1989, 5–26.

Laronde, A.: Cyrène et la Libye hellénistique: Libykai historiai, Paris 1987.

Latacz, J.: Zum Wortfeld „Freude" in der Sprache Homers, Heidelberg 1966.

Latacz, J.: ἄπτερος μῦθος – ἄπτερος φάτις: Ungeflügelte Worte?, Glotta 46, 1968, 27–47.

Lateiner, D.: Homer's Social-Psychological Spaces and Places, in: Skempis, M.; Ziogas, I.: Geography, Topography, Landscape. Configurations of Space in Greek and Roman Epic, Berlin 2014, 63–94.

Lauffer, S.: Griechenland. Lexikon der historischen Stätten. Von den Anfängen bis zur Gegenwart, München 1989.

Lausberg, M.: Epos und Lehrgedicht. Ein Gattungsvergleich am Beispiel von Lukans Schlangenkatalog, WJA 16, 1990, 173–189.

Lawall, G.: Apollonius' *Argonautica*: Jason as Antihero, in: YCS 19, 1966, 119–169.

Lawall, G.: Rez. A. Hurst: Apollonios de Rhodes. Manière et coherence (1967), AJP 1970, 114–117.

Lefkowitz, M. R.: The Quarrel between Callimachus and Apollonius, ZPE 40, 1980, 1–19.

Lefkowitz, M. R.: Myth and History in the Biography of Apollonius, in: Papanghelis, T.D.; Rengakos, A.: Companion to Apollonius Rhodius, Leiden 2008[2], 51–71.

Lefkowitz, M. R.: The lives of the Greek Poets, Baltimore 2012[2].

Lehrs, K.: Quaestiones Epicae, Königsberg 1837.

Lehrs, K.: De Aristarchi studiis Homericis, Leipzig 1865.

Leitz, C.: Die Schlangennamen in den ägyptischen und griechischen Giftbüchern, Stuttgart 1997.

Lelgemann, D.: Eratosthenes von Kyrene und Meßtechnik der alten Kulturen, Wiesbaden 2001.

Leontis, A.: Topographies of Hellenism. Mapping the homeland, Ithaca 1995.

Lesky, A.: Thalatta. Der Weg der Griechen zum Meer, Wien 1947.

Lesky, A.: Aia, WS 63, 1948, 22–68.

Leumann, M.: Homerische Wörter, Basel 1950.

Leven, K.-H.: Antike Medizin. Ein Lexikon, München 2005.

Levin, D.N.: Apollonius' *Argonautica* Re-Examinded I: The neglected first and second book, Leiden 1971.

Levin, D.N.: Apollonius' Heracles, CJ 67, 1971, 22–28.

Liapis, V.: Intertextuality as Irony. Heracles in Epic and Sophocles, G&R 53, 2006, 48–59.

Linsenbarth, O.: De Apollonii Rhodii casuum syntaxi comparato usu Homerico. Diss. Leipzig 1887.

Livrea, E.: Zu Apollonios Rhodios, Nonnos und Kolluth, Helikon 7, 1967, 435–438.

Livrea, E.: Miscellanea apolloniana, BCENC 18, 1970, 47–55.

Livrea, E.: L'Apollonio Rodio di Hermann Fränkel, Maia 23, 1971, 129–152 (= Livrea 1971a).

Livrea, E.: Su Apollonio Rodio, Nicandro e Nonno, SIFC 43, 1971, 59 f. (= Livrea 1971b).

Livrea, E.: Una 'tecnica allusiva' apolloniana alla luce dell' esegesi omerica alessandrina, SIFC 44, 1972, 231–243.

Livrea E.: Der Liller Kallimachos und die Mausefallen, ZPE 34, 1979, 37–42.

Livrea, E.: L'épos philologique: Apollonios de Rhodes et quelques homérismes méconnus, AC 49, 1980, 146–160.

Livrea, E.: Rez. Vian F.; Delage, E.: Apollonios de Rhodes, Argonautiques Tome II, Chant 3, Paris 1980, Gnomon 54, 1982, 18–24.

Livrea, E.: Rez. Vian, F.; Delage E.: Apollonios des Rhodes, Argonautiques. Tome 3, Chant 4, Gnomon 55, 1983, 420–426.

Livrea, E.: L'episodio libico nel quarto libro delle Argonautiche di Apollonio Rodio, QAL 12, 1987, 175–190.

Livrea, E.: Il mito argonautico in Callimaco. L'episodio di Anafe, in: Bastianini, G.; Casanova, A.: Callimaco. Cent' anni di papiri, Florenz 2006, 89–99.

Lloyd-Jones, H.: A Hellenistic Miscellany, SIFC 77, 1984, 52–71.

Lohmann, D.: Die Komposition der Reden in der *Ilias*, Berlin 1970.

Lonsdale, S. H.: Creatures of speech. Lion, herding and hunting similes in the Iliad, Stuttgart 1990.

Looijenga, A.R.: The spear and the ideology of kingship in Hellenistic poetry, in: Harder, M. A.; Regtuit, R.F.; Wakker, G.C.: Hellenistic Poetry in Context, Groningen 2014, 217–245.

Lordkipanidze, O.: Das alte Kolchis und seine Beziehungen zur griechischen Welt vom 6. bis zum 4. Jh. v. Chr., Konstanz 1985.

Lovatt, H.: The Epic Gaze. Vision, Gender and Narrative in Ancient Epic, Cambridge 2013.

Lührs, D.: Untersuchungen zu den Athetesen Aristarchs in der Ilias und zu ihrer Behandlung im Corpus der exegetischen Scholien, Hildesheim 1992.

Luz, C.: Technopaignia. Formspiele in der griechischen Dichtung, Leiden 2010.

Magnelli, E.: Le norme del secondo piede dell' esametro nei poeti ellenistici e il comportamento della ‚parola metrica', MD 35, 1995, 135–164.

Magnelli, E.: Nicander's Chronology: A Literary Approach, in: Harder, A,; Regtuit, R.F.; Wakker, G.C.: Beyond the Canon, Groningen 2006, 185–204.

Magrath, W.T.: Progression of the Lion Simile in the Odyssey, CJ 77, 1982, 205–212.

Malkin, I.: Myth and territory in the Spartan Mediterranean, Cambridge 1994.

Maloney, C.: The Evil Eye, New York 1976.

Männlein-Robert, I.: Zwischen Musen und Museion oder: Die poetische (Er)Findung Griechenlands in den *Aitien* des Kallimachos, in: G. Weber: Alexandreia und das ptolemäische Ägypten. Kulturbegegnungen in hellenistischer Zeit, Berlin 2010, 160–186.

Männlein-Robert, I.: Vom Wald in die Wüste: Der Mittagsdämon in der Spätantike, in: Bumaznov, D.: Christliches Ägypten in spätantiker Zeit, Tübingen 2013, 149–160.

Manuwald, G.: Die Argonauten in Kolchis. Der Mythos bei Valerius Flaccus und Corneille, A&A 48, 2002, 43–57.

Martin, J.: Antike Rhetorik. Technik und Methode, München 1974 (HdA II,3).

Martin, R.P.: The Language of Heroes, Ithaca 1989.

Marxer, G.: Die Sprache des Apollonius Rhodius in ihren Beziehungen zu Homer, Zürich 1935.

Masselink, J.F.: De grieks-romeinse Windroos, Utrecht 1956.

Mattes, W.: Odysseus bei den Phäaken. Kritisches zur Homeranalyse, Würzburg 1958.

Matthews, V.J.: Naupaktia and Argonautika, Phoenix 31, 1977, 189–207.

McLennan, G.R.: The Employment of the Infintive in Apollonius, QUCC 15, 1973, 44–72.

McNeal, R.A.: Anaphe, home of the Strangford Apollo, Archaeology 20, 1967, 254–263.

Meiggs, R.: Trees and timber in the ancient Mediterranean world, Oxford 1982.

Meijering, R.: Literary and rhetorical theories in Greek scholia, Groningen 1987.

Meillier; C.: Rez. F. Vian: Apollonios de Rhodes, Argonautiques. Tome 3, Chant 4, REG 95, 1982, 207–209.

Merkel, R.: Metrisch-kritische Abhandlung über Apollonius Rhodius, Jahrbuch des Pädagogiums zum Kloster Unser Lieben Frauen, Magdeburg 1844, 3–28.

Merkelbach, R.: Das Königtum der Ptolemäer und die hellenistischen Dichter, in: Hinske, N.: Alexandrien. Kulturbegegnungen dreier Jahrtausende im Schmelztiegel einer mediterranen Großstadt, Mainz 1981, 27–35.

Mertens, S.: Seesturm und Schiffbruch. Eine motivgeschichtliche Studie, Hamburg 1987.

Meuli, K.: Odyssee und Argonautika. Untersuchungen zur griechischen Sagengeschichte, Berlin 1921.

Meyer, D.: Zur Funktion geographischer Darstellungen bei Apollonios Rhodios, in: Döring, K.; Wöhrle, G.: Antike Naturwissenschaft und ihre Rezeption 8, Trier 1998, 61–81 (= Meyer 1998a).

Meyer, D.: Hellenistische Geographie zwischen Wissenschaft und Literatur. Timosthenes von Rhodos und der griechische Periplus, in: Kullmann, W.; Althoff, J.; Asper, M: Gattungen wissenschaftlicher Literatur in der Antike, Tübingen 1998, 193–215 (= Meyer 1998b).

Meyer, D.: Apollonius as a Hellenistic Geographer, in: Papanghelis, T.D.; Rengakos, A.: Companion to Apollonius Rhodius, Leiden 2008², 267–286.

Meyer, W.: Zur Geschichte des griechischen und lateinischen Hexameters, Sitzungsberichte der königlich bayerischen Akademie der Wissenschaften. Historisch-philologische Klasse, München 1884, 979–1089.

Micheli, M.E.; Santucci, A.: Il santuaria delle Nymphai Chthoniai a Cirene: il sito e le terracotta, Roma 2000.

Michna, T.: ἀρετή im mythologischen Epos. Eine bedeutungs- und gattungsgeschichtliche Untersuchung von Homer bis Nonnos, Frankfurt a. M. 1994.

Miller, C.W.E.: The Vocative in Apollonius Rhodius, AJPh 24, 1903, 197–199.

Miller, T.: Die griechische Kolonisation im Spiegel literarischer Zeugnisse, München 1997.

Mommsen, H.: Reflections on Triton, in: Avramidou, A.; Demetriou, D.: Approaching the Ancient Artifact (FS H.A. Shapiro), Berlin 2014, 53–64.

Montanari, F.: Filologi Alessandrini e poeti Alessandrini. La filologia sui ‚contemporanei', Aevum(ant) 8, 1995, 47–63.

Moreau, A.M.: Médée la magicienne au promètheion un monde et l' entredeux, in: Moreau, A.M.; Turpin, J.-C.: La Magie. Tome 2: La magie dans l'antiquité grecque tardive. Les mythes, Montpellier 2000, 245–264.

Morel, W.: Iologica, Philologus 83, 1928, 344–389.

Mori, A.: Acts of Persuasion in Hellenistic Epic: Honey Sweet Words in Apollonius, in: Worthington, I.: Blackwell Companion to Greek Rhetoric, Malden 2006, 458–472.

Mori, A.: The Politics of Apollonius Rhodius' *Argonautica*, Cambridge 2008.

Morrison, A. D.: The Narrator in Archaic Greek and Hellenistic Poetry, Cambridge 2007.

Morrison, A. D.: Apollonius Rhodius, Herodotus and Historiography, Cambridge 2020.

Moulton, C.: Similes in the Homeric Poems, Göttingen 1977.

Mueller, K.: Settlements of the Ptolemies. City foundations and New Settlement in the Hellenistic world, Leuven 2006.

Mugler, K.: Zur epischen Sprache bei Homer und Apollonios, Philologus 96, 1944, 1–16.

Von der Mühll, P.: Rez. Apollonii Rhodii Argonautica rec. H. Fränkel, MH 20, 1963, 244 f.

Müller, C.W.: Erysichthon. Der Mythos als narrative Metapher im Demeterhymnos des Kallimachos, Stuttgart 1987.

Müller, G.: Der homerische Ate-Begriff und Solons Musenelegie, in: Navicula Chiloniensis. Studia philologa Felici Jacoby professori Chiloniensi emerito octogenario oblata, Leiden 1956, 1–15.

Murray, J.: Constructions of the Argo in Apollonius' Argonautica, in: Harder, A.; Cuypers, M.: Beginning from Apollo. Studies in Apollonius Rhodius and the Argonautic Tradition, Leuven 2005, 88–106.

Murray, J.: "Burned After Reading: The So-Called List of Alexandrian Librarians in P.Oxy.X.1241" Aitia 2, mis en ligne le 26 juin 2012 (*http://aitia.revues.org/544*).

Murray, J.: Anchored in Time. The Date in Apollonius' Argonautica, in: Harder, M. A.; Regtuit, R.F.; Wakker, G.C.: Hellenistic Poetry in Context, Groningen 2014, 247–283.

Murray, J.: Quarreling with Callimachus: A response to Annette Harder, AevAntNS19, 2019, 77–106.

Murray, O.: Ptolemaic Royal Patronage, in: McKechnie, P.; Guillaume, P.: Ptolemy II. Philadelphus and his World, Leiden 2008, 8–26.

Natzel, S.: Klea Gynaikon. Frauen in den Argonautika des Apollonios Rhodios, Trier 1992.

Naylor, P.C.: North Africa. A History from Antiquity to Present, Austin 2009.

Nelis, D.P. Demodocus and the Song of Orpheus (A.R. 1,496–511), MH 49, 1992, 153–170.

Nelis, D.P.: Apollonius Rhodius and the traditions of Latin epic poetry, in: Harder, M. A.; Regtuit, R.F.; Wakker, G.C.: Apollonius Rhodius, Leuven 2000, 85–103.

Nelis, D.P.: Vergil's *Aeneid* and the *Argonautica* of Apollonius Rhodius, Leeds 2001.

Nelis, D.P.: Review of P. Dräger: Apollonios von Rhodos: Die Fahrt der Argonauten, CR 55, 2005, 693 f.

Nelis, D.P.: Apollonius and Virgil, in: Papanghelis, T.D.; Rengakos, A.: Companion to Apollonios Rhodios, Leiden 2008², 341–362.

Nesselrath, H.-G.: Ungeschehenes Geschehen. "Beinahe-Episoden" im griechischen und römischen Epos von Homer bis zur Spätantike, Stuttgart 1992.

Nesselrath, H.-G.: Jason und Absyrtus. Überlegungen zum Ende von Valerius Flaccus' Argonautica, in: Eigler, U.; Lefèvre, E.; Manuwald, G.: Ratis Omnia Vincet. Neue Untersuchungen zu den Argonautica des Valerius Flaccus, München 1998, 347–354.

Nesselrath, H.-G.: Wenn Zeus an seine Grenzen kommt. Die Götter und das Schicksal bei Homer, in: Kratz, R.G.: Vorsehung, Schicksal und göttliche Macht, Tübingen 2008, 61–82.

Nesselrath, H.-G.: Das Museion und die Große Bibliothek von Alexandria, in: Georges, T.: Alexandria, Tübingen 2013, 65–90.

Nishimura-Jensen, J.: The Poetics of Aethalides. Silence and Poikilia in Apollonius' Argonautica, CQ 49, 1998, 456–469.

Noegel, S.: Apollonius' Argonautika and Egyptian Solar Mythology, CW 97, 2004, 123–136.

Norden, E.: Agnostos Theos. Untersuchungen zur Formengeschichte religiöser Rede, Darmstadt 1956.

Nünlist, R.: The Ancient Critic at Work. Terms and Concepts of Literary Criticism in Greek Scholia, Cambridge 2009.

Nünning, A.: Point of view oder focalization? Über einige Grundlagen und Kategorien konkurrierender Modelle der erzählerischen Vermittlung, Literatur in Wissenschaft und Unterricht 23, 1990, 249–268.

Nyberg, L.: Unity and Coherence. Studies in Apollonios Rhodius' *Argonautica* and the Alexandrian Epic Tradition, Lund 1992.

Obbink, D: The Origin of Greek Sacrifice: Theophrastus on Religion and Cultural History, in Fortenbaugh, W.W.; Sharples, R.W.: Theophrastean Studies III. On Natural Science, Physics and Metaphysics, Ethics, Religion, and Rhetoric, New Brunswick 1988, 272–295.

Ogden, D.: Drakon. Dragon myth and serpent cult in the Greek and Roman worlds, Oxford 2013.

Ojennus, P.: Holding Hands in the „Argonautica", CJ 101, 2006, 253–270.

Olshausen, E.: Einführung in die historische Geographie der Alten Welt, Darmstadt 1991.

Onians, R.B.: The origins of European thought, Cambridge 1951.

Oswald, M.M.F.: The Prepositions in Apollonius Rhodius, Diss. Notre-Dame 1904.

Otto, N.: Enargeia. Untersuchungen zur Charakteristik alexandrinischer Dichtung, Stuttgart 2009.

Ottone, G.: Libyka. Testimonianze e frammenti, Rom 2002.

Paduano, G.: Struttura e significato del monologo in Apollonio Rodio, QUCC 9, 1970, 24–66.

Paduano, G.: Le apparenze dello spazio e del tempo nelle Argonautiche, SIFC 85, 1992, 164–175.

Paduano Faedo, L.: L'inversione del rapport poeta-musa nella cultura ellenistica, ASNP 39, 1970, 388–386.

Papanghelis, T.D.: About the Hour of Noon. Ovid "Amores" 1,5, Mnemosyne 42, 1989, 54–61.

Papanghelis, T.D.; Rengakos, A.: Companion to Apollonius Rhodius, Leiden 2001.

Pariente, A.: En torno a 'nepos', Emerita 11, 1943, 60–122.

Parke, H.W.: The Oracles of Zeus. Dodona, Olympia, Ammon, Oxford 1967.

Paschalis, M.; Anaphe, Delos and the Melantian Rocks, Mnemosyne 47, 1994, 224–226.

Paskiewicz, T.: Aitia in the Second Book of Apollonius' Argonautica, ICS 13, 1988, 57–65.

Pavlock, B.: Eros, imitation, and the epic tradition, Ithaca 1990.

Perrotta, G.: Studi di poesia ellenistica, SIFC 4, 1924–1926, 85–280.

Petrovic, I.: Von den Toren des Hades zu den Hallen des Olymp. Artemiskult bei Theokrit und Kallimachos, Leiden 2007.

Pfeiffer, R.: Kallimachosstudien, München 1922.

Pfeiffer, R.: Geschichte der Klassischen Philologie, Hamburg 1970 (= Pfeiffer, R.: History of Classical Scholarship, Oxford 1968).

Philippson, A.; Kirsten, E.: Die griechischen Landschaften. IV. Das Ägäische Meer und seine Inseln, Frankfurt 1959.

Phillips, T.: Untimely Epic. Apollonius Rhodius' Argonautica, Oxford 2020.

Phinney, E.: Narrative Unity in the Argonautica, the Medea-Jason Romance, TAPhA 98, 1967, 327–341.

Pietsch, Chr.: Die Argonautika des Apollonios von Rhodos. Untersuchungen zum Problem der einheitlichen Konzeption des Inhalts, Stuttgart 1999.

Pietsch, Chr.: Weltdeutung im Orpheusgesang. Zur Bedeutung von A.R. 1,496–511, Gymnasium 106, 1999, 521–540 (= Pietsch 1999a).

Pike, D.L.: The comic aspects of the strongman-hero in Greek myth, AC 23, 1980, 37–44.

Platinga, M.: The supplication motif in Apollonius Rhodius' Argonautica, in: Harder, M. A.; Regtuit, R.F.; Wakker, G.C.: Apollonius Rhodius, Leuven 2000, 105–128.

Platt, A.: On Apollonius Rhodius, JPh 33, 1914, 1–53.

Platt, A.: Apollonius III, JPh 35, 1919, 72–85.

Pöhlmann, E.: Dichterweihe und Gattungswahl, in: Radke, A.E.: Candide Iudex. Festschrift für W. Wimmel zum 75. Geburtstag, Stuttgart 1998, 247–260.

Pompella, G.: Apollonii Rhodii Lexicon, curante G.P. adiuvantibus S. Corvese, L. Pietroluongo, Hildesheim 2001.

Pomtow, H.: Delphische Neufunde, Klio 15, 1918, 1–77.

Pretagostini, R.: L'autore ellenistico fra poesia e filologi. Problemi di esegesi, di metrica e di attentabilà del racconto, Aevum(ant) 8, 1995, 33–46.

Pucci, P.: Odysseus Polutropos. Intertextual Readings in the Odyssey and the Ilias, Ithaca 1987.

Raban, A.: Archaeology of Coastal Changes, Oxford 1988.

Radermacher, L.: Mythos und Sage bei den Griechen, München 1943³.

Rakoczy, T.: Böser Blick, Macht des Auges und Neid der Götter. Eine Untersuchung zur Kraft des Blickes in der griechischen Literatur, Tübingen 1996.

Rathmann, M.: Wahrnehmung und Erfassung geographischer Räume in der Antike, Mainz 2007.

Reece, S.: Homer's Winged and Wingless Words: pteroeis / apteros, CPh 104, 2009, 261–278.

Redondo, J.: Non-epic features in the language of Apollonius Rhodius, in: Harder, M. A.; Regtuit, R.F.; Wakker, G.C.: Apollonius Rhodius, Leuven 2000, 129–154.

Reich, F.: Lexicon in Apollonii Rhodii Argonautica. Curavit et emendavit H. Maehler, Amsterdam 1991–1996.

Reitz, C.: Zur Gleichnistechnik des Apollonios von Rhodos, Frankfurt a.M. 1996.

Regan, A.: ‚In such a Night': Hellenistic Magic in the Argonautica, in: Harder, A.; Regtuit, R.F.; Wakker, G. C.: Hellenistic Poetry in Context, Groningen 2014, 285–302.

Regan, A.: A Hellenistic Hippocrene: Poetic Inspiration in Apollonius' Africa, in: Harder, M.A.; Regtuit, R.F.; Wakker, G.C.: Past and Present in Hellenistic Poetry, Leuven 2017, 233–245.

Rengakos, A.: Zur Biographie des Apollonios von Rhodos, WS 105, 1992, 39–67 (= Rengakos 1992a).

Rengakos, A.: Homerische Wörter bei Kallimachos, ZPE 94, 1992, 21–47 (= Rengakos 1992b).

Rengakos, A.: Der Homertext und die hellenistischen Dichter, Stuttgart 1993.

Rengakos, A.: Apollonios Rhodios und die antike Homererklärung, München 1994.

Rengakos, A.: Tempo e narrazione nelle Argonautiche di Apollonio Rodio, in: Belloni, L. u. a.: L'Officina Ellenistica. Poesia dotta e popolare in Grecia e Roma, Trento 2003, 1–16.

Rengakos, A.: Die *Argonautika* und das „kyklische Gedicht". Bemerkungen zur Erzähltechnik des griechischen Epos, in: Bierl, A.; Schmitt, A.; Willi, A.: *Antike Literatur in neuer Deutung. Festschrift für Joachim Latacz,* Leipzig 2004, 277–304.

Rengakos, A.: Apollonius Rhodius as a Homeric Scholar, in: Rengakos, A.; Papanghelis, T.D.: Brill's Companion to Apollonius Rhodius, Leiden 2008², 243–266.

Risch, E.: Wortbildung der homerischen Sprache, Berlin 1937, 1974².

Robertson, C.M.: The death of Talos, JHS 97, 1977, 158–160.

La Roche, J.: Die homerische Textkritik im Altertum, Leipzig 1866.

La Roche, J.: Homerische Untersuchungen, Leipzig 1869/1893.

La Roche, J.: Der Hexameter bei Apollonios, Aratos und Kallimachos, WS 21, 1899, 161–197.

Ronconi, A.: Arato interprete di Omero, SIFC 14, 1937, 167–202; 237–259.

Roscher, W.H.: Die Hebdomadenlehren der griechischen Philosophen und Ärzte, Leipzig 1906.

Roscher, W.H.: Enneadische Studien, Leipzig 1907.

Rosenmeyer, T.G.: Apollonius lyricus, SIFC 85, 1992, 179–198.

Rossi, L.E.: La fine allessandrina dell' Odissea e lo ζῆλος Ὁμηρικός di Apollonio Rodio, RFIC 96, 1968, 151–163.

Rossi, L.E.: Letteratura di filologi e filologia di letterati, Aevum(ant) 8, 1995, 9–32.

Rostropowicz, J.: The *Argonautica* by Apollonios of Rhodes as a Nautical Epos, in: Eos 78, 1990, 107–117.

Roux, R.: Le problèmes des Argonautes, Paris 1949.

Rubio, S.: Geography and the representation of space in Apollonius Rhodius, Diss. San Diego 1992.

Ruijgh, C.J.: L'élément achéen dans la langue épique, Amsterdam 1957.

Ruijgh, C.J.: Autour de "te épique". Études sur la syntaxe grecque, Amsterdam 1971.

Ruprechtsberger, E. M.: Die Garamanten: Geschichte und Kultur eines libyschen Volkes in der Sahara, Mainz 1997.

Rüter, K.: Odysseeinterpretationen. Untersuchungen zum ersten Buch und zur Phaiakis, Göttingen 1969.

Rzach, A.: Grammatische Studien zu Apollonios Rhodios, Wiener SB 89, 1878, 427–599.

Rzach, A.: Der Hiatus bei Apollonios Rhodios, WS 3, 1881, 43–67.

Rzach, A.: Zu Apollonios Rhodios, WS 8, 1886, 163–165.

Said, S.: From Homeric Ate to Tragic Madness, in: Harris, W.V.: Mental Disorders in the Classical World, Leiden 2013, 363–393.

Sainte-Beuve, C.A.: Études sur l'antiquité: de la Medée du Apollonius, in: Rev. d. Deux Mondes 2, 1845, 874 ff.

Salvo, I.: Romulus and Remus at Chios Revisited: A Re-Examination of SEG XXX 1073, in: Martzavou, P.; Papazarkas, N.: Epigraphical Approaches to the Post-Classical Polis, Oxford 2013, 125–137.

Sarischoules, E.: Schicksal, Götter und Handlungsfreiheit in den Epen Homers, Stuttgart 2008.

Sarischoules, E.: 85 Jahre Forschung zu Schicksalsbegriffen, Göttern und Selbstverständnis bei Homer: Eine Synopse, Frankfurt a. M. 2008 (= Sarischoulis 2008a).

II. Sekundärliteratur 453

Sauer, Ch.: Valerius Flaccus' dramatische Erzähltechnik, Göttingen 2011.

Schaaf, I.: Magie und Ritual bei Apollonios Rhodios. Studien zu ihrer Form und Funktion in den Argonautika, Berlin 2014.

Schauenburg, K.: Perseus in der Kunst des Altertums, Bonn 1960.

Scherer, B.: Mythos, Katalog und Prophezeiung. Studien zu den *Argonautika* des Apollonios Rhodios, Stuttgart 2006.

Scholes, R.; Kellogg, R.L.: The nature of narrative, London 1968.

Schmakeit, I.A.: Apollonios Rhodios und die attische Tragödie. Gattungsübergreifende Intertextualität in der alexandrinischen Epik, Diss. Groningen 2003.

Schmid, W.: Elemente der Narratologie, Berlin 2008.

Schmidt, J.H.H.: Synonymik der griechischen Sprache. Bd. I–IV, Leipzig 1876–1886 (= 1976–1969).

Schmidt, M.: Die Erklärungen zum Weltbild Homers und zur Kultur der Heroenzeit in den bT-Scholien zur Ilias, München 1976.

Schmitt, A.: Selbstständigkeit und Abhängigkeit menschlichen Handelns bei Homer. Hermeneutische Untersuchungen zur Psychologie Homers, Stuttgart 1990.

Schmitt, A.: Natur, Dichtung und Eros in der Bukolik Theokrits, in: Radke, A.E.: Candide Iudex. Festschrift für W. Wimmel zum 75. Geburtstag, Stuttgart 1998, 315–324.

Schmitt, R.: Die Nominalbildung in den Dichtungen des Kallimachos von Kyrene. Ein Beitrag zur Stellung seines Wortschatzes innerhalb des Griechischen, Wiesbaden 1970.

Schneider, H.: Der anonyme Publikumskommentar in Ilias und Odyssee, Münster 1996.

Schröter, R.: Die Aristie als Grundform homerischer Dichtung und der Freiermord in der Odyssee, Diss. Marburg 1950.

Schulze, W.: Quaestiones Epicae, Gütersloh 1892.

Schwinge, E.-R.: Künstlichkeit von Kunst, München 1986.

Scodel, R.: Listening to Homer. Tradition, narrative, and audience, Ann Arbor 2002.

Scott, W.C.: The Oral Nature of the Homeric Simile, Leiden 1974.

Scott, W.C.: The Artistry of the Homeric Simile, Hanover 2009.

Segal, C.: Pindar's Mythmaking. The Fourth Pythian Ode, Princeton 1986.

Seidensticker, B.: Distanz und Nähe: Zur Darstellung von Gewalt in der griechischen Tragödie, in: Seidensticker, B.; Vöhler, M.: Gewalt und Ästhetik. Zur Gewalt und ihrer Darstellung in der griechischen Klassik, Berlin 2006, 91–122.

Sens, A.: Narrative and Simile in Lycophron's Alexandra, in: Hunter, R.; Rengakos, A.; Sistakou, E.: Hellenistic Studies at a Crossroads, Berlin 2014, 97–111.

Sens, U.: Kulturkontakt an der östlichen Schwarzmeerküste. Griechische Funde in Kolchis und Iberien. Kontexte und Interpretationen,

Shcheglov, D.: Eratosthenes' parallel of Rhodes and the history of the system of Climata, Klio 88, 2006, 351–359.

Sheedy, K.: Aegina, the Cyclads, and Crete, in: Metcalf, W.E.: The Oxford handbook of ancient coinage, Oxford 2012, 105–127.

Shelton, J.E.: The Storm Scene in Valerius Flaccus, CJ 70, 1974, 14–22.

Sicking, C.M.J.: Griechische Verslehre, München 1993.

Sier, K.: Die Peneios-Episode des kallimacheischen Delos-Hymnos und Apollonios von Rhodos, in: Harder, M. A.; Regtuit, R.F.; Wakker, G.C.: Callimachus, Groningen 1993, 177–195.

De Simone, C.: I Tirreni a Lemnos. Evidenzia linguistica e tradizioni storiche, Florenz 1996.

Sistakou, E.: Cyclic Stories? The Reception of the Cypria in Hellenistic Poetry, Philologus 151, 2007, 78–94.

Sistakou, E.: Beyond the *Argonautica*: In Search of Apollonius' *Ktisis* Poems, in: Papanghelis, T.D.; Rengakos, A.: Companion to Apollonios Rhodios, Leiden, 2001, 2008², 311–340. [= Sistakou 2008a]

Sistakou, E.: Reconstructing the Epic. Cross-Readings of the Trojan myth in Hellenistic Poetry, Leuven 2008. [= Sistakou 2008b]

Sistakou, E.: Fragments of an Imaginary Past: Strategies of mythical narration in Apollonius' *Argonautica* and Callimachus' *Aetia*, RFIC 137, 2009, 380–401.

Sistakou, E.: The Aesthetics of Darkness. A Study of Hellenistic Romanticism in Apollonius, Lycophron and Nicander, Leuven 2012.

Sistakou, E.: From emotion to Sensation: The Discovery of the Senses in Hellenistic Poetry, in: Hunter, R.; Rengakos, A.; Sistakou, E.: Hellenistic Studies at a Crossroads, Berlin 2014, 135–156.

Sistakou, E.: Mapping Counterfactuality in Apollonius' *Argonautica*, in: Skempis, M.; Ziogas, I.: Geography, Topography, Landscape. Configurations of Space, Berlin 2014, 161–180 (= Sistakou 2014a).

Snell, B.: Griechische Metrik, Stuttgart 1982.

Von Soden, W.: Die Eremboi der Odyssee und die Irrfahrt des Menelaos, WSt 72, 1959, 26–29.

Speake, G.: The Manuscript D of Apollonius Rhodius, PCPhS 15, 1969, 96–84.

Spentzou, E.: Stealing Apollo's Lyre. Muses and poetic *athla* in Apollonius' Argonautica 3, in: Spentzou, E.; Fowler, D.: Cultivating the Muse. Struggles for power and inspiration in classical literature, Oxford 2002, 93–116.

Speyer, W.: Mittag und Mitternacht als heilige Zeiten in Antike und Christentum, in: Dassmann, E.; Thraede, K.: Vivarium. Festschrift T. Klauser, Münster 1984, 314–326.

Spyridakis, S.: Ptolemaic Itanos and Hellenistic Crete, Berkeley 1970.

Stanzel, F.K.: Theorie des Erzählens, Göttingen 1979.

Stanzel, K.-H.: Jason und Medea. Beobachtungen zu den Gleichnissen bei Apollonios, Philologus 143, 1999, 249–271.

Stephens, S.: Writing epic for the Ptolemaic court, in: Harder, M. A.; Regtuit, R.F.; Wakker, G.C.: Apollonius Rhodius, Leuven 2000, 195–215.

Stephens, S.: Seeing Double. Intercultural Poetics in Ptolemaic Alexandria, Berkeley 2003.

Stephens, S.: Ptolemaic Epic, in: Papanghelis, T.D.; Rengakos, A.: A Companion to Apollonios Rhodios, Leiden 2008², 95–114.

Stephens, S.: Remapping the Mediterranean: the Argo Adventure in Apollonius and Callimachus, in: Obbink, D.; Rutherford, R.: Culture in Pieces, Oxford 2011, 188–206.

Stephens, S.: Writing Alexandria as the (Common)place, in: Cusset, C.; Le Meur-Weissman, N.; Levin, F.: Mythe et pouvoir à l' époque hellénistique, Leuven 2012, 137–153.

Stephens, S.: The poets of Alexandria, London 2018.

Stewart, A.F.: Faces of power. Alexander's image and Hellenistic politics, Berkeley 1993.

Strasburger, G.: Die kleinen Kämpfer der Ilias, Diss. Frankfurt a. M. 1954.

Strasen, S.: Rezeptionstheorien. Literatur-, sprach- und kulturwissenschaftliche Ansätze und kulturelle Modelle, Trier 2008.

Van Straten, F.T.: Hiera Kala. Images of Animal Sacrifice in Archaic and Classical Greece, Leiden 1995.

Strauss Clay, J.: The Politics of Olympus. Form and Meaning in the major Homeric Hymns, Princeton 1989.

Strid, O.: Die Dryoper. Eine Untersuchung der Überlieferung, Uppsala 1999.

Strootman, R.: The dawning of a golden age: images of peace and abundance in Alexandrinian court poetry in relation to Ptolemaic imperial ideology, in: Harder, A.; Regtuit, R.F.; Wakker, G. C.: Hellenistic Poetry in Context, Groningen 2014, 323–339.

Stucchi, S.: Architettura cirenaica, Rom 1975.

Stucchi, S.: Il Giardino delle Esperide e le tappe della conoscenza graeca della costa cirenaica, in: QAL 8, 1976, 19–73.

Stucchi, S.: Aspetti delle precolonizzazione a Cirene, in: Musti, D.: Le Origini dei Greci. Dori e mondo Egeo, Rom 1985, 341–347.

Svensson, A.: Der Gebrauch des bestimmten Artikels in der nachklassischen griechischen Epik, Lund 1937.

Svoronos, J-N.: Numismatiques de la Crète ancienne I: Description des monnaies, Bonn 1970 (= Macon 1890 mit Supplement aus Archéologiké Ephéméris 1889).

Szeliga, G.N.: The Composition of the Argo Metopes from the Monopteros at Deplhi, AJA 90, 1986, 297–305.

Taplin, O.: Agamemnon's Role in the Iliad, in: Pelling, C.: Characterization and Individuality in Greek literature, Oxford 1990, 60–82.

Thalmann, W.G.: Apollonius of Rhodes and the Spaces of Hellenism, New York 2011.

Thalmann, W.G.: Space and Imperial Imagery in Apollonius' *Argonautika*, in: Rimell, V.; Asper, M.: Imagining Empire. Political Space in Hellenistic and Roman Literature, Heidelberg 2017, 55–62.

Tawadros, E.: Geogolgy of North Africa, Boca Ratton 2012.

Theodorakopoulos, E.M.: Epic closure and its discontents in Apollonius' Argonautica, in: Harder, M. A.; Regtuit, R.F.; Wakker, G.C.: Genre in Hellenistic Poetry, Groningen 1998, 187–204.

Thierstein, P.: Bau der Szenen in den Argonautika des Apollonios Rhodios, Bern 1971.

Thumb, A.: Die griechische Sprache im Zeitalter des Hellenismus. Beiträge zur Geschichte und Beurteilung der Koine, Straßburg 1901 (= Berlin 1974).

Toohey, P.: Epic and Rhetoric, in: Worthington, I.: Persuasion. Greek Rhetoric in Action, London 1994, 153–175.

Toynbee, J.M.C.: Tierwelt der Antike, Mainz 1983.

Troxler, H.: Sprache und Wortschatz Hesiods, Zürich 1964.

Tsagalis, C.: From Listeners to Viewers. Space in the Iliad, Cambridge 2012.

Turpin, J.-C.; Moreau, A.: La Magie. Actes du colloque international de Montpellier, 25–27 Mars 1999. Tome II: La Magie dans l'antiquité grecque tardive. Les mythes, Montpellier 2000.

Ueding, G.: Historisches Wörterbuch der Rhetorik, Tübingen 1996.

van der Valk, M.: Textual Criticism of the Odyssey, Leiden 1949.

van der Valk, M.: Researches on the Text and Scholia of the Iliad I/II, Leiden 1963/1964.

Valverde Sánchez, M.: El Aition en las *Argonáuticas* de Apolonio de Rodas. Estudio literario, Madrid 1989.

Vanséveren, S.: "schetlios" dans l'épopée homérique. Étude sémantique et morphologique, in: Isebaert, L.; Lebrun, R.; Normand, P.: Quaestiones Homericae, Louvain-Namur 1998, 253–273.

Verbruggen, H.: Le Zeus crétois, Paris 1981.

Vergados, A.: Shifting Focalization in the Homeric Hymn to Hermes: The Case of Hermes' Cave, GRBS 51, 1–25.

Vermeule, E.: Aspects of death in early Greek art and poetry, Berkeley 1979.

Vian, F.: Les GEGENEIS de Cyzique et la grand mère de dieux, RA 37, 1951, 14–25.

Vian, F.: Recherches sur les Posthomerica de Quintus de Smyrne, Paris 1959.

Vian, F.: Les origines de Thèbes. Cadmos et les Spartes, Paris 1963 (= Vian 1963a).

Vian, F.: Notes critiques au chant I des „Argonautiques", REA 72, 1970, 80–96.

Vian, F.: Notes critiques au chant II des „Argonautiques", REA 75, 1973, 89–94.

Vian, F.: Poésie et Geographie: Les Retours des Argonautes, CRAI 1987, 249–262 (= Vian 1987a).

Visscher, M.S.: A Hellenistic Hippocrene: poetic inspiration in Apollonius' Africa, in: Harder, A., Regtuit, R.F.; Wakker, G.C.: Past and present in Hellenistic poetry, Leuven 2017, 233–246.

Visser, E.: Homers Katalog der Schiffe, Stuttgart 1997.

Vittmann, G.: Ägypten und die Fremden im ersten vorchristlichen Jahrhundert, Mainz 2003.

Viviers, D.; Tsingarida, A.: Facing the sea: Cretan identity in a Harbour-city context, in: Driessen, J.; Gaignerot-Driessen, F.: Cretan Cities. Formation and Transformation, Louvain-la-Neuve 2014, 165–179.

Vogt-Spira, G.: Dramaturgie des Zufalls. Tyche und Handeln in der Komödie Menanders, München 1992.

Vojatzi, M.: Frühe Argonautenbilder, Würzburg 1982.

Volonaki, E.: The Art of Persuasion in Jason's Speeches: Apollonius of Rhodes, Argonautica, in: Kremmydas, C.; Tempest, K.: Hellenistic Oratory. Continuity and Change, Oxford 2013, 51–70.

Wachsmuth, D: Pompimos ho daimon. Untersuchungen zu antiken Sakralhandlungen bei Seereisen, Diss. Berlin 1967.

Wackernagel, J.: Sprachliche Untersuchungen zu Homer, Göttingen 1916.

Wackernagel, J.: Kleine Schriften II, Göttingen 1955.

Walde, C.: Die Traumdarstellungen in der griechisch-römischen Dichtung, Leipzig 2001.

Walther, R.: De Apollonii Rhodii Argonauticorum rebus geographicis, Halle 1891.

Weber, G.: Dichtung und höfische Gesellschaft. Die Rezeption von Zeitgeschichte am Hof der ersten drei Ptolemäer, Stuttgart 1993.

Weber, G.: Traum und Alltag in hellenistischer Zeit, ZRGG 50, 1998, 22–39.

Weber, G.: Kaiser, Träume und Visionen in Prinzipat und Spätantike, Stuttgart 2000.

Webster, T.B.L.: Chronological problems in Early Alexandrian Poetry, WS 76, 1963, 68–78.

Wees, H. van: A brief history of tears: gender differentiation in archaic Greece, in: Foxhall, L.; Salmon, J.; When men were men. Masculinity, power and identity in classical antiquity, London 1998, 10–53.

Wehrli, F.: Die Rückfahrt der Argonauten, MH 12, 1955, 154–157.

Weilhartner, J.: Testimonia. Die literarischen Zeugnisse über das antike Aigina von Homer bis in byzantinische Zeit, Wien 2010.

Weinreich, O.: Θεοὶ ἐπήκοοι, Mitteilungen des Kaiserlich Deutschen Archäologischen Instituts: Athenische Abteilung 37, 1912, 1–68.

West, M.L.: Nonniana, CQ 12, 1962, 223–234.

West, M. L.: Critical Notes on Apollonius Rhodius, CQ 13, 1963, 9–12.

West, M.L.: The Dictaean Hymn to the Kouros, JHS 85, 1965, 149–159.

West, M.L.: Greek Metre, London 1982.

West, M.L.: Simonides Redivivus, ZPE 98, 1993, 1–14.

West, M.L.: Odyssey and Argonautica, CQ 55, 2005, 39–64.

West, S.: The Ptolemaic Papyri of Homer, Köln 1967.

West, S.: Apollonius Rhodius, 4,1773, Hermes 93, 1965, 491.

West, S.: Lycophron's *Argonautica*, Phasis 10 (Argonautica and World Culture), 2007, 204–214.

West, S.: Herodotus in Lycophron, in: Cusset, C.; Massimilliano, B.: Lycophron, éclats d' obscurité, Saint-Etienne 2009, 80–93.

Wheeler, G.: Sing, muse... The Introit from Homer to Apollonius, CQ 52, 2002, 33–49.

White, H.: Studies in Late Greek Epic Poetry, Amsterdam 1987.

White, H.: Textual Problems in Apollonius Rhodius' Argonautica, AC 1992, 135–157.

Wifstrand, A.: Kritische und exegetische Bemerkungen zu Apollonios Rhodios, Lund 1929.

Wifstrand, A.: Von Kallimachos zu Nonnos. Metrisch-stilistische Untersuchungen zur späteren griechischen Epik und zu verwandten Gattungen, Lund 1933.

Von Wilamowitz-Moellendorf, U.: Homerische Untersuchungen, Berlin 1884.

Von Wilamowitz-Moellendorf, U.: Hellenistische Dichtung in der Zeit des Kallimachos, 2 Bände, Berlin 1924.

Williams, M. F.: Landscape in the Argonautica of Apollonius Rhodius, Frankfurt 1991.

Willeitner, J.: Die ägyptischen Oasen. Städte, Tempel und Gräber in der libyschen Wüste, Mainz 2003.

Willets, R.F.: Cretan Cults and Festivals, London 1962.

Wimmel, W.: Philitas im Aitienprolog des Kallimachos, Hermes 86, 1958, 346–354.

Winkle, S.: Geißeln der Menschheit. Kulturgeschichte der Seuchen, Düsseldorf 1997.

Wöhrle, G.: Theophrasts Methode in seinen botanischen Schriften, Amsterdam 1985.

Wray, D.: Apollonius' Masterplot: Narrative Strategy in Argonautika 1, in: Harder, M. A.; Regtuit, R.F.; Wakker, G.C.: Apollonius Rhodius, Leuven 2000, 239–265.

Wyatt, W.F.: Metrical Lengthening in Homer, Rom 1969.

Wyatt W.F..: Homeric Ath, AJP 103, 1982, 247–276.

Yamagata, N.: Homeric Morality, Leiden 1994.

Zahrnt, M.: Was haben Apollonios' Argonauten auf dem Istros zu suchen?, Klio 94, 2012, 82–99.

Zanke, U.: Grundlagen der Sedimentbewegung, Berlin 1982.

Zanker, G.: Realism in Alexandrian Poetry. A Literature and its audience, London 1987.

Zanker, G.: The concept and use of Genre-marking in Hellenistic Epic and Fine Art, in: Harder, M. A.; Regtuit, R.F.; Wakker, G.C.: Genre in Hellenistic Poetry, Groningen 1998, 225–238.

Zeller, O.: Auf des Odysseus und der Argo Spuren, Aalen 1959.

Zimmermann, K.: Libyen. Das Land südlich des Mittelmeeres im Weltbild der Griechen, München 1999.

Zybert, E.: Two Marginal Goddesses: Rhea and Hekate in Apollonius Rhodius' Argonautica, in: Harder, A.: Gods and Religion in Hellenistic Poetry, Leuven 2012, 373–392.

Index nominum

Achilles: 44; 149; 165; 171; 340; 398
Africus (Wind): 151; 322
Afrika: *s. Libyen*
Agamemnon: 303
Aietes: 137; 139; 233; 286
Aigina: 26; 62; 68; 318 ff.; 408–413
Aigle: 48; 225 ff.; 229 f.; 399
Aigletes (Apollo): 377–391
Aigyptia: 27; 128; 344
Aithalides: 64 ff.
Akakallis: 255 ff.
Akarnanien: 118
Alexandria: 320 f.
Ampyx: 257 ff.; 261
Amykos: 331; 363 f.
Anaphe: 68; 367–391
Ankaios: 147 f.; 155 f.
Apollo: 60 ff.; 219 f.; 236; 254 f.; 257; 261; 367 ff.; 374 ff.; 379 ff.; 382–391
Apsyrtos: 22 f.; 82 ff.
Argo: 28 f.; 42; 61; 155; 200 f.; 206; 285; 312 f.; 315 f.
Argos: 61
Ariadne: 255; 365
Aristaios: 31; 255; 383
Aristarch: 128; 199; 241; 350
Aristonikos: 323
Arkesilaos IV.: 29
Asia: 19–24; 297; 317
Asteris: 329
Athene: 61; 175–179; 364 f.
Atlas: 215
Autesion: 69; 406
Battos: 70; 320
Berenike: 70 Anm. 186; 210 ff.; 288 ff.
Brimo: *s. Hekate*
Briseis: 256
Britomartis: 255
Brueghel d. J.: 90
Cato: 123
Chalyber: 247
Delphi: 119; 135; 221; 255; 283; 288; 320; 379

Demeter: 113; 150; 161; 266; 385; 388 f.
Demokrit: 345; 353; 360
Dikte: 332 f.
Diomedes: 313
Dipsakos: 252
Dodona: 22; 119 f.; 134 f.; 288
Drepane: 113
Echinaden: 118 f.
Effe, B.: 55
Empedokles: 228
Epikur: 353
Epiros: 117; 289
Eros: 82 ff.
Erynnien: 86
Euhesperides-Berenike: 210; 289
Euphemos: 49 ff.; 69 ff.; 243 f.; 295 ff.; 391–408
Europa: 19–24; 144; 318 f.
Eurypylos (Libyen): 50; 293; 309
Fränkel, H.: 6 ff.; 129; 161; 190; 200 f.; 208 f.
Garamanten: 256 f.
Garamas: 255 f.
Genette, G.: 54
Gorgo: 266; 269
Heinze, R.: 54
Hekataios von Milet: 18
Hekate: 349; 356
Hektor: 44; 165; 272
Herakles: 40 f.; 67; 80 ff.; 218; 230 ff.; 238; 240–250; 253 ff.; 290 f.; 332; 349
Herossae: 46 f.; 183–208; 313; 399
Hesperiden: 40 f.; 46 f.; 209–280
Hippokrene: 236
Hippouris: 381
Hunter, R.: 4
Hurst, A.: 17; 24 f.
Hydra: 40 f.; 218; 266
Hylas: 67; 80 ff.
De Jong, I.: 54 f.
Iason: 47; 73 ff.; 85 ff.; 180 f.; 186–197; 347; 372–376; 393

Idmon: 260; 263; 276
Itanos (Kreta): 320; 332 f.
Kalais: 243
Kalliste: 402 ff.
Kanthos: 68; 244 f.; 253 ff.; 251–280
Kaphauros: 252 f.
Karpathos: 328
Kekropia: 416
Ker(en): 345 f.; 348 f.
Kerkyra: 113
Kolcher/Kolchis: 18; 20 ff.; 31; 34; 64; 85 f.; 116; 128; 137; 233; 258; 297; 317
Kreon: 261
Kreta: 76 f.; 255; 301; 318–367
„Kreter": 114; 140
Kureten: 118
Kydippe: 158
Kyrenaika: 35 ff.; 116; 320 f.
Kyrene (Nymphe): 182; 255
Kyrene (Stadt): 30; 36 f.; 50; 70; 198; 255; 310; 391–408
Ladon: 40; 48; 214; 217; 232; 264
Lemnos: 64 ff.; 405 f.
Libya obscura: 38–42; 150
Libya placata: 46–52
Libye (Nymphe): 183; 400
Libyen (Erdteil): 19–24; 25 f.; 116; 144; 164; 297; 318 f.
Libyen (Landschaft): 27–52; 116; 294
Libysches Meer: 121; 328 f.; 333
Lips: *s. Africus*
Livrea, E.: 3; 18; 163; 213; 307; 329; 339
Lynkeus: 244; 248
Medea: 23; 71 ff.; 76 ff.; 83 ff.; 166 ff.; 272 ff.; 330–367; 392
Medusa: 260; 264
Menelaos: 130
Minos: 255; 334
Minoisches Meer: 296
Mopsos: 44; 251–280
Morrison, A.D.: 84 ff.
Mozart: 227
Murray, J.: 249; 373; 407
Musen: 84 ff.; 87 ff.; 204 ff.
Mysien: 245 f.

Nasamon(en): 256 f.
Nereus: 282; 308; 400
Nesselrath, H.-G.: 174
Nessos: 266
Nil: 241; 395 f.
Numenios von Herakleia: 274; 359
Odysseus: 29; 120; 140 f.; 147; 154; 164; 174; 180 f.; 222; 226; 242; 276; 298; 339; 373
Orpheus: 46 ff.; 221 ff.; 287 ff.; 386
Opus: 416
Ortygia: 376
Otranto: 22; 119
Pagasai: 417
Paian (Paieon): 266
Paktolos: 168 ff.
Patroklos: 164; 171 f.
Peleus: 47; 199 ff.; 412
Peloponnes: 296
Perses: 401
Perseus: 268 f.
Phaethon: 21
Phäaken: 21 f.; 167 ff.; 385 ff.; 388 ff.
Philoktet: 338
Polyphem (Argonaut): 67; 245 ff.
Polyphem (Kyklop): 154; 197; 254; 332
Poseidon: 184; 292 f.; 316
Priamos: 277
Prometheus: 270; 358
Ptolemaier: 27; 36 f.; 225; 230 f.; 260
Ptolemaios II.: 320 f.
Ptolemaios III.: 407 f.
Pythios (Apollo): 219
Rhodos: 331
Samothrake: 267
Scheria: 113
Scirocco: 152
Sirenen: 278; 356
Sirius: 75
Sistakou, E.: 178
Siwa: 288
Skamandros: 115
Skylla: 292
Sparta: 405 f.
Stanzel, F. K.: 55
Stephens, S.: 33 f.; 381 f.

Symplegaden: 123; 130; 134 ff.; 143; 156
Syrte: 21 f.; 25; 32 f.; 39 f.; 47; 111–208; 369; 372
Talos: 45; 67; 76 f.; 79; 254; 268; 319–367
Teiresias: 261
Telamon: 412
Telemachos: 125; 329
Telchinen: 351 f.
Thalmann, W.G.: 33 f.
Theano: 178
Thera: 391–408
Theoklymenos: 205
Tiphys: 148
Theiodamas: 80 ff.
Thera: 50; 69 ff.; 135; 391–408
Theras: 406
Triton: 42; 49 f.; 271; 281–318; 400
Tritonis (Nymphe): 256
Tritonsee: 32; 37; 41 f.; 68 f.; 177; 236; 256; 281–318
Vian, F.: 7 ff.; 129; 163; 234; 348
West, M.: 340 f.
Zetes: 243
Zenodot: 389
Zeus: 119; 288; 333 f.; 354 f.

Index rerum

Abschied: 163 ff.
Aischrologie: 376 ff.; 385–391
Aition: 64–92; 260; 315 ff.; 321; 364 f.; 381–412
Algen: 126
Ambivalenz: 38–52; 217; 230 f.; 278
Ameise: 238 ff.
ἀμηχανία: 144; 146 f.; 158 ff.; 174 f.; 277; 372
Amme: 393; 399 f.
Amphore: 357; 411
Anachronismus: 37
Analepse: 64–92; 235; 401
Anthropomorphie: 304; 313
Anker: 134; 180; 191; 333; 342; 381
Antithese: 127; 357
ἅπαξ λεγόμενα: 14
Äpfel (goldene): 40 f.; 214 f.; 217
Aposiopese: 89
Apostrophe: 60 f.; 63 f.; 76 ff.; 82 ff.; 87 ff.; 206; 222; 251; 354; 372 ff.; 377; 406 f.; 413–417
Archaismus: 14
arte allusiva: 3 ff.; 11; 36
Ate: 150
Atomlehre: 353
Aufbau (der Libyenepisode): 26 f.
Auge: 244; 286; 352–357
Autoreferentialität: 36 f.; 59–92; 136; 204; 373
Bauchmensch: 238
Baum: 48; 78 f.; 226 f.; 229 f.; 359 ff.; 382 f.
Bestattung: 42; 49 f.; 257 ff.
Bibliothek: 11; 35 f.
Blei: 359
Blut: 39 f.; 162; 264; 266; 270; 357 ff.
Bluttiere: 358
Bogen: 233; 372; 379
Böser Blick: 77 f.; 346; 348; 351–357
Botanik: 79 f.; 227 ff.; 361
Brachyologie: 65; 142; 219; 259; 263; 287; 312; 348; 361; 366; 373; 409

Bronze/bronzen: 77 ff.; 330–367
Brutalität: 87 ff.
Buße: 194 f.; 376
Chaos: 318 f.; 371; 381
counterfactual: 143; 173 f.; 338
Datierung (der *Arg.*): 35; 373; 407
Dekonstruktion: 55 f.
Demythologisierung: 123
Digression: 90 ff.
Dihärese, bukolische: 13; 122; 160; 185; 214; 321
Dislokation: 34
Distanz: 36; 57–92; 140; 354; 362 f.; 373; 390; 407 f.
Drache: 23 f.; 40 f.; 48; 214 ff.
Dreifuß: 30; 50; 135; 288; 305
Dreiteiligkeit: 18 ff.; 23; 181 f.; 222; 346; 350 f.; 375
Dunkelheit: 38–52; 163; 196; 367; 369 ff.
Durst: 39 f.; 48; 212; 224; 324; 235; 411
Einsamkeit: 115; 145; 150; 158: 164; 167; 169; 182; 317; 385
Emotionalität, erzählerische: 55 f.; 83 ff.
Enallage: 16 f.; 127; 257; 271
Ende der Welt: 19 ff.; 297; 317; 414
Enkomion: 33
Entsühnung: 22; 87; 144
Epanalepse: 16; 274; 327
Epilog: 23; 26; 62 ff.; 85; 91; 181; 186; 205; 373; 411; 413–417
Erdgeborene: 215; 232; 332; 355; 360; 362; 396
Erdscholle: *s. Scholle*
Erdteile: 18–24; 30; 116 f.
Erotik: 73 ff.; 334; 347; 387; 389; 392 f.; 397 f.
Erz (ehern): *s. Bronze*
Erzählabbruch: 56–92; 120; 267; 404; 407 ff.
Erzähltechnik: 53–92
Fachwissenschaftliche Elemente: 78; 146; 269 f.; 336 ff.; 340; 358 f.
Ferse: *s. Knöchel*

Fichte: 359 ff.
Fieber: 75 f.
figura etymologica: 17; 246; 281; 410; 414
Figurenrede: 12; 17; 54; 56 f.; 86; 89 f.; 144; 183; 235; 355; 386; 393; 399; 413
Fiktionalität: 36; 59–92
Finsternis: *s. Dunkelheit / Sonnenfinsternis*
Fischschwanz: 314
Fliege: 238 ff.
focalizer / focalisation: 40 f.; 57–92; 305 f.
Formel, epische: 11; 133; 138; 140; 143; 156; 160; 173; 180; 193; 197; 216; 237; 245 f.; 278; 290; 296; 298; 323; 339; 376; 381; 397; 406; 409; 411
Frauenfiguren: 33 f.
Fuß: 78; 89; 151; 202; 234; 242; 271; 281; 331; 335; 363; 400
Garten: 40 f.; 48 f.; 217
Gastrecht: 332; 338; 354; 364
Gebet: 47 f.; 222; 224; 307 ff.; 350 ff.; 372 ff.
Geburt: 175 f.
Genealogie: 254 ff.
Gesang: 216
Geschlechtsverkehr: 392 f.
Gegensätzlichkeit: 28; 31; 38 ff.; 52
Geographie: 27–38; 319
Gespenster: 355
Gezeiten: 131 f.; 153
Gift: 42; 259 ff.; 266
Gleichnis: 42–45; 74 ff.; 78 ff.; 131 ff.; 157–163; 166–170; 189–192; 238 ff.; 284 ff.; 310; 359 ff.; 369
Glosse: *s. Philologie*
Grabmal: 246 ff.; 257 ff.
Gras: 226f.
Gründungsmythos: 30; 37; 288; 391–408
Haar: 171; 279; 311
Hain: 15 f.; 40; 48; 185; 226 ff.; 376; 381 ff.; 394
Hände: 193; 294; 378; 396

Heiligtum: 22; 49; 85 f.; 267; 235 f.; 318 f.; 330; 365; 375 f.; 380 ff.; 393; 395; 408
Heldenbild: 46 f.; 88 ff.; 209; 330ff.
Heldentod: 40
Herold: 65 f.
Herd: 405 f.
Herde: 29; 75; 112; 138;237; 253; 257; 294; 306
Hexameter: 13
Hexerei: *s. Zauberei*
Hirte: 253 ff.
Hochzeit: 21; 214; 394
Holzfäller: 360 ff.
Homoioteleuton: 353
Hund: 212; 231 f.; 349
Hunger: 24; 150; 160; 165; 231
Hybris: 34; 83 ff.; 273; 386
Hydrophorie: 408–412
Hyperbaton: 16; 292 f.; 378
Ichor: 270; 357 ff.
Identifikationsmöglichkeit: 36 f.; 90 ff.
Idyll / Anti-Idyll: 40 ff.; 122
Imperialismus: 33 f.
Informationsgefälle: 68; 72 ff.; 232; 245; 341; 351
Jugend: 266
Karte: 20; 31 f.; 35 f.; 117
Kolonialismus: 33 f.
Kolonisation: 49 ff.; 51 f.; 92; 255; 257; 289; 295; 396–408
Kontinent: *s. Erdteil*
Kontrastierung: 38–52; 86; 189; 218
Körperflüssigkeit: 358
Kosmogonie: 64; 371; 381; 397 f.
Kriegergleichnis: 42–45; 120; 199; 212
Krise des Erzählers: 57; 63 f.; 84 ff.; 205
Kiel: 22; 119; 134
Knöchel: 335 f.; 357 ff.
Ktisis: *s. Stadtgründung*
Kultstätte: *s. Heiligtum*
Kulturstifter: 68; 92; 211; 230 f.; 281; 319; 344; 365; 371; 393–408; 408–412
κύρβεις: *s. Karte*
l'art pour l'art: 4 ff.; 30

Landschaft: 38–52
Landungsszene: 332 f.
Leitmotiv: 15 f.; 66; 135;147; 206; 208 f.; 215; 330; 361; 364; 385; 391; 408
Libation: 386 ff.
Licht: 381–391
Libyenbild: 27–52
Liebesleiden: 75
Lindenblatt: 79; 357
Literarizität: 59–92; 267
Löwe: 189 ff.; 253
Luftschichten: 350
Magie: s. Zauberei
Mastbaum: 45
mental map: 37 ff.
Metalepse: 57; 76 f.; 83 ff.; 355
Metrik: 13 f.; 122; 164
Mimese: 264
Mittag: 162; 177 ff.; 263 f., Mond: 202; 248 f.; 306; 368; 370 f.; 407
Mondfisch: 314
Monolog, innerer: 74
Mord: 34; 80 ff.; 82 ff.; 350
Mutter: 200 f.; 398 ff.
Nacht: 121; 165 f.; 284; 324; 362; 368 ff.; 394 ff.
„Nachtstück": 46; 178
Nähe: 57–92
Naturgesetz: 42; 49
Nautik: 152 ff.
Nicht-Raum: 34 ff.
Niemandsland: 31
Nostos: 29; 156
Oase: 227 ff.
Oikoumene: 18–24; 288
Omen: s. Prodigium
Opfer: 86; 224; 307; 375; 385 ff.; 391
Ophiogenese: 260; 269 f.; 294
Orakel: 62; 119; 183 ff.; 288 f.; 393
Panegyrik: 33
Paradies: 30; 40 f.; 48 f.
Paradox: 55; 354; 357
Paragone: 414
Peripetie: 172
Personifikation: 48
Pferd: 47; 197 ff.; 310 f.

Pflanzen: 266 ff.
Pflüger: 325 ff.
Philologie, hellenistische: 11; 36 f.; 129; 162; 188; 225 f.; 234; 241; 262; 323; 335; 352; 363; 369; 389; 394; 398; 409
Poetologie: 57 f.; 80–92; 168; 300; 397; 407; 413–417
Politische Deutung: 33 ff.
Polyptoton: 17 f.; 317; 326 f.; 329; 414
praeteritio: 204; 207
Prodigium: 159–163; 171
proekdosis: 7 ff.
Prolepse: 64–92; 159; 176; 219; 335; 344; 347; 356; 397
Proöm: 60 ff.
Propemptikon: 299; 303 ff.
Prophezeiung: 47; 142; 173; 180–185; 199 ff.; 261 ff.; 392
Publikum: 35 f.; 91 f.
Quelle: 49; 212; 224; 230 ff.; 235 ff.
Raum: 33 ff.; 38-54
recusatio: 61; 80; 91; 205
Redekunst: s. Rhetorik
repetitio: s. Wiederholung
Regen: 160
Rezeptionsvorgang: 35–38; 57–92; 245; 267; 351; 355; 360; 412–417
Rhetorik: 46 f.; 139 f.; 240 f.; 373 f.
Ringkomposition: 15; 26; 122; 128; 134; 139; 149; 158; 168 ff.; 172; 208; 240; 250; 259; 278; 285; 298; 340; 351; 363 f.; 366; 381 ff.; 385
Rippelmarken: 153
Robbe: 400
Ruder: 45; 324
Ruhm: 60–64; 141; 143; 149; 165 f.; 169; 173 f.; 283; 412–417
Sandale: 62
Schatten: 381–391
Schicksal: 115 f.; 143; 149; 262 f.
Schiffbruch: 115–137
Schlaf: 275f.
Schlange: 42; 44 f.; 259 ff.; 263 ff.; 269–281; 284 ff.
Scholien: s. Philologie

Scholle: 50 f.; 290–303; 391–408
Schraubenpalme: 269 f.
Schwan: 168 ff.
Schwangerschaft: 256
Schwarzkiefer: 79 f.
Seefahrt: 224
Seesturm: 20 ff.; 39 f.; 43; 66; 111–138
Seher: 41 f.; 44; 49; 251–280
Selbstbewusstsein, erzählerisches: 23; 36; 60–92; 413–417
Selbstzitat: 252; 335; 338; 345; 415
Sonne: 178; 278
Sonnenbarke: 372
Sonnengott: 377 ff.
Sonnenfinsternis: 40; 162 f.; 369 f.
spondiacus: 15 f.; 116; 183; 185; 212; 238; 250; 270; 335; 338; 365; 391; 417
Spontanzeugung: 219
Spott: 385–391
Stadtgründung: 69 ff.; 246; 270
Stall: 137
Stauden: 228ff.
Steuermann: 152 ff.; 155 ff.; 372 ff.
Sträucher: 226ff.
Stille: 127 ff.; 138
Stimme: 185; 201; 226; 278; 336; 401 f.
Struktur (des vierten Buches): 17–24; 134; 413–417
Struktur (der Libyenepisode): 24 ff.; 163; 372; 413–417
Subjektivierung: 54 f.
Sumpf: 125 ff.
Synkretismus: 225
Tageszeiten: 121; 165; 323; 368; 381 f.
Textedition: 6–9
Tod: 41 ff.; 48; 247; 251–280; 337
Totenreich: 65
Totenklage: 170 ff.; 220
Tränen: 269 f.; 374 f.; 396 f.
Transitorische Episoden: 19; 25; 316 f.; 318–412
Trauer: 165 ff.; 170 ff.; 220
Traum: 50 f.; 72 ff.; 185 ff.; 221; 392–408
Trikolon: 17; 137; 185
Tropfen, weiße: 396 f.

Überbietungsgestus: 42–45; 52; 140; 142; 153; 218; 242; 271; 326; 333; 334 f.; 339 f.; 351; 356; 367
Überlieferung: 6–9
Umkehrung (von Gleichnissen): 42–45; 117; 198 f.; 253; 265; 272 f.; 276 f.; 299; 324; 326 f.
Unmittelbarkeit, erzählerische: 58–92
Unterwelt: 23; 46; 96; 112; 116; 162; 164; 180 f.; 233; 248; 364; 369 ff.; 382
Vater: 398 f.
Verspaar: 139; 159; 292 f.
Verwandlung: 226 ff.; 232; 309 f.
Verwesung: 219; 275–281
Verzweiflung: 25
Viten: 7 ff.
Vlies, goldenes: 18; 24; 60; 97; 126; 138; 166; 181; 214; 218; 232; 286; 289; 292; 316; 326; 335; 343; 346; 371
Vogel: 130; 167 ff.
Vogelmenschen: 349
Vorzeichen: *s. Prodigium*
Votivrelief: 225
Wahnsinn: 212; 349 ff.
Wasser: 48; 153 f.; 212; 237; 338; 366; 386 ff.; 408–412
Wein: 386 ff.
Weltalter(mythos): 67 ff.; 76 ff.; 254; 330–367; 371
Wettstreit: 68; 310; 366 f.; 385–391; 408–412
Widersprüchlichkeit: 28–52
Wiederholung: 16 f.; 169; 222 ff.; 274 f.; 321; 326; 403 f.; 406 f.; 409; 414
Wind: 44 f.; 114; 151; 322; 380; 383; 385 ff.; 411; 416
Wolf: 285
Wortstellung, abbildende: 14 f.; 139; 142; 192; 237; 242; 277; 300; 327 f.; 337; 344; 352; 366; 368; 378; 382 f.; 403; 407; 414
Wüste: 31; 39 f.; 43; 87 ff.; 111–208
Wüstenmarsch: 87–90; 136
Zahn: 268; 352
Zauberei: 76 f.; 168; 273; 333 f.; 340; 345–364

Zauberformel: 349
Zeitalter: *s. Weltalter(mythos)*
Zeitgestaltung: 33; 59–71; 355; 390; 407 f.

Zeugma: 17; 129; 342; 348
Zivilisationsstifter: *s. Kulturstifter*
Zorn: 22; 119; 352 f.; 367
Zwitterwesen: 333; 397

Index locorum

Antimachos von Kolophon
   fr. 65 Wyss: 29
Apollonios von Rhodos
   Arg.
      1,1–4: 59 ff.
      1,5 ff.: 119
      1,18 f.: 61 ff.
      1,5–17: 62
      1,20 ff.: 84 ff.
      1,22: 88
      1,78–85: 19
      1,81–85: 31
      1,363–393: 134
      1,412 ff.: 401
      1,419: 76
      1,494–515: 397
      1,640–649: 64 ff.
      1,921: 267
      1,942: 360
      1,1003: 360
      1,1059: 334
      1,1078–1102: 112
      1,1187–1206: 80 ff.
      1,1211–1220: 80 ff.
      1,1221–1272: 81 ff.
      2,424: 415
      2,498–527: 255
      2,579 ff.: 134
      2,614: 134
      2,669–719: 376 ff.
      2,688: 386
      2,815 ff.: 260
      2,818: 263
      2,844 f.: 89, 267
      2,827: 276
      2,1047–1080: 242
      2,1097–1121: 112
      2,1103 ff.: 370
      2,1123–1133: 372
      2,1209–1213: 270
      3,1–5: 89
      3,616–623: 71 ff.
      3,624–632: 72 ff.
      3,633 ff.: 72 ff.
      3,641 f.: 351
      3,851 ff.: 270
      3,948–961: 73 ff.
      3,1334: 396
      3,1373 ff.: 360
      4,1–5: 89
      4,75: 350
      4,109–166: 24
      4,192 ff.: 338
      4,280: 20
      4,295–278: 344
      4,421–491: 23
      4,423: 345
      4,445–451: 83–87
      4,450: 87
      4,451: 85
      4,459 ff.: 86
      4,468: 86
      4,478: 350
      4,480 f.: 87
      4,507–521: 21 f.
      4,523–536: 288
      4,527 ff.: 119
      4,530–533: 401
      4,537–551: 21 f.
      4,552–1222: 19–22
      4,562–576: 23
      4,575–592: 112
      4,619–626: 21 f.
      4,665–669: 395
      4,982–987: 89
      4,982–991: 113
      4,982–1222: 23
      4,984 f.: 267, 270
      4,1223–1781: 19, 24–27
      4,1225 ff.: 66
      4,1226 f.: 20
      4,1240–1283: 67
      4,1370–1380: 88 ff.
      4,1381–1390: 88 ff.
      4,1382 ff.: 89
      4,1384 ff.: 89

4,1391: 90
4,1468–1477: 67 f.
4,1620 ff.: 68
4,1641 ff.: 67
4,1643 f.: 76
4,1651 ff.: 76
4,1673–1677: 76 ff., 79 f.
4,1682–1688: 78 ff.
4,1729–1730: 68
4,1757–1764: 69 f.
4,1770 ff.: 68
4,1773–1776: 62 ff.

Arat von Soloi
130: 232
218: 236

Aristophanes
Nu.
271: 222

Aristoteles
GA
716b16: 270
273b4: 270
743a35: 219
762a14: 219
HA
488a25 ff.: 263
490b24: 270
503a15: 264
521a18: 358
521b1: 358
570a23: 219
PA
692a20 ff.: 264
Po.
1460a14 ff.: 335
1460b22 ff.: 335

Cicero
Fin.
2,33: 168

Empedokles
fr. 62,5 D.-K.: 228 f.
fr. 134,8 D.-K.: 304

Euripides
Cyc.
400 f.: 357

Ph.
951 f.: 261
IA
1575: 303
IT
1123–1136: 303
Med.
1161: 345

Hekataios von Milet
FGrH F
36: 30 ff.

Herodot
2,16,1: 30
2,32,1: 30, 254, 257
2,51–57: 288
4,147f.: 406
4,150–153: 392 ff., 392
4,157 f.: 392ff.
4,172 ff.: 254, 257
4,174f.: 256
4,179: 288
4,188: 306, 316
4,179: 30
4,181: 30
4,197: 111
5,122: 68

Hesiod
Op.
143–147: 344
296 f.: 401
Th.
33: 414
109–200: 67
182–187: 270
280 ff.: 268
746 ff.: 201
924: 176
fr. 205 M.-W.: 412
fr. 241 M.-W.: 29

Homer
Il.
1,1 ff.: 60 ff.
1,22: 306
2,469 ff.: 239
5,819: 313
6,506–511: 198

7,4 ff.: 45, 326
7,63 f.: 299
7,201 ff.: 242
9,247: 289
11,62: 323
11,642: 224
11,558 f.: 264
12,203: 253
13,85: 201
13,389 ff.: 78 f.
15,538: 342
15,615–629: 43
16,7 f.: 398
16,641 ff.: 239
16,668: 196
16,795 f.: 171
17,290: 336
17,650: 380
17,724: 258
18,243 f.: 200
18,318–323: 191
19,38 f.: 279
19,90: 144
19,165: 276
19,421: 149
20,100: 340
21,92 f.: 258
21,405: 334
22,93 ff.: 44 f., 272
22,165 f.: 334
22,370–375: 139
22,396 f.: 336, 357
23,194 ff.: 279
24,410–423: 279
24,480: 277
Od.
1,1 ff.: 60 ff.
1,6: 242
4,81–89: 29
4,418: 130
4,519: 303
4,844 ff.: 329
5,289: 414 f.
5,331 f.: 120
5,404: 333
5,412 f.: 298

6,119–126: 140
6,149–157: 222
7,216 f.: 231
8,490: 204
9,37: 246
9,62–94: 111
9,190: 197
9,295–335: 147
9,430: 242
9,485 f.: 154
10,28–55: 111, 117
10,161: 218
10,276: 356
10,566 f.: 369
12,45 f.: 278
12,61 f.: 130
12,70: 29
12,168 f.: 138
12,259: 292
12,286: 243
12,301: 367
12,357–363: 386
13,220 f.: 164
13,229: 351
13,256 f.: 329
14,105 ff.: 306
14,252 ff.: 113 f.
14,295 ff.: 29, 114
14,295–301: 329
14,405: 367
15,476 ff.: 113
17,153 f.: 205
22,12: 339
22,84 f.: 302
23,296: 417
h. Ap. 280
235 f.; 357–374: 219
439: 135
474–544: 135
Kallimachos
  Ap.
  59: 236
  71–75: 404, 406
  72–92: 392
  92 ff.: 293
  97–104: 266

Cer.
64: 231
Dian.
190f.: 255
197 ff.: 329
fr. 1,3 Pf.: 287
fr. 1,5 Pf.: 278
fr. 1,24 Pf.: 278
fr. 1,41–45: 414
fr. 2a Pf.: 414
fr. 2. Pf.: 414
fr. 7–20 Pf.: 392
fr. 7,19 Pf.: 388, 413
fr. 17,8 Pf.: 369
fr. 17,11 f. Pf. 369
fr. 75,19 Pf.: 158
fr. 18,6 Pf.: 373, 375
fr. 20 Pf.: 379
fr. 21,3 Pf.: 381
fr. 21,5 Pf.: 387
fr. 21,8 Pf.: 389
fr. 110,53 Pf.: 151
fr. 400 Pf.: 303
fr. 198 Pf.: 408
fr. 655 Pf.: 268
Lucan *BC* 9,303–318: 123, 131
9,335–344: 123
9,371–937: 90
9,378–406: 206
9,463–511: 206
9,587–949: 260
Lycophron
Alex.
834–846: 268
886–894: 392
Mimnermos
fr. 2,3 West: 266
Nikander
Al.
458: 275f.
Th.
8–12: 269f.
187ff.: 275
235–257: 275, 358
258 ff.: 263
280 f.: 275

326f.: 266
401: 264
837: 195
Numenios von Herakleia
fr. 590 SH: 274
Pindar
N.
5,2: 414
O.
7,35: 176
Pyth.
2,85: 285
4: 29 ff., 50 f., 198, 392, 407
4,4–11: 70 f.
4,6–57: 111
4,27: 136
4,34: 290ff.
4,36: 291
4,37: 295
4,38–44: 290
4,43 f.: 402
4,217: 346
4,233: 356
6,32 f.: 216
9,8: 30, 116
Platon
Min.
320c
Phaed.
84e: 169
R.
10,620: 168
Plutarch
Mor.
5,7: 354
Quintus von Smyrna
9,461: 274
10,254: 274
Sophokles
Trach.
765–806: 266
Stadiasmus Maris Magni
318 = *GGM* 2,505: 365
Theokritos
7,52–89: 303
15,118: 130 f.

22,27–134: 338
22,51: 363
Theophrastos von Eresos
  HP
  1,3,1: 227 ff.
  3,7,1: 79 f., 361
  3,9,5: 79 f., 361

  piet. fr.
  2,33 = 12 Pö.: 387, 391
Valerius Flaccus
  Arg.
  1,303: 119
  5,65: 119
  8,267–417: 86

www.ingramcontent.com/pod-product-compliance
Lightning Source LLC
Chambersburg PA
CBHW030515230426
43665CB00010B/616